中国开放型经济建设 40 年（上）

OPEN ECONOMY CONSTRUCTION
IN CHINA FOR 40 YEARS I

裴长洪　著

1978—2018

中国社会科学出版社

图书在版编目(CIP)数据

中国开放型经济建设40年：全二册/裴长洪著.—北京：中国社会科学出版社，2018.5
ISBN 978 - 7 - 5203 - 2500 - 4

Ⅰ.①中… Ⅱ.①裴… Ⅲ.①中国经济—开放经济—经济发展—研究 Ⅳ.①F125

中国版本图书馆 CIP 数据核字（2018）第 088599 号

出 版 人	赵剑英
责任编辑	王 茵 马 明
特约编辑	胡新芳
责任校对	李 剑
责任印制	王 超

出　　版	中国社会科学出版社
社　　址	北京鼓楼西大街甲 158 号
邮　　编	100720
网　　址	http://www.csspw.cn
发 行 部	010 - 84083685
门 市 部	010 - 84029450
经　　销	新华书店及其他书店
印　　刷	北京君升印刷有限公司
装　　订	廊坊市广阳区广增装订厂
版　　次	2018 年 5 月第 1 版
印　　次	2018 年 5 月第 1 次印刷
开　　本	710×1000 1/16
印　　张	51.75
字　　数	822 千字
定　　价	198.00 元（全二册）

凡购买中国社会科学出版社图书，如有质量问题请与本社营销中心联系调换
电话：010 - 84083683
版权所有　侵权必究

序　　言

　　《中国开放型经济建设40年》回顾和总结了中国改革开放以来对外经济贸易领域的发展历程。前五篇分析讨论了对外经济贸易各个领域在发展过程中面临过的主要问题及其政策以及所蕴含的相关的理论命题，有史论结合的一些特点。最后一篇是研究和探讨综合性的理论概括问题。我把它定名为中国特色开放型经济理论，并对理论逻辑框架、分析方法和理论内涵做了初步的探讨。由于文字都比较长，论述也不够集中，有意犹未尽之感，所以觉得还需要写一个序来把我对40年中国开放型经济发展的理论思考做一个比较精练的归纳。

　　长期以来我研究中国对外经济贸易的有关问题都偏向于应用型，虽然也有相关的理论背景，但目的和导向都偏重于政策含义，而且问题比较具体，显得比较碎片化。但是也有好处，毕竟我从中积累了许多从每个具体实践问题中感悟的理性认识。也许这就是从事理论研究的学者的成长道路。用哲学认识论的说法，就是从具体到一般。2010年9月我转岗到偏重于理论研究的中国社会科学院经济研究所，这对我的研究是一个新挑战。更直接的触动是，我们已经到了需要进行理论总结的阶段。我长期担任商务部经贸政策咨询委员会成员，接触过陈德铭、高虎城、钟山三任部长，他们曾经说：我找你们开会，话题都是应对眼前的事情，最多谈点战略，什么时候听听你们讲点理论，我们对外开放成就这么大，我们有什么自己的理论吗？这句话问得我很尴尬。

　　中国的理论来源于实践。能够拥有最广泛、最深厚的实践依据，并具有最权威和最高层次理性认识的表达必定是党和国家或领袖的重大提法、重要观点和论述。因此，在中国社会科学诸多学科的理论研究中，做这种文献研究应当是最先从事的必修课。"开放型经济"这一提法最早出现在党的十四届三中全会决议中，从中共十五大报告开始，党和国家重要文献和领袖论述都一直沿用"开放型经济"的提法来概括经济领域对外开放的实践活动，并且不断重复，到中共十七大、十八大报告，出现了"开放型经济体系"的概念。在这个过程中，它的内容不断被充实和完善，形成了一套中国特色的话语逻辑体系。

我把这一套话语逻辑体系归纳为"六个一"：一个新体系（开放型经济新体系）、一个新体制（开放型经济新体制）、一种新优势（培育国际竞争与合作新优势）、一种新平衡观（开放型世界经济的多元平衡）、一个新的国际经济治理模式（新的国际公共品供给模式）、一个人类命运共同体的价值观（中国与开放型世界经济的利益汇合点和经济全球化新理念）。

当然，这一套话语体系还不是学术意义上的经济学理论，接下来的事情就是我们作为经济学研究工作者的专业任务了。按照经济学的思维逻辑和基本原理，我们需要提炼和归纳这些重大提法或重要观点中所蕴含的大量实践的基本特征、基本规律，从而探寻和挖掘它的理论内涵。我认为这是建构中国自己的理论的正确研究路径。这里需要提一提我们怎么看西方主流的经济学理论。

西方国际贸易理论是比较成熟的经济理论，古典经济学也多涉猎贸易理论。20世纪30年代，英美就有了《国际经济学》（R. F. Harrod，1933）和《国际贸易理论》（Gottfried Haberler，1935）教科书。第二次世界大战以后，随着美国世界霸主地位的确立，美国新古典经济学流派综合了各家理论，集成并完善了用于传道授业的《国际经济学》教科书新版本。最有名的是保罗·克鲁格曼，他的《国际经济学》教科书先后出版了15个版本，并且风靡全球。这个体系的微观部分，讲假设在要素自由流动条件下，贸易为什么会发生，解释产业间贸易的有绝对优势理论、比较优势理论；解释产业内贸易的有产品生命周期理论、垄断竞争规模经济理论以及新贸易理论；解释产品内贸易的有国际竞争力理论、全球价值链理论。客观地说，这个体系的微观部分合理性相对比较强。宏观部分则用一般均衡方法解释世界市场和国际贸易关系，核心是汇率理论和国际货币制度。这部分很有问题。20世纪80年代美国逼迫日元、马克升值，现在说中国操纵汇率，理论依据就在这里。实践证明，这部分理论没有事实依据。国际经贸政策协调部分是凯恩斯学说的运用，从大国政策协调到多边贸易体制，从区域经济一体化到全球经济治理，其核心理论是让渡国家主权和国际公共品供给。

西方这一套理论只说了贸易自由化以后的逻辑和故事，没有说怎么推进和实现贸易自由化，这就与广大发展中国家的理论诉求有很大距离。而中国特色社会主义理论的最优秀品格首先就是实践性，即要能够总结和解释我们的实践，并指导未来实践。实践提出的第一个问题是，我们怎么做才能走向贸易自由化，才能接近理论上的假设条件。我们说我们走的是渐进式改革道路，中国渐进式贸易自由化的路怎么走？其基本实践、基本规律和基本经验是什么？这只有中国人自己去回答，所以中国的理论建构实际上是前无古人的，不应当让"洋八股"束缚我们的头脑。

所谓"一个新体系"，即开放型经济新体系，其理论内涵实际就是探讨中国渐进式贸易自由化基本规律的认识。40年对外经济贸易活动的实践内容极其丰富多彩，如何从一大堆经验事实中提炼它的本质特征？用经济学的分析范式来看，40年我们始终围绕三对既相互矛盾又相互关联的开放关系下功夫、做文章；这三对关系是：产业开放与区域开放的关系、对居民开放与对非居民开放的关系、边境开放与边境后开放的关系。由于开放的速度、节奏不同，每对开放关系中的两者之间的开放程度往往分离。某一产业（或行业）的开放，它涉及关税、非关税，是一个比较长的过程，而局部试验就可以快一些，所以产生了经济特区、保税出口加工区这一类局部性的、脱离全局开放程度的试验点。西方贸易理论中没有加工贸易这一说法，而只有产业内贸易和产品内贸易的概念，加工贸易在中国实际上是海关特殊监管下的贸易形式，它有特定的政策含义。从理论层面上分析，这就是产业开放与区域开放分离的产物。随着产业开放进程的发展，逐渐经济特区不特了，加工贸易产品也可以转内销了，保税出口加工区不再增加了，区域开放与产业开放接近了、融合了。对居民与非居民的开放也是从分离开始的。在工商领域投资有市场准入政策，对居民有居民的准入政策，对非居民的政策有从正面清单到负面清单、从差别待遇到准入前国民待遇；在金融领域，人民币与国际货币的兑换、居民与非居民的开放也不同。居民先从外汇调剂市场到银行间外汇市场，人民币可以在那里结售汇，实现了经常项目下人民币的自由兑换；而非居民是从外商投资项目结汇开始，后来逐渐向合格的境外机构投资者、沪港通、深港通等形式发展，上海自由贸易试验区的自由贸易账户则实现了居民与非居民开放一定程度的融合。在服务贸易领域，货物流通在边境开放，服务产品流通需要在边境后开放，这开始也是分离的，通过监管措施的变革，从物理围网向电子围网发展，自贸区的这两种开放也在从分离趋向接近。近5年来设立的全国11个自由贸易试验区，以及未来的海南自贸区和自由贸易港探索不仅要继续处理这三对关系，而且将把这三对关系综合起来加以试验，从而把中国对外开放的层次推向最高水平。所以，40年经济领域对外开放的基本实践和基本规律就是我们在不断寻找这三对开放关系中的六种开放形式不断趋近和融合的突破口，探寻它的发展路径。我们的基本经验就是，分解矛盾（时空矛盾、对象矛盾）、先易后难、摸着石头过河；进而通过顶层设计，设定阶段性目标、互动推进、积小胜为大胜。所谓"开放型经济体系"，实际就是刻画这三对开放关系六种开放形式的发展状态、内涵和动态；而构建"开放型经济新体制"实际就是这三对关系的矛盾在运动过程中所需要的体制机制保障以及除旧布新的过程。这就是"一个新体系"和"一个新体制"的经济学解释。

"一种新优势"说的是微观经济学的问题。在微观层面上，西方贸易理论似乎很先进了，但实际上也有缺陷。比较优势从静态发展到动态，说明它需要与时俱进，但从实际现象考察，贸易并不是在具有比较优势行业里的所有企业都发生，所以20世纪80年代产生了所谓异质性企业的新贸易理论。但用它来解释中国的事情仍然大有疑问。中国从事对外贸易的企业至少有百万家，很难说这个数量庞大的企业群体都有什么"异质性"。恐怕"同质性"是普遍的，但贸易仍然在它们中发生。西方贸易理论的基石是要素禀赋，后来增加了用于解释竞争力的部分外部性因素，但它忽略了新技术应用下服务劳动的社会网络。在中国，既存在数量庞大的同质性生产性企业群体，也存在大量综合服务型外贸企业，它们创造的供应链商业模式赢得了竞争力，数量庞大的同质性生产性企业因此进入国际市场。这就是中国在劳动要素优势弱化后创造的一个新优势。在跨境电子商务发展中，平台企业和平台经济对微观组织的改造所形成的竞争优势，这些现象也都未进入西方主流贸易理论解释的视野。在中国的实践中，这种服务劳动的社会网络，即在互联网技术应用下社会化生产的再组织形式，改变了微观主体和市场交换的组织形式，从而成为一种新优势，这不仅在中国发展开放型经济的实践中已经出现，而且党和国家重要文献中提出的培育国际竞争合作新优势，已经成为中国经济学研究的重要课题。

"一种新平衡观"涉及宏观经济学。在宏观层面上，西方理论用一般均衡方法解释世界市场和国际经贸关系，就显得很机械、很幼稚了。在我们的开放型经济理论中，党的十八大报告讲多元平衡，习近平讲开放型的世界经济。这些重要观点就把宏观层面的解释空间和内涵大大拓宽了。所以需要我们去挖掘它的理论内涵，解释什么是开放型世界经济的多元平衡。在中国，货物进出口要平衡、货物贸易和服务贸易要平衡、资本进出要平衡、国际收支要平衡，内涵很丰富。从世界看，世界经济也要平衡。中国 24 年的货物贸易顺差是国际分工和世界市场发展的客观必然，正如同美国、德国、日本都有长达 50 年以上的贸易顺差的历史一样。前几年我做过一个研究，至少在 2030 年前中国制成品贸易顺差的形势难以改变，根本原因就是中国庞大的生产制造能力只能被少量替代。这是它的生产效率决定的。美国要求中国短时间内削减大量贸易顺差，从经济学意义上看，是一种低效率的平衡观，既损人也不利己。"一带一路"建设是一种新的积极的平衡观。中国的贸易顺差可以转化为对外投资和基础设施建设的资本输出和产能输出，带动更多的发展中国家融入经济全球化潮流，这将是一种经济效率最高、社会福利最广泛的世界经济平衡观。日本的"黑字环流"曾经有过一些尝试性做法，限于 20 世纪 80 年代初期的历史条件，其实践的力度、范围和影响都将远远比不上今天中国"一带一路"建设的贡献，其理论分析也将远远比不上中国经济学界对"一带一路"建设所进行的深入思考和学术影响。

在全球经济治理领域，西方理论片面强调让渡国家主权的必要性和合理性，强调所谓"中性原则"，强调具有垄断地位的国际公共品供给方的成本并指责被动消费方的"搭便车"行为，实际造成和维护了国际规则制定不民主、利益分配不均衡的国际经贸秩序。中国开放型经济理论提出的"一个新的国际经济治理模式"，强调安全高效，提倡共商、共建、共享，寻求各方利益的最大公约数，这是与西方奉行的传统截然不同的一种国际经济治理模式，因此需要有中国主张的关于让渡国家主权与国际规则的关系、国际公共产品供给方与消费方关系的理论分析和经济学解释。

经济理论，特别是重大经济理论，都隐含着特定的价值观，它指导和影响实际的经济活动。中国俗话说的"无利不起早"、特朗普主张的"美国优先"，都有价值观的理念。中国特色开放型经济理论提出的"一个人类命运共同体的价值观"，其实践特征就是互利共赢、重义取利（正确的义利观）和绿色发展理念。基于这样的价值观，中国对外开放的新战略就必然是，一方面，开放型经济要从高速度向高质量转变，要建设贸易强国，要形成东西双向互济的开放格局；另一方面，要与世界各国共同寻找和建立汇聚各方利益的共同点，构建开放型世界经济和人类命运共同体的发展道路，建设一个开放、包容、普惠、平衡、共赢的经济全球化。用人类关怀的价值观来引导经济学研究，不仅是我们的主张，实际上也在很大程度上为国际学术界所认同。诺贝尔奖委员会撰文评价2017年经济学诺贝尔奖得主塞勒的贡献时指出："很多情境都可由个体自利行为假设来近似解释。但在其他情境中，对公平和正义的关切等亲社会性动机起着重要的作用，亚当·斯密（Smith, 1759）就指出了这一点——塞勒指出公平感对经济主体的决策有重要影响。"因此，中国特色开放型经济理论的价值观必定对中国的开放实践产生重大影响，它成为经济学的研究对象也是题中应有之义了。

综上，中国特色开放型经济理论的重大提法和概念都来源于党和国家的重要文献和领袖的论述，我所做的工作和研究方法主要是：第一，总结、提炼这些提法和概念中包含的实践内容的本质特征并挖掘其理论内涵，论证这些提法和概念的科学性；第二，按照现代经济学的分类标准梳理这些内容并按照它的内在逻辑，努力使之成为理论逻辑框架；第三，在这个框架中，按照轻重缓急开展各个专题研究（如国际公共品、开放型经济的绩效评价、贸易强国等）。

中国经济理论的学术范式也要遵循不忘本来、引进外来、面向未来的发展方向。中国学术范式的文化传统是，大道至简、孟轲敦素——大道理简约、孟子崇尚质朴；这是本源，我们不能丢。引进外来要依靠年轻学者，尽量吸收西方经济理论中的先进方法和工具；面向未来的含义，一方面要求我们把中国经济理论建设成未来的先进文化和学术；另一方面要求我们展示给世人的是未来人类命运共同体的人文关怀。

我的工作肯定是原始和粗放的，如果说有一点贡献的话，那就是我开了一个头，算是抛砖引玉吧。理论的影响力不是靠个人，而且它是间接的，它首先影响的是自己对具体问题的研究，近几年我做的贸易强国的研究、自由贸易试验区的研究，都是以这些理论探讨作为支撑的。如果说影响力，这些具体问题的研究可能更具有社会影响，但是如果没有理论研究作为基础，这些具体问题的研究也必然缺乏理论力量的支撑。

裴长洪于北京

2018 年 6 月 10 日

总目录

上 册

引 言 ……………………………………………………………… （1）

第一篇　风云激荡40年：对外经济贸易体制改革轨迹

第一章　加入世界贸易组织前的改革进程 …………………… （11）
第二章　中国"入世"10年与全球多边贸易体制 ……………… （24）
第三章　应对国际金融危机期间的深化改革 ………………… （40）
第四章　新一轮对外开放：中国（上海）自由贸易试验区的设立 …… （62）
第五章　构建中国开放型经济新体制 ………………………… （87）
第六章　"十三五"：迈向更高层次开放型经济 ……………… （106）

第二篇　迈向贸易大国与强国之路

第一章　对外贸易长期增长与出口产品结构的变化 ………… （143）
第二章　20世纪90年代以来国际贸易新特点 ………………… （155）
第三章　服务贸易与跨境电子商务的发展 …………………… （176）
第四章　转变外贸发展方式的经验与理论分析 ……………… （204）
第五章　对中国制成品出口规模的预测：1985—2030 ……… （222）
第六章　中国进口贸易结构与经济增长 ……………………… （240）
第七章　中国迈向贸易强国的分析思路 ……………………… （266）

第三篇　利用外资的中国模式

第一章　外商直接投资与中国工业发展模式 ………………… （301）

第二章	国有企业利用外商投资的经验与政策	(312)
第三章	用科学发展观丰富利用外资的理论与实践	(335)
第四章	"十一五"时期中国利用外资进入新阶段	(350)
第五章	1978—2008年中国利用外资的基本实践与基本经验	(365)
第六章	实现吸收外商投资的新跨越	(383)
第七章	从需求侧转向供给侧:中国吸收外商投资的新趋势	(413)

下 册

第四篇 中国企业对外投资与"一带一路"建设

第一章	对外直接投资:理论解释与中国实践	(435)
第二章	国家特定优势:中国企业对外投资的理论	(451)
第三章	内地企业在港澳特区的投资情况分析	(483)
第四章	对中国企业对外工程承包和重点领域投资的考察	(495)
第五章	中国企业海外投资促进体系的构建	(514)
第六章	"一带一路"建设与中国扩大开放	(536)
第七章	中国企业对外投资的增长与"一带一路"建设的早期收获	(554)

第五篇 经济全球化与中国参与、引领全球经济治理

第一章	对后危机时代经济全球化趋势的探讨与分析	(577)
第二章	中国参与全球经济治理的话语表达、策略思想和主要目标	(601)
第三章	国际货币体系与全球金融治理改革	(617)
第四章	经济全球化进入减速转型新阶段	(631)
第五章	全球经济治理的理论分析范式与中国实践	(641)
第六章	习近平经济全球化、全球治理改革思想研究	(672)

第六篇 中国特色开放型经济理论的形成与发展

第一章	"两个转变":开放型经济理论的初步探索	(701)
第二章	全面提高开放型经济水平的理论探讨	(716)

第三章 中国特色开放型经济理论研究概述 …………………（729）
第四章 习近平新时代对外开放思想是中国特色
　　　 开放型经济理论的最新境界 …………………………（756）

参考文献 ……………………………………………………………（785）

上册目录

引 言 ·· (1)

第一篇 风云激荡40年：对外经济贸易体制改革轨迹

第一章 加入世界贸易组织前的改革进程 ······························ (11)
第一节 对外贸易体制改革和开放的主要措施与内容 ··········· (11)
第二节 吸收外商直接投资的法制建设与政策环境 ············· (20)

第二章 中国"入世"10年与全球多边贸易体制 ························ (24)
第一节 适应世界贸易组织多边规则的改革 ····················· (24)
第二节 中国加入世界贸易组织的主要贡献 ····················· (28)
第三节 全球多边贸易体制的主要变化与改革方向 ············· (33)
第四节 加入世界贸易组织实践对中国参与全球经济治理的
启示 ·· (37)

第三章 应对国际金融危机期间的深化改革 ···························· (40)
第一节 出口退税政策的改革 ······································· (40)
第二节 加工贸易出口产品转内销：实施内外贸一体化改革 ····· (52)
第三节 贸易融资创新合作：外贸稳定增长利器 ················ (55)
第四节 跨境贸易人民币结算试点、人民币国际化"破冰" ····· (56)
第五节 外汇储备管理多元化：外汇储备管理体制变革起点 ··· (59)

第四章 新一轮对外开放：中国（上海）自由贸易试验区的设立 ····· (62)
第一节 中国对外开放的潜力 ······································· (62)

第二节　美国全球经济治理战略意图的挑战 …………………（71）
　　第三节　中国锐意改革应对挑战赢得机遇 …………………（76）
　　第四节　中国(上海)自由贸易试验区建设的
　　　　　　主要任务与构想 ……………………………………（78）

第五章　构建中国开放型经济新体制 ……………………………（87）
　　第一节　中国开放型经济新体制的基本目标 ………………（87）
　　第二节　服务业开放潜力有待释放,推动开放型经济
　　　　　　向纵深发展 …………………………………………（90）
　　第三节　"外向型经济"转向"外在型经济",对外投资为
　　　　　　经济发展提供更大动力 ……………………………（94）
　　第四节　坚持以多边贸易体制为基石,统筹多边、双边和区域
　　　　　　自贸区的建设 ………………………………………（96）
　　第五节　着眼于更高标准,主动适应国际经贸新规则 ……（100）
　　第六节　内陆沿边大开放,拓展开放型经济发展的战略
　　　　　　空间 …………………………………………………（103）

第六章　"十三五":迈向更高层次开放型经济 …………………（106）
　　第一节　"十二五"中国开放型经济的巨大成就 ……………（106）
　　第二节　党的十八大以来中国对外开放的新要求、新目标 …（118）
　　第三节　未来五年国内外环境的主要挑战 …………………（124）
　　第四节　《中共中央关于制定国民经济和社会发展第十三个
　　　　　　五年规划的建议》的思路与任务 …………………（128）

第二篇　迈向贸易大国与强国之路

第一章　对外贸易长期增长与出口产品结构的变化 ……………（143）
　　第一节　1979—2017年中国货物贸易的增长与
　　　　　　出口结构变化 ………………………………………（143）
　　第二节　加工贸易对货物进出口贸易的贡献与转型 ………（150）

第二章　20世纪90年代以来国际贸易新特点 …………………（155）
　　第一节　当代国际贸易增长的内在动力与有利条件 ………（155）

第二节　国际贸易发展趋势中的新现象 …………………………（165）
　　第三节　贸易自由化进程中各种矛盾现象的本质 …………………（170）
第三章　服务贸易与跨境电子商务的发展 …………………………………（176）
　　第一节　2000年以来中国服务贸易与服务业发展的
　　　　　　相关性 ……………………………………………………（176）
　　第二节　电子商务的兴起及其对世界贸易的影响 …………………（188）
第四章　转变外贸发展方式的经验与理论分析 ……………………………（204）
　　第一节　"价格的贸易条件"与"微笑曲线"等经济学理论的
　　　　　　局限性 ……………………………………………………（204）
　　第二节　中国应对国际金融危机冲击的主要经验 …………………（209）
　　第三节　对中国经验的经济学分析 …………………………………（215）
　　第四节　总结与政策含义 ……………………………………………（220）
第五章　对中国制成品出口规模的预测：1985—2030 ……………………（222）
　　第一节　理论分析框架 ………………………………………………（222）
　　第二节　实证结果 ……………………………………………………（224）
　　第三节　中国制成品出口占比（1985—2010）………………………（226）
　　第四节　中国制成品出口的强度分析（2010）………………………（230）
　　第五节　情景模拟：中国制成品出口占比（2010—2030）…………（233）
第六章　中国进口贸易结构与经济增长 ……………………………………（240）
　　第一节　研究视角与结构分类 ………………………………………（240）
　　第二节　进口贸易结构与经济增长：一般规律 ……………………（244）
　　第三节　中国进口贸易结构与经济增长之一：
　　　　　　总体状况与货物进口结构 …………………………………（252）
　　第四节　中国进口贸易结构与经济增长之二：
　　　　　　服务进口结构 …………………………………………（261）
　　第五节　总结与思考 …………………………………………………（265）
第七章　中国迈向贸易强国的分析思路 ……………………………………（266）
　　第一节　对贸易强国内涵的新认识 …………………………………（266）
　　第二节　贸易强国分类体系构建 ……………………………………（271）
　　第三节　对各贸易强国的分类依据及简要分析 ……………………（280）

第四节　中国的目标与政策思路 ………………………………（290）

第三篇　利用外资的中国模式

第一章　外商直接投资与中国工业发展模式 ……………………（301）
  第一节　外商投资在中国工业部门中的比重和贡献 ……（301）
  第二节　沿海地区出口导向加工业的形成 ………………（304）
  第三节　进口替代工业的发展 ……………………………（305）
  第四节　对两种工业发展模式的评介及外资政策的结论 …（307）

第二章　国有企业利用外商投资的经验与政策 …………………（312）
  第一节　利用外商投资搞活国有企业的主要经验 ………（312）
  第二节　需要研究的问题 …………………………………（321）
  第三节　提高国有企业利用外资效果的政策 ……………（326）

第三章　用科学发展观丰富利用外资的理论与实践 ……………（335）
  第一节　利用外资是一种中国式的新的发展观 …………（335）
  第二节　利用外资的发展观仍需不断丰富和完善 ………（338）
  第三节　创新利用外资理论的主要依据与指导思想 ……（342）
  第四节　实现利用外资新发展的障碍及解决的思路 ……（346）

第四章　"十一五"时期中国利用外资进入新阶段 ……………（350）
  第一节　全球国际直接投资的变化趋势 …………………（350）
  第二节　外商直接投资促进了产业结构优化升级 ………（355）
  第三节　中国产业结构优化升级面临新形势 ……………（357）
  第四节　中国吸收外商投资新变化和促进产业结构调整
     新机遇 ……………………………………………（360）

第五章　1978—2008年中国利用外资的基本实践与基本经验 …（365）
  第一节　中国利用外资的四个阶段 ………………………（365）
  第二节　中国利用外资的主要经验 ………………………（371）
  第三节　中国利用外资的发展趋势 ………………………（377）

第六章　实现吸收外商投资的新跨越 ……………………………（383）
  第一节　21世纪以来中国吸收外商投资的重要特征 ……（383）

第二节　对上述重要特征的理论分析 …………………… （388）
　　第三节　国际金融危机后国际直接投资的新动向 ………… （396）
　　第四节　"十一五"时期中国吸收外商投资新特点………… （403）
　　第五节　中国为什么还要大量吸收外商直接投资？………… （408）
第七章　从需求侧转向供给侧：中国吸收外商投资的新趋势 ……… （413）
　　第一节　中国经济发展面临的新挑战 ……………………… （413）
　　第二节　第三次世界工业革命的新机遇 …………………… （417）
　　第三节　国际直接投资流量下降的趋势 …………………… （420）
　　第四节　培育国际竞争力的新要求 ………………………… （422）
　　第五节　利用外资的新理念和新导向 ……………………… （425）
　　第六节　2017年中国吸收外商投资的新形势、新目标 ………（428）

引　言

　　尽管新中国的经济社会发展可以明显划分出改革开放前、后两个重大历史分期，但仍然存在一条紧密联系的基本线索，那就是中国共产党领导下经济实践中的变革与增长。从新中国对外贸易将近70年的发展历程看，变革与增长是中国对外贸易和对外经济合作前后一贯的历史实践。中华人民共和国成立后的前30年，中国经济走的是独立自主的发展道路，对外贸易也经历了一个数量增长和结构变革的过程，所不同的是在改革开放之后的历史发展中，这个过程更加迅速，内涵也更加丰富。

　　新中国成立前，中国的对外贸易完全依附于帝国主义，完全丧失独立自主的地位。新中国成立后，中国立即废除了帝国主义在中国的一切特权，收回了长期被外国霸占的海关管理权，取消了外国资本在金融、航运、保险、商检、公证仲裁等方面的垄断权，实行了对外贸易统制。这是当时新中国掌握对外贸易独立自主权的重要保障。随后，全国统一的社会主义外贸体制的建立，是从没收官僚资本的对外贸易企业和新建国营外贸企业、改造民族资本主义外贸企业这两方面入手。

　　旧中国的官僚资本依靠国际垄断资本的势力并凭借反动政权的权力，垄断了绝大部分的商品进出口贸易，新中国成立前夕，官僚资本的外汇资产已被卷逃一空，所遗留下来的机器设备、厂房等实物资产，新中国成立后即被我人民政府没收。对于外国在中国的进出口企业，没有采取没收的措施，而是允许它们在服从中国政府法令的条件下继续经营。但是，由于它们丧失了在华特权，特别是在美国及其追随者对华实行封锁禁运后，大都申请歇业，或作价转让给中国政府。此后，外资企业基本停止了在华经营活动。新中国第一批国营外贸企业，是在山东、东北、华北、华东等解放区的外贸企业基础上重新组建的、由中央人民政府直接领导的国营外贸企业。

新中国成立之初，全国各口岸的民族资本主义外贸企业共4600家，从业人员35000人，资本约1.3亿元（按新币值计算）。其中10万元以上资本的大企业为数很少，多数都是中小企业。1950年，民族私营进出口企业经营额只占全国外贸总额的33.12%。新中国成立后，国家采取委托经营和公私联营的办法，在职工群众监督下进行对外贸易活动，从而把它们的经营纳入国家计划的轨道。1955年，民族私营外贸企业的经营比重下降到0.8%。1956年，私营外贸企业也实行全行业公司合营，全国共成立了54个公私合营的对外贸易公司。[①] 私营企业主除了拿定息之外，已经不能支配原来占有的资产。由此，中国对外贸易基本形成了单一的全民所有制，从而保障了高度集中的计划体制和少数国营公司垄断经营体制的建立与运行。从新中国成立初期国家面临的内外经济、政治形势来看，这种体制的建立不仅是一种深刻的社会经济变革，而且也是适应当时国民经济最急迫发展的需要。

新中国成立之初，受多年战争的影响，中国国民经济处于半瘫痪状态，亟待恢复和重建，同时，由于以美国为首的西方国家对中国实行封锁、禁运，中国全力发展同苏联、东欧等社会主义国家的经贸关系。在冷战状态的国际背景下，这一时期对外贸易政策的出发点和落脚点都必须适应战时经济。面对这种情况，实行统制贸易、废除不平等条约，是新中国政府必然的政治选择。1949年11月，中央人民政府政务院设立贸易部，部内设立对外贸易司，并于1950年12月，颁布了《对外贸易暂行管理条例》，后来又颁布了《暂行海关法》。1951年2月，中央政府将全国各口岸已成立的外贸管理局收归中央贸易统一领导，并在审批登记各类对外贸易企业和外商机构、实行进出口商品分类管理、推行进出口许可证制度、管制外汇及审核进出口价格等方面都做了统一规定。同时，着手组建国营外贸公司，直接经营外贸活动。1952年成立了对外贸易部，对对外贸易进行集中管理。

[①] 参见裴长洪主编《共和国对外贸易60年》，人民出版社2009年版。

1950年到1952年国民经济恢复时期，中国对外贸易承担了组织内外物资交流，扶持工农业生产和恢复交通运输，争取所需物资进口，支持抗美援朝的斗争和粉碎"禁运""封锁"斗争的任务。及时进口了一些重要物资，如钢铁、石油及其制品、化工原料、橡胶及其制品、棉花、纸浆、种畜等。中国的进口总额从1950年的11.35亿美元上升到1952年的19.41亿美元，年均增长30.8%；出口额从5.83亿美元增长到11.18亿美元，年均增长38%。对外贸易的大幅增长，对恢复发展中国国民经济起到不可忽略的作用。

1953年，国家开始对原有的外贸公司进行调整和改组，按进出口商品的品种和类别划分经营分工，分别成立了12个外贸专业公司。1956年，在对私人工商业的所有制改革基本完成后，管理者、计划制订和执行者、经营者三个职能都集中于对外贸易部一身。至此，对外贸易国家垄断制已基本确立，即全国的对外贸易由外贸部统一领导，统一管理，进出口贸易的具体经营业务，由外贸部所属的各外贸专业公司统一进行。1958年，鉴于当时对外贸易管理和经营受"大跃进"影响而比较混乱，中央政府进一步强化了在中央高度集中基础上的对外贸易国家垄断制度，规定除对外贸易部所属各总公司和各口岸对外贸易机构外，任何机构不许经营进出口业务。

"文化大革命"期间，对外贸易处于停滞状态，1969年全国对外贸易总额从1966年的46.15亿美元下降到40.29亿美元。1970年后，周恩来、邓小平先后主持中央日常工作，着手恢复国民经济并整顿"文革"产生的某些严重问题；20世纪70年代初，外部环境开始发生有利于中国的变化，西方国家开始陆续同中国建交；1971年，中国恢复了在联合国的合法席位；1972年，中美建交；1975年，中国与欧共体正式建立了经济贸易关系。中国对外经济关系格局发生了重大转变，为了适应转变，中国外贸体制开始了变革的尝试。外贸部于1974年着手在一定范围内实行下放外贸经营权的试点，在沿海地区原有广州、大连、上海、青岛、天津五大对外口岸基础上，新辟江苏、河北、浙江、广西四省为外贸口岸，同时批准原第一机械工业部成立自属机械设备进出口总公司，直接经营对外贸易。这个时期，对外贸易得到了空前的发展。1975年，在邓小平实行整顿工作的当年，进出口总额达到147.5亿美元，创新中国成立以来最高水平，1970

年至1975年5年间年平均增长速度高达26.3%。1976年以后国家政治形势逆转,对外贸易增长势头也随之下降。①

尽管改革开放以前中国对外贸易受到"左"的政治运动和经济计划("大跃进")的严重干扰,但并没有从根本上阻止进出口贸易增长的势头。1953—1978年,中国进出口贸易总额从11.35亿美元增长到206.38亿美元,年均增长10.91%;其中,进口贸易从5.83亿美元增长到108.93亿美元,年均增长11.02%,出口贸易从5.52亿美元增长到97.45亿美元,年均增长10.79%(图1)。而且,随着国家工业化进程的发展,比较优势在不同部门也发生了明显变化(图2),从而推动了商品结构的改变和提升。

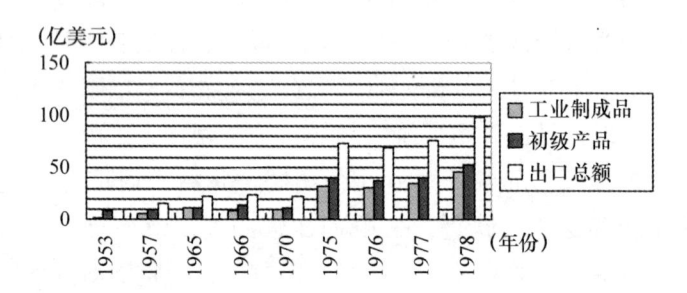

图1 1953—1978年中国出口贸易结构变化

资料来源:《1988年中国对外经济贸易年鉴》。

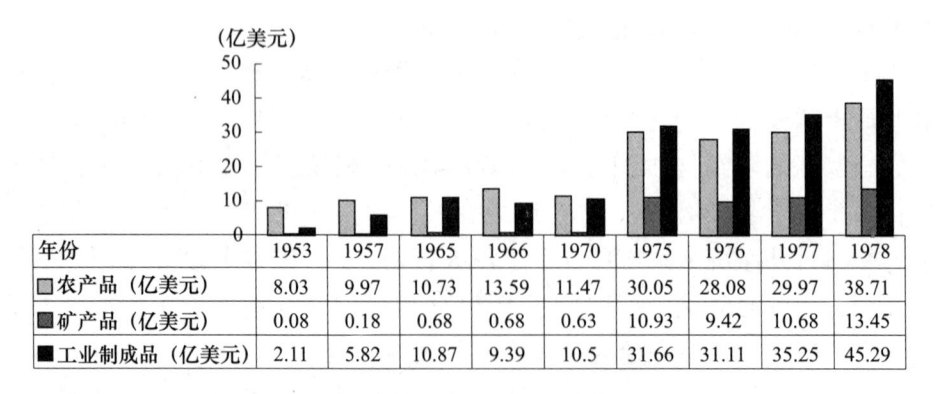

年份	1953	1957	1965	1966	1970	1975	1976	1977	1978
农产品(亿美元)	8.03	9.97	10.73	13.59	11.47	30.05	28.08	29.97	38.71
矿产品(亿美元)	0.08	0.18	0.68	0.68	0.63	10.93	9.42	10.68	13.45
工业制成品(亿美元)	2.11	5.82	10.87	9.39	10.5	31.66	31.11	35.25	45.29

图2 1953—1978年中国出口贸易结构变化

资料来源:《1988年中国对外经济贸易年鉴》。

---

① 裴长洪:《中国对外贸易65年的基本线索:变革与增长》,《中国经济史研究》2014年第3期。

从图1、图2可以看出，从20世纪70年代开始，中国工业生产的比较优势开始形成，工业制成品出口和矿产品出口的比重开始明显上升，初级产品特别是农产品出口的比重开始下降，出口商品结构发生了重大变化和提升。与此相对应的是，进口商品结构在不同时期也有明显的变化。在第一个"五年计划"时期，国家工业化刚开始进行，亟须进口大量机器设备，中国积极发展与苏联、东欧国家的经济贸易关系，机器设备在总进口比重中一直占52%以上，这种状况持续到1960年，1961年和1962年由于受自然灾害影响，再加上苏联援建项目的停止，机器设备进口比重呈下降趋势，这个趋势到1966年有短暂回升，随后的"文革"四年又连续下降。进入20世纪70年代情况起了变化，特别是从1972年到1977年，中国先后从美国、日本等十多个国家引进技术和设备222项，用汇39.6亿美元。主要有化肥设备、化纤设备、数据处理设备、一米七轧钢机设备、采煤机组等。1974—1976年三年间，机器设备进口比重迅速回升，1975年和1976年该比重回升到30%以上。1977年和1978年该比重又下降到20%以下，1979年回升到25%。工业原料在进口中的比重一直占重要地位，而且没有太大的起伏波动，从60年代初期开始取代机器设备在进口比重中第一的地位，60年代后期起该比重进一步上升到50%左右的压倒性地位。农用物资的进口仅仅在1963—1970年呈现较快增长，比重有所提高，其他年份其比重都只有5%—6%。消费品进口比重也有较大起伏变化，50年代和60年代初期，消费品进口所占比重一直较低，但在1963—1966年经济恢复阶段，该比重高达36%，此后十多年又下降但稳定保持在18%—20%（见表1）。可见，改革开放之前的30年，进口商品结构变化主要受是否有条件进口国外技术设备和能否处理好国内生产与消费关系两方面的影响。工业原料的进口不太受政治运动和经济决策的影响，客观性比较强，当时的工业原料，主要是中间投入品，这类产品在进口比重中的增长，说明国家工业化还在进行中，国内工业生产的配套条件比较弱，这在改革开放之后的历史中发生了显著的变化。

表1　　　　　　　　1953—1979年中国进口商品结构　　　　单位：亿美元，%

年份		进口总值	机械设备	工业原料	农用物资	消费品
1953—1957	数额	74.35	36.74	23.63	2.84	5.64
	占比	49.4	31.8	3.8	7.6	
1958—1962	数额	85.81	34.42	33.19	4.35	5.25
	占比	40.1	38.7	5.1	6.1	
1963—1966	数额	70.78	11.51	27.93	5.89	25.45
	占比	16.3	39.4	8.3	36.0	
1967—1970	数额	81.16	12.95	42.57	9.15	16.46
	占比	16.0	52.5	11.3	20.2	
1971—1975	数额	248.3	58.2	121.63	17.36	51.07
	占比	23.4	49.0	7.0	20.0	
1976—1979	数额	403.65	91.74	211.0	24.8	75.4
	占比	23.0	52.3	6.1	18.7	

资料来源：《1988年中国对外经济贸易年鉴》。

总起来说，当时中国高度集中、国家统制、国家专营、统负盈亏、政企合一的外贸体制，是当时经济社会发展的需要，它不仅与高度集权的计划经济模式相吻合，也是应对当时国际经济环境和外交格局所必然的产物，新中国成立初期，它对于打破西方国家对中国的经济封锁，保证国民经济的恢复和重建，起了极其重要的作用。后来，这种贸易体制又使中国在很长一段时期内保证了国际收支和财政收支的基本平衡，维持了国民经济的稳定。毫无疑问，在这种体制下，中国对外贸易的增长与发展受到了很大局限，越到后来，这种体制的弊端就越显示出其不合理、落后的一面。20世纪70年代初期，当国际经济环境和外交格局发生的新变化，就必然产生变革的要求，这种变革要求被当时"左"的政治运动打消，结束"文化大革命"之后才重新提起。

中国对外开放波澜壮阔的历史画卷就是在这样一个历史基础上掀开的，我们不能否定中华人民共和国初期30年的历史。正如习近平总书记所指出，我们不能用改革开放以后的历史去否定改革开放以前的历史，也不能用改革开放之前的历史去否定以后的历史。这两个历史阶段不仅具有相互联系的一面，还具有前后继承的一面。在本书的叙述展开之前，笔者把新中国前30年对外贸易和对外经济合作的历史做一个简单的叙述，并作为本书的引言，目的就是为了体现习近平总书记所强调的历史唯物主义观点。

本书力图对改革开放40年中国对外经济贸易体制改革和开放型经济发展的历史进程做一个粗线条的描述，同时又力求对重大变革事件和重大理论问题进行思考和探讨，是实践探索的记录和理论问题思考的结合体。本书的六篇布局就是企图体现这个写作思路的。

2018年是中国改革开放40周年，也是笔者从事经济学学习和研究工作40周年的纪念，因此，本书不仅是献给伟大祖国的一份薄礼，也是笔者对自己学术生涯的一个交代。

第 一 篇

风云激荡 40 年：对外经济贸易体制改革轨迹

第一章　加入世界贸易组织前的改革进程

第一节　对外贸易体制改革和开放的主要措施与内容

1976年10月粉碎"四人帮"后，国家政治生活进入正常状态，1978年中共十一届三中全会纠正了"文化大革命"的错误，经济建设成为全党的中心工作，经济体制改革被提到议事日程上来。改革初期，邓小平等领导人就极力主张对外开放，发展对外贸易和利用外资、外国技术。在改革开放的具体措施方面，邓小平主张下放经济管理权，引进外国资金和技术，与此相呼应的下放外贸经营权和利用外资、设立外商合资经营企业，也为中国外贸体制改革拉开了序幕。

此后，对外贸易体制改革前赴后继，不断深化，经历了下放外贸经营权改革；进出口商品计划管理体制改革；外贸企业两轮承包经营责任制改革；设立沿海开放城市和经济特区；设立经济技术开发区；外汇管理体制改革；关税管理改革；沿江、沿边对外开放；加入世界贸易组织的配套改革，有力地支撑了对外贸易的快速发展。

中国对外贸易体制改革的路径与次序很大程度上区别于传统国际贸易理论所建议的方式。关于对外贸易体制改革的次序，国际上一般认为，第一步应将配额、外汇控制等非关税手段关税化；第二步再将关税水平降低，进而实现贸易自由化。中国对外贸易体制改革与一般发展中国家贸易体制改革的条件和环境存在根本的差别。国际上讨论对外贸易体制改革主要是指贸易自由化过程，即由保护型对外贸易体制向自由、开放的对外贸易体制转变，其体制基础是市场经济体制，改革的是政府干预对外贸易的方式与力度。中国的对外贸易体制改革虽然也存在贸易自由化的转变过程，但中国原先保护对外贸易体制的基础是计划经济体制，对外贸易自由化过程必须在经济体制从计划体制向市场经济体制的转变过程中完成。因此中国对外贸易体制改革就不是一个单纯的贸易自由化问题，而必须顺应总体经济体制改革的次序和步骤。

由于上述原因，在中国向市场化转轨过程中，就贸易措施而言，先逐步放松对外贸易计划，代之以许可证、配额及其他行政控制手段。与计划相比，数量控制手段是许多市场经济国家都采用的贸易干预措施。之后，随着国内市场化改革的深入，市场扭曲的程度逐步减少，对外贸易数量控制也随之减少，直至最后取消数量控制措施。就改革目标而言，是要通过体制改革，释放比较优势，扩大出口贸易，以解除经济发展中的外汇约束；通过贸易保护，发展新兴产业与特定产业，从而促进经济发展。中国计划体制下的对外贸易保护体制，具有强烈的"反出口倾向"，因为保护使进口替代产业的产品价格上升，缺乏国际竞争力，限制了出口。中国对外贸易体制改革的措施组合是：一方面，继续维持对国内产业的有选择保护；另一方面，采取出口补贴、外汇留成、出口退税等大力度出口鼓励措施，抵消保护政策造成的扭曲，优化资源配置，使一部分产业和产品的比较优势得以发挥，扩大出口规模。运用扭曲理论进行分析，中国消除贸易扭曲不是从扭曲根源上消除，即不是通过解除贸易保护来消除对出口的歧视，而是运用其他的出口鼓励扭曲抵消保护扭曲，是一种次优的扭曲纠正做法，但这种在进口替代保护还必须存在的背景下，附加出口鼓励的政策组合，被实践证明是有效的。

中国对外贸易体制改革的具体内容和过程，大体包括以下几方面（裴长洪，2007）。

一 下放对外贸易经营权，扩大地方政府对外贸易自主权

1979 年，以给广东、福建两省灵活经贸政策为起点，对外贸易体制拉开了序幕。下放外贸进出口总公司的经营权，扩大地方的对外贸易经营权，同时扩大地方政府对引进技术、进口商品的审批权，给地方政府一定比例的外汇留成等，旨在调动地方发展对外贸易的积极性。这在一定程度

上改变了对外贸易中央高度集权的状况,加速了中国对外贸易的发展。但这种政策调整并没有改变政企不分的体制基础,而且为地方保护主义泛滥埋下了隐患。

二 扩大对外贸易经营渠道,打破垄断经营

在传统计划经济体制下,中国对外贸易几乎全部由国家外贸专业总公司独家垄断经营,对外贸易领域所有制结构呈单一公有制。其改革的措施是:继广东、福建两省之后,各地方经过批准可以成立地方外贸公司;批准19个中央有关部委成立进出口公司,原先由外贸部所属进出口公司专营的产品也分散到其他部委的进出口公司去;陆续批准一些大中型生产企业经营本企业产品的出口业务和生产所需的进口业务;对外商投资企业实行优惠政策,允许其经营本企业产品的出口和有关原材料的进口。随着外商投资企业对外贸易业务的扩大,对外贸易领域单一公有制的所有制结构被打破,逐步形成了以公有制为主体、多种经济形式并存的格局。

改革开放前,中国对外贸易业务主要掌握在十几家专业总公司手中,至1987年,全国已设有各类外贸公司2200多家,到1995年进一步发展到9000多家,1999年达到2.6万家[1],加上"三资"企业对外贸易业务的发展,中国对外贸易高度垄断的局面有了根本的改变,行业集中度大大降低(表1.1)。

表1.1　　　　十大外贸公司在中国进出口贸易中的比重　　　　单位:%

年份	出口	进口	年份	出口	进口
1981	81.3	76.6	1987	64.3	30.3
1982	78.5	71.5	1988	21.8	19.1
1983	77.9	60.6	1989	20.2	17.8
1984	74.0	51.0	1990	19.3	14.7
1985	76.7	42.3	1991	21.6	9.8

---

[1] 《中共中央关于制定国民经济和社会发展第十个五年计划的建议:学习辅导讲座》,人民出版社2000年版,第282页。

续表

年份	出口	进口	年份	出口	进口
1986	65.7	37.6	1992	16.9	10.0

注：十大外贸公司为：机械、五矿、化工、技术、粮油、食品、纺织、土畜、轻工、工艺仪器进出口总公司。

资料来源：对外经济贸易部，转引自林桂军《人民币汇率问题研究》，对外经济贸易大学出版社1997年版，第6页。

三　工贸结合，推行代理制

传统对外贸易体制下的出口收购制、进口拨付制，使生产方和消费方被严重隔离开。出口生产企业和进口商品用户都被阻隔在国际市场之外，只有国营对外贸易专业公司在国际市场上参与运作。改革的措施是，鼓励工（农、技）贸结合，发展多种形式的工贸联营体，包括以大中型生产企业为骨干，以出口产品为龙头、生产和经营一体化的企业集团。对外贸易专业进出口公司也逐步将部分产品的出口收购制改为出口代理制，并开展代理进口业务。

四　逐步缩小外贸计划控制范围，启用关税与非关税手段

自1985年起，外经贸部不再编制和下达原计划体制下进出口两大核心计划出口——收购计划和调拨计划。在出口方面，只下达出口总额指标和属于计划列名管理的主要商品和数量指标，前者是指导性计划，后者是指令性计划。其余出口商品，除履行政府间贸易协定必须保证交货者外，都由生产企业和外贸企业根据国内外市场情况自行决定。在进口计划方面，由中央外汇进口的少数几种关系国计民生的大宗商品、大型成套设备和技术引进项目，以及同协定国家的贸易，仍由外经贸部根据国家计划按商品（项目）下达计划，并指定公司经营，这部分是指令性计划，其余进口均不再下达分商品的进口计划，由用货单位或订货部门委托有对外贸易经营权的外贸公司代理进口，有对外贸易经营权的生产企业也可自行进口。

1988年以后，实行指令性计划、指导性计划和市场调节三种管理形

式，指令性计划的商品约占出口总额的30%；指导性计划的商品约占出口总额的15%；其余商品实行放开经营，市场调节，不再列入计划，由市场调节的这一部分大约占出口总额的55%。在进口计划方面，属于指令性计划的商品约占进口总额的20%；另外对进口总额中的20%只规定专项用途和金额；其余商品的进口全部实行放开经营，市场调节，不再列入计划，市场调节的部分约占进口总额的40%。到1994年，对外贸易领域全部取消了指令性计划，所有的计划都成为指导性的，没有强制约束力。

为了进一步与WTO规范相衔接，首先，进一步减少进口计划的控制范围。20世纪90年代中期，中国进口贸易总额的40%左右仍在国家指令性计划和指导性计划管理之下，此后继续缩小计划管理的比重，扩大自由进口的比重。到20世纪末，进口贸易的80%以上按市场调节自由进口。其次，削减直至取消行政性进口审批制度。行政审批实际上扩大了计划管理。此后大量压缩行政审批机构，削减行政审批的进口商品种类，在20世纪末完全取消行政审批制度。1994年国家取消按限额审批一般机电产品，改为登记管理的做法，是取消行政审批的过渡措施，后来逐步扩大实行。最后，进一步完善许可证制度。90年代中期，中国对49种重要的、国际市场敏感的大宗商品实行进口许可证管理。进口许可证的发证依据是《中华人民共和国进口货物许可制度暂行条例》及其实施细则。各地方、各部门凡进口属于进口许可证管理的商品，均须经过国家规定的主管部门批准，凭配额证明到指定的发证机关申领进口许可证。同时对一些重要原材料进口商品，如原油、成品油、钢材、粮食、棉花等12种目录商品实行核定公司经营，目录以外的进口商品放开经营。此外，国家还对18种机电产品和26种一般商品实行进口配额管理，对171个税号的机电产品实行进口配额管理，对171个税号的机电产品实行非配额管理或自动登记管理，对12种一般商品实行进口自动登记管理。关贸总协定不禁止许可证制度，但要求方法透明、配额公开、手续简便。今后的改革方向是：一方面进一步减少配额许可证管理的商品种类，采取非配额管理和招标竞争的过渡性措施，减少重复交叉的管理措施，简化手续；另一方面应参照东京回合《进口许可证手续协议》，使中国许可证制度进一步接近国际规范。

计划逐步退出后，市场机制尚不能有效调节出口生产与保护国内市场,而是启用关税及非关税手段,也就是国际上通用的商业性政策(Commercial Policy)手段来取代计划作为过渡。

20世纪80年代后期,尤其20世纪90年代以来,中国的平均关税不断下调,到2000年已降到接近发展中国家的平均关税水平,为16.7%,2001年再降到15.3%。但关税结构仍保持递升的结构,即关税水平从原材料、到中间产品、再到最终产品是逐步递升的。在削减计划的同时,中国开始采用非关税措施,如许可证、配额、指定经营等措施,这些措施从无到有、从少到多。因此,改革开放以后,中国非关税保护是呈上升趋势的。1992年以后,随着进口体制改革步伐加快,许可证、配额管理范围逐步缩小,到1997年,受配额、许可证控制的进口商品,大约只占进口总税目的5%。到2000年,进口许可证管理商品从1992年的53种减少到35种,出口许可证管理商品从1992年的138种减少到2000年的50种,同时在出口配额管理中逐步引进了市场化分配机制。

五 改革外汇管理体制

在计划经济体制下,汇率与价格一样,只是作为一种记账工具,而不起调节进出口贸易的作用。对外汇实行"统收统支"的管理制度,人民币汇率长期处于高估状态,保持在1.5元/美元左右,国家通过进口盈利来弥补出口亏损。从1981年1月1日起,中国试行人民币兑美元的贸易内部结算价,2.8元人民币兑换1美元,而非贸易外汇仍按官方价1.5元人民币兑换1美元,形成双重汇率。随着官方汇率不断贬值,1985年1月1日起,官方汇率调至贸易内部结算价的水平,贸易与非贸易汇率得到统一。与此同时,实行了企业外汇留成制度,用以补偿出口换汇成本的上升。出现了外汇调剂市场和外汇调剂价格,并由此形成双轨制汇率。企业的出口收汇被分成两部分:一部分必须按较低的官方汇率(1985年为2.94元/美元,1987年为3.72元/美元,1990年为4.78元/美元,1993年为5.76元/美元)上缴国家,余下部分可按调剂市场汇率售出或可自行根据市场供求信号进口赢利商品。根据估算,外汇留成加上未进入调剂市场而由企业自行进口支出的留成外汇,在1994年汇率并轨前已占到外汇收入的80%左右,这意味着外汇收支中由市场供求决定汇率的部分在不断增加，而官方汇率支配的外汇比例在不断下降，为汇率市场化演进创造了条件。

1994年，国家取消官方汇率，形成由市场供求决定的单一汇率，在结售汇制度方面，规定所有的外汇收入都必须结售给指定银行及金融机构，进口用汇则凭进口有效凭证用人民币从银行按当时汇率购买。汇率由银行间的外汇交易，依供求决定。这为取消贸易项下的外汇限制创造了条件。这主要是指没有出口创汇的企业在使用外汇时要经过外汇管理局的审批，而不能直接凭借进口合同在外汇指定银行购买外汇。因此，可以放松对进口用汇的限制，凡获得任何其他一种进口管理措施允许的进口合同，企业用汇不应再经审批；外汇管理当局只审批自由进口的用汇需求，而且应建立公开、透明的审批政策。

六　实行对外贸易承包经营责任制

对外贸易承包经营责任制是外贸企业改革的起点。开始于1987年，并只在部分企业试点。结果当年出口额增长28.5%，出口成本降低了1.5%，出口单位美元占用资金下降12.6%。1988年，试点推向全国。由外贸总公司、工贸总公司及地方政府分别向中央政府承包出口收汇、上缴外汇和出口盈亏三项指标，同时在轻工、工艺、服装三个行业试行自负盈亏改革。承包经营责任制的目的是在保证出口收汇增长的前提下，冻结国家财政补贴。

七　改革统包盈亏的对外贸易财务体制

1987年以前，中国对外贸易的财务收支一直隶属于中央财政，对外贸易的赢利除很少的比例留给企业及主管部门，其余全部上缴中央财政，对外贸易亏损也全部由中央财政消化。1985年以后实行的外汇留成制度，一定程度上将企业的经营活动与企业经济利益联系起来。1988年在全国全面推行对外贸易承包经营责任制，将财政补贴封顶，实行超亏不补，结余留用，使企业经营成果与企业、职工的经济利益进一步联系起来。但由于仍存在大量的政府财政补贴，统包盈亏的体制还未从根本上取消。1990年，取消了对出口的财政补贴，1994年全部取消对进口的财政补贴，并取消对外贸易的指令性计划，使企业基本上能按照市场经济规律自主经营、自负盈亏。

虽然1990年国有外贸企业开始取消经营亏损补贴，但相当一部分国有外贸企业还不能成为有效率的市场竞争主体，甚至有少数企业经营严重亏损，银行挂账，债务沉重。企业改革滞后，是制约中国进一步扩大对外开放的一个重要因素。因此，整个90年代，提高外贸企业经营活力成为"八五"和"九五"外贸发展和改革的重要议题。

国有外贸企业缺乏效率的主要原因是：长期靠政府补贴养成的习惯依然存在；国家只允许国有企业经营外贸，形成国家垄断，缺乏竞争；工贸脱节、产销不协调，产品不适应市场需要；外贸经营权由行政审批，经营外贸成为政府恩赐的特权，一旦获得，便可永久享用，缺乏筛选和淘汰机制；在外汇留成制度激励下，各地批准的外贸企业过多过滥，大量外贸企业经营规模太小，不具备经营外贸的条件，导致成本高、效率低。

针对上述原因，改革的内容应包括：实行政企分开，改变企业依赖政府的旧习惯，允许非国有企业（包括一部分外商投资企业）进入外贸领域，打破垄断，形成不同所有制的竞争；促进国有外贸企业走联合、兼并的道路，对少数资不抵债，严重亏损的企业允许招标拍卖。外贸企业实行工贸结合，采取实业化、集团化、多元化经营，通过投资、互相持股、企业产权重组等方式，改变企业组织结构和经营方式。改变行政审批制度，逐步向企业登记制过渡，建立不同所有制企业公平进入外贸领域的机制，以及相应的兼并、淘汰和退出机制，使外贸企业的数量和经营规模达到合理与适度。到1995年，中国共有外经贸企业（不含"三资"企业）9000多家，相当多的企业达不到合理经营规模，应加快联合兼并，实现企业规模经济，增强企业活力。

八 逐步将关税率降至发展中国家的平均水平

从1992年1月至1995年底，中国已4次降低关税，按国际现行通用的"协调制度税则目录"计算，在此期间中国算术平均关税率从47.2%降至35.9%，1996年4月中国再次大幅度降税后，算术平均关税率降至23%，与WTO中的发展中国家平均关税水平14%—15%相比，中国名义关税率的差距将大为缩小。而且，由于中国制定了大量减免关税的优惠措施，并对加工贸易企业的进口料件免征关税，因此实际关税率比名义关税率低得多。如按实征关税金额除以进口货值，1994年实际关税率为4%，1995年为3%，即使加上海关代征进口环节税，也只达到6.4%。法定关税率偏高，而实际关税率很低，这是税制不健全、税法不严肃、政策不透明的表现。未来几年应在逐步清理和取消过时的减免税优惠措施的基础上，继续降低关税总水平，降至发展中国家14%—15%的平均水平，并维护税法、税则的严肃性，依法征税，依率计征。

九 逐步扩大农产品和服务贸易的市场准入程度

随着中国经济增长和需求增加，农产品供给和农业生产结构调整均应得到国际交换的支持。由于渴求增长较快，中国农产品市场价格大幅度上涨，有的已接近甚至超过世界市场价格，过度的农业保护政策已失去其合理性。因此应根据比较优势原则，适当扩大农产品进口，进一步调整农业生产结构，达到增加有效供给和提高农民收入的目的。要把扩大国际交换放到中国农业和食品政策中应有的位置上。为此，应当逐步弱化过度的农业保护，进一步开放农产品市场，使中国农业，主要是东部沿海地区的农业有可能按照比较优势原理优化生产结构，实行农业国际化经营，提高农业的效率。

在服务贸易方面，未来几年中国可允许一部分外商投资企业进入零售商业的试点。这些试点将对中国开放服务贸易市场产生积极影响。近几年，金融领域的市场准入有突出进展。截至1995年11月底，中国人民银行共批准470家外资银行代表处和135家营业性外资金融机构（其中，外国银行分行115家，中外合资银行5家，外商独资银行5家，中外合资和外商独资财务公司5家，外资保险公司分公司4家，中外合资投资银行1家）。同时，中国还将选择上海作为在华外资银行试办人民币业务的城市。这些说明，在服务贸易市场开放中，一些原来由国家垄断经营的行业已先于国内投资者向外国投资者开放，今后还要研究中外企业公平进入的国民待遇原则，以及在服务贸易中公平竞争的原则。

十 深化外汇体制改革，2000 年实现人民币可兑换

1994 年，中国外汇体制改革是推动人民币走向可兑换的重要步骤。未来 5 年内可预期的改革还包括取消进口货物用汇的审批制度、实现经常项目下的自由兑换和实现资本项目下有管理的可兑换。

改革的难点是实现资本项目下的可兑换。在战略上，中国采取渐进式的改革方针：先放松对与贸易有关的资本流动的限制，然后放开对长期外国直接投资和证券投资的限制，最后再放开对短期资本流动的限制。由于资本项目的自由兑换，要求具备一些重要的前提条件，如大幅度削减财政赤字，大大降低通货膨胀率；适度的内外债规模；国内利率与国际金融市场利率接轨；提高国内金融体系的竞争力；国内金融机构的资本状况符合一定标准；加强对国内金融体系的监管，建立金融体系开放的政府保障措施；等等。因此在 5 年时间内具备这些条件是很艰巨的。考虑到一些短期内难以创造的条件，对 2000 年人民币可兑换的含义可作这样预测：实现经常项目下人民币的自由兑换；实现资本项目下有管理的可兑换，即与贸易有关的资本进出实行可兑换，对长期外国直接投资（包括外商在华投资和中国企业海外投资）的进出实行可兑换。即使达到这样的目标，还要取决于中国外汇市场的发育状况和国内金融体制改革的进展。

第二节　吸收外商直接投资的法制建设与政策环境

1979 年以来，中国政府为了吸收外商直接投资，进行了大量法制建设工作，形成了比较齐全的利用外资的法规体系。1979 年 7 月 8 日第五届全国人大第二次会议通过《中华人民共和国中外合资经营企业法》后，立法机关和政府制定的重要法律法规有：1986 年 4 月第六届全国人大第四次会议通过《中华人民共和国外资企业法》、1988 年 4 月第七届人大第一次会议通过《中华人民共和国中外合作经营企业法》、1988 年 7 月发布《国务院关于鼓励台湾同胞投资的规定》、1990 年 8 月发布《国务院关于鼓励华侨和香港澳门同胞投资的规定》、1991 年 4 月七届人大四次会议通过《中华人民共和国外商投资企业和外国企业所得税法》。从 1979 年到 1994 年

16年间，中国共制定、颁布了500多个涉外经济法规，其中有关利用外资的法规条例达70多项。中国还与世界上65个国家签订了投资保护协定。

为了吸引外商来华投资，使他们能够按照国际通行的做法开展经营活动，中国给予外商投资企业较多的优惠待遇。（1）外资股权比例规定较灵活。对外商资本的出资比例，以25%为下限，而未规定上限，且允许设立独资企业。但对注册资本与投资总额的比例有风险控制。例如，投资总额在300万美元以下的，其注册资本至少应占投资总额的7/10；投资总额在3000万美元以上的，其注册资本至少应占投资总额的1/3。（2）对外资的投资期限比较灵活。一般项目的合营期限为10—30年，有的大项目经过批准，其合营期限可延长到50年。（3）投资地点、投资规模、投资形式可以自由选择。中国政府不仅允许外商自由选择投资地点，而且在沿海最好区位鼓励外商投资；不仅欢迎大项目，对于10万美元的小投资也同样给予优惠待遇；不仅可以选择股份投资，中外合资经营，也可以独资经营，还可以以非股份出资方式采取中外合作经营。（4）设立外汇调剂市场解决合资企业外汇收支平衡问题。中国法律允许境外投资者在依法纳税后，将其纯利润、工资及其他正当收益自由汇出境外，但必须以该企业的外汇收支平衡为前提，即企业必须有一定数量的产品出口。为了解决一些外商投资企业外汇收支不能自求平衡问题，允许外商投资企业之间，在外汇管理部门的监督下，相互调剂外汇余缺。（5）税收优惠。在所得税率方面，中外合资企业采用固定比例税率，合营企业所得税加上附征地方所得税，实际总税负为33%。外国企业（包括独资企业和中外合作经营企业）所得税采用累进税率，实际税率为30%—50%，在经济特区，这两种企业所得税率一律为15%。（6）优惠的土地使用政策和收费。外商投资企业项目的建设用地可以向政府主管部门申请一定期限的土地使用权，政府采取土地批租的形式向外商投资企业出让土地使用权。在海南和厦门经济特区，土地使用权出让甚至可延长到70年，而且合营企业还可以向别的企业转让土地使用权，并可将土地使用权作为抵押而获得贷款。许多地方还允许外商成片开发土地，可以建设工业、商业和居民住宅并可以出售、出租和抵押建筑物。（7）鼓励出口和高新技术项目。1986年10月，中国政府颁布了《鼓励外商投资的二十二条》，对外资兴办的出口导向型和高新技术项目，在税收、关税、土地开发和使用费、利润汇出等方面给予更多的优惠；在工资、管理和生产方面给予更多的自主权；在原料、能源供给和产品销售上给予照顾。《鼓励外商投资的二十二条》突出了中国吸引外资的政策含义，对引导外资投向出口创汇和高新技术项目发挥了积极作用。

20世纪90年代以后，允许外商投资的范围逐渐扩大，投资领域的政策规定也不断放宽。在采矿业方面，允许外商开发有色金属矿、冶炼和加工；非金属矿的开采和加工；煤炭、石油的勘探、开发等。在基础设施建设方面，允许外商投资于高速公路、铁路、汽车运输、码头建设等领域，并允许外商参与经营。允许外商以合资经营形式投资于车厢制造、车站的管理、道路沿途加油站等服务设施项目；允许外商独资建设货主专用码头、专用航道。在航空领域，机场建设、飞机维修、候机楼服务和航空食品等行业可以合资经营。在服务业领域，有步骤地在商业、外贸、金融、房地产、旅游等行业放宽准入条件。商业零售业在90年代初期取得外商投资的试点；在旅游行业，允许在11个国家级的旅游度假区开发旅游设施，并可合资举办国际旅行社。房地产业由限制改为允许外商投资，适度发展。鼓励外商进行工业用地、旧房改造和普通住宅开发。1997年12月，经国务院批准，国家计委、国家经贸委、外经贸部联合发布了《外商投资产业指导目录》，标志着中国吸收外商投资进入更开放、更理性、更具有宏观经济目标的新阶段。

中国金融服务业的开放为中外瞩目。自1982年香港南洋商业银行在深圳开设分行后，中国进入了银行业的开放过程。1996年12月，中国开始允许部分外资银行在上海浦东地区经营人民币业务，1997年8月，经营区域扩大到深圳。截至1999年上半年，被正式批准在中国内地经营人民币业务的外资银行已有25家，其中19家设在上海浦东，6家设在深圳。1999年1月27日，中国取消了外资银行在华设立营业性分支机构的地域限制，从过去的上海、北京、深圳、天津等23个城市和海南省，扩大到所有中心城市。到1999年2月底，外资金融机构在华设立的营业性机构已达191家，总资产达到360多亿美元，占中国全部金融资产的比重为2.58%，外汇资产则占金融机构全部外汇资产的16.4%。其中，贷款余额

270多亿美元，约占国内全部外汇贷款余额的23%；存款余额48多亿美元，约占国内全部外汇存款余额的5%。

1999年以来，中国人民银行进一步对外资银行经营人民币业务采取了四项开放政策。首先是在外资银行经营人民币业务遇到资金不足时，人民银行将以个案审批的方式允许其增资，最高可达1亿元人民币；其次是允许外资银行在适当时候发行大额可转让存单筹集资金；再次是允许外资银行进入全国人民币同业拆借市场，从事人民币资金拆放业务；最后是允许外资银行参与发放人民币银团贷款，其人民币资金来源的不足部分，可向中资银行借款。可见，当时中国银行业的对外开放速度和程度，即便同世界上的一些发达国家相比，也不算低。

第二章 中国"入世"10年与全球多边贸易体制

第一节 适应世界贸易组织多边规则的改革

一 完善市场经济法律体系，深化涉外经济体制改革

加入WTO以来，中国全面接受了多边贸易协定与协议，并根据WTO规则和所作承诺，有计划地对与贸易有关的法律、行政法规、部门规章等进行了大范围的清理与调整。中央各部委清理2000件左右，废除500件，地方一级清理与调整的法规、政府规章和其他政策措施数量更为庞大。这是一项浩大的系统工程，中国由此建立起与世贸组织规则相容、较为完善的市场经济法律体系。

这一期间，中国修订了《中华人民共和国对外贸易法》，该法规定："国家实行统一的对外贸易制度，鼓励发展对外贸易，维护公平、自由的对外贸易秩序"，中国的对外贸易政策由此在法律层面明确了从保护贸易政策向公平与自由贸易政策的转变。新制定的《立法法》《行政法规制定程序条例》等法律法规使立法公开进一步制度化、规范化，成为立法活动必须遵循的一项基本原则，对政府行为的透明度提出了更加严格、具体的要求。中国还设立了中国世贸组织通报咨询局，根据WTO具体协定的要求，履行通报中国贸易政策和措施的义务。

经过10年的努力，遵守国际贸易规则、按国际规则办事的观念逐步深入人心，各级政府在出台新政策、新规定时注意保持与国际规则的一致性，为中国今后长期坚持改革开放提供了重要保障。正是通过持续不断的

创新，中国推进了国内计划体制、价格体制、劳动用工制度、分配制度、投资体制、金融体制、户籍制度、产权制度和市场体系等一系列改革探索，降低了经济发展的制度成本。

二 全面履行降税承诺，协调内外贸一体化发展

加入WTO以来，中国逐步调整进出口关税税则，按世贸原则渐次调整最惠国税率、年度暂定税率、协定税率、特惠税率以及税则税目等项目。10年来，中国所有关税都被约束，且税率处于约束水平或接近于约束水平，这使关税措施具有高度可预见性。中国的平均关税从2002年的15.3%下降到2005年的10%，继而降至2010年的9.8%。其中，农产品平均税率由2002年的18.1%下降到2005年的15.3%和2010年的15.2%；工业品平均税率由2002年的11.7%下降到2005年的9.5%和2010年的8.9%。目前，中国加入WTO的降税承诺已全部履行完毕，关税水平不仅在发展中国家中是最低的，而且低于欧盟的平均水平，在部分细分行业也低于一些发达国家。

这一时期，中国建立了内外贸统一协调的政府商务管理机构，在管理层面终结了内外流通隔绝的历史；取消了进口配额和进口许可证等非关税措施，彻底放开了对外贸易经营权，有力地推动了贸易自由化和便利化。随着国内民营企业贸易权的放开，越来越多的民营企业加入对外经济合作与贸易的行列。根据全国工商业联合会发布的《中国民营经济发展形势分析报告2011》，中国民营企业2010年的出口总额达4812.66亿元，较2005年增长223%，年均增长26.4%。

三 稳妥运用世贸规则，维护国内产业安全

加入WTO以来，国内相关部门及产业运用国际通行规则保护自己的意识不断增强，调查机关实施反倾销措施和参与制定国际规则的能力不断提高，妥善化解了企业经营风险，维护了企业合法权益。应国内产业申请，中国对进口产品发起了一定数量的反倾销调查，涉案产品涵盖了化工、钢铁、造纸等传统行业，并逐步向高科技、涉农产品和医药产品拓展。中国的反倾销法律制度从点到面，渐成体系；反倾销实践从无到有，

渐趋成熟。这些举措限制了国外产品低价倾销行为，使受损产业得以恢复发展。同时，中国还积极运用世贸规则，广泛实施贸易救济工作，保护了幼稚产业，促进了产业结构调整。

加入世贸组织以来，截至2011年8月，中国参与了30起世贸组织争端解决案件，其中起诉其他成员8起，其他成员起诉中国22起。同时，中国还作为第三方参与了78起其他成员之间的争端解决案件。在直接涉及中国的争端案件中，有近1/3的案件通过双方磋商获得解决。其他经过专家组及上诉机构最终裁决的案件中，中国赢得了与其他成员国共同起诉美国的钢铁保障措施案、美国限制中国禽肉产品进口措施案和欧盟对中国紧固件反倾销措施等案。这些结果与美国和欧盟参与争端解决结果不相上下，作为新成员，中国取得这样的成绩实属不易。

四 沉着应对与防范贸易摩擦，维护出口贸易环境

"入世"以来，中国面临日益严重的贸易摩擦形势。各级政府对此高度重视，有关部门积极配合，努力推动有关国家承认中国"市场经济地位"，充分发挥中介组织和涉案企业的积极性，全力应对对华反补贴调查，扎实做好反倾销应诉指导工作，妥善处理特保调查，并注意通过解释澄清防范贸易摩擦的发生，取得了显著成绩。

"市场经济地位"问题具有明显的政治性和歧视性，它不仅降低了国外对中国反倾销立案的门槛，而且刺激了国外对中国反倾销的滥用，使中国涉案企业遭受损失，相关行业和关联产业受到冲击。通过多层次、多渠道交涉，目前已有新西兰、南非、东盟十国、巴西、韩国、瑞士、乌拉圭等国家正式承认中国完全市场经济地位，中国企业应诉倾销的国际环境得到逐步改善。

面对国外对中国发起的反补贴调查，中国多层面进行交涉和抗辩，会同相关行业协会，指导企业积极应对，取得了一些成效。美对华铜版纸反补贴案，美国际贸易委员会做出无损害终裁，不采取任何救济措施。在加拿大铜制管案中，中国两家应诉企业在原审和再调查中均被裁定反倾销和反补贴税率为零。在反倾销应诉活动中，也取得较好成绩。如欧盟冻草莓案和烫衣板案中均有企业获得市场经济待遇和零税率；哥伦比亚纺织品案、墨西哥电极案都取得不征收反倾销税的结果；印度显像管案和维生素案经中国积极交涉使申请方撤诉。中国还妥善处理特保调查，有效维护国内企业的利益。此外，就其他成员国关注的诸如"绿坝"过滤软件、信息安全产品强制认证、手机 WAPI 标准要求、禁止使用莱克多巴胺等问题，中国对相关国家积极进行解释澄清，防范了贸易摩擦的发生。

五 "引进来"和"走出去"相互协调，完善双向开放格局

加入世贸组织以来，中国持续改进对外资企业的管理和服务，优化外商投资的软硬环境，鼓励外资继续发挥积极作用。支持国内企业与跨国公司的技术研发合作，发挥外资对自主创新的积极作用。把服务业作为新的开放重点，有序推进教育、医疗、文化等社会事业领域的对外开放；在按WTO 规则分类的 160 多个服务贸易部门中，中国已经开放了 100 个，并将进一步开放 11 个分部门，远高于发展中国家的平均水平。中国从过去主要以东南沿海地区的对外开放，转向以发达地区为主导，中西部并重的全方位对外开放的新格局。2001—2010 年，中国利用外商直接投资从 468 亿美元增加到 1057 亿美元，连续 19 年居发展中国家首位。外资在促进国内产业升级、区域协调发展等方面仍具有重要意义。

同时，中国大力实施"走出去"战略，支持有条件的企业开展国际资源合作，鼓励企业通过跨国并购等途径，到科技资源、技术人才富集的国家投资，加快提升企业的国际竞争力，培育中国的跨国公司和国际知名品牌；进步转变对外承包工程增长方式，提高劳务合作的质量；引导中资企业尊重东道国文化，守法诚信经营，承担必要的社会责任。2001—2010年，中国对外直接投资从不足 10 亿美元增加到 590 亿美元，居世界第 5 位，10 年累计对外直接投资存量超过 3000 亿美元。目前，中国企业对外投资已覆盖全球 170 多个国家和地区，呈现出市场多元化发展态势。

六 同步推进多双边合作，实现互利共赢

加入世贸组织以来，中国一方面积极参加世界贸易组织等多边组织的活动，发挥建设性作用；另一方面，按照"平等互惠、形式多样、注重实效"的原则，以周边地区、资源富集地区、主要市场和战略伙伴为重点，

逐步构建自由贸易区。目前，中国已经签署了10个自贸协定，正在商建的自贸区有5个。同时，中国已经完成了与印度的区域贸易安排联合研究；与韩国结束了自贸区联合研究，正在开展中日韩自贸区官产学联合研究。此外，中国还加入了《亚太贸易协定》。

中国不断深化和拓展双边合作领域，商签各类双边贸易投资保护协定，营造良好的国际经贸环境，促进共赢。为化解贸易摩擦，中国积极加强双边贸易救济调查机构的交流，目前已同南非、埃及、韩国、巴基斯坦、阿根廷、巴西、美国、澳大利亚等国正式建立了贸易救济合作机制。

第二节 中国加入世界贸易组织的主要贡献

一 国际经贸发展的有力推动者

中国加入世界贸易组织是国际贸易和国际经济中意义重大的事件。加入 WTO 以来，中国积极融入世界经济，与世界各国优势互补、利益共享。中国的经济增长不仅带动了周边国家的繁荣，提升了东亚整体竞争力和长期发展潜力，而且在世界范围内为各国提供了广阔市场，为投资者带来了机遇，为世界经济的增长提供了强劲动力。中国努力扩大国内需求，增加进口和鼓励双向投资，为其他国家提供了更多发展机遇和就业机会。

中国出口优质、廉价，特别是适用于普通百姓需要的产品，如家用电器、鞋、服装和玩具等，实际上帮助了其他国家，尤其是美国、欧盟国家和巴西，减轻了对方国内所面临的通货膨胀压力。中国的廉价商品帮助了一些发达国家长期维持特别是应对国际金融危机中实行的低利率货币政策。2001年，中国出口额为2662亿美元，2010年为15779亿美元，10年增长了4.9倍。2009年，中国超过德国成为世界第一出口大国，在世界贸易中的份额达9.6%。

中国大量进口原料和技术产品，使出口这些产品的国家获得了巨大的商业利润，尤其是铁矿石和粮食等原料输出国。美国作为世界上最大的农产品出口国，在向中国出口大豆、小麦、高粱和玉米上获得了巨大的经济利益。目前，中国是日本、韩国、东盟、澳大利亚、巴西、南非等国家和地区的第一大出口市场，欧盟的第二大出口市场，美国的第三大出口市场。2001年,中国进口额为2436亿美元,2010年为13948亿美元,10年增长了4.7倍,跃居为全球第二大进口国。

二 贸易保护主义的坚决反对者

10年来,中国一方面认真履行承诺,大幅度降低进口关税,取消非关税措施,开放服务贸易市场,加强知识产权保护,同时大规模清理与贸易有关的法律法规,以自身重承诺、担责任、守信用的实际行动,推动国际贸易自由化的进程;另一方面,面对近年来许多国家和地区贸易保护主义的重新抬头,中国始终坚持反对贸易保护主义的立场,并依靠自身不断增长的贸易与经济影响力,利用WTO规则,积极应对国外针对中国产品滥用反倾销、反补贴措施,反击贸易保护主义。我们加入欧盟、日本、加拿大、印度、巴西的行列,对美国的钢铁保障措施在争端解决框架下提出起诉。在该案件中,欧盟是牵头者,中国与其他几个国家合理分工,协调良好,最后打赢了官司,对美国的贸易保护主义势力予以有力一击。

在应对金融危机过程中,中国一方面采取了以扩大内需为重点的举措,积极应对危机,为稳定世界经济做出重要贡献;另一方面,继续保持市场开放,以实际行动反对各种形式的保护主义。据美国美中贸易全国委员会2011年8月发布的《美国国会选区对中国出口报告》显示,中国加入世界贸易组织以来的10年中,美国对华出口增幅高达468%;相比之下,美国对世界其他地区的同期出口增幅仅为55%。中国还努力减少顺差,促进贸易平衡。据中国海关统计,2009年中国贸易顺差比2008年减少了1000亿美元,2010年又进一步减少了126亿美元。2010年,中国贸易顺差1831亿美元,主要是对美顺差,我们对东盟、日本、韩国,对整个非洲和南美洲都已经是逆差。

三 多边贸易规则的模范履行者

10年来,中国不仅兑现了加入WTO时的所有承诺,而且踏踏实实地履行多边贸易规则,为其他WTO成员树立了良好榜样。中国已逐步建立起符合世贸组织规则的经济贸易体制,成为多边贸易体系中重要的市场组成部分。WTO总干事拉米对中国履行"入世"承诺的表现给予"A+"

的评分，称赞"中国创造了更加透明、公平和可预见性的商业环境"。

在争端解决机制中，中国严格按照最后裁决来积极修改贸易政策。在经专家组和上诉机构裁决的案件中，比如汽车零部件案，中国在败诉之后按有关的裁决调整了汽车零部件征税的政策，执行了专家组及上诉机构的有关裁决。2008年，美国、墨西哥、危地马拉三国就中国中央和地方政府推动"中国世界名牌""中国出口品牌"的做法分别提出申诉（DS387/DS388/DS390），中国政府在认识到相关做法违反了世贸规则之后，立即废止了《关于扶持出口名牌发展的指导意见》《关于开展中国世界名牌产品评价工作的通知》，删除了《中国名牌产品管理办法》中的违规条款，迅速终止了相关措施及项目。2009年底，中国与三国就此案签署"双方满意的解决方法"时，该结案文件已无须包含任何承诺内容，因为中国已经用实际行动主动地提前进行了彻底整改。这一案例在WTO被传为美谈，广受赞誉。

四 多边贸易协调的重要平衡力量

中国充分利用既是发展中国家又是贸易大国的特殊地位，在坚持从发展的角度出发，努力维护发展中国家利益的同时，注重加强与发达国家之间的政策协调，从而多次在谈判的关键时刻担当了协调者的角色，促进成员间的相互沟通、减少分歧，为推进谈判向前发展、维持国际贸易体系内的平衡发挥了建设性的桥梁作用。中国在多边贸易谈判进程中地位举足轻重，中国的加入显著改变了谈判的力量对比，成为多边谈判的重要平衡力量。

2003年，中国加入了由巴西牵头发起的发展中国家重要的谈判集团G20，努力与集团成员进行沟通，提出"农产品消减关税公式""发展中成员国营贸易企业"与"新成员的待遇"等建议，这些建议在G20内部均得到采纳。在多哈农业谈判中，中国所处的G20阵营很快占据了谈判的中心位置，中国在其中所起的作用备受瞩目。2004年7月，在日内瓦的小型部长会议上，通过中方代表团的努力，"国有贸易企业""农业特殊产品"和"新成员待遇"等问题在框架协议中得到较为妥善的处理。2005年12月的香港部长级会议上，中国同巴西、印度等发展中成员积极协调立场，显著增强了发展中成员的谈判力量，推动会议最终确定了发达国家严重扭曲公平贸易的农业出口补贴要在 2013 年前全面取消，通过了对最不发达国家免关税、免配额待遇的特殊安排，通过了对棉花补贴问题的特殊安排。2008 年 7 月，中国受邀参与了仅有美国、欧盟、日本、巴西、印度、澳大利亚和中国七方部长与会的小范围磋商，首次进入多边贸易谈判核心决策圈，成为重要的一极，在弥合各方分歧方面做了许多工作，这是多边贸易体系历史性的重要进展。

五 多边贸易机制的重要建设力量

在世贸组织中，中国已从一个注重学习和熟悉世贸机制与规则的新成员，逐渐成为能够运用世贸机制与规则维护国家经济利益，并积极参与相关机制建设的重要成员。10 年来，中国主动参与 WTO 规则制定，单独或联合其他国家共提交了 100 多份提案，其中单独递交的提案超过半数，在各个层面为推动多边贸易机制建设做出了实质性贡献。中国在规则谈判中关于反倾销日落条款的提案、关于渔业补贴的提案、关于贸易便利化的提案都受到成员的重视与好评。WTO 总干事拉米在参加 2009 年世界银行与国际货币基金组织春季会议时表示，"中国是多哈谈判的最积极成员之一"。

2005 年 6 月，在大连举办的 WTO 小型部长级会议上，中国推动会议就"非农产品采用双系数瑞士公式"和"非约束产品增加值"等问题初步达成共识，为年底的贸易部长会议打下了良好基础，各参会成员对中方周密的会议安排倍加赞誉。在 2008 年总干事拉米召集的 G7 会议上，中国代表团在服务贸易出价介绍会上的发言获得欧盟、澳大利亚等要价方的一致好评。中国在非农谈判部门减让、反集中条款及优惠侵蚀等敏感问题上采取务实与建设性立场，与其他成员共同努力寻找达成妥协的方案，反映出中国维护多边贸易体制的高度负责态度。2009 年，为打破僵局，推动多哈谈判，中国及时提出"尊重授权、锁定成果、多边谈判为基础"的三项谈判原则，获得大多数成员的支持，并体现在 G20、G8 + 5、APEC 领导人宣言中。

中国积极参与贸易政策审议机制，尤其重视对美国、欧盟、日本等主要发达成员的审议，对它们违反世贸组织规则的贸易保护主义措施提出质疑，对在双边经济合作中久拖未决的问题在多边场合表达关注。在世贸组织理事会与委员会的例会上，中国的参与越来越深入，对其他成员尤其是发达成员出台的贸易保护主义措施不断地提出质疑与挑战，通常都得到其他发展中成员的支持与响应。WTO的上诉机构、TBT委员会、与贸易有关的投资措施委员会等机构中出现了越来越多中国官员和学者的身影，这是中国为多边贸易机制建设所提供的智力支持。

六　发展中国家利益的坚定维护力量

中国从多哈谈判初期就坚定地和广大发展中成员站在一起，强调这一轮谈判是发展回合，应当重点解决广大发展中国家所关注的问题，包括大幅度削减发达国家扭曲贸易的农产品补贴，大幅度削减发达国家农产品的关税高峰，对发展中成员农产品和工业品的关税削减给予特殊和差别待遇，对乌拉圭回合所遗留的实施过程中遇到的问题给予妥善处理等。坎昆会议前后，中国与广大发展中成员团结一致，最终使欧盟等发达国家放弃了贸易与投资、竞争政策和政府采购透明度三个新加坡议题。在非洲棉花生产国关于发达成员削减棉花补贴和开放棉花市场，最不发达国家要求免关税、免配额待遇的正当要求方面，中国也及时给予了有力支持。

中国依据自身条件参与WTO促贸援助，提升发展中国家参与WTO的能力建设。2007年11月20—21日，中国代表团出席首次"全球促贸援助审议大会"，推动国际社会对最不发达国家的援助，提高其参与国际贸易的能力。中国政府通过邀请越南和老挝政府代表团访华及派有关人员赴越南、老挝授课的形式，向他们介绍了中国履行加入WTO承诺、经济改革及地方应对WTO工作的经验。中国还多次向促贸援助框架下的多哈发展议程全球信托基金进行捐助，帮助其他发展中成员从多边贸易体制中全面获益。截至2011年4月，中国商务部已成功举办4届"发展中国家贸易救济措施官员研修班"，对巴西、肯尼亚、印度尼西亚、乌克兰、罗马尼亚、古巴等几十个发展中国家的上百位官员进行培训，增进了发展中成员贸易救济调查机关间的理解、交流与合作。

第三节　全球多边贸易体制的主要变化与改革方向

一　主要变化

（一）力量结构的变化

10年来，WTO的多极化趋势得以巩固成型。长期以来，多边贸易谈判事实上形成了美国与欧洲的两极结构，多边协议往往是美国与欧盟讨价还价的产物，其他国家，诸如日本与发展中大国，往往只扮演重要但并非决定性的角色。中国的加入，对WTO的谈判动力产生了意义深远的改变。坎昆部长级会议以来，主要的决定需要包括中国、巴西、印度在内一些国家的共识。2008年7月，中国受邀参与"G7"部长小范围磋商，首次进入多边贸易谈判核心决策圈，表明中国在WTO体系内的地位上升至一个新的高度，进一步强化了WTO体系的多极化结构。

10年来，多边贸易体制中的集团化有了新的发展，可以区分为"对话集团"和"谈判集团"。"对话集团"着重集团内部的磋商与谈判。比如，包括美国、欧盟、巴西、印度在内的"G4"在多哈回合谈判重启后进行了多次磋商。相比之下，"谈判集团"则更强调对外谈判。比如农产品出口国集团，即所谓的"凯恩斯集团"和在多哈回合谈判中发挥重要作用的"G20"。目前，主要的谈判集团接近20个，几乎所有成员都参加了一个或者几个谈判集团，特别是新兴集团往往针对特定的问题组成，并随着问题解决而解散。这些集团大多以议题为导向，灵活组合，具有工具性的特征，超越了乌拉圭回合中随处可见的相对固定和正式的联盟形式（黛布拉·斯蒂格，2011）。

（二）议题结构的变化

（1）议题涉及面日益广泛。多哈回合谈判的议题充分考虑到WTO建立以来世界经贸中出现的新事物，与时俱进，把关系世界经贸发展的重要问题作为新议题。诸如，贸易与环境，贸易便利化，贸易与竞争政策，贸易与技术转让，贸易与债务、金融，技术与能力建设等。新议题的数目与范围远远超出原关贸总协定乌拉圭回合谈判确定的3个新议题，表明世界范围的贸易自由化向纵深发展。一方面，它使贸易自由化从关税、非关税、服务市场准入转向贸易发挥作用的相关问题和环境上。另一方面，这些新议题的达成与接受将使 WTO 成员境内的经贸法规更多地受到影响，使 WTO 成员境内市场与世界市场进一步接轨，加速融入经济全球化的进程。

（2）议题平衡了发达成员方与发展中成员方的要求。如在关于实施与执行相关问题的议题中，既有发达成员落实 WTO 负责实施管理的协定与协议，也涉及发展中成员创造条件执行这些协定与协议的问题。在新议题中，既包含了发达成员关心的新议题，如贸易与环境问题、贸易与竞争政策等；同时也接纳了发展中成员关注的新议题，如贸易与技术转让，贸易与债务、金融，技术合作与能力建设等。发展中成员和最不发达成员的贸易发展和利益受到空前关注。多哈回合的 19 个议题中，有 13 个议题涉及对发展中成员和最不发达国家的谈判，其中 6 个议题专门针对发展中成员和最不发达国家。这些内容为发展中成员和最不发达国家通过多哈回合谈判取得更多的差别待遇和落实这些待遇提供了良好条件。

（三）外部透明度的变化

10 年来，WTO 与非政府组织（NGO）及其他社会团体代表的关系发生了重大变化，WTO 的外部透明度得以增强。尽管 WTO 仍然是一个政府间组织，其决策是通过成员达成共识的方式实现的，WTO 并没有赋予 NGO 在多边贸易体制中任何新的权力，然而许多 NGO 在 WTO 谈判和许多缔约方的谈判地位方面已经颇具影响力，早期大多数 WTO 成员对 NGO 角色的怀疑和顾虑已逐渐被一种通过加强实质性合作所体现的共存关系取代。

WTO 于 2002 年 5 月 16 日通过了《大会关于传阅与公开 WTO 文件程序的决定》，在《处理与非政府组织关系的指导方针》（1996）基础上，将公众参与 WTO 的机制制度化。新的决定增强了公众参与的透明度，削减了 WTO 文件公开原则的例外情况，"除有限的例外情况外，所有的 WTO 官方文件都应当被公开"，将大多数文件向公众开放的时间段缩短为 6—12 周。此外，WTO 还与许多其他国际组织保持着广泛的合作，如 UN、UNCTAD、联合国粮农组织、联合国环境规划署，并有 140 个国际组织取得了 WTO 观察员地位；同时，WTO 还以观察员身份参与其他国际组织的活动。这些国际组织与 WTO 及其成员的实质性合作为整个国际经济合作谈判提供了重要的透明度保证。

二 改革方向

总结 10 年的实践经验，全球多边贸易体制未来的改革应重在制度建设与反对贸易保护主义。

（一）关于制度建设

现有国际体系的构架是以美国为首的发达国家于 20 世纪 40 年代设立的，如今全球经济与地缘政治环境已发生大的变化，WTO 不仅面临着与其他国际组织相似的有效性、合法性和问责性挑战，而且还缺少其他国际组织与生俱来的许多管理架构与规则制定程序。在许多方面，它是国际组织中"最不成熟"的。例如，它没有一个执行机构或管理委员会；没有拥有实权、能确定立法优先事项、倡议新的规则的总干事或是秘书长；没有一个行使职责的立法机构；没有与利益攸关方以及市民社会进行互动的正式机制；除了 WTO 成员方对集体行动表示一致意见外，也没有批准新规则的正式体系；由于不存在明确的制度化的议程设定，各方不停地提出建议，带来了源源不断的谈判文本。国际贸易体系的进一步发展，要求 WTO 形成更为正式的治理结构，与其他国际组织达到同等标准，让其更好地发挥作用、更具效率，对其成员方、利益攸关方以及公众更富于问责性。只有这样，才能避免一而再、再而三地出现多边贸易体系"危机"。

10 年来，WTO 的三大机制中，贸易政策审议机制的运行逐渐规范化，争端解决机制也已发挥良好作用，而决策机制尚无大的改观。其结果是：规范化的贸易政策审议机制与高效有力的争端解决机制配合着虚弱、低效的决策制定程序，决策机制的滞后已构成多边体制发展的桎梏。WTO 现有"全体一致"和"投票表决"两种决策机制，但前者是原则，后者作为例外存在。实际上自 1959 年以来，除了 1995 年接受厄瓜多尔为新成员以外，无论 WTO 成员遇到多大的分歧，无论达成共识有多大的困难，无一例外采取的是"全体一致"方式。随着 WTO 成员数量的增加，现有机制已经严重影响了 WTO 的决策效率，多哈回合历经 10 年而久拖不决就反映出这一现实困境。2008 年 7 月，主要由于美国在发展中国家农产品特殊保障机制上不作让步，多哈回合谈判再次破裂，欧盟贸易委员彼得·曼德尔森不得不发出如下感慨："所有努力仅由于一个因素而付诸东流，令人心痛。"如果决策机制不变革，哪怕多哈回合能取得一定成果，将来的回合仍将面临同样的困难局面。

笔者认为，WTO未来的改革主要应包括如下方面。（1）当"全体一致"长期不能实现而严重影响WTO进程时，应采用投票表决，并且"一国一票"改为"权重投票"，权重的计算主要依据各国对外贸易占世界贸易比重、GDP及人口规模等指标。（2）仿照IMF与世界银行等国际组织的做法，在WTO内设立一个管理委员会或执行委员会，除了应包括主要大国外，还应根据国家大小、地理、发展水平来确定其他成员方代表，依据固定年限轮换席位；这个委员会将在监督预算、秘书处的常规管理、规划部长级会议与其他重要会议，协助选举总干事、副总干事及上诉机构成员等方面发挥一系列的功能。（3）建立一个常设的咨询委员会，扮演智库的角色，沟通学术界、非政府组织、政府与秘书处，以适应多边贸易议题不断深化的现实。（4）将更多正式的权力与职责赋予总干事，比如将议程设定的特权转移给总干事，以避免多哈回合"无限循环"的困境在将来不断上演。（5）增加秘书处的工作权限、人员与预算，使其能在内部规则、涉及特定技术议题的强制性规则的改善与修订等方面发挥更大作用。

（二）关于反对贸易保护主义

10年来，特别是金融危机爆发以来，国际贸易保护主义屡有抬头。尽管以WTO为代表的多边贸易体制在各国协调一致反对贸易保护主义，促进经济恢复增长的过程中具有不可替代的重要作用，但应清楚认识到其能力并不完备。除前文述及的WTO机制弱点之外，尚有如下不足。

（1）WTO解决不了贸易保护主义的滋生根源。贸易保护主义产生的根源在于成员方内部利益集团的博弈，选票政治不仅利用了这种博弈，而且助长了贸易保护主义的泛滥，从而使贸易保护主义有从适应国内政治斗争需要向国际经贸领域延伸的趋势。近几年，美国和西方发达国家对中国滥用贸易救济措施，在很大程度上并非贸易本身的利益问题，而是这种政治化的结果。

（2）贸易保护做法的违规性质难以判断。金融危机后，各国出台的贸易政策有一些明显违反了WTO规则，但也有相当多的措施很难诉诸WTO，包括"购买美国货"。美国声明,在承担国际义务的前提下实施"购买美国货",也就是在WTO《政府采购协议》下实行。《政府采购协议》是WTO的诸边协议,只有参加该协议的成员才能享受其权利,而中国、印度和巴西等还未参加该协议。"购买美国货"是贸易保护主义做法,这些国家可以谴责,但无法采取实际行动加以反对。有一些发展中国家提高关税,但却在WTO允许的约束关税范围以内,即便诉诸WTO也很难改变其做法。

(3) 国际贸易保护主义层次深化,形式多样,增加了抑制的难度。当前,贸易保护领域从货物向服务和与贸易有关的投资和知识产权延伸,贸易保护手段不断升级。在货物贸易上,保护手段从关税措施到环保、劳工安全标准和福利标准等非关税措施;在服务行业,在产品移动、人员流动和开业权等方面设置更多限制,出现排外劳工,禁止外国劳工参与本国工程建设等;在与贸易有关的知识产权上,非理性的维权和任意侵权现象更多出现。

反对贸易保护主义将是全球多边贸易体制的长期任务,应有更多的制度建设和技术规则,这将是完善和改革WTO的重要使命。当前,尽早结束多哈谈判有利于反击贸易保护主义。多哈回合谈判成功结束是重振世界经济和提振国际社会对多边贸易体系信心的"良药",是多边贸易体制不断完善、国际市场不断开放、激励全球经济增长的主要途径和动力,也是应对贸易保护主义的一张"保单"。早日结束多哈回合谈判,一方面,可以从制度层面更加有效地制约贸易保护主义,使WTO已有的抑制贸易保护主义的作用进一步深化,重塑更加公平合理的国际经济新秩序,为今后20年甚至更长时间的国际贸易发展创造稳定的环境;另一方面,可以进一步降低关税,扩大各国的市场开放水平。多哈谈判成功将使全球关税水平在现有基础上下降50%,每年至少会为世界经济创造1500亿美元的收益,并为世界经济走出金融危机的阴影提供宝贵信心。

第四节 加入世界贸易组织实践对中国参与全球经济治理的启示

国际金融危机的发生,并没有改变经济全球化趋势,后危机时代将是世界经济多极化趋势进一步深化的时期，各个国家的利益诉求关系不断发生分化和改组。应对各种世界性问题，国际社会涌现出新的谈判和对话议题，从而也出现了新的谈判和协调机制，如气候变化谈判和G20峰会协调机制。这使全球经济治理结构更加丰富多彩，同时也向中国提出了如何在新的形势下参与全球经济治理的新课题。中国加入WTO的10年，是参与全球经济治理最新实践的历史，认真总结中国加入世界贸易组织的实践经验，对于未来中国积极参与全球经济治理具有宝贵的借鉴意义。

一 参与全球经济治理的主题设计思想应该准确反映中国当今的国家利益

从改革开放和中国参与经济全球化的历史经验来看，贸易自由化最符合中国的利益，高举贸易自由化旗帜，才能最准确表达中国的国家利益，也最准确地反映在不同问题上中国与其他国家的利害关系；同时也是中国建立国际经贸统一战线的基本依据。贸易自由化应成为中国在国际社会面前最主要的话语表达和核心价值观念，是中国提出全球经济治理设计意图的理论基础。自由贸易曾经是大英帝国奉献给世界的礼物，这一价值观念与国际社会的主流观念具有历史的延续性，与当今美国依然尊崇的自由市场经济有密切联系，美国国内的自由市场经济学传统也容易接受这种理念，这将使中国据此提出的设计意图具有最广泛的国际社会的认知条件。因此，唱响贸易自由化的主旋律，是中国参与其他经济治理问题讨论的重要前提。我们不反对讨论美国关心的世界经济再平衡问题，但解决世界经济失衡不能牺牲贸易投资自由化的成果；我们也不反对讨论应对气候变化问题，但应对气候变化的所有措施不能以牺牲贸易自由化原则精神为代价。贸易自由化曾经是发达国家的最爱，如今已成为中国应对全球经济治理问题的最有力武器。这虽然不利于西方发达国家中的某些利益集团，但它强大的传统影响使西方国家的各种势力并不敢公然反对。

二 应坚持把世界贸易组织作为中国参与全球经济治理的最主要平台

从贸易自由化的核心价值观念出发，中国参与全球经济治理的基本策略思想应是：以世界贸易组织为基础，作为最主要平台，也是参与全球经济治理的最主要战场,并争取在其中获得更大的话语权;同时,以自由贸易区和区域经济合作为基本动力和基本实践场地。在此基础上,影响和塑造 G20 平台,使之成为中国与美国等西方大国进行经济利益协调的补充机制,并进而呼吁改革联合国、世界银行、IMF 等国际组织和机构。要加强全球治理机制中的外交协调,包括与传统大国的关系;与新兴经济体的关系,尤其是印度、巴西、南非、墨西哥;与 G20 中 6 个亚洲成员国的协调;与不发达的发展中国家的合作。应学习在多元的利益诉求中建立多边主义的关系。多边主义的一个最大好处是,它的确可用来处理大国之间的冲突。利用多元的多边主义关系来巩固和拓展贸易自由化,来化解中国与美国在某些针对中国的议题上的冲突,应成为中国在全球经济治理中的基本策略思想。同时,对全球经济治理要有合理的预期,应当充分认识到它的局限性,只有适度的全球经济治理才是有效的全球经济治理,不顾现实的全球经济治理,注定要浪费资源,涣散人心。

三 全球经济治理的主要目标应是增强贸易投资自由化的动力机制

在全球经济治理问题上,不能寄希望于美国经济结构调整、金融财政政策调整;不能寄希望于国际货币体系改革的迅速到位(虽然中国与其他国家配额和投票权增加,但美国仍然具有一票否决权);不能寄希望于西方发达国家经济快速恢复和很快景气。相反,应主要寄希望于新兴国家经济的崛起,寄希望于区域经济合作,寄希望于贸易投资自由化的深入发展。中国参与全球经济治理的基本路线是:促进各国贸易投资自由化应是中国参与全球经济治理的核心理念,世界经济再平衡要以推进贸易投资自由化为目标;区域经济合作应是全球经济治理的基本动力机制;应继续实施自由贸易区战略,继续推动东亚经济合作;经济合作方式应以贸易投资合作为基础,相机促进货币金融合作。

第三章　应对国际金融危机期间的深化改革

第一节　出口退税政策的改革

长期以来，出口退税制度安排和政策措施是支持和鼓励中国出口贸易发展的重要条件。特别是进入21世纪以来，出口退税政策经过调整，制度安排日臻完善，退税调整力度不断加大，对中国出口贸易的促进作用已经举足轻重。在新的发展阶段，中国的对外贸易，特别是出口贸易，需要实现一个由单纯强调数量扩张到数量与质量并重的转变以及与此相适应的贸易增长方式的转变，正如党的十七大报告中所指出的："加快转变外贸增长方式，立足以质取胜，调整进出口结构，促进加工贸易转型升级。"为了实现这样一个转变，作为出口贸易重要扶持鼓励政策的出口退税，其长远的政策目标应该是什么，需要深入讨论并进行改革。

一　中国出口退税政策实施的过程

1985年，中国将工商税分为产品税、增值税、营业税和盐税。同年3月，国务院批准了《关于对出口产品征、退产品税或增值税的规定》。此规定从当年4月1日起开始实行，标志着中国出口退税制度的重新确立。

此时确立的出口退税的政策目标，可以概括为"鼓励企业出口创汇，增加国家外汇储备"。出口退税制度的政策安排一切都围绕出口贸易增长和贸易收支状况的好坏展开。特别是1994年的税制改革，确立了在商品流通环节普遍课征增值税，选择性课征消费税的税收制度。与此相适应，出口商品则应退增值税和消费税。在这一基本的出口退税制度框架下，

1994—2003 年，根据经济形势、外贸情况和财政承担能力，中国对出口退税机制和政策做过多次调整。然而，1994 年的税制改革，最具有政策含义的是，规定了对出口货物实行零税率的政策，即货物在出口时的整体税负为零，实行"应退尽退"的中性原则。所以，1994 年后，中国依照国际惯例对出口货物税收实行零税率政策：出口货物适用的退税率为 17% 和 13%；对小规模纳税人购进的特准退税的出口货物退税率为 6%。据此测算，平均出口退税率为 16.13%。"应退尽退"政策的出台，极大地刺激了出口企业的积极性。1994 年和 1995 年，中国的出口增长连续两年突飞猛进，增长率分别为 32% 和 23%。而 1996—2001 年的 6 年间，由于出口退税率的调整、亚洲金融危机的影响和出口退税不兑现，即欠退税现象的发生，中国出口贸易的增长发生过 3 次波动和 4 个年份低速增长的现象。这充分说明在当时的条件下，实行出口退税政策对中国出口贸易增长的重要作用。从 2002 年开始，中国出口贸易又出现连续几年的高速增长现象，2003 年和 2004 年的增长速度甚至超过了 30%。2005 年，中国出口贸易增长速度仍然保持 28% 的高增长率，同时还出现了超千亿美元的大额贸易顺差。这标志着从 1985 年重新确立的出口退税政策，已经实现了"鼓励企业出口创汇、增加国家外汇储备"的政策目标，并进入了调整与转换阶段。

（一）增强国家外汇实力的政策目标已经达到

2002—2007 年的 6 年间，中国对外贸易高速增长，特别是出口贸易超高速增长并在多数年份快于进口贸易增长速度，由此带来连续 6 年的贸易顺差，从 2005 年开始又出现了超千亿美元的贸易顺差，2007 年贸易顺差甚至高达 2622 亿美元；加上资本项目的顺差，国家外汇储备急剧增加，2006 年达到了万亿美元的规模。这不仅引起国内外社会各界的关注，而且中央政府在 2006 年 12 月召开的经济工作会议上明确提出了减少贸易顺差的任务，并以此作为 2007 年国家宏观经济管理和调控的一项重要任务。

截至 2007 年 6 月末，国家外汇储备比上年末增加 2662.81 亿美元（见表 3.1），达到 13326 亿美元。中国外汇储备的迅速增加，意味着人民币基础货币投放的增加和银行资金流动性过剩的加剧。到 2007 年 9 月末，中国外汇储备已达 1.43 万亿美元，比 2006 年末增加 3673 亿美元，按

2007年以来人民币汇率平均水平7.6元计算，中央银行为收购外汇储备投放的基础货币为27900亿元。尽管中央货币当局自2003年以来不断采取了公开市场操作，即发行中央银行票据来对冲基础货币投放，但发行央票的成本和数量都难以缓解流动性过剩问题，也难以抵消外汇占款的增长速度。截至2007年1月，外汇占款余额已近10.2万亿元，比上年同期增长38%。外汇占款占中国基础货币投放的比重从2004年下半年的50%上升到2007年下半年的85%。中央货币当局不得不多次提高银行存款的法定准备金率。2007年12月，银行存款的法定准备金率已高达14.5%。

表3.1　　　　　1994—2007年中国国际收支状况与外汇储备　　　　单位：亿美元

年份	贸易差额	经常项目差额	资本金融项目差额	外汇储备
1994	72.90	76.57	326.44	-305.27
1995	180.50	16.18	386.74	-224.81
1996	195.35	72.43	399.67	-316.51
1997	462.22	297.17	229.59	-357.24
1998	466.14	293.24	-63.21	-50.69
1999	362.06	156.67	76.42	-85.05
2000	344.73	205.19	19.22	-105.48
2001	340.17	174.05	347.75	-473.25
2002	441.67	354.22	322.91	-755.07
2003	446.52	458.75	527.26	-1170.23
2004	589.82	686.59	1106.60	-2063.64
2005	1341.89	1608.18	629.64	-2070.16
2006	2177.46	2498.66	100.37	-2470.25
2007年上半年	1356.91	1628.58	901.64	-2662.81

资料来源：历年《中国统计年鉴》。2007年上半年数据引自《金融时报》2007年11月1日第2版。

2006年12月召开的中央经济工作会议不仅提出了减少贸易顺差的任务，而且提出了促进国际收支基本平衡的方针。这说明，中国宏观经济的持续健康发展与对外经济的协调发展已经空前紧密地联系在一起，国家的宏观经济调控已经离不开对外经济的宏观管理的加强与改善。这就使转变外贸增长方式问题，以及与此相联系的出口退税政策目标转换问题与整个国家的宏观经济管理与调控都联系在一起了。

（二）财政负担的可持续性、公平性面临挑战

财政负担不可持续的表现如下。

1. 多次调低退税率，零税率事实上做不到

1994年，中国依照国际惯例对出口货物税收实行零税率政策：出口货物适用的退税率为17%和13%；对小规模纳税人购进的特准退税的出口货物退税率为6%。据此测算，平均出口退税率为16.13%。但从1995年7月1日起，国务院规定按货物的实际税负分大类制定出口货物的退税率，出口退税率降低了3.7个百分点，平均退税率降为12.90%；1996年1月1日起进一步下调4.6个百分点，三个主要档次的出口退税率最后降为9%、6%、3%，平均税率降至8.29%；规定了年退税指标额度超过指标的，结转到下一年度退税。1998—1999年，为了减轻亚洲金融危机对外贸出口的影响，国家先后8次分批小幅提高出口商品的退税率，最先恢复17%退税率的是纺织品和纺织机械。1998年平均出口退税率达到了9.32%。经过多次调整后，出口货物综合出口退税率达到了15.11%左右。出口退税率的上调促进了外贸出口的持续快速增长，但同时也使中央财政的出口退税负担不断增加。由于财力的限制，财政部每年确定的出口退税指标与实际应退额相差很大。据统计，1997—2002年，退税指标年均增长率是17.8%，而应退税额年均增长率达到37.4%，这其中相差近20个百分点。

自2002年起，外贸出口的大幅度增长以及由此带来的巨额出口退税，使中央财政难以承受。为了减轻出口退税对中央财政的压力，2003年10月13日，财政部、国家税务总局联合发文，对现行出口货物增值税退税率进行结构性调整。根据出口产品的不同，将出口退税率调整为17%、13%、11%、8%、5%五档，自2004年1月1日起实行。按现行出口结构，出口退税率的平均水平降低了3个百分点左右，由15.11%下调到12.16%。这种调整实际上是将"应退尽退"的中性退税原则转变为"差别退税"的非中性原则，从此，出口退税在很大程度上由一项制度演变成

政府调控出口和产业结构的政策工具。2005年和2007年国家又分别再次下调出口退税率,这两次虽然与财政压力没有直接关系,但2005年和2006年两年财政负担的出口退税规模已达到3372亿元和4285亿元,可持续问题实际已经存在。

2. 发生了欠退税现象

由于出口退税超出中央财政的承受能力,1995年开始出现了欠退税现象。调低退税率后,财政压力得到缓解,但出口高速增长又导致新的财政压力。从2001年开始,中国又出现大面积欠退税,这是出口退税面临的第二次困境。2003年国家决定大幅度调整出口退税率,同时清理和退还所欠退税款。从2004年归还出口货物增值税和消费税退税欠款来看,2003年全国出口退税欠款超过了2000亿元,其中归还出口货物增值税退税欠款1997.26亿元;归还出口货物消费税退税欠款6.26亿元。直到2006年才把出口退税历史陈欠613亿元退还完毕。

出口退税率的频繁调整,反映的是"应退尽退"的出口退税原则与财政负担能力之间的矛盾。按照增值税的理论设计和国际通行的惯例,出口退税应当"应退尽退"。但是,中国按照"应退尽退"原则退税的结果却是政府对企业严重的"欠税","应退尽退"与财政负担能力的矛盾十分突出。退税率的下调幅度受到出口形势的制约,过低的退税率势必对出口产生负面作用,进而影响整个经济增长。为了应对出口增幅下降的局面,政府只能再上调退税率。出口退税率的频繁调整实际上是政府在财政负担能力与出口增长之间"相机选择"的结果。这种"相机选择"式的政策调整干扰了企业的正常预期与经营决策,也造成了出口退税机制的不稳定。

财政负担的公平性表现为出口退税与增值税分享体制的矛盾。增值税在绝大多数国家都是中央税,在中国则是中央与地方共享税。除按7.5:25比例分成外,1994年税制改革还规定了1:0.3的增量返还,因此中央得到的增值税收入不足75%。在2004年出口退税体制改革前,地方分享了25%以上的增值税,而中央负担全部出口退税,这是造成财政负担能力不足的重要原因。为了解决这一问题,新体制规定了由中央与地方分担出口退税,地方承担增量的25%的政策。

在旧体制下，由于中央承担了所有出口退税，而出口主要集中在东部沿海地区，因此许多人认为这是中央对东部地区的隐性转移支付。但在新体制下，采购地与出口地的不一致导致了采购地的地方政府获得了增值税，而出口地的地方政府却要用自己的财政收入退税，这造成了地方之间新的不公平。由于东部沿海地区，尤其是口岸城市占据外贸出口的大部分份额，采购地纳税、出口地退税的问题比较突出，许多地方出现了财政倒贴的现象。考虑到中国外向型经济的地区布局和近年来较高的出口增速，地方用于出口退税的财力占总财力的比重会不断增长，这势必加剧这些地方财政的困难。

按照谁分享、谁负担的原则，目前地方的出口退税分担责任也是按照增值税的分享体制划分的，这造成了地方实际承担出口退税责任的可能是级次很低的政府，如乡镇政府。在现行体制下，政府的级次越低，其机动财力越少，回旋余地越小。如按照广东现行的财政体制，省级财政不直接负担出口退税地方承担部分，省把中央核定广东的出口退税基数全部分配给市、县，省级不留基数。各个市再参照同样的方法下达到所属的县（区）。在这种层层分担的体制下，基层财力的不足直接导致出口退税的困难，不可避免地出现"新欠"问题。地方出口退税额纵向分担级次过低是当前产生出口退税"新欠"的主要原因，这进一步反映了增值税分享体制的缺陷。

2005年以后，地方负担的比例进一步下调为超基数部分的7.5%，并且明确规定不得将出口退税负担分解到乡镇和企业，所属市县出口退税负担不均衡等问题，由省级财政统筹解决。中央重新负担大部分的出口退税缓解了中央地方分担机制的矛盾，而近年来财政收入的持续快速增长也掩盖了中央财政负担过重的问题，但是出口退税分担机制与增值税分享体制之间的矛盾并未得到彻底的解决。

（三）掩盖了部分出口商品的不合理性

中国的要素禀赋结构是劳动力丰富、资金技术缺乏、人均资源占有量低。因此，中国的进出口商品结构应当是进口资金技术密集的产品和资源性产品，尽量多出口劳动密集型产品和相机出口具有一定比较优势的资金技术密集型产品，尽量不出口资源性产品。但是由于市场发育还不完善，反映资源稀缺程度和环境损害成本的价格形成机制还不健全，出口商品结构还不能比较合理地反映中国的要素禀赋结构对经济发展的要求。出口退税制度作为一种政策工具，本来应当具有缓解这种矛盾的功能，即通过退税政策的安排来矫正价格形成机制的不健全，使出口商品结构尽可能反映中国要素禀赋结构对进出口贸易结构的要求。但是原有的出口退税制度，在鼓励企业出口创汇、增加国家外汇储备的政策目标导向下，不仅不能很好地发挥这种功能，而且在相当程度上助长了出口商品结构的要素禀赋扭曲，掩盖了一部分出口商品的不合理性。

根据海关统计，2001—2006年6年间，体现资源性要素的矿物燃料、润滑油及有关原料的出口金额从84亿美元增长到178亿美元，增长率达到112%。同时，由于国际石油、天然气等能源市场价格徘徊在高位，而国内价格与国际价格"倒挂"，石油、石油产品及有关原料，天然气和人造气出口分别增长了9.8%、44.4%。在资源类产品出口中，到2006年为止，中国始终是煤炭净出口国，而且随着钢铁生产能力和海外市场对初级钢材需求的增长，中国的钢材出口近些年也保持了快速增长的势头。此外，一些高耗能、低附加值的初级加工品出口量仍然不小。随着国内钢铁工业的快速发展，中国已成为世界第一大铁合金生产、消费和出口大国，产量、消费量和出口量分别占世界的40%、30%和30%左右。据海关统计，2006年中国共出口铁合金235.9万吨，同比增长35%；价值25.1亿美元，同比却下降4.7%。虽然自2005年初起，国家相继取消了16种铁合金出口退税，对硅、锰合金征收5%出口税，将铁合金出口关税加征到10%，不断地加大铁合金的出口成本，但是由于国内产量增长过快，行业集中度较低，竞争较为激烈，铁合金大量低价出口的现象仍然比较突出。此外，作为铜资源短缺的国家，2006年中国取消了进口铜精矿加工贸易，同时对一般贸易电解铜出口加征15%的出口关税。这些限制措施导致国内电解铜的供给量有所放大，带动铜材加工企业产量的进一步提升。2006年，中国铜材出口呈快速上升趋势，铜材出口达55.9万吨，增长20.6%，相当于当年铜材进口量的1/2以上。铜材的冶炼和加工属于高耗能和高污染行业，大量出口铜材既加大了国内的供需缺口，也使国内能源和环保承受更大的压力。

上述说明，中国出口退税制度已经到了不得不大幅度调整的时候。2005年，国家分期分批调低和取消了部分"高耗能、高污染、资源性"产品的出口退税率，同时适当降低了纺织品等容易引起贸易摩擦的出口退税率，提高重大技术装备、IT产品、生物医药产品的出口退税率。这次调整拉开了出口退税政策目标转换的序幕。出口退税的政策目标，将要从"鼓励企业出口创汇，增加国家外汇储备"，转换到改善和提高出口退税的使用效率，优化出口商品结构上来[①]。

二 对出口退税政策调整的观察与认识

2005年的出口退税率调整并没有使2006年贸易顺差增速降下来，也没有使财政负担有所减轻，而且，出口商品结构不合理状况的缓解程度也不明显。鉴于这种状况，2006年中央政府又取消一部分商品的出口退税。在此基础上，2007年6月，经国务院批准，财政部和国家税务总局商国家发展改革委员会、商务部、海关总署于6月19日发布了《财政部国家税务总局关于调低部分商品出口退税率的通知》，规定自7月1日起，调整部分商品的出口退税政策。这次政策调整主要包括三个方面：一是进一步取消了553项"高耗能、高污染、资源性"产品的出口退税；二是降低了2268项容易引起贸易摩擦的商品的出口退税率；三是将10项商品的出口退税改为出口免税政策，主要包括花生果仁、油画、雕饰板、邮票和印花税票。此次调整共涉及2831项商品，约占海关税则中全部商品总数的37%。经过这次调整，出口退税率变成5%、9%、11%、13%和17%五档。

2007年12月，有关部门又一次决定从2008年开始取消五大类84种粮食产品的出口退税。这次调整虽然主要目的是为了增加国内食品供给，防止食品价格上涨，但毕竟也属于整个出口退税政策调整的组成部分。因此理应成为本节思考的范围。2007年政策调整的效果虽然还没有很丰富的信息量，但2007年下半年的一些新情况已足够引起我们的关注。

到2007年9月份，调低出口退税率的商品出口383亿美元，同比增长

[①] 裴长洪：《论转换出口退税政策目标》，《财贸经济》2008年第2期。

22.7%，比 1—8 月放缓了 1.4 个百分点；而取消出口退税的商品出口"由升转降"，9 月份出口 13.6 亿美元，同比下降 6.3%。在出口商品的结构变化中，资源性产品如钢材、木材、皮革、焦油等的出口增速普遍放缓。以钢材为例，2007 年 4 月以来，国家已连续 3 次对 205 个税号的钢材产品下调出口退税或加征出口关税，钢材出口速度过快的局面也随着密集的调控政策的出台而得到一定的抑制。当年 1—10 月，上述 205 个税号钢材出口合计 5098 万吨，同比增长 65.7%，比同年 1—9 月回落 9.9 个百分点，单月出口量从 4 月的 688 万吨逐月降至 10 月的 389 万吨，如加上其余的税号，10 月份中国钢材的总出口量为 424 万吨，比上年同期减少了 1 万吨。2007 年前三季度，中国钢材的出口均价突破 700 美元/吨，同比上涨 28%。其他资源性产品如生皮、毛皮，在 2006 年已部分取消出口退税，当年出口同比下降近四成；2007 年进一步取消出口退税后，2007 年前三季度出口再下降 44.8%，出口额仅为 0.6 亿美元。褐煤、天然沥青等矿物燃料的出口退税于 2006 年被取消，2007 年以来，产品出口呈现量跌价升的态势，前三季度出口 3873 万吨，同比下降 18.2%，但出口均价却上涨了 10.7%。在纺织服装行业，出口增速受到抑制的同时，出口单价提升也很明显。2007 年 1—9 月，中国共出口梭织及针织服装 237.7 亿件（套），同比增长 10.2%，出口平均单价 3.21 美元/件（套），同比增长 13%。对欧盟出口的服装单价也提升了 6.7%。[①]

2007 年末的海关统计数据不仅显示了出口退税调整初见成效的一面，也反映了其发展不平衡的另一面。2007 年前 8 个月，能源矿物类产品的出口增长 6.1%，而进口增长了 10.0%。到前 9 个月累计，出现反弹，出口增长又略快于进口，达到 9.2%，进口增长速度为 9%；前 10 个月累计，进口增速再反转略快于出口，分别为 11.2% 和 10.9%。最典型的例子是煤炭。2006 年 11 月，在取消煤炭出口退税的基础上，中国将煤炭进口税率由 3%—6% 下调为 0 或 1% 的暂定税率，同时对炼焦煤加征 5% 的出口关税，从而对煤炭实行"宽进严出"的政策。这些调控措施见到成效。2007 年前 8 个月，中国净进口煤炭 146 万吨，上一年同期为净出口 1875

---

① 中国海关统计，2007 年 9 月。

万吨,中国长期保持的煤炭净出口发生历史性转变。9个月累计净进口减少到60万吨,上一年同期为净出口2192万吨。但到前10个月累计,煤炭进出口形势再次发生转变,净进口转变为净出口92万吨。① 可见,这些政策措施有效果,但由于国际市场的价格变化会使政策效果被抵消。

特别是一些资源性产品的进出口结构仍不合理,从2007年前10个月海关统计看,成品油出口达到1299万吨,同比增长30.4%;相反,成品油进口只达到2902万吨,下降了8.9%。纸及纸板的出口达到340万吨,增长了40.5%;相反,同类产品进口342万吨,同比下降7.3%,纸浆进口只达到707万吨,同比增长5.2%。钢材的进出口贸易结构问题也很突出。前10个月,钢材出口达到5376万吨,同比增长63.8%;相反,钢材进口只达到1419万吨,同比下降8.6%,铁矿砂进口3.14亿吨,增长16.6%。② 这种进出口结构对中国的资源和生态环境以及能源消耗都是不利的。针对这种情况,中央政府出台了其他的配套政策,从2007年6月1日起,海关对142种资源性商品加征出口关税,特别是对80多种钢铁产品加征5%—10%的出口关税,对国内部分稀有有色金属开征或提高出口关税,这些措施能否收到应有效果,还有待继续观察(严才明,2007)。

上述情况说明,出口退税调整的政策效果受到国际市场价格波动的影响,国际市场价格上涨会抵消部分商品出口退税政策调整的效果。因此,需要有其他比较灵活的配套政策共同实施,如出口关税和暂定关税。总结2006年和2007年调整出口退税政策的实践,能够得到什么启示?首先,这两年的调整确实展现了出口退税政策目标的转换,出口退税的导向已不再是出口增速和获取外汇,而是优化出口结构,提高出口收益和退税的经济效率。其次,这种导向转换已经初见成效,但发展还不平衡,政策作用效果还有待观察,政策体系还有待完善。

三 最终目标是建设科学发展的财税制度,促进对外贸易科学发展

2007年前10个月,中国进出口贸易增长速度仍然达到23.5%,特别

---

① 中国海关统计,2007年10月。

② 同上。

是出口增长速度达到26.6%，而进口增速只达到19.8%，相差近7个百分点，贸易顺差达到2100亿美元。这说明，出口退税政策的大幅度调整并不是解决贸易顺差偏大问题的出路。中国出现大额贸易顺差和大额经常项目顺差有着宏观经济因素的客观必然性和长期性。1994年以来，中国储蓄增长一直快于投资增长，高储蓄和高投资是中国贸易顺差的国内经济原因；中国积极参与经济全球化，国内的生产和出口成为国际分工和跨国公司价值链控制的组成部分，这是外部的经济原因。这些原因在短时间内都不可能改变。促进中国国际收支平衡的根本出路不在于经常项目，而在于发挥和扩大资本项目调控空间的作用。因此，出口退税政策目标的方向不可能是也不应该是缩小贸易顺差。相反，随着出口退税政策调整的成效加大，出口商品结构不断优化，会进一步提高中国出口商品的竞争力和经济效益，进而，不仅会进一步增强贸易顺差的经济合理性，还会进一步扩大贸易顺差的绝对值。那么，从长远看，出口退税调整的政策含义或方向应该是什么？这要从现实它所能达到的实际效果中去分析和考察。

在大面积调整出口退税的压力下，"优化产品结构，提高附加值"成为企业眼前的最大出路。许多靠吃"退税饭"为生的企业，都在寻找提高产品附加值的路子。其实有些路子是很简单的，既不需要太多创新，也不需要品牌的培育，只是过去靠出口退税太舒服了而没有去想。例如，过去靠出口铝型材过日子，现在出口退税被取消了，但并非没有出路，铝型材加工成茶几脚等家具配件，就可获得9%的退税；镜子的退税率从13%降到了5%，但做成卫浴柜组合镜就可以获得9%的退税。有条件的企业，走技术创新和培育品牌的道路当然就更有把握实现可持续发展，并与国家宏观上推动出口商品结构优化的目标相一致，经营资源性产品出口的企业也可以通过转营其他产品获得生机。

2007年对外贸易的亮点是，出口增长方式转变出现可喜现象。前10个月，中国机电产品出口达到5622亿美元，同比增长27.9%，占出口总额比重为57.0%；高新技术产品出口达到2778亿美元，同比增长24.8%，占出口总额比重为28.2%。特别是相当一部分出口商品实现了量增价升的形势。如电线电缆出口额达到81.1亿美元，商品数量同比增长16.1%，但出口金额也增长了41.2%。自动数据处理设备及其部件出口额达到988亿美元,商品数量增长2.7%,出口金额增长了36.3%;电话机出口额达到305亿美元,出口商品数量下降2.1%,但出口金额反而上升了9.7%。其他出口50亿美元以上的商品出现量增价升现象的还有:二极管及类似半导体器件、集装箱、汽车和汽车底盘、空调器、橡胶轮胎等;10亿美元以上的商品有:手用或机用工具、医药品、电容器、金属加工机车、塑料制品、鞋类等。[①] 上述现象表明,在出口退税政策大幅度调整的重压之下,中国外贸出口企业并没有被压垮,而是开始走上科学发展的道路。这意味着,科学设计出口退税制度,能够促进中国对外贸易的科学发展。因此,出口退税政策转换的长远目标是科学设计支持对外贸易发展的财税配套政策,促进对外贸易科学发展,从而体现从短期生效到长远发展的全新观念的转换(卢中原,2007)。

目前中国的税制结构和出口贸易增长速度使财政无法承担"彻底退税"的负担,而以差别待遇为基础的出口退税则演变为贯彻政府产业调整意图的政策工具,并且出口退税率的整体性上调或下调还起到了鼓励或适度抑制出口,并部分替代汇率政策的功能。但降低出口退税率适度控制出口,这一政策工具具有选择性,能够区分不同行业实施差别待遇,但它只影响出口不影响进口;而且,只影响一般贸易,而不影响加工贸易。因此,科学的支持外贸发展的财税制度,应当包括出口退税政策、进出口关税政策以及加工贸易关税政策的科学组合体系。2007年国家对部分出口商品加征出口关税是一个很好的先例,还应当辅助以必要的进口关税调整和加工贸易关税政策的调整。然而,为了使这些税收政策具有相对的稳定性,或只作为对应国际市场价格波动的策略和人民币汇率机制的补充手段,完善国内的资源税、反映环境损害成本的价格体系是最重要的基础建设。

四 结论

改革开放以来的实践经验证明,出口退税制度对发展中国出口贸易做出了重要贡献,有其存在的重大意义和合理性;而长期的实践过程也证明

---

① 中国海关统计,2007年10月。

了对出口退税率需要进行不断调整。这说明，在中国的税制结构下，作为国际惯例的出口退税的"中性原则"，即零税率进入国际市场的制度设计不符合中国国情，而差别化退税率是符合中国国情的制度创新。2002年以来中国对外贸易的高速增长和大额贸易顺差的持续出现，标志着出口退税的政策目标，需要从原来的"鼓励企业出口创汇，增加国家外汇储备"转换到"优化出口结构，提高出口收益和出口退税的经济效率"上来，进而科学设计支持对外贸易发展的财税配套政策，促进对外贸易科学发展。科学的支持外贸发展的财税制度，应当包括出口退税政策、进出口关税政策以及加工贸易关税政策的科学组合体系。这种政策组合体系需要建立在完善国内的资源税以及反映环境损害成本的价格体系基础之上。

第二节 加工贸易出口产品转内销：实施内外贸一体化改革

2009年4月，广交会首次允许有意愿将外贸产品内销的参展商和有意愿采购外贸产品的国内经销商参会，这释放出一项积极信号，即长期割裂的内外贸终于在危机压力下开始了一体化探索实践。长期以来，中国对外贸易的两种主要方式——一般贸易和加工贸易，在管理上一直采取内外分割，形成外销产品不对内的格局。面对危机压力，加工贸易企业（以下简称加贸企业）被迫转型。但对于长期习惯于专注出口业务的加贸企业，并不熟悉国内市场，综合运用国内和国外两个市场、两类贸易方式的能力严重不足，加贸企业转型面临很大障碍。

一 加贸企业转型面临来自企业自身的经营性障碍

加贸企业的优势在于按订单生产，专注于生产环节，导致多数加贸企业一方面具有为国际品牌厂商生产符合国际标准产品的能力，但另一方面，品牌欠缺以及国内销售网络缺失成为横亘于加贸企业转内销过程中不可逾越的障碍。从生产型企业向综合性经营型企业转变，创建品牌、获取销售渠道必然给加贸企业带来较大风险。另外，除了品牌、渠道缺失外，订单数量小、账款拖欠、营销费用繁多、知识产权侵害等均是摆在加贸企业转型内销面前的障碍。由于国内采购商，一般都是零售企业自行采购，订单数量比较小，而国外进口商多是批发商、地区代理商，采购数量大。因此，加贸企业内销单位产品稀释加工成本的能力减弱，造成利润下降。从交易方式看，出口较为简单一般是来（看）样下单、货发（到）付款。而目前内销两种主要有业态模式——百货商场和超级市场，前者一般采用"连赢联销"经营方式，后者一般采用"赊账买卖"经营模式，两种经营模式共同特点即账期较长。当然，出口也存在账期拖延问题，但通过贸易融资安排可以得到较好解决。但对国内销售而言，贸易融资较为困难。因此，加贸企业面临的两难困境是：出口市场由于贸易融资缺乏而导致进口商缩减订单；而内销市场缺乏融资工具抑制内销积极性。另外，两种内销经营模式导致加贸企业营销成本大幅增加。据相关测算，一般商场进场费、促销费、管理费等相关收费能够达到商品零售价的5%—10%。

二 加贸企业转型面临来自政府管理的政策性障碍

加贸企业内销申请程序的环节较多，要在商务、海关、税务、质检、知识产权、工商等多个部门之间来回转换。按照规定，2002年以前注册并承诺100%外销的企业，设备和料件免税进口，若产品转为内销，加贸企业将面临补缴增值税和关税，此两项预计占销售价格的20%—30%，无疑增加内销的资金压力。由于内外贸长期割裂，导致内外贸流程标准不一致。税务方面，加工贸易企业没有增值税发票；质检方面，国内外质检标准不一致导致外贸质检报告不被国内承认；知识产权方面，许多加工贸易企业贴牌生产，由于外销订单撤销，导致很多贴牌产品内销存在知识产权侵害嫌疑。另外，由于企业在国内没有注册商标，因此加工贸易企业转内销比较困难。

2009年3月19日，海关总署发布《关于加工贸易保税货物内销缓税利息征收及退还》公告，规定加工贸易保税货物内销征收缓税利息适用利息率调整为参照中国人民银行公布活期存款利率，一定程度上缓解了加贸企业的资金压力。但对于加贸企业内销问题，仅仅依赖局部政策松动无助于全局，必须适应内销特点，全局联动，多管齐下才能顺利实现内外贸一体化格局（裴长洪、彭磊，2009）。

(一) 建设加工贸易商品市场体系,搞活流通

改革开放以来,商品市场体系建设是搞活流通的重要经验,要利用原有的商品市场,鼓励加贸企业进入市场,同时还可以建设一批专门经营加工贸易产品的商品市场,以此为载体建立起物流和营销的新渠道和新的价值链关系。此外,以物流业产业调整与振兴规划实施为契机,积极引导国内有较大经营规模的流通企业进入加工贸易产品经营领域,鼓励集中采购,提升整体流通能力;鼓励中国百货业协会和中国超市联合会等行业组织通过发布集中采购信息,撮合零售企业联合采购;鼓励加贸供应企业与国内流通企业直接对接,改革国内交易方式,降低进场费等收费项目等。

(二) 鼓励国内银行金融机构积极开拓内贸融资领域业务,创新业务方式,为加贸企业内销产品提供融资支持

建议将加贸企业内销比照出口纳入国家各项贸易融资计划,鼓励各级政府支持设立外贸融资担保公司,专门对提供内销融资业务的金融机构提供担保。

(三) 设立"加工贸易企业产品内销专项支持基金"

对加贸企业应分类指导,区别对待,向符合相关条件、在较短期内能够完成向一般企业转型的加贸企业倾斜,鼓励其创建品牌或收购现有品牌,促进其由加工贸易形式向一般贸易形式转变,实现内外贸一体化。对于一般规模较小、以来样加工为主要业务的加贸企业,由于技术研发落后,转型较为困难,应鼓励其与品牌厂商和渠道企业进行战略合作。前者可以继续代工业务,考虑国内贴牌,代工对象由国外厂商变成国内知名厂商;后者可以利用渠道企业在销售领域知名度与一定市场影响力,进行合作,生产产品。

(四) 加贸企业管理制度配套调整

商务部门应简化内销申请程序,建议采取备案登记制度。海关部门应放宽加工贸易的内销管理,对联网监管企业和非联网监管 A 类以上加贸企业内销,推行保税货物内销"集中申报"制度。简化审价程序,规范加贸内销货物审查,确定完税价格机制。在避免造成国内市场冲击基础上,尽量给予加贸企业较大的价格调控空间。鼓励从境内采购物料进行生产,对境内物料比重较大的应给予审价较大弹性空间。质检部门应根据加贸企业

实际情况，承认其为出口而获得的质检报告国内适用性。知识产权部门应就确保加贸企业内销产品不侵害第三方权益，以及加强对加贸企业知识产权保护做出规定，双管齐下，确保内销加贸企业的健康发展。

第三节 贸易融资创新合作：外贸稳定增长利器

据相关统计，世界贸易中90%的业务需要贸易融资支持。当前金融危机使西方银行体系陷入流动性困境，它们纷纷提高进出口企业贷款利率，并增加许多附加贷款条件，全球贸易融资渠道缩窄，进出口企业普遍缺乏流动资金。尤其是作为全球贸易风向标的三大经济体——美、日、欧银行体系遭受重挫，使全球贸易在一定程度上陷入恶性循环，这种滚雪球效应已经波及各经济体。2008年11月，WTO估计全球贸易融资缺口250亿美元，2009年1月18日重新评估认为缺口可能高达1000亿美元。而更有甚者，世界银行驻联合国和WTO特别代表查理德·纽法默认为，全球贸易融资缺口已达到1000亿—3000亿美元。为应对日益严峻的贸易融资问题，各国、各国际和区域组织积极开展行动。世界银行国际金融公司已融资30亿美元用于贸易融资，非洲开发银行安排10亿美元为贸易融资提供便利。世界银行宣布"全球贸易流动性项目计划"的贸易融资倡议，此项目计划向国际金融和开发机构、政府以及银行筹集资金，以帮助发展中国家和地区中那些急需资金的进出口商开拓贸易融资渠道。2009年4月2日，G20领导人峰会达成协议，未来两年将提供2000亿美元的贸易融资用于支持全球贸易。

长期以来，中国对外贸易尤其依赖贸易融资。2008年上半年以前，中国外债余额3300多亿美元中约60%是短期外债，实际是境外进口商向中国出口企业提供的"预付款"形式的贸易融资。2008年下半年特别是11月以后，许多外贸企业感到订单数量急剧下降，原因并不是因为海外市场不需要中国产品，其中最重要原因是由于进口商得不到银行开出的信用证，无法获得贸易融资。为了解决矛盾突出的贸易融资问题，中国相继采取了一系列重要举措：对外方面，与世界银行国际金融公司达成协议购买其私募债券用于贸易融资，该公司计划为贸易融资中提供资金的银行（保兑行）提供担保；宣布加入泛美开发银行，在贸易融资便利项目上进行合作。中国企业向泛美地区出口商品时，其企业可以通过卖方信贷支付中国企业货款。2008年11月至2009年7月，中国央行与6个国家和地区的货币管理机构签署总额共计6500亿元人民币的双边货币互换协议，用于支持双边贸易融资。对内方面，中国外汇管理局3月27日表示，仍希望扩大境外融资，将2009年度金融机构短期外债指标调整为比2008年增长12%。当前，增加贸易融资有两个突出问题需要解决。

一　拓展融资渠道，增强银行融资意愿最为重要

应进一步强调进出口银行等政策性银行作用，加大政府对出口信贷支持力度，鼓励商业银行开展人民币买方信贷业务。进一步发挥出口信用保险公司在贸易融资环节的作用，扩大保单融资规模。进一步创新贸易融资方式，鼓励商业银行推出出口退税质押融资、出口信用保险项下短期融资、商业票据保贴业务、保理业务、福费廷业务、出口押汇等融资方式。进一步丰富贸易融资主体，鼓励民间资本成立融资担保机构，政府可视情况给予财政再担保或贴息补贴。进一步推动出口信用保险市场化改革，允许商业保险公司开展相应业务。鼓励出口企业在向银行融资的过程中，整合上下游关联企业推行交叉联保。

二　完善融资环境，降低融资成本最为关键

进一步完善鼓励银行加大对中小企业信贷支持的考核评价体系。进一步放宽贸易融资的外汇管理，推动银行贸易融资项下对外担保业务，放宽银行短期外债指标管理。进一步研究出台对境外进口商直接贷款融资的可行性；进一步深化与国际机构和组织全球贸易融资合作，推动全球贸易融资制度的便利化，提升中国在全球贸易融资体系中的决策权和争取有利的贸易融资条件。

第四节　跨境贸易人民币结算试点、人民币国际化"破冰"

货币国际化必须具备计价功能和价值储藏功能，计价功能包括贸易交

易结算功能和各类金融交易结算。因此，人民币国际化必然经历人民币贸易结算、人民币金融交易结算和人民币国际储备货币三个阶段。2008年4月8日，国务院批准在上海、广州、深圳、珠海、东莞开展跨境贸易人民币结算试点工作，标志着人民币国际化"破冰"。跨境贸易人民币结算试点的前期准备包括：2008年2月22日，东盟10+3财长会议将筹建的亚洲外汇储备基金规模增至1200亿美元。另外，东亚地区在双边和多边交叉货币互换协议，下一步将考虑建立货币互换的区域性管理组织和机构，如亚洲货币基金组织（AMF），进一步扩张功能，为区域内各国商业银行和企业融资、结算提供保证，使区域内任何国家的货币都可以进行相互计价、结算和融资。2008年11月以来，中央银行一系列货币互换协议，不仅是基于短期救助、稳定外汇市场，更多的是基于便利双边贸易结算考虑。而与中国开展货币互换的6个国家和地区，是中国主要贸易伙伴或潜在重要贸易伙伴，贸易额占我双边贸易总额的35%左右。一系列货币互换协议签订，为人民币跨境结算提供了资金基础。反过来，人民币结算也为货币互换协议搭建融通贸易平台，以实现货币互换所设定的预期目标。2009年3月25日，国务院常务会议原则通过关于推进上海加快建设国际金融中心的意见，2020年将上海基本建成与中国经济实力和人民币国际地位相适应的国际金融中心。人民币用于跨境贸易结算，有利于进一步完善人民币汇率形成机制，而随着人民币结算范围和规模不断扩大，上海将逐步成长为人民币清算中心，金融功能将进一步完备，有助于推动上海国际金融中心建设。当前人民币结算试点需要注意两个问题。

第一，试点对象（包括试点银行、试点企业、试点国别和地区）应按照代表性、全面性、特殊性兼顾原则进行选择。试点银行既要包括全国性和地方性商业银行，也要包括外资银行和与贸易密切相关的政策性银行；试点国家和地区应以与中国贸易关系比较密切且地理上又接近的国家和地区为主，如东盟国家、港澳台地区等，当然也可以选取一两个地理上和贸易关系上有一定距离的国家试点；试点企业既要包括大型进出口企业集团，也要包含具有代表性的专业中小进出口企业和有进出口经营权的生产企业。

第二，实施跨境贸易人民币结算之后，进口商通过付款行开具人民币信用证，由议付行承兑后通知进口商。付款行、议付行等金融机构需开设人民币账户用以人民币结算，成熟的海外代理行或清算行网络是业务开展与推广的关键，因此应尽快与境外银行商议清算账户协议安排和账户开立事宜，以及内部系统改造，建立业务操作与管理制度等。由于用本币进行贸易结算，中国本地银行金融机构有较大优势，因此跨境交易人民币结算推行应与中国银行业国际化推进相结合。对于有实力的中资银行，鼓励其作为主要清算银行，代替当地央行成为人民币做市商。当地银行通过与中资银行建立联系获取人民币，企业再从本地银行借入人民币支付从中国的进口贸易。

随着跨境贸易人民币结算的开展，将产生两大问题：一是境外机构获得人民币来源途径问题。如果要求人民币实时结清，则不存在人民币输出问题，仅充当交易媒介。如果允许境外机构保留人民币，则会涉及人民币输出问题，人民币离岸市场建设不可避免。贸易逆差和资本项目逆差是对外输出本币的主要途径，前者依赖于强大的内部需求，尤其是消费需求；后者需放松资本项目流动管制，这两点短期内显然难以达到。二是持有人民币必须满足持有人保值增值投资途径问题。中国金融自由化及开放度较低，资本项目尚未实现可兑换，缺乏支持交易活跃的金融工具。如果允许人民币流回购买中国的政府债券、公司债券、股票等，涉及资本账户开放问题，就要考虑允许通过合格境外投资者的方式建立人民币账户代为投资等方式。因此要有配套改革措施紧随其后。

（1）完善人民币跨境贸易结算的支付清算机制，建立覆盖面广、效率高的人民币跨境支付清算体系。随着试点展开，境外人民币头寸短缺及贸易融资活动需求不断增长，上海作为人民币国际结算中心、香港作为人民币离岸交易中心的各项设施、制度建设应尽快推进。

（2）跨境贸易人民币结算所形成外国机构和个人持有的人民币，对中国构成债权。随着人民币结算范围扩大，境外人民币债权将越来越多，反过来要求提供人民币投资、避险的工具。因此，对资本账户开放步骤和程序问题，以及境外人民币回流境内用于直接投资的待遇问题应做出原则性规定。

（3）人民币结算方式使以进出口核销制度为核心的外汇管理体制出现

操作性紊乱，会产生诸如界定资金是否来自境外、与进出口核销密切相关的出口退税，以及国际收支统计申报等问题。必须改革外汇管理体制，设计合理的人民币计价贸易核销制度以及在此基础上完善出口退税相应程序。

（4）随着人民币海外债权的规模不断扩大，作为货币政策的调控核心，货币供应量目标应作相应调整，并由此产生对影响货币政策权重因素的重新审视，利率市场化改革将提到议事日程。另外，如果海外人民币债权规模达到一定程度，人民币离岸金融市场对人民币汇率形成的参照系作用不可忽视。

（5）应严格区分居民和非居民，设立人民币外汇账户，将人民币外汇纳入国际收支和外债统计监测体系进行有效监管。

第五节 外汇储备管理多元化：外汇储备管理体制变革起点

传统国际金融理论认为，外汇储备的重要功能涵盖用于包括贸易支付在内的对外债务支付、稳定外汇市场、防范国际收支风险。合理外汇储备规模即能够满足上述三大功能的储备数量。一些学者对中国外汇储备合理规模的测算结果是，中国"适度外汇储备规模"应在1万亿美元左右。这一测算的理论依据的科学性当然大有疑问，但大量持有美元资产所导致的损失不得不引起我们的关注。首先，由于中国特定外汇管理体制——贸易结售汇制度要求中央银行不断向经济体系注入基础货币，形成大量外汇占款；而为了维持汇率稳定，央行又不得不进行反向公开市场操作。其次，外汇储备又通过购买美国国债和机构债等美元资产形式返回美国。美元长期贬值趋势使这些资产一方面面临着市值缩水的尴尬境地，另一方面这些低收益的美元债券又转化为贷款通过各种渠道流回中国以获取更高收益。这种持有美元外汇储备静态损失和动态损失均昭示着中国外汇储备管理体制应大刀阔斧改革。

中国作为美国国债最大持有者，实际上成为美国国债"托市者"。但如果中国在债券市场进行减持美国国债的操作，必然引发市场恐慌，导致美国国债价值下跌。也就是说，中国为降低潜在风险而抛售美国国债的行为，不仅不能起到保值作用，反而会使持有的存量美国国债价值大幅缩水。美国奥巴马政府白宫经济顾问萨默斯提出"金融恐怖平衡模型"来阐释中美之间相互依存关系，即中国用巨额外汇储备为美国巨额贸易、财政赤字进行低成本融资的同时，严重依赖美国市场需求以维持经济高速运转，两者之间达成经济运行平衡，任何一方试图打破这种平衡的努力都将使双方两败俱伤。再比如，美国尝试降低进口，减少贸易赤字的努力，将使中国等高储备国家面临出口下降、经济下滑的风险。当前全球经济危机下，美国市场需求疲软对包括中国在内新兴市场国家的冲击事实进一步验证这种平衡机制在一定程度上发生作用。也就是说，如果美元国际储备货币地位没有发生改变，中国经济结构调整尚未完成，中国持有美国国债的压力就不会消失。为盘活外汇储备，从长期来看，国家在遵循安全性、流动性和收益性原则基础上对当前外汇管理体制进行深度变革实施多元化战略。多元化战略包括多元主体、多元目标、多元层次的制度设计。

一 应鼓励外汇持有主体的多元化

按照外汇储备功能的多样性，可以将外汇储备分为基础性外汇储备、战略性外汇储备和收益性外汇储备三个层次，各个层次均对应不同目标。基础性外汇储备，即国家用于防范国际收支风险、维持汇率稳定的外汇储备部分，应由央行国家外汇管理部门集中管理；战略性外汇储备，即国家用于对支持中长期发展资源需求和产业技术升级需要，为海外战略资源投资提供融资，支持重点领域、重点行业、重点企业进行海外市场拓展、技术升级、资源收购的外汇储备部分，应由主权基金性质的中国投资公司，国家开放银行、进出口银行等政策性银行保险机构、部分地方政府、战略性重点国有企业、大型民营企业等主体构成；收益性外汇储备，即满足一般经济主体寻求海外投资收益驱动而需要的外汇储备部分。当前，中国在基础性外汇储备和战略性外汇储备方面均已启动，并且管理制度正不断完善。收益性外汇储备，通俗来说即"藏汇于民"，而这与中国1994年汇改以来形成外汇管理体制背道而驰，因此决策者迟迟未能够做出全局性政策体系设计。

二 改革外汇管理制度

当前中国外汇管理体制主要由结售汇制度、外汇账户管理制度和外汇指定银行制度构成。三项制度环环相扣，使中央银行能够遵循中国经济发展整体需要，有步骤、循序渐进推进人民币汇率形成市场化进程。这一制度设计在一定时期为维护人民币汇率稳定起到积极缓冲阀作用。但再完美的制度也有负面效应，其大大降低了外汇资源使用效率，表现为当前中国外汇储备流动性、安全性有余，而收益性不足。因此，未来一段时间中国外汇管理体制应以外汇储备管理制度变革为突破，寻求制度的自身完善。按照上述对外汇储备层次的分析，对于结售汇制度可以考虑降低强制结售汇比例，比例内的外汇可由央行发行基础货币购买用作基础性外汇储备。这一部分主要是确定能够满足应对对外债务支付等涉及国际收支风险、稳定汇率的合理外汇储备规模。对于战略性外汇储备部分，尽量割裂与货币发行之间的联系，允许中国投资公司、政策性银行保险机构、地方政府、战略性国有企业等参与外汇市场交易，直接购汇。如果国家需要超额外汇储备，则允许相应机构通过发行人民币债券方式向外汇市场购买。对于收益性外汇储备，即强制结售汇比例之外的部分，允许外汇指定银行代客在外汇市场进行交易，并在对外进行支付情况下，允许通过外汇指定银行在外汇市场进行买卖，银行应对交易真实性、合规性进行审查，并向外管局备案。

考虑到中国持有美国国债具有世界金融市场稳定器作用，减少美元资产比重，主要应通过增量减持来调节，而不一定要通过存量减持来调整。当前，一方面利用强大的外汇储备存量来支持人民币国际化是其最主要用途，加快香港人民币离岸市场建设。另一方面，增量减持的出路，除了增加黄金和战略物资储备外，应尽可能与主要贸易伙伴多进行以我方输出美元形式的货币互换合作安排，并换取以人民币结算为输出条件。因此，以建设上海国际金融中心为契机，考虑尽快建立中国离岸美元市场，利用新增外汇储备增加对国外借款者的美元贷款，盘活美元资产，也是一条可行之策。

第四章　新一轮对外开放：中国（上海）自由贸易试验区的设立

中国（上海）自由贸易试验区的设立，揭开了中国新一轮对外开放的序幕，是党的十八大提出的"必须实行更加积极主动的开放战略"的标志性事件。新一轮对外开放究竟"新"在哪里？中国（上海）自由贸易试验区又如何体现这个"新"的内涵？（裴长洪，2013）

第一节　中国对外开放的潜力

1995年世界贸易组织成立，结束了关税贸易总协定的乌拉圭回合谈判，各国在关税减让和撤除非关税壁垒问题上达成了一致的意见，在此以后的十几年间，开放边境让商品和生产要素自由流动，成为制定国际规则的主要目标，因此，边境开放和让渡关税主权成为20世纪90年代和新世纪第一个十年中经济全球化的大潮流。继世界贸易组织成立后举行的多哈回合谈判，由于美国、欧盟等发达成员对农业补贴、对不发达国家援助等议题不感兴趣，而它们感兴趣的关于深化服务贸易开放的议题，又由于成员众多，难以在短时间内达成一致意见，因此多哈回合谈判一直陷入僵局。

中国于2001年12月加入世界贸易组织，在加入世界贸易组织的过程中，中国积极参与了经济全球化，实行了边境开放和大幅度削减关税以及撤除非关税措施。此后，中国的关税总水平又由2001年的15.3%降至2011年的9.1%，农产品平均税率由18.8%调整至15.6%（见表4.1、表

4.2），工业品平均税率由 14.7% 调整至 8.7%。2010 年降低鲜草莓等 6 个税目商品进口关税后，中国加入世界贸易组织承诺的关税减让义务全部履行完毕。此外，中国还不断削减非关税措施，取消了 424 个税号产品的进口配额、进口许可证和特定招标，分批取消了 800 多个税务商品的管理。

表 4.1　　　　2011 年中国与其他经济体的平均关税水平　　　　单位:%

国别	平均关税水平
印度	48.5
巴西	31.4
南非	19.0
印度尼西亚	37.1
墨西哥	36.1
阿根廷	31.9
美国	3.50
欧盟	5.30
中国	9.10

资料来源：根据 WTO 网站 International Trade Statistics Database，2011 年。

表 4.2　　　　　　2011 年"金砖四国"关税税率　　　　　　单位:%

国别		平均税率	农产品	非农产品
中国	最惠国税率	9.6	15.6	8.7
	加权税率	4.6	11.7	4.2
印度	最惠国税率	9.4	14.3	8.7
	加权税率	9.5	17.5	8.1
俄罗斯	最惠国税率	13.7	10.3	14.2
	加权税率	10.2	11.4	10.1
巴西	最惠国税率	12.6	31.4	9.8
	加权税率	7.2	44.7	5.8

资料来源：根据 WTO 网站 International Trade Statistics Database，2011 年。

表 4.3　"金砖四国"及部分 OECD 国家进口税收收入占 GDP 比重　　单位:%

国别	2012 年	2011 年	2010 年
巴西	—	0.64	0.56
中国（不含进口增值税、消费税）	0.54	0.54	0.51
中国（包含进口增值税、消费税）	3.38	3.41	3.12
印度	—	1.69	1.69
俄罗斯	—	1.45	1.24
美国	—	0.21	0.20
日本	—	0.19	0.16
OECD 国家平均水平	—	0.2	0.2

资料来源：根据 WTO 网站 International Trade Statistics Database，2011 年。

按照世界贸易组织达成的《服务贸易总协定》，中国也积极履行了服务贸易部门开放的承诺。中国服务贸易部门的开放也很广泛，截止到 2012 年，在按 WTO 规则分类的 160 多个服务贸易部门中，中国已经开放了 110 个，新开放的分部门，涉及银行、保险、电信、分销、会计、教育等重要服务部门，远高于发展中国家平均水平，为外国服务提供者提供了广阔的市场准入机会。但是，相对于货物贸易，服务贸易部门开放的深度和广度仍然很不够。由于现代服务业尤其是金融业、信息服务业、社会服务业及各类知识密集型的服务业对国民经济有更为重大的影响，而上述产业中国与国际水平差距较大，造成外资垄断的可能性更大，因此在 21 世纪的初期，中国采取的开放步骤是谨慎的。在世界贸易组织对服务贸易的四种分类模式，即跨境交付、境外消费、商业存在、自然人流动这四种模式中，中国在商业存在与自然人流动两个领域的开放尤其显得不足。

根据加入世界贸易组织达成的《服务贸易总协定》，中国服务贸易的开放承诺所达到的开放水平如表 4.4 所示。

表4.4　　　　　　中国在不同模式下服务贸易总体承诺　　　　　单位：%；个

贸易模式		模式1 跨境交付			模式2 境外消费			模式3 商业存在			模式4 自然人流动		
承诺范围		无限制	有限制	未承诺	无限制	有限制	未承诺	无限制	有限制	未承诺	无限制	有限制	未承诺
市场准入	部门	21	21	57	52	3	45	1	52	46	0	55	45
	部门	33	33	88	81	5	70	2	81	71	0	85	70
国民待遇	部门	44	1	54	55	0	45	30	20	50	0	55	45
	部门	68	2	84	85	0	70	47	31	78	0	85	70

资料来源：笔者根据中国2001年"入世"的承诺，按照Hoekman（1995）Index频度法计算。

与世界贸易组织部分成员特别是发达成员相比，中国服务贸易开放的深度和水平还有较大差距，甚至在某些方面，开放水平低于较晚加入世界贸易组织的俄罗斯（见表4.5）。

表4.5　　　　　　WTO成员服务贸易开放承诺的比较　　　　　　单位：%

贸易模式		模式1 跨境交付			模式2 境外消费			模式3 商业存在			模式4 自然人流动		
承诺范围		无限制	有限制	未承诺	无限制	有限制	未承诺	无限制	有限制	未承诺	无限制	有限制	未承诺
市场准入	俄罗斯	64	30	6	75	19	6	25	71	4	2	93	5
	中国	22	21	57	52	3	45	2	52	46	0	55	45
	发达	64	11	25	86	12	2	39	60	1	0	100	0
	发展中	44	10	46	70	2	28	20	75	5	5	81	14
	转型	52	11	37	79	11	10	27	61	12	0	99	1
国民待遇	俄罗斯	63	33	4	69	26	5	17	81	2	2	96	2
	中国	45	1	54	55	0	45	30	20	50	0	55	45
	发达	70	5	25	95	3	2	0	97	3	17	82	1
	发展中	52	3	45	66	1	33	28	63	9	45	34	21
	转型	70	3	27	93	3	4	0	88	12	51	48	1

资料来源：WTO网站，根据世界贸易组织秘书处整理，2011年。

与开放程度较高的美国相比,中国服务贸易开放的承诺水平显得较低(见表4.6)。

表4.6　　　　　　　　　服务业开放度中美比较　　　　　　　　单位:%

贸易模式		模式1 跨境交付			模式2 境外消费			模式3 商业存在			模式4 自然人流动		
承诺范围		无限制	有限制	未承诺	无限制	有限制	未承诺	无限制	有限制	未承诺	无限制	有限制	未承诺
市场准入	中国	21	21	57	52	3	45	1	52	46	0	55	45
	美国	67	12	21	84	11	5	56	43	1	0	99	1
国民待遇	中国	44	1	54	55	0	45	30	20	50	0	55	45
	美国	70	10	20	90	8	2	87	13	0	67	33	0

资料来源:WTO网站,根据世界贸易组织秘书处整理,2011年。

中国加入世界贸易组织以后,与一些经济体开展了区域合作的谈判,这些区域合作也涉及服务贸易开放的内容,因此,中国服务贸易的开放程度事实上比加入世界贸易组织所承诺的水平要高。根据目前中国签署的10个FTA协议中的区域服务贸易开放承诺,中国服务业开放度由高到低排列依次为:环境服务、视听服务、计算接服务、专业服务、旅游服务、保险服务、建筑服务、分销服务、空运服务、银行服务、海运服务、电信服务、娱乐服务、教育服务、邮政服务、健康和社会服务(见表4.7、图4.1)。

表4.7　　　　　　　　中国服务业各部门开放比例　　　　　　　　单位:%

	承诺开放比例	完全开放比例	部分开放比例	不开放比例
商用	60.9	22.8	38.1	39.1
通信	62.5	19.8	42.7	37.5
建筑	100	25.0	75	0
分销	100	35	65	0
教育	100	25	75	0
环境	100	25	75	0

续表

	承诺开放比例	完全开放比例	部分开放比例	不开放比例
金融	76.5	16.2	60.3	23.5
旅游	50	25	25	50
运输	20	11.3	8.7	80
娱乐	0	0	0	100
健康	0	0	0	100
其他	0	0	0	100
总体平均	67	21	46	33

注：计算方法是根据多边或区域承诺开放的部门比例（开放分部门占该项大部门比例）和开放程度（没有股权限制、部分限制、完全限制）综合计算。例如，GATS项下中国对健康服务没有做任何开放承诺，开放度就为0，保险服务的开放程度是50，是因为做了部分开放承诺，有股权比例限制。区域开放度是选择了承诺水平最高的标准计算，目前CEPA水平最高，所以选的是CEPA。

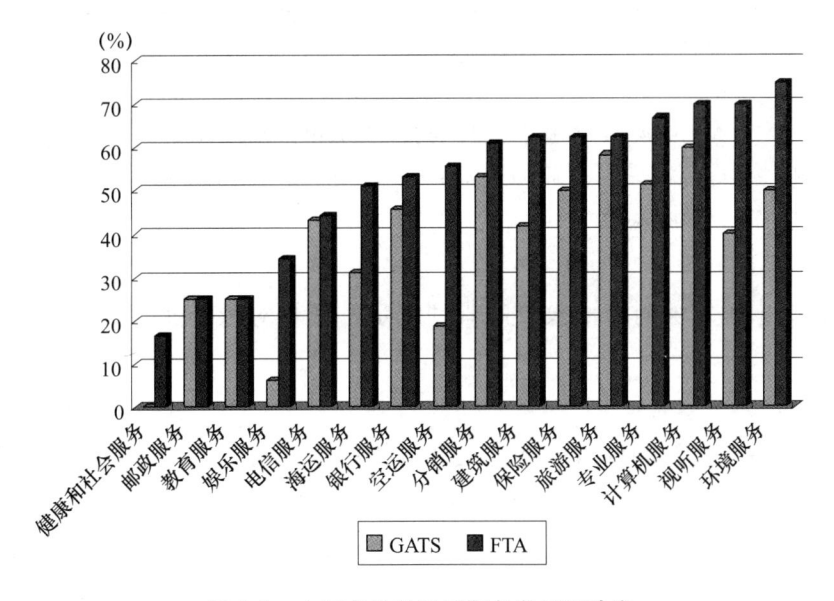

图4.1 中国多边及区域服务贸易开放度

注：GATS即根据《服务贸易总协定》，FTA即根据"自由贸易区"的协定。

图4.2是一位美国教授根据文献资料做的各国在外国直接投资准入方面开放度的国际比较。图4.2显示，中国的开放度不仅大大低于世界平均

水平,而且低于新近加入世界贸易组织的俄罗斯,特别是在服务贸易领域,对外商投资的市场准入,限制仍然不少。

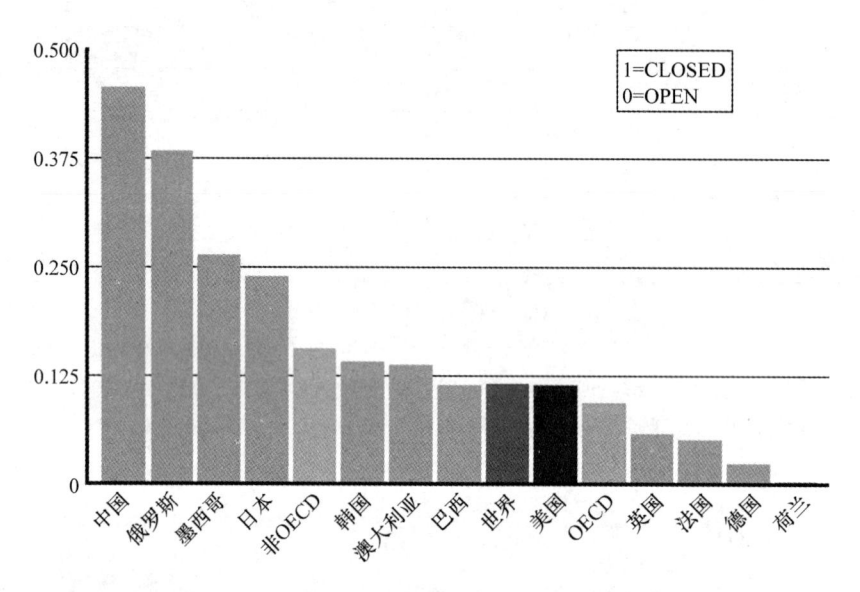

图4.2　各国在外国直接投资准入中开放度的比较

资料来源:Organisation for Economic Co-operation and Development; for methodology and details, see Kalinova, Palerm, and Thomsen。

根据中国目前对外商投资的管理规定,现行对服务业开放的限制主要如下。

一　不发放新的许可或者发放许可的程序冗长

外资保险公司获得保监会(CIRC)设立省市分支保险公司的申请批复非常缓慢。近5年里中国未发放过新的企业年金服务许可。如果申请,也需要通过人力资源和社会保障部、银监会、证监会、保监会等部委的审批,过程非常复杂。

二　外资股权比例限制

对外资进入中国服务业,有一定的股权比例限制。寿险比例不得超过

50%的持股比例。现行法律：单一银行的外资持股占比不得超过25%，单个外资投资者持有国内银行股权比例不得超过20%。2012年中国将外资券商的股权比例从33%提高到了49%，但是仍存在比例限制。

三 过度的资本规模要求

电信服务和建筑服务，对外资企业资本规模要求较高，加重了外资企业负担。外资银行在中国设代表处需2年，拥有总资产约为10亿美元以上，才可以申请在中国设立。外资电信企业必须与现有内资电信企业设立合资企业，移动、固话等基础电信业务外资持股比例不得超过49%，增值电信业务外资持股比例不得超过50%。

四 业务范围限制

邮政快递业：仅开放包裹递送业务，维持信件的邮政专营权，并限制外资企业的网点设立数量及经营地域范围；建筑业：外国建筑公司仅可承担外方出资或是中方因技术原因无法承担的项目；法律服务：外国律师事务所可设立代表处，但不得雇用中国注册律师。保险服务中，不允许外资企业提供政治险（political risk insurance），外资保险公司不得经营法定财产险业务，证券公司不得从事A股交易（目前已试点有条件放开）。

以保险服务为例，要求投资者总资产达到50亿美元或以上，而香港保险公司多为中小型企业，因此难以进入内地市场，而且核心业务也未开放。如资产管理这种在香港已经非常成熟的业务目前还没有开放。已经开放的行业往往审批繁复，有的审批要花一两年时间，有的申请在某个城市被批准，到另一城市又要重新申请。香港的怡和公司曾申请在内地设立一个4S店，根据"外资零售企业申请经营程序"，每一次开设分店的审批必须分别通过分店所在地区外经贸局、经贸局、工商局等7个审批部门，9道程序，每道程序需要10—15个工作日，合计4—6个月。该公司曾经开过一个店，店铺租下来每月租金30万元，等所有环节走完，可以开门营业时，租金已经缴了700万元。外商投资企业强烈期待"一章通"。

在金融领域，除了利率和汇率的市场化还有待改革之外，人民币资本项目的开放也显得滞后（见表4.8）。资本账户开放有法定层面的开放，有事实层面的开放。法定层面的开放程度（de jure）一般是以 IMF 的汇兑限制与汇兑安排的年报中披露的信息进行计算；事实层面的开放（de facto）一般是以对外投资在一国持有的所有资产中的比例等相关指标来测量，数据也来自 IMF 的统计。中国法定层面和事实层面开放变化如图 4.3、图 4.4。

表 4.8　　　　　　　　　　资本账户控制（√）

项目	中国	日本	韩国	巴西
资本市场交易				
资本市场证券控制	√	√	√	√
货币市场工具	√	√	无	√
集体投资证券	√	√	无	√
衍生和其他工具	√	√	无	√
商业信贷	√	√	无	无
金融信贷	√	√	无	√
担保抵押	√	无	无	无
直接投资	√	√	√	√
直接投资结算	√	无	无	无
房地产交易	√	√	√	√
个人资本交易	√	无	无	无
对商业银行和其他信贷机构的规定	√	无	√	√
机构投资者	√	√	√	√

资料来源：IMF 网站数据，2011 年。

以上充分说明，中国在服务业领域的开放不仅还有很大的空间和潜力，而且相对于经济全球化的深入发展，已经显得明显滞后了。服务业开放的滞后，有两方面原因：一方面，在许多现代服务业领域，中国的竞争力不强，属于弱势行业，从国家经济安全因素考虑，采取了实施保护与有限开放的策略；另一方面，许多服务行业部门的开放，涉及国内的法律、法规以及相关政策与国际规则（包括新规则）的接轨，即管辖国内经济活动的治理权的让渡，这与边境开放和让渡关税主权不同，是中国在加入世界贸易组织过程中以及加入后的一段时期内未曾遇到的新问题和新实践。

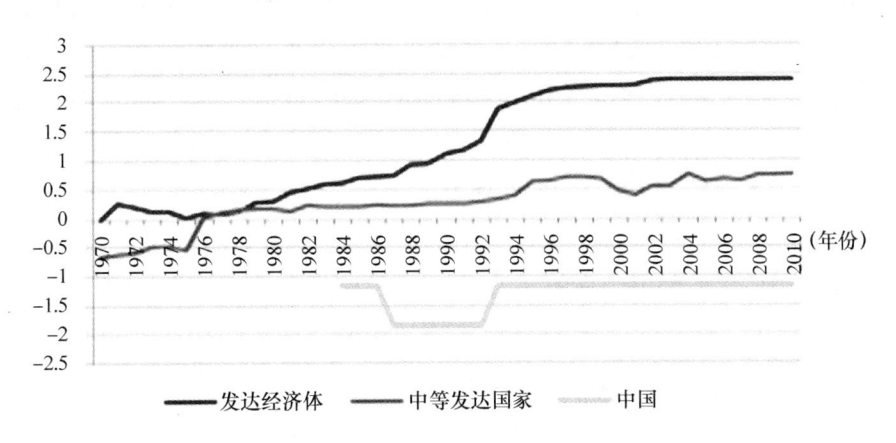

图 4.3 法定金融开放度

资料来源：IMF 网站数据，2011 年。

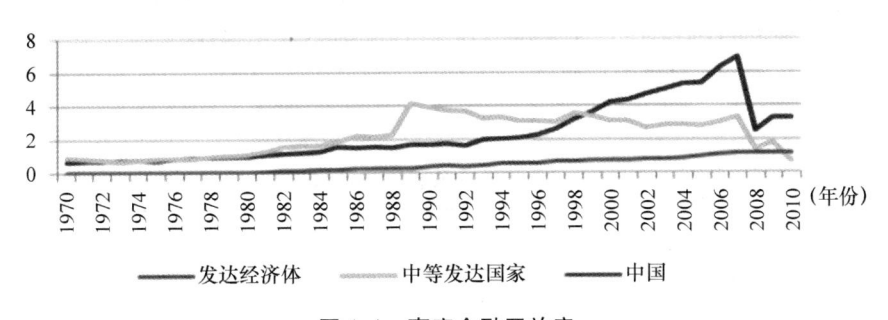

图 4.4 事实金融开放度

资料来源：IMF 网站数据，2011 年。

第二节 美国全球经济治理战略意图的挑战

1995 年世界贸易组织的成立，标志着制约美欧主导的贸易投资自由化的边境障碍问题已经有了全球规则和治理平台，特别是中国的加入，宣告了解决要素流动的边境障碍问题已经基本结束。对 WTO 成立后的多哈回合谈判所涉及的发展议题，美国没有兴趣。随后爆发了国际金融危机，美国智库和当权派认为，全球经济治理的焦点已经从当初的贸易投资自由化转向世界经济再平衡。甚至一些美国媒体还提出，自由贸易的口号不符合美国利益，美国需要的是"公平贸易"。

随着美国全球经济治理核心议题的转变，全球经济治理的主要舞台也从WTO转移到G20协调机制。从适应世界经济再平衡的全球治理战略和讨论议题来看，WTO成为美国战略利用工具的价值显然没有预期的那么大，为此美国选择了G20。一方面可以绕开多哈回合谈判，重新开设美国感兴趣的议题；另一方面可以回避由157个成员组成的难以掌控的WTO格局，在较小的治理平台中发挥美国的掌控力。美国设置的世界经济再平衡的议题，回避了美国金融寡头在酝酿和发酵国际金融危机中的责任，而是把它与中国人民币汇率、贸易顺差等问题密切联系，企图通过打压中国的国际市场空间来为美国重新塑造国际分工体系扫清道路。萨默斯说，美国应成为唯一的出口导向型国家，中国应以内需为主。而美国则提出了"再工业化"和"出口倍增"的计划，可见，美国的世界经济再平衡的全球经济治理思路，实际上只是中美两国贸易平衡状态的改变。但是，事与愿违，美国的目的没有实现。没有实现的目标首先是来自美国的出口贸易并非想象的那样（见表4.9）。

表4.9　　　　　2007—2012年美国制成品出口情况　　　　单位：百万美元,%

年份	出口额	增长率
2007	868298	
2008	912383	5.1
2009	743322	-18.5
2010	873243	17.5
2011	971670	11.3
2012前10月	851662	5.4（同比）
2012预计	1021662	5.1

资料来源：Foreign Trade Division, Census Bureau, 2013年3月。

高盛首席经济学家简·哈祖斯指出，"到目前为止，制造业出现结构性复苏的证据还不足。生产力增长较为强劲，但是美国出口表现依然不算是太乐观，这才是衡量竞争力更可靠的一个指标。从出口数据来讲，美国出口商仅仅在美元大幅下跌的时候才能实现增长。最近几年内，这一情况都没有得到可识别的转变"①。

图4.5说明，即便在中国人民币汇率自2005年以来不断升值达到30%以上的水平，而且经常项目顺差占GDP比重不断下降的情况下，也并没有使美国期待的"重振制造业"和"出口倍增"出现奇迹。这表明，美国的世界经济再平衡的口号，从理论到实践都已经破产。这个事实，引起了美国官产学界的反思。美国朝野反思的结果，终于找到一个解释，这就是他们认为的来自所谓中国的"国家资本主义"的挑战。2012年5月3日，美国副国务卿（分管经济、能源和农业事务）罗伯特·霍马茨（Robert D. Hormats）在华盛顿发表了《中国模式的挑战》的演讲："然而，我们发现20世纪90年代以来全球经济迅猛增长的助推器——市场开放和市场竞争，正在面临新的挑战。在国际金融危机的浪潮中，政府在各国经济增长中可能会扮演更加重要的角色。全新的'国家资本主义'模式正在显现，它不同于自由开放和自我发展的西方模式，而中国的经济政策就是这一新模式的鲜明例子。"② 2012年12月，美国贸易代表处向国会所做的关于中国履行WTO承诺的报告中再次提到中国的"国家资本主义"："当中国在2006年开始执行其WTO关键承诺的最后一部分时，政策变化越加明显。USTR注意到中国更多地依靠国家资本主义，一些政府政策和措施让大家担心中国并没有完全履行WTO原则所提出的市场准入、非歧视和透明度的要求。"③

这表明，美国智库和当权派的全球经济治理的战略思想开始发生变化。所谓中国的"国家资本主义"问题，即认为中国实行的国家资本主义，支持了国有企业，妨碍了公平竞争，阻碍了美国商品和服务进入中国市场。所谓"竞争性中立""反竞争扭曲"一时成为经济治理的主题词。其战略思想是在解决要素流动的边境障碍后，深入解决经济体内部的市场障碍问题。

---

① 《美国制造业复苏的假象》，高盛公司网站，2012年。
② 中国美国商会官方网站（http://www.amchamchina.org/）。
③ 美国贸易代表处官方网站（http://www.ustr.gov/）。

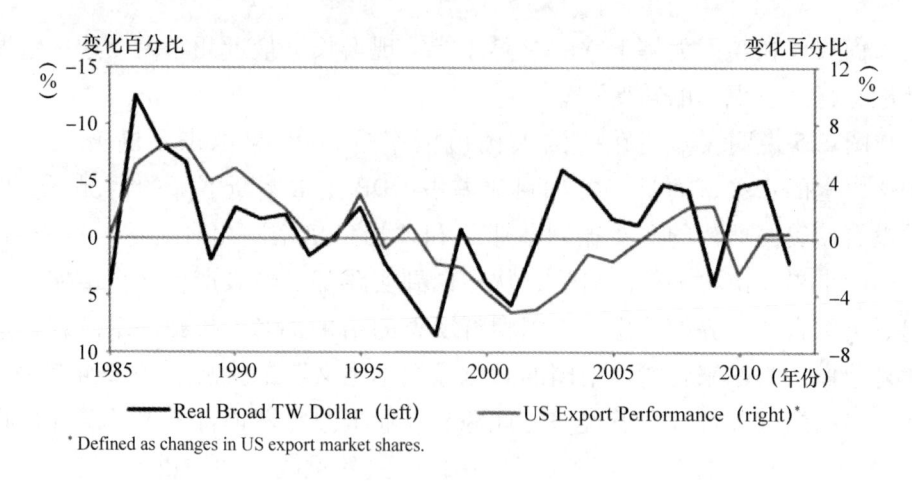

图 4.5　美国出口的表现

资料来源：Fodoral Rosorve Board．OECD。

一　TPP 区域合作的出笼

鼓吹新世纪、新议题和新纪律成为美国朝野转换全球经济治理议题的新口号。为了回应美国商会提出亚太地区是经济利益焦点的呼吁，2012 年奥巴马政府高调提出重返亚太地区，并设计和筹划了"泛太平洋合作伙伴"（TPP）的所谓高水平区域合作，把产业政策、劳工政策和知识产权等边境内市场问题均纳入协议范围，使其新战略有了实行的范本。TPP 谈判采取闭门磋商的方式进行，在谈判结束之前，不对外公布 TPP 具体技术文本。谈判共涉及以下议题：农业、劳工、环境、政府采购、投资、知识产权保护、服务贸易、原产地标准、透明度等。TPP 另立国际贸易新规则对中国的挑战是，它所确立的涵盖服务贸易、投资、环境保护、劳工、知识产权等内容的高标准条款，中国在中短期内无法满足条件，因此难以面对美国、加拿大等发达国家的直接竞争。它涵盖的知识产权保护、劳工和环境保护等议题都是与人力资本、技术创新密切相关的，高门槛的新规则将不利于中国战略性新兴产业的发展，并对中国产业转型升级和参与国际竞争形成很大挑战。在美国贸易代表办公室贸易政策委员会举行的 TPP 谈判征求意见会议上，美国服务业联合会提出服务业应该是 TPP 谈判重点，要求将服务贸易开放作为重要的谈判内容。由于美国服务业占据 GDP 的

80%，吸纳了80%的就业人口。在TPP谈判中美国特别关注服务业中的快递服务、金融服务、电子支付、电子商务、电信服务、视听服务、知识产权和能源服务等服务部门的市场准入、透明度和投资者保护问题。

二　美欧自由贸易区谈判

2013年奥巴马连任以后，美国一方面极力推动TPP（跨太平洋战略经济伙伴关系协定）的发展，另一方面又和欧盟积极筹划TTIP（跨大西洋贸易与投资伙伴关系），与欧盟进行自由贸易区谈判。美欧自贸区谈判是美国出口翻番计划的组成部分，也是美国加快经济复苏、获取地缘政治红利的重要措施，但核心意图在于重塑国际贸易新标准。首先，TTIP谈判有助于提振大西洋两岸分享贸易投资扩大利益。其次，TTIP谈判是美欧欲在WTO框架外寻求制定贸易规则的平台，更积极地利用自贸协定推进其贸易议程，以保持在全球贸易谈判中的领航地位。再次，TTIP谈判有利于美欧先发制人，率先主导制定"下一代贸易政策"，并推动其成为全球贸易的新标准和范本。最后，TTIP谈判有助于进一步深化美欧战略伙伴关系，增强与新兴经济体抗衡的力量，拓展在全球贸易治理中的视野和作用。

三　服务贸易协定（TISA）谈判

在启动太平洋和大西洋两翼谈判战略的同时，美国在日内瓦还导演了旨在深化服务贸易开放的多边贸易体制谈判，并企图由美欧主导这个服务贸易协定谈判（TISA）。进入21世纪后，全球服务贸易不断发展，《服务贸易总协定》（GATS）作为基础性协议规则在促进市场开放、推动贸易发展方面功不可没。但是，随着国际形势的变化，特别是金融危机爆发以后，各成员在WTO平台上推动服务贸易继续开放的难度不断加大。为了促进服务业市场的进一步开放，美、欧等主要成员开始推动出台新的国际服务贸易协定。2013年3月由23个成员启动了首轮服务贸易协定谈判，到6月底，TISA拥有48个成员，既有美国、日本、欧盟成员国等发达国家，也有智利、巴基斯坦等发展中国家。该协定覆盖了全球70%的服务贸易，年贸易规模可达4万亿美元。但包括中国在内的"金砖国家"等其他WTO成员未被邀请参加。

TISA 谈判涉及的主要领域包括：模式 4 下的自然人移动，尤其增加商务访客、专家和技术人员准入的便利性，包括对公司市场开拓意义重大的内部人员调动（ICT）。实现数据跨境自由流动，取消数据必须预先存储于使用国境内服务器的要求。对其他国家的服务供应商提供承诺的国民待遇，采取有限限制（反向清单）。约束提供跨境服务的限制，包括许可、居住要求等，约束对通过投资提供服务的机构设立、参与合资企业或经济需求测试等的要求等。

上述已经清晰地看出美国全球经济治理的基本方案，其理论依据是反"国家资本主义"的"竞争扭曲"，实践版本是这两个所谓高水平的区域合作计划，以及在 WTO 基础上另搞一个缩小版的服务贸易协定谈判，这个议题和三个谈判构成了奥巴马下一任期全球经济治理的基本方案和路线图。对于另立国际贸易新规则的意图，美国对中国存有戒心，奥巴马在竞选辩论中说："我们没有将中国包含在内，建立起与其他国家的贸易关系，这样可以让中国开始感受到遵循基本国际标准的压力。"美国的想法是让中国被动接受美国的标准和规则。

第三节　中国锐意改革应对挑战赢得机遇

新一轮对外开放的实质是：从边境开放向境内体制性开放过渡，即如何使国内体制、经济与社会、环境保护政策与国际规则接轨。这是当前中国参与全球经济治理面临的新挑战，也是党的十八大以后中国如何扩大开放需要解决的新课题。境内开放的含义是，当其他经济体的商品和服务通过边境开放比较便利地进入东道国后，遇到的体制和政策障碍，这些障碍有的在世界贸易组织的国民待遇原则条款中可以得到解决，有的并没有纳入世界贸易组织的协议条款，因此仍然存在。例如，一些经济体对国有企业的支持和补贴、劳工和环保政策以及不少原本只管辖本国经济活动的政策和只对本国经济运行发生影响的体制和制度，在开放深入后都会成为提出公平竞争要求的改革对象。货物贸易会涉及这些问题，但服务贸易的问题更突出，因此，新一轮对外开放的特点是：服务贸易部门扩大开放、服务贸易领域外资的市场准入、管辖境内经济活动的治理规则的改革。

服务贸易四种模式中的"商业存在",是服务业开放问题上最突出的领域,也是服务贸易市场扩大最关键的领域,它关系到全球投资者在多大程度上能够进入其他经济体的市场,并能在多大程度上在该市场进行公平竞争。在国际金融危机发生以前,美国曾就此问题与中国举行过试探性的接触。就双边投资规则而言,全球已经产生过3000多个双边投资协定,中国也已经与世界上50多个国家签订了双边投资协定,但都没有以准入前国民待遇和负面清单管理作为谈判前提。国际金融危机发生后举行的中美经济战略对话,提供了双方就此问题进行谈判的契机。2009年第四次中美经济战略对话启动了中美投资协定谈判,前后进行了9轮,由于涉及准入前国民待遇和负面清单问题,始终没有进展。2012年4月美国在重新审议并修订自己的双边投资协定文本后,公布了新范本。

美国关于双边投资协定的新范本,在市场开放准入、开放领域、负面清单、开放的管制手段等方面都比原来的标准更高,结构更严密。美国负面清单的内容包括:国民待遇、最惠国待遇、高管要求、业绩要求等四方面。负面清单不能回退;但未来新产业可以例外;此外,金融行业例外,按照审慎原则考虑市场准入。

面对新一轮对外开放的挑战,中国政府以改革的姿态积极应对,果断采取了两个重大步骤,为中国的新一轮开放赢得了机遇。第一个重大步骤是,积极回应中美双边投资协定谈判。2013年7月,中国中央政府批准了商务部提出的启动中美投资实质性谈判的建议。所谓启动实质性谈判,其内涵是:结束模式谈判,即以准入前国民待遇和负面清单作为进入文本谈判的前提。同时,过去有关外商投资的三个法律也将依据谈判协定的要求而进行修订,这意味着国内法将服从国际新规则。准入前国民待遇将覆盖投资项目和投资者,覆盖投资准入前后所有环节。负面清单管理意味着管理模式将从重事前审批转向重事中、事后的监管。

第二个重大步骤是,设立中国(上海)自由贸易试验区。2013年8月,国务院批准设立中国(上海)自由贸易试验区,8月30日全国人大授权国务院在试验区内调整外商投资政策。试验区的特点是:第一,为扩大开放探路,以开放促发展、促改革、促创新,成为可复制、可推广的试验;第二,不是用优惠政策来推动,也不是以基建投资炒热土地的老办法来吸引地产投资；而是注重体制、机制改革创新；第三，不仅涉及货物贸易，主要针对服务贸易开放，不仅涉及边境开放，主要涉及境内开放。

中国政府已经做好继续中美双边投资协定谈判的各项准备，并于2013年10月下旬在华盛顿举行第十轮谈判。中美投资协定谈判达成的重要意义是：将取得国际投资谈判的重大话语权，成为重要国际规则的制定者，为中国参与全球经济治理提供重要的空间和机遇；将更有利于保护中国在海外的投资。中国海外直接投资存量已经达到5000多亿美元（美国传统基金会统计，2012年我对美国直接投资达到140亿美元），并持有2.645万亿美元的美国国债。谈判达成，不仅中国对外投资可以要求美国国内法的保护，还可以取得国际规则的保护。

中美双边投资谈判的连带积极效应是刺激了欧盟，推动了中欧投资协定谈判举行。2013年10月，欧盟理事会对是否授权欧洲委员会与中国开展双边投资协定谈判进行讨论和决定，并有望于2013年11月宣布举行中欧双边投资协定谈判。在积极接触和进取姿态的势头中，中国政府于9月30日宣布参加服务贸易协定谈判（TISA）。

第四节　中国（上海）自由贸易试验区建设的主要任务与构想

中国政府已经正式公布了该试验区的总体方案，归纳起来是五项任务，涉及90多个政策问题。

第一个任务是加快转变政府职能。是我们主动改革，重在制度创新，不搞政策洼地。推行政府管理由注重事先审批转为注重事中、事后监管，建立一口受理、综合审批和高效运作的服务模式。加强对试验区内企业在区外经营活动全过程跟踪、管理和监督。

第二个任务是扩大投资领域开放。服务业选择金融服务、航运服务、商贸服务、专业服务、文化服务以及社会服务领域扩大开放，暂停或取消投资者资质要求、股比限制、经营范围限制等准入限制措施（银行业机构、信息通信服务除外），营造有利于各类投资者平等准入的市场环境。

实行负面清单管理。对负面清单之外的领域，按照内外资一致的原则，将外商投资项目由核准制改为备案制（国务院规定对国内投资项目保留核准的除外）。将外商投资企业合同章程审批改为上海市备案管理，工商登记和商事登记制度改革相衔接，并在试验区内试点开展涉及外资的国家安全审查，完善国家安全审查制度。

第三个任务是推进贸易发展方式转变。鼓励跨国公司设立亚太地区总部，建立整合贸易、物流、结算等功能的营运中心，深化国际贸易结算中心试点，拓展专用账户的服务贸易跨境收付和融资功能，发展离岸业务，统筹开展国际国内贸易；探索在试验区设立国际大宗商品交易和资源配置平台，开展能源产品、基本工业原料和大宗农产品的国际贸易。试点建立相适应的海关监管、检验检疫、退税、跨境支付、物流等支撑系统。

第四个任务是深化金融领域的开放创新。在试验区内对人民币资本项目可兑换、金融市场利率市场化、人民币跨境使用等方面先行先试；探索面向国际的外汇管理改革试点；促进跨国公司设立区域性或全球性资金管理中心。金融服务业对外资和民资开放，允许金融机构设立面向国际的交易平台；鼓励金融市场产品创新，支持股权托管交易机构在试验区内建立综合金融服务平台。

第五个任务是营造相应的监管和税收制度环境。采取"一线放开"：探索建立相对独立的以贸易便利化为主的货物贸易区域和以扩大服务领域开放为主的服务贸易区域。"二线安全高效管住"：加强电子账册管理，推动试验区内货物在各海关特殊监管区之间和跨关区便捷流转。试验区内企业不受地域限制，可到区外再投资或开展业务，推进企业运营信息与监管系统对接。在税收政策方面，在维护现行税制公平、统一、规范的前提下，从培育功能为导向，完善相关政策：实施促进投资的税收政策；实施促进贸易的税收政策；在符合税制改革方向和国际惯例，以及不导致利润转移和税基侵蚀的前提下，积极研究完善适应境外股权投资和离岸业务发展的税收政策。

根据中国（上海）自由贸易试验区的主要任务，本章继续探讨相应的思路与需要实施和配套完善的主要措施。

一　货物贸易转型战略思路与措施

第一，拓展贸易类型。大力发展过境贸易（离岸贸易）和转口贸易，推动商品进口—分拨—配送—展销零售的全流程便利化，打造高档消费品、大宗商品、专用机械设备、精密仪器等进入国内市场的渠道，发展国内市场流通链条，扩大内辐射效应。第二，创新贸易业态。引进零售业态，建设高端消费品商品市场，允许国内产品、已付关税产品或免关税产品在区内零售。发挥开放口岸和港口的"进、出、转"优势，全力打造专业化、国际化的大宗商品交易平台。第三，升级贸易功能。发展保税仓储、国际物流、商品展示、国际中转、国际采购、贸易结算、国际维修、金融保险、信息咨询等贸易配套功能，形成储、供、运、销产业发展链，为贸易的发展提供低成本、高效益的服务。货物贸易转型战略措施逐渐实现与国际接轨。

（一）创建双层管理体制

借鉴美国对外贸易区实行政府管理和市场管理相结合的双层管理体制。在政府管理上，要设立独立的管理机构，隶属于政府，是全国唯一依法直接管理自由贸易试验区的行政管理机构，将分散于多个职能部门的权利整合起来。在市场管理上，充分引入市场机制，由一个政府或政府控股的机构、企业对园区的发展进行统一规划、土地开发、基础设施开发、招商引资、物业管理、项目管理、咨询服务、投诉受理等，并且尽可能地为园区企业提供服务。

（二）建立自由贸易试验区综合信息服务中心

成立综合信息服务中心，借助电子信息联网手段，实现自由贸易试验区内海关、质检、商务、税务、工商等行政监管部门信息共享、跨界互联互通经营者只需提交一次信息，在此基础上，海关当局和其他部门可同时处理该信息，为经营者提供极大便利。信息共享、多部门协作，提高监管效率与监管能力。

1. 探索灵活便利的监管模式

（1）探索"两步申报"通关方式。不断优化通关流程，对进出口货物实施"两步申报"（two steps）的通关方式开展积极探索，采取"简单申报+详细申报"的模式,将审核征税等占用较多通关时间的环节移至货物放行之后,实现货物查验放行和审核征税相分离,大幅缩短货物通关时间。试行直接通关程序。试验区使用者可向当地海关在货物抵达前提出申请,当进口货物抵达时,可直接运往园区而免除向海关申报,有效提高企业对物流的支配和调度能力。试行周报关制度。借鉴美国经验,允许企业对进出口货物实行一周集中申报一次,为企业节约报关费用(陈丽芬,2013)。

(2)便利转关。试验区应增加与国内其他保税区海关的联系,争取建立统一的电子化平台,便于诚信企业在全国范围内进行货物转移,提高企业整体经营效率和竞争力。

(3)引入国际商事仲裁制度。引入国际商事仲裁的先进制度,为自由贸易试验区的企业提供商事仲裁服务,审理有关商事纠纷案件。加强非市场规则体系建设,比照国际标准,加强自由贸易试验区在知识产权、劳工标准和环境保护等领域的标准要求和执法力度,为中国今后参与国际规则制定、打造国际竞争新优势先行先试,将试验区打造成为全面国际化的一流自由贸易区。

(4)赋予企业国内贸易经营主体资格。对于试验区达到一般纳税人标准的企业应该给予一般纳税人资格,并按照现有的增值税抵扣规定,对于其从国内采购的设备、原材料等不按照出口办理,而是列入进项税额。海关对试验区企业销售到国内的货物应缴纳的进口环节增值税进行汇算清缴,抵扣企业产生的进项税额后,将差额缴纳入库。

2. 提升现代运输服务

依托天然深水港口和国际航运线交点的优势,实施自由化的航运制度,全面提升口岸与港口的国际化水平,推动上海转口贸易蓬勃发展,形成与上海国际航运中心的联动机制。制定一套符合国际规范的船运业管理程序和规定,如船舶登记、船级检验等,探索形成具有国际竞争力的航运发展制度和运作模式。简化国际船舶运输经营许可流程,形成高效率的船籍登记制度。港口实施自由进出管理,船舶入港免办海关手续,非强制引航,船员可自由登岸,边防海关人员不上船检查,出入境、卫生检疫手续从简等。推动中转集拼业务发展,允许在试验区设立中方控股的中外合资船务公司，经营上海港口与国际港口之间的船舶运输业务，并为船舶运输提供揽货、签发提单、结算运费、签订合同等日常服务。允许在试验区内注册的外资国际船舶运输企业的中国籍船舶在国内沿海港口和上海港区之间从事沿海捎带业务。支持浦东机场增加国际中转货运航班。制定航运税费优惠政策，对注册船采取低税率、降低注册费、简化注册手续，允许船商低工资自由雇用外籍和本国船员。

3. 推动区内区外联动发展

试验区与其他海关特殊监管区功能互认。推进试验区与其他海关特殊监管区在海关、检验检疫、口岸监管等方面的有效配合，实行资质互认，共同提高贸易服务水平，有效降低物流成本及消耗时间，实现区内外的合作共赢。建立电子信息平台，并与其他海关特殊监管区实现对接和信息共享。

二 服务业扩大开放的思路与措施

制定"负面清单"遵循的主要原则是：安全原则：禁止投资涉及国防安全的行业是各国制定负面清单时的普遍惯例，美国2012年BIT范本中涉及国家安全的第十八条有一个"自裁定"条款：缔约方有权采取其认为必要的措施来维护和平和安全利益，什么样的措施是必要的则由采取措施一方自己决定。涉及中国国防安全的服务行业包括航空运输、部分信息技术服务、部分专业测绘服务等，这些行业的保护可以采取直接禁止的方式。与监管同步原则：目前中国各级政府监管和调控能力都有待提高，变审批制为备案制对上海自贸区的监管水平提出了新要求，备案管理是按照深化行政管理体制改革要求，简化备案程序，做到统一受理，分工协作，并联备案；对事中事后监管还处于学习阶段。因此，在试验初期，负面清单可以长一些，随着监管能力和水平的提高，对"负面清单"逐步实施"减法"。例如，在美国—新加坡FTA协定中，虽然美国提出了较短的负面清单，新加坡在协议框架内制定的负面清单依然较长，所保护的行业范围也大于美国，这种逐步开放的负面清单制定方式是中国未来可以借鉴的（杨志远，2013）。

(一) 关于运输服务业开放

上海国际航运业，虽然货物吞吐量较高，集装箱吞吐量 2012 年达到 3252.9 万 TEU，但与世界著名的国际航运中心相比仍有不小差距。尤其是在航运服务领域，如船务经纪、船舶分级与登记、船舶融资和租赁、海上保险、船舶交易、海事仲裁等方面。上海要形成国际航运中心核心功能，实现航运要素和资源集聚：港口、机场吞吐量继续位居世界前列，物流业面临挑战。这可以通过长江经济区的支持将挑战转化为机遇。长江是全球最大的内河水运通道，长三角是中国最具有竞争力的经济区。上海港的航运中心地位要靠长江经济带支撑。上海自贸区应成为中国最大的物流特区。如果将上海港的区位、人才和资金优势与长江经济带的内陆运输网络相结合，则可以助推中国物流业快速发展。

(二) 关于电信业开放

在保障网络信息安全的前提下，允许外资企业经营特定形式的部分增值电信业务。在增值电信业务方面，中国自加入 WTO 以来，在开放电信业务方面始终保持谨慎态度，比如外国企业只能以设置合资公司的方式进入增值电信业务，且持股比例不能超过 49%。自贸区改革可以扩大外国企业在增值电信企业的开放程度，这对于中国企业会带来竞争。而在互联网信息服务、数据处理和存储服务和呼叫中心业务几个领域，竞争已经饱和，市场开放对国内增值电信企业影响并不大。需要特别指出的是，增值电信业务有部分领域涉及国家和公众信息安全，如何合理使用方案中规定的"如涉及突破行政法规，须国务院批准同意"条款对该行业采取必要的保护是值得自贸区行政管理机关进一步研究的问题。

(三) 关于教育服务开放

在中外合作模式之外探索直接办分校模式，将是对教育改革的重大突破，在农、林、矿、理工科等教育领域应大胆开放，引进境外办学资源，加快中国高等教育融入世界高等教育竞争的程度，推动中国教育的市场竞争机制建设。

(四) 关于医疗服务开放

在社会服务领域，医疗服务开放的需求更迫切，应置于优先地位。应大胆引进境外医疗投资和医疗资源，对外资医疗服务机构放开医疗服务价格，资质好的医疗机构应给予医保覆盖的待遇，同时，对于这些医疗机构的药品、医疗器械的进口，以及医疗人才的引进使用，都可以采取试验区内的特殊政策。为此，自贸区试点还可设立外资专业健康医疗保险机构，这对外资医疗机构倚重商业保险的盈利模式构成支撑。通过外资医疗机构的竞争，促进国内医药卫生体制的进一步改革。

三　金融开放的措施建议

为避免区内外利率差异导致套利，应允许区内银行的存贷款利率在央行基准利率上下自由浮动，逐渐过渡到利率市场化。可先针对现在可兑换比较低的项目。比如贷款，在自贸区内允许人民币双向贷款，即允许自贸区内中资金融机构可以对外进行人民币贷款，境外的金融机构也可以给上海自贸区内的企业提供人民币贷款。对不同的行业，上海自贸区也可实行区别对待。还可以考虑对不同的资本账户科目实行区别对待，比如可考虑在自贸区内设立股权投资母基金等。上海自贸区也可对不同币种进行区别对待，比如先与东盟国家的货币开始自由兑换，加强东盟经贸合作。最后，自贸区还可以对不同类别的资本的进与出进行区别对待，比如对美元实行宽进严出，对人民币实行宽出严进。

（一）建议以构建自贸区离岸人民币中心为突破口实行资本账户放开

自贸区在创办离岸金融市场初期应采用分离型离岸金融市场模式，离岸账户和在岸账户之间的资金流动受到较严格的限制。从股市影响方面来分析，自贸区离岸金融市场的创办，短期内不会因为国际资本的大量频繁进出直接对A股股市造成太大影响。但是建立离岸金融市场所产生的影响范围广泛，无疑会从多方面或直接或间接影响中国股市。发展离岸金融市场有利于促进金融体制改革，缩小国内金融市场与国际成熟金融市场之间的差距，因此也有望促进内地股市在市场监管、制度建设等方面改革不断深化。通过离岸人民币金融中心建设推动跨境人民币结算业务发展，扩大人民币在贸易、投资、保险等领域的使用，进而可以深入研究开展个人境外直接投资试点。离岸市场上离岸人民币与越来越多的币种实现实时报价以及自由兑换后，将进一步优化境内人民币汇率形成机制。而资本在跨境的不断流动也自然地为资本在境内与境外市场最终自由流动铺平道路。此外，只有在自由贸易区内率先实现资本项目下开放后，并逐步实现人民币可自由兑换，人民币国际化才能真正起航，彻底摆脱目前人民币国际化以来采取的"跨境贸易+离岸金融"的模式。国内学者普遍认为日元国际化不成功的主要原因是日元采取"跨境贸易+离岸金融"模式，而这样的模式的害处是容易导致投机者利用在岸离岸价差进行套利，虚高跨境贸易额度，增加了境内央行货币政策调控的难度，催生境内资产价格泡沫。在离岸业务发展过程中逐步形成反映市场供求的均衡汇率水平，在此基础上改革外汇管理（余颖丰，2013）。

（二）建议加强金融基础建设为资本账户放开打基础

应该积极探索和推动全球人民币清算系统建设。只有中国人自己建立自己的清结算系统，才能保证自己金融系统的金融数据安全。也只有掌握了一手金融交易信息才使得动态金融监管得以实现。

（三）建立起上海自贸区金融改革创新与上海国际金融建设的联动机制

（1）允许部分中资银行从事离岸业务。离岸金融业务是自由贸易区的重要组成部分，上海建立自由贸易区的同时也需构建离岸金融市场。试验区对国内商业银行离岸业务探索风险管理和制度完善也进行尝试，建议允许区内符合条件的中资银行从事离岸业务。前期的工作重点可以是，研究中资银行试点离岸金融业务的操作规范。比如，银行如何建立一套离岸金融业务合规操作准则，打击避免国际市场洗黑钱以及恐怖金融等，以及国与国之间双重税收宽免协议、与银行客户税务信息交换等相关规定等。

（2）鼓励国内企业"走出去"开展国际投资融资理财，上海自贸区应尽快开始研究如何从制度上为这些国有企业提供便利。

（3）加强与国际区域的金融合作。上海自贸区在区域金融合作中也应该担当一定角色，发展沪港金融互补、互助、互动关系，比如可以考虑与香港联手积极探索亚洲美元市场建设，或成立风险平稳基金以应对潜在金融危机的发生。还应加强与全球主要国际金融中心交流合作，探索互利共赢的合作机制。比如，加强与东南亚地区金融交流合作。上海自贸区管委会或上海市政府可发起设立支持东南亚当地基础建设的开发银行或成立类似中投公司这样性质的公司但却以人民币为主的主权投资基金，为当地基础设施建设提供资金。在符合国家利益的前提下，在有关部门的支持下，适当降低准入门槛，允许吸引国际多边金融机构以及其分支机构入驻自贸区，以提升上海的国际金融地位，并使得上海在这些国际组织中发挥更大的作用和拥有更大的话语权。

第五章　构建中国开放型经济新体制

党的十八届三中全会提出构建开放型经济新体制，指出："适应经济全球化新形势，必须推动对内对外开放相互促进、引进来和走出去更好结合，促进国际国内要素有序自由流动、资源高效配置、市场深度融合，加快培育参与和引领国际经济合作竞争新优势，以开放促改革。"如何深刻理解和把握中国开放型经济新体制的基本目标和主要特征，具有重要的理论与现实意义（裴长洪、郑文，2014）。

第一节　中国开放型经济新体制的基本目标

一　要有利于应对全球价值链构建的新形势，在开放中争取向价值链高端攀升

随着经济全球化的进一步加深，世界经济已进入全球价值链时代。所谓全球价值链是指，当商品的产品设计、原材料提供、中间品生产与组装、成品销售、回收等所有生产环节在全球范围内分工后，形成的覆盖世界各个国家和地区的庞大生产网络。在全球价值链的每个生产环节上，附加值被不断地创造、累加，并通过该网络在全球范围内流动。近年来，在通信与运输成本下降和制度创新的带动下，各种产品分散在不同国家和地区生产，各类资源在全球范围内大规模地重组，世界经济已进入了全球价值链的阶段。总体而言，中国企业对全球价值链的参与，更多的是对外国跨国公司价值链的参与与适应，主要集中于全球价值链低端和低附加值的环节。据《2013世界投资报告》，中国全球价值链参与率为59%，位列全球第11

位，中国国内附加值占出口总值的比重为70%，低于俄罗斯、印度、巴西、澳大利亚等国，在全球排名前25位的出口经济体中仅位列第12位。

因此，中国开放型经济新体制的建设，要求我们建立自己的全球价值链，在开放中争取向价值链高端攀升。为此，我们要在世界范围内配置科技资源，促进科技进步，推动经济结构转型；积极主动适应国际贸易投资新规则，建设高水平自贸区网络；结合东部地区资金、人力资本优势与内陆地区新优势，提高整体开放水平；扩大与新兴市场和发展中国家的经贸联系；建立自己的区域和全球价值链，在全球范围内最有效地配置和利用资源。

二 要有利于应对新技术革命酝酿的新形势，促进技术创新和结构调整

当前，世界新技术革命正在酝酿之中，主要集中在智能制造技术、新能源技术、物联网和云计算技术、生物医药技术、太空与海洋开发技术等方面。世界新技术革命的突破，将有可能对全球制造业生产方式产生三大重要影响：首先，生产制造模式从大规模生产转向个性化定制生产；其次，生产组织方式从工厂化转向网络化；再次，产业组织形态从大企业主导的产业链转向中小企业的网络集聚，推动形成中小企业与大企业分庭抗礼的市场竞争新格局。新兴技术的不断成熟及其对制造业各领域的持续渗透，有利于掌控先进技术的发达国家企业实现对产业链和价值链的重组，从而在国际竞争中继续处于主导地位。

发达国家产业发展的新态势已经开始吸引部分高端制造企业回流，使中国通过承接国际产业转移、利用跨国公司的技术溢出效应向价值链高端攀升的产业升级模式难以为继。此外，如果新技术革命带来的个性化定制生产成为主流的生产方式，大规模生产将不再是起主要作用的企业竞争要素，迅速响应市场需求将成为企业动态竞争能力的重要体现；在快速成型技术和网络协作体系的支持下，更多的企业将选择在终端消费市场进行本地化生产。这将对建立在大规模生产基础上的中国出口导向型的产业体系造成一定的冲击。因此，中国开放型经济新体制的建设，要求我们以更加开放的姿态，通过"走出去"与"引进来"相结合的方式，在世界范围内配置科技资源，

以应对世界新技术革命的挑战，促进中国技术创新，推动结构调整。

三　要有利于应对TPP、TTIP等国际贸易投资新规则酝酿的新形势，发展面向全球的高水平自由贸易区网络

传统WTO多边贸易谈判进程受阻，新一轮区域贸易自由化浪潮逐步兴起。尤其是2013年以来，TISA（国际服务贸易协定）、TPP（跨太平洋伙伴关系协议）、TTIP（跨大西洋贸易与投资伙伴关系协定）谈判均在加速推进。不同贸易体系下的谈判内容更加侧重于贸易与投资并重、服务贸易和投资协定相关联。发达国家加大力度制定新的国际贸易投资规则，积极推进新议题谈判，以占领未来国际竞争制高点。

更高标准的国际自由贸易协定在框架、内容、要义等方面提出了更为严格的要求与规定，使中国在新一轮世界贸易区域谈判中处于不利地位。例如，大多数TISA谈判参与方在金融、证券、法律服务等领域已没有外资持股比例或经营范围限制。而中国这些领域的政策仍停留在传统的WTO多边贸易框架体制下，银行、证券、保险、电信等行业在上一轮加入WTO谈判时仍保留许多限制外资准入的措施，缺乏参与TISA谈判的基本条件。TPP、TTIP谈判更是由于国际政治等原因，将中国排除在外。为改变当前的不利地位，就要求我们在新一轮改革开放中，着眼于更高标准，主动适应国际经贸新规则，发展面向全球的高水平自由贸易区网络。

四　要有利于应对中国东部地区劳动、土地等要素禀赋优势弱化的新形势，利用新优势和发挥中西部优势，提高整体开放水平

东部沿海地区是中国改革开放的核心区域，但近年来劳动力成本上升很快，土地稀缺、能源短缺、环境恶化等问题日益突出，维持制造业低成本优势的现实基础逐步被侵蚀，其优势逐渐转化为资金充裕、人力资本雄厚；而中西部地区随着这些年西部大开发、中部崛起的推进，基础设施和软环境都得到了一定程度的改善，加之劳动力成本低廉，逐渐形成了承接产业转移的区域优势。

因此，在开放型经济新体制的建设中，要求我们既要着眼于发挥东部地区资金、人力资本新优势，又要妥善利用中国产业结构调整的重大契

机，在产业配置和重大项目安排上向中西部重要城市和地区倾斜，在未来人口密集区的长江中游地区、黄河中下游地区、成渝地区等区域，选择若干发展条件较好的中心城市进行重点建设，建设成若干国家级行业中心，就能形成符合产业发展规律、相互支持、相互协调的区域经济结构，为中国内陆地区扩大开放，提高中国整体开放水平创造条件。

五 要有利于应对世界经济复苏乏力、新兴市场和发展中国家发展空间扩大的新形势，加快实施"走出去"战略

金融危机以来，由于旧的风险尚未根除，新的不确定因素又在增加，全球经济复苏乏力。联合国贸发会议《2014世界经济形势与展望报告》预计：2014年，除美国经济增长恢复较好，国内生产总值增速可能达到2.5%外，其他主要的发达经济体复苏之路仍然漫长；西欧国家虽然走出衰退阴影，但失业率居高不下，经济增长仍然疲弱，预计仅为1.5%；日本预计也为1.5%。

与发达国家经济增长普遍低迷不同，新兴市场和发展中国家经济增长表现更佳。国际货币基金组织预测，2014年新兴市场国家和发展中经济体经济增长可能上升到5.1%和5.4%。中国预计将在未来数年维持7.5%左右的经济增速；印度经济增速预计升至5.3%；巴西、俄罗斯分别升至3%和2.9%。新兴市场国家和发展中国家具备后发优势，总体经济实力不断增强，南南合作日益紧密，加之资源丰富，劳动力成本低廉，投资环境日益改善，这就为中国加快实施"走出去"战略提供了新的广阔空间。因此，改善现有体制机制，以推动中国与新兴市场和发展中国家建立更紧密的经贸联系，将是开放型经济新体制建设的重要任务。

第二节 服务业开放潜力有待释放，推动开放型经济向纵深发展

一 中国服务业开放程度不足，拥有巨大开放潜力

（一）从外资流入角度来看，服务业开放程度不足

1979年至2012年的34年间，中国第二产业、服务业（第三产业，下

同）吸收的外商直接投资额（合同外资金额）流入量累计分别为16208.42亿美元、9820.51亿美元，占全部FDI流入量累计额的比重分别为60.95%与36.93%，这表明改革开放以来中国外资绝大部分投向了第二产业。在服务业内部，外资主要进入了房地产业、租赁和商务服务等行业，其中房地产业吸收的外资占吸收外资总额的15.25%；其次是租赁和商务服务业（5.26%），批发和零售业（4.19%），金融业（2.93%），交通运输、仓储和邮政业（2.62%）（见表5.1）。尽管近年来，外资流向服务业的比重已超过第二产业，比如2012年服务业吸收FDI的比重高出第二产业8.46个百分点，但这些外资也主要是流入了少数服务行业；其中，仅房地产一个行业就吸收了当年外资进入额的21.68%；科学研究、技术服务和地质勘查业，信息传输、计算机服务和软件业，水利、环境和公共设施管理业，文化、体育和娱乐业，卫生、社会保障和社会福利业等对国计民生意义重大的服务性行业，吸收外资程度却很低。这反映出，阻碍中国多数服务业进一步开放的体制机制障碍普遍存在，有进一步扩大开放的空间。

表5.1　　　　　　　中国吸收外商直接投资分行业累计统计

分类 项目与金额	1979—2012年				2012年			
	项目数（个）	比重（%）	合同外资金额（亿美元）	比重（%）	项目数（个）	比重（%）	实际使用外资金额（亿美元）	比重（%）
总计	738464	100	26591.62	100	27717	100	1239.85	100
第一产业	21127	2.86	562.69	2.12	865	3.12	20.09	1.62
第二产业	503418	68.17	16208.42	60.95	11630	41.96	557.49	44.96
第三产业	213919	28.97	9820.51	36.93	15222	54.92	662.27	53.42
采矿业	1924	0.26	142.88	0.54	87	0.31	6.13	0.49
制造业	485745	65.78	15207.44	57.19	11114	40.1	521	42.02
电力、燃气及水的生产和供应业	3208	0.43	376.47	1.42	214	0.77	21.18	1.71
建筑业	12541	1.7	481.63	1.81	215	0.78	9.17	0.74
交通运输、仓储和邮政业	9657	1.31	696.13	2.62	413	1.49	31.91	2.57

续表

分类 项目与金额	1979—2012年 项目数（个）	比重（%）	合同外资金额（亿美元）	比重（%）	2012年 项目数（个）	比重（%）	实际使用外资金额（亿美元）	比重（%）
信息传输、计算机服务和软件业	10291	1.39	405.4	1.52	993	3.58	26.99	2.18
批发和零售业	63868	8.65	1112.91	4.19	7259	26.19	84.25	6.8
住宿和餐饮业	6606	0.89	184.81	0.69	513	1.85	8.43	0.68
金融业	663	0.09	780.37	2.93	161	0.58	98.83	7.97
房地产业	50846	6.89	4056.26	15.25	466	1.68	268.82	21.68
租赁和商务服务业	40442	5.48	1398.04	5.26	3518	12.69	83.82	6.76
科学研究、技术服务和地质勘查业	13395	1.81	494.14	1.86	1357	4.9	24.58	1.98
水利、环境和公共设施管理业	1204	0.16	148.87	0.56	151	0.54	8.64	0.7
居民服务和其他服务业	12260	1.66	340.86	1.28	212	0.76	18.84	1.52
教育	1705	0.23	32.91	0.12	15	0.05	0.04	0
卫生、社会保障和社会福利业	1331	0.18	67.58	0.25	11	0.04	0.78	0.06
文化、体育和娱乐业	1640	0.22	101.88	0.38	152	0.55	0.35	0.51

资料来源：《中国商务年鉴2012》。

（二）从服务贸易角度来看，服务业开放水平不够

按照与世界贸易组织达成的《服务贸易总协定》，中国已积极履行了服务贸易部门开放的承诺。截至2012年，在按WTO规则分类的160多个服务贸易部门中，中国已经开放了110个，新开放的分部门，涉及银行、保险、电信、会计、分销、教育等重要服务部门，远高于发展中国家平均水平。但是，相对于货物贸易，服务贸易部门开放的深度和广度仍然很不够。在跨境交付、境外消费、商业存在、自然人流动这四种服务贸易模式中，中国在商业存在与自然人流动这两个领域的开放尤其

为不足,在跨境交付、境外消费方面还低于较晚加入世界贸易组织的俄罗斯。

二 中国服务业进一步开放的原则与重点

（一）中国服务业进一步开放的原则

根据中国服务业发展所处阶段,进一步开放的重点部门应该符合两个条件。（1）与货物贸易相关的生产性服务业先开放。生产性服务行业与货物贸易紧密相关,在产业链中处于制造业的上下游。其发展可以通过强化资本、劳动和技术等要素的积累,使得资源在不同的产业间进行重新配置,有利于推动产业结构调整,进而改善整体经济和贸易结构。（2）体现开放倒逼改革的行业先开放。引入外资机构能让处于改革深水区的国内服务业借鉴国外的经验和做法,竞争机制的引入对于推动相关行业深化改革也将起到正面作用。

（二）服务业开放的重点行业

（1）通信服务业。"入世"后,外资电信运营商的进入并没有对中国电信业造成较大的冲击,但中国电信服务贸易仍然不稳定,服务质量没有明显提高。通信服务业开放有助于通信技术在其他关联行业的扩散,在保障网络信息安全的前提下,应允许外资企业经营特定形式的部分增值电信业务。（2）运输服务业。在不影响航空运输安全的条件下,航空外围服务市场的开放有利于引入适度竞争,与航空运输密切相关的二级服务行业是可以进一步开放的部门。至于海运服务,捎带运输业务是进一步开放的重点。（3）教育服务业。在中外合作模式之外探索直接办分校模式,将是对教育改革的重大突破,在农、林、矿、理工科等教育领域应大胆开放,引进境外办学资源,推动中国教育的市场竞争机制建设,加快中国高等教育融入世界高等教育竞争的程度。（4）医疗服务业。大胆引进境外医疗投资和医疗资源、医疗人才,对外资医疗服务机构放开医疗服务价格,资质好的医疗机构应给予医保覆盖的待遇。通过外资医疗机构的竞争,促进国内医药卫生体制的进一步改革。

第三节 "外向型经济"转向"外在型经济"，对外投资为经济发展提供更大动力

一 资本净输出时代即将到来，对外投资渐成主角

中国的对外经济结构即将进入一个新的阶段，对外投资将为中国开放型经济提供更大的驱动力。从趋势上看，不论是中国的外贸还是吸引外资，都已经进入中低增速区间，无法再现过去两位数的高增长，而对外投资则方兴未艾。中国吸收外资额和对外投资额的比例从20世纪90年代的18∶1迅速上升到2009年的2∶1，继而上升至2013年的1.3∶1。2010—2013年，中国FDI流入量分别为1088.21亿美元、1160.11亿美元、1117.16亿美元、1175.86亿美元，流出量分别为688.1亿美元、746.5亿美元、878亿美元、901.7亿美元。这表明，近四年的FDI流入量一直徘徊于1110亿美元的水平，而流出量则增长了31%（见表5.2）。从2013年的数值看，中国对外直接投资仅比实际使用外资少了274.16亿美元，资本流出追上流入的水平已成为基本趋势。

表5.2　　　　　　　　中国对外投资与引进外资　　　　　　　单位：亿美元

年份	海外直接投资流量	海外并购流量	海外直接投资存量	当年新设项目数	实际使用外资金额
1985	6.29		9	3073	19.56
1990	8.3	0.6	44.55	7273	34.87
1995	20	2.49	177.68	37011	375.21
2000	9.16	4.7	277.68	22347	407.15
2005	122.61	52.79	572.06	44019	724.06
2011	746.5	272	4247.81	27712	1160.11
2012	878	276	5319.4	24925	1117.16
2013	901.7				1175.86

资料来源：商务部外资统计，联合国贸易和发展会议网站（http://unctad.org/en/Pages/Homes.aspx）。

基于以上分析，中国的对外投资很可能于2015年或者2016年超过利用外资的规模，这意味着中国即将迎来实业资本净流出的时代。事实上，中国总体上已进入工业化中后期阶段，以往的要素驱动和投资驱动发展方式面临深刻变革，加大对外投资力度，实现资源配置全球化已成为经济持续发展、再上台阶的必然要求。因此，中国出口导向为主的"外向型经济"，必将走向以"内需驱动、外贸、对外投资相结合"为主要内容的"外在型经济"，中国对外投资也必将会在质和量上出现新飞跃。

二 改革对外投资管理体制，增强投资主体权利

中国现行对外投资管理体制复杂，落后于中国企业海外投资的实践要求，这一状况亟待改变。现行对外投资管理体制以核准制为主，包括两个部分：一是由商务部及省级商务主管部门来核准企业的境外直接投资，凡属规定情形的企业境外投资均须报商务部或省级商务主管部门核准；二是由国家和省级发改委对境外投资资源开发类和大额用汇类项目的核准，称为项目核准。这一境外投资管理体制存在着审批过程中环节多、材料复杂、程序烦琐状况，使一些项目丧失最佳时机，影响了国内企业的投资热情与积极性。因此，对外投资管理体制有待于进一步完善。

（一）扩大备案制的适用范围

事实上，国家发改委2004年《境外投资项目核准暂行管理办法》已对特定对象在一定范围内实行了备案制。依据该办法，中央管理企业可以自主决策其投资的中方限额以下的资源开发类和其他类境外投资项目，并报国家发展改革部门备案，这无疑在一定程度上推进了境外投资自由化。但是，现行备案制仅为国家发改委在境外投资项目核准中采用，且适用的范围较为狭窄，即仅适用于为数不多的中央管理企业。今后应尽力使不同类型的企业享有同等的权利，备案制不应仅局限于中央管理企业，而且也不该仅适用于境外投资项目，而是应该统一适用于所有的境外投资。

（二）建立核准制的"负面清单"管理模式

逐步向审批事项的"负面清单"管理迈进，做到审批清单之外的事项，均由社会主体依法自行决定。目前境外投资核准条件有两种方式：商务部采用否定列举的方式规定核准条件，类似"负面清单"管理，国家发

改委则采用肯定列举的方式规定了核准条件。从效果看，采用否定列举的效果明显优于肯定列举，因为采用肯定列举，非得经过较长时间的实质审查不可，并且将能获得核准的境外投资限定在了较小范围内；而采用否定列举，只要不违反公共利益的境外投资要求就能获得核准，这就扩大了企业境外自由投资权利的范围，限制了政府规制境外投资活动的范围，并使核准制变得更为简便、更具效率。

第四节 坚持以多边贸易体制为基石，统筹多边、双边和区域自贸区的建设

一 以多边贸易体制为出发点、以区域自贸区建设为重点突破

在大力推进自贸区建设的热潮中，要注意防止否定或轻视多边贸易体制作用的倾向。我们要坚持以多边贸易体制为主、以区域自贸区建设为重点突破方向。

坚持以多边贸易体制为主。WTO规则实质上是在总结两次世界大战教训之上，制定出的一整套国际贸易规则，对推动整个世界经济的发展、贸易的繁荣起了非常重要的作用。WTO的透明度、非歧视性、贸易与投资自由化三原则与对成员的审议、争端解决、通过贸易谈判来制定新规则三大功能仍然具有生命力。尽管要达成协议仍面临许多困难，但现在的日内瓦多边谈判正努力争取在贸易便利、最不发达国家的诉求以及有关发展中成员农业安全与农产品关税配额管理等方面有所收获。所以强调维护多边贸易体制仍然是非常重要的。自由贸易区建设和区域经济合作不仅不是多边贸易体系的对立面，反而是其基本动力和有益补充。当前区域主义的确对多边体制造成了一定挑战，但这种挑战恰恰是由于区域主义发展程度还不够；当区域主义发展到一定程度，区域经济一体化将会主动增加对多边贸易体制的诉求，近年来不少区域贸易争端最终通过WTO的规则和机制加以解决就是明证。由于各个自贸区原产地规则不同，同一种产品来自不同区域和国家关税不同，不同的安全标准与检验检疫标准势必要加大各国外贸的管理成本和交易成本。我们还须看到，仅管区域、次区域合作和自贸区谈判近年来有一定的发展，但各个区域一体化谈判过程也面临很多

的难题,需要付出更多的努力和相当长的时间才能达成协议。因此,结论是明确的,区域主义再怎么发展,仍然不可能彻底摆脱多边体制。

以区域自贸区建设为重点突破方向。相对于区域主义,多边贸易体制并不能及时、高效、全面地满足成员方的需求,有些方面特别是那些敏感、涉及政治和利益集团的利益较大的领域,如竞争政策、政府采购和政策与立法协调等在多边范围内很难在短时间有所作为,区域主义则容易在这些领域先行取得成果。区域主义作为介于国家与多边贸易体制之间的"地区多边贸易体系",不仅为开辟和进一步推动多边贸易自由化进程培养专业化人才、积累经验和提供"试验场地",而且有助于自由经贸政策思想在成员间的传播,成为加强成员内政治利益集团与工商产业同多边贸易谈判沟通联络的纽带。因此,我们要采取更加积极主动的开放战略,统筹多边、双边和区域自贸区的建设;以更加开放、包容和进取的姿态,积极参与亚洲地区经济一体化和自贸区建设进程,同时为实现多哈回合早期收获做出努力,为巩固和发展多边贸易体系做出新贡献。

二 加速区域自贸区谈判,升级现有区域自贸区

截至 2013 年底,中国已签署自贸协定 12 个,涉及 20 个国家和地区,规模还极为有限,需大力发展。展望未来,应以中国—冰岛和中国—瑞士的自贸协定为基础,以中德为突破口,建立中国—欧盟自由贸易区;以中国—智利、中国—秘鲁和中国—哥斯达黎加的自贸协定为基础,以中国—巴西为突破口建立中国—拉丁美洲自由贸易区;以最终建立包括中国—非洲自由贸易区、中国—俄罗斯自由贸易区在内的以中国、俄罗斯、德国、巴西为主的区域全面伙伴关系协议,使中国成为全球最大的自贸区。但就现实性而言,在实现中韩自贸区、中澳自贸区的基础上,致力于构建大中华自贸区。

在中国已建成的 12 个自由贸易区中,东盟的人口、地域与经济规模均最大,且地处中国周边。中国—东盟自贸区的进一步发展具有重要意义,是中国现有自由贸易区升级发展的重中之重,它的升级发展也将为其他已建成自贸区的进一步发展提供示范效应。为此,在现有框架基础上,应致力形成区内货物、服务、资本、资源、劳动、技术和管理自由流通的

统一市场；缩短敏感行业准入过渡期，降低敏感产品和服务的关税与非关税壁垒；尽快启动更高版本的中国—东盟投资协定谈判，进一步降低或取消相互投资的准入门槛；尽快使人民币成为区内贸易投资主要结算货币，争取成为东盟国家的主要储备货币之一；整合现有政策对话机制，逐步提高财政、货币、产业、贸易、投资政策的协调程度；以教育、医疗、金融和文化娱乐为重点，主动推进以服务业开放为重点的市场开放。

三 加快上海自由贸易试验区试点，大力建设自由贸易园（港）区

设立现代化新型自由贸易区，已成为各国发展经济、抵御经济衰退和开展战略合作的重要平台和手段。自由贸易区是指在一国领土之内、国家关税领域之外，加以划定允许外国商品货物豁免关税，免除通关、清关的复杂手续，可以在区域内自由流通或再出境的一个特定区域，有自由区、自由港、自由贸易区、自由贸易港区等多种形式。目前，全球有1200多个自由贸易区，香港已建成自由港，台湾也有5个自由贸易区。美国堪称是全球自由贸易区第一大国，据不完全统计，1970年美国各类自由贸易区只有7个，目前已经发展到277个，还有500多个分区，中国在这方面的差距是极为明显的。

建立中国（上海）自由贸易试验区是新形势下推进改革开放的重大举措，要切实建设好、管理好，为全面深化改革和扩大开放探索新途径、积累新经验。作为试点的重要成果，中国（上海）自由贸易试验区于2013年9月出炉了首份区域性的负面清单。该版负面清单编制特别管理措施共190项，占行业比重的17.8%左右。在这190项特别措施中，使用禁止字样的有38条、限制字样的有74条。总体上看，它只是简单地从形式上汇总原有投资目录中禁止和限制的类别，突破不大。未来负面清单的修订过程中，要扩充架构，采用"保留行业+不符措施"的方式，同时需要扩大准入和扩大范围，进一步扩大开放的领域和区域。对限制类但无具体限制措施的条款分类处理；对需保留的，应明确具体限制措施；对没有保留必要的，则尽量取消。

在推进现有试点基础上，可选择天津、重庆、深圳、青岛、大连、宁波、唐山等城市优先发展自由贸易园（港）区。比如，依托曹妃甸综合保

税区，积极争取设立曹妃甸自由贸易园区，或借鉴"一区多港"经验，争取与环渤海省（市）联合设立跨区域的"中国（渤海湾）自由贸易园区"；舟山群岛新区在条件成熟时，可建立自由贸易港。

四 推进中美、中欧投资协定谈判，为投资保护协定修订提供样本

中美投资协定谈判启动于 2008 年，截至 2014 年 1 月共进行了 11 轮谈判。鉴于两国对于世界经济举足轻重的地位，中美投资协定的意义已远远超过双边范畴，谈判步伐还可以进一步加快。考虑到中国亟须与几乎所有主要贸易伙伴签署或修订补充双边投资保护协定，而美国是连续数十年的对外直接投资第一大国、连续数十年的吸收外商直接投资第一大东道国，是当前对国际经贸规则影响最大的国家；中国则既是连续 20 多年蝉联吸收外商直接投资最多的发展中国家，又是当前全世界最引人瞩目的新兴对外投资母国。因此，中国与美国的双边投资保护协定可望成为中国与其他多数贸易伙伴新投资保护协定的样板，部分内容甚至可能纳入区域经济一体化组织和世贸组织，这场谈判的意义极大，不亚于当年的入世谈判。

中欧投资协定谈判于 2014 年 1 月 21 日正式启动，这是中欧经贸合作中具有里程碑意义的重要事件。欧盟对国际经贸规则的影响固然接近美国，但欧盟的决策机制效率极为低下，与欧盟的双边投资保护协定谈判进程必然大大落后于中美投资保护协定，因此后者的示范作用也将大于前者。

最新一轮中美投资协定谈判已正式开启了文本谈判，正就负面清单本身的内容进行商定。"准入前国民待遇和负面清单"这种模式的采纳，挪开了多年来困扰中国进行自贸区谈判和扩大对外投资的绊脚石，不仅为中美投资协定谈判，也将为中韩自贸区谈判打开突破口。此后的数轮谈判中，知识产权保护、劳工条款、环保要求等具体内容都需予以确认，因此中美投资协定谈判全面谈成和签署还需更长时间。中美投资协定若能达成，将为中国引进外资带来新的增长点，并有助于改善外资的结构和质量，扫除中国企业在美投资的一些障碍，推动中国企业"走出去"。

第五节 着眼于更高标准，主动适应国际经贸新规则

一 准入前国民待遇与负面清单

据不完全统计，世界上至少有 77 个国家采用了"准入前国民待遇"和"负面清单"的外资管理模式。全面的"准入前国民待遇"是指除通过"负面清单"方式来保护的某些产业和活动外，在准入阶段给予外国投资者国民待遇原则所承诺的待遇，实质是把外资和内资从设立前、设立、设立后各个环节都同等对待。"负面清单"相当于投资领域的"敏感区"，列明了企业不能投资或限制投资的领域和产业，未列入清单的就是开放的。开放型经济新体制要求我们建立公平开放透明的市场规则，实行统一的市场准入制度，负面清单正是一种有效的管理模式。最终，负面清单管理模式还将被普遍推广到中国国内市场，将禁止或限制企业从事的项目明确列出且平等适用于国有与非国有、内资与外资企业，这不仅是市场准入方式的改革，更是政府管理经济方式的一次重大变革，意味着已经施行数十年之久的审批管理体制将面临终结，从而营造有利于各类投资者平等准入的市场环境以扩大开放（李玉梅、桑百川，2014）。中国（上海）自由贸易试验区已制定出了首份区域性的负面清单，最新一轮中美投资协定谈判也已开始就负面清单的内容进行商定，应在试点与谈判结合的基础上总结经验，完善这一模式。

二 投资保护

中国正处于对外投资的高速成长期，"走出去"的企业面临多种多样的投资风险，如政治风险、经济风险、政策风险、自然风险及其他风险。为降低投资风险，在今后的双边投资协定与自贸区协定谈判中，应确立较高标准的投资保护待遇。（1）投资定义应考虑通过海外实体间接投资的情况。这是由于不少海外的中国企业往往先在第三国设定海外实体（甚至多层实体），进而通过这些中间实体进行投资，这些海外实体以及通过这些海外实体进行的投资应与中国企业直接对外投资受到同等的保护。（2）从保护海外国有资产的角度，应明确征收应达到"公平和公正待遇"，征收

程序应明确为"依照缔约国国内法律程序、本协定相关待遇标准和其他正当程序",征收应适用"及时、充分、有效"的赔偿标准。明确征收赔偿的"公平市场价值"的计算方法,建议"有关征收补偿的公平市场价值应根据市场的流通价值确定,如不存在有效流通市场,则通过现金流量折现法予以确定,除非在直接征收的情况下可通过账面价值确定"。(3)无须投资者与东道国政府另行约定,投资者可直接诉诸 ICSID 仲裁。实践中,如果提交国际仲裁之前需要东道国政府同意,投资者将很难获得公正有效的裁决。可借鉴美国的示范文本,在投资保护协定中先行明确缔约方同意 ICSID 的管辖,即"如投资者选择 ICSID 解决争端,则任一缔约方应被视为已同意采用此仲裁方式解决其与另一方的投资者在本协议下的争端"。

三 环境保护

从国际趋势及中国参与自由贸易协定谈判实际情况来看,自由贸易协定中的环境议题日益突出,形势发展决定了自贸协定中的环境议题是不可回避的。中国对于自贸协定中的环境保护章节,不是要不要谈的问题,而是如何谈的问题。在自贸协定中融入环境保护要素,加大环境内容,从法理上明确贸易行为必须关注环境保护。这样,一方面有利于扩大环境保护合作范围,另一方面也有利于更好地优化贸易行为和质量,进而从源头上有效避免贸易对环境的危害,守住生态环境的底线。将加快环境保护议题谈判作为加快自贸区建设的重要任务,不仅是全面深化改革的现实要求,更是加快和深化生态文明体制改革,推动生态文明制度建设,坚守环境保护底线,促进环境与经济融合的难得机遇。当前,自贸协定中涉及环境的内容形式多样、内容增多、义务变实,除了在环境章节中涵盖传统环保领域的内容外,政府采购、非法采木、渔业补贴、生物多样性以及环境产品与服务等多方面的内容也可能涵盖。为此,对自由贸易协定中设立单独环境章节及相关环境内容,应积极应对,当前可采取如下具体措施:对自贸协定开展环境评估;重视并主动参与自贸区联合可行性研究,开展环境影响评价;重视自贸协定的实施,尽快建立自贸协定环保示范园;加强自贸协定环境议题谈判的组织领导以及保障机制建设。

四 政府采购

按照国际通行的计算方法，一个国家的政府采购市场占该国 GDP 的 15%—20%。由于中国政府采购的实施标准不高，未与国际接轨，国内企业被阻挡在美国、欧盟、日本等主要发达国家政府采购市场之外，丧失了大量商业机遇。尽管近年来中国政府采购制度有一定程度的完善，但仍然存在采购方式落后、行政干预多，腐败多发，财政资金使用效率不高等问题。如能按国际标准规范中国政府采购，将通过倒逼机制进一步规范中国政府采购市场，营造良好竞争环境，提高财政资金使用效率；增加政府采购的透明度，减少行政干预，抑制采购市场的腐败，助力廉洁政府建设。开放型经济新体制的进一步发展，要求我们积极参照国际标准，合理制定政府采购规模，充分利用门槛价以下的政府采购需求，并改进政府采购的价格形成机制，结合使用公开招标、竞争性谈判等采购方式，在保证财政资金使用效率的同时，尽量降低政府采购价格与消费市场价格的联动，提高企业竞争消费市场的积极性。加快出台政府采购法实施条例，加大政府采购监督管理和信息公开力度，建立健全政府采购过程的公开机制，加快政府采购信息化和标准化建设，为电子采购的进一步发展积累经验、奠定基础。坚持以发展中国家身份，尽快加入政府采购协议（GPA），充分利用发展中国家条款，在合理安排过渡期时间表的同时，结合实际情况稳步有序地扩大开放范围。这样不仅可以有机会进入其他参加方采购市场获得潜在贸易利益，而且能够在国家（包括地方）采购体制中更好地实现物有所值，更大程度地实现内部协调和结合。

五 竞争中立

竞争中立是指政府的商业活动不得因其公共部门所有权地位而享受私营部门竞争者所不能享有的竞争优势，其首要目标是要求国企按照商业企业来运营，政府与国企的运营应保持适当距离。2011 年以来，美国等发达国家在国际组织中大力推进有关竞争中立框架的制定和推广，试图在双边、多边贸易投资协定中加入有关限制国有企业竞争优势的条款，使得竞争中立规则获得了广泛的国际关注。应该认识到，欧美等发达国家所推行的竞争中立规则,刻意忽视了发展中国家和转型经济体在政治制度、法律体系、经济水平、产业发育程度上的不同,要求所有国家达到相同的竞争中立标准存在一定的不合理性,很可能演变为贸易投资保护的工具。但由于竞争中立规则本身符合市场经济的发展规律,有利于增强市场活力,是中国参与国际竞争不可回避的国际市场新规则,所以我们必须以开放的姿态关注竞争中立规则的发展动向。中国国有企业众多,用人机制僵化且颇受政府部门制约,不少国企在优惠政策和补贴措施的掩护和纵容下实施垄断,竞争中立的推行对中国国企改革确有相当的积极意义。因此,中国应在研究与应对竞争中立规则的同时努力推动国企改革,这样才能在相关谈判中占据主动地位,提升国家利益。

六　企业社会责任

中国仅在部分投资协议中涉及跨国公司的义务,如不从事侵犯劳工权利、污染环境和行贿腐败的行为,没有规定其为社会发展所必须履行的积极义务。近年来一些跨国公司在华经营过程中以及中国一些企业在海外投资活动中,都发生了污染环境、商业贿赂等行为,造成不良的环境和社会后果。中国有必要借鉴联合国《跨国公司行为守则》《OECD跨国公司准则》的相关内容,在国际投资协议谈判中引入企业社会责任条款,促使跨国公司承担必要的社会责任以平衡其权利和义务;使得企业社会责任不再是一种自愿选择,而是一种应尽的法律义务。引入该条款不仅有助于规范跨国企业在华经营行为,也有助于改善中国跨国公司海外形象,促进中国对外投资持续健康发展。

第六节　内陆沿边大开放,拓展开放型经济发展的战略空间

中国对外开放由东及西渐次展开,在成就珠三角、长三角、环渤海三大经济区的同时,也出现了东部沿海和内陆沿边地区明显的差距。现阶段中国发展的不平衡,主要体现为区域发展的不平衡;开放程度的不协调,更多体现为内陆沿边和沿海开放的不协调。内陆沿边开放是中国新一轮对

外开放的主要潜力所在，是拓展开放型经济广度和深度的关键所在。

一　完善内陆与沿边机制建设，扩大开放纵深

推动内陆同沿海沿边通关协作，实现内陆海关和沿海海关信息互换、监管互认、执法互助，提高货物通关效率，降低企业运行成本。中国现有的通关流程是基于行政区划与口岸管理权限分配而形成的，对内陆企业的国际经贸往来尤为不利；为有效消除行政分割、条块分割，须创新通关流程，简化通关手续和环节，提高整体通关效率。为此，要加强"属地申报、口岸验放""直通放行"等区域通关改革：结合企业诚信记录，扩大"属地申报、口岸验放"覆盖范围；深化推广口岸城市间的检验检疫合作，扩大"直通放行"模式试点。

加快设立沿边自由贸易试验区与沿边出口加工区，加快跨境经济合作区创新发展。整合沿边开放资源，设立具有国际贸易、转口贸易、国际物流功能的"沿边自由贸易试验区"，全面实施贸易投资自由化政策。充分利用周边国家的资源优势和劳动力低成本优势，承接沿海地区加工制造业转移，建设跨境产业合作基地，形成以出口加工为主，以国际贸易、储运服务、国际旅游为辅，具有自由贸易试验区功能的出口加工区。加快跨境经济合作区创新发展，比如在中越河口—老街以及凭祥—同登跨境经济合作区率先探索"一区两国、自由贸易"，探索跨境经济合作区的运营模式、管理体制机制与多层次跨境协调机制。

扩大内陆沿边地区金融领域对外开放。支持内陆沿边中心城市建立辐射东盟和中亚的区域性金融中心，积极发展金融结算、金融后台服务等特色金融，形成多层次、开放性、均衡布局的涉外金融新格局，带动周边地区扩大对外开放。鼓励内陆沿边地区金融机构稳健拓展国际业务，建立与国际贸易大通道相适应的对外金融服务体系。鼓励国内外金融机构设立产业发展基金，形成多层次的股权投资体系，支持内陆沿边地区先进制造业和现代服务业发展。主导建立多边开发性金融机构，诸如亚洲基础设施投资银行、上合组织开发银行，以满足中国与周边国家（地区）互联互通的基础设施建设需求。

二 推动"一带一路"建设，拓展经济发展战略空间

丝绸之路沿线的多数内陆国家，由于远离全球贸易的主要通道，其人均GDP远低于世界平均水平，造成了发展失衡。建设丝绸之路经济带，从国内来看，可以使西部地区成为对外开放的前沿；从全球来看，可以使亚欧大陆的内陆地区更多地参与到全球贸易中来，中国和全球的经济发展都将更为平衡。因此，建设丝绸之路经济带是中国确立的面向欧亚内陆开放的重大举措，它将实现从南、北、中三条线打造第二亚欧大陆桥国际经济走廊及国际能源大通道，形成横贯东、中、西的对外经济走廊，为中国在欧亚内陆方向的经贸合作拓展发展空间。

海上丝绸之路自中国东南沿海港口，往南穿过中国南海，进入印度洋、波斯湾地区，远及东非、欧洲。这一东西方交往的海上交通要道，历史上也被称为瓷器之路、茶叶之路、香料之路。随着中国步入海陆复合型发展道路，海上丝绸之路被赋予了新的内涵与新的意义。海上丝绸之路既是中国与周边国家（地区）传播海洋文化、增强软实力的新渠道，也是中国与周边国家（地区）发展海洋经济的助推器，其良性建设与运营也将有力缓解中国与周边国家（地区）的海洋争端，因而具有重要的意义。海上丝绸之路建设，除国内相关的港口、铁路、公路等基础设施建设外，应大力推动相关国家（地区），特别是周边国家（地区）配套基础设施建设，比如加快泛亚铁路西线（昆明—密支那—仰光—曼谷—吉隆坡—新加坡）建设，尽快取得公路大通道西线（昆明—瑞丽—曼德勒—皎漂）建设的重点突破，加快改善澜沧江—湄公河国际航运通道通航条件。

第六章 "十三五":迈向更高层次开放型经济

中共十八届五中全会提出,坚持开放发展,必须顺应中国经济深度融入世界经济的趋势,奉行互利共赢的开放战略,发展更高层次的开放型经济。①《中共中央关于制定国民经济和社会发展第十三个五年规划的建议》(以下简称《建议》)则从完善对外开放战略布局、形成对外开放新体制、推进"一带一路"建设、深化内地和港澳以及大陆和台湾地区合作发展、积极参与全球经济治理、积极承担国际责任和义务七个方面勾画了十三五期间中国迈向更高层次开放型经济的奋斗目标。这是十三五期间中国迈向更高层次开放型经济的指导方针和路线图(裴长洪,2016)。

第一节 "十二五"中国开放型经济的巨大成就

"十二五"期间,中国继续扩大对外开放,开放型经济已经站在一个新的历史起点上。

一 对外贸易结构优化

"十二五"期间,中国对外贸易规模继续发展,继 2010 年中国货物出口额成为世界冠军后,2013 年,中国货物进出口贸易额双双跃居世界第

---

① 《中共中央关于制定国民经济和社会发展第十三个五年规划的建议》,《人民日报》2015 年 11 月 4 日。

一。2014 年，中国货物进出口额达到 4.30 万亿美元，出口增长 6.1%，达到 2.34 万亿美元；进口增长 0.4%，达到 1.96 万亿美元。2015 年，中国货物进出口总值（按照美元计算）同比下降 7% 左右，为 3.96 万亿美元；出口同比下降近 6.0%，为 2.28 万亿美元；进口同比下降 15.0%，为 1.68 万亿美元。整个"十二五"期间，中国货物进出口总值年均增长将达到 6.52%，出口年均增长将达到 7.22%，进口年均增长将达到 5.5%。

2013 年，中国货物出口的世界份额为 11.75%，进口的世界份额为 10.32%；2014 年，世界货物出口额下降 0.3%，为 18.76 万亿美元，同年中国货物出口的世界份额为 12.47%，同年世界进口增长 0.4%，为 18.98 万亿美元，中国货物进口的世界份额为 10.32%；2015 年，全球货物贸易出口金额下降为 16 万亿美元，进口金额 82830 亿美元，比上年同期分别减少 13.0% 和 12.0%。[①] 同年中国货物出口的世界份额为 14.0%，同年世界进口金额下降为 16.80 万亿美元，中国货物进口的世界份额为 10.0%。

贸易结构优化的特征主要表现如下。

（一）中国服务贸易增长快于货物贸易，在对外贸易总量中比重上升

2014 年全球服务贸易总额约为 98006.90 亿美元，同比增长 4.4%。其中：服务出口 49404.00 亿美元，增长 4.2%；服务进口 48602.90 亿美元，增长 4.7%。中国大陆服务贸易总额 6069.57 亿美元，同比增长 12.6%。其中服务出口 2235 亿美元，同比增长 7.6%，居世界第 5 位；服务进口 3835 亿美元，同比增长 15.8%，居世界第二位（见表 6.1）。

2015 年商务部制定的服务贸易进出口总额目标为 6500 亿美元，2015 年全年实际增长 12.5%，进出口总额达到 6800 亿美元，其中出口 2454 亿美元，进口 4346 亿美元。整个"十二五"期间，服务贸易进出口平均增长速度为 13.2%，其中，出口平均增长 8.04%，进口平均增长 17.7%（见表 6.1）。

"十二五"期间中国服务贸易增长速度明显快于货物贸易，特别是进

---

① 世界贸易组织网站（WTO International Trade Statistics Database, http://www.wto.org）。

口贸易年均增速达到17.7%，出口贸易后4年年均增速也高于货物贸易的增长速度。这使服务贸易在整个对外贸易的比重中明显上升，2010年中国服务贸易在整个外贸中的比重为10.86%。其中，出口为9.74%，进口为12.1%；到2015年服务贸易在整个外贸中的比重为14.5%。其中，出口为10.04%，进口为19.45%。虽然出口比重只略有上升，但其他两个比重上升幅度都很大。

表6.1　　　　　　2010—2015年中国服务贸易进出口统计　　单位：亿美元,%

年份	中国进出口额 金额	中国进出口额 同比增长	中国出口额 金额	中国出口额 同比增长	中国进口额 金额	中国进口额 同比增长
2010	3624	26.4	1702	32.4	1922	21.5
2011	4191	15.6	1821	7.0	2370	23.3
2012	4706	12.3	1904	4.6	2801	18.2
2013	5361	13.9	2070	8.7	3291	17.5
2014	6070	12.6	2235	7.6	3835	15.8
2015	6800	12.5	2454	9.8	4346	13.3

资料来源：商务部服务贸易统计。

（二）在货物出口贸易中，高新技术产品出口比重增加

2010年，中国高新技术产品出口额为4126.7亿美元，在出口总额中的比重为26.15%，2013年高新技术出口增长为6603.3亿美元，比重上升为29.9%；2014年，高新技术出口增长0.1%，为6605.3亿美元，比重降为28.2%，这与新兴经济体市场不旺、投资品需求缩减有关。2015年将维持这种态势，高新技术产品出口占比将保持在27.5%—30.0%之间。

（三）出口贸易的区域结构逐步改善，中西部出口比重上升

2010年，中国中西部省区市在全国货物出口贸易中的比重仅占9.3%，2013年比重提高到15.5%，2014年中国中西部地区出口继续快于东部地区，在贸易总额中所占比重进一步提升。东部地区向中西部地区产业转移加速，同时近几年已转移的投资逐步形成产能，并推动中西部地区

出口迅速增长。重庆、四川、江西、广西和湖南等中西部省份的出口明显高于同期中国出口总体增速，而广东、江苏、浙江、福建、山东、上海、北京、天津东部八省市对外贸易比重回落，2014 年占出口总值比重降为 78.7%，中西部比重提高为 21.3%。2015 年，由于国际经贸环境的变化，在全国对外贸易总体下降的形势下，东部显示抗风险能力较强的优势，广东等外贸大省市表现好于总体，2015 年，广东、江苏、上海、浙江和福建等省市进出口虽然分别下降 4.3%、3.7%、2.7%、2.6% 和 2%，但高于 7.9% 的总体进出口降幅。同期，广东、浙江、福建出口分别增长 0.9%、1.2% 和 2.4%，而中部地区只有河南省保持出口增长 15.1% 的成绩，导致 2015 年中西部在中国出口贸易中的比重有所回落。

二 "引进来"与"走出去"相结合

"十二五"期间，中国吸收外商投资继续保持平稳增长，2010 年中国吸收外商投资首次突破千亿美元大关，达到 1057.4 亿美元，2013 年达到 1187.2 亿美元。2014 年全国设立外商投资企业 23778 家，同比增长 4.4%；实际使用外资金额 1195.6 亿美元（折合 7363.7 亿元人民币），同比增长 1.7%。2015 年，全国设立外商投资企业 26575 家，同比增长 11.8%；实际使用外资金额 7813.5 亿元人民币（约折 1262.7 亿美元），同比增长 6.4%。

主要经济体对华投资总体稳定。2014 年实际投入外资金额排名前十位的国家和地区（中国香港、新加坡、中国台湾、日本、韩国、美国、德国、英国、法国、荷兰）合计投入 1125.9 亿美元，占全国实际使用外资金额的 94.2%，同比增长 2.7%。内地与香港经贸关系更加紧密。2014 年香港对内地投资额占内地吸收外资总额的 68%，高出历年累计比重 18.7 个百分点。2015 年，实际投入外资金额排名前十位的国家和地区（中国香港、新加坡、中国台湾、韩国、日本、美国、德国、法国、英国、澳门）合计投入 894.4 亿美元，占全国实际使用外资金额的 94.2%，同比增长 8.8%。

"十二五"期间，吸收外商投资的趋势变化如下。

（1）平均项目吸收外资规模提高，2010 年平均每个项目吸收外资规模为386万美元，2013年提高到521万美元；2014年，外商投资新设立企业23778家，实际使用外资金额1195.6亿美元（未含银行、证券、保险领域数据），单项规模为503万美元，2015年单项规模为500万美元。

（2）服务业吸收外资比重超过制造业。2010年中国服务业吸收外资首次超过制造业，当年差额仅为3亿美元左右，到2013年两者差额已超过159亿美元，服务业吸收外资占比为52.3%，而制造业占比下降为38.7%。2014年服务业吸收外资占比上升，达到55.4%，高出制造业22个百分点，达662.3亿美元，成为吸收外资新增长点。在制造业中，通信设备、计算机及其他电子设备制造业，交通运输设备制造业，通用设备制造业实际使用外资规模较大，分别为46.4亿美元、30.3亿美元、21.9亿美元。2015年，服务业实际使用外资4770.5亿元人民币，同比增长17.3%，在全国总量中的比重为61.1%；其中高技术服务业实际使用外资增长迅速，占服务业（除房地产外）实际使用外资总量的17.1%。其中，研发与设计服务、信息技术服务、科学研究增幅较大，同比分别增长49.5%、37.2%和102.5%。

高技术制造业实际使用外资70.0亿美元，同比增长10.4%，占制造业实际使用外资总量的23.5%。其中，电子元件制造、集成电路制造、通信设备制造、航空航天及设备制造实际使用外资同比分别增长25.6%、75.5%、171.7%和49.2%。

（3）"十二五"前4年中西部吸收外商投资比重上升，东部下降。2010年中国东部吸收外商投资比重达到85%，中西部只占15%；到2013年，东部比重下降为82.3%，中西部比重上升为17.7%；2014年在外向型产业转移的带动下，中部地区吸收外资增长7.5%，实际使用外资金额占比升至9.1%。中西部地区实际使用外资占比为18.1%，比2013年提高了0.5个百分点。2015年在全国投资增速下降的背景下，中西部吸收外商投资力度有所下降。2015年全年，东部地区实际使用外资金额6551.6亿元人民币，同比增长8.9%；中部地区实际使用外资金额644.9亿元人民币，同比下降3.3%；西部地区实际使用外资金额617亿元人民币，同比下降6.8%。中西部地区在全国吸收外资总量中占比为16.2%。

（4）近年外资并购交易金额和占比大幅提高。2015年，以并购方式设立外商投资企业1466家，实际使用外资金额177.7亿美元，同比分别增长14.4%和137.1%。并购在实际使用外资中所占比重由2014年6.3%上升到2015年的14.1%。

（5）各项改革开放措施初见成效。首先，自由贸易试验区引资聚集效应凸显。2015年1—11月，广东、天津、福建自贸试验区共设立外商投资企业6040家，合同外资4458.1亿元人民币，其中通过备案新设外商投资企业5088家，合同外资3326.6亿元人民币，占比分别为84.2%、74.6%。扩展区域后的上海自贸试验区吸收外商投资占全市一半。融资租赁、科技研发、创业投资、电子商务、现代物流等高端产业向自贸试验区集聚的态势明显。其次，北京市服务业扩大开放综合试点效果初现。北京市认真落实国务院批复，开展服务业扩大开放试点，放宽科技服务等六大领域外资准入限制方面，提高投资便利化程度，明确了141项具体任务。2015年，北京市扩大开放的六大重点领域新批设立外商投资企业1068家，实际使用外资95.5亿美元，分别增长10.2%和62.5%，分别占全市吸收外资总量的77.1%和73.5%；其中，金融、科技领域实际使用外资分别增长15.7倍和14%，分别占全市的56.4%和7.6%。最后，广东省借力自贸试验区和CEPA（《在广东省对港澳基本实现服务贸易自由化的协议》），吸收外资大幅回升。2015年3月以来，港澳服务提供者在广东省对港澳先行开放领域投资设立公司，合同章程审批制改为备案制，加上广东自贸试验区运营，投资便利化程度大幅提升。2015年广东省新设立外商投资企业增长15.7%，实际使用外资金额增长42.7%，超过217亿美元，其中吸收港资增长48.3%，吸收澳门投资增长222.2%。

（6）全球500强跨国公司投资增资踊跃。全球500强跨国公司继续在华投资新设企业或追加投资，所投资行业遍及汽车及零部件、石化、能源、基础设施、生物、医药、通信、金融、软件服务等，充分体现了跨国公司依然看好中国市场和来华投资前景。德国奥迪、大众、戴姆勒、汉莎航空，意大利菲亚特，瑞典沃尔沃，韩国现代、起亚汽车、三星电子，日本电气硝子、普利司通、伊藤忠商事，美国英特尔、克莱斯勒、空气产品、礼来等跨国公司都在上述领域投资或增资，单项金额均超过1亿美元。跨国公司在华投资设立的地区总部、研发机构等高端功能性机构继续聚集。2015年，外商投资在华设立研发机构超过2400家。

（7）外商投资企业对经济社会促进作用显著。目前，外商投资企业创造了中国近1/2的对外贸易、1/4的工业产值、1/7的城镇就业和1/5的税收收入，对经济社会可持续发展的促进作用进一步增强。

"十二五"期间，中国企业"走出去"发展很快。2010年中国对外直接投资为688.1亿美元，2013年增加到1078.4亿美元（全行业），首次突破千亿美元大关。2014年，中国境内投资者共对全球156个国家和地区的6128家境外企业进行了直接投资，累计实现非金融类对外直接投资6320.5亿元人民币。以美元计，全年累计实现非金融类对外直接投资1028.9亿美元，同比增长14.1%。全行业对外直接投资达到1160亿美元，同比增长15.5%。2015年在全球外国直接投资流出流量1.47万亿美元，较上年增长11.8%的背景下，中国对外直接投资流量创下1456.7亿美元的历史新高，同比增长18.3%，超过日本成为全球第二大投资国，存量全球排名位居第八，境外企业资产总额超过4万亿美元。截至2015年底，中国2.02万家境内投资者在国（境）外设立3.08万家对外直接投资企业，分布在全球188个国家和地区；中国对外直接投资累计净额（存量）达10978.6亿美元，位居全球第8位，境外企业资产总额达4.37万亿美元。按照联合国贸发会议统计，2013年中国企业对外投资已占世界直接投资流量的7.2%，仅次于美国的24.1%和日本的9.7%，如果把中国香港的6.5%占比和中国台湾1%占比计算进来，中国占比已经达到14.7%，大大超过日本。2014年和2015年中国内地的对外直接投资继续增长，在全球流量中的占比将分别达到和接近9.5%和10%。

2015年中国对外投资合作主要呈现以下特点。

第一，投资并购活跃，领域不断拓展。2015年，中国企业共实施对外投资并购579起，涉及62个国家和地区，实际交易金额544.4亿美元。其中直接投资372.8亿美元，占68.5%；境外融资171.6亿美元，占31.5%。并购领域涉及制造业、信息传输/软件和信息技术服务业、采矿业、文化/体育和娱乐业等18个行业大类。其中主要并购项目包括：中国民生投资股份有限公司也是目前唯一带"中国"字头的民营投资公司，以17.9亿美元收购注册地在百慕大的天狼星保险集团公司100%股权项目；

中信环保投资集团以7.3亿美元收购新加坡上市公司——联合环境技术有限公司54.9%股权项目,这是继2014年北京首创集团以7.98亿美元收购新西兰TIP集团后,中国企业在生态保护和环境治理领域又一大型境外并购项目。

第二,国家、地区高度集中,对"一带一路"相关国家投资快速增长。2015年,流向中国香港、荷兰、开曼群岛、英属维尔京群岛、百慕大群岛的投资共计1164.4亿美元,占当年流量总额的79.9%。对"一带一路"沿线国家的投资占当年流量总额的13%,高达189.3亿美元,同比增长38.6%,是对全球投资增幅的2倍。投资存量的八成以上(83.9%)分布在发展中经济体,在发达经济体的存量占比为14%,另有2.1%存量在转型经济体。

第三,投资涉及国民经济各行业,制造业、金融业、信息传输/软件和信息服务业等领域的投资大幅增长。2015年底,中国对外直接投资覆盖了国民经济所有行业类别,制造业、金融业、信息传输/软件和信息服务业同比分别增长了108.5%、52.3%、115.2%;租赁和商务服务业、金融业、采矿业、批发和零售业四个行业的存量均超过千亿美元,合计占比达75.9%。

第四,新增股权投资首超六成,债务工具占比创历史新低。2015年对外直接投资流量中,新增股权投资967.1亿美元,占比达66.4%;收益再投资379.1亿美元,占26%;债务工具投资为110.5亿美元,较上年占比减少一成,仅为7.6%。

第五,近八成的非金融类投资来自地方企业,上海、北京和广东位列前三。2015年,地方企业对外非金融类直接投资流量达936亿美元,同比增长71%,占全国非金融类对外直接投资流量的77%,上海、北京和广东位列前三。截至2015年底,地方企业对外非金融类直接投资存量达3444.8亿美元,在全国占比达36.7%,较上年增加5.1个百分点。非国有企业投资快速增长。非国有企业对外直接投资占到总额的67%,较上年同期提升10个百分点,同比增长38.2%,其中私营企业对外投资同比增长179.6%。

第六,境外企业对东道国税收和就业贡献明显,对外投资双赢效果显著。2015年我境外企业向投资所在国缴纳的各种税金总额达311.9亿美元，较上年增加62.9%；雇用外方员工122.5万人，较上年末增加39.2万人。

截至2015年，中国对外投资存量位居世界第八位，流量位居世界第三位，对外投资合作已进入发展快车道。同时，中国正在由商品输出向资本输出转变。中国的对外投资不仅带动了中国外向型经济发展，也对世界经济发展和实现互利共赢做出了积极贡献。在一些发展中国家，中国的对外投资已帮助当地建设了一整套石油工业、电力、交通运输等领域的工业体系，并建成了一大批标志性建筑，有力地促进了当地经济社会发展，增加了就业，改善了民生。

三 全方位开放格局继续完善

"十二五"期间，中国中西部地区对外开放加速，四川、重庆、河南、广西等省份对外贸易增长速度快于东部省市，形成了若干内陆地区的开放经济高地。特别是2013年11月党的十八届三中全会《决定》中提出扩大内陆沿边开放，成为完善区域开放格局新的重大指导方针。

首先，《决定》提出："支持内陆城市增开国际客货运航线，发展多式联运，形成横贯东中西、联结南北方对外经济走廊。推动内陆同沿海沿边通关协作，实现口岸管理相关部门信息互换、监管互认、执法互助。"在这个方针指导下，陆路对外运输已经开通了郑欧班列（郑州至德国汉堡）、渝新欧班列（重庆至鹿特丹）、义新欧班列（义乌至马德里）、中亚班列（西安至阿拉木图），加上已有的新欧班列（新疆至鹿特丹），形成了新的横贯东中西的对外经济走廊，陆路货运时间比海运货运时间缩短20天以上，有力地促进了中西部的对外开放。同时，在郑州已经建成了铁路集装箱运输枢纽中心，并正在建设新的国际航空港，加大国际客货运的能力并进一步提高效率。在推进国际大通道的建设中，海关通关改革和监管改革也适时推进，形成内陆同沿海沿边通关协作，实现口岸管理相关部门信息互换、监管互认、执法互助的新局面。

营商环境和政策综合效果持续改进。商务部持续推进境外投资便利化，实行备案为主的管理模式，为企业开展对外投资合作营造良好营商环境。积极搭建对外投资合作平台，与哥伦比亚、哥斯达黎加等国签署了投资合作协议，完成了中澳、中韩自贸区协定谈判。务实开展重大项目建设，积极推进与有关国家的"工业化伙伴"进程、跨国跨区域基础设施合作、互联互通、境外经贸合作区建设。加大投融资支持力度，安排落实优惠信贷、项目融资、出口保险等政策，实现融资平台跟着国际合作项目走，助力中国与有关国家和地区的投资合作取得新成效。

其次，按照《决定》的精神，在沿边重点口岸、边境城市和经济合作区实行特殊优惠政策，促进人员往来、加工物流和旅游业。在这个精神指导下，"十二五"期间，沿边口岸和边境城市的对外经济合作更加活跃，特别是在新疆霍尔果斯口岸设立新的边境城市，对于促进新疆与中亚国家的经济合作和交往将起到新的促进作用。

再次，《决定》提出了加快同周边国家和区域基础设施互联互通建设，推进丝绸之路经济带、海上丝绸之路建设的重大倡议。习近平主席多次阐述了这个战略的重大意义、内涵以及实施的基本思路，成为"十二五"期间完善区域开放格局的最重要和最引人瞩目的聚焦点。"一带一路"建设蕴含以产业和经贸合作为基础、以文化和人文交流为重要支撑、以互利共赢和和平发展为目标的开放包容新理念。对比古代的丝绸之路，新丝绸之路的内涵和外延都大大丰富和提高了，是现代版的世界经贸大融合的辉煌图景。推进过程必然要体现为：政策沟通、道路联通、贸易畅通、货币流通、民心相通的开放局面。"一带一路"的建设将是一个不断凝聚共识和循序渐进的过程。它将主要分为三个阶段进行：近期阶段重点目标是，道路、能源管线、电信、港口等基础设施共建和互联互通，提高贸易和投资的便利化水平；中期目标可以设想为，与中亚条件成熟的一些国家建立自由贸易区，并向更远的地区辐射；远期目标可以设想把自由贸易区拓展到欧洲、非洲和拉美国家，形成更大范围的经贸融合大格局。

"一带一路"建设的引领作用突出。随着"一带一路"建设的不断推进，越来越多的国家与中国加强投资合作的意愿强烈。2015年，中国企业共对"一带一路"沿线的48个国家进行了直接投资，投资额合计189.3亿美元，同比增长66.2%，占中国非金融类对外直接投资的13.3%，主要流向新加坡、哈萨克斯坦、老挝、印度尼西亚、俄罗斯等国家。同期，中国企业在"一带一路"沿线的57个国家承揽对外承包工程项目3059个，新签合同额591.1亿美元，占同期中国对外承包工程新签合同额的54.3%，同比增长24.9%；完成营业额440.2亿美元，占同期中国对外承包工程完成营业额的43.7%，同比增长5%，主要涉及电力工程、房屋建筑、通信工程、石油化工、交通运输建设等领域。

国际产能合作加快推进。当前，世界各国对自身经济发展、提升产业水平、改善基础设施条件的需求强烈，而中国在铁路、电力、通信、基础设施建设等众多领域具有优势。中国的产业优势、技术优势正好和相关国家的资源优势、市场优势形成充分互补。在对外交往中，许多国家特别是发展中国家对与中国开展产能合作充满期待。国际产能合作不仅对中国和投资东道国有利，发达国家也持欢迎态度，它们愿意借助中国装备和工程的低成本优势共同开拓第三方市场。2015年，中国国际产能合作增幅强劲，大型成套设备出口额同比增长10%；制造业对外直接投资199.9亿美元，同比增长108.5%，占同期对外直接投资总额的13.7%。

四 积极参与全球经济治理与区域合作

在中共中央《关于十二五规划的建议》中，首次提出了中国参与全球经济治理的要求，从而成为"十二五"规划的内容，党的十八大和十八届三中全会、五中全会都继续重申了这个开放举措。"十二五"期间中国积极参与全球经济治理和区域合作的重大举措如下。

(1) 2013年9月自主设立了中国（上海）自由贸易试验区，并在一年后又在天津、福建、广东等地设立3个自由贸易试验园区。2012年以来由美国主导的跨太平洋伙伴关系计划，即TPP谈判以及美国与欧盟进行的TTIP谈判，其目的都是试图制定国际贸易的新规则。而从国际金融危机爆发以来，在中美经济战略对话中，开启了中美双边投资协定谈判，美方要求以准入前国民待遇和负面清单管理为前提进行实质性谈判。经过慎重考虑，中国承诺了美方的要求。在这样背景下中国设立了上海自由贸易试验区。这是中国自主开放的一个试验田，试验的一个重要目的，就是中国在进一步扩大开放中进行压力测试。为建设法治化的营商环境，激发企业的创新能力，建设一个公平竞争的环境，并进行包括政府职能的转变和各种管理体制的改革。

（2）结束了中韩、中澳自由贸易区谈判，扩大了中国与各国的区域经济合作。2014年11月10日，中韩两国领导人共同确认结束中韩自贸区实质性谈判。2014年11月17日，中澳两国领导人共同宣布"实质性结束中澳自贸协定谈判"。中韩自贸区和中澳自贸区的建立把中国实施的自由贸易区战略提升到一个新的水平。首先韩国是全球第14大经济体，中韩贸易将近3000亿美元，贸易量较大，因此是一个高水平的自贸协定。经过一段的降税期，最后达到91%—92%的完全产品贸易自由化。而在中澳自贸区的协定内容中，澳大利亚的所有产品关税对中国将全部降为零。中国自澳大利亚进口总额的85.4%也将实现零关税。届时，牛羊肉、乳制品、葡萄酒、海鲜等产品会不断补充中国市场。中澳谈判已经十年，实际上到2009年之后基本上陷入停顿，2013年初重新启动。中澳两国的自由贸易协定，对于中国的特殊意义是，澳大利亚的经济制度和它的法律法规的安排，几乎和欧盟没有什么区别，假如说中国能够和澳大利亚达成一个高水平的，涉及几乎所有目前自贸协定谈判的各种议题，包括边境上和边境后的议题，也包括我们称作21世纪新议题，它的意义在于，中国有能力也有自信，全面地参与全球无论是多边还是诸边高标准的自贸协定谈判。谈判的速度和成功超出了人们想象，这意味着过去很多我们连想都不敢想的中美之间的谈判、中国与欧洲主要经济体的自贸区的谈判，都有可能超出我们之前的想象。

（3）成功举办2014年11月在北京的APEC峰会，并成为会议议题设置、行动方案的设计者和首倡者，并在澳大利亚举办的二十国集团峰会上扮演了重要角色。2014年11月11日，在中国举办的2014年亚太经合组织（APEC）领导人非正式会议上，国家主席习近平出席并在会场讲话汇总表示启动亚太自由贸易区进程，这是具有历史标志性意义的事件。1989年，亚太经济合作会议成立，中国在1991年正式加入会议。1993年正式改名为亚太经济合作组织，简称APEC。中国在9年前提出亚太经合组织应当成为亚太自贸区的孵化器，但由于全球经济危机等因素，这一概念一直没有细化，直到2014年5月青岛贸易部长会上，中方率先提出制定亚太自贸区的路线图。北京的APEC峰会提出了北京路线图，不仅解决了自贸区迟迟没有实质工作进展的问题,更重要的是,制定了接下来亚太自贸区工作的方向和内容。中国作为东道主,不仅制定了北京路线图,也是主要的倡议方,亚太自由贸易区设立的启动,深深打上了中国的印迹。在推动亚太自贸区的同时,中国还提出了"丝绸之路经济带"和"21世纪海上丝绸之路"简称为"一带一路"的重大倡议,并宣布成立"丝路基金"和亚洲基础设施投资银行。这一举措刚一提出就得到了国际社会的高度关注和沿线国家的热烈响应,是引领中国同沿线国家长期发展的一个宏伟构想,与金砖国家银行的设立一样,这两个金融机构的设立都是对全球整体金融治理结构的补充。

第二节 党的十八大以来中国对外开放的新要求、新目标

党的十八大报告中对未来中国对外开放提出的新要求是:实行更加积极主动的开放战略,完善互利共赢、多元平衡、安全高效的开放型经济体系;而目标是,全面提高开放型经济水平。十八届三中全会《决定》中提出的是"构建开放型经济新体制"。十八届五中全会《建议》提出,坚持开放发展,着力实现合作共赢。要求丰富对外开放内涵,提高对外开放水平,协同推进战略互信、经贸合作、人文交流,努力形成深度融合的互利合作格局。因此,完善一个新体系、构建一个新体制、着力实现合作共赢是中国新一轮对外开放的新要求和新目标。

首先,对照上述新要求和新目标,中国面临的突出问题是如何解决互利共赢、与合作伙伴共享开放利益的问题。

国际社会对于中国扩大开放的反应已经与过去不同,过去对中国宣示采取对外开放的态度是欣赏和认可,现在的反应是,世界能从中国的扩大开放中得到什么。根据国际货币基金组织进出口贸易统计数据,2012年中国成为128个经济体最大的贸易伙伴,美国只是72个经济体最大的贸易伙伴;而在2006年,美国是127个经济体最大的贸易伙伴,中国只是70个经济体最大的贸易伙伴。中国货物贸易的增长速度很快,到2015年,中国货物出口已占世界出口总额的14%;许多贸易伙伴对中国贸易逆差,

中国大量的贸易顺差不仅带来自身国际收支平衡的难度，也造成一些贸易伙伴的不满和贸易摩擦。中国吸收外商投资连年稳居全球第二、稳居发展中国家第一、2014年已经跃居世界第一；从2000年开始，中国正式提出实施企业"走出去"战略，到2013年，当年中国企业海外投资已超过千亿美元，2015年企业对外投资已经接近吸收外商投资额，之后中国逐渐成为资本净输出国，但中国企业对外投资并没有受到国际社会的赞誉和宣扬，相反，投资保护主义却一直困扰中国企业的一些投资活动。究其原因，与中国企业海外投资带来的东道国福利不明显有很大关系。

2015年末，中国对外直接投资存量已达10978.6亿美元，较上年末增加2152.2亿美元，占全球外国直接投资流出存量的份额由2002年的0.4%提升至4.4%，在全球分国家地区的对外直接投资存量排名中位居第八，与2014年保持相同水平。截至2015年底中国企业境外投资存量的行业结构如表6.2。

表6.2　　　　2015年底中国企业对外投资存量的行业结构　　　单位：亿美元,%

行业	金额	占比	排序
农林牧渔业	114.8	1.0	13
采矿业	1423.8	13.0	3
制造业	785.3	7.2	5
电热气水生产供应业	156.6	1.4	10
建筑业	271.2	2.5	8
批发零售业	1219.4	11.1	4
交通运输仓储邮政业	399.1	3.6	6
住宿餐饮业	22.3	0.2	16
信息技术服务和软件业	209.3	1.9	9
金融业	1596.6	14.5	2
房地产业	334.9	3.1	7
租赁和商务服务业	4095.7	37.3	1
科研和技术服务业	144.3	1.3	11
水利环境公共服务	25.4	0.2	15

续表

行业	金额	占比	排序
修理和居民服务	142.8	1.3	12
文体和娱乐业	32.5	0.3	14
其他行业	4.6	0.1	17
总计	10978.6	100	

资料来源：商务部《2015年中国对外直接投资统计公报》。

截至2015年底，对第三产业的投资存量为75.2%。但是，中国是制造业大国，制造业的对外直接投资仅达到对外投资存量的7%，这个比例和其他国家比起来是不太合理的。而且制造业投资大部分处于产业链的低端，还没有真正意义上的跨国公司投资，所谓真正意义上的跨国公司是在全球不仅有横向的网络，还有纵向的垂直分工的结构，这样的公司目前还不多。

显然，这种投资结构主要是为中国扩大海外市场和获取资源品服务的；而对吸收就业和带来当地税收贡献较大的制造业则比重很低。与美国企业海外投资存量相比，制造业比重明显偏低，2000年美国制造业海外资产存量占其海外资产总存量为26.1%，可见过去更高，虽然逐年下降，但到2010年仍然保持15.0%的比重，从而形成国际化的生产经营网络，而其服务业的对外投资，又很大程度上是为制造业的全球价值链服务的。截至2015年底，中国2.02万家境内投资者设立对外直接投资企业3.08万家，分布在全球188个国家和地区。2015年境外企业雇用外方员工122.5万人，占境外企业共用员工总数的43.2%，较上年末增加39.2万人。

"十二五"期间，中国企业对外投资变化为以有限责任公司为主，根据统计，截至2015年，中国对外直接投资者达到2.02万家，从其在中国工商行政管理部门登记注册情况看，有限责任公司占67.4%，是中国对外投资占比最大、最为活跃的群体；私营企业占9.3%，位列次席；股份有限公司占7.7%；国有企业占5.8%，较上年下降0.9个百分点；外商投资企业占2.8%，股份合作企业占2.3%；港、澳、台商投资企业占1.9%；个体经营占0.9%，集体企业占0.4%，其他占1.5%。

而在中国企业对外投资中,股权和收益再投资占九成,债务工具比重下降明显。2015年,中国对外直接投资流量中,股权和收益再投资共计1346.2亿美元,占到流量总额的92.4%。由于境外融资成本低于境内,企业通过境外融资再进行对外投资的活动日益增多,由境内投资主体直接给境外企业提供的贷款减少,债务工具投资较上年减少一成,仅为7.6%。利用境外资金的投资活动中,并购投资又占1/3以上的比重。2015年,中国企业共实施对外投资并购项目579起,实际交易总额544.4亿美元(见表6.3),其中直接投资372.8亿美元,占并购交易总额的68.5%。涉及制造业、信息传输/软件和信息技术服务业、采矿业等18个领域,从并购金额上看,制造业137.2亿美元,同比增长13.4%,位居首位。

表6.3 2004—2015年并购金额变化及其占中国企业对外非金融类投资比重

年份	并购金额(亿美元)	同比(%)	比重(%)
2004	30.0	—	54.5
2005	65.0	116.7	53.0
2006	82.5	26.9	39.0
2007	63.0	-23.6	23.8
2008	302.0	379.4	54.0
2009	192.0	-36.4	34.0
2010	297.0	54.7	43.3
2011	272.0	-8.4	36.4
2012	434.0	—	31.4
2013	529.0	21.9	31.3
2014	569.0	7.6	26.4
2015	544.4	-4.3	25.6

资料来源:商务部2012年度、2013年度、2014年度、2015年度《中国对外直接投资统计公报》。

以并购方式实现的企业投资,只对原有企业的股权和资产进行了购买,并不产生新的生产能力和就业增量,有的甚至还会出现裁员现象,因此对东道国的福利效果不明显。而且,并购方式的投资多数是投向资源能源性产业,容易出现"掠夺"的恶评,再加上能够出手大金额实行并购的企业，多数是国有企业和中央国有企业，因此也易于遭到"阴谋论"的诽谤，屡屡遭到投资保护主义的阻挠就不奇怪了。

其次，对照党的十八届三中全会《决定》提出的"构建开放型经济新体制"，改革的新目标如下。

第一，新体制的最主要特征是服务业扩大开放，因此建立与服务业开放相适应的新体制是最主要的目标。但与货物贸易相比，服务业的开放还有待扩大。

从表6.4可以看出，世界主要贸易大国向世界开放的货物贸易和服务贸易市场基本相当，提供份额的偏离度都比较小，中国和美国的偏离度比较大，而中国更大，说明中国服务市场开放的差距比较大。对比货物，服务业开放的主要问题是投资，因此要扩大外商投资准入。"放宽投资准入"的开放含义，重点是推进金融、教育、文化、医疗等服务业领域有序开放，放开育幼养老、建筑设计、会计审计、商贸物流、电子商务等服务业领域的外资准入限制。接着是改革外资管理模式，实行准入前国民待遇和负面清单管理；同时要改革对外投资管理体制：确立企业和个人主体地位、创新对外投资合作模式、健全"走出去"服务支持体系。

表6.4　2015年中国与主要经济体向世界货物和服务进口市场提供份额的比较

	货物进口额（亿美元）	世界占比（%）	服务进口额（亿美元）	世界占比（%）	货物占比与服务占比偏离度
世界	159847	100	48602.9	100	
美国	21256.5	11.2	4520.1	9.3	-1.9
中国	19586.3	10.32	3771.6	7.76	-2.56
德国	12146.6	6.4	3295.3	6.78	0.38
法国	6775.5	3.57	2517.6	5.18	1.61
日本	8123.0	4.28	1905.2	3.92	-0.36
印度	4630.9	2.44	1292.8	2.61	0.17
韩国	5257.2	2.77	1137.3	2.34	-0.43
巴西	2391.4	1.26	860.3	1.77	0.51
意大利	4725.8	2.49	1137.3	2.34	-0.15

资料来源：WTO International Trade Statistics Database，http://www.wto.org。

第二，在国际经贸合作的基本方针上，坚持和维护多边体制，积极参与区域合作，建设高标准区域合作体制，逐步接近新规则。《决定》指出：坚持世界贸易体制规则，坚持双边、多边、区域次区域开放合作，扩大同各国各地区利益会合点，以周边为基础加快实施自由贸易区战略。多边贸易体制的建立来之不易，多边贸易规则是全球各国的最大公约数，应当尽力维护并促进其进一步完善。今后仍然需要进一步推动多哈回合谈判，使多边贸易规则在全球贸易投资自由化、解决贸易摩擦纠纷、反对贸易投资保护主义中发挥更大作用。

《决定》同时指出：在中国今后的自由贸易区战略中，要改革市场准入、海关监管、检验检疫等管理体制，加快环境保护、投资保护、政府采购、电子商务等国际经贸新议题谈判，形成面向全球的高标准自由贸易区网络。坚持双边、区域次区域开放合作。同时，加快中美和中欧投资协定谈判，缩小与TPP贸易新规则的差距。通过上述的实际努力，将缩小与TPP所建立的贸易新规则的差距，在条件具备的情况下，中国是否会启动与其他经贸伙伴的自由贸易协定谈判（包括加入TPP的谈判），主动权就完全掌握在自己手里。

第三，优化对外开放的区域布局。内陆沿边开放是老题目，但有新思路、大手笔。（1）大通道：内陆城市增开国际客货运航线、多式联运。建设对外经济走廊、丝绸之路经济带和海上丝绸之路。（2）大通关：改革海关监管、检验检疫等管理体制，口岸管理整合；统一对外通关协作。（3）大平台：加快海关特殊监管区域整合优化，有条件的地方设立自由贸易园（港）区。（4）产业大集群：创新加工贸易模式，形成有利于推动内陆产业集群发展的体制机制。（5）开放大环境：建立国际开发性金融机构。

第四，构筑实施海洋战略的体制基础。要推进21世纪海上丝绸之路建设，必然要推进远洋船舶登记制度、海关、海事管理、国际航运中心建设等方面的改革；还要加强海洋资源勘探、利用开发的战略规划、进行多双边、区域经贸合作与开发利用海洋资源的力量整合；还要进行领海安全与保卫、海洋资源开发的安全与风险防范机制的建设。

第五，培育国际经济合作新优势的体制机制建设。这包括稳定、透明、可预期营商环境——市场准入、海关监管、检验检疫、贸易便利化；

培育参与制定国际规则的能力——提出新倡议、新议题和新行动,更多提供全球公共品并体现大国责任;健全应对经贸摩擦机制——谈判协商、高层对话、用好各种筹码,有效反制;强化中央、地方、商协会、企业的"四体联动"的综合应对机制。

第三节 未来五年国内外环境的主要挑战

中共中央《建议》指出,中国发展仍处于可以大有作为的重要战略机遇期,也面临诸多矛盾叠加、风险隐患增多的严峻挑战。

一 国际经济社会环境的主要挑战

(一)世界经济、贸易和投资都只能维持低速增长水平

2015年,国际组织预测2016年全球需求依旧低迷。三大国际组织对2016年全球经济走势预测基本相同,一致认为2016年世界经济增长将略好于2015年,但依然维持在一个较低的水平上(见表6.5)。因此,预计疲软的全球需求会对世界贸易增长形成制约。

表6.5　　　　国际组织对2015—2016年世界经济增长率预测　　　　单位:%

类别	IMF		联合国		世界银行	
	2015年	2016年	2015年	2016年	2015年	2016年
世界	3.1	3.6	2.3	3.0	2.8	3.3
发达经济体	2.0	2.2	1.8	2.3	2.0	2.4
发展中经济体	4.0	4.5	3.7	4.3	4.4	5.2

资料来源:IMF《世界经济展望》,2015年10月;联合国《2015世界经济状况及前景》,2015年10月;世界银行《全球经济展望》,2015年6月。

WTO预测,2016年世界贸易将增长3.9%,增速不仅大大低于1990年以来5.1%的年平均增长水平,而且低于4月预估的4.0%,但高于2.8%的世界经济增速(见表6.6)。

表6.6　　　　国际组织对2015—2016年世界贸易量增长率预测　　　　单位:%

类别	WTO 2015年	WTO 2016年	IMF 2015年	IMF 2016年	联合国 2015年	联合国 2016年
世界贸易	2.8	3.9	3.2	4.1	2.6	4.4
出口	—	—	—	—	2.5	4.3
发达经济体	3.0	3.9	3.1	3.4	3.6	4.5
发展中经济体	2.4	3.8	3.9	4.8	1.5	4.3
进口	—	—	—	—	2.6	4.5
发达经济体	3.1	3.2	4.0	4.2	4.6	4.8
发展中经济体	2.5	5.2	1.3	4.4	1.0	4.4

资料来源：WTO《世界贸易预测》，2015年9月；IMF《世界经济展望》，2015年10月；联合国《2015世界经济状况及前景》，2015年10月。

事实上，世界贸易组织在2015年9月把2015年世界贸易量增速预期由之前的3.3%下调至2.8%。2015年上半年货物贸易金额下降则受到贸易量增长平庸、大宗商品价格下降和美元汇率变动的影响。

世界直接投资形势也不很乐观。2014年，全球外商直接投资（FDI）流入总量为1.23万亿美元，较2013年大约下降了16%。全球FDI下降的主要原因是全球经济仍然较脆弱、投资政策的不确定性以及增加的地区政治风险。新增FDI被一些较大的外商撤资所抵消。尽管联合国贸发会议曾预测2015年全球FDI流入量增加11%，达到1.4万亿美元，2016年，超过1.5万亿美元，然而，它又说由于大量经济和政治风险（包括正在发生的欧元区的不确定性，地区冲突的潜在负外部性以及持续的新兴市场的脆弱性）都有可能干扰预计的FDI的复苏。而且，跨国公司投资谨慎，试图保持现金盈余。5000个世界上最大的跨国公司的现金储备相对稳定。到2014年底，这些跨国公司有超过4万亿美元的现金储备，几乎是金融危机之前的2倍。这些储备积累起来减少对债务的依赖，以及减少由于利率较低导致的再融资风险。[①] 即便乐观的预测实现，其投资流量也仍然低于2011年的1.56万亿美元，更低于1997年的历史峰值1.97万亿美元。

---

① 联合国贸易和发展会议：《2015世界投资报告》。

（二）美国试图利用TPP制定新的贸易规则

美国总统奥巴马公开说，不让中国参与书写新的贸易规则是美国主导TPP的重要意图。同时，美国推进TPP的战略意图也包括巩固和提升美国在亚太的主导权，利用高标准和严规则重构亚太贸易版图。尽管TPP目前乃至未来对中国的实际影响是有限的，但也要看到，在TPP产生的贸易转移效应作用下，中国对美国出口中低端制造品面临越南、马来西亚、墨西哥的竞争替代性增强；中国对东南亚出口高端制造品面临日本、美国的压力，因此，TPP将削弱中国对美、日和其他亚太经济体的出口。从贸易的转移效应看，TPP将对中国的对外贸易产生一定的负面影响。但是，这种负面影响也会在一定程度上被抵消，因为TPP的16个成员中有12个成员与中国有不同形式的自贸区协定，这说明中国与TPP许多成员国的贸易壁垒已经比较低，这将减弱TPP区域内自贸协定对中国贸易的替代影响。

（三）中国在全球经济治理中的制度性话语权还不够，特别是支撑这种话语权的硬实力和软实力都还不够

中国目前在能源金融、法律和国际组织方面都缺乏影响力，只能被动接受国际油价大幅波动带来的风险，对于石油美元和能源金融资本的冲击缺少制约手段，而且缺乏可资利用的能源多边外交平台。中国不是国际能源署、能源宪章或石油输出国组织（OPEC）的成员，而二十国集团等对能源治理的影响极为有限。从2015年全球经济形势看，能源价格波动将继续在2016年影响世界经济，并长期成为全球经济治理的一大难题。中国是世界能源的需求大国，能源价格变动和供求形势对中国均有很大影响，参与全球能源经济治理是中国难以回避的问题。

2015年6月中旬以来，国际市场原油价格震荡走低（见图6.1）。北海布伦特原油最高收盘价和最低收盘价之间的价差为5.96美元/桶，波动幅度为10.97%；美国德克萨斯原油最高收盘价和最低收盘价之间的价差为9.60美元/桶，波动幅度为18.67%。导致近期国际市场原油价格承压的主要因素是美元走强及伊朗核问题谈判最终协议达成。在美联储可能加息及伊朗石油出口量可能迅速释放的预期影响下，未来国际市场原油价格还可能进一步走低。

IMF 2015年预测，当年国际市场商品价格整体上将呈下降的态势，总

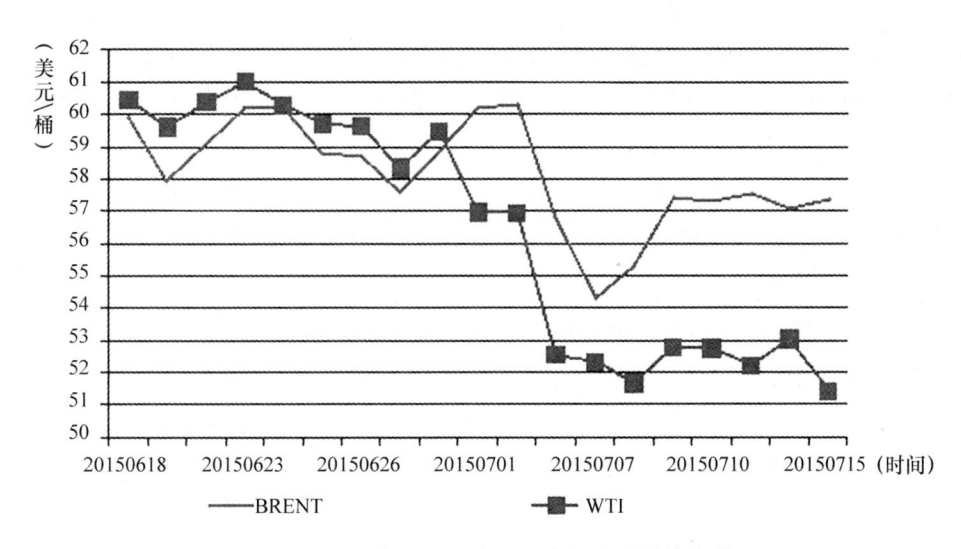

图 6.1　2015 年 6 月以来国际市场原油价格走势

价格指数将下降 13.2%，其中非燃料初级产品、燃料和工业制品价格分别下降 16.9%、46.4% 和 4.1%。2016 年世界经济维持缓慢复苏，国际市场商品价格将继续走低，2016 年总价格指数将下降 0.8%，其中非燃料初级产品、燃料和工业制品价格分别下降 5.1%、2.4% 和 0.7%。这也将对世界贸易投资形势产生不利影响。

二　国内经济社会环境的挑战因素

（一）劳动年龄人口数量下降提升了劳动力成本

从 2012 年中国 16—59 岁劳动年龄人口总量首次出现比上年净减少后，到 2014 年为止，劳动年龄人口累计减少约 960 万人。同时农民工供给增速下降，平均工资增幅达到 15.2%，高出全员劳动生产率增速 7.1 个百分点。农民工是中国制造业就业主力，其工资收入增长大幅度高于劳动生产率和经济增速，挤压了企业利润增长空间，这是导致中国制成品出口竞争力和外商投资吸引力下降的重要原因。

（二）房地产市场发生趋势性变化及其影响

有学者计算，2013 年中国城镇户均住宅超过 1.05 套，（刘世锦，2014）当前和未来中国房屋存量需要消化，市场增长空间受限。2000—

2013年，中国房地产开发投资年均增长24%，2014年下降为10.5%，2015年前9个月下降为2.6%。2000—2010年商品销售额年均增长32.1%，而到2011—2013年平均增长仅为15.8%。有学者计算，房地产及相关行业增速下降，对近几年经济增速下降的拉动达到0.95个百分点。（张军扩、余斌等，2014）经济增速下降对中国商品和服务进口需求以及外商投资需求都产生了不利影响。

此外，房地产按揭贷款下降影响居民消费的增长。2014年中国住房贷款余额达到10.6万亿元人民币，是2004年的6.6倍，2015年后房地产销售增速持续下降，按揭贷款也下降，影响居民整体消费和支付能力。同时，过去的房地产开发，扩展了城市边界，改变了居民出行模式，是汽车消费增长的动力之一。近年房地产市场的趋势性变化也将影响汽车市场，包括汽车及其零部件的进口。

（三）地方政府举债模式难以继续对招商引资产生影响

2013年对部分地区的审计显示，36个地方政府本级中，有9个省会城市债务率超过100%，加上有担保责任的债务，最高的达到219.57%。原来地方政府偿还债务的资金来源主要是土地转让收入，而且这又是地方政府进行基础设施建设的重要资金来源，通常地方政府利用商品房土地转让收入来补贴工业用地或招商引资用地的开发，并通过零地价、固定资产投资补贴等形式吸引内外资企业入驻园区。随着房地产市场的趋势性变化和国家对土地资源使用控制的加强，原有的政府举债模式难以为继，不仅影响一般工业园区的招商引资，而且还影响若干自由贸易试验区按照开发区老路子设计目标的实现。

第四节 《中共中央关于制定国民经济和社会发展第十三个五年规划的建议》的思路与任务

《中共中央关于制定国民经济和社会发展第十三个五年规划的建议》（以下简称《建议》）指出，要丰富对外开放内涵，提高对外开放水平，协同推进战略互信、经贸合作、人文交流，努力形成深度融合的互利合作格局。要着力实现合作共赢。要奉行互利共赢的开放战略，坚持内外需协调、进出口平衡、"引进来"和"走出去"并重、引资和引技引智并举，发展更高层次的开放型经济，积极参与全球经济治理和公共产品供给，提高中国在全球经济治理中的制度性话语权，构建广泛的利益共同体。

深刻领会《建议》的思路，可以体会到，发展更高层次的开放型经济，并不要求我们过度追求贸易投资增长的幅度和规模，而是要完善开放型经济体系和构建开放型经济新体制。这包括：对外开放的内涵要从过去只重视经贸发展转变为战略互信、经贸合作、人文交流共同发展；要从过去只重视出口贸易和引进资金转变为合作共赢、互利共赢；要从过去只重视商品货币转变为也重视技术和智力；要从过去只重视增长硬实力转变为也重视培育国际竞争中的软实力。遵循这个目标，与世界各经济体构建广泛的利益共同体，从而深度融入全球经济。

在提出上述思路的基础上，《建议》还就完善中国对外开放布局提出了七个方面的任务。

一 完善对外开放区域布局

应及时总结和推广中国（上海）自由贸易试验区的成功经验，在广东、福建、天津复制类似的自由贸易园区外，还可以考虑在重庆、西安和郑州等扩大复制。进一步推进沿海开放，形成沿海开放的新高地，如京津冀、环渤海，应成为沿海地区新的开放高地，同时，培育有全球影响力的先进制造基地和经济区。内地开放要通过长江经济带和中原交通枢纽建设等措施形成新的开放高地，沿边开放要利用双边与区域合作关系，有针对性地选择新的开放口岸和边境城市作为新的抓手。

二 完善对外贸易布局

《建议》要求，推动外贸向优质优价、优进优出转变。发挥出口对增长的促进作用，增强对外投资和扩大出口结合度，培育以技术、标准、品牌、质量、服务为核心的对外经济新优势。实施优进优出战略，推进国际产能和装备制造合作，提高劳动密集型产品科技含量和附加值，营造资本和技术密集型产业新优势，提高中国产业在全球价值链中的地位。

(一) 推进货物出口贸易转型升级

商品出口仍然很重要，中国外贸部门直接带动的就业人数超过8000万人，其中60%以上来自农村（还有一种说法，中国7.7亿就业人数中，有1/4与外贸生产经营有关）。从提高经济质量的视角来看，出口部门的增长仍然具有重要意义。出口商品必然要求具有国际竞争力，出口规模的扩大带动了整个行业的产品升级和更新换代，乃至整个行业的改造。当前，中国工业经济面临转型升级，智能化、数字化、网络化制造业成为新潮流，而许多新兴产业能否成为未来中国国民经济的支柱产业，在相当程度上要看其产品是否具有国际竞争力，能否占领国际市场（高虎成，2014）。另外还要看到，货物出口贸易在促进内陆地区开放和产业梯度转移中往往发挥先导作用。

笔者估算世界贸易和中国货物贸易出口的年均增长速度，大体得出，中国进出口贸易年均增长高于世界货物贸易3—4个百分点，中国货物出口贸易高于世界货物贸易4—5个百分点。这就是"十三五"期间中国货物进出口贸易增长的速度目标。同时按照在世界出口市场份额中每年提高0.5个百分点计算，到2020年，中国货物出口的世界市场份额可以达到17.5%—18.0%。

要实现这个目标，关键是要实行货物出口贸易的转型升级，其核心要义是从主要依靠土地、劳动力廉价的要素禀赋优势向培育国际竞争的新优势转变。新优势的最重要优势是培育人力资本新优势。未来大量劳动密集型企业的存在是必然的。那么它们的优势在哪里呢？它们的优势在于形成新型的劳动密集型制造企业。竞争力不仅取决于工资水平，还取决于劳动生产率和单位产品成本。工资水平提高并不绝对意味着竞争力下降，如果劳动生产率提高，单位成本下降，有可能抵消工资水平上涨的不利影响。而要提高劳动生产率，也不仅仅只有资本替代这一途径，提高人力资本水平，也是提高劳动生产率的重要途径。

要在产业转移中形成沿海与内地互连互补的专业分工关系，以空间延续廉价劳动要素的优势。中西部地区将会承接劳动密集型产业，但是不应该重复沿海地区早期工业化的模式。为此，良好的政策环境是关键，对政府来说，创造一个允许企业进入和退出，并借此机制扩大有效率企业的规模，提高其比重，淘汰无效率企业，比直接代替企业进行产业或技术选择要有效得多。要培育新型外贸经营主体，增强企业和产品的国际竞争力。

根据各地的实践经验，可以把它归纳为五个类型：（1）融前向和后向服务于一体、商品贸易与服务贸易并举的、采取供应链管理模式的综合性服务型外贸企业，如厦门嘉晟外贸公司等；（2）融核心技术龙头企业与众多分工协作的境内外外包企业于一体的价值链、供应链企业群，如深圳华为技术有限公司；（3）融内贸与外贸、商品与服务于一体的新型国际商务平台，如浙江义乌小商品市场；（4）融线下和线上、商品与服务于一体的跨境电子商务企业，如杭州阿里巴巴网络公司；（5）融制造与服务、贸易与投资于一体的跨国公司，如新疆特变电工有限公司等。

这五类新型外贸经营主体的共同经验是，把不断开发新技术，或不断发展新业务和新商务模式同企业的人力资本提升紧密结合起来，从而形成新的国际竞争优势，从而开辟了一条弱化和摆脱利用传统优势的新路径。

（二）扩大货物进口贸易规模、优化结构，改善国内经济供给面

进口贸易结构调整也是一种重要的宏观管理手段。在进口贸易结构的调整中，要重视不同类别进口数量与结构的优化以实现经济增长预期。从中国产业条件及进口贸易的实际情况出发，优化进口结构的政策取向如下。

（1）资本品。中国资本品进口比重长期居于高位，其结构具有相当的稳定性，中国要大力提高阴极阀门及阴极管、电信设备及零部件、电气电路装置等重要资本品的国产化率，采取政策手段促进新型成套设备、新型工作母机的进口，以提高资本品的生产效率；特别是要注意有选择地引进先进的数字化、智能化的设施、环保和新能源设施，更好地应对和利用世界第三次工业革命的挑战和机遇，促进经济持续稳定增长。

（2）初级品。初级品进口增长太快、比重持续上升是不利于经济持续增长的。因此，今后在初级品的进口中，除了保持粮、棉、食用油、大豆等产品进口的合理增长，以节约土地资源，并与国内食品保障安全和储备制度相配套外；能源和矿产品的进口，不应盲目加速增长，要从合理消费、提高资源利用效率和培育新能源的视角配置进口规模和增长速度。为此，要通过能源资源品价格改革和关税结构改革来促进进口规模与比重的

合理调整。

（3）中间品。未来在中间品的进口中，要逐步改变中国进口关键零部件、国内生产大量消耗资源能源的配套产品加以组装和加工的现状。关键零部件的生产要逐步实现进口替代，鼓励国内生产，而消耗能源资源的中间品生产应逐步由国内生产转为"走出去"生产，从而扩大此类中间品进口，实现中间品内部结构的优化。要通过价格改革，促进进料加工贸易企业多使用境外的能源资源消耗型中间品。

（4）消费品。进行关税结构改革，部分降低这些产品的进口关税，对提高消费品进口的动力具有重要意义。从改善供给角度来看，今后中国消费品的进口还应更多从改善中国人力资本素质着眼，采取政策手段，多进口先进适用的教育消费品，如教材、教学设施，办公用品，医疗器械和设施，公共卫生设施和体育。

（三）重视并继续发展服务贸易

发展服务贸易是优化外贸结构的一项重要任务。首先要认识到，从世界贸易发展趋势看，服务贸易增长快于货物贸易，这是一个长期趋势。

表6.7　　2000—2015年世界货物出口贸易与服务出口贸易金额增长情况　　单位:%

年份	货物出口增长	服务出口增长
2000	12.32	6.0
2001	-0.28	0.1
2002	3.75	7.0
2003	6.05	15.9
2004	10.08	21.5
2005	7.22	11.8
2006	9.41	13.1
2007	6.77	20.2
2008	2.17	12.4
2009	-11.44	-9.4
2010	14.07	9.8
2011	6.32	12.2
2012		

续表

年份	货物出口增长	服务出口增长
2013		
2014		
2015		

资料来源：商务部政策研究室《世界经济数据参考资料》，2015年；2015年数据引自世界贸易组织网站。

由表6.7可见，2000—2015年，世界货物出口年均增长4.8%；世界服务贸易出口年均增长8.86%，而从2008年至2015年，中国的服务贸易增长也快于货物贸易增长（见表6.8）。

表6.8　　2008—2015年中国服务贸易和货物贸易总额及增长情况

单位：亿美元，%

年份	中国服务贸易总额	同比增长	货物贸易总额	同比增长
2008	3223.0	21.4	25616.3	17.8
2009	3025.0	-6.1	22072.7	-13.9
2010	3717.0	22.9	29727.6	34.7
2011	4489.0	20.8	36420.6	22.5
2012	4829.0	7.6	38667.6	6.2
2013	5376.0	11.3	41603.1	7.6
2014	6520.0	21.6	43030.4	3.4
2015	6542.0	0.3	39586.4	-5

资料来源：商务部政策研究室《世界经济数据参考资料》，2015年；2015年数据引自世界贸易组织网站。

在货物贸易增长下滑的2015年，服务贸易成为中国外贸新亮点。前三季度，中国服务贸易继续保持着快速增长的良好势头。全国累计实现服务进出口总额4953.3亿美元，同比增长15.9%，占对外贸易比重为14.6%，较上年同期提升2.7个百分点。服务出口1716.3亿美元，增长11.6%，进口3237亿美元，增长18.3%。"十三五"期间中国服务贸易仍然处于可以较快速度增长的大好时机。预计"十三五"期间中国服务进出口总额年平均增长可达到12%，到2020年总额达到1.2万亿美元，占中国外贸总额比重为14.5%—15%，占全球服务贸易出口7%左右，占全球服务贸易进口11%左右。

三　完善投资布局

第一，根据新阶段的特点，提高利用外资水平。根据新的发展阶段的特点，对吸收外商投资提出新要求。首先是根据十八届三中全会决定的精神，未来中国吸收外商投资要有利于构建开放型经济的新体制。其次是未来中国吸收外商投资要有利于促进中国经济结构调整和产业升级。再次是未来中国吸收外资要有利于培育中国经济新的国际竞争力。

根据以上总体思路，未来吸引外商投资的政策取向是：继续扩大服务业吸收外商投资，特别是在现代服务业领域吸引国际著名跨国公司投资，逐步开放教育、医疗、健康、养老、文化、各类中介服务等领域的外商投资；着力吸引具有先进制造业技术、工艺、管理优势的外商投资。逐步采取准入前国民待遇和负面清单管理模式。

第二，完善"走出去"的战略设计、结构和方式。《建议》要求，建设一批大宗商品境外生产基地，培育一批跨国企业。积极搭建国际产能和装备制造合作金融服务平台。因此应继续鼓励中国企业"走出去"，特别是鼓励民营企业"走出去"。要从互利共赢和促进国内经济结构调整、产业升级的立足点作为中国企业对外投资的指导方针，以建设自主国际化生产经营网络作为战略目标，来规划企业海外投资并建立与此相关的服务促进体系。在政策引导上，要鼓励制造业领域的投资，鼓励多采取绿地投资方式，在服务体系建设中，要注意针对民营企业的弱点和不足，提供更多有针对性的、有效率的服务。同时要改善中国企业对外投资和经营的统计、税收以及绩效考核等方面的管理。

四　完善开放新体制格局

（一）创新外商投资管理体制

统一内外资法律法规，修订外资"三法"，按照推进准入前国民待遇和负面清单管理模式,扩大服务业领域的外资准入。同时,放宽外资在先进制造业领域的准入,逐步开放汽车、化工、运输设备等制造业外资进入的股权比例限制;逐步减少外资进入交通、通信、基础设施以及农业、矿产开采等领域限制。

改革外商投资监管体制,把重事前审批逐步转向放开事前审批,而重点监管工作放在事中和事后。

推动国有原有的开发区转型升级。重点是引进和发展先进制造业和生产性服务业。在基本完成开发投资阶段并已经完全转向生产经营的开发区,应当向城市建成区转型,完善行政管理体制,发展城市基础设施,发展各类民生需要的服务业,便利居民生产和生活。

(二)建立促进"走出去"战略的新体制

扩大企业和个人对外投资,确立企业和个人对外投资主体地位。推进境外投资便利化,取消核准制,实行备案制;完善国有企业境外经营的业绩考核和责任追究制度。

完善境外投资战略规划体系,明确互利共赢的指导思想,以建立自主跨国生产经营的国际化网络为战略目标,改善投资结构和方式,创新对外投资合作方式,把绿地投资与并购、证券、联合投资有机结合,促进高铁、电力、输电设备技术、移动通信等领域的对外投资。

健全"走出去"服务保障体系建设,完善统计体系和中介组织服务。推进中美、中欧双边投资协定谈判。

(三)构建外贸可持续发展的新体制

保持和延续外贸的传统优势,主要是积极向内地转移外贸生产和经营环节,形成沿海与内地专业分工与协作的关系。培育外贸出口的新产品优势,扩大高铁、核电、通信、电站等设备产品、船舶、汽车和成套设备的出口。

提高贸易便利化水平,推进贸易便利化改革措施,形成海关、边检以及口岸管理的一站式服务体系。

建立健全服务贸易促进体系,推进制造业服务化转型,推进运输体制改革,增强海洋运输和航空运输能力,完善旅游服务体制,增强旅游国际竞争力。

以质量、效益和改善国内经济潜在增长率为导向，完善外贸政策以及有关的财政、税收、金融、投资和产业政策。保持人民币汇率基本稳定并完善出口退税制度，调整关税政策，进一步完善关税结构；优化进口结构要与国内产品的价格改革、关税改革联动配套。

健全贸易摩擦应对机制，鼓励企业进行境外应诉，并进行有关的培训和服务，利用中介组织和行业协会的力量保护中国企业和个人的合法权益。

（四）构建开放安全的金融体制

继续推进金融业开放，逐步放开证券、保险业外资进入的股权比例限制，扩大股权开放的领域，鼓励跨境并购；推动资本市场双向开放，实行人民币可兑换，允许境内外企业跨境投融资，开放期货市场，允许境内机构参与境外衍生品市场。完善汇率形成机制和外汇管理制度，推进外资企业外汇资本金结汇管理改革，健全金融风险调控体系。

建立"走出去"的金融支持体系，完善境外的投融资机制，探索建立境外股权资产的境内交易融资平台。扩大人民币跨境使用，形成区域性人民币债券市场，允许境外企业在境内发行人民币债券融资工具，同时也允许境内企业在境外发行人民币债券，形成人民币离岸市场，扩大人民币境外循环。加快国内金融改革，特别是加快公司债券市场的建设，支持公司企业发行债券并建立市场直接交易，并在此基础上形成衍生品市场，通过境内金融市场的扩大和金融产品的增加来扩大人民币回流的投资空间。

（五）健全稳定、透明、可预期的营商环境

加强开放型经济法治建设，保护内外企业和个人的正当权益。优化市场竞争环境，清理阻碍形成全国统一市场的违规的地方性优惠政策，改善科技创新环境，保护知识产权，鼓励制定行业技术标准，支持行业协会和商会的自治和自律措施，维护市场的秩序。健全开放型经济的安全保障制度。改善出口管制措施、完善产业安全保护制度，实行产品安全认证。（盛斌，2015）

提高自由贸易试验区建设质量，在更大范围推广复制。推进资本市场双向开放，改进并逐步取消境内外投资额度限制。

（六）加强支持保障机制的建设

实施开放的人才政策，吸引海外高层次人才，完善外国人永久居留制度；积极选派人员进入国际组织任职；建设对外开放的智库建设，采取多种方式培训有关开放型经济所需要的各类专业人才。

五 完善双边和多边合作机制，推进"一带一路"建设

推进基础设施互联互通，扎实推动中巴、孟中印缅经济走廊建设，把推进这两个经济走廊建设作为"一带一路"倡议的重要抓手。同时深化沿线的经济贸易合作，密切科技人文交流。

实施海洋战略，"十三五"的破题之举是推进"21世纪海上丝绸之路"建设。加强海洋运输能力建设，加快建设上海、天津、深圳等国际航运中心，同时要制定全国海洋经济发展的政策措施以及海上丝绸之路的发展规划。

加强铁路集装箱货运物流枢纽中心建设，更有力支撑"一带一路"倡议。目前在郑州已经建成了铁路集装箱运输枢纽中心，对外运输已经开通了郑欧班列（郑州至德国汉堡）、渝新欧班列（重庆至鹿特丹）、义新欧班列（义乌至马德里），加上已有的新欧班列（新疆至鹿特丹），形成了新的横贯东、中、西的对外经济走廊，因此要加大铁路集装箱物流中心建设，可以考虑在重庆、义乌等地建设新的铁路集装箱物流中心。利用国际航空港建设推进民用运输服务行业改革和发展。目前，中国民用航空业国际化程度较低，国际航线的运输量在世界总运量的比例很低，国际货运量和客运量与国内运量相比也较小。而且，航空运输业市场化程度较低。中国空港的硬件建设已经十分壮观，但航空运输枢纽港的开放和建设相对落后，不仅没有像迪拜、新加坡那样享誉世界的国际运输中转枢纽，国内航空枢纽港辐射的航线资源也相当吃紧。这在很大程度上限制了中国航空运输业的发展，也影响了航空运输业对上下游行业和关联行业的辐射作用。因此应考虑在郑州之外多设立若干国际航空枢纽港建设，加大航空的客货运能力，发展中西部地区重要节点城市的门户空港，建设"空中丝绸之路"。同时，共建境外产业集聚区，推动建立当地产业体系，广泛开展教育、科技、文化、旅游、卫生、环保等领域合作，造福当地民众。

六 深化内地和港澳、大陆和台湾地区合作发展

利用"一带一路"建设的契机，支持香港巩固国际金融、航运、贸易三大中心地位，支持澳门建设世界旅游休闲中心，推动两岸产业合作协调发展、金融业合作及贸易投资等双向开放合作。

七 积极参与全球经济治理，推动国际经济治理体系改革完善

（一）转变在全球经济舞台上的角色定位

从主要是被动地接受和适应国际经济规则的参与者角色向积极参与全球经济治理、参与国际经济规则的制定、发挥负责任大国作用的角色转变。中国参与全球经济治理的两大制约因素：第一是提供全球公共品的能力还不够；第二是在以市场经济体制为基础的国际规则中的不完全适应性，因此要从增强硬实力和软实力两方面入手。软实力的增强要靠改革开放。例如，中美有可能引导全球国际投资规则的制定。如果中美投资协定谈判达成，这将意味着中国不仅参与了国际投资规则的制定，而且引领了国际游戏规则的产生。此外，新的国际规则对中国巨额的海外投资不仅可以要求东道国的法律保护，还可以要求国际规则的保护。如果中国（上海）自由贸易试验区获得成功，不仅可以促进中国的改革和发展，还可以从试验中获得规避国际风险因素的免疫力，更好应对未来的国际新规则。中国（上海）自由贸易试验区也是增强软实力的举措。它是为扩大开放探路，以开放促发展、促改革、促创新，成为可复制、可推广的试验，不是用优惠政策来推动，也不是以基建投资炒热土地的老办法来吸引地产投资，而是注重体制、机制改革创新。不仅涉及货物贸易，主要针对服务贸易开放；不仅涉及边境开放，主要涉及境内开放。

当今世界，国际规则作为公共品，已经对各国经济福利产生越来越大的影响。以欧美之间的自贸协定谈判为例，其谈判重点不在关税，因为双方之间目前的关税已经很低。双方的谈判重点是统一标准与规则，比如统一金融服务规则，统一汽车安全标准，等等。统一这些规则和标准每年将为双方带来巨大的经济利益。我们只有在扩大开放中才能认识这种公共品的意义并学会它的生产与消费。

(二) 拓展国际经济合作新空间

坚持世界贸易多边体制规则，但要认识到，由于区域贸易自由化安排呈现广覆盖、高标准并与全球多边体系并行的局面，因此，未来两者之间的相互影响是不可避免的。WTO 受到 TPP、TTIP 的挑战也是不可避免的，尽管 WTO 规则仍然是全球最大公约数，但不排除区域高标准自由化安排对 WTO 的影响，因此 WTO 除了将贸易便利化改革纳入多边规则体系外，也必将思考如何进行包容各类标准的自由化协议的改革措施。对国际规则变化的新趋势我们应当未雨绸缪，尽可能站在历史潮流的前面。因此要建立高标准的自由贸易区网络，建立中国—东盟升级版、推进中国—海合会、中日韩、RCEP、中国—斯里兰卡、中国—巴基斯坦第二阶段降低税收等自由贸易协议谈判；推进中欧自由贸易区和亚太自由贸易区的研究和谈判。

在联合国和二十国集团等主要平台之外，积极参加"金砖"合作、气候谈判、电子商务、能源安全、粮食和食品安全以及贸易金融等全球性协议谈判，提出新主张、新倡议。

(三) 商讨制定国际开发性金融的治理规则

中国已经发起成立了"金砖国家"银行、亚洲基础设施投资银行、丝路基金等国际性开发金融机构，如何进行国际投资开发和融资支持的国际经济治理已经成为中国自己提出问题而又必须自己回答的新问题。在国际开发金融体系中，世界银行的主导地位不会改变，但随着金砖银行、亚洲基础设施投资银行以及丝路基金等国际开发性新金融机构的出现，国际开发性金融的规则体系也将发生新的变化。我们需要与合作伙伴方共同商讨制定这种合作共赢的国际开发性金融的治理规则。

争取融入并引导全球能源治理。由于全球没有统一的能源安全组织，在现有的能源机制中，既有全球性的，也有区域性的；既有消费国组织也有生产国组织，机制之间缺乏协调并且十分松散。中国可以考虑重点参与国际能源署的改革，加强二十国集团在能源治理上的宏观协调功能，派人员参与石油输出国组织、天然气生产国论坛等资源国协调机制，在参与治理过程中，形成并强化其建章立制的可能性。

（四）创立新的国际经济治理合作机制

设立"金砖国家"开发银行、亚洲基础设施开发银行、丝路基金后，与合作伙伴一起团结协作、认真运营，积累经验，努力使之成为新的国际金融治理的平台。集官方和民间的力量，创立中欧、亚太自由贸易区战略研究的国际合作机制，争取尽快拿出研究成果，并使之成为各伙伴方进入谈判的重要准备手段。

第 二 篇
迈向贸易大国与强国之路

第二章

第一章 对外贸易长期增长与出口产品结构的变化

第一节 1979—2017年中国货物贸易的增长与出口结构变化

1979—2001年,中国对外贸易的发展大体经历了三个发展阶段。第一阶段是从1979年到1989年,外贸体制改革刚进入外贸企业承包经营责任制,财政对企业的补贴尚未取消,外贸经营主体尚未确立真正的市场主体地位;外商投资企业的出口导向型特征刚刚具有雏形,从整体上看,中国出口贸易的比较优势尚未形成(见表1.1)。

表1.1　　　　1979—1989年中国对外贸易情况　　　单位:亿美元,%

年份	出口	进口	差额	外资企业出口	占比
1979	136.6	156.7	-20.1		
1980	181.2	195.5	-14.3	0.08	0.044
1981	220.1	220.2	-0.1	0.32	0.145
1982	223.2	192.9	30.0	0.53	0.237
1983	222.3	213.9	8.4	3.3	1.484
1984	261.4	274.1	-12.7	0.69	0.264
1985	273.5	422.5	-149	2.97	1.086
1986	309.4	429.0	-119.6	5.82	1.881
1987	394.4	432.2	-37.8	12.1	3.086

续表

年份	出口	进口	差额	外资企业出口	占比
1988	475.2	552.7	-77.5	24.61	5.179
1989	525.4	591.5	-66.0	49.14	9.353

资料来源：《海关统计》《中国统计年鉴》。

从表1.1可以看出，在这个阶段，对外贸易虽有很大增长，特别是1988年对外贸易总额迈上了千亿美元台阶，但外商投资企业的出口比重还很低，多数年份的贸易差额都出现逆差状况，只有两个年份有少量顺差，说明在这个阶段，中国出口贸易的比较优势尚未形成。

1990—1994年是第二阶段，在这个阶段，外贸企业第二轮的承包经营责任制已经完成，对外贸企业的财政补贴已基本取消，外贸企业已基本成为市场主体，人民币汇率改革进入新的阶段，外汇调剂市场已演进为全国的银行间外汇市场，原先的双重汇率已变为单一汇率。外商投资企业的出口导向特征已基本形成。

1994年中国的对外贸易总额迈进了2000亿美元大关（见表1.2）。更重要的是，通过外贸体制改革的深化和出口导向型外商投资企业的成长，中国出口贸易的比较优势已经形成，并能够连续创造贸易顺差。

表1.2　　　　　　　1990—1994年中国对外贸易情况　　　　　　单位：亿美元；%

年份	出口	进口	差额	外资企业出口	占比重
1990	620.9	533.5	87.5	78.13	12.6
1991	719.1	637.9	81.2	120.47	16.77
1991	849.4	805.9	43.5	173.6	20.44
1993	917.4	1039.6	-122.2	252.4	27.5
1994	1210.1	1156.1	53.9	347.13	28.7

资料来源：《海关统计》《中国统计年鉴》。

从表1.3可以看出，在这个阶段，劳动密集型产品已成为中国比较优势的产品，初级产品的出口比重大大降低了，从而实现了出口结构从资源型向轻型化、劳动密集化的转变。

表1.3　　　　　　　　　中国出口的比较优势形成情况　　　　　　单位:%

1978年					
	农产品	矿产品	劳动密集型	资本密集型	制造业
商品比重	36.1	17.1	31.1	15.2	46.3
世界市场份额	0.5	0.5	2.2	0.2	0.6
比较优势指数	2.00	0.70	2.94	0.32	0.8

1985年					
	农产品	矿产品	劳动密集型	资本密集型	制造业
商品比重	21.7	28.8	35.5	12.9	50.4
世界市场份额	2.3	1.9	5.2	0.4	1.2
比较优势指数	1.50	1.30	3.30	0.26	0.78

1990年					
	农产品	矿产品	劳动密集型	资本密集型	制造业
商品比重	12.4	9.4	50.8	26.8	80.1
世界市场份额	2.4	1.6	10.3	1.2	2.8
比较优势指数	0.93	0.61	4.02	0.47	1.08

1993年					
	农产品	矿产品	劳动密集型	资本密集型	制造业
商品比重	9.2	4.7	56.8	28.8	87.9
世界市场份额	3.0	1.6	17.4	2.1	4.8
比较优势指数	0.71	0.38	4.13	0.49	1.14

注：比较优势指数，即 Revealed Comparative Advantage，为中国出口商品比重与世界出口商品平均比重的比。

资料来源：宋立刚《贸易自由化与商品结构变化》，北京学术研讨会论文，1996年10月。

第三阶段是从1995年到2001年，在这个阶段中，中国外贸领域的市场化改革已基本告一段落，而且提出了恢复关税贸易总协定缔约方的申请。在出口贸易中，由于多元投资主体和经营主体的竞争，出口产品中新的比较优势得到积累和发展。

从20世纪90年代初期到21世纪初期，中国实现了以轻纺产品出口为主向机电产品出口为主的转变。1995年，中国机电产品的出口比重上升到29.5%，开始大幅度超过纺织品和服装的比重，首次成为中国出口的第一大类商品；到2000年，中国机电产品出口占出口总额的比重已达到42.2%。出口的机电产品主要是：收录音机及组合音响、自动数据处理设备及部件、钟表及零件、集装箱、电灯及照明装置等，这表明中国在低端机电产品中的比较优势已经形成并具有国际竞争力。1997年对外贸易总额跃上3000亿美元台阶，2000年再上4000亿美元、2001年跃上5000亿美元，7年间连续上三个台阶，与出口贸易产品中新的比较优势的形成有很大关系（见表1.4）。1995年，中国机电产品的出口比重上升到29.5%，开始大幅度超过纺织品和服装的比重，首次成为中国出口的第一大类商品。

表1.4　　　　　　　1995—2001年中国对外贸易情况　　　　单位：亿美元；%

	出口	进口	差额	外资企业出口	占比重
1995	1487.8	1320.8	167	468.76	31.51
1996	1510.5	1388.3	122.2	615.06	40.72
1997	1827.9	1423.7	404.2	749.0	41.0
1998	1837.1	1402.4	434.7	809.62	44.05
1999	1949.3	1657.0	292.3	886.28	45.47
2000	2492.0	2251.0	241.0	1194.44	47.93
2001	2661.0	2435.5	225.5	1332.35	50.05

资料来源：《海关统计》《中国统计年鉴》。

21世纪以来的头8年间，中国出口商品结构进一步高级化，正经历从普通机电产品出口为主日益向高新技术产品出口为导向的新变化（见图1.1）。从2000年到2008年，中国机电产品出口比重从42.2%提高到57.6%；高新技术产品出口比重从14.8%提高到29.1%。2009年，受国际金融危机影响，前5个月中国进出口贸易比上年同期下降24.7%，出口贸易同比下降21.8%，但出口商品结构基本没有变化，机电产品出口比重还提高到58.8%；高新技术产品出口比重仍然达到29.2%。说明中国出口商品结构改善的总趋势没有改变。

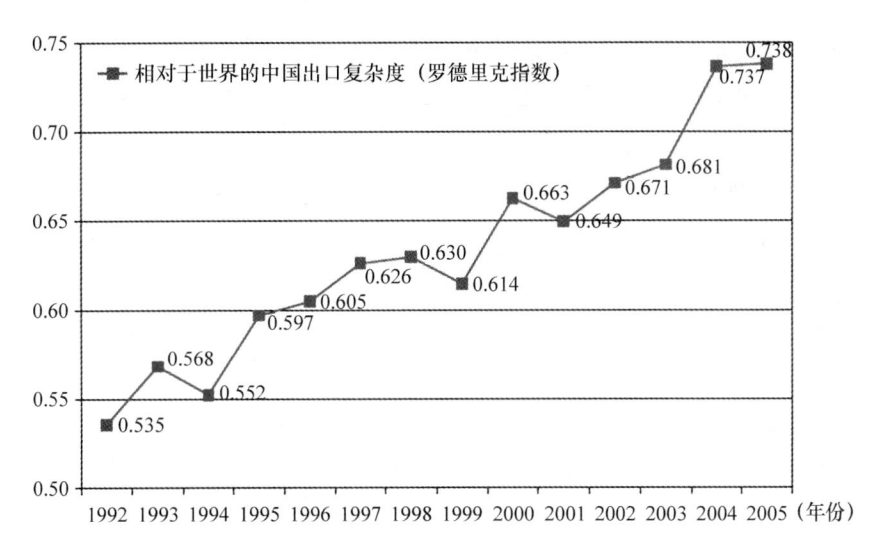

图 1.1 中国出口相对复杂指数（1992—2005）

资料来源：许斌《中国出口商品复杂度的度量》，讲座论文，《中欧国际工商学院简报》第 135 期，2007 年 5 月 22 日。

2009 年到 2012 年这四年间，中国遭受国际金融危机的冲击，外贸增长出现波动，但增长的势头仍然没有改变。2012 年中国进出口总值达到 3.87 万亿美元，对比 2008 年年均增长依然达到 12.4%；出口贸易达到 2.05 万亿美元，对比 2008 年年均增长达到 10.9%；进口贸易达到 1.82 万亿美元，对比 2008 年年均增长达到 14.2%。2013 年，中国货物进出口 4.16 万亿美元，增长 7.6%，一举成为世界第一货物贸易大国，也是首个货物贸易总额超过 4 万亿美元的国家，创造了世界贸易发展史的奇迹。其中，出口 2.21 万亿美元，增长 7.9%，占全球比重为 11.8%，比 2012 年提高 0.7 个百分点，连续五年居全球首位；进口 1.95 万亿美元，增长 7.3%，占全球比重为 10.3%，比上年提高 0.5 个百分点，连续 5 年居全球第二；贸易顺差 2597.5 亿美元，占 GDP 比重为 2.8%，仍然处于合理区间。中国外贸发展不仅有力促进了国内经济社会发展，也为全球贸易增长和经济复苏做出了积极贡献。

2014 年是中国货物进出口贸易额的最高年份，进出口总值达 26.43 万亿元人民币，同比增长 2.3%，其中出口 14.39 万亿元，增长 4.9%，进口12.04万亿元，下降0.6%，贸易顺差2.35万亿元，扩大45.9%。按美元计，2014年中国进出口总值4.30万亿美元，同比增长3.4%，其中出口2.34万亿美元，同比增长6.1%，进口1.96万亿美元，同比增长0.4%。贸易顺差3824.6亿美元，同比扩大47.3%。剔除2013年套利贸易垫高基数因素，全国进出口同比实际增长6.1%，出口增长8.7%，进口增长3.3%。2014年全年进出口运行情况主要有以下特点。

第一，第一货物贸易大国地位巩固。从全球范围看，2014年全球贸易预计仅增长2%左右。美国进出口增长3%，欧盟和日本分别下降0.5%和2.5%。而中国外贸增速明显高于全球的平均增速，第一货物贸易大国地位进一步巩固。全年中国出口占全球份额达12.2%左右，较2013年提高0.5个百分点。

第二，外贸对经济增长贡献突出。在国内经济下行压力加大的情况下，外贸对经济增长起到了重要的支撑作用。按支出法核算，2014年，货物和服务净出口对国内生产总值增长的贡献率达10.2%，全年贡献率在10.5%左右，创2008年以来最高水平。

第三，一般贸易占比持续上升。全年一般贸易进出口2.31万亿美元，增长5.3%，占全国进出口总额的53.8%，较2013年提高1个百分点，比重连续两年提高。加工贸易进出口1.41万亿美元，增长3.8%，增速较2013年加快2.7个百分点。

第四，贸易伙伴更趋多元。开拓新兴市场取得新成效，全年中国与发展中国家进出口比重较2013年提高0.4个百分点。其中，对东盟、印度、俄罗斯、非洲、中东欧国家等进出口增速均快于整体增速。实施自贸区战略效果明显，不含中国港澳台地区的其他17个自贸伙伴在中国出口总额的占比较2013年上升0.6个百分点。对发达国家市场保持稳定增长，全年对欧盟和美国进出口分别增长9.9%和6.6%。

第五，商品结构继续优化。工业制成品占出口总额的95.2%，较2013年提高0.1个百分点，占比连续三年提高。装备制造业成为出口的重要增长点，铁路机车、通信设备出口增速均超过10%。七大类劳动密集型产品出口4851亿美元，增长5%。生物技术产品、航空航天技术产品、计算机集成制造技术产品等高新技术产品进口增速均在15%以上。消费品进口 1524 亿美元，增长 15.3%，占进口总额的 7.8%，较 2013 年提高 1 个百分点。

第六，中西部地区对增量贡献首次过半。中西部地区进出口保持较快增长，其中，中部地区进出口 3127 亿美元，西部地区进出口 3344 亿美元，分别增长 10% 和 20.5%，中西部地区合计对整体进出口增量贡献 60.3%，贡献率首次超过东部。东部地区进出口 3.66 万亿美元，增长 1.6%，占全国进出口总额的 85%，较 2013 年下降 1.5 个百分点。

第七，贸易条件明显改善。在国内工业品和国际大宗商品价格普遍下跌的情况下，全年进口商品价格指数下降 3.3%，而出口商品价格指数仅下降 0.7%，贸易条件连续第三年改善。重要能源资源产品进口价格走低，节约了大量外汇支出，仅原油、铁矿砂、铜矿砂、铜材、橡胶、化肥、大豆和谷物 8 种商品就少支出约 485 亿美元。

第八，民营企业成为稳增长的主力军。全年有进出口实绩的民营企业占外贸企业总数的比重超过 70%，较 2013 年提高 1.6 个百分点。民营企业进出口 1.57 万亿美元，增长 5.3%，占全国进出口总额的 36.5%，较 2013 年提高 0.6 个百分点，对整体进出口增量贡献 55.9%。国有企业进出口 7475 亿美元，下降 0.2%，连续三年负增长。外资企业进出口 1.98 万亿美元，增长 3.4%。

2015 年全年进出口总额 245849 亿元，比上年下降 7.0%。其中，出口 141357 亿元，下降 1.8%；进口 104492 亿元，下降 13.2%。进出口相抵，顺差 36865 亿元。自 2009 年以来，中国成为全球第一大贸易出口国，随后又在 2013 年首次超越美国，跃居世界第一大货物贸易国。但在持续三年世界第一之后，2016 年全年中国的进出口贸易额被美国反超。根据世贸组织（WTO）公布的数据，2016 年美国的货物贸易总额超过中国，重新跃居全球首位。中国时隔 4 年将首位宝座拱手相让。全球的贸易量在 2016 年同比增长 1.3%，创下了 2009 年以来的最低。WTO 计算的全球实际经济增长率为 2.3%，贸易增长率时隔 15 年低于经济增长率。WTO 对全球范围蔓延的保护主义敲响了警钟。2016 年美国的货物贸易总额达到 3.70 万亿美元，中国为 3.68 万亿美元。美国的进出口额均同比减少 3%。中国的出口额同比减少 8%，进口额减少 5%，进出口额的减幅都大于美国,中国2016年未能保住2013年赶超美国后夺得的全球贸易额首位宝座(见表1.5)。

表1.5　　2015年及2016年全球前五贸易大国贸易总额排行榜　　单位:万亿美元

	2015年			2016年	
1	中国	3.95	1	美国	3.70
2	美国	3.81	2	中国	3.68
3	德国	2.37	3	德国	2.39
4	日本	1.27	4	日本	1.25
5	英国	1.08	5	法国	1.07

资料来源:世界贸易组织。

中国货物贸易下滑的最主要原因是2016年新兴市场国家的经济明显减速等,需求变得低迷。不过,面向发达国家的出口额也均出现减少,中国作为出口基地的竞争力本身的降低也不容忽视。2017年,中国货物贸易进出口总值27.79万亿元人民币,比2016年增长14.2%,扭转了此前连续两年下降的局面。其中,出口15.33万亿元,增长10.8%;进口12.46万亿元,增长18.7%;贸易顺差2.87万亿元,收窄14.2%。货物进出口贸易实现两位数恢复性增长。数据显示,2017年进出口值逐季提升,分别为6.17万亿元、6.91万亿元、7.17万亿元和7.54万亿元,分别增长21.3%、17.2%、11.9%和8.6%。

第二节　加工贸易对货物进出口贸易的贡献与转型

20世纪80年代以来,全球生产和贸易获得飞速发展,国际分工与贸易的内涵发生了显著变化,其中最重要的变化就是越来越多的国家和地区通过垂直型的分工链,利用本国在生产要素禀赋和生产技术上的比较优势专门从事某种产品某一工序的生产,从而形成了相互联系、相互影响的全球垂直专业化分工体系。许多有影响的西方学者认为,近30年世界贸易增长的70%来源于这种垂直专业化分工的蓬勃发展。在这个发展机遇中,中国成功地利用了加工贸易方式,使本国的加工能力和比较优势进入了全球专业分工的价值链,从而实现了对外贸易的快速发展。中国的加工贸易方式实际上就是全球专业分工与中国产业体系相联系的重要方式,它的发展不仅推动了对外贸易数量的增长,而且也促进了中国工业经济水平的提高和贸易增长方式的改变。

1981—2004 年,中国加工贸易年均增速高出对外贸易约 13 个百分点,加工贸易出口占全国总出口的比重由 5% 提升到 55%。

表 1.6 可以看出,在 20 世纪 90 年代中期,加工贸易方式在中国进出口贸易中就已经占据重要地位,此后加工贸易比重不断上升,2008 年和 2009 年受国际金融危机影响,进出口增长速度和比重都有所下降,但加工贸易出口比重仍然达到 47.3%,受影响更大的是加工贸易进口,可见,矿物类资源产品进口的下降主要在加工贸易领域表现得较为突出。在抵御国际金融危机冲击中,加工贸易方式仍然在对外贸易中继续发挥重要作用。但随着中国各类外贸企业竞争力的增强和与国际市场联系更加紧密,其他贸易方式也更加活跃,加工贸易比重在中国对外贸易总体格局中已经呈现下降趋势。

表 1.6　　　　加工贸易在中国对外贸易中的比重的变化　　单位:亿美元,%

	1995	2000	2005	2008	2012
占进出口总额比重	47.0	48.5	48.6	41.3	34.8
加工贸易进出口总额	1320.8	2302	6905	10536	13439.5
加工贸易出口额	737.0	1376	4165	6752	8627.8
占出口总额比重	49.5	55.2	54.7	47.3	42.1
加工贸易进口额	583.7	926	2740	3784	4811.7
占进口总额比重	44.2	41.1	41.5	33.4	26.5

资料来源:《海关统计》。

到"十二五"末期的 2015 年,加工贸易,特别是加工贸易出口,在中国货物进出口总值中的比重已经大幅度下降(见表 1.7),加工贸易进出口总额占全部进出口总额的比重下降为 31.4%;相反,一般贸易比重上升为54.2%。而且，此时，民营企业在进出口贸易中的比重不断上升，说明民营企业在外贸领域的发展也并不主要依靠加工贸易的增长。到2017年，一般贸易在进出口总额中的占比已经达到56.4%，而加工贸易占比则继续下降到29.2%。

表1.7　　　　　2015年中国进出口贸易方式和企业性质情况　　　单位：亿美元，%

项目		出口			进口		
		金额	同比增长	占比	金额	同比增长	占比
总值		22735.3	-2.9	100	16800.3	-14.1	100
贸易方式	一般贸易	12157.0	1.0	53.4	9231.9	-16.8	54.9
	加工贸易	7977.9	-9.8	35.1	4470.0	-14.7	26.6
	其他贸易	2614.6	2.6	11.5	3117.6	-4.5	18.5
企业性质	民营企业	10278.3	1.6	45.2	4442.2	-20.5	6.4
	国有企业	2432.9	-5.5	10.7	4078.4	-16.9	24.2
	外商投资企业	10047.3	-6.5	44.2	8298.9	-8.7	49.3

资料来源：《海关统计》。

从实践上看，中国的加工贸易，即便是沿海发达地区，仍然主要处在OEM的发展形态上，甚至是比OEM更原始的形态。典型意义的OEM，虽然加工方要根据委托方的设计和其他商业要求进行"贴牌"生产，但原料和中间品的采购完全是由加工方自由决定和市场化交易的。而中国的加工贸易是从来料加工装配起步的，即生产原料和中间品也是委托方提供的，国内没有生产配套条件，为了促进来料加工，因此采取了海关对该生产原料进口的免税优惠政策。随着国内生产配套条件的逐步提高，加工贸易逐步从来料加工单一形式演化为来料加工与进料加工两种形式，后者虽然也享受海关免税优惠，但它的意义在于加工方进口原料是付费的，这就意味着加工方对原料采购有了较大的商业选择机会，从而就为国内配套生产提供了需求和拉动。

目前中国加工贸易的转型升级还属于完善OEM形态，但却是富有成效的。它首先是从进料加工方式在整个加工贸易中比重的上升和来料加工贸易方式比重的下降起步的,这是一个巨大的进步。

根据海关统计,中国加工贸易发展早期是以来料加工为主,直到1989年进料加工进出口额首次超过来料加工贸易额,达53.1%。此后进料加工一直是加工贸易的主要形式。到2004年,已是来料加工贸易总额的3.5倍。从2004年到2008年4年间,来料加工在整个加工贸易中的比重从22.2%下降到19%,下降了3.2个百分点,2007年和2008年进料加工进出口额的比重都达到80%左右。

其次,它表现为加工贸易,特别是进料加工对国内产业配套能力的带动和促进。从2004年到2007年3年间,来料加工贸易的国内增值率从28%提高到30%,2008年受国际金融危机影响,来料加工出口下降,其国内增值率降为22.6%,但2012年又上升为39.6%,说明来料加工贸易的生产附加值或国内配套生产有较大提高。更有意义的是,2004—2008年进料加工贸易的国内深加工结转率提高,其国内深加工产值达到加工贸易进出口额的20%以上,平均结转2—3道左右。进料加工贸易的国内增值率从54%提高到95.9%,到2012年,进料加工的国内增值率仍然维持在92.6%。这个数据的经济含义可以解释为,2008年或2012年与2004年相比,进料加工贸易对国内产业的带动作用大大增强。据有关专家研究,1993年中国进料加工方式加工贸易的国内配套值为41.6亿美元,2004年国内配套值已达到776.89亿美元。1993年来料加工方式加工贸易的国内配套值为25.1亿美元,2004年这一数字已提高到126.21亿美元。2005年全国深加工结转1392亿美元,增长24.2%,相当于加工贸易进出口的20%,平均结转2—3道左右。如按照当年价格与汇率估算,2004年进料加工贸易带动国内产业配套的产值约为3678亿元人民币,2008年超过万亿元人民币。

再次,它表现为加工贸易产业面的延伸、扩展以及产品结构的优化。中国加工贸易从服装、玩具、鞋类等劳动密集型行业开始发展,逐渐延伸进入家电、电气机械、电子通信设备、运输设备以及各种信息服务产品等行业领域。从产品结构来看,加工贸易出口产品逐步从劳动密集型产品为主向资本技术密集型产品为主转变。2006年,加工贸易机电产品、高新技术产品分别出口3913.2亿美元、2458.4亿美元,占加工贸易出口的比重分别为 76.7% 和 48.2%，分别比上年同期提高了 1.6 个、1.4 个百分点，占全国同类产品出口的 71% 和 87%。轻纺类产品仅占加工贸易出口的 13%，化工产品、矿产品占比不到 1%，生铁、铁合金、电解铝、皮革等产品的加工贸易出口大幅下降。这主要是 2006 年以来，有关部门按照国务院要求，采取了一系列措施，包括先后对 695 种"两高一资"产品取消出口退税或开征、提高出口关税；提高了加工贸易企业准入门槛，将环保、能耗、用工、设备水平等指标纳入审核范围，部分商品列入加工贸易禁止类目录；不批准外资进入炼钢炼铁、氧化铝等国家限制的高污染项目。

在国家政策引导下，加工贸易还不断向产业链中的上游制造环节、零部件配套环节以及自主研发环节延伸。特别是研发中心数量不断增加，截至 2007 年底，外商已在中国设立研发中心超过 750 家，跨国公司在华设立地区总部近 40 家。随着加工贸易在中国国内加工环节不断增多，国内的配套能力不断提高，产业链条不断延伸，在少数发达地区和少数先进企业中也出现了加工贸易的比较高级的形式，如 ODM 和 OLM 等其他形态，虽然这在中国加工贸易大潮中还寥若晨星；也有个别企业通过技术创新和长期积累，获得具有自主知识产权的品牌，因此具备了充当原始品牌制造商（OBM）并进行国际化生产的主要条件（但还不是全部条件）。这都表明，加工贸易必将随着自身的发展不断转型升级，从而推动中国外贸增长方式的进一步变化。

第二章 20世纪90年代以来国际贸易新特点

20世纪90年代以来，国际贸易发展呈现三个明显的特征。一是国际贸易继续快于生产的增长，若干新特点的趋势越来越明显。二是以结束乌拉圭回合谈判为标志，贸易自由化成为各国的主流贸易政策，但贸易保护主义不仅没有消失，反而增加了新的表现形式。三是以1995年1月世界贸易组织成立为标志，不仅多边的国际经济协调机制不断强化，而且区域自由贸易安排也备受青睐，新的区域自由贸易协定不断增加。深入研究当代国际贸易发展的这三大重要现象，对于认识与理解经济全球化的其他现象和发展趋势，进一步丰富中国对外开放政策的理论认识，是很有意义的（裴长洪，2005）。

第一节 当代国际贸易增长的内在动力与有利条件

1990—2003年，世界GDP按市场汇率计算的平均增长率为2.2%，按购买力平价计算为3.3%，而国际货物出口贸易的平均增长速度达到5.4%，服务出口贸易的平均增速为6.4%，国际贸易在世界总产出中的比重从1990年的20%上升到2003年的30%以上。[①] 虽然国际贸易的增长快于生产的增长是从第二次世界大战以后就已经明显表现出来的现象，但20世纪90年代以来，国际贸易的快速增长又有其新的内在动力和支持条件。

---

① WTO, World Trade Report, 2004, pp. 4, 11, 15.

20世纪90年代以来，以信息技术为核心的新科技革命是世界产业结构发生重大变革，从而也是世界经济和贸易出现新增长的最基本的动力。这个科技进步是一种技术—经济范式的革命，它不仅带来一系列新产品、新产业，而且不断改变着生产的分工结构和管理模式，进而改变了整个经济体系赖以运行的基础。因此，它不是仅产生新产品和新工艺的技术进步，而是具有划分经济史的时代特征的科技变化。西方学者把工业革命以来的经济史划分为5个技术—经济时代（见表2.1）。

表2.1　　　　　　工业革命以来的5个技术—经济时代及特征

早期工业时代：18世纪70、80年代—19世纪30、40年代
主要行业：纺织、纺织化学、纺织机器、铸铁、水力陶 基础设施：运河、公路
企业组织：私人小企业、合伙企业制度开始出现 全球主要经济体：英国、法国、比利时
蒸汽机和铁路时代：19世纪30、40年代—19世纪80、90年代
企业组织：上千人大企业出现，有限责任和股份公司出现 全球主要经济体：英国、法国、比利时、德国、美国
电气和重型机器时代：19世纪80、90年代—20世纪30、40年代
主要行业：电气工程、电气机械、电缆、重型工程/武器、钢造船舶、重化工业、合成染料 基础设施：电力供应和分配
企业组织：巨型企业、卡特尔、托拉斯、垄断和寡头垄断成为主流，对自然垄断行业和公用事业实行国有制 全球主要经济体：德国、美国、英国、法国、比利时、荷兰、瑞士
福特主义的大规模生产时代：20世纪30、40年代—20世纪80、90年代
主要行业：汽车、卡车、拖拉机、坦克、飞机、消费类耐用品、合成材料、石化 基础设施：高速公路、机场
企业组织：以外国直接投资为主的跨国公司，实行垂直一体化管理 全球主要经济体：美国、德国、欧洲共同体成员国、日本、瑞士、瑞典、欧洲自由贸易同盟成员国、加拿大、澳大利亚
信息和通信时代：20世纪80、90年代至今
主要行业：计算机、软件、电子、光纤、机器人、信息服务 基础设施：数字网络、卫星
企业组织：大小企业共同发展，实行温特尔主义灵活管理方式 全球主要经济体：美国、日本、德国、欧洲其他发达国家、中国台湾、韩国、加拿大、澳大利亚

资料来源：Peter Dicken, *Global Shift, Transforming the World Economy*, 3rd edition, Paul Chapman Publishing LTD., 1998.

分工是交换的基础，经济史上每一次新的分工出现都促进了生产的发展和交换的扩大，而新的分工又总是建立在科学技术进步的基础上。以电子计算机和互联网为代表的信息通信技术使人类的生产分工再一次发生重大变化，同时也使生产的组织形式和企业的管理模式发生变革，这一切都创造了交换的供给与需求的内在动力。

一 创造了新的产业间分工

在信息通信技术基础上，新技术的拥有者创造了一系列新产品，建立了许多新企业，并迅速形成新产业。20世纪90年代美国在制造业领域重新取得优势地位，与移动通信和半导体、信息存储与处理、个人电脑与操作系统以及互联网技术运用等信息产业在美国率先发展是紧密相连的。新兴的信息产业迅速成为高技术产业的重要组成部分，形成与旧有产业的不同分工，并很快进入全球的生产与交换。

二 深化了产业内的分工结构

20世纪90年代以前，发达国家间以产品差异化和规模经济为基础的产业内水平型分工，曾是其鼓吹"战略贸易"安排的依据，最典型的是不同类型汽车产品的生产分工与交换。而在发达国家与发展中国家之间则是以不同生产要素的比较成本为依据，按照同一产业的不同工程阶段建立产业内的垂直型分工，也形成另一形式的贸易与投资关系。最典型的是化学纤维行业：从石油冶炼到化学中间体生产，再到化学纤维，最后到纺织的工业生产流程的分工结构。90年代以后，产业内分工又有了新发展，产业内的工程分工发展为企业内的活动分工。原来在一个企业内部进行的一系列活动环节，现在都可在国际范围内分工安排。电子计算机和互联网的运用，不仅增强了生产工艺的可分性，而且增强了生产者活动的专业性，使生产工程以外的产品设计、研制开发、质量控制、原料采购、成品推销等活动都可在全球范围内实行专业分工和组织协调；不仅扩展了生产国际化的空间范围，而且极大提高了生产的组织化程度和专业化水平。这种分工模式导致了企业内部制造环节与技术、服务环节的分离，不仅促进了中间产品的交换，而且创造了服务交换的增长空间。90年代以来这种分工的新变化，是服务贸易发展的深厚基础。由此相伴随的另一重要变化是，研究与技术开发活动本身的专业化。随着电子计算机与互联网的运用，使信息、知识和技术的传播速度更迅捷，促进了技术要素的跨国转移。20世纪90年代中期以来，企业的研发活动大量跨国界流动，越来越多环节的技术活动从本企业分离出去，纳入企业间国际技术合作和创新网络。这使技术分工与合作的重要性日益增强。1992—2001年仅10年间，发达国家高度依赖外部技术合作的企业比重，从平均不到20%迅速上升到80%以上。[①]与此同时，研发与设计活动从制造企业中分离，分工更专业化，出现了研发设计企业，即第三方技术供给。这种分工，推动了全球竞争性技术市场的形成。这对发展中国家意味着，不仅有可能改变引进技术的苛刻条件，也有可能实现某一领域生产的技术跨越。

国际分工的不断分化和细化，中间产品和服务产品的交换不断增加，交换价值也不断叠加，这是90年代以来货物贸易和服务贸易增长均快于生产增长的基本原因，同时也表明各国的生产和经济活动越来越多地面对世界市场。

三 促进了跨国公司管理模式与经营战略的调整

据联合国贸发会议统计，2003年全球跨国公司已达6.1万家，其海外分支机构已达90万家。2003年全球FDI存量超过8.2万亿美元。跨国公司创造的增加值约3.7万亿美元，总销售额17.6万亿美元。相比之下，世界出口额为9.2万亿美元。2003年外国分支机构的产值占全球GDP的10%，而1990年只有7%，其出口占世界出口的1/3。[②] 跨国公司在全球生产、技术、营销网络中的支配地位，使之成为国际分工、国际化生产和全球资源配置的主要微观载体。而新技术革命对经济的影响，很大程度上又是通过跨国公司这一重要载体实现的。

20世纪90年代以后，信息通信技术的迅速发展和个人电脑行业的兴

[①] Kimzey, B. Charles H. and Sam, Kurokawa, "Technology out Sourcing in the U. S. and Japan", *Research Technology Management*, July-August, 2002.

[②] UNCTAD, World Investment Report, 2004, p. 9.

起,直接对国际贸易和国际分工中传统的产品生命周期理论提出了挑战。该理论假设,某种产品的生产转移、价格竞争和海外市场的出现,都需要经历从创新产品到成熟产品再到标准化产品的各个时滞。但信息技术产业的崛起,几乎完全否定了该假设。由于信息技术产品创新周期的缩短,价格竞争在产品所有价值节点都提前出现,生产转移和海外市场也几乎同步出现。创新产品的不断涌现,对大规模生产也提出了新要求,出现了集聚效应(economy of cluster)的生产模式。这种生产模式不要求单个企业的大型化,只要求分工的细化和生产的专业化,而规模经济则依靠各类专业分工的大小企业(更多的是小企业)在特定地区的集聚来获得,通过创新与集群的结合来实现规模经济。一种创新产品就可能形成一个新的产业集群。它改变了在成熟产品和标准化产品概念下实现规模经济的生产结构和分工形式,也改变了企业内部的管理模式,人们把这种现象称为温特尔(Wintel)主义,它取代了福特主义。[1]

温特尔主义的延伸,实际上就成为新的跨国生产理念。美国的跨国公司率先把资源集中到自己最有优势的分工领域或价值链环节,如开发新产品、制定产品和市场的新标准、控制销售渠道、维护品牌、建立服务市场;而把需要大量投入、折旧加快、风险增大的生产领域分离出去,于是跨国的分包、代工等模式迅速发展。一些美国的电脑公司开始只是大规模在全球采购零部件,后来干脆采购已经组装好的电脑产品并配送到全球各地市场。由于控制了销售渠道和市场标准,美国跨国公司的品牌依然大行其道。

这种新型的跨国生产体系沿着两条路线发展:一条是依靠母公司的直接投资和公司内贸易形成母子企业的价值链;另一条是通过非股权安排的企业间交易网络形成由核心企业主导的供应链体系。在这个网络中,有许多非股权投资的分包商、供应商、分销渠道和策略联盟企业加入,这使产

---

[1] 福特主义与温特尔主义实际上是两种不同类型的技术——分工范式。福特主义(包括后来改良的丰田主义)的技术基础是建立在主要技术系统的封闭性与不可兼容性上,并由此形成产品差异化。它所追求的规模经济是在一种垂直型的分工结构中实现。参见 Michael Borrus and John Zysman, "Wintelism and the Changing Terms of Global Competition—Prototype of Future?", BRIE Working Paper 96, February 1997。

品价值创造工程在很大程度上是在"链主"企业之外完成，甚至产品的整个生产经营过程都可以外包，而"链主"只是虚拟企业。但由于"链主"控制销售渠道和市场标准，也就牢牢控制了产品的价值实现。向这两种新型的跨国生产体系、特别是后一种体系靠拢，是20世纪90年代以后全球跨国公司调整自身管理模式和经营战略的主要动向。

跨国公司沿着新型的跨国经营路线的调整，大大拓展了国际交换形式。首先，跨国公司在其国际生产体系中不仅有直接管理监督的母子公司联系和公司内贸易，而且还通过特许、许可、转包、共同技术标准与合约制造等商业关系与各种形式上独立的厂商和中介机构建立了生产与贸易关系。其次，跨国公司在许多工业制成品生产中按照产品价值链组织国际化生产，尽量使链条上的众多企业的经营职能分化成越来越专业化的活动，使每个企业都越来越依赖整个价值链，也就是依赖只掌握该链条核心环节的跨国公司，形成跨国公司的供应链体系。跨国公司只需要用最必要的小额资本便可以控制整个供应链。再次，跨国公司日益寻求在全球范围内重新整合资源，尤其重视企业之间的研发与技术联盟的建立，重视对东道国创新资源的控制，为其改变国际化生产布局以适应市场变化，或适应发展中国家比较优势的动态变化提供新的机遇，从而导致新的贸易投资关系的建立。伴随跨国公司国际化生产的各种重组活动，加速了直接投资和产业转移，制造业外包和加工贸易成为国际化生产和国际贸易的普遍现象并日趋重要。

此外，20世纪90年代以来国际贸易赖以发展的基础设施条件也发生了有利的变化。

第一，交通运输和总物流效率提高，成本下降。在国际贸易中，高的直接运输成本对贸易的阻碍与关税相似。据估算，运输成本增加10%，会减少20%以上的贸易量。[①] 在第二次世界大战后的一段时期内，运输成本的降低给世界带来了平均8%的贸易增长[②]，运输的发展是降低成本的重

---

① Umao, N. and Venables, "A. Infrastructure, Geographical Disadvantage, Transport Costsand Trade", *World Bank Economic Review*, Vol. 15, 2001, pp. 451–474.

② Baier, S. L, and Bergstrand, J. H., *The Growth of World Trade*.

要途径。汉美尔斯估算了1950—1998年快速运输（空运和更快的远洋船舶）发展的作用相当于把关税从20%降到5.5%，而且较好的海、陆和空运输基础设施以及港口质量对贸易增长都有影响。[①]

伴随海运的发展，成本也在下降（见表2.2）。2002年世界海运贸易货物总量达59亿吨，比上年增长了0.8%。2002年，发展中国家以海运方式出口的比重占出口的49.4%[②]；同年，发达国家的这个比重是40.4%。对许多国家来说，海运是最重要的贸易运输方式。资料表明，即使在21世纪初，海运费用仍在下降。

表2.2　　　　　　　　三条主要班轮贸易路线的海运费用变化

单位：美元/每标准箱；%

		2000年	2002年	变化率
跨太平洋	美国—亚洲	852	768	-9.9
	亚洲—美国	2013	1502	-25.4
欧亚	欧洲—亚洲	741	663	-10.5
	亚洲—欧洲	1620	1172	-27.7
跨大西洋	美国—欧洲	967	832	-14.0
	欧洲—美国	1204	1182	-1.8

注：数据为6个主要班轮公司的平均值。年度数据是每个季度数据的平均值。TEU表示以长20英尺的集装箱为标准。

资料来源：联合国贸发会议：《海上运输总结》（2002，2003）。

汉美尔斯的研究还指出，尽管陆路运输费用高，但它相对于海运的市场份额在增加，其费用相对于远洋运输的下降更明显。由于贸易及时性的重要意义随着市场竞争的加剧而不断加强，还刺激了航空运输的增长。美国进口中空运的比重从1965年的7%增长到2001年的23%（按货物价值计）。以吨/英里计算，空运货物在1970—1996年期间以10%的年平均增长率增长，而同期远洋运输平均增长率为2.6%。甚至在发展中国家，航

---

① Hummels, D., *Time as a Trade Barrier*, Purdue University, mimeo, 2000.
② WTO, World Trade Report, 2004, p. 114.

空运输也占出口总价值的30%。一个国家每平方公里混凝土飞机场的数量扩大1倍，就会刺激进口增长14%。与拥有2倍机场数的出口国进行贸易，能再增加15%的双边贸易。同时，高质量的陆路基础设施对贸易也有促进作用。[1]

总的物流成本（包装、储存、运输、存货、行政和管理）在OECD国家中平均为产品总成本的20%。运输常常占总物流成本的1/4，储存占1/5，存货占1/6。[2] 混合运输和通信联系对提高运输网络的效率是很重要的。集装箱技术的推广运用，使码头、仓库的装卸起运速度大大加快，吞吐量进一步增大，提高了海洋运输和航空运输的效率。港口和运输各环节的服务自由化是20世纪90年代以来贸易自由化的重要部分，它对提高物流效率也有重要意义。芬克的研究认为，港口服务自由化能平均降价9%，实行价格竞争能降价25%。[3] 航空服务的自由化使欧洲和美国的航空运输成本也有了明显的下降。

第二，新式通信技术的普及进一步改善了贸易的手段。90年代以来电子计算机和互联网技术的运用，国际贸易信息的电子化、数字化，把国际交易中的各个参与主体——厂商、海关、商品检验、税务、金融部门都同时联系在一起，克服了电报电话技术的缺陷，实现了全球全天候的业务运转，大大缩短了交易周转时间。在80年代初期，中国外贸部门平均完成一笔从讯价报盘到离岸交割一整套完整的贸易业务流程需要1年以上时间，现在最短的只需要72小时。

90年代中后期以来，电子商务在国际贸易业务中的采用，更对传统国际商务活动带来重大变革，除了减轻对实物基础设施的依赖，电子商务进一步降低了交易成本。电子商务被广泛地认为是世界范围内商业的主要手段。[4] 互联网不仅提供了大量信息来源，如广告、营销和搜索渠道，而且

---

[1] WTO, World Trade Report, 2004, p. 116.

[2] Ibid., p. 118.

[3] Fink, C., Mattoo, A. and Neaugu, I., "Trade in International Maritime Service: How Much does Policy Matter?", *World Bank Economic Review*, Vol. 16, No. 1, 2002, pp. 81–108.

[4] The WTO Work Program "*Electronic Commerce*" 对电子商务的定义为："用电子手段来生产、分配、营销、销售或者送货。"（WT/L/274, adopted 25 September 1998）

在某些区域和产业中,特别是服务业,直接成为国际贸易的平台。服务业中的跨境贸易主要靠电信服务这个渠道来完成。据美国波士顿管理咨询公司的研究报告,电子商务能使所有的商务成本平均下降12%,电子、运输等行业的成本甚至可以下降20%。联合国贸发会议预测,2002—2006年,全球电子商务规模将以年均53.8%的速度增长,大大快于国际贸易的增长速度。①

第三,金融自由化促进了跨国金融服务的发展。金融服务在产品所有权跨境转移过程中以及在国际贸易风险的套期保值中起着很关键的作用。金融服务因此是国际贸易事务中的一部分,其服务价格和质量是贸易双方交易成本的重要组成部分。无论在发达国家还是在发展中国家,金融的开放和国际贸易的开放都有着高度相关性。②托内尔等人甚至认为贸易自由化通常走在金融自由化前面。③理由是贸易和贸易融资之间,以及贸易和贸易风险的套期保值之间存在互补性,而信贷支持无疑是国际贸易发展的重要条件。

西方发达国家的金融自由化始于20世纪70年代,多数发展中国家从20世纪80年代中后期开始金融自由化改革。到1996年,发达国家金融自由化已基本完成,发展中国家也取得惊人进展。金融自由化的直接成果是跨国银行数目及其分支机构的大量增加(见表2.3),20世纪90年代中后期趋于稳定,并主要以电子网络技术提升业务水平。

表2.3　　　　20世纪90年代中后期跨国银行分支机构分布　　　　单位:个

	本国(地区)银行			外国银行		统计时间
	数量	国(区)内分行	海外分行	数量	当地分行	
印度	51	47018		23	146	1995年3月

---

① 联合国贸发会议:《电子商务与发展报告》,2002年。
② 国际货币基金组织把金融开放(financial openness)定义为外国直接投资和证券投资的外部资产和负债综合占GDP的比重。
③ Tomell A., Westermann, F. and Martinez, L., "The Positive Link Between Financial Liberalization, Growth and Crises", Working Paper No. 10293, Cambridge, MA: National Bureau of Economic Research (NBER), February 2004.

续表

	本国（地区）银行			外国银行		统计时间
	数量	国（区）内分行	海外分行	数量	当地分行	
日本	150	16558	422	88	143	1994年3月
马来西亚	25	1139	47	14	144	1994年12月
新西兰	2	260		13	—	1994年12月
新加坡	12	323	92	36	—	1995年3月
韩国	33	5871	190	—	72	1994年12月
中国台湾	42	1577	73	37	57	1994年12月
泰国	15	2784	58	14	14	1995年8月
澳大利亚	16	—	—	29	—	1995年9月
德国					约300	1997年1月
英国					约600	1997年1月
法国					约200	1997年1月
美国					619	1996年12月

资料来源：ASOCIO调查（1996年），日本金融情报系统白皮书及有关资料。

根据国际清算银行1998年8月统计，1997年跨国银行贷款总额为11905亿美元，净额为4700亿美元。截至1998年4月，跨国银行提供的贷款总余额达102468亿美元，贷款的净余额也有52700亿美元。可见，若无跨国银行的扩张，跨国公司的业务发展不可能有如此规模的进展。1999年1月1日，欧元如期问世标志着欧洲统一金融市场的形成，欧元国之间的金融一体化大大促进了欧盟内部统一大市场的完善，促进了欧洲区域内贸易的发展。2000年3月，美国正式推出《金融服务现代化法案》，允许银行持股公司参与更广泛的金融业务活动。这既有利于产生多种业务交叉的超级金融集团，也有利于某种金融产品的专业化经营。由此出现的大型"金融超市"，为客户提供"一站式"购买服务。国际金融交易的便利化大大提高了国际贸易的效率。

第四，商务服务的兴起，增加了贸易便利化。商务服务由广泛的服务组成，包括计算和数据处理、专业服务、营销服务、技术服务、租赁、劳动力招聘和操作服务。几乎每个功能都有分工并有专门的公司以商务服务的方式来提供。因此，制造和服务公司选择从外部购买或把服务外包的现象不断增多。不断增长的外包业务又有助于商务服务部门的多样化，随时都有新的服务产生。在OECD国家中，大约从20世纪80年代开始，商务服务的就业和增值都是增长最快的部门。2000年，欧盟的商务服务对其GDP的贡献和制造业几乎一样，而2001年美国商务服务对其GDP的贡献比制造业还大。[1]

商务服务主要为其他行业提供知识密集型投入，是技术扩散的重要渠道，也是其他行业生产率提高的源泉。近些年发达国家用一项指标来衡量商务服务的重要性，指标内容是商务服务在制造业总中介服务需求中的比例。荷兰的这个指标从1972年的5%增长到1998年的20%，英国从1968年的3%增长到1997年的14%。[2] 商务服务不仅推动其他部门的贸易，而且自身也是一个活跃的贸易部门。一批以印度为首的发展中国家已经成为商务服务的重要出口商，仅印度一国就包揽了全世界80%的国际IT商务流程外包。[3] 商务服务不仅为国内生产商和国外其他行业顾客之间建立联系，刺激其他部门的出口，而且出口市场的进入壁垒比许多其他服务部门低。因此，其贸易可以对贸易自由化做出灵活反应，这也是商务服务蓬勃发展的重要因素。

第二节　国际贸易发展趋势中的新现象

20世纪90年代以来，随着国际分工的深化、细化，跨国公司自身管理模式、全球战略的调整，以及金融资本在国际贸易领域影响力的不断增强，国际贸易结构、贸易方式、贸易区域结构以及金融对国际贸易的影响都发生了深刻变化，出现了与以往不同的新特点。

一　国际贸易结构趋向高级化，技术贸易与服务贸易发展方兴未艾

在各生产部门中，信息通信技术类产品的物理可分性强，其中间产品

---

[1] WTO, World Trade Report 2004, p. 142.
[2] Ibid., p. 146.
[3] Ibid., p. 147.

的空间输送成本很低,既适合以非股权联系安排国际化生产,也适合按价值链定位进行国际分工。而且,其市场需求增长不断扩及越来越多的发展中国家,跨国公司需要不断重组全球生产,扩大覆盖范围。因此它在国际贸易中的增长最为迅速。据统计,1985—2000年,全球出口增长最快的前10种产品中有9种都是信息通信技术类产品。2000年,这9种产品在全球货物出口中的比重已占到12.4%。①

为了应对全球市场竞争,跨国公司不断调整资源配置和公司经营战略,按照成本和收益原则不断剥离非核心的后勤与生产服务业务,增强了服务产品的可贸易性,服务贸易增长异军突起,服务产品的生产也成为国际投资的重要领域。1980—2003年,国际服务贸易增长速度总体上快于货物贸易增长速度,同期服务贸易规模从3643亿美元增加到17626亿美元,增长了3.8倍。其占国际贸易比重已超过19%。② 在行业结构上,服务贸易日益向金融、保险、电信、信息、咨询等新兴服务业延伸,传统的运输业、旅游业所占份额趋向下降。另据联合国专家估算,1990—2002年,全世界制造业的直接投资流入存量增长了2.03倍,其中发达国家和发展中国家分别增长1.46倍和3.81倍;而同期全世界服务业的直接投资流入存量增长了3.60倍,其中发达国家和发展中国家分别增长2.99倍和5.74倍。③ 这种流量结构变化表明服务业成为吸引外资的主要领域。2004年联合国贸发会议的《世界投资报告》以"转向服务业"为副标题,提示了当前国际直接投资的最新动向。凭借对服务产品生产中核心技术的垄断以及服务分工的发展,跨国公司不断以"代工"或离岸业务形式发展服务外包,使之成为贸易发展的新趋势。现在和将来,加工贸易不仅仅是货物贸易方式,也成为服务贸易的重要方式。

---

① 联合国贸发会议:《世界投资报告2002》,中译本。
② WTO, World Trade Report 2004, pp. 15 – 21 pp. 15 – 21; UNCTAD, World Investment Report 2004, p. 377.
③ 裴长洪:《论中国进入利用外资新阶段——"十一五"时期利用外资的战略思考》,《中国工业经济》2005年第1期。

二 产业内贸易出现若干新形式，公司内贸易和跨国公司供应链网络内部交易越来越重要

20世纪90年代以前的产业内贸易，主要是基于不同技术系统的产品差异化的交换，或者是由垂直型分工形成的各协作企业间的交换。90年代以后的产业内贸易，主要是基于同一技术系统的水平型分工交换，或者是市场标准创新引起的产品差异化交换。由于分工的细化，不仅制成品各生产环节中间产品可以分工，而且制造与其他活动也可以分离。从而使产业内贸易在业务开展中出现了以下新形式：OEM，是指品牌拥有者将生产制造业务外包给其他厂商的业务模式；OLM，是指品牌拥有者将生产制造、物流等环节外包给其他厂商的经营模式；ODM，是指品牌拥有者将生产制造和部分设计环节外包给其他厂商的业务模式；EMS，是指品牌拥有者将设计、制造和物流环节都外包给其他厂商的业务模式。

其分工和贸易关系如图2.1所示。

图2.1 4种分工与贸易关系

注：黑色填充部分为订货商（品牌拥有者）负责，白色填充部分为生产商负责。

上述订货商与生产商之间的贸易可以一对一发生，也可以一对多发生，其中EMS是分工最细的业务模式。它被运用的领域最多，在全球网络通信业务中占21%、电脑周边产品占16%、电脑占14%、移动通信占10%、消费品占10%、工业品占12%、医疗占5%、汽车占4%、其他占8%。2000年全球通过EMS贸易模式实现的交易额达到1410亿美元，预计到2005年将达到2030亿美元。国际上有五大EMS厂商位居全球IT 100强。①

---

① 朱晓明等：《MS—EMS—制造业服务业的新视点》，复旦大学出版社2003年版。

上述4种产业内贸易的新形式基本上都是由跨国公司主导的。跨国公司通过两种国际生产体系来安排这种新型的产业内贸易。一种是通过直接投资和股权安排，形成公司内部价值链分工体系和公司内贸易；另一种是通过非股权安排，形成公司与其他独立厂商的供应链体系，实现供应链网络内部的贸易。在技术要素日益占据重要地位的许多产业，后一种分工与贸易方式将日趋重要。

三　国际贸易的利益实现愈来愈受国际金融市场的影响[①]，跨国金融业务成为各国密切关注的风险领域

追求价值增值是资本主义市场经济的一个重要特征，虚拟经济在一定程度上可以脱离实体经济实现价值增值。在过去的20多年，金融全球化和跨国金融业务发展迅速，跨国银行贷款总额从1980年占经合组织GDP的7.4%，上升到1990年的29%，再上升到2002年的47%。间接资本（国际银行贷款、债券和股票）的跨国流动规模持续超过国际直接投资。即使在国际直接投资最高峰的2000年，国际间接资本流量也比它多出至少1000亿美元以上。1998年，当银行信贷受亚洲金融危机影响而大幅下降时，债券、票据和货币市场工具的发行却有大幅度增长。资本市场中比重最大的债券资本流动额在1987年底只有1.1万亿美元，到2002年已经增加到9.2万亿美元。[②]

信息技术不仅培育了电子商务形式，而且促进了金融创新，金融产品交易空前增长，虚拟经济不仅成为垄断资本扩大再生产的重要部门，而且也迅速国际化。世界各主要金融市场已经形成了时间上相互接续、价格上相互联动的交易网络，是最典型的电子商务形态，在几秒钟之内就能实现成千上万亿美元的交易。全球金融市场的交易规模达到惊人程度：1992年，全球的流动金融资产大约为32兆美元，是当时OECD成员国GDP的2倍；而到2001年，此数超过100兆美元，是OECD成员国GDP总和的3倍还多。其中，外汇市场最为活跃，是最具有流动性的市场，也是全天候

[①] 李扬等：《金融全球化研究》，上海远东出版社1999年版。
[②] 转引自江小涓等《全球化中的科技资源重组与中国产业技术竞争力提升》，第16—18页。

全球性市场，十多年来，国际外汇交易增长近10倍。由于实体部门间国际交换的价值实现离不开金融服务，而且，其实现程度又日益受到金融产品交换本身的市场变化规律的支配，其风险性和不确定性，不仅成为国际垄断资本巧取豪夺的重要领域，而且成为各国政府防范经济风险的重点（余永定，2002）。

四 区域内贸易不断发展，加深了世界贸易发展的不平衡

当今，国际贸易的一个突出现象是，区域内贸易成为国际贸易的重要形式。2000年区域内贸易已占世界贸易总额的43.2%，联合国贸发会议预测2005年将达到51.2%。2001年，世界上主要区域组织内部贸易占其全部国际贸易比重分别是：欧盟61.2%，北美自由贸易区54.8%，东盟22.4%，南方共同市场20.8%。[①] 区域内贸易的发展，其原因如下。

（1）区域性产业集聚的出现，促进了不同区域性分工和专业化生产，以及相互依存，形成区域内跨国公司供应链体系的内部交换。联合国专家的调查表明，技术水平越先进的工业部门，地理集中程度越高。在所选取的6个代表不同技术水平的工业中，生物技术工业的地理集中度最高，其后依次是半导体工业、电视与收音机工业、汽车工业，食品、饮料和纺织工业的地理集中度最低。即使在地理集中度最低的食品、饮料和纺织工业部门，跨国公司的生产布局也基本集中在全世界20个国家。[②]

（2）各国政府的区域贸易自由化政策，强化了区域内贸易的发展。世界贸易组织（WTO）成立后，区域内自由贸易安排趋势不仅没有弱化，反而如雨后春笋，蓬勃发展。

区域内贸易发展的结果是，促进了贸易集中度的提高，导致了世界贸易发展的更加不平衡。根据WTO数据，2003年世界货物进出口的50%以上为10个发达国家拥有，另有10个发展中国家和地区，其货物进出口已超过全球总额的1/5。[③]

---

① WTO, World Trade Report, 2003, p. 23.
② 联合国贸发会议：《世界投资报告2001》中文版，第83—85页。
③ 联合国贸发会议，2003年；WTO第373号新闻发布稿，2004年4月5日。

第三节 贸易自由化进程中各种矛盾现象的本质

国际贸易的迅速增长为贸易自由化趋势的加强提供了重要的物质基础,世界贸易组织的成立不是偶然的。关税贸易总协定在1986—1993年,启动了长达7年的乌拉圭回合谈判,世界各国终于达成了从关税措施到非关税措施、从货物贸易到服务贸易、从国际贸易到国际投资的规模空前的贸易自由化协议。按照这些协议,各国实行的非关税壁垒将逐步取消,而关税水平将不断降低。1995年1月1日,世界贸易组织成立,世界贸易自由化趋势更加明显(黄卫平,2000)。然而,从世界贸易组织成立10年的历史看,贸易自由化进程面临三个主要矛盾的挑战。

一　面临贸易保护主义的挑战

一些天真的人们曾以为,一旦世界贸易组织成立,贸易保护主义就将偃旗息鼓,日渐式微。哪知贸易保护主义不仅依然存在,而且愈演愈烈。

第一,滥用反倾销。所谓倾销是指通过不合理的低价来出口产品,对进口国相关产业造成损害的不正当竞争行为。因此反倾销是世贸组织规则允许的贸易救济措施。但不少国家滥用反倾销,即以反倾销之名行贸易保护之实。据WTO统计,从1995年到2004年上半年,WTO成员反倾销立案累计达2537起,其中最终采取反倾销措施的累计达1567起,相当多案件属于滥用反倾销。在诉诸世贸组织的贸易争端中,反倾销争端占20%,在已审结的争端中,被申诉的反倾销措施很多都被判定为滥用。[1]

第二,过度实行技术贸易壁垒。技术贸易壁垒是指以指定和实施技术标准来限制进口。技术贸易壁垒可分为两类:一类是中性的,即制定和实施的技术标准的目的主要是保护消费者是合理和非歧视性的;另一类的技术标准是过度的、歧视性的,即以保护消费者为名,对生产者实行了不公平竞争。但是,由于合理技术标准的边界难以界定,经常被过度实行。世

---

[1] WTO网站。转引自辛承越编著《经济全球化与中国商务发展》,人民出版社2005年版,第203—206页。

贸组织成立后受理的这类技术壁垒争端已达30多起。

第三，过当采用保障措施。保障措施是指因进口激增对进口国产业造成严重损害情况下，进口国采取的进口限制措施。保障措施也是世贸规则允许的贸易救济措施。但过当采用这种措施已经司空见惯。根据统计，1995—2004年10年间，世贸成员共发起保障措施调查157起，从1995年1月至2005年2月，世贸组织受理的保障措施申诉案达32起。

二 世界贸易组织自身面临的困难

10年来，WTO在推动成员间相互开放市场、促进全球贸易投资自由化、推动世界经济贸易发展方面发挥了重要作用。尽管WTO力图扮演贸易自由化的"守护神"角色，但在许多方面仍然力不从心，面临重重阻力和困难。其中最明显的例子就是新一轮多个领域的贸易谈判，即多哈回合谈判。该回合谈判一波三折，直到2004年8月1日才达成框架协议。这反映出WTO协调各成员利益矛盾的权威性、有效性都存在明显不足。未来WTO能否在审议各成员贸易政策、妥善处理各成员贸易争端方面发挥有效作用，仍需拭目以待。

三 区域经济合作与多边贸易体制形成既互补又矛盾的现象

WTO在协调全球贸易自由化进程中的困难和局限性，与区域经济合作，特别是达成双边自由贸易协定的高效率、低成本形成鲜明的对照，激发了各国参与区域经济合作的更大热情。这在一定程度上反映了各国对全球多边贸易体制心理预期的折扣，尽管在口头上都宣称区域经济合作与多边贸易体制是相互补充的，但真实的想法也是心照不宣的。截至2004年上半年，已向WTO通报的新建或扩建的区域贸易协定和双边自由贸易协定分别达到208个和137个，其中50%以上是1995年以后签订的。[1] 其中跨大洲的国家和地区商签自由贸易协定所占比重不断上升，1995年以前不到8%，1996—2002年上升到25%，2002—2003年再上升到1/3。[2] 更具

---

[1] 辛承越编著：《经济全球化与中国商务发展》，人民出版社2005年版，第59页。
[2] WTO, World Trade Report 2003, p. 45.

讽刺意味的是，主导全球多边贸易体制的主要贸易大国不仅竭力兜售区域贸易安排计划，而且力图追求其主导权。例如，美国除了努力推动美洲自由贸易区计划的实现以外，还积极与韩国、南非等磋商建立双边自由贸易区；欧盟则不断东扩，已从1995年的15国扩大到2004年的25国，近10年又积极响应亚欧首脑会议的倡议，扩大对话与合作；日本最早鼓吹亚太经济合作，近几年又十分关注与东北亚、东盟的区域合作。

如何正确认识上述矛盾现象，只有运用马克思主义的立场、观点和方法，才能透过现象看清本质。当代国际贸易的发展，特别是贸易自由化，是当代经济全球化的重要组成部分，它既是生产要素和国际分工在全球的扩展，也是资本主义生产方式在全球的扩张（谈世中，2002）。因此，它没有改变资本主义生产方式的内在基本矛盾，即生产资料的私人占有与生产社会化的矛盾。贸易自由化进程中各种矛盾现象，实际上都更深刻地反映了资本主义生产方式内在基本矛盾的本质。国际分工和国际交换的发展，是生产社会化在全球进一步扩展的表现，是生产力发展的要求。贸易自由化、世界贸易组织以及各国的开放政策都不同程度代表了当代先进生产力发展的要求。国际垄断资本也是生产资料私人占有跨国化、国际化的结果，它与生产社会化的发展要求既对立又统一。当需要维护垄断资本整体在全球扩张的长远利益和现实利益时，垄断资本与生产社会化处在统一的状态，这时贸易自由化的调子就可以高唱入云；当垄断资本的私人占有造成市场扩张不足，特别是垄断资本在各国发展的不平衡，危及各自的现实利益时，它就与生产社会化的要求处于对立状态。因此，国际垄断资本既高喊贸易自由化，又实行贸易保护主义；既高喊公平竞争和透明度，又操纵标准与规则制定权；既需要世贸组织与多边机制来协调各方利益，又把世贸组织作为要求别的成员放弃和让渡其利益的工具；既鼓吹经济全球化以实现自身利益最大化，又暗度陈仓搞区域自由贸易安排以便捷足先登。因此，要认识这种纷繁复杂现象的本质，才有助于我们抓住事物的主要矛盾。

垄断资本在各国发展的不平衡，上升表现为民族国家的矛盾。在国际经贸关系中，许多利益矛盾是以民族国家矛盾的形式出现，但究其实质是垄断资本之间发展不平衡的矛盾。因此，充分认识垄断资本在各国发展的不平衡,对于理解当代国际经贸关系中各国的贸易政策以及对外经贸关系是十分重要的。

国际垄断资本发展的不平衡,表现为世界经济的多极化现象(戴维·赫尔德等,2001),如表2.4所示。

表 2.4　1998—2000 年 FDI 流动、贸易、国内投资和技术支付的地理分布

单位:%

国家/地区	1998—2000 年		1998—1999 年				2000 年	
	FDI 流入流量	FDI 流出流量	出口	进口	国内投资	技术支付	FDI 输入存量	FDI 输出存量
发达国家	76.3	92.9	68.4	69.7	74.5	85.6	66.7	87.8
西欧	45.8	71.5	41.8	40.4	27.91	46.0	39.6	56.7
欧盟	44.3	67.9	39.4	38.2	26.5	45.7	37.6	52.1
日本	0.8	2.8	6.3	5.5	17.1	14.2	0.9	4.7
美国	24.7	14.4	14.2	17.5	25.3	18.9	19.6	20.8
其他发达国家	5.0	4.0	6.1	6.2	4.2	6.5	6.6	5.6
发展中经济体	21.4	6.8	27.5	26.2	23.3	13.1	31.3	11.9

资料来源：UNCTAD, World Investment Report 2001, p.73.

表2.4说明,从国际直接投资、贸易和国内投资及技术控制等各方面实力看,都呈现多极化现象,而且,发展中经济体实力的崛起更是引人注目。美国垄断资本的力量不足以控制世界经济,欧盟中民族国家众多,各国垄断资本的利益也不完全一致,因此需要联合起来对付美国的垄断资本。其他发达国家和新兴市场经济体中的垄断资本是国际垄断资本的第三极力量,在贸易自由化和经济全球化中都有自身的利益要维护,并同样在争夺新的利益。

跨国公司的数量及其实力是最能表明国际垄断资本实力的指标,跨国公司在不同国家或国家集团的分布也最能反映国际垄断资本发展的状态。从表2.5可以看出,全球跨国公司母公司主要集中在发达国家,但其内部分布并不集中,美国跨国公司的数量甚至少于欧洲一些国家和日本,其海外分支机构在数量上也同样不占优势地位。发展中经济体的跨国公司母公

司数量已占到 1/4 的比重，并有大量小型海外分支机构。其中，韩国和中国香港、台湾的跨国公司发展和海外分支机构均已成为不可忽视的力量。

表 2.5　　　　　　　跨国公司母公司和海外分支机构　　　　　单位：个, %

	母公司数	占比重	海外分支机构数	占比重
世界	61582		926948	
欧盟	30709	49.9	64464	7.0
其中：德国	6069	9.9	9268	1.0
英国	2607	4.2	13176	1.4
法国	1267	2.1	10713	1.2
瑞典	4260	6.9	4656	0.5
丹麦	9356	15.2	2305	0.2
荷兰	1608	2.6	3132	0.3
瑞士	4506	7.3	5774	0.6
美国	3235	5.3	15712	1.7
日本	3371	5.5	3870	0.4
发展中经济体	14192	23.0	580638	62.6
其中：韩国	7460	12.1	12909	1.4
中国香港	948	1.5	9132	1.0
中国台湾	606	1.0	2841	0.3
印度尼西亚	313	0.5	2241	0.2

资料来源：UNCTAD, World Investment Report 2004, pp. 273 – 274.

即使是全球最大的 100 家跨国公司的分布也表现了一定程度的发散性，虽然主要集中在欧盟和美国，但其他发达国家的实力也不容小觑。特别是发展中经济体的跨国公司已有一定程度的发展，50 家发展中经济体的跨国公司的实力已经超过 14 家发达国家跨国公司的实力。

以上数据证明，世界经济多极化格局已经形成并继续发展，国际垄断资本发展不平衡的矛盾将在世界经济多极化趋势中进一步加深。由此判断中我们可以得到的认识是：贸易自由化是以跨国公司为载体的国际垄断资本直接推动的，是以西方发达国家为主导进行的，这是不争的事实。但它不完全等于资本主义化,更不等于美国化。垄断资本在各国发展的不平衡,是贸易自由化进程中难以解决的矛盾,它们之间的相互竞争和利益争夺,为发展中国家参与贸易自由化提供了机会和回旋空间。

四 结论

20世纪90年代以来国际贸易的迅速增长以及贸易结构、贸易方式和贸易区域结构的变化是在新技术革命基础上,国际分工深化和跨国公司管理模式和经营战略调整的结果。它是贸易自由化趋势出现的物质基础,反映了生产社会化在全球的扩展,从而构成经济全球化的重要内容之一。与此同时,资本主义生产方式的内在矛盾,即私人占有与生产社会化的矛盾也在全球范围内得到进一步发展。垄断资本的私人占有,特别是垄断资本在各国发展的不平衡与生产社会化的全球扩展形成既统一又对立的矛盾,并由此产生了贸易自由化与保护主义、多边贸易体制与区域自由贸易安排、世界贸易组织内部各成员既相互需要又相互排斥等一系列既共存又互逆的现象。由于生产社会化的全球扩展在资本主义生产方式的内在矛盾中占据主要矛盾地位,机遇大于挑战,因此我们正处于重要的战略机遇期。我们只有充分地利用这种机遇才能取得对外开放的更大成果,才能在积极参与贸易自由化中趋利避害。

第三章　服务贸易与跨境电子商务的发展

第一节　2000年以来中国服务贸易与服务业发展的相关性

一般认为服务贸易的发展建立在服务业做大做强的基础之上，无论是传统的比较优势理论（Melvin，1989），还是深入企业和产品层面的新新贸易理论（Melitz，2003），都提出一国服务出口竞争力取决于服务产业的发展水平。从中国的实际情况来看，服务业在国民经济中的比重到2010年达到43%，而服务贸易仅占贸易总额的11%。产业结构升级与贸易结构优化的传递机制，也就是服务业与服务贸易的相关性还未充分表现出来。哪些因素阻碍了两者之间的联系？也就是，服务业与服务贸易发展的相关性受哪些因素影响？现有理论文献主要从产业增长和贸易波动两个角度探讨了各种因素对服务业和服务贸易的影响（Francois和Hoekman，2010），但较少从影响产业与贸易相关性的因素入手。（裴长洪、杨志远，2012）

一　服务业与服务贸易相关性的国际比较

2009年，全球服务业整体规模达到58万亿美元，世界各国服务业增加值占GDP的比重平均约为70%。全球服务贸易总额为6.4万亿美元，其中出口额为3.3万亿美元，进口额为3.1万亿美元。2000—2009年全球服务业产业增加值年均增长2.7%，全球服务贸易出口额年均增长9.9%。整体而言，10年间，服务贸易增速快于服务产业增速。

为了准确描述服务业与服务贸易的相关性,我们首先定义产业与贸易发展的相关性指数为出口贸易增速与产业增加值增速的比值。如果该比值为1,表示产业与贸易增速相同;如果大于1,贸易增长快于产业增长;如果小于1,则表明产业增长快于贸易增长。样本国家的选择方法是,将OECD 包括的34个国家依据2001—2008年人均GDP水平排序,按照五分位数由高到低选择美国、韩国、澳大利亚、匈牙利和爱沙尼亚,并加入非OECD国家的中国。这样,既保证了样本国家的全面性,又兼顾了分析结果的代表性。图3.1是样本各国从2001—2008年服务业产业与贸易相关性指数的变化趋势。

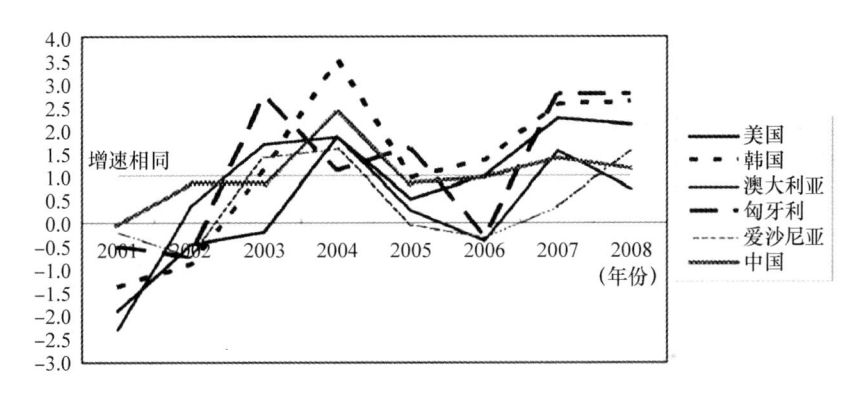

图 3.1 样本各国服务业相关性指数的时间变化趋势

资料来源:OECD 数据库和《中国统计年鉴》(2002—2009)。

首先,从各年均值来看:所有样本国家的服务出口增速都快于产业增速;发展中国家服务业增速明显快于发达国家,中国和爱沙尼亚的年均增速均超过10%,而美国、韩国和澳大利亚都低于7%;在产业与贸易的相关性方面,爱沙尼亚和澳大利亚的产业和贸易增速差距较小,相关性指数分别为1.5和1.3。而中国和韩国产业与贸易增速的差距较大,相关性指数都在2左右。从整体变化情况来看,各国相关性指数波动较大,接近1的年份很少。样本六国的相关性指数都在2001年和2002年出现快速上升,2003年和2004年相继达到峰值,随后开始下降,几乎都在2006年降至低谷,最后继续不同程度地上升。从整体变化趋势来看,各国的相关性指数在2001年普遍低于1，表明产业增长快于贸易增长；到了2008年，除澳大利亚外，各国的相关性指数已经普遍高于1，表明贸易增长快于产业增长。这在一定程度上表现出服务可贸易性和各国服务市场开放性的不断提高。因此，可以说各国服务业与服务贸易的发展经历了一个由产业发展速度更快到贸易发展速度更快的变化过程。进入21世纪以来，服务贸易加速增长受到技术创新、国际直接投资和服务市场开放这三大重要因素的影响。

二　技术创新：服务可贸易性的提高过程

根据定义，服务是不可存储的流量。因此，服务贸易要求服务生产者与消费者接触，相应会产生两者在空间上的移动（Hill，1977）。由此，类似距离这样的因素在第二类和第四类服务[①]的提供成本中占据了相当大的比例，这使得许多服务在成本的限制下是不可贸易的，比如法律、财务、医疗等。相应地，这些行业出现产业增长远快于贸易增长的现象。实际上，传输技术的限制是服务业与服务贸易发展不相关的最主要原因。以美国为例，服务业整体的产业增长外贸依存度[②]在1989年时为33%，而这一比例在受传输技术限制最为严重的商务服务业中为14%。20世纪80年代早期开始的通信和传输技术（ICT）革命为服务贸易提供了新的运输方式，生产者与消费者接触的限制不断下降，传统要素在服务提供成本中的占比不断减少。

（一）技术创新使服务提供方式发生重大变革

ICT技术的快速发展使服务的提供方式多元化，许多原本需要消费者和生产者接触的服务贸易可以通过网络和其他通信技术实现跨国传输，不再受到提供条件的限制。由表3.1可以发现，美国1998—2007年，在ICT领域的累积科研投入达到2832亿美元，并且保持年均8%的投入增速，相应的专利数量年均超过17000项。

[①] 世界贸易组织将服务贸易的提供方式定义为四类：跨境提供、境外消费、商业存在和自然人流动。

[②] 服务出口额对服务业产业增加值的比重。

表 3.1　　　2001—2009 年美国新兴服务贸易出口额与 ICT 科研情况

单位：百万美元

	通信技术 R&D 投入	计算机相关技术 R&D 投入	ITC 专利	通信和信息服务	金融	法律、财务、管理咨询	广告、市场调查	R&D	建筑、工程设计	ITC 专利
2001	1270	22265	17721	6734	21899	16244	53	7610	1896	
2002	1608	24910	15996	6295	24496	17726	466	8678	1679	
2003	1663	24127	16585	7371	27840	17919	517	9467	2006	
2004	2215	28085	17844	7897	36389	20682	581	9563	2996	
2005	2539	30518	19428	8513	39878	23818	896	10431	3363	
2006	2135	33794	20831	11449	47882	27394	3773	12810	4702	
2007	3107	34041	19192	12989	61034	34414	4087	15625	5229	
2008	—	—	15655	14322	60798	37826	4116	17421	5914	
2009	—	—	14426	14087	55446	36476	3970	18234	5687	

资料来源：OECD 数据库。

科研投入推动美国 ICT 产业的国际竞争力不断上升，出口额在 10 年间翻番。更为重要的是，ICT 技术的进步不断推动美国新兴服务贸易形式的出现和发展，特别在金融、法律、财务、管理咨询、广告、市场调查等行业，出口年均增速都超过 10%，研发服务出口更是达到 76%。ICT 技术的进步无疑使这些服务可以几乎零成本地在国际传输，成为国际服务贸易中增长最快的新兴贸易形式。

（二）技术创新使服务提供过程分离

技术创新促进经济增长的一个重要机制是使产品生产过程更加细化，从而在全球范围内分割产品生产环节，提高每个生产环节的生产效率，要素流动学派的产品内分工理论同样适用于服务业。新兴服务贸易形式的一个重要表现是服务外包的迅猛发展，以及由此产生的服务生产过程的国际转移（Jeffrey R., 2006）。服务进口商将服务生产的一部分流程委托给服务出口商生产，从而形成中间服务的国际贸易，比如医疗服务，软件服务的外包。

本章扩展了产品内分工的 Grossman-Rossi-Hansberg 模型[1]，并考虑到服务贸易的四种模式，将一项服务的提供分为四个生产层。服务外包的成本函数是划分各个层次的依据，该函数值与跨国通信成本成反比，与有效工资、关联产业或资源规模成正比。核心层代表本国服务企业的核心国际竞争力，主要包括高知识密集型的环节，具有不可复制性；自然人流动层主要涵盖需要消费者与生产者接触的资源密集型服务，并且两者分离成本过高；国际服务资本流动层则主要包括资本密集型的服务生产环节，一般也需要消费者与生产者接触，但分离成本相对较低；最后，对于技术标准化且劳动力在成本中占比较高的服务提供环节，通过市场机制外包到国外。随着 ICT 技术的发展和应用，核心层不断缩小，国际服务资本流动和外包层不断扩大。

事实上，各服务行业正在经历前所未有的生产环节分割和国际化布局。以美国的金融和保险服务业为例，在该行业进口的中间服务中，金融和保险服务的占比由 1995 年的 6.1% 上升到 2000 年的 56.9%，进一步上升到 2005 年的 70%。将非核心层的业务外包已经成为美国服务业增长的内在动力，这一趋势还体现在更为广泛的行业分布中。图 3.2 是美国 2005 年中间服务的应用行业和进口来源行业的分布情况。中间服务进口的最大应用领域是金融和保险业，包括房地产、运输、贸易等在内的服务业共使用了 84% 的中间服务进口，充分反映出服务提供过程的分割和生产流程的全球化。

（三）技术进步为中间服务提供广阔的需求市场

技术进步推动制造业的产品生产流程在全球范围内扩散，为生产者服务业提供了广阔的需求市场。生产者服务业通常被认为是"生产的润滑剂"，由生产过程中分离出来（Sampson 和 Snape，1985）。Bhagwati（1984）

---

[1] 产品内分工的 Grossman-Rossi-Hansberg 模型将任何一项产品分为三层，最中间的核心层代表本国企业的核心国际竞争力，具有较高的技术外溢和产业带动效应，由本国企业在本国生产；中间层生产相对于核心层而言技术外溢性较弱，劳动力等非本国丰裕要素在生产中所占的比例提高，由本国企业通过跨国公司形式外包到国外生产；而外围层则主要是辅助性生产环节，直接采用市场交易形式外包给国外的其他企业生产。三个层次的划分依据是生产环节外包成本函数，该函数值的大小取决于企业跨国通信成本和各国有效工资的比较。

首先提出生产者服务贸易发展的机理在于制造业产业链全球布局条件下，无形的服务投入也随之全球化。大量的实证文献提出，由于服务业缺乏外部性，服务贸易的溢出效应主要体现在对制造业生产率的推动上（Bustos，2011）。

以中国、韩国、美国和日本四国制造业内向 FDI 和制造业中间服务进口为例。作为制造业转出国，美、日两国的制造业内向 FDI 都表现出整体下降的趋势，制造业中间服务的进口也随之下降。特别是日本，制造业中间服务进口由 1995 年的近 700 亿美元，下降到 2005 年的不足 300 亿美元。新兴经济体中韩两国的制造业内向 FDI 则出现总体上升的趋势，与之对应，制造业中间服务的进口也快速提高。中国的制造业中间服务进口到 2005 年已经超越美、日两国，突破 350 亿美元。

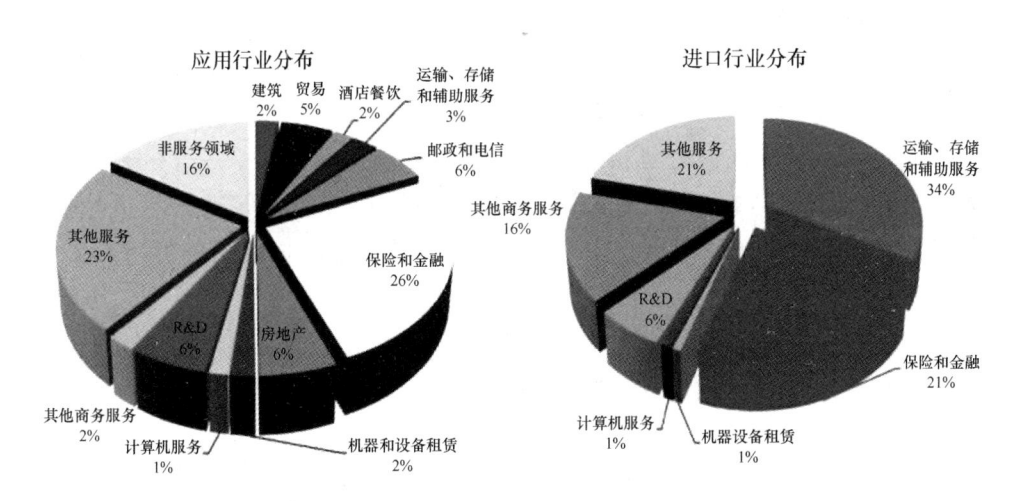

图 3.2　2005 年美国中间服务进口行业和应用行业分布

资料来源：OECD 数据库。

（四）技术创新通过推动服务业增长间接促进服务贸易

技术创新是产业分工细化的驱动力，产业分工则是催生生产者服务业的主要因素。对应于制造业价值链的各个环节，生产者服务的比重不断增加，作用日益显著。一方面，ICT、科技服务和研发服务是现代服务业的重要组成部分，这些行业具有高技术性、高增长性和高带动性的特点，它们已经成为推动包括服务业在内的经济增长和发展方式转变的重要产业，并且在微观层面成为公司效率提高的原动力（Markusen 等，2005）；另一方面，技术创新引领的跨国产业转移和制造业外包的发展是服务业分工细化、实现全球布局的重要推动力，服务业跨国投资不断发展，带动服务贸易相应增长。因此，技术创新在直接推动服务业快速增长的同时，也间接促进了服务贸易的加速发展。

表 3.2 是美国、德国、瑞典和中国在 2001—2008 年，服务业增长与 R&D 投入的统计情况。在 R&D 投入与产业增长方面，将 R&D 投入增长率对服务业增长率的比值定义为服务业增长的 R&D 投入弹性，这一比值在一定程度上反映出 R&D 投入的产出效率。样本四国中，美国和德国最高，并且产业年均增长率高于 R&D 投入增长率，R&D 投入的产出效率较高；中国的 R&D 投入弹性为 2，产出效率较低；瑞典的 R&D 投入弹性最低。可能的原因包括各国服务业内部行业结构的差别、各国的服务业市场开放政策等。在 R&D 投入与贸易增长方面，将产业增长、贸易增长和 R&D 投入联系起来可以发现，美国和德国的服务业发展呈现出近乎完美的杠杆带动型，R&D 投入增速最低，推动产业更快地增长，进而促进贸易最快地发展，这在一定程度上反映出 R&D 通过产业对贸易增长的间接促进效果。而中国和瑞典服务业的发展则表现为 U 字形，R&D 投入和贸易都是高增速，但产业发展速度较慢。这在一定程度上反映出中瑞两国服务业与服务贸易的相关性较低，R&D 对贸易的间接带动效应没有通过产业增长顺畅地传递。

表 3.2　2001—2008 年 4 国服务出口、产业增加值与 R&D 投入的增速统计　　单位:%

年份	美国			德国			瑞典			中国		
	出口	产业	R&D	出口	产业	R&D	出口	产业	R&D	出口	产业	R&D
2001	-4	5	18	3	18	19	5	4	64	10	10	25
2002	2	4	3	15	16	-2	6	4	23	19	10	19
2003	4	5	6	21	9	2	28	5	-17	18	10	23
2004	16	6	-3	19	8	-1	27	4	13	34	10	23
2005	10	7	-26	13	8	21	11	5	43	19	11	22

续表

年份	美国			德国			瑞典			中国		
	出口	产业	R&D	出口	产业	R&D	出口	产业	R&D	出口	产业	R&D
2006	12	6	12	16	9	-1	15	6	29	24	12	18
2007	17	5	11	18	7	18	27	6	14	33	14	18
2008	9	3	10	14	5	4	12	4	-13	20	9	28
均值	8	5	4	15	10	8	16	5	19	22	11	22

资料来源：OECD 数据库及《中国统计年鉴》(2001—2009 年)。

三 国际直接投资：服务贸易的深化过程

对于国际直接投资（FDI）的研究，经济增长理论将视角集中于对产业增长的影响，而贸易理论则重点分析了对贸易的影响，但市场开放对产业与贸易关系的作用依然存在不确定性。

（一）FDI 是一种特殊的服务贸易形式

对于服务业 FDI 与服务贸易的关系，现有文献并未达成一致。主张服务部门开放会促进服务贸易发展的学者提出，服务市场开放促使要素在国家间流动，改变服务生产的布局，会创造新的贸易机会，并推动产业内贸易的发展（程大中，2008）。对立方的学者则指出，服务部门 FDI 会替代服务贸易，这种替代性受贸易风险（Kurata H.，Ohkawa T.，Okamura M.，2009）和各国企业技术水平差异的影响（Bhattacharya R.，Ila P. 和 Ajay S.，2012）。实际上，从服务贸易的四种提供方式来看，FDI 属于第三种方式，即通过离岸的海外分支提供服务。根据扩展的 Grossman-Rossi-Hansberg 模型，当资本密集型的服务生产环节分离成本较高，并且需要消费者与生产者接触时，服务贸易采用资本流动的形式。与制造业不同，服务业 FDI 对距离等协调成本的敏感度较低，对消费者规模等潜在收益敏感度较高。从服务要素流动的角度来看，FDI 的确在服务贸易中扮演了重要角色。

图 3.3 反映了 1998—2008 年美国服务出口和服务业跨国公司的经营情况。（1）依托服务业 FDI 的公司内服务出口额在 10 年间比较稳定，平均增长速度为 2.5%。（2）跨国公司公司内出口与服务总出口的比值在 10

年内平均达到52%，就服务出口而言，跨国公司的贡献十分可观。这一比例呈现逐年下降的趋势，则在一定程度上反映出技术创新推动下的新贸易方式在服务出口中的地位越来越重要。(3) 跨国公司营业额接近服务出口额的10倍，如果将营业额也计入出口额，美国的服务贸易顺差将会大大增加。(4) 从变动趋势来看，跨国公司营业额与服务出口总额几乎完全一致，表现出两者的高度相关性。

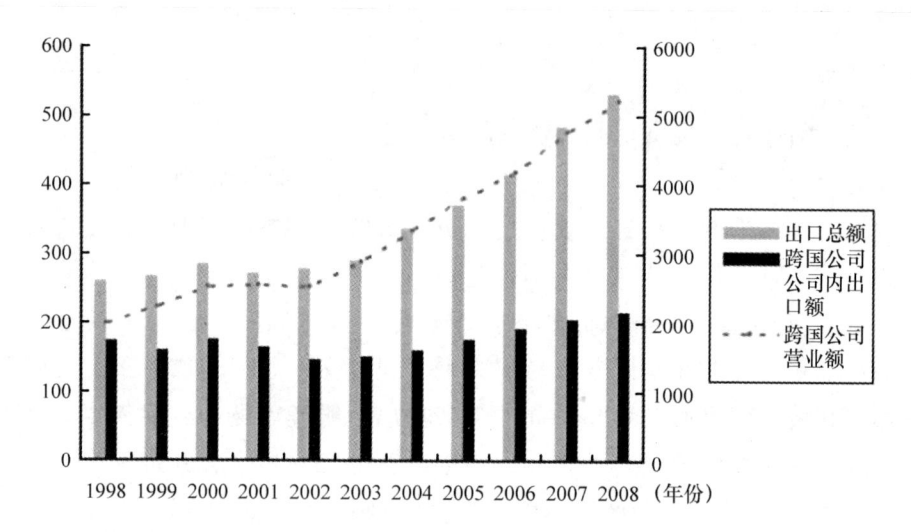

图3.3　1998—2000年美国服务出口与服务业跨国公司经营情况

资料来源：OECD 数据库。

(二) FDI 的技术外溢性

服务市场开放对产业增长的作用机理主要是促进要素配置效率的提高，以及由此带来的劳动生产率的提高，技术外溢的效果不但对服务业产生影响，而且间接促进制造业发展。现有文献普遍通过实证研究证明，在一定的市场结构条件下，服务业 FDI 对东道国劳动生产率具有促进作用 (Amit M. 和 Koning J.，2007)，并且在相关制造业中通过提高技术水平积累竞争优势 (Jensen J. 和 Tarr D. G.，2012)。由此，FDI 主要通过技术转移和要素再配置两个途径对服务业增长产生正面影响，而上述两个途径都会间接促进服务贸易国际竞争力的提升。

四 制度变革：服务业市场开放的过程

技术变革无疑是服务业发展走向全球化的推动力，特别是 ICT 技术的广泛应用不断推动服务业向国际化发展。然而，国际化的深入发展又是与各国服务业的市场开放，即经济制度的变革紧密联系的。对于发达国家而言，规模经济的优势驱动那些具有竞争优势的服务产业在全球范围内优化资源配置，这些国家相应地着力推动服务市场开放，使服务业在各个维度上不断经历制度变革。对于发展中国家而言，后发优势有可能实现本国服务业"非线性的飞跃"（Jensen 和 Tarr，2012），这些国家主动或被动地选择了服务业开放战略。当然，各国服务业开放的路径选择大相径庭。比如，以印度为代表的依托 ICT 技术实现服务业跨越式发展模式，以中国为代表的依托制造业转型升级实现服务业渐进式发展模式。

（一）制度变革推动服务业资源配置效率的提高

服务业制度变革的过程就是服务要素再配置的过程（Markusen 和 Strand，2009），作为制度变革的核心，服务市场开放有利于引入竞争机制，促进服务业增长。经济增长理论普遍认为，竞争要素作为外生冲击，无论是直接的生产率提升，还是间接的知识、技术外溢，都会对东道国的相关产业产生积极的正面影响。反之，限制性的市场政策会产生效率净损失（Francois 和 Hoekman，2010）。服务市场开放还会通过提高本国具有比较优势行业的劳动生产率，强化其国际竞争力（Lileeva 和 Trefler，2010）。

这里以日本和斯洛伐克服务业开放水平[①]、服务业真实产出的单位平均劳动成本[②]和服务贸易形式为例。日本是 OECD 各国中平均劳动成本最高的国家，而斯洛伐克则是最低的国家，两国在服务市场开放度和贸易形式上存在显著的区别。日本服务业市场的开放程度比较稳定，在样本的时

---

① 目前，针对服务业的市场开放度指标较少。本章选用的 EBI 指数是由 OECD 设计的反映各国市场进入壁垒的问卷调查项目，主要包括航空运输、电信、邮政、铁路、公路、供水和燃气等 7 个领域的 "Allbutpublicownership" "Entrybarriers" 和 "Publicownership" 3 个项目，较全面地反映了各国服务市场的制度变化和开放程度。该指数数值越低，则服务市场开放度越高。

② 各服务行业劳动总支出与真实产出之比。本章采用的是贸易、运输和通信，金融服务，市场服务，商务服务 4 个行业的平均值。

间区间内始终保持在略高于 2 的水平，8 年的均值为 2.4；而斯洛伐克则经历了一个明显的服务市场开放过程，由 2001 年的 3.64 下降到 2008 年的 1.98。相应地，日本的服务业 FDI 的流入速度整体呈现下降趋势，平均达到 62%；而斯洛伐克的服务业 FDI 流入速度整体则表现为上升趋势，平均达到 21%。在服务进口方面，两国整体上都出现不断上升的特点，斯洛伐克的增速高于日本近 16 个百分点。

作为服务业市场政策比较稳定的国家，日本服务业市场开放程度适中，在 OECD 34 国中排名第 14 位，服务业真实产出的单位劳动成本总体上不断下降，下降幅度逐年收窄。这一方面反映出日本服务业的劳动力生产率逐年上升，每单位真实产出所耗费的劳动力成本不断下降，劳动力要素再配置的优化效应在一定程度上得以体现。另一方面，结合 FDI 流入的缩减，可以判断劳动力成本下降部分源自服务业资本流动效应。由于日本的服务产业总体上属于技术和资本密集型，FDI 流出会促进技术和资本作为生产要素的回报上升，劳动力的回报相应下降。对照斯洛伐克，服务业资本流动效应也十分显著，作为劳动密集型产业，该国服务业在 FDI 流入整体上升的情况下，劳动力要素的回报相应呈现总体提高的趋势。相应地，日本的技术密集型服务和斯洛伐克的劳动密集型服务在国际市场的竞争力会得到进一步提升。

（二）制度变革对服务贸易的影响取决于贸易方式

制度和政策的改变对不同贸易方式的影响是服务政策研究领域的一个重点，研究视角主要是在不同的市场结构条件下，FDI 与跨境服务贸易的收益分析（Markusen 和 Strand，2009）。普遍的结论是：即便是最有效率的贸易方式，如果没有制度变革跟进或没有相应的政策环境，也将会产生额外的"社会成本"，由此会在不同生产要素间产生收入的重新分配，而市场开放则会强化既得利益的生产要素的收益。

以斯洛伐克为例，随着服务业市场的不断开放，除去 2008 年，FDI 流入出现不断上升的趋势，均值达到 21%；服务贸易进口同样呈现整体上升的态势，并且均值也达到 24%，特别是进口从 2004 年开始出现增速不断提高的特点，反映出市场开放对服务贸易跨境流动的作用十分明显。此外，服务业真实产出的单位劳动力成本不断上升，表现出劳动力要素在收入重新分配的过程中分享到更多的市场开放收益。

五 结论与政策含义

本节通过探讨服务业与服务贸易相关性的影响因素，分析了服务贸易近10年加速发展的原因，即科技创新、FDI和制度变革三个因素之间既相互影响，又相互制约：科技创新是FDI和制度变革的基础和现实条件，FDI是技术创新和制度变革的载体和助推器，而制度变革是科技创新和FDI的政策供给、观念和环境的基础因素。三者共同对服务业和服务贸易产生影响，使服务贸易发展快于服务产业增长。

这一研究对于深入认识中国服务业市场开放进程中虽然贸易加速增长但整体规模低于国际水平的现实，具有重要的发现价值。总体来看，虽然中国服务贸易和服务业相关性的发展符合国际规律，但依然存在三个主要问题：第一，中国服务业与服务贸易的相关性指数较低，2008年达到1.1，远低于美国的2.1和韩国的2.6，服务贸易发展速度依然比较慢；第二，中国服务贸易规模小，并且长期处于逆差境地，服务贸易额在2009年仅占总贸易额的11%；第三，中国服务贸易对产业的带动性也较小，从服务业增长的外贸依存度来看，在2008年服务业创新机制建设、外商投资水平和市场开放进程等方面依然落后于发达国家。本节针对加快中国服务贸易发展，促进服务结构优化提出如下建议。

（1）构建服务业科技进步平台。尽快通过学习和国际合作，参与服务价值链的国际分工，充分发挥知识经济时代的后发优势，不仅有利于中国服务业增长，还可以通过服务可贸易性的提高促进服务贸易国际竞争力的提升，这是将服务业引领的内在创新驱动力转化为外在国际竞争力的关键。

（2）推动新兴服务业空间集聚进程。提高引进FDI水平的有效途径是想方设法降低服务生产中的固定成本，也就是为高技术、高知识含量的服务业FDI搭建更高水平的产业集聚和城市集聚平台。中国服务业市场化改革起步晚，并且开放程度在各行业间分布不均。过去5年间，运输等传统行业吸收FDI占比较高，年均行业占比为7.2%；而金融等新兴行业占比较低，年均行业占比仅为1.3%。因此，为服务业空间集聚创造条件是提升服务业外商直接投资水平的有效途径。

（3）完善中国服务业的政府调控机制。相对于其他产业，服务业本身具有更高的竞争性，市场化改革既不能一拥而上，也不能裹足不前，政府调控因此对于服务业改革更加重要。特别对于正在由政府垄断向市场竞争转变中关系国计民生的重点服务行业，在加快市场开放的同时，应尽快建立更加完善和有效的政府调控机制。诚然，中国服务业改革的方向是发挥市场机制的作用，建立开放、竞争、有序的服务业市场。但西方国家服务业发展的历史说明，在中国服务业发展仍处于起步阶段的背景下，政府调控的有效介入是十分必要的，这对于保护新建企业、促进企业成长、推动企业创新都具有重要作用。

第二节　电子商务的兴起及其对世界贸易的影响

一　电子商务的定义及其发展的原因

电子商务的技术基础是计算机技术网络技术以及以数据库为依托的信息技术；其商业运作的经济条件主要依靠以银行支付、结算为主的信用方式。因此，它是一种全新的商务模式按照世界贸易组织电子商务专题报告的定义，电子商务就是指通过电信网络进行的生产、流通和销售等活动。它不仅包括互联网上的交易，而且包括所有利用电子信息技术来解决生产、流通和销售过程中各种问题的活动，如降低生产和流通成本，通过网络进行原材料查询、采购、产品展示、订购到出品、储运以及电子支付等一系列产运销活动。

笔者认为，如果要对电子商务下一个简单的定义，可以表述为：电子商务是指利用计算机网络和数据信息等手段联结交易主体和银行信用方式的所有经济活动（裴长洪，2000）。

一些学者还把电子商务分为广义电子商务和狭义电子商务。广义电子商务包括电子专款的传输、信用卡交易以及支持电子商务所需的基础设施建设，甚至包括企业内部的管理核算活动，如内部成本核算、内部银行以及内部财务安排等。狭义电子商务主要指企业间的电子交易、企业与消费者间的交易以及企业与消费者间使用各类电子支付手段的交易。在英文中，前者多用"Electronic Business"表示，后者多用"Electronic Commerce"表示。电子商务的兴起有着深刻的技术、经济和社会等方面的原因。

第一，20世纪特别是20世纪80年代以后计算机和信息技术的革命性飞跃是电子商务兴起的根本原因。

电子计算机的发明是20世纪科学对社会发展伟大的贡献之一。从20世纪40年代开始到现在，电子数字计算机的结构经历了从电子管、晶体管、集成电路、超大规模集成电路4个阶段的进化。从50年代到70年代，计算机的成本仍是昂贵的。到了80年代，由于微处理器的出现，使得计算机的成本越来越低，应用越来越普及目前，最好的台式机的计算速度已经达到每秒10亿次。计算机硬件技术所包含的范畴除了传统的计算机系统结构外，还包括计算机网络和外设计算机网络，包括Internet、Intranet、Extranet等。高性能计算机是把互联和通信作为一个中间过程和手段进行使用，但计算机网络却是把互联和通信作为核心技术进行研究和开发，计算机网络技术的不断改良和开发，使先进国家"信息高速公路"的建设成为可能。计算机软件是20世纪科学进步的又一最大成果之一，20世纪软件技术在商业化应用上最成功的是微软公司的Windows操作系统，利用Web浏览技术、多媒体技术和网络信息管理系统等综合技术而构成的网络应用软件是电子商务发展的又一基本技术条件。对比计算机硬件技术，目前软件的工业化程度还比较差，还做不到像硬件一样，好的程序被继续不断地使用。这说明，电子商务的进一步发展还有待应用软件技术的新发展。

第二，美国灵活的资本市场加上有助于冒险的经济环境是电子商务存在和发育的重要经济条件。

在1993年之前的15年里，美国风险资本公司为投资筹集的资本惊人地稳定，每年都在30亿—50亿美元。但从1993年以后的6年间，风险资本急剧增加，1998年达到250亿美元，同年的管理基金超过800亿美元，而1993年只有310亿美元。公司的金融活动也急剧增加，通过首次公开发行股票，筹集的资金从1994年的280亿美元上升到1999年底的近700亿美元，相反，欧洲的风险资本和市场发行数字还不到这个数字的一半。

美国金融市场的变化迫使资金远离传统的管理方式和老牌公司,竞争性的压力加快了公司成熟的步伐公司,从零发展到工业巨头的速度大大加快,在当今美国市场资本化的前100家公司中,约有1/4是二三十年前不存在的。麻省理工学院经济学教授保罗·克鲁格曼说,我们正从由稳定的商品供应垄断——"三大"汽车制造商的模式主宰的经济转变为临时的商品供应垄断者主宰的经济——微软的模式。如果你是通用汽车公司,你知道你的竞争对手是谁,它们正在干些什么;如果你是某家数字公司,你知道摧毁你的将是一家你闻所未闻的公司(吕本富,2000)。这使得你不可避免地一直处于压力之下。美国风险资本的发展和金融市场的功能以及竞争方式的变化,都给电子商务提供了大显身手的经济环境。

第三,电子商务的交易优势及其对经济增长的带动作用是其迅速发展的基本动力。

电子商务的突出标志在于它增加贸易机会、降低交易成本、简化交易流程、提高交易效率,人们只需在互联网上点一下鼠标,就可以及时跟踪它们的货物在全国各地的流动情况,从而让它们能够保持所需存货的精确水平,而不会造成代价高昂的货物积压。据估计,电子商务可降低成本40%,对有的企业可能会达到70%(汪向东、刘满强,2000)。更重要的是,电子商务的发展带动了新的需求,包括投资需求和消费需求,刺激了美国经济的增长。2000年6月,美国商务部发表的《2000年数字经济》年度报告指出,信息技术产品价格的下降,不仅促进了对计算机和通信设备的巨额投资,还促进了对利用和增强这种设备的生产能力的新软件的巨额投资。1995—1999年,对信息技术设备和软件的实际商业投资增长1倍以上,从2430亿美元增长到5100亿美元。在此期间,投资总额的软件部分从820亿美元增长到1490亿美元,投资刺激了供货和服务的供给,刺激了采用信息技术的商务程序、互联网和电子商务公司的发展。报告说,分析显示,这些产业的经济重要性自20世纪90年代中期以来明显上升。1995—1999年,信息技术产业在美国经济实际增长中的贡献占近1/3(高文,2000),而且,信息技术产品和服务价格的下降使美国整个通货膨胀率降低,1994—1998年每年平均降低0.5个百分点,从2.3%下降到1.8%。

第四，信用制度的发达和健全的法制环境是电子商务发展的必要保障。

在美国，商业信用和银行信用在其市场经济中发展到相当完善的程度，加上法制的监督，形成有利的社会基础设施供给和社会环境的必要条件。由于电子商务特别适用于远程交易，大部分的交易双方都没有见过面，因此对商业信用和银行信用的要求更高，对司法信用的要求也同样高。信用制度在发达资本主义国家已有很长的历史，美国经济中的信用程度很高，结算和支付已基本信用化，加上商业法制的长期习惯和不断完善，使电子商务的交易方式特别容易被社会所接受。

第五，在全球化中实现资源优化配置是电子商务发展的客观需要。

20世纪90年代以来，在迅速发展的国际贸易、国际投资和国际金融的推动下，美国放弃了传统凯恩斯经济学的封闭政策，更多地考虑国外市场因素，以全球化为核心的资源配置取向日趋明显。美国跨国公司是其经济全球化战略的主要承担者，随着其跨国生产和经营程度的不断提高，要求美国企业与世界其他国家之间在生产和经营方面的联系更加紧密和迅捷，电子商务恰好有利于跨国公司的经营活动。90年代初期，美国实行全球经营的企业仅占全美企业总数的25%；90年代末，这一比重已超过75%，这就使电子商务发展有了更多的需要。美国经济在相当程度上依赖国际融资，其巨额贸易逆差和大量外资涌入弥补了美国储蓄和投资的缺口，并使美国获得廉价进口商品和资产成为可能。据美国第一波士顿信托银行估计，目前美国大约利用着全世界72%的净储蓄额及每年2000多亿美元的国际资本净流入。巨额的国际资金流动也要求有更迅捷可靠的交易方式，电子商务适应了这一需要。80年代初，美国进出口在经济中的比重为17%，外资和进口的依存度为10%，1999年这两个指标分别达到25%以上和16%以上，1998年和1999年美国进口总额每年增长12%，比全世界的贸易增长快1倍。由此看出，美国经济对外需求的成分在上升，交易方式的远程性和国际性在增长，电子商务在这种背景下应运而生，应时发展。

第六，美国政府经济政策和科技政策的有力支持是电子商务发展的重要推动力。

电子商务在美国的发展主要是在克林顿入主白宫8年后发生的，一是克林顿的经济战略使美国宏观经济理念有了重大变化，即从抓有效需求来解决供应过剩的旧模式转变到从抓供应入手，用科技创新来创造新需求的新模式，这一转变为新经济和电子商务提供了重要的政策环境。在财政上，提高富人所得税，消灭联邦赤字，增强了货币政策的调控能力，从而降低了长期利率，为信息技术的推广提供了资金来源。在科技政策上，既强调基础研究，又注重技术产业化和科技成果转化。教育政策强调对人力资源投资，由忽视中等教育向注重普遍提高公民素质、培育知识人才转变。二是美国政府制定有关政策直接干预信息技术和网络技术的应用和发展。克林顿当选总统后，马上制定了建设"信息高速公路"的策略，紧接着又颁布实施"国家信息基础设施"计划，并提出建设"全球信息基础设施"的动议。在此背景下，互联网很快风靡全球。其实互联网就是在原美国政府为应付核战争而发明的通信系统的基础上改建而成的。

二 美国和世界电子商务的发展

2000年6月，美国商务部发表的《2000年数字经济》报告提供了美国电子商务发展的最新消息。报告说，个人和企业通过互联网的电子联网出现了惊人发展，全世界互联网的使用人数现在已经达到3亿人，而1994年为300万人，他们可访问10多亿个网页，每天增加的新网页约有300万个。另据美国NUA统计预测公司的调查，1999年，美国上网人数已达1亿人，比1998年增加40%，同期，网络服务商增加46%，网站服务器增加128%，新网址增加137%。美国消费者和企业都对电子商务具有信心，认为互联网是未来交易的主要场所（陈新平，2000）。

美国的电子商务有两类：一类是企业对消费者的电子商务（B2C）消费者在家里光顾世界各地的网上商店，网上购物受到青睐。新兴的网上商店不断出现，如沃尔·马特、Macys、Barnet Noble，也都开办了网上商店。据福里斯特公司的研究，2000年美国网上零售额为400亿—800亿美元；1999年，美国上网购物的家庭有1700万个，网上消费额约202亿美元，到2004年，有4900万个家庭上网购物，网上消费额可达1840亿美元。根据美国商务部的统计，1999年美国人的消费总额为2597亿美元（比上年增长9.7%），网上消费约占1%。网上销售的主要产品为图书、光盘软件、服装、旅游服务、健康和美容、玩具等。金融服务正成为网上销售的大市场。据 CNN 报道，1998 年网上电子银行用户为 380 万，2003 年超过 2600 万。网上个人股票交易发展迅猛，有数十家证券公司开展网上股票交易业务，个人户头已超过 400 万。另一类是企业对企业的电子商务（B2B）。由于通过电子商务能使中小企业的产品直接进入国际市场，因此这一类电子商务发展更快。据 Gga 信息公司研究，1998 年美国有 24% 的企业开展了 B2B 业务，2000 年达到 56%。2002 年，B2B 的发展为美国企业节约年度开支 6000 亿美元。福里斯特公司在 1998 年初就预测，到 2002 年美国 B2B 的交易额可达 3000 亿美元，而在 1998 年还只有 430 亿美元到 2003 年，B2B 交易额将达 1.3 万亿美元，占美国销售总额的 9%，而全世界 B2B 的交易额也将达到 3.2 亿美元，占全世界销售总额的 5%。

  美国商务部自认为掌握的数据是不全面的，因为美国国情普查局过去进行调查的对象还仅限于企业对消费者的电子商务或称"电子零售"，现在刚刚开始调查企业对企业的电子商务。2000 年 3 月，美国国情普查局发表了企业对消费者电子商务的第一次官方统计，发现在 1999 年第四季度，零售机构的网上销售总额为 53 亿美元，占所有零售额的 0.64%。越来越多的人使用互联网不仅是为了购物，而且还安排贷款，接收交付的数字产品，获得后续服务。信息技术的商务程序、互联网和电子商务的公司，这些产业的经济比重在 2000 年已经占 8.3%。商务部的报告还说，世界互联网的用户增长极快，从 1999 年 3 月的 1.71 亿个增加到 2000 年 3 月的 3.04 亿个，增长 78%。美国和加拿大在全世界的互联网用户中仍占很大比例，接近 5%。在汽车销售中，利用互联网购车的新车购买者比例已经从 1998 年的 25% 增加到 1999 年第一季度的 40%。商务部的报告指出，企业对企业电子商务金额的估计差异很大。据估计，到 2003 年，美国企业之间的网上交易额将达到 6340 亿—28000 亿美元，这样大的差异是由于统计方法和定义不同造成的，一个重要的差异是企业对企业电子交易的估算在多大程度上包含了非互联网的网上交易。例如，利用电子数据交换系统进行的交易，也是增长极快的交易方式，它也能在企业的采购、销售和其他业务活动中降低成本，提高效率。但是据美国《采购杂志》的调查显示，已有 38% 的采购者目前至少利用互联网进行本公司的一些交易。

在互联网加入电子商务之前，过去几十年大公司一直利用电子数据交换系统自动完成商业交易的例行文书、管理自动存货补充一类的业务，并根据事先确定的条件进行采购。这只能局限于供应商与客户之间的大批量交易，因为电子数据交换系统需要投入相当多的资金购置专用硬件和专有软件，租用费用高昂的电信线路。即便到20世纪90年代，计算机的功能内存提高，存储成本下降，电子数据交换的费用降低，但对许多交易来说费用仍然过高。而在采用非专有协议和覆盖全球的互联网以后，费用大大降低了。互联网作为一种商务工具降低了进行电子交易所需的软件和通信服务的成本。从90年代中期开始，由于向数字格式的靠拢和数字网络标准的开发，如互联网的技术规格，互联网的扩展和商业化使计算机和通信设备的联网变得更容易，费用更低。互联网上的商业机会以及计算机和通信硬件成本的降低为各种创新创造了一个极其有利的环境。今天，美国的电子商务虽然仍以电子数据交换为基础，但以互联网为基础显示了更广阔的前景。美国制造商协会估计，目前使用互联网处理商务的公司还只占电子商务的17%。波士顿咨询集团估计，1998年价值6710亿美元的电子商务交易仍有86%是通过私人网络的电子数据交换系统进行的。但到2003年，电子数据交换系统的交易比例将下降到28%。以互联网为基础的电子商务不仅费用低，而且拓展的业务空间更为广阔。美国企业和政府都已发现利用互联网建立拍卖市场的巨大潜力，1万多家公司已经在Trade-out.com上张贴广告，出售或购买物资，这个网站专门拍卖多余物资二手资本。货物拍卖行Dovebid已经设立一个拍卖网站，拍卖的物品有20多万件，现在正向全球市场扩展。许多公司都在试验利用互联网交流信息，以便提高生产经营效率。例如，专用设备公司利用互联网建立自己的服务网站，提供部件使用寿命数据，使客户能够在部件发生故障之前进行更换。

自1996年互联网登上经济舞台后，逐渐改变着商务战略和投资的状况，与此同时，美国经济出现了令人瞩目的回升。作为经济健康的最重要指标之一，生产率的增长已经从1973—1995年的平均1.4%的水平增长到1995—1999年的平均28%。美国政府认为，种种迹象说明，随着计算机功能的明显增强、网络的迅速发展或功能越来越强的新软件这三者之间的相互促进，使计算机处理、数据存储和检索以及通信价格大幅下降，转过来又推动互联网活动的增多以及对信息技术硬件和软件商业投资的增加，这样的投资是美国经济出现强劲势头的主要原因。美国商务部把这种经济景气称为"数字经济"，而且把电子商务誉为"数字经济的先锋"。美国经济界、企业界人士已经习惯于把电子商务与信息技术为主导的美国新经济相联系。他们认为，美国正从工业经济转向信息经济，在过去几年里推动美国经济增长的首要因素是产业结构的迅速调整和转变，其中最引人注目的是信息业的快速增长和在网络技术基础上电子商务的发展，通信业、信息业和服务业在美国国民经济中已占主导地位，特别是计算机、通信及其内容的融合产生了一个全新的多媒体产业。目前这一产业的产值已占美国 GDP 的 30% 以上，从事信息工作的人员也大大超过传统产业的工作人数。信息业不仅是美国最大的产业，而且是近些年增长最快的产业，信息产品和服务的消费增长也领先于其他方面。1999 年，美国汽车等"旧经济产品"的消费增长 10% 左右，而电脑、电话、娱乐、金融服务等"新经济产品"的销售增长 25.5%。近些年，越来越多的商品通过电子网络销售，并以电子货币形式支付。1999 年，美国互联网创收 3010 亿美元，其中电子商务占 1/3 强。美国的电子商务每年以 200% 的速度递增，到 2000 年底，美国有四成左右的零售商通过电子网络出售商品，因此，越来越多的公司将围绕着网络经济进行改组和调整，并在发明创造、设计规划、生产销售、售后服务等各个环节与网络紧密联系。经济界和企业界相信，数字化的电脑网络将产生出新的财富形式，当网络带宽增长到足以承担完全多的媒体时，各种新的机会将会梦幻般地产生。欧洲企业家经过起初的短暂迟疑之后，也迅速加入电子商务行列。与美国不同的是，美国商界集中发展以消费者为主导的电子商务，而欧洲公司则主要发展企业间的电子商务（B2B）。一种模式是由买方建立的市场，这类市场是多数买方或联合或单独建立市场，使价格和购买过程通过网络来进行。另一种模式是由供应商建立的市场。例如，正在成为欧洲建筑业市场的 b2bbuild.com，此类市场的建立者大多是由风险资本公司支持的新建企业，它们的目标是将某一工业内的买方和卖方联系起来。还有一种模式是内容汇总，它将产品目录转变为数字形式，使之能为 B2B 电子商务市场所用。例如，unipharmanet，在这里，许多生产商的医药产品在一个网站上供应。以买方为主导的市场在欧洲影响甚大,汽车宇航能源供应、航空业以及日常零售业都将建立网上采购市场,在这些领域,工业巨头正在和电子商务公司合作,推进网上市场的建设。据加特纳集团估计,到 2004 年,欧洲经济中所有交易的 15%（按价值计量）将通过 B2B 进行。目前,网上的交易双方都还不需要向网上市场缴纳交易费用,许多市场在开始阶段也放弃收取交易费用,以便将参加者吸引到网络上来。如果提供额外服务,就将对其收费,这些服务可能包括大型采购任务、资信审查、支付操作、国外送货、市场信息和欧盟内关税及税收问题的办理。分析家们认为,从 B2B 获益最大的领域将是那些买方和卖方分得很开的领域,如保险业、零售业等,还有一些是拥有资本密集型生产程序并拥有大库存量的产业,如钢铁业和汽车业。自从 2000 年两个由零售业支持的国际市场（World wide retail Exchange 和 Global Net Exchange）产生以来,欧洲消费品零售业活跃起来,并认识到 B2B 电子商务的潜力。

在资本货物领域,开始许多 B2B 市场也只集中在标准化产品上,不直接交易加工品和原材料,随着买方信任度的增加,一些专业化的系统零部件也逐渐上网交易。但总体来说,欧洲与美国电子商务的竞争仍然很落后据伦敦汇丰银行的调查报告,美国在全球企业电子商务中占 80%,欧洲仅占 10%,亚洲和近东占 10%。1999 年,美国以企业间电子商务方式从事的贸易额为 1140 亿美元,欧洲（包括瑞士和挪威）的贸易额为 530 亿欧元。到 2003 年,欧洲虽可达 4440 欧元,但美国的营业额可达到 2.8 万亿美元。

在日本,民间消费者的革命正在推动电子商务的发展。数百万网上消费者,其中很多是家庭妇女。已经在通过电子公告牌或在网上商场进行讨价还价,尽管日本的通信成本还较高。他们在网上寻找特殊或特价商品,从而使在日本零售业占主要地位的杂货店在数字时代得以继续发展。在电子商务领域远远落后的日本企业和政府试图急起直追,并想建立亚洲统一的电子商务市场,日立制作所、丰田汽车公司等 200 家日本企业将与通产省合作,实施在亚洲普及"电子政府"和电子商务市场的计划。该计划除让亚洲各国采用日本的电子认证规格外,还提出要健全法制,在亚洲创设统一的电子商务市场[①]，其目的在于确保日本信息技术产业的市场，该计划的实施机构是2000年9月成立的"亚洲PKI论坛"。该机构将向计划引进电子商务的各国产业界提供最合适的系统，为了各国产业界能尽快引进电子商务，该组织还将鼓励它们利用日本企业的技术和系统。该组织还试图在建立"电子政府"方面向各国提供援助，以促使各国政府实现网上办公。通过提供日本的电子认证技术，对打算参加政府采购的企业和行业产生延伸效应，除提供日本的技术外，该组织还将促使各国对现有的电子商务系统进行调整，创造有利于建立国际统一市场的环境。该组织将推动亚洲各国建立统一的电子采购市场，以便于生产厂家采购零部件和原材料。

电子商务还迅速波及发展中国家和地区。美国《新闻周刊》评论说，建立网络公司的热潮实际上已经改变了亚洲几只"虎"的经济发展方式。2000年第一季度，韩国互联网公司的数量猛增33%，达到6500家，从而使以科技股为主的汉城（今首尔）"高斯达克"成为亚洲主要的股票交易场所之一。现在1/4的韩国人经常在网上购物，进行股票交易或交互式的计算机游戏。2000年底，韩国网民人数增加1倍，达到3000万人；有300万家庭与高速互联网连接，占韩国所有家庭的20%以上，普及率位居世界第一（在美国，只有5%的家庭与高速互联网连接），有16万家庭正在向韩国首家提供宽带互联网服务的公司申请获得宽带。互联网服务韩国的网上"淘金热"促使雅虎公司创始人杨志远宣称，韩国是"全球主要的互联网市场之一"。新加坡1998年建成了覆盖全国的高速光缆网，基础设施已完善；同时，制定了2000—2001年的信息技术政策，提出给3万户低收入家庭配置半新的个人电脑，并免收上网费。2000年4月，新加坡政府提前2年在通信市场领域实施完全自由化，许多企业踊跃申请开展电话服务和互联网服务，包括外资企业在内已得到批准的企业达到106家。马来西亚也于1999年7月对外开放了高新技术开发区芝贝尔贾亚，取得了参加"多媒体超级走廊计划"资格的企业达到324家。据高盛公司报告预测，2000年亚洲B2B电子商务的营业收入可达250亿美元，到2005年可达4400亿美元。[②] 拉美地

[①] 扬秋艳：《亚太地区感受网络经济》，《国际商报》2000年8月28日。
[②] 《亚洲电子商务在艰难中发展》，《国际商报》2000年8月21日，译自《亚洲华尔街日报》。

区也没有被电子商务排除在外。微软公司总裁盖茨预测，在互联网服务方面，过去5年拉美连续每年增长42%，2000年网上的广告费用将达到16亿美元，在未来3年内，拉美的互联网用户将会达到3000万。

三 电子商务对世界贸易影响的分析

（一）电子商务的发展为信息和网络技术创造了更大的需求和供给，促进了世界产业结构的调整和国际分工的新变动

互联网和相关的网络技术既是信息技术产业化的催化剂，也是信息技术产业化的组成部分。它既是新经济的结果，也是新经济的起因，因此是影响技术和经济变革的因素和结果，以电子商务为终端的信息技术产业化过程对美国国内的商业投资产生了极大影响。在过去7年里，购买设备的商业投资增长速度最快，信息技术投资在这种增长中占近2/3，信息技术的不断创新使通信设备成本大大降低，1987—1994年计算机价格年均下降大约12%，1995—1997年年均下降2%；1994—1998年电信设备每年平均下降2%。不断下降的信息技术产品价格和不断增加的电子商务需求，不仅促进了对计算机和通信设备的巨额投资，还促进了对利用和增强设备的市场能力的新软件的巨额投资。1995—1999年，美国对信息技术设备和软件的实际商业投资增长1倍以上，从2430亿美元增长到5100亿美元。在此期间，投资总额的软件部分从820亿美元增长到1490亿美元，投资增长促进了美国的计算机、通信设备和半导体器件生产的大幅度上升。这些产业的产出增长从20世纪90年代初的每年平均大约12%上升到最近6年的大约40%。2000年，信息技术产业在美国经济中的比重已达8.3%，占1995—1999年美国经济的实际增长的近1/3。

然而，美国对信息技术产业的巨额投资实际上来源于全球资源，自1993年以来，美国信息技术产业投资年均增长率始终高达12.8%，几乎是传统工业设备投资增长率（4.5%）的3倍。但是美国的国内储蓄和投资之间存在很大缺口，1998年，美国国内投资总额相当于GDP的15.8%，但国内净储蓄额仅相当于GDP的7.4%。储蓄和投资的巨大缺口靠外资流入来弥补。据国际货币基金组织、美国商务部和日本银行等机构统计，仅在1995—1997年，从西欧流入美国的资本额就高达3803亿美元，1999年为 1472 亿美元，从亚洲和拉美流入的资本额分别达 1912 亿美元和 66 亿美元。据美国财政部统计，1998 年，外国人购买的美国国库券、公司债券和股票等长期证券净额合计达 2220 亿美元，到 1999 年底，外国人拥有的美国金融资产总额已达 8 万亿美元。另据统计，1999 年流向美国企业的净投资弥补了其经常项目赤字的 38%，流向美国金融市场的固定收益净资本弥补了其经常项目赤字的 6%。连美国经济学家都承认，资本大量流入美国是资源全球化配置的结果，也是美国"新经济"产生的源泉。

正是全球资本流入美国，从而支撑了以信息技术产业化为先导的美国"新经济"。新兴产业不仅创造了新的供给，而且创造了新的需求。它首先促进了美国产业结构的调整和变动，并进而带动了世界性的产业结构的调整和变动。通过跨国公司的全球配置和生产国际化，美国信息技术产业的生产经营已经国际化，据美国商务部报告，1997 年美国本土的信息技术公司的出口额为 1210 亿美元，而其在海外的子公司的对外销售额却达到 1960 亿美元，美国公司在海外生产的扩大甚至使美国本土进口海外生产的信息技术产品超过本土母公司对海外同类产品的出口额，1999 年该逆差达到 660 亿美元。但是，外国在美国的投资企业所生产的信息技术产品的出口弥补了这个逆差，并创造了 860 亿美元的顺差。

世界产业结构的调整使全球大型企业的排行榜发生了急剧变化，美国《商业周刊》列出 2000 年全球 100 强名单，并评论说，2000 年排行榜前 25 家公司中，有 10 家来自电信领域，而 1999 年还仅 5 家。在数字经济中领先的美国公司如通用电气、英特尔、思科、微软囊括了 100 强的前 4 名，领导欧洲和日本数字革命的多家电信公司也名列前 25 名，如英国达沃丰、德国电信、法国电信、爱立信和诺基亚等；日本电信电话一多科莫公司也从 1999 年的第 27 位上升到 2000 年的第 8 位。

按照世界产业结构变化的发展方向，国际分工也将发生新的调整和变化。美国处在信息技术、生物工程技术以及体现"新经济"的其他技术产业化的技术创新地位和产业分工的最高位次，通过跨国公司的全球配置和生产国际化活动，把世界多数国家纳入新兴产业的国际分工链条，每个国家都将依据自己的比较优势在新的国际分工链条中占据不同的位次，或通过竞争使自己的位次发生变化。随着世界产业结构调整的深化和发展，新的国际分工将取代旧的国际分工,各国包括发达国家都面临国际经济秩序变动和国家竞争力的新挑战。

(二) 电子商务将大大促进国际服务贸易和技术贸易的发展

电子商务大大便利了以图像、文字声音为媒体的非物质性商品的传输,并加速了技术商品化的进程,从而使服务贸易和技术贸易在国际贸易中占据越来越重要的地位。现在,美国最大的出口部门已经不是飞机或汽车产品,也不是电脑产品,而是拥有电影和电视节目的娱乐产品和服务,包括数字网技术和卫星技术也大量成为出口产品。随着电子商务的发展,电脑软件、信息技术服务、商业和企业咨询、金融服务等都将成为国际服务贸易的内容。美国贸易结构的变化是与其产业结构变化相对应的。虽然至今美国在"旧经济"工作的人数比"新经济"的还多4倍,但所有企业盈利的大约一半已来自正在崛起的新行业,在软件、信息技术服务、企业咨询、金融服务、电信和媒体等领域的平均收入稳定增长,而在建筑、生产、运输和传统服务领域的平均收入甚至低于1988年的水平。"新经济"领域的生产率每年提高35%,这种结构变化不仅带来美国贸易结构的变化,而且也将逐渐改变整个国际贸易的结构。在未来的世界经济发展中,传统的货物贸易仍将增长,但服务贸易和技术贸易的增长速度将更快,并出现一些新的服务贸易和技术贸易大国。

(三) 电子商务对国际贸易运作方式、外贸企业组织结构以及世界市场的影响

一是电子商务将极大地改变传统的贸易运作方式,摆脱常规的"有纸化办公"。这不仅要求交易双方和贸易服务部门的商业信用和支付的银行信用的高度成熟,而且要求保险机构、金融机构、承运人、买家、供应商在电子网络交易系统中的高度整合与兼容,使网上市场成为与国际交易参与者密切关联和利益攸关的集合体,从而改变传统的运作方式和参与者之间的利益关系。二是电子商务将要求国际贸易运作方式和外贸企业活动按照电子商务的交易规律和模式进行重组。目前,电子商务有三种比较流行的交易模式:第一种称作买方模式,可以利用买方购买力强大的特点,向网络输送采购软件,通过网站与供应商保持固定联系,并向供应商收取佣金,如美国通用汽车与软件供应商所建立的通用在线网站。第二种称为卖

方模式，即卖方建立的供货网站，为购买者服务。第三种称为单一产品供应商模式，许多销售商将通过网络促销同类产品，这种网站将吸引同行业的厂家和供应商参加电子交易。这三种模式将要求未来的贸易运作方式按照进口、出口以及产品专业化经营的方式进行组织，形成买方模式的网上进口市场、卖方模式的网上出口市场以及各种单一产品的专业化市场。按照新的贸易运作方式和市场模式，外贸企业的业务活动和组织结构也必然发生新的变化，进出口业务的相对分离和单一产品的经营公司将适应电子商务市场模式的要求而得到发展，从而不仅使外贸企业的组织结构发生变化，而且使世界市场的面貌发生新的变化。三是电子商务将使企业内部机制和管理进一步电子化、信息化，最后达到企业经营管理技术的变革，通过互联网实现企业内部的信息沟通，形成内部的高度整合是电子化的第一步变化。第二步是上网寻找客户、扩大新的销售渠道，成为新的管理职能。第三步是对价值链或供应链进行全面整合，实现电子化管理的高效运作，使企业内部机制和管理发生实质性的变化。第四步是通过网上销售扩大相关的服务范围，使企业的经营管理进一步完善。在企业对企业的电子商务中，还要完成供应商与客户之间不同生产经营流程或价值链的高度整合，从而把企业的经营管理技术提高到空前的水平。

显然，电子商务使国际贸易运作发生新的变化，从而要求有新的贸易规则出现，一些传统的贸易惯例将发生变化，贸易纠纷仲裁也将面临新的挑战，整个国际贸易秩序都将被重新塑造。其中，对付利用网络进行经济犯罪将成为维护国际贸易和国际经济秩序的重大问题。这就要求国际社会协同合作制定战略，在全球范围内维护电子交易安全和保护网上消费者利益，以增强消费者对全球经济的信心。未来国际贸易秩序中将出现适应电子商务发展的许多新规则，而以美国为首的西方国家又将是国际贸易新规则的制定者。

（四）电子商务使金融资产交易更为便捷，从而进一步提高国际资本流动的速度，并对国际金融监管产生影响

金融产品创新和电子商务在银行营销中的应用是国际金融业发展的潮流，它使传统银行的经营方式、服务手段、服务界限、服务功能发生了显著变化。新的金融产品往往需要借助便捷的信息化服务手段才能扩大客户

范围，满足更多客户关于金融新产品信息咨询的需求。电子商务使银行客户在任何时间、任何地方都能方便地获得银行提供的各种服务。例如，账户查询、转账、消费、资金管理等。电子商务为银行的市场营销提供了一条低成本、高效率的途径。证券交易的网络化也正在席卷全球，投资者利用互联网，获取国内外各交易所的即时报价，查找国际国内各类与投资者相关的经济金融信息，分析市场行情，并通过互联网进行网上的委托下单，实现实时交易。证券业的电子商务在世界各地已迅速发展[1]。到1998年底，美国网上证券公司已超过100家，网上交易的账户总数超过了300万，有1/5的上网家庭已通过网络进行投资，股票网上交易量已占美国全部股票交易的14%。1999年下半年以来，一些大型券商，如美林证券、摩根士丹添惠也开始介入网上市场。欧洲的瑞典、英国，亚洲的日本、韩国以及中国的台湾地区、香港等都大力推行网上交易，连马来西亚也于2000年4月1日开始推行网上交易。电子商务在银行业务和证券投资中的应用，必然大大加速资本流动的速度，随着经济全球化和国际资本流动自由化的发展，国际资本流动也将更多地通过电子商务或互联网的途径来进行，导致资本跨国流动的速度加快，规模扩大[2]，也给各国的金融监管当局带来新的课题与挑战。如何在资本跨国流动电子化的新形势下保持金融与经济的稳定，引起国际金融界在监管理念、电子金融交易规则、电子交易监控手段、电子交易技术标准等一系列的新变化。

（五）对互联网和电子商务利用程度的差异导致全球性贫富差异的深化并引起了国际社会的高度重视

美国商务部报告中披露，在1998年所做的调查中发现，美国550万收入至少为7.5万美元的人，87%有电脑，6%与互联网连接；120万收入低于1.5万美元的人，只有7%有电脑，2%与互联网连接。这种因掌握信息网络技术不同而带来的贫富差异被称为数字鸿沟（digitaldivide）。尽管互联网在美国已经相当普及，但是仍有98%的拉美裔、99.5%的非洲裔和98%的亚洲裔不能使用互联网。美国商务部负责电信的助理国务卿拉里

---

[1] 周建初：《加快证券电子商务建设》，《金融时报》（每日证券版）2000年8月31日。
[2] 《决胜新经济时代——网络化为金融业带来深刻变革》，《金融时报》2000年9月6日。

说，美国的数字鸿沟正在变成"种族峡谷"，它已经成为美国首要的经济和民权问题。在欧洲，英国也面临与美国类似的情况，英国能够利用互联网与信息技术的穷人和富人之间的差距也令人震惊。在发展中国家，虽然信息和通信基础设施越来越多，但与发达国家相比，差距仍很悬殊近。90%的互联网主机位于高收入国家，而这些国家的人口仅占世界人口的16%；纽约市所拥有的主机数量比整个非洲还多，而芬兰的主机数量要多于整个拉美及加勒比海地区。亚洲国家和地区的经济增长的差距也因信息技术普及程度的不同而有所扩大，《日本经济新闻》评论说，新加坡和马来西亚的信息产业已经成为其经济发展的催化剂，而泰国和印度尼西亚因起步较晚已经难以赶上经济增长的大潮。据亚洲开发银行预测，2001年泰国的实际国内生产总值将增长4.6%，而新加坡等国的经济增长率将超过6%。全球数字鸿沟已引起各国政府的重视，美国政府多次强调要消除美国内和全球的数字鸿沟，联合国、世界银行、经合组织和八国集团首脑会议也都把缩小发达国家与发展中国家之间的数字鸿沟列为重要议题，其中最引人注目的是冲绳八国集团会议通过的帮助穷国发展信息技术、缩小数字鸿沟的承诺。

第四章 转变外贸发展方式的经验与理论分析

转变经济发展方式是党的十七大以来中国经济工作中重要的指导思想。在对外贸易领域，早在2004年，中央经济工作会议就曾提出"转变外贸增长方式"，经过几年实践，特别是经过2008年和2009年应对国际金融危机冲击的考验，2009年12月中央经济工作会议提出了"加快外贸发展方式的转变"。从"增长方式"的转变到"发展方式"的转变，虽然只有两个字的变化，却深刻反映了中国政府决策者对中国自身经验的新认识和对科学发展观的新理解。如何用经济学的认识工具和语境对此进行诠释，应是中国经济学理论研究的任务。

第一节 "价格的贸易条件"与"微笑曲线"等经济学理论的局限性

以往有关外贸增长方式转变的研究，一般把它理解为主要是针对中国出口商品结构位于低端、产品科技含量少、产品附加值较低；因此要把推动出口增长的动力机制从资源消耗和增加劳动要素投入转向提高科技要素投入、技术和工艺创新以及劳动者素质上来，从而提高出口产品的附加值。一些研究还提出这也应包括要改变环境污染和生态破坏的增长状态。[1]

---

[1] 参见郭红利《谈转变外贸增长方式》，《价格月刊》2005年第4期；杨正位《加快转变中国外贸增长方式探讨》，《经济前沿》2005年第7期。

从现在看,这种认识也没有完全过时,但为什么在时隔 5 年之后,特别是在经历了应对国际金融危机冲击的实践之后,要强调把转变外贸增长方式提升为转变外贸发展方式,这究竟蕴含了哪些新的信息和新的认识呢?

从理论渊源上来看,转变外贸增长方式的理论探讨,首先可以追溯到贸易的价格条件恶化学说。[1] 该理论认为,随着某种产品的出口贸易增加而使出口价格与进口价格的比值下降,出口国的国民福利受到损害。用这个理论来解读现在的中国出口贸易,就是指中国靠资源消耗和劳动要素供给不断增加出口数量,导致单位产品出口价格不断下降,及其与进口价格的比值也不断下降。应该说,现实情况与此相符。其次,20 世纪 90 年代以来,台湾学者施振荣提出了"微笑曲线"学说,被大量引证,并通过这个学说加强了贸易条件恶化说的说服力。[2] 按照"微笑曲线"学说,中国出口贸易所依靠的加工组装生产,处于"微笑曲线"的最底端,即价值链的最底端,国民福利最低;在国际价值链高端的上下游环节,是附加值较高的环节,但都被国际资本获取,中国大量的出口贸易拿到的仅仅是最低端的"血汗"收入,因此中国对外贸易应当向上下游高端发展。这两个学说从理论逻辑上看是无懈可击的,对中国对外贸易的政策制定和实践发展也有参考意义,但却不是中国转变外贸发展方式完整的理论解释,更不可将片面理解用于指导政策的制定。

实际上,一些西方经济学家已经看到价格贸易条件学说的不完善,指出贸易条件的计算有三种主要的方法[3]:一是价格贸易条件(NBTT),即一国出口商品价格指数和进口商品价格指数的比率。它直接反映了一国单位出口商品能够换得的进口商品的数量。一般认为,如果一国的价格贸易条件恶化,意味着该国单位产品的出口换得的进口将减少,是一种福利损失;反

---

[1] Raul Prebisc, *The Economic Development of Latin America and Its Principal Problem*, New York: United Nations, 1950; H. Singer, "The Distribution of Gains between Investing and Borrowing Countries", *American Economic Review*, Vol. 40, No. 2, 1950, pp. 473 – 485.

[2] 施振荣:《再造宏碁》,台北:天下文化出版股份有限公司 1996 年版,第 220—225 页。

[3] G. S. Dorrance, "The Income Terms of Trade", *Economic Studies*, Vol. 16, No. 1, 1948 – 1949, pp. 50 – 56; Jagdish Bhagwati, "Growth Terms of Trade and Comparative Advantage", *Economia Internazionale*, No. 121959; A. Krueger and H. Sonnenschein, "The Terms of Trade, the Gains from Tradeand Price Divergence", *International Economic Review*, Vol. 8, No. 1, 1967, pp. 121 – 127.

之，一国的贸易条件改善，意味着该国单位产品的出口换得的进口将增加，是一种福利增加。但是在一国价格条件下降的同时，有可能出现出口商品的劳动生产率提高、出口量增加以及外贸收入增加的现象，此时，一国价格贸易条件的恶化并不一定造成社会福利的减少，反而是社会福利的增加。因此，在价格贸易条件的基础上，派生出另外两种贸易条件的计算方法。一种是收入贸易条件（TT），即在价格贸易条件的基础上考虑出口数量，以衡量一国所获得的静态贸易总量的变动趋势。另一种是要素贸易条件（FTT），即在价格贸易条件的基础上考虑要素的劳动生产率，以衡量一国使用单位生产要素能够换得的进口商品的变动趋势。由于价格贸易条件直接关系到中国出口商品的价格竞争力，收入贸易条件关系到中国整体收益的变动，而要素贸易条件考虑到技术进步的动态作用，这使得贸易收益的衡量更加全面。但收入贸易条件和要素贸易条件在实证研究中往往被忽略，而价格贸易条件又往往被片面夸大。[1] 李小平计算了1981—2007年中国工业制成品的各个贸易条件[2]，发现工业制成品的价格贸易条件在1986年后呈现持续下降趋势，但是收入贸易条件和要素贸易条件保持了上升趋势，这体现了工业制成品劳动生产率的增长显著影响了收入贸易条件和要素贸易条件。湛柏明针对把中国价格贸易条件恶化归因于外商投资企业的观点，特别计算了1994—2007年三资企业的各个贸易条件，结论是：三资企业在此期间的价格贸易条件在波动中呈改善趋势，收入贸易条件和单要素贸易条件呈稳定上升趋势；而规模以上企业和国有企业的收入贸易条件也是上升的。[3]

不同的计算方法实际上反映了不同的利益立场。价格贸易条件学说是基于厂商的理论，即资本所有者的理论，它没有把厂商利润以外的国民收益分配纳入视野。中国的出口产品附加值低，但收入的贸易条件却表现为上升趋势，这说明厂商利润并非国民收益的全部。提高产品附加值是必要

---

[1] 武海峰、牛勇平：《改善中国贸易条件依靠技术进步》，《经济学动态》2004年第12期；李汉君、孙旭：《中国价格贸易条件变动趋势与出口商品结构：基于1981—2007年的时序数据研究》，《国际贸易问题》2009年第3期。

[2] 李小平的实证计算见裴长洪主持的中国社会科学院重大项目《后危机时代中国开放型经济研究》第5章，社会科学文献出版社2011年版。

[3] 湛柏明：《中国外资企业的贸易条件效应分析》，《财贸经济》2010年第4期。

的，但并不能满足增进国民福利的全部要求。

"微笑曲线"实际是厂商理论的案例图解，但它勾画的是一幅平面图。如果加入经济创造力（比如营业收入、利润总额、就业总量，尤其是就业总量），"微笑曲线"将变成一幅三维图，这时就会看到，在"微笑曲线"的低端，其截面很大，而在上下游高端，其截面很小（见图4.1）。以电子信息行业为例，高端企业是美国的"微软"和"英特尔"等少数厂商，它们掌握"微笑曲线"的高端，但这些少数企业的员工多的也不过几万人；而这个行业的低端存在着数量庞大的中小企业，也不乏巨型企业，比如中国鸿海集团一家的就业量就达到几十万人。

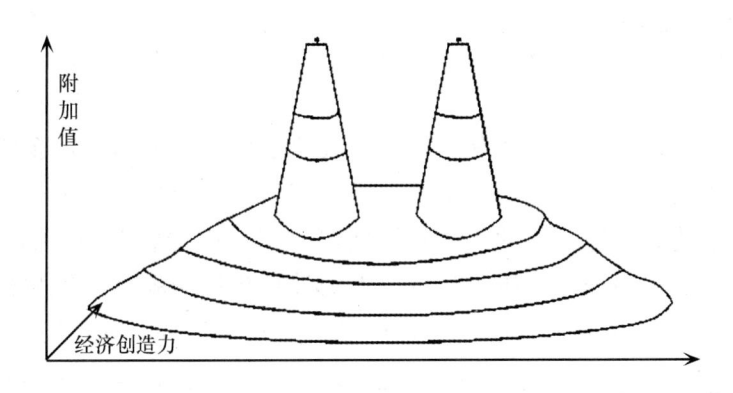

图4.1 微笑曲线—经济创造力视角

中国在未来一个时期内，"几亿件衬衫换一架飞机"这种事不仅要继续做下去，而且意义仍然重大。因为我们仍有许多做不了"飞机"、只能做"衬衫"、只会做"芭比娃娃"的农民群体。尽管中国劳动力成本比改革开放初期上升了不少，但在世界上仍是低水平，加之良好的投资环境、全面的产业配套能力，中国吸引外资制造业的固有优势并未丧失。让更多农民从农业部门转向二三产业，获得更高的要素报酬，是比提高厂商利润更重要的目标，也是外贸部门增进国民福利的更重要目标。

表4.1所列出的就业人数和工资状况，是十分重要的国民福利信息，但它难以在价格贸易条件的实证计算和微笑曲线中得到反映，因此这两个理论的解释范围是有限的，如果运用不当，就会把原本具有一定科学性的

理论推导到谬误上去。

表 4.1　2003—2007 年通信设备、计算机及其他电子设备制造业外商投资企业就业与工资状况

年份	外商投资企业就业人数（万人）	外商投资企业就业人数占行业就业人数比重（%）	行业就业人员人均工资（元）	外商投资企业就业人员人均工资（元）
2003	177.6	649	186353	188423
2004	2690	710	193878	198562
2005	3185	724	216444	216643
2006	3747	742	253216	254425
2007	4427	753	304150	311175

资料来源：中国社会科学院财政与贸易经济研究所外商投资企业运营课题组调查资料，2009 年。

在产业链条上，分工确有高、中、低端之分，中国确实需要实现产业升级，逐步向产业链的中高端攀升，但不应忽略低端生产环节仍然具有很强的经济创造力，即广泛动员和利用优势生产要素的能力。例如，中国制造业巨子鸿海集团即富士康是全球最大的计算机连接器和计算机准系统生产商，按"微笑曲线"标准，它是标准的"低端"企业；但其代工客户遍布全球，主要都是一些国际一流品牌，如苹果电脑、惠普电脑、戴尔、IBM、思科、索尼、索尼爱立信、摩托罗拉、诺基亚等著名的 IT、数码、通信品牌。从 1991 年至 2007 年，集团年均营业收入保持超过 50% 的复合增长率，2005 年成为世界第一大代工厂。2008 年其利润为 17.5 亿美元，出口额达 556 亿美元，占当年中国出口总额的 39%。这一年，其营业收入为 619 亿美元，虽逊于西门子、三星、IBM 等企业，但强于戴尔（611 亿美元）、佳能（396 亿美元）、思科（395 亿美元）、菲利浦（388 亿美元）、英特尔（376 亿美元）、苹果电脑（325 亿美元）、爱立信（317 亿美元）、摩托罗拉（301 亿美元）、夏普（283 亿美元）、爱默生（253 亿美元）、泰科国际（214 亿美元）、三菱电机（196 亿美元）等同行业内的顶尖高端品牌。[①] 在经济创造力方面，从就业贡献来看，巅峰时的 2007

[①] 世界 500 强，财富中文网站（http://www.fortunechina.com/）。

年，该集团在国内的用工数量竟达到了惊人的 75 万人，金融危机时期的 2008 年仍有 70 万人。此外，它与钢铁、汽车、光电子等产业的合作形成很长的产业链，带动相关产业的发展。2007 年，它在武汉建立十几万人的新基地，各类产业链上的企业也随之落户，带动的就业人员不少于 50 万人，为武汉解决大量就业问题。在营业收入、就业总量等经济创造力的主要方面，远远超越华为、中兴等内地电子信息业的高端企业。[①]

同时，我们还要吸取生产环节盲目高端化的教训。21 世纪初，台湾曾有一批代工企业试图自创品牌结果铩羽而归，只好退回代工领域重操旧业，明基就是典型。应该认识到，创立品牌不是一蹴而就的事情，牌子和品牌也不能同日而语。纵观世界，其实真正的世界品牌极少。在家电领域德国无非"西门子""博世"几家，日本也只有"松下""东芝"几家，韩国不外乎"三星""LG"。这些品牌往往要经历几十年甚至上百年的市场锤炼与磨砺。不仅创立品牌有风险，研发领域也并非坦途。20 世纪末，韩国大宇集团为世界 20 家大企业之一，资产曾达 650 亿美元。在一代人的心目中，大宇集团是韩国的象征，拥有世界一流的核心技术，而且都是自己控制的，但它还是在 2000 年底猝然破产了。企业的生态环境是复杂的，其生存取向应是多元的；"高端"并非一定好，"低端"也非一定不好，当低则低，能高才高，方为正道；它们都有存在的意义，都要经过激烈竞争，才能"适者生存"。企业的发展，关键是要苦练内功，不论低端还是高端，只要能做深、做精、做细、做透、做绝，就有希望做强、做大。

第二节　中国应对国际金融危机冲击的主要经验

一　中国劳动密集型产品出口具有收入需求弹性低和更抗经济波动风险的优势

2009 年，中国以食品与活动物为主的农产品出口同比只下降 0.5%，

[①] 2008 年，华为、中兴的营业收入分别为 183 亿美元、58 亿美元，只占鸿海的 30%、9.4%，雇员分别为 81 万人、61 万人，只占鸿海的 116%、87%。数据引自《中国大企业集团年度发展报告（紫皮书）2009》，中国发展出版社 2010 年版，第 112 页。

鞋、家具、纺织服装、箱包、玩具、塑料制品等劳动密集型产品的出口金额下降幅度分别为 5.7%、6%、84%、9.2%、10%、101%，都大大低于 16% 的商品总体出口金额下降水平。[①] 这种现象的启示是，低技术劳动密集型产品不仅具有收入需求弹性较小的特点，而且其他经济体也难以在短期内替代中国成为世界市场的大量供给者，因此在中国产业升级和结构调整中仍然要注意延续其比较优势，特别是通过向内地和中西部转移，使中国在世界市场上继续成为低技术劳动密集型产品的供应基地。

二 自由贸易区战略的实施开辟了市场多元化的新路径

从中国出口角度看，欧盟、美国、中国香港是中国内地的前三大出口市场，其次是日本。但自 2009 年上半年起，东盟超过日本成为中国第四大出口市场。2009 年全年中国对东盟出口额达到 1063 亿美元，比上年下降 7.0%，对日本出口额 9791 亿美元，比上年下降 15.7%。东盟出口市场地位的上升，是实施自由贸易区战略的结果，伴随着中国—东盟自贸区的全面实施，国际大通道战略合作的进一步深化，东盟新市场的开辟将显示更大的生机和活力。另外，伴随着中国与智利、秘鲁、哥斯达黎加自由贸易区协议的生效，中国对拉美市场的渗透能力进一步增强，拉美市场有望成为中国外贸出口增长最为迅速和活跃的新兴市场。

三 贸易企业以增加服务内容形成供应链机制，创造了出口生产企业国际竞争力新因素

在外贸领域不少小型生产性企业自己承担流通领域的服务环节，不仅效率低，而且隐形成本也很高。在应对国际金融危机冲击中，出口生产企业对专业分工的服务需求增加了，许多贸易型企业在过去外贸代理制的基础上对生产企业增加了服务内容，有的还形成了包括物流、商业融资、出口代理、代理信用保险等多项生产性服务内容的供应链机制，不仅提高了流通效率，而且降低了原来的隐形成本。新闻媒体把它们的经验形象地称作"抱团取暖""集体过冬"。现阶段中国出口产品在国际市场上的竞争

---

① 《海关统计》，中国海关杂志社 2009 年版。

优势，一方面主要靠国内要素的低成本优势；另一方面靠国外进口商在境外流通领域嫁接的高效率服务供给。从国内经营领域来看，由于制造环节的不断分散化，要求在流通领域提供物流、资金、通关、结算、出口收汇保险等环节的高效率服务，才能保持中国出口产品的竞争优势或增加新的竞争因素。面对国际金融危机影响的严峻形势，在生产环节还难以在短期内提高制造技术以突破生产效率瓶颈的约束条件下，如何在流通领域创造降低成本的优势，成为一些商务企业发挥作用、创造经验的回旋空间。例如，厦门市嘉晟外贸有限公司依靠扩大为企业服务的内容，与500多家出口生产企业结合成供应链服务模式，创造了2009年进出口业务经营额突破5亿美元、经营额比上年提高20%以上的优秀成绩。[①]

四 商品市场、海关特殊监管区、境外经贸合作区等发挥了国际商务平台的新功能，成为抵御危机的新载体

据浙江省义乌市工商局统计，2009年义乌各集贸市场总成交额创5561亿元历史新高，同比增长1296%。其中当年外贸出口总值21.36亿美元，同比增长11.45%。[②] 另据相关调研显示，作为小商品出口基地，义乌销售的小商品中大约仅有30%是义乌制造，60%来自全国各地，还有约10%来自海外进口到义乌再销售。由此得到启示，商品市场可以成为国际商务交易的新平台，而从单个企业经营外贸到整个商品市场经营外贸，则是一种经营方式和竞争方式的转变。

海关特殊监管区是另一种国际商务平台。截至2009年，中国海关特殊监管区包括13个保税区、56个出口加工区、8个保税港区、10个保税物流园区以及一个珠澳跨境工业区珠海园区。2009年，13个保税区共出口37138亿美元，同比下降201%；56个出口加工区共出口97447亿美元，同比增长0.7%；8个保税港区共出口5582亿美元，同比增长69%；10个保税物流园区共出口38.69亿美元，同比下降61%。为了搞活出口加工区，2009年国务院批准出口加工区拓展物流功能及允许开展相关业

---

① 笔者实际案例调查。
② 浙江省义乌市工商局公布数据，《金华海关统计快报》2009年第12期。

务；相关部委分别联合出台边角废料、旧设备出区政策；海关总署出台内销便利化、通关便利化措施等，极大地改善了全封闭区域的加工制造业生存环境。拓展保税物流等功能后，出口加工区将摆脱单一保税加工功能，转变为保税加工、保税物流、研发、检测、维修、售后服务等多功能经济区域，这将有助于丰富区内企业经营多样化，延伸区内产业链和价值链，拓展出口加工区作为国际商务平台的功能。

境外经贸合作区是中国企业海外投资建立的新平台。在应对国际金融危机冲击中，中国企业进一步认识到它的作用。浙江作为中国外贸大省，在严酷的外部市场环境下，浙江企业加快了"走出去"的步伐。一方面，它们由单纯依赖出口订单转向主动开拓国际市场，一批有实力的出口企业已率先尝试从产品出口向"输出"生产线及产业集群的战略转型；另一方面，一些企业开始在海外建设境外营销网络，不完全依赖境外经销商，从接单生产企业向供应商转型升级，提高在价值链中的分工层次。目前，浙江在海外拥有俄罗斯乌苏里斯克经贸合作区、泰中罗勇工业园、越南中国龙江经济贸易合作区等3家国家级境外合作区；同时还有6家民企建设的境外工业园区在推进之中，如由温州5家中小型鞋企投资3000万美元建设的鹏盛工业区在乌兹别克斯坦开工奠基，它将形成年加工毛皮60万张、制鞋400万双的产能。由温州鞋企康奈集团于2006年牵头建设的国家级俄罗斯乌苏里斯克经贸合作区，目前已有10余家企业签约入园，成为温州乃至浙江企业进军俄罗斯、东欧市场的桥头堡。[①]

五 产业转移开始破题，为延续中国低成本制造优势塑造了新的商业机制

早在2007年11月，商务部和国家开发银行通过政策扶持和政策性贷款支持等手段，计划到2010年培育形成50个优势明显的中西部加工贸易重点承接地；2008年，商务部又确定了22个新的地区为第二批重点承接地。这两年广东省更是开展了声势浩大的"腾笼换鸟"运动，虽然沿海产业转移早已成为政府决策，但一直成效甚少。其根本原因在于，在市场经

---

① 根据浙江经济信息网（http://www.zei.gov.cn/portal/iLhtm）等资料整理。

济条件下，计划管理方式的产业转移绝不可能成为主要出路，它有赖于一种新的商业机制的形成。这就必须依靠企业自身的动力。而此次危机对沿海企业的倒逼压力又转变为一种动力，企业自发创造的产业转移形式将成为政府探索规律、因势利导的基本依据。第一种转移形式是寻找市场型，表现为一些企业向具有国际贸易功能的商品市场所在地转移。义乌圣诞用品行业协会最新统计数据显示，自金融危机爆发以来，义乌圣诞用品生产企业不仅没有减少反而增加了100多家，其中很多来自广东、温州、台州等地。目前，义乌已拥有完备的圣诞礼品产业链，不仅加强了义乌圣诞产品的生产配套能力和国际竞争力，而且为新落户企业解决了市场问题。第二种转移形式是生产协作和配套型，表现为一些企业向产业相关性强的集聚区转移，以谋求生产技术升级。如浙江乐清的巨隆液压设备公司，2006年整体搬迁至安徽芜湖机械工业园区，投资35亿元购入最新设备，并从科研机构聘请专家开发新产品，在外部相关性条件支持下，实现了产品更新换代，2008年企业产值突破3亿元。第三种转移形式是生产外包型，表现为一些沿海企业开始把部分生产环节向内地转移，而自身转变为制造服务型企业，形成以沿海接单（加部分生产）、内地加工、内外市场兼顾为特征的产业链梯度布局的商业运营模式。最典型的是沿海服装加工业向内地发包转移。从形式上看，沿海企业并未发生整体搬迁现象，甚至部分搬迁也未发生，但留在沿海的企业已经悄然开始了向研发、物流、营销、创意等服务功能的转变，这要比形式上轰轰烈烈的搬迁运动高明得多。

六　内外贸一体化开始起步，为开拓市场和培育国际竞争力寻找新途径

中国外贸企业特别是加工贸易企业，不仅不擅长国内经营，而且还存在出口产品转内销的政策障碍。这不仅造成内外贸隔离，而且使出口生产企业难以在国内市场基础上培育规模经济的竞争优势，应对外部环境波动的能力被弱化。在应对国际金融危机冲击中，加工贸易出口产品转内销，打破内外贸隔离的改革措施终于被提到议事日程上来。北京市商务局率先推出改革措施，从2009年3月5日起在金源新燕莎MALL开办了"外贸大集"，现场开办"商务洽谈区"，为外贸企业提供"试水"国内市场的

机会。45家参展的北京外贸企业中，有33家企业通过"外贸大集"找到了零售合作意向伙伴。随后，商务部批准在2009年第105届广交会第二期和第三期间，举办内外贸企业对接洽谈会，组织国内采购商与出口企业双向洽谈，促进出口企业商品内销。这意味着广交会终于打破禁止国内采购商采购的禁令，正式拉开了内外贸一体化序幕。出口产品转内销，文章做在国内市场，但对外贸而言，既是市场开拓方式的转变，也是对外竞争方式的转变。

七 电子商务平台的发展为创新贸易方式、提高管理水平创造了新的技术条件

在应对国际金融危机冲击中，如何运用电子信息和互联网技术手段降低企业经营成本、创新贸易方式、更大范围地拓展国际市场份额，成为政府指导下企业的新实践。福建省国际电子商务平台是国内首家"区域电子商务平台"，2008年5月18日开通后，在应对国际金融危机影响中发挥了积极作用。至2009年9月底已有1万多家企业加入该平台，有2300多家企业通过平台建立了客户网络，单个会员结交客户数最多达40家，为开拓国际市场发挥了积极作用。[①] 同时，全国共有34个省市共同参与了区域电子商务平台的建设，一个全国范围互联互通的区域电子商务平台体系正在形成。

增长应对贸易保护主义的见识和能力，成为提高政府服务水平的新内容、新实践。在国际金融危机冲击中，以美国为首的西方国家对中国出口产品的贸易救济调查案件明显增多。中国政府一方面鼓励和支持涉案企业积极应诉，保护自身的合法利益；另一方面也果断采取措施回击贸易保护主义势头。[②] 中方通过政治交涉、法律抗辩、业界合作等策略，有效应对各类贸易摩擦案件，特别是成功应对了一些对华反倾销、反补贴和337调查等案件；同时学会应用贸易救济措施保护国内受进口损害的产业。

在应对危机中，中国逐渐摸索建立了一套应对贸易投资保护主义的措

---

① 参见《福建平台为企业缝制"过冬棉衣"》，《国际商报》2009年10月16日第7版。
② 周晓燕：《全力做好进出口公平贸易工作》，《国际商报》2009年10月15日第A2版。

施体系，主要包括区分发达国家、发展中大国和其他发展中国家，制定差别化的贸易摩擦应对策略，① 运用 WTO 争端解决机制等应对手段，积极组织形成由商务部、地方政府、商协会以及涉案企业在内的"四体联动"协调应对机制，相互配合、各负其责，采用"多管齐下"的应对策略；充分发挥行业商会、协会组织的作用，协助有关企业积极应诉；加强商务部与业界的配合，发挥中国驻外经商处作用，动态掌握主要贸易伙伴国内产业发展与双边贸易状况，增加对主要贸易伙伴国内市场、产业、技术等信息的收集和分析预测，适时发出预警，增强应对摩擦的主动性和前瞻性；密切联系商协会，着重分析与中国贸易摩擦多发国家的双边贸易状况，选取适当产品纳入贸易报复清单库并制定科学合理的反制预案。

第三节　对中国经验的经济学分析

中国应对国际金融危机冲击的种种事例和主要经验说明，转变外贸发展方式，绝不仅仅局限于优化出口商品结构和提高出口产品附加值，尽管这些也很重要，但绝不是唯一的。中国转变外贸发展方式的内涵很丰富，从经济学意义上分析，它至少包括以下方面。

一　转变国民收益分配方式和格局是转变外贸发展方式的第一重经济含义

对于中国这样的人口大国和制造业大国来说，在工业化发展进程中必然还存在大量中低端的生产制造技术和生产环节，生产分工在一个地方实现了价值链环节的提升，并不意味着在全国同步实现这种提升，生产分工的价值链在局部的提升与其中低端生产制造的分散化和区域扩大化将同步进行，高、中、低生产环节的分工同时存在的格局将长期存在。诚然，低端制造技术的增加和普及会造成经济学所说的出口商品的价格贸易条件恶化，但它没有指出出口国的国民收益分配实质。中国出口贸易的国民福利，不仅要看产品附加值中所体现的厂商利润，更要看就业福利和收入福

---

① 参见《贸易纠纷也可以这样化解》，《国际商报》2010 年 1 月 11 日第 5 版。

利（过去还有外汇收益）以及再投资（资本形成）和增长福利。许多研究表明，在中国出口贸易的价格条件恶化的同时，中国的就业和工资收入福利、经济增长福利提高了。更多的农民拿到了低端制造业的工资，虽然贸易的价格条件恶化了，厂商利润下降，但对于农民来说，相对农业收入水平则是提高了，这是最简单的比较优势原理。我们既要站在广大农民立场上去普及中低端制造业生产，又要从厂商利益出发去实现结构升级。要达到这两者的统一就需要通过产业转移，实现区域分工。因此，转变外贸发展方式的第一经济含义是：不仅要在局部地区和部分行业提升生产分工的价值链，提高产品质量和附加值，从增长方式上扩大国民收益来源，而且还要实现国际生产分工的区域扩大以及中低端制造技术在更大范围的普及，从分配格局和发展意义上惠及民生、扩大中国人民的福利。总之，要有包容性，辩证地从这两个方面同时入手，增强中国的综合国力。

要实现东部沿海地区产业转型和产品结构的提升，需要企业的技术改进与创新以及利用外资水平的提高，同时还需要将部分产业转向中西部。一些地方误以为后者是一件简单的事情，并仅仅把它理解为工厂搬迁。这是一种认识错误。首先，产业转移并不单纯是工厂搬迁，工厂搬迁现象实质是资本形态转换的后续结果。工业地产资本转换为商业地产或其他更高价值的地产，补偿了产业转移的成本，才出现了工厂搬迁现象。如果缺乏资本形态的转换和对产业转移的补偿，这种搬迁必然遭到抵制。其次，产业转移可以是生产经营的部分外包，未必需要工厂的整体搬迁。从中国应对国际金融危机冲击中一些企业成功的经验看，生产经营的部分外包将成为产业转移和沿海地区产业转型的主要形式，也是联系沿海地区原有母体企业与内地协作企业或关联企业所必要的商业模式。

二 转变竞争方式是转变外贸发展方式的第二重经济含义

中国落后的外贸企业国际竞争方式表现为许多企业依靠单打独斗，与当代国际竞争中以跨国公司为龙头的供应链竞争、价值链竞争相比，差距极大。因此，生产性服务的组织化，即实现境内外连接各种生产性服务的商业机制和平台的一体化，是中国外贸发展方式转变的另一重要内涵。随着生产制造环节的延伸和扩散，分散生产的企业如何走向国际市场是一个严峻的挑战。许多生产性企业不仅要独自联系国际市场，而且要独自打理产品从出厂到离岸的所有流通领域里的经营环节，在国际市场竞争中势单力孤，不仅成本高，而且风险大。这与当代国际竞争中，发达国家企业依靠各自的价值链或供应链体系的优势竞争方式不可同日而语，中国企业这种落后的国际竞争方式，不仅使自己处于不利境地，而且越来越依赖低成本制造。从沿海发达地区看，珠江三角洲和长江三角洲的制造产业集群区中的企业，不少是实行专业化分工协作的企业集群，不过这种专业分工协作的市场交易安排多数是由境外公司或外商投资企业为主导的，不仅是被动型的专业分工协作，而且许多服务环节是由境外公司提供的，没有在境内发展起服务供应商，如研发设计、物流、供货与销售、广告、贸易融资等；更没有形成中国企业自主的供应链管理体系。而在外商投资较少、开放型经济有待发展的中西部，专业化分工更不发达，生产性服务连接和协调的供应链实践更为鲜见。优秀企业的价值取向虽然朝着大规模、综合化、一体化的方向发展，但其国际竞争策略仍然是独立作战的落后方式。

越来越多的中小企业进入对外贸易领域，但大多数企业只能复制落后的竞争方式，导致经营方式粗放。生产经营从粗放转为集约的核心是节约生产与流通过程的物质成本与劳动时间。

从国内经营领域来看，由于制造环节的不断分散化，要求在流通领域提供物流、资金、通关、结算等环节的高效率服务，只有这样才能保持中国出口产品在国内创造的竞争优势或增加新的竞争力因素。这种靠各种生产性服务连接起来的供应链降低了外贸企业产品的出口成本，弥补了国内低生产成本被削弱的不利因素。在应对国际金融危机冲击中，外贸企业创造的企业"抱团取暖"的经验，实际上是中国外贸企业在危机影响的不利形势下依靠各种生产性服务连接的供应链体系参与国际竞争的初步实践，这种经验是十分宝贵的。除此之外，采取出口基地建设、促进境内商品市场实行对外贸易经营、提高海关特殊监管区的效率与功能等方式，都是改变原有竞争方式的有效方法。

竞争方式的改变与国家的贸易救助政策也有密切的联系。国家的贸易救助政策既可以体现在以汇率和要素价格为特征的生产环节，也可以体现在以出口退税为特征的再分配环节，还可以体现在以贸易融资、出口信用保险等为特征的流通环节，甚至可以体现在应对贸易摩擦、参与国际规则制定等方面的服务环节。如何合理科学地制定和使用国家的贸易救助政策和有关的经济杠杆，是提高企业国际竞争力、促进企业转变国际竞争方式重要的外部条件。

内外贸一体化也是转变竞争方式的必要途径。20世纪80年代以后，日本和德国之所以能够承受日元、马克升值导致制造成本上升的不利因素，其中一个重要原因就是依靠日本国内市场和欧共体市场的支撑。中国加工贸易出口产品内销的种种政策限制，削弱了国内市场对出口产品竞争力的培育作用。中国应对危机所采取的出口转内销的改革措施，不应看作权宜之计，而应该作为转变发展方式的根本途径之一，使之继续完善。

从进口贸易方面看，采取现货贸易和期货贸易相结合、启动资源储备机制、在国际价格有利时机扩大进口经营等方式，都是规避价格风险、转变原有国际竞争方式的具体体现，成为转变外贸发展方式必不可少的内容。

三 转变市场开拓方式是转变外贸发展方式的第三重经济含义

由上文可以引申出转变外贸发展方式的第三重经济含义，即通过中国企业的跨国经营，把生产性服务连接起来的供应链延伸到海外的各种目标市场和细分市场，通过内外贸一体化的供应链体系，增强中国出口商品的市场渗透力和竞争优势，把市场多元化提高到更高水平，最大限度地把潜在的外需转化为现实的外需市场。这将改变中国出口贸易停留在"离岸"贸易、境外市场开拓完全依赖境外服务供应商的状况。市场开拓方式的转变还包括通过境内外国际贸易中心的建设，发展边境贸易、转口贸易、离岸贸易等其他现代贸易方式；并大力推进贸易便利化措施，加强国际市场开拓能力。

中国对外贸易领域缺乏跨国经营的市场主体及其全球商业网络，造成市场分布很不平衡。

中国商品在境外的销售，不仅缺乏售后服务，而且完全依靠境外各类服务供应商的渠道。但境外服务供应商不仅有国别地区的局限性，还有各自经营渠道和分销网络的局限性，因此造成中国产品市场分布的不平衡。

这不仅有传统发达经济体市场与新兴发展中经济体市场的不平衡，甚至存在发达经济体内部市场的不平衡。以 2008 年为例，亚洲市场是中国出口的最主要市场，占中国内地出口总额的 46.43%，其中中国香港占 13.35%，东盟占 8%，日本占 8.1%，韩国占 5.1%。除了中国的香港、澳门地区外，中国商品占贸易伙伴进口需求份额较高的国家依次是蒙古、韩国、日本、巴基斯坦、东盟各国。进口需求中，中国出口占比较低的国家分别是土耳其、泰国、新加坡、印度。欧洲也是中国出口商品最大的、最依赖的市场之一，中国对欧盟出口占中国整个出口总额的比重达到 20.5%。欧盟作为一个整体是中国出口集中度较高的地区，但其成员国进口中国商品的比重却很不平衡：德国进口中国商品占其总进口的比重为 4.91%，法国、英国、荷兰、西班牙、意大利等欧盟大国分别是 334%、5.41%、9.38%、4.96% 和 4.76%。这说明，海外市场潜力很大，关键是要提高中国企业的市场开拓能力。

拓展国际市场需要运用新的技术手段和新的贸易方式。通过国际电子商务平台，不仅为企业经营管理提供了便捷、廉价的技术手段，而且扩大了企业与国际市场的联系，也在一定程度上弥补了中国海外经营分销渠道不足的缺陷。

四 转变资源利用方式是转变外贸发展方式的第四重经济含义

在商品出口中，要适应节能减排的新要求，在物质生产和交换中体现不断降低资源、能源消耗和减少碳排放。在商品结构上，要根据节能减排技术的发展，不断优化商品出口结构，减少碳含量。在贸易结构上，要大力发展服务贸易，通过发展服务贸易出口，转变对外贸易收益过多依赖物质投入和资源消耗的格局，缓解中国资源、环境和生态的压力。在进口贸易中，要提高资源的利用水平，除了要提高资源产品的利用水平外，更重要的是要提高技术引进的利用水平，这就要求中国企业对外来技术有较强的消化、吸收和再创新的能力，才能减少低水平的重复引进。这些内容都与转变资源利用方式有关，应该成为转变发展方式的重要内涵。

中国劳动力资源丰富，20 世纪末期随着高等教育的长足发展，人力资本也有明显改善。今后，能够把转变资源利用方式与进一步发展外贸结合得最紧密的是大力发展服务贸易。2008年,中国服务贸易总额为3044.5亿美元,其中出口1464.5亿美元,进口1580亿美元,服务贸易进出口总额占世界服务贸易总额的比重是42%。从1982年到2008年,中国服务贸易增长了69倍,世界排名由第28位上升到第5位,但同期中国服务贸易额占中国对外贸易总额的比重一直在10%左右,而同期英、美等发达国家已分别达到了27%和33%左右,世界服务贸易进出口总额占贸易总额的比重也达到了20%以上。① 显然,中国服务贸易总额占对外贸易总额的比重远远低于发达国家和世界平均水平。在贸易结构上,目前国际服务贸易主要集中在金融保险服务、咨询服务、信息服务、通信服务、计算机软件服务等技术密集型、知识密集型、资本密集型服务贸易方面。而中国服务贸易主要集中在传统的劳动密集型的旅游、劳务出口、运输、商务服务等方面,附加值和增值率都较低。因此,大力发展服务贸易是转变外贸发展方式的又一个突破口。

第四节 总结与政策含义

中国对外贸易部门在应对国际金融危机冲击中创造了大量新鲜生动的经验,需要经济学研究者深入实际、进行总结并上升到理论加以认识。本章的研究发现,转变外贸发展方式,绝不仅仅局限于优化出口商品结构和提高出口产品附加值,尽管这也很重要。这是应对国际金融危机冲击后,中国的政策导向从转变外贸增长方式上升为转变外贸发展方式的最重要的内在依据。中国的经验说明,某些经济学的认识工具,如"价格的贸易条件"和"微笑曲线"等理论,对解读中国的对外贸易存在局限性,如果运用不当,就会把原本具有一定科学性的理论推导到谬误上去。从中国自身的经验出发,转变外贸发展方式的经济学含义应定义为:转变外贸的国民收益方式和格局;转变外贸的竞争方式;转变外贸的市场开拓方式;转变外贸的资源利用方式。

---

① 以上统计根据中国商务部(http://www.mofcom.gov.cn)、美国经济研究局(http://www.nber.org)、WTO(http://www.wto.org)公布的数据计算整理。

从这些经济学含义中，建议有关部门制定出较为科学、合理并易于操作的考核指标体系。

第一，商品和服务出口部门的就业人数和贸易增长速度。这两个指标反映低成本制造技术的生产扩大、国际分工的区域扩大和人力资本的利用，由此反映中国国民福利的增进。

第二，商品和服务出口贸易占世界市场份额的增减趋势。这个指标反映中国企业对国际市场开拓能力的状况。

第三，加工贸易出口增值率。[①] 由于加工贸易出口占中国出口贸易的50%以上，加工贸易出口增值率可以反映中国出口贸易的生产结构在国际分工中的价值链位次以及国内产业的配套水平、出口生产对国内产业的带动作用。

第四，高新技术产品出口在总出口中的比重。这个指标是对加工贸易出口增值率的补充和印证，可以进一步佐证中国出口产品实现生产分工价值链提升的水平。

第五，中西部省区在全国出口贸易中的比重。这个指标反映产业转移的状况。

第六，不同行业出口商品的出口换汇成本。这是综合考察外贸生产和流通两个领域成本节约的关键指标，是反映生产效率与流通效率的竞争力指标。

第七，进出口产品中的碳含量和能源消耗。这个指标反映中国的环境和生态保护福利。

第八，资源类产品进口贸易量与贸易值的对比。这个指标反映进口贸易中能否以较低的成本获取外部资源。

---

① 该比率为加工贸易出口值除以加工贸易进口值。

第五章　对中国制成品出口规模的预测：1985—2030

商品出口依存度是衡量一国商品出口规模的主要方法，其计算方法为商品出口额/GDP，这一指标的不足是多方面的。第一，难以进行国际比较。以高度发达的美国、日本、德国为例，2010年这三国的商品出口依存度分别为8.89%、14.03%、38.65%，我们是否能说美国的这一指标低了，日本的适中，而德国的又高了呢？如果这三国的商品出口依存度都不适度，那么它们的最佳比值又应该分别是多少呢？依据何在？第二，即使是同一国家，其经济发展过程中，商品出口依存度也会有很大差别，我们难以回答到底哪个阶段的比值是适宜的。以中国为例，1985年、2000年、2010年这3年，中国的商品出口依存度分别为8.91%、20.75%、26.64%。如果我们认为1985年中国这一比值偏低，2000年的比值适度，那么2010年这一比值是否又偏高了呢？如果2010年这一比值也是适度的，依据又何在？第三，没有区分出口商品的类型。国际上一般把出口商品划分为农产品、矿产品、制成品三大类，现行商品出口依存度的计算往往对此不加以区分。如此，就把巴西、阿根廷、加拿大的农产品出口，沙特阿拉伯、伊朗、委内瑞拉的石油出口与德国、中国、韩国的制成品出口混为一谈，混淆了农产品、矿产品、制成品出口的本质差异。

第一节　理论分析框架

衡量一国商品出口的理论规模，主要应考虑以下因素：出口商品结构、人口规模、人口密集度、人口年龄结构、资本形成能力、经济发展模式、贸易成本比较与收益转换（见表5.1）。出口商品结构。笔者认为，不应泛泛地研究全部商品出口，而应注意区分出口商品结构。这主要是由于农产品、矿产品、制成品的商品特性差异很大，其产出、消费、进口、出口具有不同的规律，只有分类研究才更有针对性，结论也才会有说服力。其中，我们应特别注意研究制成品出口的规律。

表5.1 分析指标及含义

指标	说明	
制成品出口占比	本国制成品出口额/全球制成品出口额	+
人口占比	本国人口/全国人口	−
人口抚养比	（65岁以上老龄人口+14岁以下未成年人口）/ 14—65岁劳动力人口	−
人口密集度	城市化率	+
人口资本形成比	本国人均资本形成/全球人均资本形成	+
经济发展模式	制造业/GDP	+
贸易成本比较与收益转换	实际有效汇率（以2005年为100）	−

这是因为，物质产品的生产始终是人类赖以生存和发展的最重要的基础，全球范围内制成品出口占商品出口的比重一直是最高的：1962—2000年，全球制成品出口占商品出口的比重平均高达66.8%（见图5.1）。

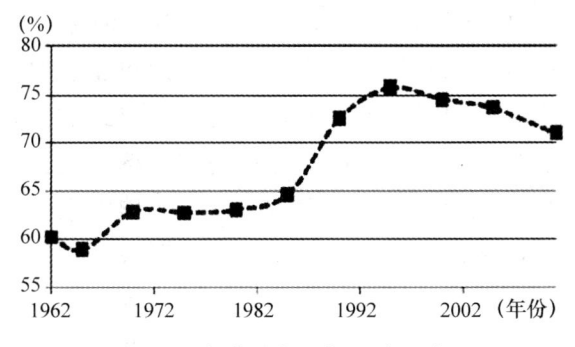

图5.1 全球制成品出口/商品出口

资料来源：世界银行，经整理。

第二节 实证结果

本章的分析表明（见表5.2），模型1（常系数、Pooled Least Squares、带常数项）与模型3（常系数、Pooled Least Squares、不带常数项）D. W. 值太小，残差序列自相关严重，故这两个模型均须改进。为此笔者改用模型2（常系数、Pooled EGLS-Period SUR、带常数项）与模型4（常系数、Pooled EGLS-Period SUR、不带常数项）进行模拟，这两个模型 D. W. 值均合适，各系数不仅符合理论要求，而且均在1%水平上高度显著，拟合优度也均在0.9以上，说明这两模型均可接受。相比之下，模型4 的 D. W. 值、R-quared 值、F 统计量均较优良，为此选定模型4作为本章的实证模型。

据此，各国制成品出口占比可由以下经验公式进行推算：

Ln（制成品出口占比）= 0.9058198986 × Ln（人口占比）- 0.5164295492 × Ln（人口抚养比）+ 0.6179591367 × Ln（城市化率）+ 0.8466667909 × Ln（人均资本形成比）+ 1.205041311 × Ln（制造业/GDP）- 0.4371515789 × Ln（汇率）

正如下文所揭示的，此公式对中国制成品出口规模的解释力极强，故而我们将以此经验公式就中国制成品出口占比（1985—2010）进行理论解释，并对中国制成品出口占比（2010—2030）做出预测。

笔者以 G7 集团在内的 8 个发达国家及任选的 4 个发展中国家为例进行模型效果展示（见表5.2），表明美国、日本、葡萄牙、波兰、保加利亚、摩洛哥等国拟合效果良好；而意大利、德国、加拿大等国实际值与拟合值尽管未完全吻合，但它们的趋势走向是高度一致的，表现出明显的规律性。这些国家制成品出口占比的实际值与拟合值的差别，只需在对这些国家进行具体分析过程中调整截距项或乘上一个调整系数就可消除，因此经验公式具有良好的适用性。

表 5.2　　　　　　　　　　　　模型估计结果

被解释变量 (制成品出口占比)	常系数 Pooled LS	常系数 Pooled EGLS-Period SUR	常系数 Pooled LS	常系数 Pooled EGLS-Period SUR
解释变量	模型1	模型2	模型3	模型4
人口占比	0.94001	0.957706	0.92040	0.9058198986
	(0.0148)*	(0.0372)*	(0.0145)*	(0.0365)*
人口抚养比	-1.24608	-1.802849	-0.80984	-0.5164295492
	(0.1473)*	(0.2705)*	(0.1217)*	(0.1614)*
城市化率	-0.09019	0.411818	-0.07071	0.6179591367
	(0.0634)	(0.1601)	(0.0638)	(0.1565)*
人均资本形成比	1.11765	0.783865	1.16262	0.8466667909
	(0.0236)*	(0.0439)*	(0.0222)*	(0.0435)*
制造业/GDP	1.54784	0.976678	1.70817	1.205041311
	(0.0661)*	(0.0948)*	(0.0589)*	(0.0911)*
汇率	-0.94463	-0.732185	-0.52110	-0.4371515789
	(0.1360)*	(0.1112)*	(0.1094)*	(0.1106)*
常数项	4.29068	7.46573		
	(0.8299)*	(1.1570)*		
R-squared	0.917402	0.900924	0.916031	0.904513
Adjusted R-squared	0.917095	0.900592	0.915770	0.904216
D.W.	0.412427	1.611516	0.410902	1.641594
F-statistic	2980.348	2744.09	3514.935	3052.073

注：所有变量在模型中均进行了对数化处理；括号内数值为标准误；*为1%水平上显著；数据缺失值有限，能进行计量的经济体共82个，具有广泛的代表性。

由此，一国制成品出口占比的决定机制就可以表述为：一个国家，人口占比越大、人口抚养比越低、城市化水平越高、制造业占GDP比重越高、人均资本形成占比越大、汇率水平越低，则该国制成品出口占比就越大。在其他因素不变的静态条件下，经验公式表明：人口占比、城市化率、人均资本形成比、制造业/GDP每上升1个百分点，该国制成品出口占比将相应上升0.9058个、0.6180个、0.8467个、1.2050个百分点；人口抚养比、汇率水平每上升1个百分点，该国制成品出口占比将相应下降

0.5164个、0.4372个百分点。

这82个经济体是亚美尼亚、澳大利亚、奥地利、布隆迪、比利时、保加利亚、巴林、巴哈马、伯利兹、玻利维亚、中非共和国、加拿大、瑞士、智利、中国、科特迪瓦、喀麦隆、哥伦比亚、哥斯达黎加、塞浦路斯、德国、丹麦、多米尼加共和国、阿尔及利亚、厄瓜多尔、西班牙、芬兰、斐济、法国、加蓬、英国、格鲁吉亚、加纳、冈比亚、格林纳达、圭亚那、克罗地亚、匈牙利、爱尔兰、伊朗、冰岛、意大利、日本、圣卢西亚、莱索托、卢森堡、摩洛哥、摩尔多瓦、墨西哥、马其顿、马耳他、马拉维、马来西亚、尼加拉瓜、荷兰、挪威、新西兰、巴基斯坦、菲律宾、巴布亚新几内亚、波兰、葡萄牙、巴拉圭、罗马尼亚、俄罗斯、沙特阿拉伯、新加坡、塞拉利昂、斯洛伐克、瑞典、多哥、汤加、特立尼达和多巴哥、突尼斯、乌干达、乌克兰、乌拉圭、美国、圣文森和格林纳丁斯、委内瑞拉、南非、赞比亚。

第三节 中国制成品出口占比(1985—2010)

把中国数据代入前述经验公式，获得1985—2010年制成品出口占比的拟合结果，见表5.3。除2009年等极少数年份外，中国制成品出口占比的实际曲线与拟合曲线几乎是重合的，表明该公式可直接用于中国制成品出口的研究，并具有优良的解释力。中国制成品出口增长的动力机制，借此可获得清晰解读。

近30年来，中国人口抚养比不断下降、人均资本形成与城市化水平同步提升、汇率总体贬值，四大因素构成中国制成品出口占比提升的主要推动力；而人口占比与制造业占比的缓慢下降这两大因素对中国制成品出口占比的提升起一定的制约作用。以上六大因素的合力，推动中国制成品出口占比不断上升。

从模型上看，1985—2010年的25年间，中国人口抚养比下降33%，推动制成品出口占比上升17.04%；城市化率上升95%，推动制成品出口占比上升58.71%；人均资本形成比上升424%，推动制成品出口占比上升359%；汇率贬值41%，推动制成品出口占比上升17.92%。这一时期，人口占比下降10%，使制成品出口占比少增长9.06%；制造业比重下降15%，使制成品出口占比少增长18.08%。这些数据揭示出，中国制成品出口占比之所以能由1985年的0.59%跃升为2010年的14.11%，上升23倍，主要得益于以下机制的组合效应，这些效应也符合中国改革开放以来的基本事实。

一 人口特征上"数量最多、结构年轻"是这一时期中国人口的最大特点

这使得以下现象在过去的30年内基本得以延续：一方面，虽然中国人口占比一直在下降，但下降缓慢，中国始终占据全球人口总量的20%左右，始终是全球人口最多的国家；另一方面，由于人口抚养比一直在下降，按国际通行的人口结构划分标准计算，中国劳动适龄人口（15—64岁）不断增长，稳居全球首位，2010年中国劳动适龄人口为9.68亿，超过此前历年数值，占全球劳动适龄人口的比重为21.4%，远高于第2位的印度（7.9亿，17.5%），这就为中国提供了全球最大规模的"劳动常备军"。正是由于劳动要素长期"无限供给"，故而工资始终难以上涨，这就长期保证了制造业尤其是劳动密集型加工制造业的利润获取，构成制成品生产与出口的"稳定锚"。此外，由于人口年轻化，社会负担小，储蓄率高、投资率高、消费率低这"两高一低"现象自然相伴而生（2010年，中国这三大比率分别为52.81%、47.74%、48.34%），制成品经由国际市场出清就顺理成章了。

二 资本形成特征上，这一时期，中国充分利用全球化进程加速的有利时机，主动融入全球化，积极创造条件吸引国外资金

这25年间，中国FDI流入量达14045亿美元，占同期全球FDI流入量的7.4%，仅次于美国（16.93%）、卢森堡（8.7%）、英国（7.74%），在发展中国家中居首位，远高于第2位的巴西（2.1%）；外资与本国资本的结合，加速了中国资本形成，实现了人口与资本结合规模的不断扩大，加工制造业由此迅速壮大，广大中国农民得以融入现代产业体系，转变为产业工人，为出口扩张奠定了坚实的人力与物质基础。从城市化角度看，

1985年中国城市化率仅为23%，这一极低水平的城市化起点，本身就预示着中国城市化水平的提升成为必然；广大中国农民脱离乡土融入城市的过程，也正是中国城市化水平不断提升的过程，这自然加剧了产业集聚效应，促成了规模经济的实现，并使之得以稳固和强化。

三 发展战略上，中国政府一直高度重视制造业发展，长期把制造业振兴作为重要国策

中国先后实施了众多的制造业振兴规划，为制造业发展提供了良好的制度环境，使制造业在中国产业结构中一直占据重要地位。联合国产业分类中全部的39个工业大类、191个中类、525个小类，中国都已齐备；根据联合国工业发展组织资料，按照国际标准工业分类的22个大类中，中国制造业占世界比重在7个大类中名列第一，15个大类中名列前三。[①] 中国已成为一个名副其实的工业生产大国，建成了全面的、具有相当规模和水平的现代工业体系，包括完整的原材料工业、能源工业、装备工业、消费品工业、国防科技工业、电子信息产业等组成的门类齐全的产业体系和丰富的配套链条；实现了由工业化起步阶段到工业化初级阶段、再到工业化中期阶段的历史大跨越。在汇率方面，中国在改革开放之初即通过汇率大幅贬值以激励出口，人民币实际有效汇率1985年相比1980年贬值37%，1994年相比1985年又贬值59%，其后又多次顶住西方国家压力，自主决定汇率水平和汇改时机，为制造业出口创造了良好条件，保护了制造业企业的出口积极性，中国制造业出口大国地位的确立以及金融危机的经验教训从事实上证明了以上战略的正确性。

我们注意到，两条曲线唯一的一次较大偏离发生于2009年，这一年中国实际制成品出口占比为0.1292，而拟合值跃升为0.1674，拟合值偏离实际值29.6%，其原因主要在于2009年开始实施的巨额投资扩张。2009年，为抵御国际金融危机，中国果断实施4万亿元投资，重点投向民生工程、农业、基础设施、社会事业、节能环保、技术进步等，表现在人

---

① 中国从工业化起步阶段跨到工业化中期阶段，参见 http://news.sina.com.cn/c/2009—09—21/191018696101.shtml。

均资本形成比上由 2008 年的 0.6980 激增为 2009 年 0.9870，跃升 41.4%。这些巨量规模的资本形成必将有较大部分转化为出口能力，或者对出口竞争力有促进作用。但由于资本形成转化为实际的出口能力有一时滞，实际出口能力难以跳跃式上升，这就形成实际出口能力与潜在出口能力的缺口，在图形上表现为实际曲线与拟合曲线的差异陡然加大。而时滞期之后，待投资效果显现，实际出口能力的增强势必会发生，为此中国出口能力的继续扩张，即中国制成品出口占比的继续上升是可以预期的，在图形上的表现必然是两条曲线最终趋向靠拢。2010 年，中国制成品出口占比为 0.1411，而拟合值为 0.1573，两者再次趋于聚合，偏离度缩减为 11.5%，证实了以上推断。

表 5.3　　　　　　　　　1985—2010 年中国制成品出口占比

年份	实际值	拟合值	人口占比	抚养比	人均资本形成比	制造业/GDP	城市化率	汇率
1985	0.0059	0.0221	0.2165	56.9869	0.1946	34.7318	0.2300	201.6817
1986	0.0062	0.0225	0.2159	55.3335	0.1605	34.9784	0.2388	146.8208
1987	0.0133	0.0194	0.2156	53.9519	0.1227	34.4545	0.2476	127.1858
1988	0.0151	0.0195	0.2153	52.8460	0.1235	34.6030	0.2564	138.6758
1989	0.0169	0.0188	0.2148	52.0100	0.1254	34.3045	0.2652	160.4683
1990	0.0177	0.0195	0.2143	51.4240	0.1162	32.6592	0.2740	117.5833
1991	0.0211	0.0217	0.2138	51.0836	0.1211	32.4873	0.2820	103.3158
1992	0.0238	0.0247	0.2131	50.9503	0.1343	32.7365	0.2900	99.0933
1993	0.0260	0.0307	0.2124	50.9286	0.1675	33.9713	0.2980	105.4642
1994	0.0304	0.0372	0.2117	50.8996	0.1849	33.6274	0.3060	82.6467
1995	0.0320	0.0408	0.2108	50.7736	0.2140	33.6538	0.3140	92.0608
1996	0.0314	0.0437	0.2101	50.5401	0.2408	33.5123	0.3228	101.1867
1997	0.0366	0.0442	0.2093	50.2040	0.2522	33.1824	0.3316	108.9392
1998	0.0379	0.0446	0.2084	49.7174	0.2719	31.8407	0.3404	114.7108
1999	0.0393	0.0471	0.2075	49.0308	0.2784	31.5923	0.3492	108.4842
2000	0.0456	0.0496	0.2064	48.1239	0.2822	32.1193	0.3580	108.5258

续表

年份	实际值	拟合值	人口占比	抚养比	人均资本形成比	制造业/GDP	城市化率	汇率
2001	0.0511	0.0572	0.2053	46.9811	0.3394	31.6352	0.3672	113.1900
2002	0.0598	0.0659	0.2041	45.6479	0.3884	31.4155	0.3764	110.5742
2003	0.0697	0.0785	0.2029	44.2379	0.4201	32.8484	0.3856	103.3208
2004	0.0788	0.0842	0.2017	42.8930	0.4462	32.3674	0.3948	100.5392
2005	0.0905	0.0899	0.2005	41.7104	0.4646	32.5072	0.4040	100.0000
2006	0.1017	0.1010	0.1992	40.7190	0.5152	32.9210	0.4130	101.5667
2007	0.1129	0.1089	0.1979	39.8977	0.5631	32.9050	0.4220	105.5775
2008	0.1201	0.1265	0.1966	39.2269	0.6980	32.6512	0.4310	115.2842
2009	0.1292	0.1674	0.1953	38.6709	0.9870	32.3020	0.4400	119.1967
2010	0.1411	0.1573	0.1940	38.2062	1.0199	29.6200	0.4490	118.6550

资料来源：世界银行，经整理及计算。

第四节　中国制成品出口的强度分析(2010)

2007年，中国制成品已占全球制成品出口量的11.29%，在全球所有国家中排第1位（德国排第2位），此后中国一直保持这一地位；2010年，中国制成品出口已占全球制成品出口量的14.11%，那么，这一比例是否还能得以提高呢？既然本章理论与实证都已表明，一国人口占比是该国制成品出口占比的核心因素，因此我们可用这两个指标构造一个新指标"制成品出口强度"，另外再构造一个指标"资本形成强度"，以对中国制成品出口现状及潜力进行国际比较。

定义1：制成品出口强度＝本国制成品出口占比/本国人口占比＝（本国制成品出口额/全球制成品出口额）/（本国人口/全球人口）

定义2：资本形成强度＝本国资本形成占比/本国人口占比＝（本国资本形成/全球资本形成）/（本国人口/全球人口）

一　制成品出口强度

2010年，中国制成品出口强度为0.73，达到历史峰值。在有数据的

134个单一经济体（不含区域经济集团）中排52位，但只相当于这134个经济体平均值2.25的32.44%。从历史上看，这一指标现值的实现比荷兰、瑞士、西班牙、欧盟、高收入国家、OECD等40个经济体（集团）落后40年以上；比牙买加、韩国、南非、冰岛、加勒比小国等18个经济体（集团）落后30年以上；比马来西亚、波兰、毛里求斯、罗马尼亚等10个经济体（集团）落后20年以上；比墨西哥、泰国、爱沙尼亚、博茨瓦纳等14个经济体（集团）落后10年以上；比突尼斯、保加利亚、土耳其等5个经济体（集团）落后数年（见表5.4）。

表5.4　　　制成品出口强度的历史比较（中国与其他经济体）

经济体	年份	数值	经济体	年份	数值	经济体	年份	数值	经济体	年份	数值
荷兰	1962	16.27	日本	1962	1.75	韩国	1973	0.88	罗马尼亚	1989	0.77
瑞士	1962	13.74	葡萄牙	1962	0.86	巴哈马	1974	3.25	东亚[1]	1989	0.74
瑞典	1962	9.93	芬兰	1963	5.24	伊拉克	1974	0.96	斯洛文尼亚	1992	5.6
中国香港	1962	8.03	奥地利	1963	4.95	南非	1974	0.85	克罗地亚	1992	1.36
英国	1962	6.57	爱尔兰	1963	1.52	希腊	1974	0.8	墨西哥	1992	0.73
新加坡	1962	6.45	澳大利亚	1963	0.96	新喀里多[+]	1975	10.47	捷克	1993	2.13
德国	1962	6.01	塞拉利昂	1963	0.83	塞浦路斯	1976	0.98	泰国	1993	0.87
丹麦	1962	5.26	加蓬	1963	0.75	安提瓜[+]	1977	1.46	斯洛伐克	1994	1.76
挪威	1962	4.59	刚果[1]	1963	0.73	伯利兹	1977	0.91	爱沙尼亚	1995	1.22
欧元区	1962	4.44	马耳他	1965	1.6	冰岛	1977	0.81	立陶宛	1996	0.8
欧盟	1962	4.31	匈牙利	1966	2.32	阿联酋	1978	2.1	文莱	1997	0.92
法国	1962	4.27	特立尼达[+]	1968	1.62	法罗群岛	1980	1.22	哥斯达黎加	1998	1.09
美国	1962	2.82	加勒比小国	1972	1	毛里求斯	1988	1.36	土耳其	2004	0.74
意大利	1962	2.63	中国澳门	1973	4.05	波利尼西亚[+]	1988	0.85	中国	2010	0.73

注：高收入[1]为高收入（OECD），高收入[2]为高收入（非OECD），欧洲中亚[1]为欧洲及中亚（含所有收入等级），中东北非[1]为中东及北非（含所有收入等级），刚果[1]为刚果共和国，特立尼达[+]为特立尼达和多巴哥，新喀里多[+]为新喀里多尼亚，安提瓜[+]为安提瓜和巴布达，圣基茨[+]为圣基茨和尼维斯，波利尼西亚[+]为法属波利尼西亚，东亚[1]为东亚及太平洋（含所有收入等级）。

资料来源：世界银行，经整理及计算。

2010年，中国制成品出口占比为14.11%。假定其他条件均不变情形下，如果中国制成品出口占比上升1倍，也就是上升至28.22%，将对应于制成品出口强度增长1倍，即由0.73增长为1.46，而这也才相当于当前全球平均水平的64.88%。这是否为中国制成品出口增长的可能图景呢？在本章第五节，笔者将证明这一图景是可以实现的。

二 资本形成强度

2010年，中国资本形成强度为1.02，达到历史峰值。在有数据的148个单一经济体（不含区域经济集团）中排61位，只相当于这148个经济体平均值1.34的76%。从历史上看，这一指标现值的实现落后于瑞士、瑞典、高收入国家、巴巴多斯等43个经济体（集团）40年以上，比高收入（非OECD）、中东及北非（含所有收入等级）、沙特阿拉伯、塞浦路斯、韩国等19个经济体（集团）落后30年以上，比保加利亚、蒙古、马来西亚、博茨瓦纳、加勒比小国等19个经济体（集团）落后20年以上，比卡塔尔、黎巴嫩、斯洛伐克、泰国等11个经济体（集团）落后10年以上，亦落后于波兰、哈萨克斯坦、罗马尼亚、土耳其等10国数年（见表5.5）。

表5.5　　资本形成强度的历史比较（中国与其他经济体）

经济体	年份	数值	经济体	年份	数值	经济体	年份	数值	经济体	年份	数值
瑞士	1970	6.98	科威特	1970	2.49	伊朗	1975	1.04	斯洛文尼亚	1990	1.53
瑞典	1970	6.45	希腊	1970	2.48	墨西哥	1975	1.04	利比亚	1990	1.27
澳大利亚	1970	5.82	英国	1970	2.42	其他小国家	1976	1.33	博茨瓦纳	1990	1.05
挪威	1970	5.63	委内瑞拉	1970	2.15	阿拉伯世界	1976	1.15	东亚[1]	1993	1.05
美国	1970	4.85	欧洲中亚[1]	1970	2.02	中东北非[1]	1976	1.07	卡塔尔	1994	3.41
卢森堡	1970	4.83	新加坡	1970	1.9	巴哈马	1977	1.1	捷克	1994	1.16
北美	1970	4.82	爱尔兰	1970	1.8	约旦	1977	1.06	黎巴嫩	1995	1.04
加拿大	1970	4.68	阿根廷	1970	1.73	塞浦路斯	1978	1.1	泰国	1996	1.07
德国	1970	4.38	葡萄牙	1970	1.38	韩国	1979	1.13	克罗地亚	1997	1.09
荷兰	1970	4.19	马耳他	1970	1.34	巴林	1980	6.57	爱沙尼亚	1998	1.12
日本	1970	4.18	牙买加	1970	1.27	保加利亚	1980	1.28	格林纳达	1998	1.1

续表

经济体	年份	数值	经济体	年份	数值	经济体	年份	数值	经济体	年份	数值
比利时	1970	4.13	南非	1970	1.2	加勒比小国	1980	1.09	圣卢西亚	1999	1.06
芬兰	1970	4.02	特立尼达*	1970	1.18	纳米比亚	1980	1.09	赤道几内亚	2000	1.25
法国	1970	3.9	巴巴多斯	1970	1.07	新喀里多*	1981	1.94	阿联酋	2001	6.41
高收入[1]	1970	3.64	中国香港	1970	1.06	蒙古	1981	1.57	立陶宛	2004	1.03
高收入	1970	3.53	加蓬	1970	1.05	安提瓜*	1981	1.26	百慕大群岛	2005	6.25
冰岛	1970	3.41	高收入[2]	1971	1.12	斐济	1981	1.09	波兰	2006	1.09
欧元区	1970	3.34	沙特阿拉伯	1971	1.1	巴拿马	1981	1.03	哈萨克斯坦	2006	1.02
OECD	1970	3.32	匈牙利	1971	1.09	中国澳门	1982	1.79	罗马尼亚	2007	1.16
奥地利	1970	3.24	乌拉圭	1973	1.65	刚果[1]	1982	1.25	黑山	2008	1.35
新西兰	1970	2.92	苏里南	1973	1.07	马来西亚	1982	1.16	白俄罗斯	2008	1.11
波多黎各	1970	2.87	阿曼	1974	1.77	圣基茨*	1987	1.14	土耳其	2008	1.04
意大利	1970	2.83	智利	1974	1.13	拉脱维亚	1987	1.07	土库曼斯坦	2009	1.03
欧盟	1970	2.8	阿尔及利亚	1974	1.02	俄罗斯	1988	1.2	中国	2010	1.02
以色列	1970	2.76	古巴	1975	1.08	文莱	1989	2.48			

注：高收入[1]为高收入（OECD），高收入[2]为高收入（非OECD），欧洲中亚[1]为欧洲及中亚（含所有收入等级），中东北非[1]为中东及北非（含所有收入等级），刚果[1]为刚果共和国，特立尼达*为特立尼达和多巴哥，新喀里多*为新喀里多尼亚，安提瓜*为安提瓜和巴布达，圣基茨*为圣基茨和尼维斯，波利尼西亚*为法属波利尼西亚，东亚[1]为东亚及太平洋（含所有收入等级）。

资料来源：世界银行，经整理及计算。

因此，从资本形成强度指标来看，当前中国人口与资本结合的水平还是很有限的；从这一角度看，中国制成品出口能力提升的空间是巨大的。此外，中国城市化水平只及全球平均水平，今后也将会有巨大的发展前景，这也是中国制成品出口增长的有力支撑因素。限于篇幅，不再就此展开论述。

第五节　情景模拟：中国制成品出口占比（2010—2030）

一　情景设定

这一部分，笔者将用本章的模型对中国未来的制成品出口占比

（2010—2030）进行前景预测，共分六种情景模拟：低抚养比—汇率中幅升值；低抚养比—汇率大幅升值；中抚养比—汇率中幅升值；中抚养比—汇率大幅升值；高抚养比—汇率中幅升值；高抚养比—汇率大幅升值。

人口占比、人口抚养比、汇率水平的情景设定。这一阶段的人口占比、人口抚养比的原始数据均来源于联合国经社理事会发布的《世界人口展望：2010》对全球各国人口数据的预测值，经简单处理得来。需要说明的是，按《世界人口展望：2010》对中国人口的预测结果，低生育率与低抚养比、中生育率与中抚养比、高生育率与高抚养比是一一对应的，即2010—2030年期间本章所指抚养比的三大分类（低、中、高）不是由老龄人口决定，而是由生育率水平决定。换句话讲，21世纪中期之前，即便中国老龄化达到最严重程度，但如生育率水平低，对应情景仍将是本节所指的低抚养比情景；当然，老龄化程度虽不决定本章设定的抚养比分类，但会影响抚养比数值的具体大小，老龄化程度越重，抚养比数值相应就越大。[①] 这一阶段的人民币汇率假定以两种幅度升值：中幅升值情景为，人民币实际有效汇率由2010年的118.7升值为2030年的135，升值约14%；大幅升值情景为，人民币实际有效汇率由2010年的118.7升值为2030年的160，升值35%左右。

这六大情景又作如下共同设定。

（1）假定城市化率由2010年的44.9%稳步增长为2030年的68.7%，数据源自《世界人口展望：2010》，它对各国的城市化水平只设定一组预测值，这组数值也符合中国城市化发展的基本目标，故直接予以采用。

（2）假定制造业/GDP比重由2010年的29.62%逐步下降为2030年的24%左右。做出这一设定的依据在于中国将始终是全球人口最多的国家之一，制造业始终将会是中国国民经济发展的主要依托、解决就业问题的主要部门、参与国际竞争的主要领域、增强国际地位的主要支柱，在任何情况下我们都不应放松制造业的发展。关于这一比重的选择，可以比较一下"德国模式"与"美国模式"：1980—2010年的30年间，德

[①] 从这里可以引申出，为控制中国人口抚养比，低生育率仍然是重要的：在21世纪中期之前，如果中国面临老龄化与新生人口增加的双重压力，这将严重制约中国总体经济发展。

国制造业占 GDP 比重由 29.75% 调整为 20.92%，仅下降 30%；而同期美国制造业占 GDP 比重由 21.77% 调整为 13.16%，深幅下降了 40%，这一调整的后果是美国过度金融服务化，导致了金融危机的发生，而德国经济则因制造业仍然占据强大地位而稳健得多。因此，制造业占 GDP 比重这一重大问题上，中国应取"德国模式"。我们注意到，2010 年时中国制造业的比重正好与德国 1980 年的水平相当，但鉴于两国人口规模的巨大差异以及中国经济竞争力与德国的巨大差距，我们假定中国比德国多用 10 年时间，即用 40 年时间逐步将制造业比重下调 30%（相当于德国 2010 年的水平）；这样到 2050 年时恰好达到 20%，对应于 2030 年约为 24%。

（3）假定人均资本形成比由 2010 年的 1.019 增长为 2030 年的 2。从过去的数据推断，这一设定可能是保守的，因为仅 1985—2010 年的 25 年间，中国人均资本形成比就上升了 4.24 倍；但是鉴于中国人口年龄结构正处于重大历史转折时期，人口发展将呈现出前所未有的复杂局面：与西方发达国家不同，中国的老龄化进程与城市化、工业化以及经济发展程度是不同步的，社会物质财富积累和养老服务体系、社会保障水平还远远没有准备好，这些因素势必将降低中国储蓄率，减缓资本形成，因而这一阶段中国资本形成的速度应比前一阶段（1985—2010）慢一些，为此本章设定 2010—2030 年人均资本形成比由 1.019 增长为 2。

二　情景模拟

2010—2030 年：假定汇率中幅升值，中国制成品出口占比的高峰将均出现于 2030 年左右，届时低、中、高抚养比情景下，中国制成品出口峰值将分别占全球的 22.9%、21.3%、20%。假定汇率大幅升值，中国制成品出口占比的高峰将均出现于 2025 年前后，届时低、中、高抚养比情景下，中国制成品出口峰值将分别占全球的 21.4%、19.9%、18.7%。以上情景分析结果显示，中国制成品出口的存在未来增长空间，即使在汇率大幅升值、高抚养比同时发生的最不利情景下（情景 6），中国仍将可能占到全球制成品出口市场的 18.7%（见表 5.6）。

表 5.6　　　　中国制成品出口占比的情景模拟（2010—2030）

年份	人口占比	抚养比	人均资本形成比	制造业/GDP	城市化率	汇率（中幅）	预测值	汇率（大幅）	预测值
2010	0.194	38.206	1.019	29.62	0.449	118.7	0.157	118.7	0.157
2015	0.188	36.2	1.25	27	0.556	120	0.190	130	0.183
2020	0.1813	37.1	1.5	26	0.61	125	0.210	140	0.2
2025	0.1744	36.7	1.75	25	0.654	130	0.228	150	0.214
2030	0.1676	39.2	2	24	0.687	135	0.229	160	0.213
中抚养比情景						情景3		情景4	
2015	0.188	37.5	1.25	27	0.556	120	0.186	130	0.18
2020	0.1813	40.3	1.5	26	0.61	125	0.201	140	0.192
2025	0.1743	42.2	1.75	25	0.654	130	0.212	150	0.199
2030	0.1674	45.1	2	24	0.687	135	0.213	160	0.198
高抚养比情景						情景5		情景6	
2015	0.1881	38.8	1.25	27	0.556	120	0.183	130	0.177
2020	0.1813	43.5	1.5	26	0.61	125	0.194	140	0.184
2025	0.1743	47.7	1.75	25	0.654	130	0.199	150	0.187
2030	0.1672	50.9	2	24	0.687	135	0.200	160	0.186

资料来源：《世界人口展望：2010》，经整理。

六种情形的综合分析表明：(1) 2010—2020 年，这一时期仍将是中国制成品出口增长的"黄金时期"。为此，中国应高度重视这一时间段，施以配套的稳定商品出口的政策，使出口增长的潜在可能转变为现实，以实现国民福利的最大化。(2) 2020—2030 年，这一时期将是中国制成品出口的高位持续期，达到中国制成品出口占比的历史极限。(3) 2030 年之后，主要由于人口抚养比的快速上升，中国制成品出口占比将趋势性下降，中国制成品出口的增长将由数量增长为主转变为质量增长为主的新阶段。

值得注意的是，联合国 2010 年发表的《世界生育率模式 2009》中，已把中国 2006 年的总和生育率修正为 1.4，将中国纳入了低生育率国家的行列（蔡昉，2011）；同时参照中国 2011 年 11 月 23 日发布的《国家人口发展"十二五"规划》的表述"中国将坚定不移落实计划生育基本国策，坚持和完善现行生育政策，继续稳定低生育水平"；由此，中国2010—2030年期间的人口图景将基本对应本章的低抚养比情景。假定中国一如既往地渐进式调整汇率水平，那么最有利的低抚养比—汇率中幅升值情景（情景1）将是中国未来最有可能实现的发展景象。如此一来，中国制成品出口峰值2030年前后出现，其规模将占全球的25%左右（对应的情景值为22.9%）。此种情形下，2010—2030年，中国制成品出口占比增长的动力机制将是：城市化率上升53%，提升制成品出口占比上升33%；人均资本形成比上升96.27%，提升制成品出口占比上升80%；人口占比下降13.61%，降低制成品出口占比12.32%；抚养比上升2.6%，降低制成品出口占比1.34%；制造业比重下降18.97%，降低制成品出口占比22.9%；汇率升值13.73%，降低制成品出口占比6%。2030年以后，其他五个因素仍保持既有惯性发展，但人口抚养比将进入趋势性快速上升阶段，成为终止中国制成品出口占比长期增长趋势的主要推手（见图5.2）。

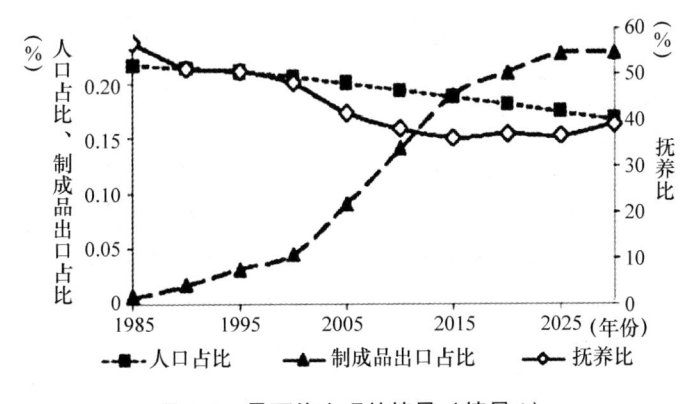

图5.2　最可能实现的情景（情景1）

三　进一步的思考

当然，中国制成品出口增长存在相当程度的资源环境约束，它会妨碍潜在的出口增长潜力变成现实的出口能力，因此需要转变外贸发展方式。从转变外贸发展方式的初步实践及未来设想来看，主要的途径有以下几种。

（1）通过资本替代实现技术和产业升级，从而减轻对于廉价劳动力和土地等资源要素的过度依赖。因此，在使潜在的出口增长变为现实的增长过程中，资本形成能力因素将更加重要，而这一点已经在本章的分析框架中充分重视。今后，资本形成不仅要有利于技术创新以节约资源投入与环境消耗，还要更多地与人力资本投资相结合。如前所述，由于老龄化阶段不可避免地会到来，中国人口抚养比的长期下降将止于2015年左右，小幅调整15年后将于2030年开始加速上升，劳动力的规模优势与价格优势将逐渐丧失；作为应对，我们应在物质资本和人力资本之间更加均衡地进行投资，强化人力资本投资，更大比例地增加教育与培训投入；提升劳动力的生产率，增强人才竞争力，提升制造业竞争力。从更深刻的意义上看，这其实也是经济模式转换的重要内容。

（2）通过沿海发达地区向欠发达地区以及内地的产业转移来延续原有的要素禀赋优势。从近两三年中国出口贸易增长速度的变化情况看，这是一个发展趋势明显的线索。2012年上半年，全国货物出口贸易只增长了9.2%，整个东部出口只增长5.8%，而中部六省出口增长17.1%，西部省区增长35.8%；其中，河南省出口增长84.6%，四川增长44.6%，广西增长27.9%。产业转移这一途径，实际上既是要素禀赋动态变化的反映，也是人口与市场规模经济条件的延伸。2008年中国东、中、西部的城市化水平分别为55.9%、40.9%、41.5%，这表明中西部城市化水平远远低于东部地区，未来承接产业转移的中国中西部地区的城市化水平提升的空间将会更大。因此，产业转移与本章分析框架中城市化水平的提升是一致的。

（3）通过发展现代服务业，如生产型企业转型为服务型制造企业，技术、设计和物流第三方服务的发展，国际商务平台和电子商务的发展，都将形成中国商品出口新的竞争力，转变为新的竞争方式。其结果将是，服务业发展了，支撑制造业的能力也增强了。而这一点，在本章的分析框架中是通过"经济模式"来反映其动态变化的。

中国是人口大国，劳动资源相对最丰富，从上述分析可以引申出，中国制成品出口规模与增长实际上要以人口的相对比重作为贸易利益的决定因素。在西方人早就宣扬的贸易自由化中，生产要素自由流动，但实际上人口基本是不能流动的,这就使贸易利益的平衡点更加依赖人口在商品流动世界中的相对比重。作为贸易强国,不仅要强调贸易质量,而且也要强调贸易数量,特别是人均数量,没有数量就没有话语权。因此,未来中国走向贸易强国,不仅需要质量的提高,数量的增长仍然极其必要。依据本章的分析,如果把 2010—2030 年作为一个完整周期进行考察,这一时期将是中国制成品出口增长的历史顶峰期;而当前我们尚处于这个时期的起步点,从数值上看也基本上是最低点,因此我们有理由未雨绸缪,早做规划,为这一远景的实现创造必要的条件。

情景模拟表明,中国可用五年时间使制成品出口贸易在世界市场中占有 20% 左右的份额,然后再用 5—10 年时间达到 25% 左右的水平。鉴于近年来中国商品出口的世界占比一般比制成品出口的世界占比低 3—4 个百分点[①],按这一比例关系,中国商品出口的世界占比相应地将于"十二五"期末达到 15%,并将于"十三五"期末或"十四五"期间,即 2020—2025 年达到 20% 左右。这是中国开放型经济发展,也是中国经济建设发展的重大战略利益,理应尽力确保实现。

[①] 2007—2010 年,中国商品出口的世界占比分别为 8.71%、8.88%、8.6%、8.39%,制成品出口的世界占比分别为 11.29%、12.01%、12.92%、14.11%,这表明前者比后者一般会低 3—4 个百分点。

第六章　中国进口贸易结构与经济增长

第一节　研究视角与结构分类

2009年以来，一些经济学研究者认为中国经济增长进入了一个较以往速度稍低的新阶段，袁富华、张平等提出中国经济增长已进入结构性减速阶段，笔者曾撰文同意这个看法（裴长洪，2013）。但也有学者持不同看法，如秦敬云、陈甬军等。持经济增长结构性减速判断的政策性含义是，中国宏观经济管理的思路需要做重大转变和调整。长期以来中国宏观调控和管理倚重需求管理，但在经济增长的结构性减速阶段将面临严峻挑战，国家宏观调控和管理的思路应转变为需求管理与供给管理并重。与经济增长阶段发生变化相对应的是，中国开放型经济的思路也需要发生相应的转变和调整。从对外贸易领域来看，长期以来倚重和强调出口贸易，这与倚靠和强调需求面是一致的；但在经济增长的结构性减速阶段，外需增长空间比以往小了，只强调出口贸易增长已不足以改善经济增长的潜在条件，需要把进口贸易作为供给管理的重要手段，发挥进口贸易改善经济增长潜在条件的积极作用，这是中国经济增长结构性减速阶段需要研究和解决的新课题。

从理论上讲，国际贸易的本质是以资源禀赋与比较优势为基础的商品与服务交换，无论进口还是出口都有利于参与贸易的双方。出口贸易推动经济增长已经成为经济学的定论，这是从一国的需求面来看的；而从全球角度看，出口等于进口，出口与进口的关系有如一个铜板的正反两面，如果没有进口，出口就会成为无源之水，无本之木。因此进口与出口同等重要，进口作用发挥得好也能促进经济增长。进口贸易对于经济增长的作用和意义，可从全球进口贸易与经济增长的互动关系中获得清晰解读。依据世界银行数据测算，20世纪60年代，全球进口依存度（进口/GDP）平均值仅为12.44%，70年代为16.23%，而80年代已上升为19.22%，90年代为20.72%，21世纪初以来的11年间又上升为26.39%。可见半个世纪以来全球进口依存度一直处于稳定的上升趋势之中，增长态势极其明显。当前，全球进口已超过全球GDP的1/4以上，2008年更高达30.14%的历史峰值。这表明世界范围内，进口贸易为经济增长提供了越来越充足的动力基础，全球经济增长与进口贸易的关联度不断加大，程度不断加深。

新中国建设初期，冶金、煤炭、石油、机械、电子、化纤、化肥等大型成套设备的进口对于扭转中国工业落后面貌、改善民生就曾经起了非常重要的作用，是进口促进经济增长的鲜活实例，但在封闭条件下，出口贸易增长并不显著，成为一个教训。改革开放后，出口贸易增长迅速，外需不断扩大，研究外需并促进出口贸易成为理论研究和贸易政策的重点，但时间长了也成为思维定式，在一定程度上形成了低估甚至忽视进口贸易作用的倾向。在学术研究方面，有关对外贸易与经济增长关系的研究大多集中在出口贸易与经济增长的关系上，而对进口贸易的作用却关注较少。近几年这种状况有所改变，研究进口贸易对经济增长贡献的国内外论文多了起来，境外代表性成果有：Manwaha & Tavakoli（2004）分析FDI和进口对亚洲四个经济体经济增长的贡献份额。Abraham & VanHove（2005）发现美国贸易赤字的消长与经济增长率的高低成正比，美国经常项目赤字扩大年份的经济增长率往往较高，而经常项目赤字较低年份的经济增长率一般较低。Ujaki & Arisoy（2011）则以土耳其为研究对象，分析了进口对于该国经济增长的积极影响。中国学者也有相关的研究，如许和连、赖明勇（2002），范柏乃、王益兵（2004），徐光耀（2007）等均认为中国进口有益于经济增长，陈勇兵等（2011）还测算出中国消费者由于进口种类增长而获得的福利相当于中国GDP的0.84%。这些成果的不足之处在于：多为进口总量与经济增长的一般分析，着重研究一国或少数几国的进口贸易变化规律；不仅缺乏对于进口结构的详尽分解，亦缺乏对于全球进口结构的大样本分析。更为重要的是，上述研究并不针对性地研究经济增长发生趋势性改变情形下的进口结构演进规律。

基于以上分析，本章把研究视角转向经济增长发生趋势性改变情形下，进口贸易结构的相应变化与特征及两者的相互关系，以期为中国经济处于结构性减速背景下，为改善经济增长的供给面寻求新的"进口动力"。

一般而言，进口贸易可区分为货物进口与服务进口，可以间接说明一国在资源、要素配置、技术、服务等方面与国外市场的关联程度；但这种二分法过于简单，难以全面揭示进口贸易与经济增长的关系。根据所得数据，本章尽可能对国际贸易结构进行最大程度的划分，把进口结构划分为266个子类，其中货物贸易共255个子类，服务贸易共11个子类。货物贸易255个子类对应于国际贸易标准分类SITC 0—SITC 9，可基本归纳为食品和活动物，饲料和烟草，非食用原料（燃料除外），矿物燃料、润滑油和相关原料，动植物油脂及腊，化学和相关产品，按原料分类的制成品，机械和运输设备，杂项制品，未分类的商品。服务贸易共11个子类，即运输，旅游，建筑，通信，计算机与信息，金融，保险，专利与特许权，个人、文化与创意，其他商业，政府。

在266个子类划分及运用的基础上，本章还对货物贸易与服务贸易都进行了四分法划分，以探求更具综合性的规律。货物进口结构上，按照加工和使用程度，将进口商品分为四类，分别是初级品、中间品、资本品和消费品。服务进口结构上，按照行业特性将服务进口划分为四类，分别是传统型服务、信息化服务、金融保险服务、其他服务。

一 货物进口结构

一是初级品，对应于SITC 0—SITC 4，含88个子类，主要指资源产品和农产品原料，即未经加工或因销售习惯而略作加工的产品，主要包括原油、煤炭、铁矿石、谷物等。初级品，尤其是资源品的进口则可以缓解进口国能源、矿产资源短缺压力。

二是中间品，对应于SITC 5—SITC 6，含85个子类，是指一种产品从初级产品加工到提供最终消费要经过一系列生产过程，在没有成为最终产品之前处于加工过程中的产品，包括化工产品、纱线等纺织中间产品等。中间产品进口对加工贸易的出口可以起到带动作用，同时对于一般贸易出口和国内消费也具有较大的积极作用。

三是资本品,对应于 SITC 7,含 50 个子类,是指企业用于生产的机器设备,即固定资本,包括动力机械设备、机电工具等。对资本品来说,可以从国外进口本国没有的机器设备等,而包含了技术投入的机器设备能够推动本国生产技术的提高,提高劳动生产率。

四是消费品,对应于 SITC 8,含 31 个子类,是指用来满足人们物质和文化生活需要的那部分产品,主要指服装、家具、音像器材等,亦称生活资料。对消费品来说,进口国内没有的产品可以创造新的需求,促进新产业的发展和成长。①

二　服务进口结构

一是传统型服务,包括运输、旅游与建筑服务。其中,运输服务按运输的对象可分为国际货物运输服务和国际旅客运输服务两大类;按运输方式的不同,可以分为海上运输、航空运输、公路运输、铁路运输和国际多式联运服务等;旅游服务包括个人的旅游活动,也包括旅游企业的活动,其范围涉及旅行社和各种旅游设施及客运、餐饮供应等;建筑服务包括项目可行性研究、项目建设、维修和运营过程的服务。国际运输、旅游服务占据国际服务贸易的比重最大,是国际服务贸易发展的重要载体。

二是信息化服务,包括通信、计算机与信息服务。其中,通信服务是指通过电信基础设施,为客户提供的实时信息(声音、数据、图像等)传递活动,如电报、电话、电传和涉及两处或多处用户提供信息的现时传送;计算机与信息服务,包括数据搜集服务、建立数据库和数据接口服务,以及数据处理服务、向服务消费者提供通用软件包和专用软件等。在信息时代,通信、计算机与信息服务对于广告、银行、保险、数据处理和其他专业服务起着决定性的作用。

三是金融保险服务,主要指银行和保险业及其相关的金融服务活动,其中金融服务主要包括:银行存款服务、贷款服务、证券经纪、股票发行和注册管理、有价证券管理以及附属于金融中介的其他服务;保险服务主

---

① 非货币黄金(金矿石与精矿除外),未划入货物贸易的四分法中。

要包括：海运、航空运输及陆路运输中的货物保险，人寿保险，养老保险或年金保险，伤残及医疗费用保险，财产保险，债务保险服务等服务。金融保险服务有利于进口国获得更多的资金支持，更多样化的金融服务，有利于投保企业增强风险防范能力。

四是其他服务，主要指专利服务、特许服务、个人服务、文化服务、创意服务、政府服务及其他商务服务等，这类服务的进口，特别是专利、特许服务等的进口有利于满足进口国的技术需求，促进技术进步。

第二节 进口贸易结构与经济增长：一般规律

一 进口结构的变化越活跃，经济增长也就越有活力

定义一：进口结构变化指数。这一指标用于刻画进口贸易在某一时期内的内部结构变化情况，以从总体上测度进口贸易的结构变迁强度。

$$进口结构变化指数 = K_1 \sqrt{(M_{i_{t_2}} - M_{i_{t_1}})^2}$$

定义二：进口结构变化贡献度（本章中亦简称为贡献度）。这一指标用于对进口结构变化指数进行分解，描述某一进口项对于进口结构变化指数的贡献份额，弥补进口结构变化指数微观指示能力的缺失。

$$进口结构变化贡献度 = K_2 (M_{i_{t_2}} - M_{i_{t_1}})^2 / \sum_{i=1}^{N} (M_{i_{t_2}} - M_{i_{t_1}})^2$$

参数说明：M_i 为 i 子类进口额占总进口额的比重，$M_{i_{t_1}}$ 为 T1 期 M_i 的平均值，$M_{i_{t_2}}$ 为 T2 期 M_i 的平均值。本章中，T1 期为 1995—2002 年，T2 期为 2003—2010 年，即前 8 年为分期一，后 8 年为分期二。N 为总进口结构中的子类数，其中含 SITC 0—SITC 9 全部 255 个货物贸易子类，11 个服务贸易子类，共计为 266。K_1、K_2 均为简单修正系数，以使对应指标放大一些，便于直观比较；K_1 设为 100000，K_2 设为 100。

经济体分组及其他说明：本章所有 266 子类的进口贸易数据均来源于联合国贸发会议数据库，它共提供了 1995—2010 年 220 个经济体全部 266 个贸易子类的进口数据，但其中只有 59 个经济体的数据是齐全的，因此本章的实证分析基于这 59 个经济体展开。这 59 个经济体不仅包括主要的发达经济体，亦涵盖主要的发展中经济体，具有广泛的代表性，因而其分

析结论具有普遍的解释意义。为了研究经济增长发生趋势性转变条件下进口贸易的变化状况，本章把 1995—2010 年这 16 年分为前、后两个 8 年，即 T1 期（1995—2002 年，下同）、T2 期（2003—2010 年，下文同）；依据这 59 个经济体从 T1 期至 T2 期的经济增长表现，把它们划分为 4 个组：组一，经济大幅减速组，包含意大利、英国、法国、美国等 17 个经济体，这些经济体 T2 期的经济增长率平均为 T1 期经济增长率的 45%；组二，经济小幅减速组，包含拉脱维亚、德国、韩国、波兰等 17 个经济体，这些经济体 T2 期的经济增长率平均为 T1 期经济增长率的 75%；组三，经济小幅加速组，包含突尼斯、日本、中国、新加坡等 13 个经济体，这些经济体 T2 期的经济增长率平均为 T1 期经济增长率的 124%；组四，经济大幅加速组，包含捷克、巴西、白俄罗斯、俄罗斯等 12 个经济体，这些经济体 T2 期经济增长率平均为 T1 期经济增长率的 220%。下文中，组一、组二、组三、组四均特指以上含义；由于中国居于组三，中国的同组经济体特指组三，即经济小幅加速组（见表 6.1）。

表 6.2 显示，随着经济由减速至增速，从组一至组四，进口结构变化指数分别为 324、370，415、422，呈明确的增长趋势：经济增长减速组的进口结构变化指数（组一 324；组二 370），小于经济增长加速组的进口结构变化指数（组三 415；组四 422）。在经济增长减速组内，组一为减速大的组，其进口结构变化指数 324 小于减速小的组二的相应指数 370；在经济增长加速组内，组三为增速小的组，其进口结构变化指数 415 小于增速最快的组四的相应指数 422。这就表明，经济增长越有活力，进口结构的变化也就越活跃；经济增长越滞缓，其进口结构的表现也就越乏力，呈现出显著的正向关联性。以典型国家为例，从 T1 期至 T2 期：法国的平均经济增长率由 2.3% 下降为 1.06%，下降了 53.91%，其进口结构变化指数为 189；德国的平均经济增长率由 1.57% 下降为 1.01%，下降了 35.67%，其进口结构变化指数为 216；日本的平均经济增长率由 0.86% 上升为 0.89%，上升了 3.49%，其进口结构变化指数为 364；白俄罗斯的平均经济增长率由 3.9% 上升为 8.09%，上升了 107.44%，其进口结构变化指数为 674（见表 6.1、表 6.2）。

表6.1　　　　　　　　经济体分组、经济平均增长率及其比值　　　　　　　单位:%

组一（经济大幅减速组）				组二（经济小幅减速组）			
经济体	1995—2002	2003—2010	比值	经济体	1995—2002	2003—2010	比值
意大利	1.84	0.21	0.11	拉脱维亚	5.25	3.27	0.62
葡萄牙	3.53	0.47	0.13	奥地利	2.62	1.64	0.63
英国	3.74	1.41	0.38	比利时	2.36	1.49	0.63
斐济	2.34	0.94	0.4	德国	1.57	1.01	0.65
挪威	3.27	1.46	0.45	冰岛	3.58	2.33	0.65
法国	2.3	1.06	0.46	喀麦隆	4.45	3.11	0.7
法罗群岛	3.21	1.47	0.46	韩国	5.38	3.83	0.71
荷兰	3.17	1.49	0.47	瑞典	3.17	2.23	0.71
美国	3.4	1.6	0.47	塞浦路斯	3.92	2.8	0.72
西班牙	3.71	1.82	0.49	贝宁	5.11	3.81	0.75
匈牙利	3.06	1.5	0.49	巴巴多斯	1.27	0.96	0.76
加拿大	3.53	1.77	0.5	维德岛	7.65	6.17	0.81
爱沙尼亚	5.84	3.11	0.53	立陶宛	4.92	4.08	0.83
希腊	3.37	1.78	0.53	马里	6.05	5.08	0.84
新西兰	3.3	1.88	0.57	毛里求斯	4.75	4.14	0.87
克罗地亚	4.05	2.35	0.58	莫桑比克	7.63	7.13	0.93
萨尔瓦多	3.22	1.87	0.58	波兰	4.59	4.56	0.99
组一均值			0.45	组二均值			0.75

组三（经济小幅加速组）				组四（经济大幅加速组）			
经济体	1995—2002	2003—2010	比值	经济体	1995—2002	2003—2010	比值
突尼斯	4.6	4.75	1.03	捷克	2.56	3.65	1.42
日本	0.86	0.89	1.04	坦桑尼亚	4.79	7.06	1.48
塞内加尔	3.9	4.44	1.14	巴西	2.31	4.06	1.75
埃及	4.57	5.34	1.17	埃塞俄比亚	4.91	9.38	1.91
孟加拉	5.08	6.07	1.19	白俄罗斯	3.9	8.09	2.08
中国	8.93	10.94	1.23	中国香港	2.3	4.82	2.1
吉尔吉斯	3.51	4.43	1.26	牙买加	0.38	0.79	2.12
尼日尔	3.42	4.36	1.28	哈萨克斯坦	3.49	7.5	2.15
斯洛伐克	3.88	5.04	1.3	保加利亚	1.69	4.08	2.41

续表

组三（经济小幅加速组）				组四（经济大幅加速组）			
经济体	1995—2002	2003—2010	比值	经济体	1995—2002	2003—2010	比值
爱尔兰	1.33	1.76	1.32	俄罗斯	1.82	4.91	2.69
洪都拉斯	3.24	4.31	1.33	罗马尼亚	1.5	4.19	2.8
新加坡	4.94	6.78	1.37	摩尔多瓦	1.4	4.78	3.48
菲律宾	3.65	5.16	1.41				
组三均值			1.24	组四均值			2.2

注：比值＝T2期平均经济增长率/T1期平均经济增长率，原始数据来源于世界银行发展指标数据库。

表6.2　　　　　　　　　　进口结构变化指数

组一		组二		组三		组四	
经济体	指数	经济体	指数	经济体	指数	经济体	指数
意大利	343	拉脱维亚	217	突尼斯	290	捷克	210
葡萄牙	232	奥地利	232	日本	364	坦桑尼亚	686
英国	255	比利时	420	塞内加尔	392	巴西	267
斐济	826	德国	216	埃及	418	埃塞俄比亚	314
挪威	188	冰岛	254	孟加拉国	347	白俄罗斯	674
法国	189	喀麦隆	766	中国	582	中国香港	530
法罗群岛	429	瑞典	195	吉尔吉斯	468	牙买加	582
美国	391	韩国	294	尼日尔	389	哈萨克斯坦	355
荷兰	361	塞浦路斯	664	斯洛伐克	353	保加利亚	379
西班牙	215	贝宁	469	爱尔兰	578	俄罗斯	353
匈牙利	325	巴巴多斯	544	洪都拉斯	510	罗马尼亚	325
加拿大	263	维德岛	277	新加坡	428	摩尔多瓦	392
爱沙尼亚	271	立陶宛	398	菲律宾	276		
希腊	445	马里	370				
新西兰	232	毛里求斯	453				
克罗地亚	234	莫桑比克	337				
萨尔瓦多	307	波兰	185				
组一均值	324	组二均值	370	组三均值	415	组四均值	422

资料来源：原始数据来源于联合国贸发会议数据库，其他数据如无说明，均为此来源。

进口结构变化与经济增长之所以会发生正向联动，其机制在于：经济增长越趋于强劲，对生产要素、消费品、服务产品的数量及品种的要求就越多，本国生产要素、消费品、服务产品的供给能力和结构，或相对不足或不匹配，这种数量与结构性的供给补充，就反映为进口结构变化强度的增大。特别是先进资本品、技术、服务的大量进口，能直接有助于经济增长的效率改善，对经济增长的促进作用就更大。相反，经济增长如果趋于下降，则本国生产要素、消费品、服务产品的本国供给能力将相对富余，对外部的进口需求自然下降，进口结构变化的动力也就相应下降，进口结构变化指数因而趋于变小。

二 资本品进口比重增加有利于经济加快增长

定义三：进口趋势指数（本章中亦简称为趋势比、趋势指数）。上文定义的进口结构变化指数能有力揭示进口贸易在某一时期内的总体结构变化情况，但它无法描述任一特定进口项在样本期的变化趋势到底是增加还是减小，以及增加或减小的幅度。为此，这里再定义一个指标：进口趋势指数，用于刻画某进口项从 T1 期至 T2 期的基本趋势变化。

进口趋势指数$_i = M_{i_{t_2}}/M_{i_{t_1}}$

同前文，M_i 为 i 子类进口额占总进口额的比重，$M_{i_{t_1}}$ 为 T1 期 M_i 的平均值，$M_{i_{t_2}}$ 为 T2 期 M_i 的平均值。经具体测算初级品、中间品、资本品、消费品、传统型服务、信息化服务、金融保险服务、其他服务这八大基本类别的进口趋势指数，显示这一指标能揭示以下重要规律。

进口趋势指数揭示的第一大规律：随着经济增长由减速阶段到增速阶段，资本品进口亦由减转增。在经济增长减速阶段，资本品进口总体均下降，经济减速越大，资本品进口下降也越大；在经济增长加速阶段，资本品进口则趋于增加。从进口趋势指数上看，从组一至组四，这一指标由 0.9134 升为 0.9599，继而升为 0.9803、1.0361（见表 6.4）。因此，经济增长与资本品进口存在着趋势明确的正相关关系。

这一规律的发生机制如下：经济增长的一个重要推动力是资本品供给的增加，资本品作为最重要的生产要素之一是其他生产要素发挥作用的物质条件；由于全球化的加速发展，源于进口的资本品比重不断增加成为一个重要现象,各国资本形成对于进口的依赖程度普遍加大。从数据上看,全球资本品进口/资本形成比由 T1 期的 33.58% 上升为 T2 期的 37.93%,增长了 12.95%(见表 6.3)。正是由于各国资本形成对于进口的依赖性普遍加大,资本品促进经济增长的传统机制日益转化为资本品进口促进经济增长的新机制。还须注意到,由于资本品进口始终占全球进口的最大比重,远远超过初级品、中间品、消费品及服务进口所占比重,资本品进口促进经济增长机制成为进口贸易影响经济增长的主导机制,决定了其他进口类别影响经济增长的范围和可能。

表 6.3　　　　全球资本品进口、全球资本形成及比值　　　单位:亿美元,%

年份	资本品进口	资本形成	比值(%)	年份	资本品进口	资本形成	比值(%)
1995	19177	67600	28.37	2003	29817	79300	37.6
1996	20543	68400	30.03	2004	35946	92900	38.69
1997	21731	68600	31.68	2005	39957	102000	39.17
1998	22383	66700	33.56	2006	45244	114000	39.69
1999	23785	68900	34.52	2007	51126	131000	39.03
2000	26415	72300	36.53	2008	54739	145000	37.75
2001	25112	68900	36.45	2009	43286	125000	34.63
2002	26068	69500	37.51	2010	52724	143000	36.87

资料来源:资本品进口数据来自联合国贸发会议,资本形成数据来源于世界银行发展指标数据库。

三　初级品进口比重增速相对于经济增长增速趋于下降

进口趋势指数揭示的第二大规律:无论经济趋向加速还是减速,对于初级品的进口需求都在绝对性地上升;但经济增长越是加速,初级品进口比重趋于相对下降;经济增长越是减速,初级品进口比重趋于相对上升。从进口趋势指数上看,从组一至组四,这一指标由 1.2211 降为 1.1653,继而降为 1.1625、1.0917,体现出如上关系(见表 6.4)。

这一规律的发生机制可表述为:由于现代社会对于物质产品的质量要求更高,数量要求更大,各国资源的有限性、差异性以及国际贸易更为便利化等原因,各国依据自身初级品禀赋的不同,积极扩大初级品互通有无的程度，因此无论经济趋向加速还是减速，对于初级品的进口需求都在绝对上升。而由于资本品进口的经济增长影响机制是进口贸易影响经济增长的主导机制，并决定了其他进口类别影响经济增长的范围和可能（前文已述及）；又因为在资本品、消费品、初级品、中间品四大货物进口类别中，无论经济趋向加速还是减速，消费品、中间品的比重都相对小且进口需求相对稳定，并无大的差异（见表6.4）。因此，初级品影响经济增长的表现形式就主要由资本品进口影响经济增长这一主导机制所规定了，故而经济增长越是加速，资本品进口比重越是趋于上升，初级品进口比重越趋于相对下降；经济增长越是减速，资本品进口比重越是趋于下降，初级品进口比重越趋于相对上升。

表6.4　　　　　　　　　　进口趋势指数

进口类别	组一	组二	组三	组四	中国
资本品	0.9134	0.9599	0.9803	1.0361	1.0759
消费品	0.9403	0.9681	0.9408	0.9659	1.4803
初级品	1.2211	1.1653	1.1625	1.0917	1.4331
中间品	0.9706	0.9668	0.9312	0.973	0.6991
传统型服务	0.9419	0.9646	0.9946	0.9286	0.7987
信息化服务	1.2931	1.349	1.134	1.1051	1.0281
金融保险服务	1.096	0.959	1.2321	1.1345	1.0525
其他服务	1.0223	0.9833	0.8647	0.8716	0.9982

资料来源：原始数据来源于联合国贸发会议数据库。

四　中间品占比结构相对稳定，但其内部结构的变化方向将与初级品比重趋于下降的机理相联系

在资本品进口比重上升并影响经济增长的主导机制下，初级品进口比重趋于下降的另一个解释是：转型升级的经济体将由技术含量高、资源消耗少的中间品进口逐步转向技术含量低、资源消耗多的中间品进口，从而引起这些经济体初级品进口比重的下降。这种中间品内部结构的变化在表6.4的进口趋势指数中虽然没有直观的表现，但可以从一些专门讨论中

间品贸易和地区性国际生产分工的已有研究中反映出来。林桂军等（2011）研究了亚洲生产的国际性网络，认为垂直分工的发展形成了亚洲在全球最大的国际生产网络。在亚洲垂直生产分工体系中，日本、韩国、中国台湾、新加坡、中国、东盟等经济体在地区性生产网络和国际价值链的形成中相互依赖、分工相对稳定，因而导致中间品占比结构的相对稳定，但分工与中间品贸易迟早也必然发生分化和改组，所谓"雁行模式"的分工体系，即解释中间品生产分工与贸易比较优势的国际排序，也迟早必然发生规律性的结构变化，而变化的方向必然是与初级品比重趋向下降的发生机理相联系。

五　其他

进口趋势指数的分析还表明，消费品进口比重基本稳定并略有上升，而服务贸易进口的趋势是不规则的，说明服务贸易与经济增长的联系还没有达到货物贸易与经济增长联系的紧密程度，需要做具体细致分析。但从表6.4中可以看出，以中国的进口趋势指数来与四个组别相对照，中国的服务进口指数都远低于各组国际平均水平，说明中国服务进口的发展空间和结构优化空间很大。

六　简要小结

以上规律及现象启示我们，对于开放经济体而言，经济增长与进口结构有着较为明确的关联性，这就为通过进口贸易改善经济宏观调控提供了重要依据。一国宏观经济管理部门，除了要重视需求管理以外，调整进口结构也不失为一种重要的管理手段。在进口结构的调整中，资本品的进口调节居于重要地位，为此要特别重视对资本品的进口数量与结构的优化以实现经济增长预期。同时，要创造条件相对减小初级品进口比重的增长速度；在稳定中间品占比结构的基础上，创造条件着力优化中间品内部结构；适当增加消费品进口比重；在大力增加服务贸易进口的同时，灵活配置其服务进口结构，形成一套可行的进口结构调节组合方式。当然，对任何一个具体国家来讲，尚需把上述一般规律与该国现实经济发展状况及贸易状况结合起来具体分析，灵活运用，而不是机械地照搬，才能真正取得好的效果。

第三节　中国进口贸易结构与经济增长之一：
总体状况与货物进口结构

　　1995—2002年，中国经济平均增长率为8.93%；2003—2010年，中国平均经济增长率为10.94%，上升了23%。这一时期，中国进口结构变化指数为582，在59个经济体中仅次于斐济（826）、喀麦隆（766）、坦桑尼亚（686）、白俄罗斯（674）、塞浦路斯（664）等5个经济体；远大于同一时期的主要发达国家，如美国（391）、日本（364）、意大利（343）、加拿大（263）、英国（255）、德国（216）；亦大于主要的发展中国家，如巴西（267）、俄罗斯（353）、波兰（185）、罗马尼亚（325）。在中国所属的经济小幅加速组（组三）中，中国这一指标也是最高的，高于爱尔兰（578）、新加坡（428）、埃及（418）等经济体。这表明，这一时期中国进口结构的演化与中国经济的快速发展是相适应的，总体上快于大多数经济体，亦快于经济增长表现相近的经济体。

　　这一时期，中国阴极阀门及阴极管、原油、皮衣、电气电路装置等二十大子类进口项对于进口结构变化指数的贡献最大，其贡献度高达94.19%，尤其是阴极阀门及阴极管这一单项进口对于进口结构变化指数的贡献度就达到了43.14%；其他贡献度较大的进口项有原油（18.12%）、光学仪器与设备（11.96%）、铁矿石和精矿（5.91%）、纺织品（2.34%）、旅游服务（1.98%）、特定行业适用的其他机械（1.95%）等产品或服务（见表6.5）。因此，中国进口结构的变化具有显著的不平衡性，可概括为：货物进口贡献度极大，而服务进口贡献度小；少数产品或服务进口贡献度过大，多数产品或服务的进口贡献度不足。当然，现有进口结构的不平衡发展其实也为中国进口结构的未来调整提供了线索，指明了方向，下文的具体讨论中将会对此有进一步的阐述。

表 6.5　　中国进口结构变化贡献度最大的二十大进口项

进口项	MT1	MT2	趋势指数	贡献度（%）
［776］阴极阀门及阴极管	0.059451	0.121778	2.0484	43.14
［333］原油	0.030842	0.07123	2.3095	18.12
［871］光学仪器与设备	0.003725	0.036541	9.8084	11.96
［281］铁矿石与精矿	0.008164	0.031239	3.8265	5.91
［653］纺织品	0.018148	0.003625	0.1997	2.34
旅游服务	0.044196	0.030834	0.6977	1.98
［728］特定行业适用的其他机械	0.030977	0.017717	0.5719	1.95
［562］肥料（272 除外）	0.013567	0.00286	0.2108	1.27
［764］电信设备及零部件	0.042094	0.031547	0.7494	1.24
［641］纸与纸板	0.013915	0.004286	0.308	1.03
运输服务	0.047884	0.039134	0.8173	0.85
［752］自动数据处理设备	0.012667	0.021112	1.6667	0.79
［651］纱线	0.013131	0.005028	0.3829	0.73
［724］纺织与皮革机械、临建	0.012687	0.005331	0.4202	0.6
［572］初级形式的苯乙烯聚合物	0.012133	0.005481	0.4517	0.49
［222］油籽及含油质果实	0.006638	0.013229	1.9929	0.48
［772］电器店路装置	0.17989	0.024062	1.3376	0.41
［781］客车	0.003777	0.010168	2.6922	0.45
［611］皮衣	0.010428	0.00409	0.3922	0.45

注：［］内为贸易品代码。
资料来源：原始数据来源于联合国贸发会议数据库。

中国进口贸易长期以来以货物进口为主，1995—2010 年，中国货物进口占总进口的比重平均维持在 86% 左右，远高于 78% 的全球平均水平（见表 6.6）。从货物进口的内部构成来看，中国资本品、初级品进口比重高，中间品、消费品进口比重相对较低，表现出与世界货物进口结构类似的特点；只是中国资本品、初级品进口比重更高，而消费品进口比重更低，中间品进口比重只是近年才开始低于全球平均水平。随着中国经济服务化的逐步加深，未来中国货物进口比重将相对下降，为此大力优化货物进口结构就显得尤为重要。

表6.6　1995—2008年中国进口额，中国货物进口子项/中国总进口、
世界货物进口子项/世界总进口　　　　　　单位：亿美元，%

年份	总进口	中国				世界			
		资本品	消费品	初级品	中间品	资本品	消费品	初级品	中间品
1995	1573	33.42	5.15	15.51	28.87	29.82	10.13	16.74	20.76
1996	1614	33.93	5.19	15.75	30.66	30.42	10.33	17.40	19.99
1997	1703	30.98	5.01	16.78	30.24	31.06	10.44	16.88	19.88
1998	1669	34.06	5.07	13.74	30.7	32.24	10.63	14.88	20.06
1999	1973	35.2	4.91	13.6	29.57	32.92	10.69	14.97	19.49
2000	2611	35.21	4.86	17.9	27.58	32.68	10.19	16.44	18.80
2001	2828	37.84	5.33	16.17	26.18	31.90	10.44	16.29	19.08
2002	3417	40.1	5.79	14.42	25.61	31.63	10.46	15.87	19.61
2003	4681	41.2	7.05	15.54	24.12	31.17	10.33	16.60	19.72
2004	6334	39.92	7.92	18.51	22.02	31.01	9.86	17.25	20.05
2005	7437	39.06	8.18	19.86	21.36	30.31	9.55	19.05	19.97
2006	8923	40.01	7.99	20.97	19.5	29.95	9.19	19.89	19.91
2007	10862	37.99	8.04	22.4	19.36	29.27	9.03	19.81	20.31
2008	12915	34.22	7.55	28.07	17.51	27.15	8.41	23.04	19.69

资料来源：原始数据来源于联合国贸发会议数据库。

一　资本品

从资本品进口总量上看，其占总进口的比重由1995年的33.42%变化至2010年的34.59%，2003年中国这一比重曾达到41.2%的峰值。这一时期，中国资本品进口占总进口的比重平均为36.42%，显著高于同期30.40%的世界平均水平。近年中国进口资本品的前十大类为：阴极阀门及阴极管、电信设备及零部件、电气电路装置、客车、自动数据处理设备、特定行业适用的其他机械、办公设备及自动数据处理设备的零配件、电气机械及设备、配件及附件（722类、781类、782类、783类）、飞行器及相关设备、航天器（见表6.7）。这种资本品进口结构与中国的产业

结构是相适应的，在国内产业结构不断升级的过程中，这些国外先进技术型资本品和成套设备的需求亦不断增加，它弥补了中国在行业专用部件、机械电子设备、电信设备、运输设备等主要资本品在质量、数量上的供给不足，为中国经济增长提供了重要支撑。

中国资本品进口比重长期居于高位，其结构具有相当的稳定性，阴极阀门及阴极管、电信设备及零部件、电气电路装置、客车、自动数据处理设备等五大类长期占有最大的比重；特别是阴极阀门及阴极管，2001—2010年这十年其进口占中国总进口量的1/10以上，占资本品进口额的1/3左右，长期以来是中国资本品进口的第一大部类，2010年仍然高达32.93%，比重极高。因此，如能尽快实现阴极阀门及阴极管的进口替代，转而进口其他类型资本品，必将有助于极大改善中国资本品进口结构。还须注意到，近几年中国资本品的总进口比重已呈下降趋势，2010年这一比重仅占2003年比重的84%，这就为今后一段时期中国资本品进口腾出了一定的增长空间。未来中长期内，中国资本品进口如能在优化结构的基础上重抬升势，就有可能为改善中国经济增长的潜在条件提供贡献。为此，中国要大力提高阴极阀门及阴极管、电信设备及零部件、电气电路装置等重要资本品的国产化率，采取政策手段促进新型成套设备、新型工作母机的进口，以提高资本品的生产效率。特别是要注意有选择地引进先进的数字化、智能化的设施、环保和新能源设施，更好地应对和利用世界第三次工业革命的挑战和机遇，促进经济持续稳定增长。

表6.7　中国资本品进口前十大子类及其占资本品进口总量的比重　　单位:%

进口项	MT1	MT2	趋势比	1995年	2002年	2010年
[776] 阴极阀门及阴极管	16.56	32.35	195.36	7.38	25.67	32.93
[764] 电信设备及零部件	12.01	8.29	68.99	13.12	10.14	6.39
[772] 电气电路装置	5.09	6.39	125.45	3.59	5.74	6.28
[781] 客车	1.06	2.75	260.96	2	4.91	5.26
[752] 自动数据处理设备	3.54	5.58	157.77	3.45	4.95	5.03
[728] 特定行业适用的其他机械	8.98	4.67	51.99	3.28	7.33	4.85

续表

进口项	MT1	MT2	趋势比	1995年	2002年	2010年
[759] 办公设备及自动数据处理设备零配件	5.94	5.44	91.48	13.91	5.95	4.83
[778] 电气机械及设备	4.59	4.71	102.57	1.78	1.9	4.59
[784] 配件及附件*	1.99	2.81	141.07	1.71	2.19	3.29
[792] 飞机及相关设备、航天器	4.16	2.41	57.88	2.59	2.96	2.25

注：*配件及附件（722类、781类、782类、783类）。

资料来源：原始数据来源于联合国贸发会议数据库。

二 初级品

从初级品进口总量上看，其占总进口的比重由1995年的15.51%上升至2010年的27.3%，2008年中国这一比重曾高达到28.07%的峰值。这一时期，中国初级品进口占总进口的比重平均为18.84%，略高于同期17.96%的世界平均水平。特别是2006年以来，中国初级产品的进口比重有较大幅度提高，超过中间品所占比重，仅次于所占比重最高的资本品。这说明随着基础设施建设、重化工业的快速发展和城镇化进程的不断加快，耗能生产和消耗行为不断扩张，国内对能源和矿产品的需求急剧增加，中国经济对外部资源的依赖逐渐加深。2008年以来，随着美元汇率不断呈现弱势走向，以石油、矿物原料和粮食为代表的国际大宗商品价格不断上涨，从而相应不断推高了中国初级品进口的价值量，导致初级品进口比重显著上升。资源性初级产品曾经是中国传统的出口创汇产品，但目前已成为中国的净进口产品。2010年，中国进口初级品的前十大类为原油，铁矿石和精矿，油籽及含油质果实，沥青矿物（含油70%），煤，非铁基金属废料、碎料，纸浆及废纸，铜矿石和精矿、铜锍，贱金属矿石和精矿、石油残余产品及相关材料（见表6.8）。这些重要战略资源的外部供给弥补了国内的资源不足，满足了中国大规模快速工业化的需求。由于中国经济的快速增长，能源和矿产资源等产品的需求仍将是旺盛的，其进口将继续增长。

但是，从上述一般规律的认识中，初级品进口增长太快、比重持续上升是不利于经济持续增长的。因此,今后在初级品的进口中,除了保持粮、棉、食用油、大豆等产品进口的合理增长,以节约土地资源,并与国内食品保障安全和储备制度相配套外,能源和矿产品的进口,不应盲目加速增长,要从合理消费、提高资源利用效率和培育新能源的视角配置进口规模和增长速度。为此,要通过能源资源品价格改革和关税调整来促进进口规模与比重的合理调整。

表6.8　中国初级品进口前十大子类及其占初级品进口总量的比重　　单位:%

进口项	MT1	MT2	趋势比	1995年	2002年	2010年	2011年
[333] 原油	19.62	31.81	162.15	9.66	25.90	31.19	32.54
[281] 铁矿石和精矿	5.31	13.43	252.97	5.03	5.62	18.38	18.59
[222] 油籽及含油质果实	4.30	5.98	139.03	0.43	5.35	6.09	5.18
[334] 沥青矿物（含油70%）	9.38	7.19	76.67	8.47	7.71	5.17	5.42
[321] 煤	0.34	1.57	461.21	0.29	0.67	3.90	3.45
[288] 非铁基金属废料、碎料	2.55	3.12	122.07	2.71	2.70	3.83	3.48
[251] 纸浆及废纸	4.88	4.02	82.28	3.46	5.89	3.27	3.13
[283] 铜矿石和精矿、铜锍	1.67	2.78	166.41	1.24	1.65	3.08	2.59
[287] 贱金属矿石和精矿	1.46	2.47	169.08	1.78	1.38	2.85	2.31
[334] 石油残余产品及相关材料	0.88	1.14	128.89	0.60	1.36	1.47	1.41

资料来源:联合国贸发会议数据库。

三　中间品

从中间品进口总量上看,其占总进口的比重由1995年的28.87%上升为1998年30.7%的峰值后,其后不断下降,到2010年只有17.66%,仅及1998年的57.5%,下降幅度很大。这一时期,虽然中国中间品进口占总进口的比重平均为24.36%,高于同期19.77%的世界平均水平。但从2006年开始,中国中间品进口占总进口的比重已开始持续低于世界平均水平,2010年中国这一比值已降至世界平均水平的90%。铜(中间品形态)、初级形状的其他塑料、碳氢化合物、初级形式的苯乙烯聚合物等是中国前十大类进口中间品（见表6.9）。

表6.9　中国中间品进口前十大子类及其占初级品进口总量的比重　单位:%

进口项	MT1	MT2	趋势比	1995年	2002年	2010年	2011年
铜（中间品形态）	4.03	7.92	196.71	2.99	5.07	11.7	11.12
[575] 初级形状的其他塑料	3.37	4.9	145.57	2.74	3.94	5.42	5.17
[511] 碳氢化合物	2	4.9	245.28	1.72	2.73	5.23	6.31
[512] 醇、酚类化合物、氯化物等	1.72	4.07	236.34	1.11	2.63	4.74	5.38
[571] 初级形式的乙烯聚合物	3.51	3.62	103.09	3.44	3.46	3.94	3.85
[598] 杂类化工产品	2.43	3.5	144.36	1.18	3.68	3.75	3.96
[582] 塑料板、片、薄膜、箔带	2.52	2.87	114.06	2.45	2.37	3.66	3.5
[513] 羧酸、酸酐、卤化物	2.44	4.08	167.33	1.93	3.97	3.08	3.28
[574] 聚醚、环氧树脂、聚酯	2.08	2.96	142.78	1.7	2.51	3.05	2.59
[571] 初级形式的苯乙烯聚合物	4.21	2.72	64.46	4.17	3.67	2.38	2.05

资料来源：原始数据来源于联合国贸发会议数据库。

中国中间品的进口比重呈现下降趋势，说明随着国内工业生产国际化水平的提高，工业配套能力逐渐增强，对外部工业产品的配套需求下降，这种趋势在出口方面就表现为具有国际竞争力的产品已经由纺织、服装等劳动密集型的传统产品转向了以资本、技术密集型为主的机电产品和高新技术产品，在这个过程中，进口商品结构也相应发生变化。同时，这与中国调整产业结构，积极参与国际分工和国际合作密不可分。由于国外中间产品的进口主要是为满足加工贸易的出口，大量外商投资企业从事加工贸易。"十五"以来，外资企业在加工贸易中的比重一直在73%以上，在一般贸易中的比重则不到1/3（杨长湧，2011）。随着加工贸易在中国进口中所占的比例逐渐下降，同时由于新的国际产业转移和国内产业结构调整，中国加工贸易进口的中间品的构成也不断发生变化，不断转为技术与资本密集型产品，机电类和高新技术类产品的进口占比逐年提高，对于国内有能力生产的，或者虽然目前没有能力，但是具有潜在生产优势的中间产品，进口量呈减少趋势，生产本土化趋势加强。

实际上，中间品的结构变化是依据各国要素禀赋和国际生产价值链中各个环节比较优势变化决定的，如收入水平越高的国家，进口劳动密集型中间品或进口劳动密集最终品比重越高。中国中间品越来越多向国内生产转移，导致该类进口下降，虽然有利用劳动要素禀赋优势的一面，但也有大量消耗能源资源的问题，既有符合规律的一面，也有违反规律的一面，其原因是中国自己的企业不能部署国际化生产，而国内的国际化生产链条是被外国企业控制的。经济规律要求改变这个结构，但现在这个结构变化太慢，是因为中国企业"走出去"的战略目标还不明确。未来在中间品的进口中，要逐步改变中国进口关键零部件、国内生产大量消耗资源能源的配套产品加以组装和加工的现状。关键零部件的生产要逐步实现进口替代，鼓励国内生产，而消耗能源资源的中间品生产应逐步由国内生产转为"走出去"生产，从而扩大此类中间品进口，实现中间品内部结构的优化。要通过价格改革和关税改革促进进料加工贸易企业多使用境外的能源资源消耗型中间品。

四 消费品

从消费品进口总量上看，其占总进口的比重由1995年的5.15%上升至2010年的7.13%，2005年、2007年，中国这一比重分别达到8.18%、8.04%的峰值。这一时期，中国消费品进口占总进口的比重平均为6.4%，远低于同期9.85%的世界平均水平。中国消费品进口的前十类产品为光学仪器与设备，测量、分析和控制装置，光学产品，乐器、录音带，塑料制品，钟表，医疗仪器及用具，杂项制品，电影与摄影用品，家具及配件（见表6.10）。2011年，仅光学仪器与设备就占消费品进口总量的42.24%、测量、分析和控制装置占19.94%，这两项产品是中国消费品进口的最大两项。

表 6.10　　中国消费品进口前十大子类及其占初级品进口总量的比重　　单位:%

进口项	MT1	MT2	趋势比	1995 年	2002 年	2010 年	2011 年
[871] 光学仪器与设备	6.92	47.63	688.47	0.99	23.57	45.90	42.24
[874] 测量、分析和控制装置	22.85	16.86	73.78	23.13	23.23	18.21	19.94
[884] 光学产品	4.24	7.57	178.24	1.80	5.37	8.59	8.11
[898] 乐器、录音带	5.47	5.68	103.77	3.70	7.25	5.35	5.53
[893] 塑料制品	8.40	3.93	46.81	9.17	6.29	3.53	3.47
[885] 钟表	9.07	1.96	21.58	14.26	4.23	1.93	2.56
[872] 医疗仪器及用具	2.51	1.65	65.49	2.04	2.68	1.90	2.12
[899] 杂项制品	4.38	1.83	41.82	5.63	2.91	1.82	1.96
[882] 电影与摄影用品	2.70	1.68	62.12	1.63	2.86	1.68	1.69
[821] 家具及配件	1.19	1.29	108.53	1.11	1.48	1.45	1.69

资料来源：原始数据来源于联合国贸发会议数据库。

应当认识到，消费品进口不仅能够调剂国内市场余缺，而且进口国内尚不存在的或者具有异质性的消费品，可以带来技术信息，引导消费升级，对经济增长的益处不应被低估。中国消费品进口占总进口的比重尚比世界平均水平低35%左右，有很大潜力。但是由于国内居民收入不均衡、消费配套环境不完善等因素，尤其是中国的消费品进口关税比较高，使得中国消费品进口增长比较慢。目前中国的关税结构中，消费品的进口关税税率较高，香烟平均进口关税达到了25%，鞋类的关税也有20.1%，远高于石油、铁矿砂等进口增速较快的初级品的进口关税。如果能够适当进行关税结构的改革，部分降低这些产品的进口关税，对提高消费品进口的动力具有重要意义。从改善供给角度来看，今后中国消费品的进口还应更多从改善中国人力资本素质着眼，采取政策手段，多进口先进适用的教育消费品，如教材、教学设施、办公用品、医疗器械和设施、公共卫生设施和体育运动器具、科研设备与器材。

第四节　中国进口贸易结构与经济增长之二：
服务进口结构

在全球范围内，现代服务业已日益成为促进世界经济复苏、引领转型发展的新引擎，研发、信息技术与网络等新兴服务业为经济发展增添了新动力。由于体制、机制及工业化思维的长期束缚，中国服务产品供给长期严重不足，如能以进口方式增加其有效供给，将有利于释放巨大的内需潜力，并对经济结构优化和经济质量提升产生放大效应。由于中国经常项目顺差，所以服务进口没有外汇约束，更有利于其发挥功能。数据表明，中国进口贸易以货物进口为主的特征长期存在，服务进口相对货物进口的比重严重偏低；1995—2010 年以来，中国服务进口占总进口的比重平均维持在 14% 左右，远低于 22% 的全球平均水平（见表 6.11）。此外，中国服务进口又以传统型贸易进口为主，金融保险服务、信息化服务及其他等服务的进口比重也明显低于全球水平。因此，尽快改善中国服务贸易的规模与结构，对于中国经济的健康、持续、快速发展具有重要意义。

一　传统型服务

从传统型服务的进口总量上看，其占总进口的比重由 2000 年的 9.38% 降为 2010 年 7.75%，这一比例比 2010 年全球水平 9.69% 要低 20%。传统型服务是中国服务进口中最趋同于全球平均水平的一类，2010 年中国运输、旅游、建筑进口占总进口的比例分别为 3.98%、4.5%、3.2%，总体上接近 4.2%、4.97%、5.1% 的全球平均水平。从传统型服务进口的构成来看，2000—2010 年，中国运输服务进口发展平稳，其比重一直稳定在 4% 左右的水平。运输服务进口的增长与中国货物贸易的迅猛发展有关，它解决了中国国际贸易发展所引致的运能不足问题，对于中国对外经济交往的扩大起了重要的载体作用。今后，运输服务的进口增长仍然是重要的，但由于运输服务是中国服务贸易逆差的最大来源项（2010 年该项逆差为 290.5 亿美元），应支持中国运输企业获取更大的运输市场份额，逐步缩小该项逆差。这一时期，中国旅游服务进口下降，2011—

2012年有所回升。旅游服务进口反映了国内新的消费需求，扩大其进口有许多好处，它不仅有利于中外人民相互交流，缓解本币升值压力，减轻国内通货膨胀压力，还能有力带动中国旅游产业走向世界，继而提升中国旅游企业的旅游服务供给能力。中国建筑服务进口占总进口的比重由2000年的0.381%降为2010年的0.32%。鉴于中国是建筑服务业发达的国家，较长时期内该项进口的比重难以有大的变化。

表6.11　　　　　　　中国服务进口占总进口的比重　　　　　　　单位:%

类别	2000年	2001年	2002年	2003年	2004年	2005年	2006年	2007年	2008年	2009年
1. 传统型服务	9.38	9.22	8.77	7.39	7.11	6.97	6.81	6.99	7.03	8.26
运输	3.981	4.004	3.984	3.895	3.875	3.825	3.852	3.984	3.897	3.999
旅游	5.022	4.918	4.506	3.245	3.023	2.926	2.726	2.742	2.8	3.753
建筑	0.381	0.299	0.282	0.253	0.211	0.218	0.23	0.268	0.338	0.504
2. 信息化服务	0.19	0.24	0.47	0.31	0.27	0.3	0.28	0.3	0.36	0.38
通信	0.093	0.115	0.138	0.091	0.075	0.081	0.086	0.1	0.117	0.104
计算机与信息	0.101	0.122	0.332	0.221	0.198	0.218	0.195	0.203	0.245	0.278
3. 金融保险服务	0.98	0.99	0.98	1.02	0.99	0.99	1.09	1.03	1.03	1.03
金融	0.037	0.027	0.026	0.05	0.022	0.021	0.1	0.051	0.044	0.062
保险	0.946	0.959	0.95	0.975	0.967	0.968	0.99	0.982	0.987	0.971
4. 其他服务	3.24	3.44	3.4	3.09	3.02	3.01	3.12	3.65	3.88	3.98
专利与特许权	0.491	0.685	0.911	0.758	0.71	0.715	0.743	0.754	0.799	0.95
其他商业	2.665	2.653	2.329	2.216	2.196	2.19	2.309	2.802	2.989	2.932
个人、文化与创意	0.014	0.018	0.028	0.015	0.028	0.021	0.014	0.014	0.02	0.024
政府	0.066	0.083	0.131	0.097	0.084	0.084	0.057	0.079	0.071	0.072

资料来源:中国商务部。

二　信息化服务

从信息化服务的进口总量上看，其占总进口的比重由2000年的0.19%升至2010年的0.26%，这一比例比2010年全球水平1.64%明显偏低。从信息化服务进口的构成来看，2000—2010年，中国通信服务、计算机与信息服务占总进口的比重由 0.093%、0.101% 变化为 0.072%、0.187%，2010 年的比值仅分别占全球平均水平的 14.46%、6.39%，加强信息化服务的进口具有很大的空间。中国之所以要继续努力加大信息化服务的进口，根源在于中国信息化服务的供给能力仍然满足不了经济增长的需要：一是中国在世界信息化方面的排名在下降，与发达国家在信息化领域差距正在重新拉大；二是中国信息化发展区域不平衡现象仍然严重，特别是东西部之间的数字鸿沟扩大；三是中国网络空间发展滞后；四是信息化的核心技术方面缺乏国际竞争力。为此，中国须加快营造良好的信息化竞争环境，加快制定与完善信息化服务法律法规，进一步加大知识产权保护力度；加快通信、计算机服务业对外开放，扩大国外信息业企业在中国的商业存在；积极引进先进的网络信息交换技术、计算机数据处理技术，扩大基础软件、应用软件等信息化服务与产品的进口。

三 金融保险服务

从金融保险服务的进口总量上看，其占总进口的比重由 2000 年的 0.98% 上升为 2010 年的 1.08%，相比 1.983% 的 2010 年全球平均水平仍然明显偏低。从金融保险服务进口的内部构成来看，2000—2010 年，中国金融服务、保险服务进口占总进口的比重分别由 0.037%、0.946% 上升为 0.087%、0.991%，和 2010 年全球平均水平相差较远。可见中国金融服务进口严重不足，而保险服务进口却已高达全球平均水平的 1 倍左右。进一步分析表明，2010 年中国金融服务出口 13.3 亿美元、进口 13.9 亿美元，进出口基本平衡。其出口、进口分别占中国服务业总出口、总进口的比重分别为 0.78%、0.72%，相比中国金融业的巨大规模而言，两者比重均极小。这表明，中国金融服务的国际化水平极低，改革滞后、开放度严重不足是造成这一局面的重要原因。同年，中国保险服务出口 17.3 亿美元、进口 157.5 亿美元（占当年全球保险服务贸易的 18.53%）；保险服务逆差 140.2 亿美元，仅次于运输服务逆差额，是中国服务逆差的第二大来源项，表明中国经济发展所需的保险服务有很大比例由外部供给。综合上述分析，再结合中国多数实体经济行业发展艰难，而金融行业仅靠存贷差就能轻松坐享巨额利润的现实（金融业的超额利润越多,利润获取越轻松,实体经济失血就越多,发展就越艰难),金融保险服务的未来发展方向应是:大幅增加金融服务进口,较大幅度扩大金融服务逆差,以尽快改善中国实体经济的金融供给,倒逼国内金融业制度变革,并在开放中增强竞争力;控制保险服务进口增速,防止进口保险服务过度供给,促进保险服务业良性发展,以达到为实体经济提供更好的保险服务的目的。

四 其他服务

从其他服务的进口总量上看,其占总进口的比重由 2000 年的 3.24% 到 2010 年的 3.07%,仍不及 2010 年全球水平 7.09% 的一半。从其他服务进口的内部构成来看,2000—2010 年,中国专利与特许权服务,其他商业服务,个人、文化与创意服务,政府服务占总进口的比重分别由 0.491%、2.665%、0.014%、0.066% 调整为 0.82%、2.159%、0.023%、0.072%。其中,只有其他商业服务占总进口的比重不增反降。2010 年,全球其他服务中这四项进口占总进口的比例分别为 1.351%、5.225%、0.165%、0.353%,中国这四项比值仅相当于全球平均水平的 60.70%、41.32%、13.94%、20.4%。这四项服务进口的绝对比重都远低于世界平均水平,但其中专利与特许服务进口上升速度最快,比重也相对最高,这反映出中国改善供给的专有服务进口需求相对旺盛,对行业专有技术、特许经营类服务提出了更多样、更急迫的要求。2010 年,中国专利与特许服务出口 8.3 亿美元,进口 130.4 亿美元,逆差 122.1 亿美元,是中国服务贸易逆差的第三大来源项。但作为技术性最强的专有服务之一,其逆差越大,对经济供给面的改善就越大,在中国拥有巨额外汇储备的背景下不仅不应控制,反而应鼓励该项逆差继续扩大。个人、文化与创意服务进口的上升势头仅稍弱于专利与特许服务,但绝对比重极低,只相当于全球平均水平的 13.94%。这是增强中国国民科学文化素质、改善人力资源供给的重要途径,将是今后中国通过服务进口以改善经济供给面的另一重要发展方向。至于其他商业服务,对于改善经济供给面也有积极意义,其进口结构的调整也必将大有可为。

第五节 总结与思考

对进口贸易结构的分析表明，经济增长与进口贸易结构变化存在着明确的正向关联性，改善进口贸易结构是改善经济供给面的重要内容；对于一国宏观经济管理部门而言，除了传统的需求管理以外，进口贸易结构的调整不失为一种重要的管理手段。在进口贸易结构的调整中，资本品的进口调节居于重要地位，为此要特别重视对资本品的进口数量与结构进行优化以实现经济增长预期。结合中国产业条件及进口贸易的实际情况，在优化资本品进口结构的基础上，适当增加资本品进口比重，创造条件相对减缓初级品进口比重的增长速度，创造条件促进中间品进口的内部结构优化，适当增加消费品进口比重；同时灵活配置服务进口结构，注重增加从外部获得更优质的金融服务、信息化服务及其他服务，逐步减少传统型服务进口比重，将是一套可行的进口结构调节组合方式。在进口贸易结构的调整中，尚需要其他配套的战略设计，比如统筹进口贸易结构调整与企业海外投资战略，统筹进口贸易结构调整与产业结构升级，处理好合理进口与进口替代的关系，推进服务业体制机制改革以及关税结构调节。

第七章 中国迈向贸易强国的分析思路

建设贸易强国是中国"十三五"时期（或许更长时期内）经济发展的重要目标之一。所谓贸易强国，是一个国际对比的概念。因此本章首先要回答，当今世界谁是贸易强国？在当今世界经济多极化趋势下，贸易强国不可能只有一个，如果有若干个，那么就如同自然界生物多样性规律，森林里的树叶没有两片是相同的。各个贸易强国之间也不可能一模一样，其中必有共性特征，也有各自的特殊性。既分析它们的共性特征，又力图揭示不同国家的特殊性，这是本章的方法论。随着国际金融危机之后全球政治经济环境出现新变化及中国经济进入新常态，我们需要对贸易强国的内涵及其共性特征有新的辨析，从而构建贸易强国共性指标并进行实证分析，筛选出有客观依据的贸易强国；然后构建贸易强国特性指标和分类方法，划分出多种贸易强国类型，且对每类贸易强国的代表性国家进行简要分析。在这种分析基础上，再客观分析中国与世界各贸易强国的差距，提出中国迈向贸易强国的目标和路径，尤其是需要科学判断和界定中国应该达到的贸易强国标准和目标，准确分析中国成为贸易强国各种类型的演变趋势，提出当下中国迈向贸易强国的主要政策思路。

第一节 对贸易强国内涵的新认识

中国"十三五"规划纲要重申要加快建设贸易强国，推进中国从"贸易大国迈向贸易强国"。商务部主持的重大课题研究成果《中国外贸强国发展战略研究：国际金融危机之后的新视角》提出，到2020年中国将实质性推进贸易强国进程,到 2030 年初步实现贸易强国目标。国家的重大决策导向推进了该问题的研究。

贸易强国是一个历史的、动态的概念,不同时代都有特定的时代内涵,体现这些内涵的国家也不同,既没有"日不落帝国",也没有在所有商品和服务领域的"全能冠军"(裴长洪,2016)。这意味着随着国内国际形势的变化,贸易强国的内涵应该有新内容,对贸易强国的分类也应该有新方法、新标准,对中国所追求的贸易强国目标也应该有新的路径辨析。

一 对以往有关贸易强国研究的评析

贸易强国的评判标准会随着特定历史时期的经济背景而发生变化(张亚斌等,2007)。例如,重农主义时期的评判标准可能是农产品的出口量,而重商主义时期的判断标准当是从出口中所获取的黄金白银等贵金属量。亚当·斯密及其后的绝对优势理论时期无疑将会依据劳动生产率的高低来定义贸易强国;大卫·李嘉图及其后的比较优势理论时期则将以一国是否有效利用其比较优势来界定贸易强国;以赫克歇尔和俄林为代表的要素禀赋理论则可能以一国是否在劳动力或者资本等要素上具有优势来定义贸易强国;再其后以克鲁格曼为代表的新贸易理论学派认为规模经济、产品差异化也是贸易竞争力的来源和贸易强国的特征。

贸易强国概念在中国已经提出多年,国内学界和政界对该概念有若干不同的解释。其中,商务部委托的重大课题研究成果《中国外贸强国发展战略研究:国际金融危机之后的新视角》指出:"贸易强国意味着中国对外贸易具有强大的国际竞争力。贸易强国是经济强国的有机组成部分和重要支撑,是综合国力和硬实力的具体体现。贸易强国应由科技强国、产业强国、人才强国、规则强国作为强有力的支撑。更为具体地,贸易强国应在贸易规模、进出口结构、贸易模式、产品质量(标准)、品牌国际化、技术、货币国际化、国际投资等方面达到世界领先水平。"该书还构建了由 10 个一级指标、26 个二级指标组成的贸易强国评判体系,并把美国、德国和日本三国在这些指标上得分的算术平均数作为贸易强国的标准。其他学者,如赵蓓文(2013)总结了贸易强国的数量标准和质量标准:前者包括贸易规模、世界市场占有率、世界 500 强公司数、经济总量等指标；后者包括贸易结构、贸易效益、是否拥有世界级品牌以及是否拥有国际话语权等；强调贸易大国仅在数量指标上达标，贸易强国则需要在两种指标均世界领先。盛斌（2015）考察了 600 多年的近现代贸易史，总结出贸易强国的 10 个共同特征，对比以往研究，其学术增量是把国际经贸规则与领导力、营商环境、抵御风险的能力纳入标准的视角。国外学者没有明确提出贸易强国的概念，但也会从贸易规模、贸易结构、贸易的技术含量等数量与质量指标研究一国的贸易竞争力。比较著名的有国际贸易中心（International Trade Centre，ITC）开发的贸易表现指数（Trade Performance Index），该指数从出口表现和竞争力等多个维度评估了世界 184 个国家行业层面的贸易表现。此外，《全球竞争力报告》以及《全球贸易便利指数》（Enabling Trade Index）也构建了多个指标评估一国的贸易表现。

以上对贸易强国概念的有益探索，在不同程度上都存在一些不足。一是都只从纯贸易角度区分贸易强国，缺乏从国际政治经济学，特别是从全球经济治理角度的考察。二是过于强调贸易强国应该在所有指标上都位居世界前列，从而缺乏对贸易强国的分类。满足所有标准的国家只可能是已知的那几个大国，这样研究的意义将大打折扣。事实上，一些贸易小国也可能是贸易强国，分析它们如何在某些行业或产品上建立竞争力也是贸易强国研究的重要部分。三是没有考虑国际分工形成的全球价值链（Global Value Chain，GVC）的影响。

二 贸易强国内涵的新阐释

在当今全球经济、金融、贸易、生产和投资一体化时代，贸易强国应该是一个综合的概念，有更广泛的内涵。广义上来看，当今可进行国际贸易的不仅包括传统的商品和服务，还包括货币、规则、技术以及产品标准的贸易。后者属于全球公共品和地区公共品范畴，也必须纳入贸易强国的评判标准中，并作为划分贸易强国分类体系的一部分。

第一，贸易强国不是少数贸易大国的专有品，贸易小国也能成为贸易强国。以往研究的惯性思维是，贸易强国必须具有世界排名靠前的贸易规模，依据此标准，贸易小国自然与贸易强国无缘。贸易小国囿于国内市场规模、资源要素数量等限制，不可能形成很大的贸易规模，但不排除它们在某些细分产品市场上具有强大的国际竞争力，也应该属于贸易强国。例如，从传统视角看，澳大利亚、新西兰等并不是贸易强国，但考虑到它们的农产品出口竞争力都很强，应属于农产品贸易强国。因此，能否在商品与服务的生产中利用已有比较优势和培育新优势是贸易强国的标志之一。更进一步，贸易强国应该具有层级结构分析，如果关注点在国家和行业层面，这适合于评判贸易大国。而本章认为对于贸易小国，关注点应该细化到企业和产品层面。

第二，从全球价值链视角来看，贸易强国的内涵又有所不同。以往的贸易强国概念一般指最终产品贸易强国。但随着国际生产分工由最终产品生产的分工转变为生产工序（任务）的分工，增加值贸易逐渐占主导，要想成为贸易强国，必须要有对 GVC 的管控和协调能力。所以能否占据 GVC 主导位置，能否在 GVC 某个生产工序（任务）上具有比较优势则是 GVC 背景下贸易强国需要具备的品质。在 GVC 生产模式下，出现了一些传统贸易理论无法解释的现象。一是贸易规模与贸易增加值背离度越来越大。以贸易增加值核算，2007 年中国的外贸依存度将从官方统计的 68.02% 下降到 31.59%（李昕、徐滇庆，2013）。二是国家发展水平与出口产品技术复杂度相关性变弱，如中国在出口技术水平和出口结构方面与发达国家不断趋同（鞠建东、余心玎，2014）。这些现象会使得对贸易强国的判断产生偏误，低估发达国家的贸易实力，而高估一些发展中国家的贸易实力。事实上，一些新兴的发展中国家只是由于参与 GVC 低端的加工组装环节，才得以很快提高其贸易规模，并在表面上出口高技术产品，但获取的增加值并不高。发达国家仍控制着 GVC 高端的研发和设计（R&D）、营销、售后服务等环节，并攫取了发展中国家出口的高技术产品的绝大部分增加值。所以，GVC 背景下的贸易强国更多地应该表现为对产品 GVC 的控制能力、关键零部件产品和生产性服务的生产能力以及相应的创造贸易增加值的能力。

第三，在全球范围内配置资源的能力。一国境内生产能力不等于国际交换能力，国际交换能力往往还取决于跨国生产能力、国际运输能力、国际营销能力等。没有这些能力，境内生产能力很难被国际消费市场所吸收，或者即使可以转化成国际消费，但是交易成本过大，必须支付很高比例的费用给国外生产要素、国外运输公司、国外营销网络等。跨国资本流动和跨国企业并购是形成国际化生产经营网络的重要途径，也是实现全球范围配置资源的主要形式。所以国际投资、跨国公司的数量和作用是衡量一国在全球范围配置资源的能力和水平的重要尺度，也是贸易强国的重要标志。

第四，本国货币在世界的流通能力。国际交换与国内交换不同，国际交换中商品和服务的定价权不仅来自一国商品和服务的贸易量，而且还来自该国货币在世界的流通能力。除了黄金具有世界货币的天然属性之外，在金本位制结束后，纸币在世界上能否具有较强的流通能力，取决于三种功能，即贸易结算功能、投资工具功能和储蓄货币功能。不具备或不完全具备这些功能，流通能力必然不强，那么也就不可能取得商品和服务交换中的定价权。人们往往有疑问，为什么中国是某几种商品的大买主或大卖主，但没有定价权，问题就在于人民币的这三种功能，有的才刚刚开始具有，有的还完全没有。

第五，提供全球公共产品的能力。国际贸易必须在一定的全球经济治理框架下进行，同时也受这种治理框架的制约。依据经济学属性，全球经济治理是一种特殊类型的全球公共品，裴长洪（2014）把它们归纳为以下三类。第一类是国际规则，这包括多边的国际规则和区域的国际规则。第二类是主权经济体为国际规则的执行所提供的运行载体、平台或其成本。例如，世界银行、IMF 和 G20 等。第三类是企业和私人机构对优化国际经济治理所承担的社会责任或服务。本章提出第四类全球公共品，即跨国公司（或其行业协会）提供的产品和服务的技术标准、规范和准则。贸易自由化蕴含的本质是交换的公平竞争和保护消费者利益，因此国际贸易中必须有各国都遵循的技术质量标准，这既是商业规则，也是社会责任的体现。这种游戏规则的制定，既有历史延续的因素，也反映主要制定者的利益诉求。在制定这类游戏规则中，贸易强国一般都具有比较大的话语权。这几类全球公共品被所有参与国际贸易的国家所消费，但并不是每个国家都能提供。全球公共品的提供需要不菲的成本，不是想提供就有资格和能力提供的，既需要硬实力，还需要软实力。硬实力以政治、经济、金融、军事和重要资源为后盾，软实力则需要话语权以及自身的体制、机制的优势。事实上，全球公共品一般只有全球或者区域性的大国才能提供，对于某些公共品，如技术标准，则只有该领域的主导性跨国公司能够提供。由于搭便车行为，提供全球公共品似乎是一种非理性的行为，但事实并非如此。在无偿提供的表象背后，有着理性的利益考量。生产全球公共品的国家和地区或者跨国公司将隐含地设计出有利于其自身利益的全球公共品，然后借此优势在国际贸易中取得强大竞争力。

第二节 贸易强国分类体系构建

国家有大有小，贸易规模也就有大有小。各国的资源、要素、文化、地理位置等因素迥异，这决定了各国在世界贸易中的位置是不一样的，分别发挥着其独特的功能。美国、日本、德国属于贸易强国固然是毫无争议的，但如果狭隘地把贸易强国标签仅贴在这少数几个国家身上，那么对贸易强国的认识和理解便会存在偏差，不能全面认识其本质。基于此，本节试图在贸易强国内涵重新阐述的基础上，建立一种贸易强国分类体系：指出评判贸易强国的共性和特性指标有哪些，哪些国家可以归属于贸易强国，其层次划分标准是什么，有哪些具体的贸易强国类别，每一类贸易强国的典型特点是什么，每一类贸易强国的代表性国家有哪些。

一 构建贸易强国共性指标

贸易强国的共性是相对于非贸易强国而言的，指的是适用于评价所有贸易强国的标准。从结果标准来看，贸易强国应在一系列指标上优于非贸易强国。例如，人均贸易额达到一定数量以上，在某几种产品或服务上有很强的国际竞争力。从形成过程来看，贸易强国也应该能够抓住时代机遇，发挥其比较优势或者培育新优势。如历史上的西班牙和荷兰利用其航海技术、地理位置优势发挥贸易枢纽的作用；英、美、德利用工业革命以来的先进科学技术迅速由农业国变成工业强国；韩国从20世纪60年代以来利用与美国的友好关系承接产业转移；爱尔兰利用语言优势积极参与软件等行业的外包。

然而，世界各贸易国纷繁复杂的表现掩盖了对贸易强国和其共性的识别。其中最显著的影响因素是贸易规模。高国内生产总值规模、高人口规模、国土面积广大、自然资源储量丰富的国家更倾向于具有高贸易规模，但其并不必然是贸易强国，反之亦然。另外一个重要因素是各贸易国的专业化。大部分国家只在某几个细分行业有优势，在大部分行业没有优势，当统计数据给出更为加总行业的数据时，这些国家在细分行业的优势就被掩盖住了，特别是对贸易规模小的国家来说。所以贸易强国共性指的是：剔除掉国家经济总量、贸易规模和其他因素的影响后，贸易强国的共同点。最切实可行的办法是考察人均指标、细分行业指标和其他与总量无关的指标，本章的具体处理方法如下。

第一，用规模变量除以人口总量，从而获得人均变量以剔除总量指标的影响。通过该方法，我们得到了人均贸易额、人均出口额、人均OFDI（outward foreign direct investment，OFDI）存量、人均专利技术出口额4个指标，试图检验贸易强国是否在这4个变量上有共性。第二，还有一些变量不受总量指标影响，但也是贸易强国的重要特征。我们选取出口产品相对单位价值，GVC参与度（用出口的国外增加值率衡量，也称垂直专业化率，即Vertical Specialization Share，VSS）共2个变量。贸易规模大不一定意味着出口产品单位价值高，两者没有必然联系。GVC参与度与贸易规模有一定程度的关系，但是两者并不呈现明显的相关关系。GVC参与度总体上反映的是一国参与全球生产分工的程度，贸易强国通常积极参与全球生产分工。第三，通过考察细分行业的出口情况，也可以规避国家总贸易规模的影响。贸易强国应在其具有比较优势的某一个或几个细分行业上具有强大的国际竞争力。我们选取每个国家的行业出口占其总出口比重前5位的HS（Harmonized System）2位码行业，称为主要出口行业，考察这5个行业的出口额有几个能够排在世界该行业出口的前10位。此外，对于至少在一个国家和地区出口中排名前5的HS 2位码所有行业（称之为世界主要出口行业），考察在这些行业的前十大出口国中，每个国家出现的次数。第四，某些质量指标也可以很好地规避规模变量的影响。贸易强国应该有多个世界500强企业，这是其组织全球生产分工的重要依托。对外投资也主要依托大型跨国企业来运作。综上，笔者找出了贸易强国的共性指标（见表7.1），接下来将用这些指标来筛选贸易强国并实证分析它们的共性。

表 7.1　　　　　　　　　　　贸易强国共性指标

一级指标	二级指标
人均指标	人均贸易额（包括出口额和进口额）
	人均出口额
	人均 OFDI 存量
	人均专利技术出口额
与规模变量无关的指标	出口产品相对单位价值
	GVC 参与度
细分行业竞争力指标	主要出口行业出口占比排名世界前 10 的数量
	在世界主要出口行业前十大出口国中出现次数
质量指标	是否有多个世界 500 强企业

二　贸易强国识别和共性分析

为了保证结论的可靠性、代表性、全面性和稳健性，笔者选取 2015 年货物与服务进出口排名前 30 位的所有国家和地区，以及世界其他国家和地区（Rest of the World，RoW）进行分析。[①] 这 30 个国家和地区包括主要的 OECD 国家、新兴市场国家和地区及 2 个石油出口国，占世界总出口比重的 80% 以上，具有极大的代表性，世界各类贸易强国大部分囊括在这些国家和地区中。表 7.2 给出了 2015 年贸易强国共性指标的数据，笔者通过以下依次排除的方式筛选出贸易强国。一是根据人均出口额大于世界平均的标准，可以排除俄罗斯、土耳其、中国、巴西和印度。二是根据人均 OFDI 存量大于世界平均的标准，可以额外排除沙特阿拉伯、墨西哥、泰国和波兰。三是根据人均专利技术出口额大于世界平均的标准，可进一步排除马来西亚、阿拉伯联合酋长国（以下简称阿联酋）、澳大利亚、中国台湾和西班牙。但是考虑到澳大利亚的人均专利技术出口接近于世界平均，且其主要竞争力在农林业和矿业、其专利技术出口较少是符合比较优

[①] 我们也以 2015 年货物与服务出口排名为标准选取，发现所选 30 个国家（地区）与用进出口标准选取的一样。

势原理的，所以保留它。在其他共性指标方面，剩下的国家和地区也都有很好的表现，所以可认为它们都是贸易强国。所以在本章所考察的 30 个国家和地区中，贸易强国和地区包括：美国、德国、英国、法国、日本、中国香港、荷兰、韩国、意大利、加拿大、新加坡、瑞士、比利时、爱尔兰、奥地利、澳大利亚、瑞典，共 17 个国家和地区。根据表 7.2，贸易强国的共性特征主要如下。

第一，高人均贸易额和高人均出口额。在贸易规模排名前 30 的国家和地区中，恰好出现的现象是：贸易强国的人均贸易额和人均出口额都位居前列，其人均贸易额高于 11000 美元，人均出口额高于 5700 美元；而入选的发展中国家（中国、俄罗斯、巴西、印度、泰国、土耳其、墨西哥）人均贸易额和出口额远低于贸易强国，人均出口额基本上都低于 4000 美元，中国、巴西和印度分别只有 1765 美元、1077 美元和 326 美元。第二，高人均 OFDI 存量。从该指标，我们能更明显地看到贸易强国和非贸易强国的区别。以韩国为下界，贸易强国的人均 OFDI 存量都大于 5000 美元，而世界平均的人均 OFDI 存量为 3408 美元。除马来西亚、阿联酋、中国台湾、西班牙外，所有非贸易强国的人均 OFDI 存量均小于世界平均水平，甚至都低于 2005 美元。对外投资能力体现的是在全球范围内配置资源、组织生产的能力，贸易强国的人均 OFDI 存量高，意味着它们该项能力强。第三，高人均专利技术出口额。毫不意外，贸易强国的人均专利技术出口额非常高，表现最为抢眼的是瑞士、爱尔兰、荷兰和瑞典。尽管美国和日本人口众多，它们的人均专利技术出口额仍然位列世界前十，凸显出它们的科研实力。以该指标衡量，贸易强国和非强国的分化非常明显，前者往往是后者的几十倍、几百倍和上千倍。世界平均的专利技术出口额只有 41.82 美元，发展中经济体（包括波兰）全部低于这个数值，只有人均个位数美元的专利技术出口额。印度和中国的人均专利技术出口额甚至只有 0.5 美元左右。第四，高出口产品单位价值。从表 7.2 可看出，贸易强国的出口产品相对单位价值[①]普遍比非贸易强国更高，除个别国家外，都大于 1.5，没有小于 1 的。其中澳大利亚出口产品单位价值

[①] 世界平均的出口产品相对单位价值为 1，大于（小于）1 表示高于（低于）世界平均。

不高，主要因为其矿产品出口占总出口53%，但单位价值不高（仅为0.7），拉低了其出口单位价值。如果剔除矿产品出口，其余产品的出口相对单位价值可达到1.49。新加坡排名前2位的出口行业（电子部件和化学产品）相对单位价值分别达到1.6和1.9，但同样因为矿产品单位价值偏低而拉低了其出口单位价值。比较特殊的是印度和巴西，两国矿产品出口占总出口分别为21%和17%，且相对单位价值较高，高达2.8和2，拉高了两国出口单位价值，如剔除该行业，两国该项数值降为1.24和1.45。综合考虑这些因素，贸易强国的出口单位价值明显高于同类型非贸易强国。第五，高全球价值链参与程度。除了澳大利亚、俄罗斯、巴西和沙特阿拉伯等自然资源丰富的国家之外，这30个国家和地区的GVC参与程度都高于世界其他国家和地区（RoW），爱尔兰、新加坡、中国台湾、比利时等中小型经济体的GVC参与度尤其高。美国和日本的GVC参与度偏低，主要因为它们的出口产品以高附加值零部件和核心服务为主，也可能由于这两个国家的OFDI较大，对国际贸易产生了替代效应。所以积极参与GVC也是贸易强国的必要条件。第六，主要出口行业出口占比排名世界前10的数量较多。本章采用HS 2位码行业分类，共有98个行业，分类程度适中，既不过细，也不过粗。从表7.2可发现，除奥地利、瑞典、比利时的主要出口行业分别只有0、1、2个位居世界前十外，所有贸易强国的主要出口行业位居世界前10的数量均大于或等于3。对于这3个国家，如果我们考察它们主要出口行业的更细分行业（HS 4位码），会发现它们的很多HS 4位码行业出口占世界比重非常大，很多位居世界前五和前十。此外，本章也考察了各国和地区在世界主要出口行业（至少在一个国家和地区出口中排名前五的HS 2位码行业，共26个）的前十出口国和地区中出现的次数。同样发现贸易强国占据了绝大多数席位。这意味着，虽然某些贸易强国的贸易规模很小，但是它们都在某些细分行业（或其主要出口行业）上具有强大的国际竞争力，占据了世界出口份额的很大部分。第七，拥有多个世界500强企业。从表7.2可知，《财富》世界500强企业中的496个分布于这30个国家和地区。它们都有至少一个500强企业（中国香港与中国内地地区的统计在一起）。虽然贸易大国的500强企业更多，但是像爱尔兰、瑞典等贸易小国也有2个以上的500强企业，相对于其贸易量来说，成绩相当可观。但是除中国外，非贸易强国（如泰国、波兰和土耳其）则至多有一个500强企业，表现明显较差。

综上，贸易强国的共性是：在与对外贸易、OFDI、专利技术出口等相关的人均指标上表现优异，且出口产品单位价值高，全球价值链参与度高，主要出口产品有很强的国际竞争力，且在全球范围内配置资源的能力强。此外，如果从历史演进角度考察，我们将发现能够充分发挥其自然资源、生产要素、历史文化、地理位置等禀赋优势的国家就可成为贸易强国，限于篇幅，本章不做阐述。

表7.2　　　　　贸易强国（和地区）共性指标值（2015年）　　　　　单位：美元

国家和地区	人均贸易额	人均出口额	人均OFDI存量	人均专利出口额	出口产品相对单位价值	GVC参与度	主要出口行业出口排名世界前十的数量	在世界主要出口行业前十出口国中出现次数（次）	世界500强企业数（个）
贸易强国和地区									
新加坡	170361	92195	111574	674.33	1.21	41.81	3	6	3
中国香港	166447	83726	203851	85.43		20.41	3	6	
爱尔兰	112704	61636	169244	1351.64	2.28	43.62	3	4	2
瑞士	90388	49569	136538	2172.67	2.17	21.81	4	4	15
荷兰	71115	38797	63473	1163.54	1.49	20.05	5	15	12.5
比利时	65156	32836	40605	295.66	1.25	34.54	2	7	2
奥地利	45287	23569	24372	126.54	1.63	27.82	0	2	1
瑞典	42942	22796	35372	941.05	1.61	29.2	1	1	3
德国	35546	19339	22462	171.05	1.57	25.54	5	20	28
加拿大	28167	13564	30004	120.24	1.33	23.47	3	13	11
韩国	23640	12861	5535	102.74	1.27	41.7	4	9	15
英国	25010	12089	23676	280.06	1.97	23.05	4	8	25.5
法国	22777	11284	19712	210.91	1.52	25.13	4	17	29
澳大利亚	20870	9916	16539	37.31	1.00	14.1	3	4	8
意大利	17414	9196	7803	56.74	1.55	26.49	3	14	9
美国	15318	6830	18377	400.42	1.65	15.03	5	23	134
日本	11730	5784	9690	291.35	2.06	14.68	5	11	52

续表

国家和地区	人均贸易额	人均出口额	人均OFDI存量	人均专利出口额	出口产品相对单位价值	GVC参与度	主要出口行业出口排名世界前十的数量	在世界主要出口行业前十出口国中出现次数（次）	世界500强企业数（个）
非贸易强国和地区									
阿联酋	73324	39380	9543	0.00	1.50		3	3	1
中国台湾	26546	14615	14376	37.04	1.44	43.58	3	3	7
西班牙	16557	8586	10236	31.21	1.20	26.88	1	6	9
马来西亚	13132	6943	4513	2.50	1.21	40.62	1	2	1
沙特阿拉伯	14646	6872	2005	0.00	0.49	3.31		2	1
波兰	11782	6062	721	8.94	1.09	32.39	1	4	1
泰国	7373	4014	1001	3.12	1.23	38.99	1	2	
墨西哥	6546	3179	1196	1.52	1.30	31.71	2	4	2
俄罗斯	4703	2741	1756	4.64	1.02	13.72	3	5	5
土耳其	5357	2527	568	0.00	0.91	25.73	1	2	1
中国	3251	1765	734	0.49	0.90	32.16	5	19	103
巴西	2247	1077	873	1.80	1.55	10.77	3	4	7
印度	733	326	106	0.50	1.60	24.1	2	8	7
世界（或RoW）	5648	2851	3408	41.82	1.00	10.64		32	4

注：最后一行的后4列表示的世界其他国家和地区（RoW）的指标值。

资料来源：人均贸易额、人均出口额、人均OFDI存量、人均专利出口额（2014年数据）的原始数据来自联合国贸发会（UNCTAD）数据库，出口产品相对单位价值、主要出口行业出口排名世界前十的数量、在世界主要出口行业前十出口国中出现次数的原始数据来自国际贸易中心（International Trade Centre）数据库，GVC参与度（出口VSS）原始数据来自OECD数据库，世界500企业数来自财富官方网站（2016年数据，有一个500强企业为英国和荷兰共享，各算0.5个）。

三 构建贸易强国特性指标

贸易强国特性指一类贸易强国不同于另一类贸易强国的特殊性，本章主要从结果表现（以下前四点）和形成过程（最后一点）角度阐述贸易强国特性。第一，各贸易强国的贸易规模和对外投资规模不一样。这主要源于各国的人口、土地面积、自然资源等禀赋的差异。人口多、国土面积大、自然资源丰富的国家更倾向于有更大的贸易规模。贸易规模大的国家通常也有更大的国内生产总值，能够支撑得起更多的对外投资。第二，各贸易强国的贸易结构和优势产业不一样。这主要源于自然资源禀赋、地理位置和初始发展战略等方面的差异。有些天然更适宜发展农林渔牧业，在这些行业有规模优势和比较优势，相应产品的出口比较多。另一些更侧重于发展工业，在制成品出口上具有规模优势和比较优势。还有一些国家侧重于发展服务业，或者是传统的旅游和运输业，或者是现代生产性服务业，如通信业、软件外包业等。第三，各贸易强国的货币竞争力存在差异。事实上，大部分贸易强国只是单纯的货物和狭义的服务贸易强国，它们的货币在国际市场上并不一定有竞争力，因为维持这种竞争力不仅需要贸易规模大，还需其他方面的实力。所以，大部分贸易强国的货币在国际贸易结算、外汇交易市场以及各国外汇储备中的地位几乎可忽略不计。第四，各贸易强国提供全球公共品的能力差异巨大。把提供全球公共品纳入对贸易强国的分析中是本章的一个重要特点。因为在当今社会，除了有形的货物和狭义服务贸易之外，倡导和制定国际议题的能力，制定产品标准和行业标准的能力，在国际组织和行业协会中的影响力也是提高外贸竞争力的重要手段；甚至可以把提供全球公共品看作一种广义上的服务贸易输出，其能间接地为全球公共品的提供国带来利益。所以，提供全球公共品也是贸易强国的重要指标，对于贸易大国更是如此。各贸易强国在这个方面表现出巨大的差异性。从经济学考虑，贸易小国不会去积极提供全球公共品，因为其所获得的利益远不如付出的成本，它们更倾向于搭便车。第五，各贸易强国的形成时间和具体过程存在差异。有些在很早时期就已经形成，利用的是当时的国际政治经济形势。另一些则在最近几十年才形成，利用的是最近阶段的国际政治经济背景。事实上，每个贸易强国的具体形成道路及国内外环境都不一样。

在以上分析基础上，本章构建了贸易强国特性指标，如表 7.3。其中有 4 个一级指标：规模指标、贸易结构指标、货币竞争力指标、提供全球公共品指标，分别对应于以上第一到第四个特性。每个一级指标又包含若干个二级指标。

表 7.3　　　　　　　　　貿易強国特性指标

一级指标	二级指标	一级指标	二级指标
规模指标	货物与服务加总出口额（以下简称总出口）	货币竞争力指标	在全球贸易结算中的比重
	总出口占世界比重		在外汇交易市场中的比重
	OFDI 存量		在外汇交易市场中的世界排名
	OFDI 存量占世界比重		在世界各国外汇储备中的比重
	人口数量	提供全球公共品指标	向联合国各专属机构缴纳的会费及其占 GDP 比重
	人口数量占世界比重		向其他国际组织提供的经费及其比重
贸易结构指标	货物出口额		制定的行业标准和产品技术标准数
	货物出口占总出口比重		跨国公司数量
	货物出口占世界比重		
	服务出口额		
	服务出口占总出口比重		
	服务出口占世界比重		
	专利技术出口额		
	专利技术出口占世界比重		

四　贸易强国类别及分析

表 7.4、表 7.5、表 7.6、表 7.7 分别给出了贸易强国各特性指标值①，根据这些指标值和下文的分类方法，本章构建了贸易强国的分类体系。分类方法如下。第一，按贸易规模排名，前 10 位为贸易大国，其他为贸易小国。贸易大国中属于贸易强国的称之为大型贸易强国，贸易小国中属于贸易强国的称之为小型贸易强国。第二，按贸易结构对各国进行分类，并假定美国的贸易结构较为平衡。具体的，以美国和世界平均的服务出口占总出口比重作为上下分界点，服务出口占总出口比重大于美国该比重的称为偏服务贸易强国；位于上下分界点之间的称为平衡发展型贸易强国；低于下分界点的称为偏货物贸易强国。需要提及的是，

---

① 第四个特性没有完整的国家层面数据，所以没有给出每个国家的数据，而是对具体国家的特性进行分析时提及。

在进行这种分类时，本章也结合了各国货物出口占世界比重、服务出口占世界比重的特征。在偏货物贸易强国中，澳大利亚农林渔牧业竞争力处于世界领先地位，在其对外贸易中占主导地位，所以本章对其单独考察，称之为偏农产品贸易强国。第三，对于大型贸易强国，本章把贸易结构平衡发展、货币竞争力强、在全球经济治理中具有主导性力量的国家称为综合型贸易强国，这样的国家只有美国。对于除美国以外的大型贸易强国，即非综合型贸易强国，它们或者在贸易结构上有偏向性，或者货币竞争力较弱，或者在提供全球公共品方面不具有优势，甚至作用很小。本章把非综合型贸易强国划分为大型平衡发展型贸易强国、大型偏货物贸易强国、大型偏服务贸易强国三大类。第四，对于小型贸易强国，由于经济规模、市场规模、资源禀赋等的限制，它们只能根据其国内比较优势集中发展个别行业或者个别产品，在这些特定产品上具有世界排名靠前的贸易规模和贸易地位。类似的，根据其贸易结构特点，可把小型贸易强国划分为小型平衡发展型贸易强国、小型偏货物贸易强国、小型偏服务贸易强国。第五，根据贸易强国形成的时间，即从历史发展和演进的视角，可以把贸易强国划分成老牌贸易强国和新兴贸易强国。他们形成的时代环境不一样，老牌贸易强国更多依靠战争、侵略、殖民而完成资本原始积累、扩大原材料和产品市场，在一定程度上是建立在对亚非拉国家剥削基础上的。新兴贸易强国通常依靠加入老牌贸易强国主导的全球生产和贸易网络而快速发展形成，主要依靠劳动力成本优势、产业政策、对老牌贸易强国的技术引进和吸收。

第三节 对各贸易强国的分类依据及简要分析

综上，本章识别出表7.8所示的几类贸易强国和地区。值得说明的是，本章的分类可随时间动态调整，根据每年数据重新分类。下文将根据表7.2、表7.4—表7.7对每一类贸易强国的分类依据以及其代表性国家做简要分析。

表7.4　　　　　　　　　　　　规模指标值（2015年）

国家和地区	总出口（百万美元）	总出口占世界比重（%）	人口数量（千人）	人口数量占世界比重（%）	OFDI存量（百万美元）	OFDI存量占世界比重（%）
中国	2429294	11.59	1376049	18.72	1010202	4.03
美国	2223624	10.61	325563	4.43	5982787	23.89
德国	1560478	7.45	80689	1.10	1812469	7.24
英国	785383	3.75	64967	0.88	1538133	6.14
法国	752292	3.59	66668	0.91	1314158	5.25
日本	732146	3.49	126573	1.72	1226554	4.90
荷兰	656643	3.13	16925	0.23	1074289	4.29
韩国	646810	3.09	50293	0.68	278395	1.11
中国香港	610196	2.91	7288	0.10	1485663	5.93
意大利	549913	2.62	59798	0.81	466594	1.86
新加坡	516661	2.47	5604	0.08	625259	2.50
加拿大	487483	2.33	35940	0.49	1078333	4.31
印度	427998	2.04	1311051	17.84	138967	0.55
瑞士	413209	1.97	8336	0.11	1138182	4.54
墨西哥	403807	1.93	127017	1.73	151924	0.61
西班牙	395984	1.89	46122	0.63	472116	1.89
俄罗斯	393258	1.88	143457	1.95	251979	1.01
比利时	371012	1.77	11299	0.15	458794	1.83
阿联酋	360599	1.72	9157	0.12	87386	0.35
中国台湾	341713	1.63	23381	0.32	336127	1.34
爱尔兰	288950	1.38	4688	0.06	793418	3.17
泰国	272779	1.30	67959	0.92	68058	0.27
澳大利亚	237683	1.13	23969	0.33	396431	1.58
波兰	234080	1.12	38612	0.53	27838	0.11
巴西	223870	1.07	207848	2.83	181447	0.72
瑞典	222919	1.06	9779	0.13	345907	1.38
沙特阿拉伯	216743	1.03	31540	0.43	63251	0.25
马来西亚	210575	1.01	30331	0.41	136892	0.55

续表

国家和地区	总出口（百万美元）	总出口占世界比重（%）	人口数量（千人）	人口数量占世界比重（%）	OFDI存量（百万美元）	OFDI存量占世界比重（%）
土耳其	198752	0.95	78666	1.07	44656	0.18
奥地利	201399	0.96	8545	0.12	208263	0.83
世界	20951483	100.00	7349472	100.00	25044916	100.00

资料来源：原始数据来自 UNCTAD 统计数据库。

表 7.5　　贸易结构指标值（2015 年）

国家和地区	货物出口（百万美元）	货物出口比重（%）	货物出口占世界比重（%）	服务出口（百万美元）	服务出口比重（%）	服务出口占世界比重（%）	专利出口（百万美元）	专利出口占世界比重（%）
英国	436308	55.55	2.71	349075	44.45	7.22	18194.87	5.92
爱尔兰	160941	55.70	1.00	128009	44.30	2.65	6336.48	2.06
印度	272159	63.59	1.69	155840	36.41	3.22	658.72	0.21
瑞典	151593	68.00	0.94	71326	32.00	1.48	9202.54	2.99
法国	511856	68.04	3.18	240436	31.96	4.97	14060.72	4.57
美国	1513453	68.06	9.39	710171	31.94	14.69	130362.00	42.41
比利时	259932	70.06	1.61	111080	29.94	2.30	3340.71	1.09
西班牙	277940	70.19	1.72	118044	29.81	2.44	1439.51	0.47
奥地利	142878	70.94	0.89	58522	29.06	1.21	1081.29	0.35
荷兰	476457	72.56	2.96	180185	27.44	3.73	19692.83	6.41
新加坡	377050	72.98	2.34	139611	27.02	2.89	3778.94	1.23
瑞士	303485	73.45	1.88	109724	26.55	2.27	18111.40	5.89
土耳其	152016	76.49	0.94	46736	23.51	0.97		0.00
世界	16115989	76.92	100.00	4835494	23.08	100.00	307390	100.00
泰国	212136	77.77	1.32	60643	22.23	1.25	212.14	0.07
日本	569973	77.85	3.54	162173	22.15	3.35	36876.76	12.00
澳大利亚	188565	79.33	1.17	49118	20.67	1.02	894.21	0.29
波兰	190634	81.44	1.18	43447	18.56	0.90	345.01	0.11
意大利	450262	81.88	2.79	99651	18.12	2.06	3392.72	1.10

续表

国家和地区	货物出口（百万美元）	货物出口比重（%）	货物出口占世界比重（%）	服务出口（百万美元）	服务出口比重（%）	服务出口占世界比重（%）	专利出口（百万美元）	专利出口占世界比重（%）
中国香港	505954	82.92	3.14	104242	17.08	2.16	622.64	0.20
中国台湾	284923	83.38	1.77	56790	16.62	1.17	866.00	0.28
马来西亚	175731	83.45	1.09	34844	16.55	0.72	75.79	0.02
德国	1308278	83.84	8.12	252199	16.16	5.22	13802.01	4.49
加拿大	409943	84.09	2.54	77540	15.91	1.60	4321.47	1.41
韩国	548789	84.87	3.41	97877	15.13	2.02	5167.10	1.68
巴西	190092	84.91	1.18	33778	15.09	0.70	375.10	0.12
俄罗斯	341467	86.83	2.12	51791	13.17	1.07	665.79	0.22
中国	2142754	88.20	13.30	286540	11.80	5.93	676.40	0.22
阿联酋	333370	92.45	2.07	27229	7.55	0.56		0.00
沙特阿拉伯	202269	93.32	1.26	14474	6.68	0.30		0.00
墨西哥	381198	94.40	2.37	22609	5.60	0.47	193.57	0.06

资料来源：原始数据来自 UNCTAD 统计数据库。

表 7.6　　　　　　　　　　**贸易结算货币和外汇交易货币**　　　　　　　　单位：%

货币种类	在全球贸易结算中的比重			在全球外汇交易市场中的比重和排名						
	2012年1月	2014年1月	2016年10月	2010年比重	2010年排名	2013年比重	2013年排名	2016年比重	2016年排名
美元	29.73	38.75	40.55	84.9	1	87.0	1	87.6	1
欧元	44.04	33.52	32.26	39.1	2	33.4	2	31.3	2
英镑	9	9.37	7.61	12.9	4	11.8	4	12.8	4
日元	2.48	2.5	3.38	19.0	3	23.1	3	21.6	3
加元	1.81	1.8	1.82	5.3	7	4.6	7	5.1	6
人民币	0.25	1.39	1.67	0.9	17	2.2	9	4.0	8
澳元	2.08	1.75	1.64	7.6	5	8.6	5	6.9	5
瑞士法郎	1.36	1.38	1.5	6.3	6	5.2	6	4.8	7
港币	0.96	1.09	1.21	2.4	8	1.4	13	1.7	13
瑞典克朗	1.06	0.97	1.06	2.2	9	1.8	11	2.2	9

续表

货币种类	在全球贸易结算中的比重			在全球外汇交易市场中的比重和排名						
	2012年1月	2014年1月	2016年10月	2010年比重	2010年排名	2013年比重	2013年排名	2016年比重	2016年排名
泰铢	0.82	0.98	1	0.2	26	0.3	27	0.4	24
新币	1.03	0.88	0.94	1.4	12	1.4	15	1.8	12
波兰兹罗提		0.58	0.51	0.8	18	0.7	22	0.7	22
马来西亚元			0.43	0.3	25	0.4	25	0.4	25
墨西哥元	0.31	0.39	0.33	1.3	14	2.5	8	2.2	10
土耳其里拉	0.27	0.34	0.27	0.7	19	1.3	16	1.4	16
韩元				1.5	11	1.2	17	1.6	15
印度卢比				1.0	15	1.0	20	1.1	17
俄罗斯比索	0.52	0.4		0.9	16	1.6	12	1.1	18
巴西雷亚尔				0.7	21	1.1	19	1.0	19
新台币				0.5	23	0.5	23	0.6	23
沙特里亚尔				0.1	34	0.1	34	0.3	29
加总	95.72	96.09	96.18	189.7		191.2		190.6	
其他国家和地区	4.28	3.91	3.82	10.3		8.8		9.4	

注：外汇交易市场中每笔交易计算两次，所以加总的百分比为200%。

资料来源：原始数据来自国际清算银行。

表7.7　　　　　各国货币在已分配外汇储备中的份额　　　　　单位：%

货币种类	2012Q4	2013Q4	2014Q4	2015Q4	2016Q2
美元	61.46	61.24	63.33	64.16	63.39
欧元	24.05	24.19	21.89	19.73	20.18
英镑	4.04	3.98	3.79	4.86	4.69
日元	4.09	3.82	3.90	4.03	4.54
加拿大元	1.42	1.83	1.89	1.87	1.98
澳大利亚元	1.46	1.81	1.78	1.92	1.90
瑞士法郎	0.21	0.27	0.27	0.29	0.29
其他货币	3.27	2.86	3.15	3.14	3.04

注：Q4和Q2分别表示第四季度和第二季度。

资料来源：原始数据来自IMF统计数据库。

表7.8　　　　　　　　　　　貿易強国和地区分类

类型	大型贸易强国和地区	中小型贸易强国
综合型贸易强国	美国	—
平衡发展型贸易强国	荷兰	新加坡、瑞士、比利时、奥地利
偏服务贸易强国和地区	英国、法国、中国香港	爱尔兰、瑞典
偏货物贸易强国	德国、日本、韩国、意大利	加拿大
偏农产品贸易强国	—	澳大利亚

（1）综合型贸易强国，仅有美国。它需要强大的经济、政治、金融、军事、科技等实力作为支撑，世界上满足所有这些条件的基本上只有美国。从表7.2、表7.4—表7.7可看出，除人均出口额低于一些小型贸易强国外，美国在贸易强国共性和特性指标上都有突出表现。特别是美元的霸权地位，其在国际贸易结算、外汇交易市场、国际外汇储备上的重要性远胜于其他国家的货币，处于绝对优势地位。在全球经济治理，也即提供全球公共品上，美国也有着独一无二的地位。根据中国人民银行网站数据，在 SDR（特别提款权）新货币篮子中，美元权重高达41.73%。根据WTO网站数据，在2012年，美国向WTO缴纳的会费位列第一，为2368.7万瑞士法郎，远高于位列第二和第三的德国和中国。美国也是全球进行双边对外援助最多的国家，据美国国际开发署统计，2014财年美国对外援助总额约为520亿美元，约占2014年美国GDP的0.29%。

（2）大型平衡发展型贸易强国，代表性国家为荷兰。荷兰是老牌贸易强国，自哥伦布发现新大陆以来，其商船便称霸于世界各大洋很长一段时间。从表7.2可发现，荷兰在共性指标上均位居前十。在规模指标方面，2015年，荷兰人口为1693万，占世界比重仅为0.23%，但总出口和OFDI存量分别位居世界第七和第九，占世界比重高达3.13%和4.29%。在贸易结构方面，服务出口占总出口比重位于美国和世界平均之间，为27.44%；货物和服务出口占世界比重分别为2.96%和3.73%，分别位于世界第八和第六；科技实力雄厚，2014年专利出口世界第三。其专利技术出口位居世界前列，通信、电脑和信息服务贸易也十分具有竞争力（见表7.9）。在货物贸易上，虽然其没有自然资源比较优势，但善于培育比较优势，依靠强大的科技实力，其制造业竞争力居于全球领先地位。

（3）大型偏货物贸易强国，代表性国家有德国和日本。德国、日本、韩国和意大利都是大型货物贸易强国，限于篇幅，仅对德、日两国进行分析。第一，德国和日本以货物出口为主，比重分别为83.84%和77.85%，明显高于世界平均水平；两国货物出口占世界比重分别为8.12%和3.54%，服务出口占世界比重则较小，只有5.22%和3.35%。虽然日本货物和服务出口占世界比重相差不大，但其专利出口占世界比重很大（12%），占其服务出口的22.7%，该项出口和制造业紧密相关，如果剔除，则会发现其货物和服务出口占世界比重相差较大。两国制造业在出口产品种类和质量、科技实力、工程师和工人素养、精致生产传统等方面都具有极大的相似性。第二，海外资产多，截至2015年，德国和日本的OFDI存量分别达到18.12万亿美元和12.27万亿美元，占世界比重分别为7.24%和4.90%。另据外交部数据，截至2015年2月，日本外汇储备达12511亿美元；截至2013年底，日本拥有约3.06万亿美元海外资产，是世界最大债权国。第三，两国工业创新能力突出，出口都以工业制造品为主，产品相似度大。2015年，德国和日本专利出口占世界比重分别达到4.49%和12.00%之多，体现出两国强大的科研实力。第四，两国都是二战战败国，在国际政治经济舞台上的作用较小。德国在政治上的影响仅限于欧洲并受到法国制约。此外，虽然德国和日本也曾试图谋求其货币强国地位，但是从表7.6和表7.7可看出，整个欧元在国际贸易结算、外汇交易市场及世界储备货币上与美元还存在较大差距，更不要说之前的德国马克、日元的国际地位与美元的差距更大。所以，这两国只能算作是纯粹经济意义上的贸易强国，在全球经济治理上的作用很有限。

（4）大型偏服务贸易强国和地区，代表性国家有英国。英国、法国和中国香港地区是典型的大型服务贸易强国和地区，限于篇幅，本章主要分析英国。第一，表7.5显示，2015年，英国服务出口占总出口比重分别达到44.45%，位于该指标第一位，远高于世界平均水平。英国的服务出口占世界比重为7.22%，远大于其货物出口占世界比重2.71%。这反映在世界市场上，相对于货物，英国服务的竞争力更强。第二，英国的人口、贸易、对外投资规模都很大。2015年，英国人口6498万；总出口位居世界第四，占世界比重3.75%；OFDI存量15.38万亿，占世界6.14%，位居世界第三。第三，英国服务出口以金融、旅游、保险与年金服务等为主，2014年占本国服务出口比重分别达到22.40%、12.90%、9.15%左右，占世界出口比重分别达到19.22%、3.64%和25.09%（根据UNCTAD数据计算得出）。英国伦敦是世界最早的金融中心，现在仍是世界最大外汇交易市场、最大保险市场、最大黄金现货交易市场、最大衍生品交易市场、全球第三大保险市场（外交部网站资料）。英国科研实力也很强，2014年专利出口占世界5.92%，位居世界第四。

（5）中小型平衡发展型贸易强国，代表性国家为瑞士。按贸易规模和服务出口占总出口比重标准（表7.4和表7.5），瑞士、比利时、新加坡和奥地利都是小型平衡发展型贸易强国，本章主要分析瑞士。第一，瑞士素以金融服务业、钟表制造业著称，服务和货物出口都具有很强的世界竞争力。服务出口占总出口比重仅为26.55%，只比世界平均大约高3%；货物和服务出口占世界比重分别为1.88%和2.27%，位居世界第十六和第十三，相差不大，所以说瑞士是平衡发展贸易强国。第二，瑞士2015年人口834万，规模较小；但OFDI存量世界第七；总出口世界第十四，占世界比重为1.97%，虽然没有位居世界前十，但相对其人口数来说，贸易规模已非常高，使得人均出口额位于第四位。第三，瑞士工业高度发达。机械制造、化工、医药、高档钟表、精密仪器、食品等行业在国际市场具有很强的竞争力。第四，瑞士服务出口则以旅游、金融、专利出口为主（见表7.9）。旅游业十分发达，是仅次于机械制造和化工医药的第三大出口行业。金融业也发达，最大城市苏黎世是国际金融中心之一，是仅次于伦敦的世界第二大黄金交易市场，苏黎世金融服务集团为世界第二大保险公司。瑞士科研实力也很强，2014年专利出口位居世界第五。

（6）中小型偏服务贸易强国，代表性国家有爱尔兰。瑞典和爱尔兰是典型的小型偏服务贸易强国，后者更有代表性。第一，爱尔兰服务出口占总出口比重高达44.3%，位居该指标第二。货物和服务出口占世界比重分别为1.00%和2.65%，相差较大，所以称其为偏服务贸易强国。第二，爱尔兰人口规模较小，仅469万；贸易规模也不大，总出口位居表7.4最后一位，但人均出口额多，位于表7.2的第三位；总OFDI存量世界第十一。第三,服务出口尤其发达,世界排名更靠前,位居第十位。其中通信、电脑和信息服务一枝独大,占服务出口比重47.65%,占世界比重13.3%(见表7.9)。另外专利技术出口、金融服务、保险和年金服务、其他服务业出口都位列世界前十(根据 UNCTAD 数据计算得出)。

(7)偏农产品贸易强国,代表性国家为澳大利亚。相对于以上贸易强国,澳大利亚在贸易规模、OFDI 存量、科技实力等方面都较弱,但是善于发挥其比较优势,在农产品出口中具有极强的国际竞争力,按照此标准,其可算作偏农产品贸易强国的代表。澳大利亚农牧业发达,自然资源丰富,盛产羊、牛、小麦和蔗糖,是世界上最大的羊毛和牛肉出口国(外交部网站资料)。对澳大利亚 HS 2 位码行业的出口占世界比重进行排序,选前十大行业,其中有6个属于农业部门,每个行业都位于世界该行业出口份额的前十位,占世界该行业出口比重较高(见表7.10)。这与澳大利亚货物总出口占世界第 25 位形成鲜明对比。这 10 个行业出口净贸易比重也很高,进口量很少,显示性比较优势指数(RCA)很大,更加表明澳大利亚农业的强大国际竞争力。

(8)新兴贸易强国,代表性国家有爱尔兰、新加坡和韩国。老牌贸易强国形成时期,国际贸易以最终品出口为主,而新兴贸易强国形成的背景是全球生产分工扩大时期。所以这两类贸易强国所抓住的时代机遇不一样。在当今 GVC 分工时期,新兴国家可以依靠切入到生产链的某一环节,而迅速地成为贸易强国。爱尔兰、新加坡和韩国正是利用了这一机会,2015 年这 3 个国家出口的国外增加值率分别为 43.62%、41.82% 和 41.7%,参与 GVC 程度非常高,在 30 个国家和地区中,分别位居第一、第三和第四。爱尔兰、新加坡和韩国的人均出口额分别位于表 7.2 中第三、第一、第十三位;人均专利出口、出口占比排名世界前十的 HS 2 位码行业数等贸易强国共性指标都表现优异。

表7.9　几个贸易强国各服务行业出口占服务总出口比重(2014年)　　单位:%

服务业名称	爱尔兰	瑞典	瑞士	荷兰	新加坡
与商品相关的服务	1.22	0.77	4.36	4.54	5.25

续表

服务业名称	爱尔兰	瑞典	瑞士	荷兰	新加坡
运输业	5.10	14.38	11.54	21.43	34.11
旅游业	3.59	16.90	14.76	6.57	12.69
其他服务	90.08	67.95	69.35	67.46	47.95
建筑业	0.00	1.07	1.28	2.02	0.81
保险和年金服务	9.09	1.27	6.02	0.82	3.12
金融业	8.19	6.18	18.69	3.29	13.50
专利技术使用	4.69	12.11	15.29	10.00	2.51
通信、电脑和信息服务	47.65	21.01	10.67	23.83	3.25
其他商业服务	18.77	25.19	15.25	25.02	24.18
个人、文化和娱乐服务	0.24	0.59	0.62	1.39	0.38
其他政府相关服务	0.25	0.52	1.52	1.08	0.20

资料来源：UNCTAD统计数据库。

表7.10　　　　　澳大利亚十大出口行业指标（2015年）　　　单位：百万美元,%

行业	世界排名	出口额	净出口额	占总出口比重	占世界比重	RCA指数
26：矿砂、矿渣及矿灰	1	46535	46010	24.34	29.8	25.9
51：羊毛、动物毛；马毛纱线及其织物	2	2220	2169	1.16	17	14.5
78：铅及其制品	1	816	811	0.43	12.09	10.8
02：肉及食用杂碎	3	9932	9438	5.2	8.73	7.5
10：谷物	5	6516	6353	3.41	6.39	5.5
01：活动物	5	1355	1278	0.71	6.34	5.5
79：锌及其制品	5	804	760	0.42	5.63	4.7
28：无机化学品；贵金属、放射性物质	4	5486	4226	2.87	5.2	4.5
11：制粉工业产品；麦芽；淀粉；菊粉；面筋	9	611	518	0.32	3.54	3.2
41：生皮（毛皮除外）及皮革	7	985	888	0.52	3.27	2.9
加总行业	25	191170	-9596	100	1.16	

资料来源：国际贸易中心（ITC）。

第四节　中国的目标与政策思路

一　客观看待中国与贸易强国的差距

从共性和特性指标看，中国与贸易强国的差距主要体现在以下几个方面。第一，中国人均出口额、人均OFDI存量、人均专利技术出口额非常低，甚至低于其他发展中国家，位居表7.2最后几位。但要区别看待人均指标的这种低值。事实上，如果考虑到人均出口额随人口增加而递减的规律，中国人均货物出口额已经比较高，主要是人均服务出口额比较低，随着近年来服务出口的快速增长[①]，这种情况有望得到改善。所以，本章认为人均出口额已经不是中国区别于贸易强国的主要原因。中国主要的短板是人均OFDI存量以及人均专利出口额与贸易强国的差距太大。根据表7.2，2015年，中国人均OFDI存量只有734美元，美国和日本分别是中国的25倍和13.2倍。中国人均专利技术出口则只有0.49美元，美国和日本分别是中国的817倍和595倍，与其他贸易强国的差距也在100倍以上。第二，中国出口产品相对单位价值也偏低，2015年只有0.9，比世界平均（等于1）还要低，而大部分贸易强国都在1.5以上。这说明中国出口产品主要是以量取胜，而不是以质取胜，它们或者是低单位价值产品，或者是高端产品中的低价产品。第三，中国出口产品国内增加值率较低。虽然中国出口大量高技术产品，但其核心零部件和生产性服务仍不能自给，导致出口国内增加值率不高，表明没有占据GVC的高端环节。2015年，中国出口国内增加值率为67.84%，而美国和日本高达84.97%和85.32%，巴西和印度也比中国高很多。第四，中国OFDI存量与出口规模极不相称，2015年，前者占世界比重只有4.03%，甚至低于瑞士、荷兰和加拿大等国，而加拿大占世界比重高达11.59%，这表明中国在全球范围内配置资源的能力还比较低。第五，中国服务出口占总出口比重明显偏低，仅为11.8%，远低于美国44.45%、世界平均23.08%的水平。此外，

---

① 根据统计局数据，2013—2014年的服务出口增速分别为10.6%、7.6%和9.2%，均大于相应年份货物出口增速。

2015年，中国服务出口占世界比重只有5.93%，而货物出口占世界比重却高达13.3%，两者发展极不平衡。中国服务贸易长期处于逆差状态，反映大部分生产性服务都要依赖于进口，与贸易强国存在很大差距。第六，中国在全球经济治理中的作用还较低，提供全球公共品的量也不足。由于中国是经济和贸易大国，所以要想成为名副其实的贸易强国，中国货币在世界货币体系中的地位，对国际议题、规则、协议和标准的参与和制定都等都应具有突出贡献，这尤其是我们的短板。

二 中国的贸易强国目标

（一）中国贸易强国标准的界定及目标

在对中国贸易强国标准进行界定时，必须考虑到中国的特殊国情。尤其需要注意的是，中国人口规模大，是任何已有贸易强国所无法比拟的，分别是人口最多的两个贸易强国，即美国和日本的4.22倍和10.87倍。人口规模大有利于出口规模的扩张，但却会限制人均出口额等人均指标的增长。

第一，不必固守人均出口额一定要达到现有贸易强国的标准。事实上，在这些方面，中国达到已有贸易强国水平的难度很大。这难道意味着中国永远不可能成为贸易强国？当然不能这样推理。考察表7.2，不难发现：对于人口规模小于2000万的贸易强国而言，人均出口额高于50000美元；而对于2000万到8000万人口规模的贸易强国，人均出口额骤降到大约12000美元；对于1亿人口以上的贸易强国（只有美国和日本），人均出口额只有6000美元，这说明贸易强国的出口额随人口规模的增加而成倍减少。对于中国这种人口多于13亿的国家，人均出口额只要能达到日本或者美国的一半（2900—3400美元之间），就可以说在这项指标上已达到贸易强国标准。2015年中国人均总出口额已达1765美元，相当于美国的25%，日本的30%。依据本章的评判标准，假定中国总出口增速保持在5%—10%之间，人口稳定在当前水平，日本和美国的人均出口没有大的变动①，则中国10年之内有望在人均出口额上达到贸易强国水平。

---

① 后文在类似情况下也对中国人口规模和其他国家和地区的情况做了该假设，为避免累赘不再明确提及。

第二，人均 OFDI 存量和人均专利技术出口额也可依上面的方法加以界定。对于中国这种后发国家，对外投资天然处于不利地位，所以对人均 OFDI 存量的要求不必太高，只要超过世界平均水平，达到韩国 80% 的水平（3400—4000 美元）就可以。近年来中国对外投资增速在 20% 左右，只要保持这个增速，大约 10 年之后中国就可以满足贸易强国的要求。人均专利技术出口额反映的是一国出口产品的科技含量，也在一定程度上能够体现一国出口产品的质量，是贸易强国必备素质之一。2015 年，中国人均专利技术出口低至 0.49 美元，这将是制约中国成为贸易强国的关键。当然，中国香港、意大利和澳大利亚的人均专利技术出口也很低，只略微大于世界平均水平，所以中国短期内对这项指标也不能有过高要求，只要能达到世界平均水平即可。由于中国专利技术出口基数较小，未来增速保持较快增长的可能性比较大，如果能达到每年 30% 的增速，则人均专利技术出口在大约 17 年后能够达到贸易强国标准。

第三，从出口的质量来看，单位产品出口价值以及出口的国内增加值率也应该达到同类出口规模贸易强国的标准，如美国和德国。由于中国和美国经济结构的差异，可以不必苛求中国的单位产品出口价值和出口的国内增加值率一定要达到美国的标准，但是至少应该跟德国的这两个指标值差不多，即分别达到 1.57% 和 74.5%。

第四，在规模指标上，鉴于中国是贸易大国，所以必须用衡量贸易大国的标准来评判规模指标应该达到的目标。中国 OFDI 存量已经较高，2015 年占世界比重为 4.03%，但是还有提高的余地，大概需要提高到 10% 才符合贸易强国要求。中国专利技术出口严重偏低，只占世界的 0.22%，而美国和日本分别高达 42.41% 和 12.0%（见表 7.5），至少需要提高到德国的水平，也即 4.5% 左右才算合理。中国服务出口占世界比重相对货物出口偏低，需要提高到 10% 以上。

第五，人民币地位短期内能够赶上美元的可能性不大，但是赶超日元和英镑是有可能的，人民币有望成为除美元和欧元之外的第三大货币。可以考虑以此来评判中国在这项指标上成为贸易强国的标准。根据表 7.6，2012—2016 年，人民币在国际贸易结算中的比重由第 15 位（占比 0.25%）上升到第 6 位（占比 1.67%），增速比较快，如每年能够增长

0.25%，则10年后能够超过日元比重。同样根据表7.6，在外汇交易市场中的比重，人民币由2010年的第17位（占比0.9%）增加到2016年的第8位（占比4.0%），若每年增长0.5%，则10年之内将赶超英镑。在世界官方储备中，还没有单独计算人民币资产，但是由于人民币已经纳入SDR货币篮子，未来两年应该会单独计算，达到和超过英镑和日元的可能性也比较大。

第六，在全球经济治理中，中国短期内赶上美国的可能性也不大，但至少应该与德国和日本起到一样的作用，才能称为贸易强国。未来可以统计中国主导建立的国际组织数量，提出的国际议题数量，倡导签订的国际协议数量，在国际组织的作用和话语权、跨国企业的数量、中国企业制定的行业和产品标准等，以此考察中国参与全球经济治理和提供全球公共品的能力。亚投行、金砖国家银行的创立以及"一带一路"倡议的提出初步表明中国已经在全球治理上向贸易强国跨出了一大步。

（二）中国贸易强国的类型定位

本章对世界贸易强国分类的方法论，同样也适用于分析中国。从整体上看，中国与小型贸易强国没有相似点，但是如果分省市来看，中国各省市分别与一些小型贸易强国有许多相似点。实际上中国的贸易强国类型定位可以分解为两个问题。

第一，在国家整体层面上的类型定位。当然这是随时间和发展阶段不断变化的，现阶段应主要朝着货物贸易强国发展，即主要借鉴日本、德国经验，然后再朝服务贸易强国发展，力争达到英国和荷兰的发展程度；最后才进一步提高人民币全球竞争力和全球经济治理水平，缩小与美国的差距，向综合型贸易强国靠拢。本章把以上发展过程称为中国贸易强国三步走战略，这也是符合贸易强国发展规律的。美国的贸易强国之路基本上也遵循这一发展规律。从建国到南北战争爆发的80多年时间里，美国以出口农产品和原材料为主，1820年，原材料出口占总出口的59.6%，制成品只占5.8%[1]，甚至需要从当时的中国进口布匹。从内战结束到第一次世界大战爆发前，美国工业快速发展，对外贸易的产品结构也发生了较大

---

[1] 数据来源于 Bureau of the Census, Historical Statistics, Series Ⅱ-274-301。

变化，在1904—1913年这段时间，原材料出口比重已下降到32.3%，制成品出口比重上升到28.3%。[1] 从一战爆发到二战结束，借助两次世界大战的契机，美国工业迅猛发展，工业生产和出口能力已经远超英国和德国等老牌贸易强国；而且美国也完成了从资本净流入国到净流出国的转变。[2] 不过到二战结束之前，美元在国际货币体系以及美国在全球经济治理中的主导性地位还没有完全形成，二战后布雷顿森林体系以及由美国主导的国际组织（关贸总协定、世界银行和IMF等）的形成才标志着这两大任务的最终完成。中国从改革开放到现在的30多年时间，已经完成从主要出口原材料到主要出口工业制成品的转变，明显快于美国。今后出口产品需要从"以量取胜"到"以质取胜"转变，打造世界级品牌[3]，构建全球范围内的自主生产经营网络。

第二，省市层面上，各省市需要根据其要素禀赋和比较优势条件，力争达到某一类小型甚至大型贸易强国的水平。整体是由部分所组成的，所以建设贸易强国的实际措施在很大程度上在于贸易强省、贸易强市，中国只要有1/3左右的省市能根据自身比较优势，达到表7.8中某一类贸易强国的水平，中国就必然成为贸易强国。所以需要形成贸易强国目标的总体空间布局，强调不同区域的特殊功能和发展目标。事实上，美国也不是所有州都发展制造业和现代服务业。只有纽约、芝加哥、波士顿等少数大城市发展金融、保险、咨询等现代服务业。美国的西部城市洛杉矶和西雅图则主要发展制造业和信息产业；电影业主要集中在好莱坞。美国大部分地区很重视农业，农业耕种面积很大，国际竞争力也非常强。中国幅员广大，东中西部发展水平和产业结构不同，有的可以集中力量发展金融、保险、专利技术出口、航运业等高端服务业；有的区域工业基础扎实，可以像日本和德国一样，发展高端制造业；有的在电子商务方面有先发优势，可以优先发展跨境电子商务；等等。

---

[1] 数据来源于Bureau of the Census, Historical Statistics, Series Ⅱ-274-301。

[2] 美国1900年资本净流入量为23.41亿美元，1927年资本净流出量为152.35亿美元。

[3] 赵蓓文研究显示，根据世界品牌实验室公布的《世界品牌500强》榜单，2009—2011年，中国入选世界品牌500强的企业只有20家左右，与美国和日本相差较大。且入选的品牌中，中国的排名比较靠后，反映中国品牌竞争力还有待于进一步提高的事实。

三 国家层面与区域层面的双重政策思路

按照中国贸易强国的类型定位,政策设计也可以分解为国家层面和区域层面两个方面来考量。国家层面应着重考虑如下问题。

第一,总体目标设计与区域侧重指导相结合。总体设计包括国家不同阶段的各个总量目标和发展水平,这通常是以往所做过的工作,无须赘述。区域指导的含义是中央政府有侧重地指导若干地方政府设计贸易强省或贸易强市的目标与措施。2014年是中国货物进出口贸易值最高的年份,中国内地31个省份中,进出口贸易规模最大的前12个省份(其依次是:广东省、江苏省、上海市、北京市、浙江省、山东省、福建省、天津市、辽宁省、重庆市、四川省、河南省)占全国总贸易额的88.6%。而且,有些省份的贸易集中度也很高。例如,四川省集中在成都市、辽宁省集中在大连市、河南省集中在郑州市。所以,侧重点就是5省7市的贸易强省和贸易强市的政策设计。只要这5省7市都分别达到或接近某类贸易强国的标准,综合起来,中国距离某类贸易强国的目标就不远了。

第二,培育战略性新兴产业和高新技术产业出口竞争力。随着越南、印度尼西亚、印度等劳动力成本更具优势的发展中国家的崛起,中国低端劳动力密集型制造业出口的下降将不可避免。但是中国已经在一些高端的资本和技术密集型产业初具优势,未来可以选择若干具有潜在新优势的战略性新兴产业和高新技术产业,如新一代信息技术、新能源汽车、生物技术、高端装备与材料、先进半导体、机器人、智能系统、新一代航空装备、空间技术综合服务系统、虚拟现实与互动影视等产业,发展为具有新的国际竞争力的出口产品。

第三,推动人民币国际化的进程。国际贸易中商品和服务的定价权首先应当在中国企业自主的跨国生产经营网络内形成,然后才能有溢出效应。所以,建立中国企业自主的全球价值链和供应链体系是人民币国际化的重要途径,不能只局限于贸易结算功能的扩大和本币互换伙伴的增加。发展人民币在亚洲债券市场中的功能,也是增强人民币作为投资工具作用的重要途径。当然这些都有赖于人民币资本项目可兑换的扩大和实现。此外,发行海外以人民币计价的债券也是扩大人民币国际认同的重要渠道。

第四，国际公共品生产和供给能力的培育。要利用"一带一路"建设、利用国际开发性金融机构的设立、利用中国主动提出的国际经济新议题来锻炼和增强生产和提供国际公共品的能力。有一类国际公共品需要跨国公司和非营利机构来提供。在国际经济治理结构中，主权国家的政府自然是重要的角色，但也需要企业和社会组织的参与，需要实现治理主体的多元化，从而达到公共品供给的多样化。这就需要培育中国的跨国公司和社会组织，中国的社会组织不仅需要进一步发育和完善，也需要"走出去"。因此，中国的"走出去"战略，其实施主体不仅是企业，还包括社会组织，应当让中国的社会组织在国际经济治理中发挥应有的作用，提供必要的公共品。

区域层面上，各级地方政府都应着重考虑以下几个方面。

第一，降低企业运营成本。美国波士顿咨询公司（BCG）2015年发布的《全球制造业的经济大挪移》报告指出，中国相对美国的制造业成本优势已不足5%。该报告且指出2004—2014年中国制造业成本大幅提高的三个事实：一是工资大幅上升，中国的时薪涨幅达187%；二是人民币大幅升值，近十年人民币兑美元汇率上升了35%；三是能源成本急剧上升，中国工业用电和天然气成本分别上升了66%和138%，能源成本上升的重要原因是税费太多。除工资低于美国之外，中国的能源和原材料价格以及税收已经高于美国。高的企业运营成本可能迫使一些制造业转移到其他发展中国家或者回流到发达国家，必须引起我们的警惕。所以有必要控制工资上涨幅度，延续中国劳动力要素比较优势；限制油、电、天然气等能源价格的上升幅度；切实降低企业税费。

第二，提高服务出口国际竞争力。一方面，通过建立与国际接轨的生产性服务业标准体系，利用中国新的人力资本优势（中国劳动力受教育时间大幅提高），提升承接国际服务外包的能力，发展现代服务业，如软件、金融、咨询、工业设计和创意等。另一方面，提高国际运输能力和国际竞争力，缓解服务贸易逆差压力。中国货物出口世界第一，但大部分运输量需依赖国外运输公司，这种不利状况亟须扭转。

第三，加大研发力度，保护知识产权。中国专利技术出口严重偏低，最重要的原因之一是原创性的基础研发成果不足，其次才是科技成果转化为生产力的途径不畅，再次是知识产权保护力度不够。鉴于此，一方面，政府需要加大对基础科学研究的资助力度。根据公共经济学理论，大部分基础科学研究（如理论数学和物理、天文学、地球科学等）属于公共品，具有极强的正外部性，但是不具有排他性，而且研发周期长、见效慢、成果的经济价值不确定性大，所以私人企业一般不愿意进行研发，这将导致其私人提供量低于社会最优提供量，这时候就需要政府提供研究资助。另一方面，不断完善和健全促进科学成果转化为生产力的体制机制。例如，各级政府可以效仿美国硅谷模式，出面建设产学研一体化科技园区；也需要确立企业在其中的主体地位，使得科技成果与社会资本顺利对接。此外，亟须加强知识产权保护力度以及对科研人员的激励力度。只有这样，才能使得科技创新主体获得其应有的回报，才有进行科技创新的积极性。

第四，培育自主品牌，提升中国出口在全球价值链中的位置。在高端产品，如电子产品、家电、汽车等，中国还没有像日本和韩国一样的占有市场优势的自有品牌，绝大部分是贴着中国制造标签的洋品牌。这说明中国具备生产高端产品的能力，但欠缺品牌意识和培育能力。可行的措施有：一方面，通过打破地区保护主义提高同类产品生产厂商间的竞争强度，鼓励它们兼并重组，从而培育优质品牌；另一方面，培育国际营销能力和产业链建设能力，可以借助跨国并购整合产业链上下游的方式实现。

第五，推动跨境电子商务发展，帮助中国中小型企业开拓国际市场。跨境电商可以逐步改变国际贸易由跨国公司垄断的格局，千千万万的中小企业借此也有机会参与全球生产和贸易，并且可以深入更广阔的市场。且中国跨境电商发展水平和贸易强国没有明显差距，可以抓住这个机会，参与制定未来10年新的国际贸易规则。目前，中国可以从物流、融资、第三方支付结算、税收、商品检验检疫、通关等问题着手，完善跨境电商贸易规则。

第六，以企业"走出去"为抓手提高全球资源配置能力。近几年中国对外投资增长较快，但是目前最大的问题是，投资结构不合理，虽然投资数量不少，但形不成跨国生产经营网络，也形不成中国企业自主的全球价值链体系，能够充当"链主"的跨国企业更少。因此，未来10年中国企业"走出去"的战略目标应当是：建立自主的跨国生产经营网络、形成自主价值链体系,并培育数十个"链主"资格的跨国公司。一方面,可以借助"一带一路"倡议加强对沿线国家的投资,在这些国家建立生产基地或者开发区,利用当地劳动力和原材料进行生产。另一方面,企业在对外投资时,要以整合价值链上下游为重点,购买国外企业核心资产和专利技术。

第 三 篇

利用外资的中国模式

第一章 外商直接投资与中国工业发展模式

第一节 外商投资在中国工业部门中的比重和贡献

1988年以前,外商投资在工业中的比重并不很高,除1985年外,其余年份外商投资在工业部门中的比重都没有超过1/3,即便是1985年也只达到37.6%,而房地产、公用设施和服务业所占比重相当大,这可以从表1.1中得到反映。

表1.1　　　　　1984—1988年外商协议金额的部门结构　　　　单位:百万美元

部门	1984年	1985年	1986年	1987年	1988年	1984—1988年
总金额	2875	6344	2834	3709	5297	21059
工业	496	2384	785	1776	4022	9463
房地产、公用设施和服务业	1017	2271	1617	1471	530	6906
建筑业	78	133	53	55	119	438
商业、饮食业	230	527	100	29	64	950
农、林、渔业	79	126	62	125	209	601
通信业	84	106	33	16	91	330
其他	891	797	184	237	262	2371

资料来源:有关年份《中国对外经济贸易年鉴》。

表1.1显示,1984—1988年5年间,大约仅有45%的外商投资协议金

额投向工业部门,但从 1988 年开始,外商投资方向发生明显变化。1988年国家确定了沿海地区经济发展战略,扩大了沿海开放地区,进一步完善了外商投资环境,加上港台投资因两岸关系松动出现热潮,这些因素促使外商对工业投资,特别是出口加工工业投资大量增加。

20 世纪 80 年代末期以后,外商投资的工业项目迅速增加,到 90 年代初期已占支配地位。1991 年全国批准外商投资企业项目 12978 个,其中工业类项目 11632 个,占总项目数的 89.6%;协议外资金额 96.23 亿美元,占协议总金额的 80.3%。可见,到 90 年代初期,工业部门外商投资已占绝对优势。从 1992—1994 年情况看,工业类外商投资仍然占明显优势,但也呈现投资领域多元化现象。

表 1.2 显示,1992 年工业项目数占全年外商投资项目数的 79.2%,工业项目的协议外商投资金额占全年各部门外商投资协议总金额的 54.8%。1993 年项目数的结构状况虽然缺乏,但仍可从协议外资金额中看出投资分布情况。该年工业仍是最大投资部门,工业占所有外资协议金额的 46.4%。到 1994 年,工业项目数占总项目数的 69.9%,工业项目的外资协议金额占外资协议总金额的 53.1%。到 1994 年底,累计登记注册的外商投资企业为 206096 家,累计开业企业达到 90748 家。在已开业的企业中,大约有 70% 分布于工业部门。其中分布在制造业部门占多数,因此,外商投资企业对中国经济增长的贡献,主要可以从"三资企业"对工业经济增长的贡献中反映出来。

表 1.2　　　　　1992—1999 年外商投资分部门结构　　　　单位:个,百万美元

部门	1992 年 项目数	1992 年 协议金额	1993 年 项目数	1993 年 协议金额	1994 年 项目数	1994 年 协议金额
工业	38603	32667	—	51173	33228	43899
建筑业	1125	1839	—	3878	1531	2394
交通运输业	470	1543	—	1490	474	2030
商业饮食业	1505	1444	—	4607	3117	3922
房地产、公用事业	4536	18080	—	43771	5180	23862
农业	1017	678	—	1192	1062	972

续表

部门	1992 年		1993 年		1994 年	
	项目数	协议金额	项目数	协议金额	项目数	协议金额
其他	1508	3414	—	5244	2957	5602
总数	48764	59665	—	111355	47549	82681

资料来源：有关部委统计资料。

从表 1.3 可以看出，工业部门中外商投资企业的产值在全国工业总产值中的比重上升很快，从 1990 年只占 2.1% 上升到 1994 年占 12.1%。而在这 4 年间，全国工业总产值增长了 1.6 倍，而外商投资企业产值增长近 14 倍，可见外商投资企业的增长对国内工业经济增长起了推动作用。

表 1.3　　　　工业部门外商投资企业产值在全国工业产值中的比重　　单位：亿元，%

	1990 年	1991 年	1992 年	1993 年	1994 年
全国工业总产值	23924.4	28248	37065.7	52692	62113
外商企业总产值	498	1370	2070	5796	7543.6
外商企业产值占全国工业总值	2.1	4.8	5.6	11	12

资料来源：分别从《中国统计年鉴》《中国对外经济贸易年鉴》及有关部委统计资料中加工整理。

如果从沿海经济技术开发区和几个经济特区情况看，外商投资企业推动工业增长的贡献和比重就更大。1993 年沿海 16 个经济技术开发区共完成工业产值 453.4 亿元，比上年增长 84%，其中外商投资企业工业产值为 306.1 亿元，占 67.5%。深圳、珠海、汕头、厦门作为新兴工业城市的崛起，从一开始就是靠外商投资企业推动的。到 1993 年，外商投资企业的工业产值已占深圳市工业总产值的 69%，在珠海占 57%，在厦门占 61%，即便在天津这样的传统工业城市，也已占到 15%。到 1994 年，这一比重在一些大中城市和经济发达省份又有提高，江苏省已占 20%，北京市占 24%，厦门市占 70%，福建省占 44.8%，可见，"三资企业"在一些省市和特区，已成为工业增长的主导力量。

第二节 沿海地区出口导向加工业的形成

东南沿海的工业外商投资大多数投向于出口导向加工业和加工装配行业，这可以从外商投资企业迅速扩大的进出口贸易活动中反映出来。

从表1.4看出，从1993年起，外商投资企业的进出口额已占中国对外贸易进出口总额的1/3以上。在出口方面，外商投资企业出口份额超过1/4；在进口方面，则大有接近半数的趋势。1994年，全国出口增加值中的60.8%是通过三资企业实现的。

表1.4　　　　1989—1994年外商投资企业进出口额增长及在全国进出口总额中的比重　　　　单位：亿美元，%

年份	(1)外商企业进出口额	(2)全国进出口额	(1)/(2)	(3)外商企业出口额	(4)全国出口额	(3)/(4)	(5)外商企业进口额	(6)全国进口额	(5)/(6)
1989	139.2	1116.8	12.5	49.2	525.4	9.4	90.0	591.4	15.2
1990	201.1	1154.4	17.4	78.1	620.9	12.6	123.0	533.5	23.1
1991	289.6	1356.3	21.4	120.5	718.4	16.8	169.1	637.9	26.5
1992	437.6	1655.3	26.4	173.8	849.4	20.5	263.8	805.9	32.7
1993	670.7	1957.1	34.3	252.4	917.6	27.5	418.3	1039.5	40.2
1994	876.5	2367.0	37.0	347.1	1210.0	28.7	529.4	1157.0	45.8

资料来源：各年《中国对外经济贸易年鉴》。

据中国海关统计，在1994年三资企业的进出口总额中，扣除作为投资进口的设备、物品203亿美元，经营性进出口顺差20.7亿美元，比1993年的0.4亿美元，有大幅度的增长。1994年外商投资企业工业制成品出口320.9亿美元，占其出口总额的92.5%，占全国工业制成品出口额的26.5%。其中机电产品出口132.8亿美元，占其出口总额的38.3%，占全国机电产品出口总额的41.5%。

出口导向型的外商投资企业多集中在沿海地区，1994年沿海12个省市三资企业出口336.6亿美元，占全国三资企业自营出口总额的97%。出口超过 10 亿美元的沿海省市为广东、福建、上海、江苏、辽宁、山东、浙江、天津。其中广东省出口 98.4 亿美元，占三资企业出口总额的 57.2%，中西部地区 18 个省区的外商投资企业的出口总额只有 10.5 亿美元，仅占三资企业出口总额的 3%。进料加工出口仍然是外商投资企业的主要贸易方式，1994 年进料加工出口 305.8 亿美元，占其出口总额的 88%，比重比上年有所提高。

以上说明，在外商投资最为密集的沿海地区，已经形成出口导向加工业的发展，它充分利用了沿海的区位优势和劳动力供给优势，迅速发展起"两头在外"的外向型加工业，从而利用了中国的要素禀赋优势。这种工业化发展模式与中国过去几十年以内向经济为主的模式，即完全依靠国内交换和内需增长拉动的方式有了很大区别，它使国内外资源都得到利用，通过国际交换得到比较利益。

第三节　进口替代工业的发展

由于中国的贸易开放是在国内体制改革的基础上渐进式推动的，因此在相当一个时期内，国内市场还处在一定程度的保护之下，特别是一些资本技术密集型的产品和新式消费品，在一个时期内采取了高关税或进口许可证的贸易措施对进口实行限制。在这种贸易政策下，采取"以市场换技术"的利用外资政策收到比较明显的效果。20 世纪 80 年代以来，通过吸引国外大企业来华投资，使这些企业的先进技术向中国转移。中国轿车工业、家用电器工业（特别是电冰箱和彩色电视机）、电梯、计算机、通信器材、食品、数控机床、仪器仪表和医疗器械等工业，在制造、工艺技术方面在较短时间内上了一个台阶，缩小了同国外先进技术水平的差距，提高了进入国际市场的竞争能力。

特别明显的是汽车工业、彩色电视机和电冰箱工业，目前国内主要的厂家都是与外商合资的企业。其产品不仅在国内销售，而且还有部分出口，但这些产品往往内需强劲，出口比重较低。在轿车工业中，德国大众公司、美国的克莱斯勒、法国标致、日本丰田、美国通用汽车、日本铃木、美国福特等大公司都在中国建立外商投资企业。中国轿车工业技术的提高，基本上是外商投资企业技术转移的结果。在彩色电视机工业中，日本松下、夏普、日立、三洋以及韩国金星等大公司都在中国建立彩色显像管或整机厂的生产线，向中国转移了彩色电视机的生产技术。在电子工业中，大量大、中、小型外商投资企业设立，使中国电子产品的技术水平、产品品种、档次、质量大有改观，有的产品成为替代进口产品，满足了国内市场需求，也有一部分产品直接外销，开拓了新的国际市场。在电子产品工业中，属组装和装配生产线的企业，多属于出口导向加工装配业；凡属于制造业生产线，其产品主要内销，形成进口替代工业。

从一些典型调查中发现，拥有先进技术的进口替代型的外商投资企业在技术转让方面有积极作用。例如，拥有较高技术水平的美资企业中，美商在向中方提供技术方面比较慷慨。成都中美合资川石克里斯坦森公司的美方投资者根据合同随时不断向中方提供最新研制出的钻头模具。天津奥的斯公司成立7年来，已完成一期新产品技术改造，实现了电梯产品全系列微机控制和产品结构的更新换代。美国跨国企业普遍认为职工素质是提高企业经营水平的主要因素，他们重视职工培训工作，许多企业已将定期考试、定期培训作为制度严格执行。

汽车工业的技术转移是最明显的。改革前几十年，中国是以建设和发展载货汽车为主，基本没有轿车工业。从20世纪80年代开始，中国的汽车工业开始了从制造载货汽车为主向生产轿车为主的战略转移，相应地从德、美、法、日等国引进了轿车技术，在生产布局上做了"三大、三小、两微"的安排（解放、东风、上海，北京、天津、广州，航天、航空）分别按年产30万辆、15万辆、10万辆的规模进行生产。为此引进了国外技术数百项，其中整车制造技术均具有国际70年代末和80年代初的水平，个别车型具有90年代初的水平，还有近百种汽车主要总成和部件制造技术和几十种先进工艺装备技术，从而改变了汽车产品和生产技术的落后状况。

从1978年到1993年，中国累计生产了各型汽车743.5万辆，是改革开放前30年汽车总产量的5.3倍。1993年汽车产量达到129.6万辆，是1978年汽车产量的8.7倍，其中轿车产量达到22.9万辆，是1978年轿车产量的87倍。汽车产业已成为最大的进口替代产业。

从未来发展趋势看，轿车工业将仍然是进口替代的发展趋向。1994年初，中国政府颁发了"汽车工业产业政策"，指出到2000年汽车总产量要满足国内市场90%以上的需要，轿车产量要达到总产量的一半以上，并基本满足进入家庭的需求。要实现这一目标，与国际先进生产企业的合资建设是一条主要途径。这说明，在20世纪，甚至在21世纪头10年中，中国汽车工业都仍将是进口替代的发展模式。这种情况在其他资本技术比较密集的产品生产中也都不同程度地存在。

第四节 对两种工业发展模式的评介及外资政策的结论

20世纪70年代前后，一些发展中国家和地区通过扩大工业品出口，实现了经济的高速增长。进入70年代后，随着更多国家和地区的工业品出口已具有规模，这种情形即被确认为是有效的发展战略，习惯上称为"出口导向型增长"，而鼓励出口的一揽子政策则具有"出口导向型发展战略"的性质。

一些发展中国家和地区实行出口导向型增长的经济发展战略，是在下述世界经济背景下出现的：原油、初级产品供应紧张，造成20世纪60年代末价格部分上涨，到1973年，由于欧佩克原油价格翻了两番，形成价格全面上涨趋势。发达国家在能源、初级产品的进口需求不断扩大，国内劳力不足和劳务费用不断上升的压力下，加速产业结构的调整，通过对初级产品及廉价的劳动密集产品的进口诱导，刺激了发展中国家和地区的出口导向工业化。从80年代初期到中期，初级产品和石油价格不断下跌，而美国在80年代初实行的通货紧缩政策，导致了美元的高汇率和高利率。结果，韩国、中国台湾等非产油、非初级产品出口地区利用油价和初级产品下跌及汇率调整的有利时机，不断扩大工业品的出口比率。产油国和初级产品出口国也出于对原油和初级产品出口将趋向萎缩的长期预期，而强调工业品出口导向策略，由于这些国家通过出口导向增长实现了工业化，因此出口导向战略受到较多赞誉。

对出口导向战略在一些国家和地区取得成功，要作具体分析，既不可轻视别人的经验，也不应盲目推崇。

一　从理论上说，出口导向增长对小国与大国的影响是不同的

发展中国家适合于发展劳动密集型产品，如果是小国，那么劳动力要素的增长和由此产生的生产和贸易的变化不会影响商品国际市场价格。在商品相对价格不变的条件下，劳动密集型产品的比较优势会进一步增强，出口扩大，资本密集型产品生产会缩减，进口需求增加，这样进出口贸易都得到扩大。但如果是大国，情形则不同。大国的出口量增加，在需求不变的情况下，会造成劳动密集产品价格下跌，从而使贸易条件恶化。由于贸易条件恶化，就要用更多数量的产品去交换别国产品，结果出口扩张型增长给大国带来的经济福利的增加会小于小国，一部分经济增长的成果会被贸易条件恶化所抵消。

二　从实践上看，即使在工业品出口迅速扩大的国家，出口导向发展战略和类型也不同

这主要表现为它们对不同出口商品的鼓励政策不同。例如，在工业品中，加工食品和电子元器件，它们的技术水平或资本密集程度差别很大，即使是同一电子元器件，不同的加工装配阶段，其技术水平或资本密集程度差别也很大，而且贸易形态也不同，各种政策措施对不同的商品、产业所带来的效果也是不同的。从出口产品的内容差别上可以看出政策措施的差别，从这个差异中又可以看出出口导向战略的不同类型。就拿台湾地区和韩国来讲，20世纪70年代和80年代同样都是出口导向战略，但鼓励政策不同，出口产品结构不同，因此类型也不同。

中国沿海地区通过吸引外商直接投资，发展了出口导向加工业，促进了出口贸易的增长，而且也促进了地区经济增长。但从目前这些出口导向加工业的资本技术构成和贸易形态来看，显然还处在出口导向发展的初级阶段。由于进料加工出口仍然是外商投资企业的主要贸易方式，所以加工生产线的资本技术构成比较低，技术转移的效果不会太好。从加工生产线所加工装配的产品和加工装配本身的技术阶段来看，也都不是技术密集型的，而是劳动密集型的，因此附加值都很低。1994年外商投资企业进料加工出口305.8亿美元，占其出口总额的88%，说明外商投资企业的出口导

向加工业偏于进料加工，而进料额为280.8亿美元，为加工贸易出口额的92%，增值幅度很小，说明企业基本是以赚取加工费为主，靠劳动要素获取报酬，资本和技术要素不起什么作用。因此，既不可过低估计这种出口导向加工业的意义，也不可过高估计它的作用。应积极研究如何促进外商投资企业的出口导向型工业朝更高阶段发展，同时要研究如何克服劳动密集产品的贸易条件恶化问题。

在介绍进口替代战略时，不少文献对它持否定看法，而且援引亚洲一些发展中国家和地区的例子，认为它们是在实行进口替代发展战略遭受挫折后才能转向出口导向战略，从而从失误中走出迷途而找到正确的方向，并由此对进口替代战略持基本否定看法。

如果这种看法是正确的，那么中国在一些资本技术密集产业中吸收外商投资并发展进口替代产业的政策就成为疑问，因此需要认真分析这种看法是否有道理。

对进口替代战略持否定看法主要是基于以下理由：一是国内市场保护，不利于自由贸易，从而不利于经济增长；二是发展中国家劳动资源丰富，资本和技术要素缺乏，发展进口替代工业乃是扬短避长，不利于本国优势发挥。这些意见应该说都有一定道理，但也有片面性。

首先，并不是采取进口替代战略的国家，其经济发展都不成功。亚洲发展中国家和地区，不少都是小国小区，缺乏国内或区内市场的回旋余地，因此发展进口替代工业遇到市场约束问题，不得不转向出口导向，但一些国内市场较大的国家，不仅通过进口替代战略实现了工业化，而且在工业化后又扩大了出口。如巴西，它既采取吸引外资，又实行国内市场保护，吸引外商投资于政府优先扶持的产业部门。1946—1964年是巴西的进口替代发展时期，通过吸收外商投资，使现代耐用消费品工业，特别是汽车工业以及与此相关联的后向产业部门被迅速发展起来，并由此带动了交通和电气设备、化学、冶金以及机械等部门的发展。随着工业的成长和工业产品出口竞争力的提高，从20世纪60年代中期开始，巴西经济就进入了外向推动阶段。1985—1990年，巴西制造业的出口年均增长率达到19.5%，整个80年代制造业出口年均增长也达9%。巴西的出口业绩一方面归功于政府采取有利于贸易的汇率及出口政策，另一方面也应归功于进口替代战略奠定的生产结构技术密集化的基础，它使巴西工业中技术密集和资本密集部门的比较优势得以提高。

其次，对大国来说，发展进口替代工业有利于改善本国的贸易条件。由于大国资本技术密集产品生产能力的加强会减少这方面进口，从而使资本技术密集产品价格因需求减少而下跌。当进口的资本技术密集产品价格下跌时，意味着本国出口的劳动密集产品的相对价格上升，用同样数量的劳动密集产品出口，可比以前换回更多数量的资本技术密集产品，从而使本国的贸易条件好转。总之，大国进口替代型增长所带来的经济福利水平也会比小国更大。这是因为，大国不仅得到了本国经济增长的利益，而且还得到国际贸易条件改善的好处，从整个社会收益来看，在生产和贸易的大国中发生的进口替代型经济增长显然比小国有更大好处。

以上从实证和理论两方面说明，进口替代发展模式并非有百害而无一利，也并不是所有发展中国家在经济增长中不能借鉴的经验。从中国情况看，与巴西相似的地方是都具有广阔的国内市场，所不同的是中国的人口压力和就业压力比巴西要大得多。换句话说，劳动力要素的资源禀赋在配置比例中必然占更大的权重。因此，中国工业的发展模式既有借鉴巴西经验的条件，又有不能照搬其做法的限制因素。我们要大力发展劳动密集工业，发展劳动密集型的出口导向工业，但如果只停留在这一步，就会出现大国出口扩张型增长中所出现的国际市场价格下跌和贸易条件恶化的情况，从而不利于增进中国的社会经济福利。而且，由于工业的资本技术构成低，也不利于提高中国的综合国力。所以，我们在大力发展劳动密集的出口导向工业的同时，还要注重发展资本技术密集产业，通过引进外资，发展进口替代工业，使中国工业的资本技术从低构成向高构成方向发展，从而有利于改善劳动密集型产品出口的贸易条件，增进社会经济福利。在发展过程中，出口导向加工业也要从低技术阶段向较高技术阶段过渡，进口替代产业也要向出口替代产业过渡，两种模式在各自的发展中完善自己并走完否定自己的历史过程，最终促进整个工业经济的成长。

结论是明显的：在中国特殊的社会经济条件下，出口导向战略和进口替代战略这两种模式要兼容并包，取其所长，避其所短。因此，中国吸收外商投资也是既欢迎出口导向的劳动密集型投资，更欢迎资本技术密集度较高的进口替代型工业投资,两者不可偏废,应当让它们都得到充分发展(裴长洪,1996)。中国幅员广大,各地工业化的进程以及资源禀赋有很大差别,两种发展模式在中国都可找到适合发展的地方。因此,我们要帮助不同类型的外商资本找到适合它们各自发展的投资区位,这方面的工作还有很大的改进余地,这是我们的利用外资政策所要研究解决的一个重要的新问题。

第二章 国有企业利用外商投资的经验与政策

到1997年底，中国共有24万多家外商投资企业，在其资产总额中，57%是国有和集体经济成分，因此从总体上看，中外混合经济是一种特殊的公有制实现形式。从这种所有制形式的实际运行状况看，数据和经验都证明，其资产运行效率和经济福利效果都优于纯粹的国有经济。在本章所进行的全国9个城市180家外商投资企业调查中，与国有工业企业相比，外商投资企业人均产值高8倍以上，成本费用利润率高3倍以上，这表明外商投资企业的资产运行效率明显优于国有企业。从经济福利效果来看，近几年外商投资企业工业增长率高居各种经济成分之首，成为国民经济发展的新的增长点；涉外税收增速最快，成为国家税收重要来源；外商投资企业进出口在全国进出口中所占比例达到40%，是中国外贸高速增长的重要动力。

第一节 利用外商投资搞活国有企业的主要经验

20世纪80年代以来，许多中外合资企业和中外合作企业是以国有企业为基础、吸收外商参股投资建立起来的。那时，国有企业在利用外商投资中，主要是着眼于引进先进技术和科学管理的经验，提高企业的技术装备水平，加速经营管理机制的转换。进入90年代以后，全国已有数万家国有企业吸收外商投资，从形式上看已经出现了"单枝嫁接"（指单个车间或生产线的合资）、"多枝嫁接"（指多个车间或多条生产线的合资）、

"整厂嫁接"、购买股权、全行业合营等多种形式,从而大大丰富了国有企业利用外商投资的形式和内涵。国有企业利用外商投资的着眼点也逐渐从单纯的技术引进、经营管理方式的引进向优化产业结构、企业资本结构重组、公有经济布局改组等多方面扩展,从而使国有企业利用外商投资更全面地同中国计划经济向社会主义市场经济、经济增长方式从粗放经营向集约经营的两个根本性转变结合起来,开辟了90年代中国经济体制改革和经济增长的一个重要的新战场。18年来国有企业利用外商投资的主要经验,可以归纳为以下几个方面。

一 国有企业利用外商投资,引进了先进技术和管理经验,实现了企业技术更新和产品更新换代,增强了企业的竞争力

根据北京、上海、重庆等9市180家外商投资企业的问卷调查表明,121家以国有企业为母体组建的中外合资或合作企业,与全国同行业相比,这些企业的产品或服务质量高和较高的占92%,一般和较低的仅占8%;产品或服务竞争力高和较高的占84%,一般和较低的仅占16%。例如,北京市工业系统81%的合资企业引进了国外先进技术,其中59%的企业实现了动态引进,72%的企业达到国际水平。老企业合资后技术水平平均提高了15—20年。

上海工业利用老企业的建筑物、土地使用权、部分设备、工业产权、专有技术等作价出资与外商合资经营,引进国外的技术、装备、资金、管理,对老企业进行更新改造,提高产品的技术水平,取得成功硕果。上海市属工业的中外合营项目中,76%是老企业"嫁接",吸收的外资额占86%;县属工业的合营项目,67%属"嫁接",吸收外资额占81%;区属工业的合营项目,62%属嫁接,吸收外资额占60.9%。可见,上海工业系统举办的中外合营企业,绝大部分是采用"嫁接"方式对老企业进行技术改造,这使一大批老企业焕发新的生命力,如耀华皮尔金顿玻璃、迅达电梯、合众开利中央空调、易初摩托车、夏普电器等合资企业,均属"嫁接"改造的成功范例。

江苏省纺织工业曾经是支撑江苏工业的重要产业之一,但是资金短缺、设备陈旧、工艺落后、产品老化等问题使江苏省纺织业的发展陷入低

谷。通过与大的跨国公司合资、合作，引进了新技术、新工艺，为重新崛起奠定了良好基础。

辽宁省和吉林省是中国的老工业基地，国有企业多，重工业比重大，技术、产品落后的问题十分突出。两省把利用外商投资作为国有企业技术改造的一项重要措施来抓。辽宁省到 1996 年底已有 574 户大中型企业以单枝嫁接、多枝嫁接、全厂合资等不同形式与外商建立了合资企业，其中 70% 的企业的主导产品或主要车间的技术设备得到了改造，增强了发展后劲，提高了市场竞争能力。吉林省到 1997 年 7 月末，利用外资嫁接改造企业的项目共审批了 1897 个，占外资项目总数的 41%，项目总投资 27.5 亿美元，合同利用外资 12.4 亿美元。其中，国有大中型企业嫁接改造项目完成了 115 个，占国有大中型企业的 20%，项目总投资 16.5 亿美元，合同外资金额 7.4 亿美元，这使一汽吉化公司、一汽集团、长春摩托车集团、吉林化纤厂、四平油脂化工厂、延吉纺织厂等一大批现有企业得到了嫁接改造，走出了困境，经济效益得到明显提高。

上述说明，在工业部门吸收的外商投资中，原有国有企业吸收外商投资占有很大的比重，特别是在原来已有一定工业基础的省市，国有工业企业吸收外商投资成为最为常见的现象。它反映了国有工业企业改革的一种内在需求，即原有的国有工业企业在设备陈旧、技术工艺落后、管理方式僵化、经营观念滞后的状况下，不借助一定的外部力量，就很难实现企业经营机制的转换。因此，从形式上看，国有企业吸收外资，主要表现为引进技术和管理，表现为资产形态的更新，但实际上它不仅提供了企业经营机制转换的物质技术力量，还提供了体制力量和精神的力量。这就是为什么国有企业改造通过与外商合资要比通过简单地注入资金效果会更好一些，也是国有企业吸收外商投资成为普遍现象的一个重要原因。

二 国有企业利用外商投资，使生产和供给较快地适应消费需求的新变化，促进了产业结构和经济结构的调整和优化

改革开放以来，中国城乡居民收入稳步增长，不同地区、不同阶层的收入差距扩大，在对外交流中，国外消费方式和新的消费潮流也不断对中国的消费方式和消费结构产生明显的影响，从而使中国市场出现了消费需

求扩大、需求层次增加、领先消费潮流出现、目标市场分化等一系列变化。这与原有的国有企业的生产与供给能力、产品档次和结构产生了尖锐的矛盾，仅仅依靠国内投资，一方面面临国内资金不足和外汇"瓶颈"，另一方面也存在技术水平、产品档次和市场适应能力等因素的局限性。因此，吸收外商投资就成为解决供给方面的重要补充，同时亦成为经济增长的重要推动力。即使到20世纪90年代中期，当中国原有的资金、外汇两缺口已有很大程度上缓解的情况下，外商投资作为解决供给方面其他因素的手段，仍然发挥着不可替代的作用。

由于外商投资迅速适应中国消费更新的需求，因此，不仅提供了新产品，而且在一些领域填补了中国产业的空白。在一些地方，需求拉动力强的产品和行业便成为当地新兴的支柱产业。例如，上海新兴支柱产业的迅速崛起，改变了上海产业经济的旧"骨架"。80年代以来，上海引进外资改造和发展了汽车、通信、钢铁、电站和家电等支柱产业，其中大多数是通过与国际大公司合资发展起来的，如德国的大众汽车、西门子移动通信设备、拜尔颜料、赫斯特染料、美国通用福特汽车、西屋电气、电话电报等，日本的索尼、松下、NEC、夏普、健伍、三井物业、三菱电梯、日立电机等世界级的"跨国巨头"。上海工业由此形成六大支柱产业，1996年六大支柱产业的产值已达到1836.92亿元，比上年增长18.6%。在支柱产业中，合资企业往往是最重要的骨干企业。如轿车制造业中，仅上海大众汽车公司一家的年产量即已达23万辆，占国内轿车市场的50%左右。在通信设备制造业中，1996年通信产业创造182.45亿元的产值，90%是合资企业实现的。家用电器行业和计算机软件行业，合资企业同样起骨干企业的作用。电站设备行业，由于上海电气集团与国际大公司合资合作，保持了电站行业中的领先地位，从而保证了上海电站行业连续居全国发电设备第一位，销售额每年递增30%以上。

在江苏省，外商投资促进了产业结构的调整和产品结构的升级换代，推动了一批新兴产业的发展，使江苏形成纺织、机械、电子、石化、建材、食品等六大主导产业。江苏化学工业原在全国占有一定的优势，改革开放以后面临国内外的激烈竞争，为了保持优势，化工企业积极与世界化工领先的跨国公司合资合作，30多家世界知名跨国公司在江苏建立了40

多家化工合资企业，有力地促进了江苏化工行业产品结构的升级。电子行业建立了 30 多家合资企业，生产大屏幕彩色显像管、光纤通信、智能型家用电器、大规模集成电路、程控交换机等高科技产品，增强了江苏电子产品的市场竞争力，创出了许多在国内外市场上具有一定知名度和影响力的名牌企业。

国有企业依靠外商投资，迅速适应和满足中国消费更新的市场需求，带动了各地的经济增长。例如，北京市 1990 年外商投资工业企业产值只有 47 亿元，1996 年则达 423 亿元，6 年增长了 8 倍。1995 年北京工业总产值比 1990 年增加了 570 亿元，其中新增产值 60% 是靠三资企业实现的。国有企业吸收外商投资正成为北京工业发展的重要增长力量。

上述说明，国有企业吸收外商投资不仅改变了国有工业经济存量的质量，而且在国有工业经济的增量中实现了结构升级和调整，最终促进了经济总量的迅速增加。

三 国有企业吸收外商投资，可以重组企业资本结构，降低企业的资本负债比率，减轻企业负担；通过资本结构重组，有的还可以实现企业或行业的发展战略

过去国有企业活力不足、竞争力弱的一个重要原因是资本负债比率太高，企业负担重。厂长和经理常常说工厂是替银行打工的，利润缴还银行利息之后，所剩无几，企业缺乏发展后劲。据调查，1995 年中国工业企业平均资本负债比率达到 80% 以上，而西方国家通常只有 40%—50%，日本企业是负债比率较高的，但一般也只达到 60%。国有企业通过吸收外商投资，可以通过股权置换债权，从而调整企业的资本负债比率，减轻企业负担，增强企业的活力。例如，柳州水泥厂，在改革开放初期通过使用丹麦政府贷款，引进技术和设备，扩大了生产，由于债务负担重，企业发展后劲不足。后来与香港一家公司合资，港方投资入股，入股资金还清了债务，股权置换了债权，使企业资本负债比率大大降低，企业活力得到增强。

国有企业通过吸收外商投资，不仅可以重组资本结构，优化企业财务状况，而且还可以实现企业和行业的发展战略。首先，可以优化企业的组

织结构，实现企业的规模经济。一些国有企业通过出售股权，得到发展资金，不仅可以用来追加本企业投资，扩大生产，而且可以用来兼并上下游相关企业，从而调整企业的组织结构；有的还可以组成集团，实现规模经济。例如，河南洛阳春都火腿厂，通过吸收外商投资，得到发展资金后，兼并了一个大型养猪场，从而保障了产品的原料来源，形成了新的企业组织结构和经营结构。其次，可以优化行业的所有制结构，通过混合经济，加速行业发展。一些基础设施项目，长期以来靠国有经济投资，不仅所有制形式单一，而且由于资金力量不足，发展速度满足不了消费需求。向外商开放基础设施领域的投资以后，虽然有一些外商开始涉及该领域，但由于新建基础设备项目一般投资规模大，回收周期较长，对外商的激励并不是很有力。因此，如果在已建成项目中出售国有企业股权，就有可能激励外商踊跃投资。1996年，陕西省推出了许多重点项目，成功地出售了渭河电厂新厂51%的股权和西安至临潼高速公路20年经营权，分别换回了27.54亿元和3亿元资金。电厂出售资金，可以基本满足建设宝鸡二电厂和蒲城电厂二期工程的资金需求，从而加强陕西电力行业的发展。西安至临潼的高速公路，在陕西被称为"黄金干道"，卖给了已在广东收购两条公路、一座大桥的香港越秀集团公司，出售资金可以用来加快陕西交通事业的发展。

国有经济的股权、经营权的出让，使单一的国有经济转变为混合经济，不仅有利于提高经营效率，保持国有经济成分的有效性，而且有利于国有经济覆盖更多的建设领域，保持或扩大国有经济成分在经济总量中的地位和比重，因此应当看作扩大公有经济的一种有效实现形式。正确总结国有经济股权、经营权出让的经验，有助于加快国有企业改革，也有助于促进经济建设的发展。

四 用中外混合经济大面积置换完全竞争性行业和国有经济，是落实"抓大放小"方针的有力措施

就国民经济总体而言，要保证公有制成分在数量上、质量上占据优势地位，但这并不意味着在任何部门、任何领域、任何企业都以公有制成分占数量优势。而且，公有制为主的实现形式也是多种多样的，既可以有国有经济，也可以有集体所有制；既可以在股份制经济中起支配作用，也可以在中外合营的混合经济中起支配作用；既可以公有公营，也可以公有民营，等等。

就国民经济各部门而言，放开一些完全竞争性的生产经营领域让各种经济成分自由竞争，甚至让一些竞争乏力的中小型国有企业，通过拍卖、兼并，退出这些领域，开辟新的领域，对于阻止国有经济继续亏损、销蚀，是十分必要的。在一些不完全竞争性的生产经营领域中，也要造成多种经济成分并存的局面，而公有制经济只在股份制经济、中外混合经济中起支配作用。小型国有企业可以出让股权，只保持在大中型企业中的控股地位。国家垄断性的生产经营领域，一方面数量要减少，使其一部分向不完全竞争型过渡；另一方面要适当引进竞争，允许外国投资者进入，引进竞争机制。

以上述分析为背景，国有企业改革实行"抓大放小"，对公有制经济的布局实行战略改组，而通过国有企业吸收外商投资就是实现战略改组方针的有效途径。近几年，中国一些城市已经出现全行业合资现象，就是实行这种战略改组方针的实践依据。

例如，泉州市轻工系统所属37个企业，原来都是小型国有企业，经营不善和经营亏损的企业较多，1992年9月合并为国有资产管理公司，全公司资产作价1.6亿元，债务1.37亿元。通过与外商合资，并由外商控股，成立泉州中侨有限公司，总注册资金4亿元，外方投资2.4亿元，占60%，外商以现金投入。中方的资产和债务一齐转入合营公司，使企业资产负债比率从原来的85.6%降至34%。中方1.4万名员工亦转入合营公司，经过两年，通过退休、转入社会、外借等方式，剩下9000人，到1995年在岗5000人，有效消化了富余人员。1994年和1995年两年，外商2.4亿元投资陆续到位，投入11个技改项目和新建项目，获得较好效益。1993年公司盈利1800万元，1994年达到3000万元，1995年达2200万元，而在合资前，37个企业盈亏相抵后亏损1000万元。1996年公司资产达6亿元，中方占40%，即为2.4亿元，比合资前增值8000万元。结果表明，国有经济退出这些领域，一方面阻止了国有经济继续亏损和补贴，减轻了财产负担；另一方面减少了国有银行的不良资产，而且使国有资产保值增值。

再如，大连市轻工系统所属 101 个企业，多数都是小型国有企业和集体企业，设备老化、工艺落后，合资前资产总额 18.8 亿元，债务 13.9 亿元，净值 4.9 亿元，职工 4.5 万人，其中离退休人员 1.8 万人。1990 年和 1991 年全行业分别亏损 1620 万元和 1062 万元。1992 年减免流转税 1200 万元后才盈利 500 万元，明亏挂账累计 7200 万元，财产损失挂账 9000 万元，福利基金超支 1.2 亿元，还有较大潜亏。1993 年与外商全行业合资，外商控股并负责经营，中方以 101 家企事业单位的现有厂房建筑物、设备及设施等固定资产，加上 28 家已与外商兴办的合资企业的中方股本金，经大连市国资局评估作价 5.4 亿元，其中 4.9 亿元作为注册资本投入，余额 5000 万元作为合营公司向中方借贷，利率为 8%，每年利息 400 万元用于中方离退人员。外方投入现金外汇人民币 5.1 亿元，分两部分投入。第一部分，在合营公司成立三年内，每年分两期注入 0.7 亿元外汇人民币，三年合计投入 2.1 亿元外汇人民币，用于设备引进、技术改造、技术开发和产品结构调整。第二部分在合营公司成立 3—4 年内，另投入 3 亿元外汇人民币作为再次招商的股本金，引进对口技术和设备，改造所属企业。这使市属工业系统甩掉一大包袱。

上述两例说明，要在较短的时间内推进国有企业改革，不对国有企业动大手术，实行有效的战略改组是难以达到目的的。这种战略改组的政策含义就是用股份制经济和中外混合经济大面积地置换和取代原来单一的国有经济，用出让股权、经营权、拍卖、兼并等方式改变经营方式，保住国有经济资产，从而把"抓大放小"落到实处。

五　国有企业吸收外商投资，是未来增长方式从粗放经营转向集约经营的重要推动力量

改革开放以来，随着中国对外交流的扩大，城乡居民消费更新速度加快，工业消费品的生产掀起过一轮又一轮的进口替代热潮，生产和供给滞后是经济中的主要矛盾，不断出现的对"超前消费"的批评，是这种矛盾的舆论反映。那时，无论是国内投资还是外商投资，只要是补充市场供给的生产，就都有它的合理性，这就给各式各样的粗放经营留下了充足的发展空间。外商投资企业虽然提供的是新的技术和新的产品，但这只是相对于中国市场供给的严重滞后而言，只是相对于中国居民迅速唤醒的消费更新需求而言。因此，从严格的意义上说，多数外商投资企业的生产只是在相对新的档次上的粗放经营。人们普遍抱怨外商投资企业不引进更先进的技术，不设立研究开发中心，只是看到了外商限制先进技术出口的一面，而没有看到那时的中国市场不具备让企业实行集约经营的客观条件，从而也就不具备让外商投资企业更重视引进先进技术的客观需要。

到20世纪90年代中期，这种状况已经基本改变。从1994年起，相当一部分工业品生产已经出现过剩，此后两三年，几乎所有的工业品生产，包括新式消费品的生产能力都出现过剩，库存积压、市场疲软。这标志着生产和供给不足的时代已经过去，粗放经营已经没有市场，提高效率、提高竞争力，实行集约经营已经成为内资外资企业普遍面临的挑战和课题。

当市场约束和需求不足成为主要矛盾时，更感困窘的是内资企业，它无论在生产技术起点、经营管理水平还是在享受国家政策支持方面，都稍逊一筹，到现在来说，由不平等竞争因素的委屈，引发了"外商抢占市场"的抱怨，反映了这一背景下的利益矛盾。从发展趋势看，尽管为外商投资提供一定的优惠仍是必要的，但为内外资企业营造平等的竞争环境确实已成为国家的主要改革取向。因此可以预期，国有企业吸收外商投资的新阶段已经到来。

有两个迹象已经显示了这个预兆。一是从1994年以来，连续4年出现外商投资合同项目数减少，外商协议投资金额下降，但外商实际投入金额逐年增加，1996年达到417亿美元，1997年可能达到430亿美元。与此相联系的是，单项投资规模逐年增大，1996年平均达到300万美元。这说明，进入中国市场的门槛已经提高，只有真正有实力的投资者才有资格进入，这有助于保证外商投资项目的规模经济和技术水平，从而有利于投资项目实行集约经营。

二是随着工业品市场约束和需求不足的强化，不具有生产技术和企业特定优势的投资者正在积极寻求工业生产领域以外的投资项目。这两年，一些基础设施项目以及以民用住宅为主的房地产项目正在受到外商投资者的青睐。公路、桥梁、电厂、码头等成为外商收购的热门项目。1997年民用住宅房地产投资比重上升，说明在非工业生产领域中，一些供给不足的部门将成为外商投资的热点，从而有利于加快中国经济结构调整，通过结构效率促进整个国民经济的集约经营。

第二节 需要研究的问题

一 股权控制

中国现行法律和政策对外商投资没有股权比例要求，这在发展中国家是十分宽松的，它反映了中国对中外混合经济中的资本结构、生产经营决策权以及利益分配的基本态度。但是需要说明的是，这些法律和政策主要是在20世纪80年代初期制定的，当时的外商投资还处在起步阶段，所制定的法律和政策，其目标显然主要是立足于吸引外资，对其后果的考虑也只局限于局部的范围，或局限于单个企业，因此其政策含义基本局限于微观层面，而未兼及宏观层面的思考。到90年代中期，国有企业利用外商投资已成为普遍发生的现象，投资项目越来越多，金额越来越大，在外商投资股权比例问题上，其对国民经济宏观层面的影响至少涉及以下几个主要方面。

（1）在确定利用外商投资对国有经济进行战略性改组的同时，我们可以不计较一部分企业和一部分行业的外商投资占有控股地位，但是否所有企业和所有行业都可以不计较外商控股？如果是，这种局面对国家经济自主和经济安全有无不利；如果不是，那么在哪些企业和行业需要保持中方的控股地位？

（2）即便在一些竞争性较强的行业中，我们可以不计较外商控股从少数企业演变为行业性普遍现象，或外商控股企业在行业中居于支配地位，进而形成对该行业的市场支配与垄断。但是否允许这种现象在所有竞争性较强的行业中都出现，特别是那些利润丰厚的大众消费品行业，我们是否都准备出让市场。《反垄断法》一般只能解决单个资本对行业的控制问题，而不能解决多个外国资本对行业的控制。如果我们不准备丢弃所有竞争性行业市场，那么在哪些行业要力争民族工业的一席之地？

（3）"以市场换技术"是利用外商投资的政策口号，从经济学的角度看，它是成本与收益的概念。但在 20 世纪 80 年代外商投资数量还不多的情况下，人们往往并不认真计较这种成本与收益的实际结果，因为即便换不来技术（这里主要是指先进技术），但至少可以换来资金投入，增加生产和供给。这在供给不足的年代，经济福利仍然是明显的。但在 90 年代中期，宏观环境发生了变化，国内资金相对过剩，1995 年银行存款余额与贷款余额的差额发生逆转，1994 年贷款余额大于存款余额 176.8 亿元，1995 年逆转为存大于贷 3338 亿元，1997 年竟至 7296.4 亿元；而在 1994 年，就已出现存款增加额大于贷款增加额 3139.3 亿元，此后逐年增加，1996 年高达 4101 亿元，1997 年始降至 2035.6 亿元。此外，从 1994 年开始，国内工业生产过剩开始从一些行业逐年扩大至许多行业，到 1997 年，在大多数工业生产领域中，生产都已出现相对过剩，标志着供给不足的时代已经过去，买方市场已经出现。

显然，在新的宏观环境下，在大量吸收外商投资中如果不认真比较成本与收益，就会对国民经济整体利益产生不良影响。如果出让市场换不来技术，那么就要认真考虑出让股权是否合算，因为如果仅仅是为了获得资金，除了国内融资外，还可以对外借债。是出让债权，还是出让股权，这要从国民经济全局来衡量福利效果。

从宏观经济层面来考虑问题，结论是明显的。可以肯定，国有经济必须在若干国民经济关键性行业，或对国家经济自主与经济安全有重大影响的行业中保持控制力；国有经济和其他民族经济也必须在若干利益丰厚的行业中占有一席之地，从而发展自己；在新的宏观经济形势下，能否换取先进技术，对于出让股权和出让市场已具有较强的约束条件，吸引外资的政策目标已要求从单纯的引进资金转向引进资金与引进技术并重。

从上述认识出发，国有企业利用外商投资中的股权安排问题，就不仅应进入政策层面加以考虑，而且在企业谈判交易中也应引起重视，这就要求进一步完善利用外资的政策。重新认识考虑股权控制对国民经济整体福利效果的不确定因素，制定相应的对策，这与扩大开放领域、利用外商投资进行国有经济战略性改组是不矛盾的，其目的都是为了加强国有经济的控制力，提高国有经济和整个国民经济的整体效率，只不过相互作用的侧面不同。

二　公平交易

在合资合营谈判中，能否实现公平交易，这往往很不确定。从客观上说，国有企业与外商的关系是求大于供，形成卖方市场，中方谈判地位不利；从主观上说，国有资产法定代表人的责任心、个人品质、能力因人而异，特别当个人利益与资产代表人的利益、局部利益与国家利益并不吻合时，更容易产生不公平交易。由不公平交易产生的后果通常有以下几种。

（一）国有资产流失

如中方的机器、厂房和土地等实物资产在评估过程中，由于技术或其他因素，其价值被低估。又如中方缺乏无形资产观念，把商标等无形资产无偿或低价转让给合营企业，实际上也等于低估了国有资产的价值。再如，合营企业中出现的转移价格，也往往是由于生产决策权的不公平分配造成的，或者是由于营销合同的不恰当造成的。

（二）丢失产品的民族品牌

国有企业变成合资合营企业后，丢失或放弃原有产品品牌的现象十分普遍。其中的原因有：中方商标意识薄弱，或迎合消费者心理，或民族自卑感使然；也有的是外方以注资为条件，挟持中方就范，等等，这些不公平交易，客观原因尚属可以理解，而有些原因则是应该和可以避免的。

（三）中方员工权益得不到充分保证

其主要表现在：首先，中方与外方员工同工不同酬，收入差距悬殊。据本研究的抽样调查数据表明，外方员工的人均年工资额是中方员工的28倍，中方员工工资明显偏低。其次，不少合资企业社会保障体制不健全，职工的医疗、失业和养老都面临近忧和远虑。再次，在一些合资企业中，生产线劳动条件恶劣、劳动安全无保障，无故延长工时，职工超负荷工作，损害工人健康。更有甚者，一些外方管理者严重侵犯中方职工人权，任意体罚中方职工，侮辱中方职工人格。

不可否认，这种不公平交易在中国尚未成为资本输出大国时仍是不可避免的，在对外商投资的需求大于供给时，争取投资的竞争，不仅降低个别企业和局部地区的谈判地位，而且还全面降低一个行业甚至许多地区的谈判地位，从而产生各种不公平交易的后果。这在利用外商投资已有了近

20年经验的今天，能否减少这种内部竞争的盲目性，提高我们自己的谈判地位，增强国有资产法定代表人的责任感和自信心，增加谈判的技巧和本领，从而向公平交易的目标前进，确实是国有企业利用外商投资的重要课题。

三 技术转让

国有企业利用外商投资后，能否获得预期的技术转让，也是很不确定的。按照产品的技术生命周期理论，工业产品技术大致可分为创新阶段、成熟阶段、标准化阶段、衰落阶段四个周期。一般的规律是，跨国公司不可能把创新技术转移到东道国，否则它就丧失技术优势；而成熟技术一般也主要转移到需求相似以及具有外在规模经济和相关支持产业比较发达的东道国；只有标准化技术和即将淘汰的技术才可能转让到发展中国家和落后国家。

在改革开放以前，中国民用工业生产相当落后，生产技术和产品与国际水平相比，差距很大，因此，外商投资只要能引进标准化技术，甚至是淘汰的技术或生产线，就足以使相当一部分工业生产技术发生深刻的变革，就足以使产品更新换代，甚至起到进口替代的效果。但是，随着对外开放的扩大，人们最终发现，虽然有那么多外商投资企业，但是中国的生产技术仍然还没有摆脱落后状态。所谓通过外商投资引进先进技术没有达到预期目的，大致分属于以下几种情况。第一，已经引进了标准化技术的生产设备及其他硬件的企业，发现外商没有转让成熟技术的硬件设施。第二，已经引进了标准化技术的硬件设施的企业，发现外商没有转让附属于这些设施的技术软件和专利。第三，已经引进了成熟技术的硬件设施的企业，外商没有转让可以使该技术或产品更适合当地化，或更适合国际市场需求变化的研究开发技术及其手段。第四，已经引进了成熟技术的硬件设施的企业，发现外商没有转让依附于这些设施的技术软件和专利。上述四种现象的发生，有中外双方的主客观原因，正是这些原因，造成了技术转让的不确定性。

对于希望引进成熟技术的硬件设施的企业来说，固然存在外商主观上是否愿意转让的问题，但客观上东道国的外在规模经济、相关支持产业的因素起更大的制约作用，没有这些条件，成熟技术的运用，可能成本更高、效率更低，就像汽车放在沙漠里，其速度反不如骆驼一样。因此，就第一种情况而言，主要的不确定因素在于中方的客观条件。

对于希望获得标准化技术中的软件部分和专利的企业来说，固然也存在外商主观上是否愿意转让的问题，但实际上这些技术已经市场化，交易并无太大困难，关键还在于中方合资的目的是重资金引入，还是重技术引入。因此，就第二种情况而言，主要的不确定因素在于中方的主观认识。

对于希望引进成熟技术所属的研究开发手段并建立研究开发机构的企业来说，主要障碍在于外方。如果达到中方的预期目的，将使合资企业摆脱对外方母公司的依赖，从而不利于外方利益。因此，第三种情况的不确定因素在于外商投资者的市场战略。

对于希望引进成熟技术所属的软件和专利的企业来说，主要障碍也在于外方。有时候外国母公司不需采取股权控制，只需采取技术控制手段，如技术检验、质量认证措施，就足以使合资企业掌握在外国母公司手中。因此让中方达到预期目的，无异于使合资企业摆脱外国母公司的支配。显然，这种情况的不确定因素在于外商投资者的企业控制战略。

四 社会责任

国有企业作为经济组织，同时也承担着各种社会责任，除了经济法律上的权利与义务以外，它还在社会生活中承担各种责任。在政企不分的旧体制下，这些责任往往与政府职能混淆在一起，形成企业办社会的各种弊病。国有企业利用外商投资后，有利于政企分开，剥离企业行使的政府职能，但也往往造成合资企业在剥离政府职能中抛弃自己的社会责任，显然这对东道国社会是不利的。

所谓企业的社会责任是什么呢？在一个社会中，企业通过自己的产品、服务以及利润为社会创造经济福利，这是主要的，但不是唯一的。首先，企业是社会成员的就业场所，因此它有保障从业者个人能力、个人福利以及其他基本权利得到实现的责任；其次，它是当地的一个社会组织和成员，是当地政府管辖下的一个"公民"，对当地人民的公共福利有责任，这种责任不仅通过纳税来体现，有时还要通过各种公益活动来体现；再次，它是当地社会的文明细胞和精神载体，它的商业行为、企业形象、产品形象、员工形象对当地社会的文化习俗、社会风气、居民的精神熏陶都负有责任，这不仅是法律责任，而更多的是精神和道德的责任。

联合国跨国公司与投资司编辑的《1994年世界投资报告》已经明确地提出企业与跨国公司的社会责任。报告认为，企业社会责任的最低标准是：为社会提供利益；不具有故意伤害行为，如果产生了伤害，企业提供的利益必须足以抵消企业伤害行为带来的不利。企业社会责任的最大化是企业自觉提供给社会的利益的叠加。跨国公司的社会责任更大，特别在市场经济体制不完善的国家，跨国公司对东道国国民获得积极的利益负有巨大的社会责任，它要求跨国公司以一种负有责任的方式去行动，而不是去寻求社会构成伤害的剥削利润。当国有企业吸收外商投资以后，能否使合资企业继续承担原有国有企业的社会责任，同时使外商投资者承担起某些可能造成的"伤害"的社会责任，是一个新的课题。这些"伤害"可能有种种表现，如遣散原有的工人，环境污染，引起行业内其他企业的停产或破产，等等。显然，在今天的条件下，让合资企业全部承担这些社会责任是不现实的，特别在发展中国家处于低的谈判地位的时候，实际情形往往相反，东道国不仅不要求投资者承担这些社会责任，而且往往默许和纵容他们的"伤害"行为。对此，中国的合资企业难道可以无动于衷吗？当然，要求外商投资者承担社会责任只能一步一步来，逐步提高投资者的责任标准。但社会舆论对于宣传企业的这种社会责任，向外商投资者灌输文明社会的责任意识，则是当代社会企业文明发展的客观要求，也是阻挡不住的潮流，它与改善投资环境同样是重要的事情。

第三节　提高国有企业利用外资效果的政策

一　进一步解放思想，明确国有企业利用外资的指导原则

正确认识利用外资对加快国有企业的改革步伐和进程的重要作用，需把握好如下几个原则。

（一）要明确国有企业利用外资的基本任务

国有企业应在开放中保护，在竞争中发展。要把利用外资作为促进国有经济发展的重要途径，通过利用外资来发展壮大国有经济，增强国有企业的竞争能力。

（二）利用外资要与国有企业改革的进程相协调

国有企业改革是一项长期任务，对市场的开放、股权的开放和经营管理的开放要与国有企业经营体制承受风险的能力相适应。扬长避短，切实防止外资对国有经济的负面影响和过度竞争。

（三）要与国有经济的战略性改组相适应

对关系国民经济命脉的重要行业和关键领域，国有经济必须占支配地位，通过利用外资促进国有经济从一般性领域退出。国有企业可以通过与外商合资实现股权多元化，提高运营的效率。

（四）要以引进技术、加速企业技术进步作为重要目标

国有企业利用外资不能仅仅着眼于解决资金不足的矛盾，应注重引进先进和适用技术，加强消化创新，掌握研究开发的主动权，切实增强技术创新能力。

二　拓宽渠道，保持国有企业利用外资规模稳定增长

实行国有经济战略性改组、发展混合经济、加快国有企业改革步伐为外商投资提供了更加广阔的领域。同时，在某种意义上说，利用外资也是现阶段国有企业改革发展的需要。"钱从哪里来，人往哪里去"是国有企业改革和国有经济改组中面临的最大问题。按照目前的国民收入分配格局，民族私营资本尚未发育成长起来，在发展多种经济成分和混合所有制中还难以承担解决"钱从哪里来"的重任。培育发展资本市场和机构投资者也需要一个过程。而外商投资却是比较现实的来源，同时我们在这方面也积累了不少经验。除传统的国有企业利用外资进行"嫁接"改造之外，国有企业利用外资可从以下四方面拓展空间。

（一）国有经济战略性改组

根据"十五大"部署，国有经济将从一部分领域逐步退出，起码是不再进行新的投资。这必将给包括外资在内的非公有成分留下投资的空间。对此，要做好规划，引导外商随着国有企业的调整而逐步进入，对于退出较快的领域，外商采取独资的方式进入；对逐步退出的领域，可采取与国

有企业合资、合作的方式，通过股权结构的变化，有的可由外商以增资的方式不断扩大股权，有的将保持长期合资、合作，在政策上应避免过分冲撞或相互抵消。

（二）投在较好的国有大中型企业中

国有企业一般是单一国有股东，同时国有资产所有者代表不明确，所有者功能不强，难以建立起有效的内部治理结构，经营机制得不到根本转变。在这种情况下，除一些关键领域和重点行业外，适当引进外商投资，实现国有企业股权结构多元化，只要管理得当，不仅有利于促进明确国有资产所有者代表的责任，同时在由国有企业占控股地位的前提下，扩大国有经济的影响范围，比较有效地解决国有大中型企业发展过程中资金不足，特别是自有资金不足的问题。目前中国有 1.5 万家国有大中型企业，占全部国有资产比重的 70% 以上，如果按 1/4 的比例引进外商投资也将是一笔巨额资金。

（三）放活中小型国有企业

国有经济战线过长、涉及范围太广，难以提高运营的质量和效益，同时也影响了自身的进一步壮大。下一步经济结构调整的重点是量大面广的中小型企业。允许外商收购、兼并、租赁、承包中小型企业（也包括一般竞争性行业的大中型企业），可以大大加快调整步伐，同时通过资产变现后的投资还能促进其他优势国有企业的进一步发展壮大，增强市场竞争能力。对外商来说这也是一个较为可观的投资领域。

（四）非固定资产建设方面。

传统的利用外资投向一般是基本建设或技术改造，随着国有企业改革步伐的加快，非固定资产建设方面的资金需求越来越大，比如优势企业兼并其他企业、偿还债务优化资本结构、补充自有流动资金等，外商投资在这方面也是大有可为的。

三 积极探索适合国有企业发展的利用外资新形式

从国有企业利用外资的形式看，有利用外商投资和利用证券投资两大类。在外商投资中，除了一对一的合资合作以外，还有投资基金、BOT、TOT、项目融资等方式。我们要根据这些投资方式的不同特点，恰如其分地加以配合利用。

投资基金和项目融资的特点是，外方不参与经营管理，即便在外方股权比例大、股权利益较多的情况下，中方通过掌握经营决策权，还可以防止利益向外方过于倾斜的现象。因此在外方控股的合资方式中，对中国有有利的一面。BOT 和 TOT 的特点是，外方投资者对项目的经营管理支配有一个时限，在这个时限结束以后，建设项目的支配权和所有权就转归东道国。这种方式也是中外双方在股权控制上相互妥协的一种措施。

除了直接投资以外，国有企业利用外资还可以采用证券投资方式。如在国内股市发行 B 股，在海外股市发行股票，如目前已有的香港 H 股、纽约 N 股等，还可以在海外发行企业债券。利用证券投资的最大好处是，国有企业不仅可以保持控制地位，而且可以掌握经营决策权，而最重要的条件是企业自己必须有外汇收入以保证外汇支付。海外银行借贷，是国有企业利用外资的另一种形式。这些对外间接投资方式，都不影响东道国企业的股权控制、企业经营决策权、产品品牌，但唯一不利的因素是不可能在投资中转让经营管理技术、经验等无形资产。特别是技术内部化转让机制特点强的行业和企业，如果采取利用间接投资方式，将不可能得到预期的技术转让效果。但反过来也可以说明，如果有些行业和企业在利用外资中可以采取购买专利和市场交易办法获得技术的情况下，而对外商控股又较为敏感，或让外商控股使成本收益利于中国的项目，就可以放弃利用外商直接投资方式而改为利用海外间接投资。目前中国不少国有企业的技术改造，完全可以在国内获得技术供给，而主要是缺资金，如果这些改造项目的市场预期很好，只要有资金注入就有经济收益，在利用外资中就应当积极考虑利用海外间接投资方式。

四 把握主动，确保国有经济在关键行业中的控制力

国有企业利用外资在性质上是国有经济与境外私人资本的结合，在利用外资中是否把握主动权是水平高低的重要标志。笔者认为，国有企业利用外资应在三个方面把握主动。一是按照互惠、互利原则与外商签订合资、合作合同（章程）。既不能强加于人，也不能为了吸引外资而一味迁就外方。在资产特别是无形资产作价投资、企业的经营决策权、利益分

配、责任与风险的分担等方面，要按照国际通行规则，尽可能争取对我有利的条款。二是要把扩大中方股本来源作为增强国有企业控制权的关键。由于股本金不足，往往使国有企业在与外商合资、合作中被迫降低中方股权，在谈判以及经营管理中委曲求全，处于被动地位。国有企业一方面要少铺新摊子，集中有限的资金投向重点项目。对于关系国民经济命脉的重要行业和关键领域中的若干企业与外商合资，原则上应由中方取得控股权，或采取措施使中方占支配地位。同时要着力解决已开业外商投资企业的中方股权比重下降问题，要专门研究切实可行的办法解决中外合资、合作企业特别是经营良好、市场前景看好的企业，在增资扩股时由于中方资本金不足而出现的股权比例下降问题。三是要从培训入手，提高中方股权代表的素质，争取通过资格认证，做到持证上岗；严格选派合格人员作为中方股权代表；加强对所派出的股权代表的监督考核，建立有效的奖惩制度，以此加强对股权代表管理，维护国有企业的合法权益。

　　为了维护国家经济安全和经济自主，国有经济必须在一些关系国民经济命脉的重要行业和关键领域中拥有控制力。例如，资源垄断性行业，像邮电、通信、原油开采行业；提供最重要公共产品的行业，像铁路、城市公共交通、电力、煤气、自来水供应等行业；以及一些重要的竞争性行业，像石化、钢铁、粮食、金融、外贸、尖端技术等行业，特别是这些行业中的大型骨干企业，少数仍需保留国有，大部分则由国家控股。为了实现国有企业在这些行业中的控制，法规和政策应当规定外商投资在这些行业和领域中的进入规模和股权比例。

　　在对外商开放的行业中，我们可以采取放开投资规模，但限制股权比例，或者放开股权比例，但限制投资规模两种做法。如对规模经济要求较强的行业，我们可以放开投资规模，但限制外商股权比例，而对规模经济需求不是那么强的行业，我们就采取放开股权比例，但限制投资规模的办法，限制投资规模，有的可以就单个项目而言，有的也可以就整个行业而言。采取这些政策措施，大体上就可以保证国有经济在这些行业中的支配地位。

　　对于技术转让效果好，对中国技术进步和产业提升有明显意义的企业和项目，我们可以在股权比例上做出让步，而对技术转让效果一般，对行业技术进步并无明显意义的企业和项目，则应据理力争，并保证国有经济的股权收益。

为了保证中方在这些企业中占据有利的股权份额，还要从政策上解决国有企业与外商合资、合作的股本金筹措问题。主要有以下三个政策问题。一是商业银行法规定商业银行贷款不能直接作为股本金，但是要允许国有企业通过抵押担保以中方母体的身份获得银行贷款，投入合资企业作为中方股本金。二是设立专门用于中方股东的产业投资基金，但目前尚没有关于设立产业投资基金的规定，建议在有关政府、金融管理机构的指导下，采取试点的方式设立1—2家全国产业投资基金，用作合资、合作企业的中方股本金来源。也可以以此积累经验，完善法规。三是通过中方母体将在合资、合营企业中的股权整合、包装上市募集增资扩股的资金，考虑到所募资金将用于中外合资、合作企业，可以B股起步，积累经验后扩大到A股。

（一）优化利用外资的结构

一些国有企业在利用外资中往往以摆脱不必要的行政干预、享受优惠政策、追求数量和外延扩展为出发点，存在着较大的盲目性，重复引进、重复建设较为严重，导致了某些行业的过度竞争，甚至给国有企业本身带来冲击。因此，国有企业在利用外资中，首先要认真贯彻国家颁布的外商投资指导目录，注意掌握市场信息，对于供需大体平衡或供大于求的项目就不要再重复引进、重复建设。其次，要多搞内涵改造，少搞外延扩张。由于老企业包袱重、负债高、冗员多、设备陈旧，而不愿对原有企业进行技术改造，这必须认真加以克服，应更多地利用外资改造存量，更好地发挥原有企业资产的作用。再次，要利用外资发展高新技术，上新项目要选择填补国内空白和使产品更新换代的项目，避免低水平的重复建设。

（二）加大引进先进实用技术的力度

当前的国际竞争，实质是科学技术的竞争。国有企业要把引进外资的重点引向先进和实用技术，提高外资的技术含量，并在这个基础上消化和创新，掌握技术开发的主动权，力争有所超越。国有企业要把这个问题作为衡量利用外资水平的一个重要标准。国有大中型企业特别是大型企业集团要积极与拥有高新技术优势的外国大公司合资合作，以此作为引进高新技术的重要渠道。要借鉴国际通行做法,运用经济和法律的手段,引导和促使外方转让技术。在引进技术的内容上,要多引进软件技术,少进口一般性设备,特别是国内能生产并在质量和价格上也有竞争力的设备。要注意对引进技术的消化创新,有条件的企业应与外方设立技术开发中心,在消化国外技术的基础上,形成自己的研究、开发、创新能力。

还有一个值得重视的方面是让中小企业为大型的技术先进的外商投资企业提供配套,按照跨国公司的技术标准和要求提供配套件和配套服务,必然会对中小型企业的技术进步起到极大的带动作用。

为了加强技术引进,要了解海外企业的技术结构。一般把外国投资带来的技术分为两类:一类是"内在的";另一类是"外在的"。20世纪60年代中期以来,若干因素已使跨国公司较愿意采取外在的技术转让形式。(1)跨国公司之间竞争投资市场的加剧,加上较小公司的竞争力提高,导致企业特定技术优势扩散,技术转让内部化的相对收益减少,促使跨国公司更愿意以外在形式转让技术资产。(2)东道国谈判地位提高,有利于提出技术转让要求。(3)东道国的政府政策在某些部门对外资有股权比例要求,在不能控股的情况下,跨国公司只能以外在形式转让技术以获取转让费。(4)投资风险增加也使跨国公司愿意考虑非股权安排进入方式。(5)国际银行借贷和金融市场的扩张,使发展中国家对于利用外资方式有了更多的选择,也促使跨国公司愿意以外在形式转让技术。

上述说明,采取哪种技术转让形式既取决于外国投资者的利益驱动,也取决于东道国政府的政策。中国是一个市场潜力很大的国家,许多行业都有外国投资者的独资或控股企业,在这些企业中,技术转让主要通过内在形式,技术扩散的进程较为缓慢,不利于国内企业学习和仿效。而在外资非控股企业中,技术许可和其他外在形式的技术转让也还没有得到应有重视,往往达不到引进技术和管理的效果,这方面的工作大有改进的余地。为了鼓励采取外在形式获得技术转让,可以采取以下措施。(1)在审批外商投资项目的可行性报告时,无论是外资控股还是非控股项目,都要求提供以外在形式进行技术转让的条款。特别是技术成熟和标准化的产品和行业,更要强调外在形式的技术转让,这应成为审批的一个重要依据。在技术高级和新兴行业中,也要求有部分外在形式的技术转让,如确系只有通过内部化机制才能进行技术转让的产品和行业，必须在无竞争状态下才能给予审批。(2) 批准国内企业通过外债（包括贷款、证券融资）筹资的可行性报告，也需要提供内外技术供给和技术转让的意向协议。政府有关部门依据企业筹资的经济合理性和技术供给与转让意向协议的科学性两方面标准来批举债可行性报告，从而把企业举债纳入技术进步机制的规范化轨道中。(3) 批准外国产品的品牌和商标注册，必须附有技术转让的条款。在难以证明发生技术转让的项目中，审批外国产品的品牌和商标应慎重对待。

(三) 吸收科学的管理经验

管理水平低是国有企业存在的重要问题之一。其原因在于观念、管理方式、管理手段不适应市场经济的要求。西方发达国家的企业在几百年的市场经济经历中积累了丰富的管理经验，国有企业与之合资、合作，有效地加以借鉴、消化、吸收，逐步形成符合中国国情的适应社会主义市场经济要求的企业管理模式。以往对这方面重视不够，有的对外方的管理采取排斥的态度，特别是在一些由中方控股的企业中，还是用合资合作前的方式管理企业；有的完全依赖于外方的管理，一切按照外方的意见管理企业，把自己一些行之有效的方式、方法丧失殆尽。这种现象在外方控股的企业中尤为突出。这两种倾向均应认真加以克服。国有企业通过与外商合资、合作逐步形成有中国特色的、适应社会主义市场经济要求的企业管理模式。

(四) 加强管理，完善规章制度，利用舆论工具和社会监督，争取利用外资与当地社会稳定的和谐发展

根据目前外商投资准入方面的主要问题，要尽快出台国有企业向外商转让资产的管理规定。最近一个时期，一些国有企业纷纷向外商转让股权、经营权，以吸引更多的外资，加大改组的力度。同时我们目前尚没有这方面可操作的管理规定，尽快出台一个规定，明确国有企业向外商转让资产的范围、方式、要求、审批程序，对于引导和规范国有企业向外商转让资产的工作，防止国有资产流失，是十分有意义的。此外，还要制定国有企业利用外资从事非固定资产项目的办法。国有企业利用外资兼并国内其他企业、偿还债务、补充流动资金等非固定资产项目越来越多，制定一

个办法使之有章可循、明确要求、加强规范十分必要。

在外商投资企业的生产经营方面，重点是抓好六个方面。一是抓合同章程的履约。以合同章程的条款为依据，约束其经营行为。二是结合治理"三乱"，针对外商投资企业的特点，会同有关部门加强对外商投资企业乱收费、乱摊派、乱罚款进行治理，进一步改善投资环境。三是通过对合资、合作企业中方股权代表的培训、考核和奖惩，提高国有企业在利用外资中的投资效益，更好地维护国家、企业和职工的合法权益，进一步提高合营企业的经营管理和效益水平。四是通过抓外商投资企业产品零部件配套服务，发挥外商投资企业的辐射、带动作用，加快国产化步伐，带动国有企业的技术进步。五是完善外商投资企业研究开发中心的配套政策。从提高外商投资企业技术水平和培养国有企业科技人才考虑，应在税收政策、外汇等方面，制定出外商投资技术开发机构的专门政策。六是重新给予外商投资企业进口设备的免税优惠。在制定办法的过程中要切实贯彻国家产业政策，对于重点鼓励的项目给予充分优惠，对其他类型的项目适当优惠，甚至不予优惠，以优化利用外资的结构，促进利用外资中的技术引进，提高利用外资质量。

为了正确处理改革、发展与稳定三者之间的关系，要促使外商投资者和外商投资企业承担必要的社会责任，做好东道国的"公民"。在国有企业利用外资过程中，企业人员流动、职工下岗和再就业问题是突出的社会问题。一方面，政府要加快建立健全社会保险保障制度，搞好下岗员工的待业保险、职业培训和再就业工程。另一方面，企业也要充分考虑社会的承受力，不能把负担完全推向社会，尽量减少对社会的"伤害"，这是企业——无论是内资企业，还是外商投资企业——都应尽的社会责任。因此要想方设法在企业内部解决矛盾，消化困难，通过开辟新的生产经营门路或通过提高待业员工再就业技能等方式，努力安排好下岗职工的出路，切实解决他们生活中遇到的问题和困难。新闻媒体要树立这方面的好的形象典型，形成舆论导向，有关部门也要及时总结这种经验，给予表彰、推广，同时辅以舆论监督和社会监督，批评不良现象，在全社会形成扶危解困的良好风气，保证外商投资与当地经济的和谐发展。

第三章　用科学发展观丰富利用外资的理论与实践

　　邓小平"南方谈话"发表以前关于利用外资的争论，主要涉及姓"社"姓"资"问题，后来及目前关于利用外资的争论则是具体政策和实践层面方面的问题。理论部门和实际工作部门的基本认识是一致的，即改革开放以来利用外资的巨大成绩必须肯定，但肯定什么，并不甚明了。为什么会发生这种情况？根本原因在于我们的理论认识落后于实践，并在一定程度上脱离中国的具体实践。这说明，不仅利用外资的实践需要丰富和发展，利用外资的理论更需要探索和创新，尤其需要进一步中国化。如何提高利用外资的理论认识？首先，要总结中国自己实践创造的经验；其次，要认真汲取改革开放重大思想理论成果中的不可缺少的营养。

第一节　利用外资是一种中国式的新的发展观

　　回顾改革开放初期，我们利用外资主要基于两种认识：一是落后就要挨打；二是中国与国际社会特别是与发达国家的差距太大，我们要迎头赶上。1979年全国人大常委会颁布了第一部外商投资企业法[1]，说明了当时利用外资的急迫性。这种急迫性反映了当时的中国亟须转变陈旧的发展模式，探索新的发展观。

---

[1] 指1979年7月8日第五届全国人大第二次会议通过的《中华人民共和国中外合资经营企业法》。

邓小平敏锐地洞察了当时国际、国内的政治经济形势，1979年在讨论经济工作时提出了利用外资是一个大政策的判断。[①] 同时，邓小平在20世纪80年代和90年代初期反复地强调和说明利用外资的必要性和重要性。[②] 重温邓小平的各种讲话，仔细体会他对中国未来发展的深刻思考，说到底，他几近准确地提出了中国未来的新的发展观。

以利用外资为明显特征和重要实践依据的新的发展观，其内涵大体是：和平崛起的国家战略，改变军事对峙和备战状态下经济建设的思路；走融入世界分工体系的经济发展道路，结束封闭与自我循环的经济发展进程，以竞争、合作以至妥协的不同策略来实现自身的发展并分享经济全球化利益，改变"只讲斗争，不讲策略"的极端、狭隘民族主义的思维方式和行事习惯，最终达到快速增长、快速扩大经济规模的发展目标。

这是一种新的国家意识形态，没有它，今天中国还不可能成为世界贸易组织成员。以这种新的发展观来透析利用外资的经济行为并总结中国的实践经验，就可以获得不少关于利用外资的新的理论认识。首先，利用外资是发展中东道国或经济体接受先进生产力辐射和带动的必然要求。经济史的客观规律说明，穷国与富国的差距，并不是资源禀赋的天然差距所形成，而是生产力形成的条件与高低的差距所形成。固然，发展中经济体可以通过自身积累和国际贸易的方式来接受先进生产力的辐射和带动，正如中国改革开放以前所走过的道路，但它的速度太慢，不能满足国民对福利增长的要求，更不能缩小与先进国家的差距。第二次世界大战后的世界经济史表明，通过吸引外资，特别是利用外国直接投资的方式，接受先进生产力辐射和带动更直接，速度快得多，有可能在较短时间内缩小与发达国家的差距。亚洲一些新兴工业化国家和经济体成长的例子说明了这一点，改革开放以后中国沿海一些省、市经济总量和经济规模迅速扩大的例证也说明了这一点。西方学者在20世纪80年代就观察到全球外国直接投资增长速度快于世界贸易增长速度，而世界贸易增长速度又快于世界经济增长

---

① 见《邓小平文选》第2卷，人民出版社1994年版，第198页。原文是："利用外资是一个很大的政策，我认为应该坚持。"

② 见《邓小平文选》第3卷，人民出版社1993年版，第52、53、65、79、91、98、99、106、110、117、130、138、149、165、171、193、286、308、313、365、373页。

速度的现象,并据此作为世界经济景气趋势的先行观察指标。① 西方学者对外国投资的这种认识与我们作为发展中受资方所能体会到利用外资是接受先进生产力辐射和带动的认识是一致的,是外国资本流入既利他又利我的共同认识。

其次,利用外资是发展中国家在接受先进生产力带动过程中适应先进文化影响的必然要求。这种文化是一种广义文化,先进生产力只能在先进文化的环境和氛围中才能迅速发展。因此,接受先进生产力的带动就必然要适应先进文化的影响。中国作为社会主义国家,在接受外来文化的影响过程中肯定要有所选择,不可能全盘吸收,但这种影响不仅是必要的,而且在某些方面依然是十分深刻的。例如,随着外商投资企业的建立,必然大量引进发达国家的企业文化和经营理念。经过20多年的发展,这种影响力业已大大改变了许多内资企业的面貌。许多没有受到工业化文明洗礼的地区和投资者,凭借着对外商投资企业的学习和模仿,成功地建立了新的内资企业。又如,随着外资的大量流入,必然要求引进和建设适应市场机制的制度文化。这包括适应新的产权制度、市场运行机制和市场管理制度的各种法律法规,还包括为这种新制度做宣传的各种媒体和传播,以及认同新制度的社会心理和行为方式。而承载所有这些新制度文化的话语,同样令人耳目一新。这种制度文化的变迁,是建立现代化国家过程中,变化最缓慢的社会组成部分。外商投资的大量进入,大大加快了这种变化过程,因为它为传统社会注入了变革制度文化的内生活跃因素。

最后,利用外资必然会更新传统的民族国家观念,新的民族国家观念以新的视觉来审视本国人民的长远利益。这种视觉改变了过去那种认为本国利益以敌损我得、他失我赢及只能单方受益的传统看法。因为资本跨国流动造就了国际化生产和产业内贸易,扩大了世界市场。它不仅模糊了产品、技术的国别界限,而且造就了大量超越民族国家界限的生产力组

---

① 1992年,联合国贸发会议跨国公司与投资司曾以对外直接投资和跨国公司是"经济增长的发动机"为该年度报告的副标题,在国际学术界引起很大反响。1995年度的《世界投资报告》指出,1986—1990年间,世界对外直接投资存量增长了19.8%,而全世界的GDP和商品、非要素劳务出口分别只增长了10.6%和14.3%;1991—1993年间,这三者的增长比例分别是7.2%、3.3%、3.5%。

织——跨国公司，进而模糊了资本的国别界限。尽管跨国公司在全球的价值链生产中可以做利益不平衡的安排，但不可能消灭发展中国家基于自身比较优势所得到的国民利益，而且双方各自的利益都只能在利他的基础上才能充分实现。况且，经济全球化已经造就了损人并不利己的世界利益格局。目前，中国仍然要坚持自己的民族国家观念，但也要更新这种观念。坚持的原因是政治上的考虑，中国是社会主义国家，西方敌对势力一天不放弃阻挠中国走社会主义现代化的成长道路，我们就一天不放弃这种政治捍卫的意识。而更新民族国家意识，则是与时俱进的需要。不确立新的民族国家意识，就看不清在经济全球化背景下本国人民的长远利益，也就谈不上代表人民的根本利益。总之，我们肯定利用外资的巨大成绩，不就是要肯定这样一种新的发展观及其引导下的实践吗？从事不同具体问题研究并得出不同具体结论的人们，不难在认识这种新的发展观的问题上达成共同的认识（裴长洪，2005）。

第二节　利用外资的发展观仍需不断丰富和完善

在利用外资问题的研究中，对一些得出负面或消极结论的研究成果，既不能忽视，更不能轻易地以"反对利用外资"为名加以否定。指导如此波澜壮阔的中国利用外资的伟大实践，没有理论认识的不断创新和进步，就难以达到辉煌的成功顶点。当前中国利用外资面临的问题和挑战固然很多，但归纳起来主要有以下三点。

一　引进外资的成本高，但收益低

中国引进外资，特别是外商直接投资，不仅制定了许多优惠政策，而且各级地方政府还层层加码。我们最大限度开放了市场，并在要素价格和税收方面让渡了不低的实际利益。由于很难直接用货币额来度量引进外资的收益增量和利益损失，一些间接的经济学的计算结果也很难判断它就是准确的结论，但作为参考仍是有价值的。例如某项研究结论认为，中国外商直接投资对 GDP 贡献率只达到 4%—5%，低于新加坡、马来西亚、泰国等国家。① 又如有些研究者认为，引进外资加剧了国内资本闲置，表现为内资企业生产能力过剩以及储蓄未转化为投资，并估算了国内资本的收益损失额。② 在就业和技术进步方面，也有研究者认为，外资既有增加就业的正效应，也有排除就业的负效应③；外资企业可以带来物化的技术产品，但不可能使发展中国家本土的技术能力得到成长。因此，没有技术外溢效果，市场没有换来技术。④

二 外资经济的循环关系强化了中国资源与环境的压力

外资经济在使中国经济对外部世界依赖程度加深的同时，大规模提升了资源与要素的内外互换与循环。中国一方面要继续养活13亿人口；另一方面还要向世界输出大量商品，并与跨国公司分享国内市场，外向型经济大量消耗国内的自然和环境资源。中国人均土地、水、矿产品资源大大低于世界平均水平，有些资源不能再生，资源矛盾形势严峻。外资经济在使中国成为世界工厂的同时，也使中国成为世界上最大的资源进口国。若中国大量进口能源，将对世界能源市场价格产生很大影响。能源价格太高，将导致经济衰退。

三 外资经济增加了国民经济和国家安全的风险

从经济角度看，如果增长和就业越来越依靠出口，将导致贸易条件不断恶化，提高国民利益就要受限制；外资企业的利润汇出额，目前还不大，一旦发生经济波动，外资企业大量汇出利润，就可能发生国际收支风险，有的学者把它称为长期债务。⑤ 从国家战略安全角度看，如果重要战略技术越来越依赖外部获得，将对国家安全构成威胁。随着外资经济比重

---

① 胡祖六：《中国社会科学院第四届国际问题论坛观点综述》，《国际经济评论》2004年第2期。
② 潘英丽以每年新增外汇储备来大致估算资本闲置的规模。参见胡祖六：同上。
③ 余永定的观点，参见胡祖六《中国社会科学院第四届国际问题论坛观点综述》，《国际经济评论》2004年第2期。
④ 路风的观点，参见胡祖六《中国社会科学院第四届国际问题论坛观点综述》，《国际经济评论》2004年第2期。
⑤ 余永定的观点，参见胡祖六《中国社会科学院第四届国际问题论坛观点综述》，《国际经济评论》2004年第2期。

越来越大，中国经济受世界经济波动影响的程度也就越来越深，国家安全也越来越受到外部因素的制约。①

尽管笔者并不完全赞同上述看法，但觉得每种意见都有其合理成分。那么，如何分析这种令人困惑的现象，要从观察变化了的客观世界入手。首先，从国际直接投资的流动方式来看，"绿地投资"（新建）的比重呈下降趋势，通过并购方式实现直接投资呈上升趋势。20世纪90年代中期以来，国际资本流动发生了第5次并购浪潮，2000年达到高潮，跨国并购额占全球FDI流入量比重高达90%（见表3.1）。此后4年，跨国并购仍余波不息。2001年以来，全球直接投资流量连续下降，但跨国并购比重依然很高。2004年全球直接投资量止跌回升，有望突破7000亿美元，跨国并购交易额也开始回升，据联合国贸发会议跨国公司投资官员称，2004年上半年的跨国并购交易额比2003年同期增长了3%。② 发展中国家的FDI流入量仍然以新建投资为主，但跨国并购比重也趋向提高。20世纪80年代末以跨国并购方式流入发展中国家的FDI只占1/10，到90年代末比重增加到1/3。对比新建投资，并购投资在减少东道国的过剩生产能力和闲置资本、降低资源和环境消耗压力方面，有明显的有利因素。中国近几年也开始研究吸引跨国并购投资，但成效不显，跨国并购的外资流入量只占外资流入总量的5%。③

表3.1　　　　　　　　并购投资占全球FDI的比重　　　　　　单位：十亿美元，%

年份	1995	1996	1997	1998	1999	2000	2001	2002	2003
全球FDI流入总量	315	359	464	640	865	1271	760	651	560
跨国并购总额	229	275	342	471	720	1142	608	370	297
跨国并购的比重	72.7	76.4	73.7	63.8	83.2	90.0	80.0	56.8	53.0

资料来源：UNCTAD，WIR（2001，2002，2003，2004）。

其次，从国内吸引外资的条件看，情况也发生了很大变化。最明显的

---

① 胡祖六：《中国社会科学院第四届国际问题论坛观点综述》，《国际经济评论》2004年第2期。
② 《全球外国直接投资止跌回升》，《国际商报》2004年9月23日。
③ 薛敬孝、韩燕：《FDI并购与新建比较研究》，《世界经济研究》2004年第4期。

是，吸引外资的渠道多了。1996年以后，允许国内企业通过境外借款、境外私募基金发债、境外上市等多种形式筹集外资，成为中国利用外资的新渠道。加入WTO以后，外资政策进一步放宽，允许外商间接投资的方式增加，如允许外资企业境内上市，允许外资参股证券投资和基金投资，允许外资通过合格的境外机构投资者（QFII）制度进入中国的债券和证券市场，允许外资参与金融资产管理公司处置不良资产。外资不仅可以投资企业流通股，还可以受让国有股、法人股。渠道多了，意味着利用外资的自主选择权增大了，有选择就有了成本的比较。引资成本观念的增强是一件好事，它还受到国内资金供给紧张状态已得到较大缓解的影响。2002年年末，中国居民储蓄存款余额超过10万亿元人民币，投资率高达50%；2003年，新增贷款余额高达2.8万亿元；2004年贷款增量也将居高不下，说明国内资金需求和供给能力都已今非昔比。统计数字表明，FDI在中国固定资产投资中的比重趋向下降。

　　表3.2说明外商直接投资在外资总量和国内投资总量中的比重都呈明显下降趋势。由于对FDI和外资流入方式选择性的增强，必然导致成本观念的增强，出现抱怨外商投资成本高、收益低的议论，应在情理之中。国内情况发生变化的另一重要因素是，随着改革的深入，国内民营经济和其他多元投资主体开始壮大，并成为日益重要的市场主体。这些市场主体要比原有的国有企业重视投资效率，投资回报率较高，但在国内融资的可能性和便利程度方面，要低于国有企业，而且也低于那些需要在国内资金市场融资的外商投资企业。因此，对外商投资企业的批评，在一定程度上折射了新的市场经济主体的呼声。上述情况说明，随着客观条件的变化，原有利用外资的方式，特别是吸引外商直接投资的方式，其有利的方面逐渐产生了替代性，其不利的方面开始显示其继续容忍的不合理性。近几年，学者们对中国利用外资的讨论和审视，就是这种客观变化在理性思考层面的反映，只不过这种思考还缺乏理论深度和认识论的高度。如果我们把分析问题的视野深入利用外资的本质和内涵上，也许能够提高我们的理论认识。

表 3.2　　　　　1990—2004 年中国利用外资的情况及比重

单位：亿美元，亿元，%

年份	FDI	外资流入总额	国内投资	FDI/外资总额	FDI/固定资产
1990	34.87	203.77	4517.0	17.11	3.69
1991	43.66	203.33	5594.5	21.48	4.15
1992	110.07	302.23	8080.1	35.42	7.5
1993	275.15	508.28	13072.3	54.13	12.13
1994	337.67	617.93	17042.1	54.65	17.20
1995	375.21	677.12	20019.3	55.41	15.65
1996	417.26	709.77	22974.0	58.79	15.11
1997	452.6	926.4	24941.1	48.9	15.04
1998	454.6	893.3	28406.2	50.9	13.25
1999	403.2	917.5	29854.7	43.9	11.18
2000	407.1	919.9	32917.7	44.3	10.24
2001	468.8	995.3	37213.5	47.1	10.43
2002	527.4	1283.2	43201.6	41.1	10.10
2003	535	2000	55118.0	26.8	8.03
2004	650	2900	68330.0	22.4	7.9

注：FDI 占投资比重按当年人民币兑换美元汇率的中间价换算。2004 年数字为预计数，其他数字来源于《中国统计年鉴 2004》《中国外汇管理年报 2003》。

因此，我们要认识到，在 20 世纪 70 年代末期提出利用外资这个大政策，本质上是确立一种新的发展观，其内涵是由当时的国际和国内客观条件所决定的。与 25 年前相比，虽然总趋势没有改变，但许多客观具体条件发生了很大变化，同时又出现了许多未曾预料的新变化。这些变化要求我们丰富和完善这种发展观的内涵，从而实现中国式利用外资理论的创新，并进而指导新的实践。

第三节　创新利用外资理论的主要依据与指导思想

中国式利用外资理论的创新方法，仍然离不开从实际出发，即从中国面对的世界的实际和中国自身的实际出发。理论工作者的任务，在于从复杂多变的各种表象中抓住最本质的变化因素及其变化规律，做出科学解释和分析后的判断就成为新的理论。

中国融入全球经济后所面临的世界，的确风云变幻，但所有的政治、经济大事都与地球重要稀缺资源的占有、生产与消费变化有关，或者说都围绕着稀缺资源的利益核心。20世纪90年代以来，美国发动的两次伊拉克战争、恐怖主义袭击与反恐斗争都与中东、中亚石油资源的支配和占有有关；90年代以来以信息技术为标志的美国新经济的出现，改变了以耗费地球稀缺资源和环境的生产、生活方式；90年代中期开始掀起的世界第5次跨国并购浪潮和外国直接投资的急剧增加，恰恰反映的是世界生产能力收缩和产业结构调整的要求，实质上也是资源和环境消费约束的深层反应；90年代末期亚洲金融危机的出现，表面上是国际收支问题，实际上是产业结构问题，即产业低端产品与资源高消耗的矛盾；21世纪初期中国加入WTO，但中国产品仍然面临反倾销和各种贸易保护主义限制的严峻挑战，实质上也反映了世界市场不能容忍一国低端产业产品的无限扩张。

迄今为止的人类现代化文明，其技术路线都是建立在资源与环境的消耗上的。因而，在资源与环境消耗上发生的矛盾，将成为地球上不同利益主体之间长时期的矛盾和制约国际政治斗争的重要因素。但不同的技术和不同的工业化道路，资源与环境消耗的代价是有区别的，除了超级大国可依靠军事实力直接控制和支配重要稀缺资源以外，世界发达国家都将追逐低成本地消耗资源与环境的新技术、新产品、新产业，这将成为国际经济竞争的主流。正处在工业化进程中的发展中国家，在地球资源的分配与消费、环境的消耗方面处于不利的境地，其原因在于产业分工的低端地位。因此，竞争低端产业产品的世界市场是发展中国家面临的首要矛盾。这种竞争既以自损利益为代价，又受制于发达国家，因为低端产品的世界市场实际上是发达国家市场。面对这种世界竞争格局，对中国提出的长期挑战是，能否在较短的时间内，弱化或跳出发展中国家之间内线竞争的圈子，开辟外线竞争的战场，加入国际经济竞争的主流，这是中国面向国际社会的最主要矛盾。

中国国内面临的最大实际是，20世纪70年代末期确立的新的发展观，目标已基本实现，即经济迅速增长并快速扩大经济规模，这是不争的事实。但中国目前面临两大主要矛盾，即资源与环境的严峻挑战、经济结构失衡。

所谓经济结构失衡，也是按经典教义与国际社会相比较而言，但重要资源匮乏、环境恶化却不容置疑。据国土资源部最新公布数据，2003年年初，中国有查明资源储量的矿产共158种，原油、煤等能源矿产和铁等黑色金属矿产保有的查明资源储量存在不同程度的下降。相比之下，1990—2001年，中国石油消费量增长100%，天然气增长92%，钢增长143%，10种有色金属增长276%，中国正以飞快的速度消耗资源。中国人口占世界21%，但石油储量仅占世界的1.8%，天然气占0.7%，铁矿石不足9%，铜矿不足5%，铝土矿不足2%，以人均计，中国的矿产资源储量只相当于世界人均值的3/5。石油消费问题也很明显，近几年中国石油进口已超亿吨，如果石油人均消费达到工业化国家水平，到2020年中国石油总消费量将达到28亿吨原油，而国内产量还达不到4亿吨。

今后世界石油的总产量将只有40亿吨，其中可供出口只有15亿吨，加上运输制约，其严峻性不言而喻。现在，环境恶化尚未引起国人高度重视，原因是信息披露还很不充分。

经济结构失衡的判断，主要是依据国际比较做参考。产业结构分析表明，按现价计算，2003年中国一、二、三产业增加值占GDP比重分别为14.6%、52.3%、33.1%，其中工业增加值占GDP的比重为45.3%。而世界银行统计，目前全球一、二、三产业的平均构成约为4%、32%、64%，而工业增加值占GDP的比重为21%左右。其中，高收入和中等收入国家的一、二、三产业的平均构成分别为2%、30%、64%和10%、36%、54%。两相比较，中国的一、二产业比重太高，而第三产业比重太低。需求结构不合理是导致产业结构失衡的重要原因。过去25年，中国的固定资产投资率上升很快，而最终消费率趋向下降，按照当年价格计算，2003年中国最终消费率为55.4%，资本形成率为42.9%，其中固定资本形成率为42.8%。按照世界银行的统计，目前全球平均消费率约为77%，固定资本形成率为23%，中国与世界平均水平偏差很大，而前两者又导致就业结构的偏差。尽管在第一产业就业的劳动力比重已从1978年的70%下降到2003年49.1%，在二三产业中就业的劳动力比重已分别由17.3%和12.2%上升为21.6%和29.3%，但即便与发展中国家相比，中国第三产业比重仍然过低，连马来西亚也达到了49.5%，西方七国第三产业就业比重已高达68.2%。上述结构又与城市化水平低、城乡结构失衡有关。2003年，中国城镇人口占全国人口比例为40.5%，世界银行统计2000年世界城市人口比例平均为47%，发达国家达到73.6%。[①]

显然，目前中国面临的客观实际和主要矛盾与25年前相比已有很大不同。如果我们仍然坚持利用外资的战略，那么它所要解决的主要矛盾和所要达到的目标就与25年前相比有了重大变化。为此，我们首先要回答，在新形势下坚持利用外资的政策，能否有助于解决我们面临的主要矛盾及有助于达到我们的新目标。如果答案是肯定的，其次就要回答，新形势下利用外资的内涵是什么，要使利用外资继续成为新形势下坚定不移的经济发展战略，就要补充些什么，完善些什么。这就是创新利用外资理论的主要任务。

坚持利用外资政策肯定有助于缓解中国面临的资源和环境压力，有助于缓解中国经济结构的失衡，有助于提升中国在国际社会中的经济竞争能力。遗憾的是，目前理论界对国际社会这一方面经验的观察、总结和介绍还很少，对中国自己在这一方面的实践经验的发现和总结更少，这是今后应当努力的方向。而要丰富、完善和发展利用外资的战略，就要以党的十六届三中全会提出的科学发展观作为创新外资理论的指导思想，即坚持以人为本，树立全面、协调、可持续的发展观，促进经济社会和人的全面发展；按照统筹城乡发展、统筹区域发展、统筹经济社会发展、统筹人与自然和谐发展、统筹国内发展和对外开放，以推进改革和发展。创新利用外资的理论，就是要用这种科学的发展观赋予利用外资战略以新的内涵，丰富利用外资的方式和实践，促进新形势下中国经济建设中主要矛盾的解决，促进新的经济发展目标的实现。这就是今天我们讲利用外资的主要意义所在。

[①] 有关资料来源于2004年《中国统计年鉴》，世界银行《世界发展报告》、2004年《世界发展指标》。

第四节　实现利用外资新发展的障碍及解决的思路

当前，我们要实现利用外资的新发展，确实还面临许多障碍。这些障碍有来自认识方面的，也有体制和政策方面的问题。

认识方面的问题，理论部门和实际工作部门都存在。本书前述的都是认识问题，但并非仅只针对理论研究和学术研究，也针对实际工作中的问题及其指导思想。事实上，目前实际工作部门中已聚集了相当数量的高学历人才，其研究习惯和思维方式与理论部门工作的同志无太多区别。因此，创新利用外资理论是理论工作者和实际部门工作者的共同任务。在认识上，实际上前几年就已提出了积极有效利用外资的口号，也提出过提高利用外资质量的说法，但一直成效不明显，其主要原因是与负责实际工作的领导过于重视引资数量有关。因为数量容易体现政绩，而质量标准则缺乏界定，也没有找到体现其内涵的认识工具和指标。应该说，在用科学发展观提高我们利用外资的认识之前，其实践都程度不同地带有盲目性。

认识问题与体制障碍有关，与政府管理经济的方式有关。目前中国各地的利用外资工作几乎都直接成为党委和政府的事情，基本体现为政府行为，有的地方党委和政府提出招商引资是"一把手工程"的口号，党委书记亲自率大批人员出国招商引资。政府直接出面招商，有它的好处，特别是过去也有其必要性，但它的弊端也很明显。这种弊端在利用外资盲目性指导思想的鼓励下，不断被扩大，以至于使政府直接出面招商的合理性不断被弱化。

与体制障碍相关联的最大政策问题是各地的开发区政策。由于政府直接出面招商，就需要有一个载体来承接和安排投资项目，开发区应运而生。随着政府招商逐年增加，开发区数量也就随之叠加，由此产生的圈地问题也就不奇怪了。开发区在大量增加外商投资项目，加速工业化和扩大地方经济规模方面确实发挥过重大历史作用，今后也仍然不能忽视。现在的问题是，开发区政企合一的体制，既不利于开发区按市场要求合理开发和经营，也不利于政府真正承担政府的管理职能。这种体制比较适应外资数量扩张为主的要求，但不适应有选择地、比较自觉地吸收外资项目的要求。

在利用外资政策方面,过去我们只注意开放和扩大准入领域,但对市场规则和产业的标准化管理和监督,以及社会责任管理和监督重视不够。这两年,在制定市场规则方面,虽有了反倾销等法律法规,也有了这方面经验,但还很不够。这表现在,对不同产品的市场结构和外资份额还缺乏认识和管理标准;对每个产业中企业合理生产经营的环境责任、能耗、土地与水资源的消耗都缺乏标准管理和退出机制,尽管这需要内外资同等待遇,但对新建外资企业应考虑准入门槛;对外资企业的社会责任和劳资关系更有忽视和迁就的偏向。这些政策方面的不足或障碍,也不利于实现新形势下利用外资的新发展。

针对上述问题,解决的思路体现在以下方面。

第一,加强理论创新,提高理论认识。如何用科学的发展观来丰富和创新利用外资的理论,这是个大题目,做好了,是中国对国际社会利用外资理论的新贡献。理论部门和实际工作部门应密切合作,首先要加强调查研究,总结我们自己的新鲜经验,发现体现新发展观的利用外资的先进典型,探索新生事物发展规律和趋势。同时,应密切注视国际社会利用外资的先进经验,组织力量做好专门的信息收集和出国考察工作,向国内引进和介绍这方面的新知识、新认识,促进人们的理论学习和思考。随着利用外资方式的增加和规模的扩大,要继续学习和借鉴西方国际经济学中关于开放资本账户和国际收支风险的理论,总结国际社会在这方面的经验教训,探索适合于中国实际的金融风险控制及管理的理论和技术。目前,利用外资对实体经济和产业的影响已有一些研究,但对外汇市场、国际收支以及金融的影响还研究得很不够,应当加强。

第二,改善对利用外资工作的领导,健全工作机制。首先,在统一认识和解决方向的基础上,对各地要有分类指导的方法。中国各地经济发展不平衡,利用外资也不平衡。因此,东、中、西部在利用外资发展方式的转变过程中,力度应有所不同,时间要求也应有所不同。

其次,发挥各行业协会在招商引资中的参谋、咨询作用。过去,各行业主管部门集中了一批行业管理专家,他们熟悉行业发展动态和技术前沿,并清楚本行业利用外资的效果和影响结果。这种优势是外经贸部门所没有的，各地的招商引资具体工作似乎只是外经贸部门一家的事情，别的部门不愿与闻，原因是与工作业绩考核无关。这种状况应当改变。

最后，从宏观层面上，利用外资已涉及国民经济许多领域，特别是银行、保险、证券、外汇等部门，但互相之间缺乏一种联系与沟通机制，可能也缺乏工作协调机制。部门分割的结果，易造成信息不对称，政策不协调。因此，在中央政府一级应设立利用外资委员会作为领导和议事机构，以保证联系与协调。在政府与学术机构之间，也应有联系与对话机制，以作为政府工作机制的补充。

第三，转变政府职能，克服体制障碍。要努力把招商引资的商业性活动从政府行为转变为企业行为和市场行为，党政领导直接插手商业合作谈判应从纪律上加以禁止。要使政府部门和领导人把注意力转移到政府应该做的事情上来，即思考本地利用外资的目的和意义，怎样做才有利于落实科学发展观，有利于走新型的工业化道路，学习和推广国内外的先进经验和典型，并加强舆论引导和政策引导。维护市场的公平竞争，外资、国资、民资都要遵守同等的竞争规则，发展先进的生产力，淘汰落后的生产力。要继续改革开发区体制，完善开发区政策。逐步实现开发区管委会与开发区实体公司的政企分离。开发区管委会行使新区或准政府的管理职能，开发区实体公司经营和管理区内的土地及其基础设施，行使国有资产的营运与管理职能。为提高效率并保证国有资产保值增值，在条件成熟时，开发区实体公司应实行股份制改造，以确保避免政府干预，特别是避免人为压低土地出让价格而造成国有资产流失。

第四，继续研究和完善利用外资政策。过去制定的外资政策，多数集中在开放和准入上，要克服"放完了，政策制定也就到头了的"思想。今后，开放和准入的政策还需要继续研究和制定，但主要精力应转移到制定管理和监督政策方面来。要从利用外资所体现的新内涵和新的发展观的高度来考虑建设利用外资的政策体系。要有各个行业的标准化要求和奖优罚劣的管理制度，对已有的内外资企业要限时达到标准，对新建企业一开始就应设立较高准入条件，而且各个行业的标准也应是动态的。有了标准化要求，就应建立监督考核机制，并设立退出的条件和制度。

此外，建立和完善市场管理的法规和政策。不同行业的市场结构，合理性的要求不同，公平竞争的条件也不同，因此一部反垄断法可能很难囊括。似乎可以依市场竞争强弱的排序，按行业或按行业类型来制定市场竞争规则。有了规则，才可能有管理，也才有目标可追寻。

第四章 "十一五"时期中国利用外资进入新阶段

第一节 全球国际直接投资的变化趋势

对国际直接投资在东道国作用的理论认识，西方学者在"二战"后既有许多著述，也有国别案例的分析，但谁也没有能力和可能做全球性的实证考察和分析，这只有国际组织才能做到。从20世纪90年代初期开始，联合国贸发会议跨国公司和投资司承担起这项前无古人的任务，从1991年起到2004年连续发表了14部《世界投资报告》。这些文献不仅记录了世界投资流量和结构的变化，而且反映了全球最富有学识和经验的经济学家对国际直接投资所做观察和分析的视觉与观点。虽然这里不能详细介绍他们的看法，但年度报告的副标题基本上可以看作他们对当年国际直接投资趋势的综合判断（见表4.1）。

从联合国贸发会议跨国公司和投资公司专家的视角看，对外直接投资、跨国公司通过国际化生产的组织与安排，成为经济增长与发展的动力，这是国际直接投资最主要的表现。这种判断的依据是，20世纪60年代国际直接投资出现第一个"黄金时期"，其增长率约为全球GDP增长率的2倍，比同期的国际贸易增长率高出40%；1985年之后，全球直接投资又出现超过全球生产和全球贸易的增长。在这一过程中，一些新兴经济体成长起来，一些原先贫穷落后的国家较快地赶上了世界先进水平。中国大量吸收外商直接投资也是发生在20世纪80年代以后，其促进增长和发展的效果也同样印证了专家们的判断。

表 4.1　　　　　　　　　　1991—2004 年《世界投资报告》

年份	中文译文	英文原文
1991	对外直接投资中的三位一体现象	The Triadin Foreign Direct Investment
1992	跨国公司是增长的发动机	Transnational Corporations as Engine of Growth
1993	跨国公司是国际化生产的组织者	Transnational Corporations as Integrated International Production
1994	跨国公司、就业和工作场所	Transnational Corporations, Employment and the Workplace
1995	跨国公司与竞争力	Transnational Corporations and Competitiveness
1996	投资、贸易与国际化政策安排的一般考察	Investment, Trade and International Policy Arrangement Overview
1997	跨国公司、市场结构和竞争政策	Transnational Corporations, Market Structureand Competition Policy
1998	趋势与决定因素	Trendsand Determinants
1999	对外直接投资与发展的挑战	Foreign Direct Investment and the Challenge of Development
2000	跨境并购与发展	Cross-border Mergers and Acquisitions and Development
2001	促进连锁关系	Promoting Linkages
2002	跨国公司与出口竞争力	Transnational Corporations and Export Competitiveness
2003	作为促进发展的对外直接投资政策：国内与国际的透视	FDI Policies for Development, National and International Perspectives
2004	转向服务业	The Shift towards Services

资料来源：联合国贸发会议历年《世界投资报告》。

　　表 4.2 列举的国家（地区）和经济体，有的是增长最快的，有的是大国。与它们相比，中国 14 年的平均增长率最高，如果往前延伸到 1979 年，中国的年平均增长率则达 9.4%。到 21 世纪初期，中国的经济规模已经使自己确立了大经济体的地位。

表 4.2　1990—2005 年部分国家（地区）GDP 逐年增长率及年均增长率

单位：%

国家	1990 年	1991 年	1992 年	1993 年	1994 年	1995 年	1996 年	1997 年	1998 年	1999 年	2000 年	2001 年	2002 年	2003 年	平均	2004 年	2005 年
中国	3.80	9.20	14.20	13.50	12.60	10.50	9.60	8.80	7.80	7.10	8.00	7.50	8.00	9.10	9.26	9.00	7.50
中国台湾	7.30	6.00	7.30	6.60	6.60	6.30	6.10	6.70	4.60	5.40	5.90	-2.20	3.60	3.30	5.25	5.60	4.10
日本	5.19	3.26	1.00	0.30	1.01	1.93	3.43	1.83	-1.13	0.10	2.80	0.41	0.32	2.70	1.65	4.40	2.30
新加坡	9.03	6.76	6.69	12.26	11.40	8.04	8.15	8.51	-0.86	6.42	9.41	-2.37	3.29	1.09	6.27	8.80	4.40
中国香港	1.87	5.60	6.60	6.30	5.50	3.90	4.30	5.10	-5.00	3.40	10.20	0.46	2.27	3.32	3.84	7.50	4.00
韩国	8.98	9.23	5.44	5.49	8.25	10.38	7.00	4.65	-6.85	9.49	8.49	3.84	6.97	3.07	6.03	4.60	4.00
马来西亚	9.01	9.55	8.89	9.89	9.21	9.83	10.00	7.32	-7.36	6.14	8.50	0.30	4.19	5.20	6.48	6.50	6.30
泰国	11.17	8.56	8.08	8.25	8.99	9.24	5.90	-1.37	-10.51	4.45	4.76	2.14	5.41	6.74	5.13	6.20	6.40
美国	1.74	-0.50	3.06	2.67	4.08	2.70	3.61	4.47	4.32	4.14	3.78	0.25	2.43	2.90	2.83	4.30	3.50
德国	5.72	5.10	2.24	-1.09	2.35	1.73	0.77	1.39	1.96	2.05	2.86	0.57	0.18	0.00	1.85	2.00	1.80
英国	0.79	-1.38	0.23	2.49	4.66	2.90	2.62	3.44	2.92	2.41	3.08	2.11	1.80	2.20	2.16	3.40	2.50
世界	2.93	1.60	1.84	1.43	3.06	2.85	3.23	3.46	2.17	2.90	3.94	1.32	1.93	2.57	2.52	5.00	4.30

资料来源：1990—2003 年数据源于 World Development Indicators Database，2004—2005 年数据源于 IMF，World Economy Outlook，Sep. 2004。其中，中国台湾 1990—1995 年数据源于《中国统计年鉴》(1999)，1996—2005 年数据源于 IMF，World Economy Outlook，Sep. 2004。

表4.3　　　　　　1990年、1995年和2003年世界经济体排序　　　　　　单位：美元

名次	国家	1990年	国家	1995年	国家	2003年
1	美国	5750800252928	美国	7338399891456	美国	10881608974336
2	日本	3053143457792	日本	5303790731264	日本	4326444236800
3	德国	1671312310272	德国	2458276069376	德国	2400655245312
4	法国	1215892553728	法国	1553129799680	英国	1794858024960
5	意大利	1102437023744	英国	1134941175808	法国	1747973046272
6	英国	989564108800	意大利	1097207971840	意大利	1465895092224
7	加拿大	574204084224	巴西	704168001536	中国	1409852375040
8	俄罗斯	516814274560	中国	700277784576	西班牙	836100292608
9	西班牙	509967564800	西班牙	584186462208	加拿大	834390196224
10	巴西	461951795200	加拿大	581664309248	墨西哥	626079629312
11	中国	354644361216				

资料来源：World Development Indicators Database。

到2003年，中国已成为世界第七大经济体；2004年，中国超过意大利成为第六大经济体。按照中共十六大提出的目标，到2020年中国经济将比2000年再翻两番，按现行汇率计算，即达4万亿美元。在此期间，中国将陆续超过英、法、德国，成为世界第三大经济体。在此过程中，利用外资将继续有助于中国实现既定的目标，这是毫无疑问的。但是，外资经济的增长方式与过去相比将发生明显的变化。联合国贸发会议跨国公司与投资司的专家，已经敏锐地察觉到了这个问题。

从1999年开始，《世界投资报告》的作者们对全球直接投资的观察视野发生了一个很大的转折。他们注意到，国际直接投资和跨国公司除了在促进增长之外，对经济发展的其他方面以及保护环境方面已经有或将继续有哪些影响。特别是2000年的年度报告，关注跨国并购问题，从跨国并购在国际直接投资中占有很大份额的现象分析，国际直接投资在全球产业重组和产业结构调整中发挥了重要作用。由于国际投资和跨国公司的推动，全球生产迅猛发展，出现了生产过剩，产业重组和结构调整的需求提供了国际直接投资发挥新功能的动力。在全球产业重组和结构调整之后和新的需求出现之前，国际直接投资流量出现了下降和萎缩。

2000年,世界直接投资流入量达历史最高点1.39万亿美元,此后连续下跌,2003年跌至0.56万亿美元。但在这种下降中,专家们已经发现全球经济中新的需求和国际直接投资的新的增长点,2004年的年度报告用最醒目的副标题提示了这个新趋势。根据联合国专家估算,1990—2002年间,全世界制造业的FDI流入存量增长了2.03倍,其中发达国家和发展中国家分别增长1.46倍和3.81倍;而同期全世界服务业的FDI流入存量增长了3.60倍,其中发达国家和发展中国家分别是2.99倍和5.74倍。这种流量结构变化造成服务业成为吸引外资的主要领域。服务业跨国直接投资主要集中在贸易和金融领域。2002年贸易和金融领域占服务业跨国直接投资存量的47%和35%。供电、供水、电信和企业商务服务业等领域的比重也在上升。1990—2002年,发电和电力配送领域的跨国直接投资存量增长了14倍,电信、仓储和运输领域增长了16倍,企业服务领域增长了9倍。

从20世纪90年代中期开始出现的第五次跨国并购,曾把国际直接投资流量推向历史最高点,标志着全球性产业重组和结构调整在经济增长中加速进行,为发展中国家接受世界性的产业转移提供了机遇。2001—2003年间,国际直接投资流量的持续下降说明全球制造业的产业结构调整已告一段落,世界经济处在蓄积新的需求阶段,但它的苗头已见端倪。国际直接投资转向服务业,标志着世界经济结构更深刻的调整阶段即将到来,其影响也将是全球性的,中国利用外资也将在这个大背景和大趋势的制约下发生新的变化(裴长洪,2005)。

服务业外包成为产业跨国转移的新内容。20世纪90年代末期以来,跨国公司适应信息技术的飞跃发展,其全球经营战略发生新的调整。其主要特征是企业内部的分工继续深化,服务资本进一步从产业资本中分离出来,形成公司内部服务的离岸外包、跨国外包,兴起白领岗位跨国转移的新潮流。在信息技术迅速普及的其他领域,服务资本从工商资本、财政资本、金融资本中分离出来的趋势也方兴未艾,服务外包或跨国转移已成为当今世界产业转移的新现象和新领域,有强大的生命力和发展前景。联合国贸发会议和世界服务外包协会预测,全球服务外包市场将以每年30%—40%的速度递增,2005年和2007年分别增至5850亿美元和 1.2 万亿美元。目前，国际外包业务只占全部业务流程的 1%—2%，说明跨国公司内部的新分工刚刚开始。这种离岸业务也主要发生在发达国家之间，2002—2003 年全部以出口为导向的服务业跨国直接投资项目 90% 源于发达国家。美国公司居主导地位，占全部面向出口的信息和电信服务项目的 2/3、呼叫中心项目的 60% 和共享服务项目的 55%。离岸外移的很大一部分由发达国家获得，如 2002—2003 年所有面向出口的与呼叫中心有关的跨国直接投资项目一半以上流入发达国家。但是，也有一些发展中国家捷足先登，在服务业跨国转移潮流中获取了不小的份额，如爱尔兰、印度的软件业就是在国际服务外包的带动下成长起来的。

认真体会国际专家对全球直接投资发展与趋势的观察、分析与判断，可以得出这样一个印象：从 1985 年开始掀起的新一轮国际直接投资高潮，使跨国公司得以在更大范围和更大规模组织国际化生产，从而扩大了世界商品市场和世界商品贸易，进而促进了世界各国的经济增长。跨国公司成为经济增长的发动机，是这一时期国际直接投资对全球经济影响的最鲜明的写照。国际直接投资对中国经济的影响也是与此相呼应的。

第二节　外商直接投资促进了产业结构优化升级

在以往国际产业转移中，中国工业特别是制造业吸收了大量外商直接投资，工业部门始终是外商投资的主要领域，这种现象直到"十五"末期仍未改变。据统计，2004 年，外商实际投资在第二产业的比重仍达 74.98%，第三产业只占 23.18%；2005 年上半年，外商实际投资在第二产业的比重高达 75.45%，而第三产业的比重仍在 23.37% 附近徘徊。在工业部门中，随着中国人民生活水平的提高和消费结构以及市场的变化，一些生产部门先后成为外商投资进入的重要领域。若从三资企业增加值在行业增加值所占比重看，更能看出外商投资在行业中的重要地位，详见表 4.4。这说明，随投资流入所带来的先进技术和现代化管理知识以及产生的溢出效应，促进了中国工业部门的技术进步和劳动生产率的提高，直接推动了产业结构的优化升级，从而成为中国产业结构转变的重要影响因素。在外商投资直接推动下,中国出口产品结构也发生了很大变化,详见表4.5。

虽然外商投资在推动中国产业结构优化升级中发挥了重要作用,但也存在负面效果和不足。一是产生了依赖性,自主创新精神受到影响,自主知识产权和自主品牌的增加不是很快。因此,存在一个正确处理引进先进技术与自主创新相结合的问题。二是引进技术的消化吸收不理想。中国虽已成为世界彩电、计算机、手机、DVD、摩托车等产品的第一生产大国,但并不拥有核心技术,大部分关键零部件来自海外,仅仅是世界的一个"加工车间",无法分享到更多的经济利益(裴长洪,2006)。

表4.4　　　　2003年三资企业增加值在不同行业增加值的比重　　　单位:亿元,%

行业	三资企业	全行业	比重
全国	11599.65	41990.00	27.60
农副食品加工业	386.04	1466.40	26.30
食品制造业	275.90	667.10	41.40
饮料制造业	257.30	796.00	38.60
纺织业	460.70	1906.70	24.20
服装鞋帽制品业	431.80	916.50	47.10
皮革羽毛制品业	299.90	591.40	50.70
化学原料及化学制品制造业	617.80	2464.90	25.10
塑料制品	336.70	763.20	44.10
金属制品	326.40	971.00	33.60
通用设备制造业	436.30	1594.40	27.40
交通运输设备制造业	1291.03	2897.00	44.60
电气机械器材制造业	713.10	2023.50	35.20
通信设备计算机电子设备制造业	2424.50	3482.50	69.60
仪器仪表文化办公用机械	286.03	445.00	64.30
电力热力生产供应	685.40	3606.10	19.00

资料来源:国家统计局;《中国统计年鉴(2004)》,中国统计出版社2004年版。

表4.5　　　　　　　2000—2004年中国出口产品结构变化

年份	出口总额 （亿美元）	机电产品 （亿美元）	比重 （%）	纺织品 （亿美元）	比重 （%）	高新技术产品 （亿美元）	比重 （%）
2000	2492.10	1053.10	42.30	521.70	20.90	370.40	14.90
2001	2661.50	1187.90	44.60	534.00	20.10	464.60	17.50
2002	3255.70	1570.10	48.20	617.70	19.00	678.60	20.80
2003	4383.70	2274.60	51.90	788.50	18.00	1103.20	25.20
2004	5933.70	3234.00	54.50	951.00	16.00	1655.40	27.90

资料来源：历年海关统计。

第三节　中国产业结构优化升级面临新形势

一　实现结构优化升级的高增长行业发生新的变化

产业结构优化升级是经济持续增长的动力，其变化过程都表现为一批高增长行业的涌现。过去20多年，在产业结构优化升级中出现了一批高增长行业。20世纪70年代末期到80年代上半期，轻工、纺织、机械、建材等行业成为带动经济的高增长行业；到20世纪80年代中后期，新一代家用电器，如彩电、冰箱、洗衣机、空调机等成为新的高增长行业；90年代中期开始，随着中国短缺经济的结束，居民消费结构发生了重大变化，一些新的高增长行业开始出现，如90年代的基础设施和基础产业成为社会需求较大的新产业。进入21世纪，信息产业、汽车、房地产、钢铁等行业高速成长，成为带动经济加速增长的新兴产业。综合20世纪90年代以来变化的形势分析，可以初步得出的结论是：中国新一轮产业结构优化升级所出现或继续增强的高增长行业将是以钢铁、汽车为代表的重化工业、以信息产品为代表的高新技术产业、以城市住宅为代表的房地产业，以及能源、重要原材料、交通等基础设施产业。

上述高增长行业的出现，是中国社会经济深刻变化的必然结果。进入21世纪，中国城市化进程加速，带动了持续的城市建设和国家基础设施建设，从而引起巨大的投资需求。近几年，中国城市基础设施投资占GDP的比重不断上升。与此同时，全国性的跨地区、跨流域的大型、特大型基础设施建设投资也不断增长。未来按照统筹城乡发展的要求，农村基础设施投资步伐也将加快。大规模的城市建设和基础设施投资将对重化工业和基础设施产业产生极大的拉动作用。从居民消费需求来看，汽车、通信和住房成为并在相当长一段时期内持续成为消费需求的热点。这不仅拉动了汽车、信息产业和房地产业的发展，而且还将带动建材、重化工业的发展，使高增长行业的产业链不断扩大。

二　降低资源消耗与强化环境保护成为产业结构优化升级的新要求

中国单位能耗的产出能力低于发达国家，只相当于下中等收入国家的水平，这与中国经济的发展阶段是相对应的。但是，中国的能源供给约束十分严峻。到2020年，中国石油对外依存度将达60%，天然气达40%，能源供给的安全问题越来越突出；人均矿产拥有量也不到世界平均水平的50%，矿产资源的枯竭化态势日益明显，在全国415个大中型矿山中，有50%面临保有储量危机和即将关闭，全国有47个矿业城市探明储量枯竭。因此，尽管目前我们的经济发展水平还处在相对高消耗的阶段，但却不允许我们按照常规速度过渡到资源相对集约利用的增长阶段，而是要打破常规，把这个过程大大缩短。此外，中国环境承载能力问题也十分尖锐。许多污染物的排放在世界上都居于前列。其中，二氧化硫、消耗臭氧层物质、二氧化碳等排放量均居世界第一或第二，给中国的生态环境造成严重的影响。以环境破坏为代价来持续中国经济增长的回旋余地已经越来越小，减少污染物的排放，加强环境保护必然成为新一轮产业结构优化升级的迫切要求。

三　释放服务产品需求和供给成为产业结构优化升级的新内容

中国服务业发展滞后，已经有不少研究进行了分析。与下中等收入国家的平均水平相比，中国服务业产值比重低19个百分点，就业比重低20个百分点。服务业发展的严重滞后，既制约了中国经济增长的潜力，也制约了社会发展的前进动力。随着中国城乡居民收入的提高和城市化进程的加快，对服务产品的数量和质量都有了新的需求，但这种需求由于供给的滞后而受到压抑。特别是一些具有垄断、半垄断性质的行业，如电信服务、运输服务、医疗服务、教育服务、文化服务、金融服务等，不仅产品品种数量开发不够，而且价格高、服务质量不良的现象仍很普遍。因此，大量需求受到压抑，不能成为经济增长的推动力。改变这种状况，特别是通过改革和开放的措施，引进必要的市场竞争机制，打破垄断，大量增加服务产品的供给并降低价格，改善服务质量，使潜在的需求释放出来，成为经济增长的动力，已经是新一轮产业结构优化升级的重要内容。

四 缓和贸易摩擦、改善国际经贸环境成为产业结构优化升级的外部压力

中国从20世纪80年代中后期成长起来的轻纺工业以及90年代成长起来的家用电器产业，都已成为具有国际竞争力的优势产业，但这些产品多数是劳动密集型产品，或者在中国生产的部分属于劳动密集型环节。由于技术门槛低，增加供给的能力极强；加上中国劳动力成本低，价格竞争力强，有力地促进了中国出口贸易的迅速增长。中国加入世界贸易组织以来，总体上看，国际经贸环境得到改善，对外经贸关系健康发展，但由于贸易保护主义依然存在，"入世"谈判中达成的对中国的不利条款以及世界贸易组织允许的贸易救济措施被滥用，中国成为遭受反倾销和其他贸易摩擦最多的国家。从2003年以来，这个趋势有进一步发展的迹象，特别是2005年5—6月美国和欧盟围绕中国纺织品出口的设限问题，更使贸易摩擦进一步升级。除了开展有理有利有节的谈判力争和应对措施，中国出口产品的粗放型数量增长方式也值得反思。

这种粗放型增长往往与无序竞争相联系，血拼价格不仅使中国的贸易条件恶化，持续增长难以为继，而且授人以倾销的口实，招致贸易保护主义的攻击。由于这在一定程度上也损害了其他贸易伙伴的市场利益，使同情我们的朋友减少，对中国进一步发展国际经贸关系形成不利影响。为了改善中国的贸易条件，增加出口贸易的经济效益，同时减少贸易摩擦，改善国际经贸环境，必须转变出口贸易增长方式。转变增长方式的基础是产品结构和产业结构的调整和升级优化。从未来发展看，出口产品结构应该从低技术的劳动密集型产品为主逐渐向中高技术的资本密集型产品为主转变。而且，即便是劳动密集型产品，技术也要更新换代，提高出口产品的非价格竞争力。从适应经济全球化和中国成为世界生产加工基地的前景看，产业结构的优化升级已经形势逼人了。

第四节　中国吸收外商投资新变化和促进产业结构调整新机遇

一　中国吸收外商直接投资的新变化

(一) 高增长行业正在吸引更多的外商直接投资

2003—2004年，交通和运输设备制造业连续成为吸引外商投资的热点，实际利用外资分别达23.7亿美元和37.7亿美元，分别增长了42.8%和58.7%。通用设备和专用设备制造业也都是连续2年外商投资增长较快的行业。通用设备制造业的外商投资增长率分别是21.1%和39.1%；专用设备制造业的外商投资增长率分别是19.4%和54.9%。这说明，装备制造业开始成为外商投资的重要领域，这与中国产业结构的重型化趋势是相对应的。2004年，电子器件制造业外商投资猛增63.1%，改变了2003年的下降局面；电子及通信设备制造业合同外资金额达200.13亿美元，实际利用外资金额为70.6亿美元，分别比2003年增长了33%和11%，说明技术密集型产业仍是外商投资感兴趣的行业。特别是半导体芯片投资开始转向中国，过去大规模集成电路制造只在中国设立组装厂，而把高技术的晶片制造放在欧美。随着中国市场吸引力的增强，跨国公司开始把一些晶片生产转到中国，并在中国大陆建立产业链。2004年，集成电路制造业外商直接投资项目156个，同比增长29%。其中，大型项目22个，合同外资31.92亿美元，比2003年增长54%，实际利用外资5.02亿美元。

房地产和相关联的建筑业也是近2年外商投资追逐的领域。2003年房地产业外商投资达52亿多美元，2004年增长14%，达59亿美元；建筑业外商投资增长了26%，达7.7亿美元。房地产外商投资成为服务业外商投资增长最快、投资额最大的领域。与此相关联的钢铁行业也成为外商投资热点，2004年钢铁业外商投资项目达124个，同比增长130%，其中大项目9个，合同外资3.98亿美元，实际利用外资1.38亿美元，分别比2003年增长了243%和81%。

(二) 服务业外商投资出现若干新亮点

从总体上看,虽然第三产业吸收外商投资的比重从2003年至2005年上半年都稳定在23%—24%,没有明显增长,但还是出现了一些不可忽视的新变化。一是零售业吸收外商投资仍在较大幅度增长,2004年达13%。全世界最大的50家零售业巨头有35家在中国建立了268个商业企业和4502个分销点。2005年2月,沃尔玛在大连建立中国第44个营业点。在许多中心城市,外资企业的营业额已占当地商业营业额的一半左右。二是道路运输业、水上运输业、民航业、国际货运代理业等服务行业的外商投资大幅度增长。2004年道路运输业的实际利用外资达9708万美元,同比增长171%;水上运输业实际利用外资3.6亿美元,同比增长1566%;民航业实际利用外资6336万美元,同比增长630%;国际货代行业实际利用外资1.7亿美元,同比增长28%。三是外资银行也开始了向中国扩展的步伐。截至2004年6月,在华外资银行总资产已达844亿元人民币,比上年同期增长了49%。其中,银行信贷增长18%,达488亿元人民币;银行存款增长96%,达480亿元人民币,大大高于全国金融机构本外币储蓄存款17%的平均增长速度。尽管外资银行的业务仍受到局限,但2006年中国进一步开放金融市场后,金融业的外商投资将会出现明显增长。四是承接服务外包成为吸收外商投资的新增长点。中国是新兴的服务外包承接国,目前通过承接服务外包吸收外商投资的数量还很小,但在不少大中城市已经有相当数量的外商投资企业,特别是由于中国未来在亚太地区将成为IT产业的巨大市场,在信息产业链专业分工和市场竞争的影响下,通过承接服务外包吸收外商投资的前景是大有希望的。

(三) 跨国公司在华设立研发机构有不断增加的趋势

2002年以前,跨国公司在华设立的研发机构已将近200个。根据商务部调查,到2004年年底,跨国公司建立的研发机构已超过700个,仅2004年就增加了近300个。这些研发机构涉及的行业有电器、医药和化学品、汽车零部件以及视听产品等。越来越多的跨国公司把在中国设立研发机构作为其公司发展战略的重要组成部分。2005年1月,日本NEC公司宣布它将在北京建立一个3G移动终端研发中心,以便向中国提供3G服务。索尼、爱立信等著名跨国公司都打算增强其在北京和南京的研发中心，并投以巨资。世界500强的美国3M公司，已在中国建立了5个工厂、17个代表机构和3个研发中心，总投资超过2亿美元。它在2004年12月披露，该公司仍打算在中国再建立一个全球性的研发中心。这表明，随着中国产业升级和市场竞争的激烈，跨国公司投资必然要考虑产品技术升级和产业水平提高，从而适应中国产业结构优化升级的发展趋势。

（四）跨国并购将成为中国吸收外资的新形式

到2004年，中国已初步建立了跨国并购的法律法规体系，为外资以跨国并购方式进入中国提供了比较透明的法律环境。根据汤姆逊金融公司统计，2004年外资在华共完成2141个跨国并购项目，价值240亿美元，占中国实际吸收外商投资的40%。这个统计未必十分可信，也许夸大了外资在华并购的数量和金额，但外资通过并购方式进入中国已经无可置疑。随着中国国有企业改革逐步深化，相关法律法规进一步完善，股权分置改革试点稳步推进，预计今后跨国并购在中国吸收外资中将成为一个引人注目的新形式。

二 抓紧机遇进一步促进产业结构优化升级

（一）正确认识和处理引进技术和自主创新的关系，在扩大外资利用中提高技术吸收与创新能力

中国产业结构优化升级无疑要靠提高自主创新能力，要靠自主知识产权和自己的品牌，这样才能树立国民经济的自主骨架，实现独立自主的新型工业化。但这并不排斥引进技术和利用外资。我们强调的自主创新，包括原始创新、集成创新和引进技术基础上的消化吸收创新或模仿创新。在科学技术和信息日益全球流动的背景下，即便是我们自己的原始创新，也不可能和不应该关起门来，完全凭自己的知识和经验而不利用别人的信息和资料盲目试验，世界上也不存在这种原始创新。在经济全球化时代，任何国家和地区都不可能封闭起来发展。只有充分利用科技要素全球流动的机遇，加强引进技术基础上的消化吸收创新或模仿创新，才能把利用外资、引进技术与实现中国技术的自主创新、产业结构优化升级统一起来。处理好引进技术与自主创新的关系，这是抓住机遇的认识前提。走引进技术的消化吸收创新之路，有不少成功的先例。日本坚持以消化吸收创新为

主的技术政策，在战后30年实现了产业结构不间断的优化升级，成为经济大国。韩国走的也是消化吸收创新的道路，同样取得了成功。中国改革开放以来的实践，很大程度上走的也是引进技术消化吸收创新的路线。

（二）抓住国际直接投资和产业跨国转移的新机遇，进一步优化吸收外资的产业结构

今后应重点鼓励外资投向高新技术产业和先进制造业，加强国内产业配套，延长产业链，更好地发挥外商投资企业的技术外溢效应。还要促进加工贸易企业转型升级，向附加值较高的生产经营环节发展。制定和出台有利于跨国公司来华设立更多地区总部和投资性公司的政策，提高跨国公司的整体投资效能。支持跨国公司设立出口采购中心，鼓励扩大在华采购出口，使中国企业更多进入跨国公司的全球生产销售网络。吸引跨国公司设立服务外包企业，在经济条件较好、基础设施相对完善、专业人才比较集中的地区创办服务外包企业园区，给予必要的扶持和政策条件，尽快把中国推向承接国际服务外包的前沿领域，抓住新一轮产业转移的机遇。支持外资继续进入劳动密集型产业，并根据不同地区和不同行业实行产业优化升级的管理措施。按照节约资源和环境保护的要求，制定产业管理条例和新的准入要求，对内外资企业一视同仁，限期达到产业管理要求，使中国的产业结构优化升级建立在增长方式转换的基础上，并使外资企业成为节约型经济的排头兵。

（三）进一步推进服务领域对外开放，促进服务业吸收外资和发展

按照中国加入世界贸易组织的承诺，2006年后结束过渡期并扩大服务业开放。对会计、电信等服务业实行全面开放；对商业流通、城市基础设施建设、医疗卫生、文化教育等服务业，要在总结经验的基础上稳步扩大开放；对银行、证券、保险等服务业，要根据中国金融监管水平和国民经济承受能力实行有步骤开放。

发展服务业还要靠继续深化改革，为新兴产业创造市场需求。一些服务业得不到发展，外资进不来，与缺乏市场需求有关。这里并不是消费者没有需求，而是没有市场。例如，对于环保产业，消费者希望饮用干净的水，呼吸新鲜的空气，这种需求就需要用市场化的办法去解决。现代化的过程，就是一个不断创造市场需求的过程，是不断削弱传统性的过程。因

此，要改革饮用水的生产、流通和分配制度，让价格杠杆发挥作用；工业环保设施的采用，要通过法制手段，使之成为必需的生产消费；城市废弃物的处理，也要逐步用市场化办法加以解决。市场需求创造出来了，新兴产业才有发展空间，外资就会大量进入。

当然，还要注重培养服务业人才，提高服务业的信息化程度和服务企业的流程管理能力，努力创造跨国公司优先选择服务业外包承接方的各种条件，逐渐扩大中国承接国际服务业转移的规模、深度和方式，促进中国服务业的发展。

第五章 1978—2008年中国利用外资的基本实践与基本经验

第一节 中国利用外资的四个阶段

到2007年年底,全国累计批准外商投资企业近63.5万户,累计实际使用外资达到7740亿美元。2006年外资工业企业增加值占全国规模以上工业增加值的28.2%,外资企业缴纳各类税款7950亿元人民币,占全国税收总额的21%。外商投资企业进出口占中国对外贸易总额的近60%。全球500强跨国公司已有480多家在华投资,中国已成为一些重要工业品的全球制造业中心。

除了外商直接投资,中国还通过政府和企业贷款途径利用外资。截至2007年年底,中国外债余额约3736亿美元。此外,中国政府还鼓励有条件的企业到境外证券市场融资,其中在中国香港H股、纽约证券交易所和伦敦证券交易所上市的中国企业已超过150家,累计筹资总额达1068.54亿美元。在中国资本市场改革中,除了通过B股市场累计吸收外资50亿美元外,还累计批准了50多家境外合格的机构投资者(QFII)进入中国证券市场投资,批准的外汇规模超过300亿美元。虽然数量还不大,但这不仅是利用外资政策的新突破,也是资本市场改革以及国际收支资本项目下人民币可兑换改革的综合体现。

一 中国利用外资的四个阶段(裴长洪,2008)

(一)起步阶段

第一阶段(1978—1987年)是中国利用外商直接投资和吸收外债的

起步阶段。截至 1987 年年底，共批准设立 10528 家外商投资企业，合同外商直接投资额 231.22 亿美元，实际利用外资额为 106.18 亿美元。这一阶段外商直接投资主要集中在第三产业旅游宾馆、娱乐设施等房地产项目以及第二产业中纺织、服装、食品饮料、塑料制品、电子元器件等以劳动密集型为主的中小工业项目。

1979 年后，中国开始用外债形式引进外资，但这一时期是中国对外债进行规范管理的启动阶段，直到 1987 年才形成真正意义上的外债管理制度。中国于 1987 年初步建立起外债统计监测体系（EDSS），及时地了解和掌握全国的外债规模、币种、期限和偿付等情况。该统计监测体系主要包括三个方面的内容：外债统计的法律保障、外债数据的采集、外债数据的处理。[①]

（二）发展和突破阶段

第二阶段（1988—1995 年）是中国利用外资发展和突破的阶段。在这个时期，中国共批准外商投资项目 248735 个，是第一阶段的 23.62 倍；合同外商投资额为 3729.92 亿美元，是第一阶段的 16.13 倍；实际利用外资额为 12425 亿美元，是第一阶段的 11.7 倍。1993 年，中国实际利用外商直接投资额在发展中国家居第一位，在世界各国中仅次于美国而居第二位。同时，外资项目的平均规模不断扩大，外商更加看重企业的控制权，在建立新企业时，独资经营倾向越来越明显。另外，跨国公司开始大量投资中国，并造成中国某些行业市场上的垄断。此外，这一时期也出现了一些新的利用外资方式，如 BOT 方式、利用证券市场吸收外资等。外商直接投资行业分布开始转向工业制造业为主，国务院决定在沿海对外开放的基础上，扩大沿江（长江）、沿线（陇海线、兰新线）、沿边（边境）对外开放，从而形成全方位、多层次的开放格局。并且，经过十多年的经济发展积累，交通、通信、能源等基础设施投资环境大大改善，这极大提高了外商投资的积极性。与此同时，伴随着工业投资的热潮，房地产项目在沿

---

① 1987 年国家外汇管理局颁布《外资统计监测暂行规定》，并指定《外债登记实施细则》，初步建立起全国外债统计监测系统，可对全国外资的总额、期限、币种、利率结构等进行全民监测分析，为外债总体战略和具体实施策略的制定提供了依据。

海开放地区仍然是受到追捧的外商投资项目。以 1993 年为例，外商直接投资合同金额中，外商投资于房地产项目的比重高达 39.3%。这在一定程度上助长了当时房地产行业的投机性行为。1995 年开始，房地产行业由旺转滞，1996 年外商投资房地产业的比重已经下降到 19.5%。

20 世纪 80 年代末期，以外债形式吸收的外资增长也很快。1990 年全国外债余额已突破 500 亿美元，鉴于拉美国家外债危机的教训，加强监管外债项下的资本流动，密切监测外债的宏观与微观风险，成为中国外债管理工作的重点。[①] 1989 年，针对中国国际商业贷款比重较大、还本付息额逐年增加的情况，国务院颁布了《关于加强借用国际商业贷款管理规定的通知》，并于 1991 年制定了《境内机构借用国际商业贷款管理办法》，加强对借用国际商业贷款的管理，有效控制了国际商业贷款规模的快速增长。1992 年，在总结短期外债余额管理经验的基础上，中国开展了对中长期外债余额管理的试点工作，突破了"窗口管理"束缚，实行信用等级管理（王国刚，2003），先后批准中国建设银行、中国工商银行、中国农业银行等非窗口单位到境外发行债券。1994 年，中国人民银行发布《关于进一步改革外汇管理体制的公告》，指出在外债方面国家继续实行计划管理、金融条件审批和外债登记制度。

1992 年中国对外开放出现新的浪潮，利用外资出现新的突破。1992 年 10 月，中国汽车控股有限公司在纽约证交所（N 股）上市，成为第一家在境外上市的中国企业；1993 年 7 月，青岛啤酒在中国香港联交所（H 股）上市，筹集外资 1.15 亿美元，首开国有企业在境外上市先河。此后，一些制造业为主的企业，如中国汽车控股、青岛啤酒、上海石化、马钢、中策轮胎等在美国或中国香港上市，成为第一波中国在境外市场上市的企业。另一突破是，1992 年中国建立了 B 股市场，通过资本市场吸收利用外国资本给予了境外投资者投资中国证券市场的合法渠道。到 20 世纪 90 年代中期，中国实际上已允许外资受让上市公司非流通股股权，开始了向

---

① 1988 年发布的《关于中国境内机构在境外发行债券的管理规定》《关于沿海地区短期借款实行余额外债管理的规定》《境内机构提供外汇担保的暂时管理办法》等法规，对控制发债窗口、调整长短期借款比例以及解决沿海地区发展外向型经济所面临的外汇周转资金不足等问题具有积极作用。

外资转让非流通股的实践。①

(三) 调整和提高阶段

第三阶段（1996—2001 年）是中国利用外资调整和提高阶段。外资政策的调整始于 1995 年 6 月，国家计委、国家经贸委、对外经贸部联合颁布《指导外商投资方向暂行规定》，并同时发布《外商投资产业指导目录》（以下简称《目录》）。《目录》分为鼓励、允许、限制和禁止四类，鼓励类、限制类、禁止类外商投资项目列入《目录》，允许类外商投资项目不列入《目录》。

鼓励类外商投资项目包括：农业新技术和综合开发项目、基础设施和基础产业项目、增加出口和改善出口商品结构项目、资源综合利用和防治环境污染项目以及向中西部投资的项目等。

限制类外商投资项目主要包括：国内已开发或者引进技术、生产能力已能满足国内市场需求的项目，实现专卖产业的项目，从事稀有、贵重矿产资源开采的项目，以及其他需要国家统筹规划的产业的项目等。

禁止类外商投资项目主要包括：独有工艺、秘方和独有资源开发项目、新闻媒体项目、国防项目及其他按惯例通常禁止外商直接投资的项目。

这一阶段利用外商直接投资开始由重视利用外资数量转变为重视利用外资数量和质量并重的阶段，这主要表现为外商直接投资额进一步扩大，从事高新技术、基础设施行业的外资大幅度增加。由于世界著名跨国公司对中国进行了大规模投资，远远超过国内同类型企业，产量占据了全行业较高比重，因而市场迅速集中，在汽车制造业、无线通信设备制造业、洗涤用品制造业等行业中，外商投资经济占有较大的比重。这在关税保护背景下，不利于加快产品技术更新和市场合理竞争，意味着加速中国贸易自由化已经提到议事日程上来了。

1998 年中国外债余额已突破 1500 亿美元，鉴于东南亚金融危机教训，防范外部危机传染和汇率稳定的需要，中国及时对外债管理政策进行了修

---

① 1995 年 7 月，日本五十铃和伊藤忠联合以协议方式，一次性购买北旅公司占总股本 25% 的非国有法人股，首开外资并购上市公司的先河。

正和调整。1997年重新发布的《境内机构发行外币债券的管理办法》和《境内机构借用国际商业贷款管理办法》强化了对中长期外债的管理,将中资企业和中资金融机构的海外分支机构对外借款、项目融资以及远期信用证等纳入借用国际商业贷款管理范畴,将中资银行海外分支机构以发债形式在外融资以及可转换债券、大额可转换存单、商业票据等纳入发行外币债券管理范围。

在这个阶段,中国企业在海外证券市场融资继续发展,一些航空、交通、电力等国有企业在海外直接上市,如东方航空、南方航空等,以及以红筹股为主的企业,如上海实业、中远太平洋、中旅等,也陆续上市。

(四) 向国际接轨阶段

第四阶段(2001年至今)是中国利用外资向国际接轨的阶段。这一阶段起始于2001年对"三资企业法"的修订。按照WTO涉及投资的协定——《与贸易有关的投资措施协议》规定,以及中国在入世谈判中的承诺,2001年中国对《中华人民共和国中外合资经营企业法》《中华人民共和国中外合作经营企业法》《中华人民共和国外资企业法》中部分内容进行了修订,取消对外商投资企业关于外汇自行平衡的限制;修改了关于要求外商投资企业仅限在中国购买的规定;取消了关于外资企业必须全部或大部分产品用于出口的规定;修改了外商投资企业生产计划备案的规定。这一阶段,外商直接投资数额仍保持大幅度增长。2006年,新批准外商直接投资项目41485个,全年合同利用外商直接投资额2001.74亿美元,实际利用外商直接投资额694.68亿美元。首先,这一阶段外商投资企业尤其是跨国公司开始大量引进最先进的技术,2002年以后新建外商投资项目中接近60%以上采用了其母公司最先进的技术,其中很多新产品把中国作为全球首发市场,最先进的产品首先在中国市场推出。其次,跨国公司加大了在中国的研发规模和水平,原创性的研发内容增加,许多跨国公司的中国研发中心技术已经达到全球同行业的一流水平。最后,外商对服务业投资兴趣不断增加。2006年,非金融类服务业新设外商投资企业7129家,实际利用外资金额146.92亿美元,占全年实际利用外资比重21.15%,其中房地产业实际使用外资金额82.3亿美元,同比增长52.7%,占全年服务业实际利用外资的56%。另外,这一阶段外商在华投资有了一些新的突破和变化。随着加入世贸组织政策环境的逐渐宽松，跨国公司开始重组和合并其在华业务，并作为战略性投资者参与到国有大型企业的改革和重组过程中。

从 2001 年起中国短期外债增加，占总外债余额 1700 多亿美元的 29.7%，2004 年以后短期外债资金所占比例更是超过长期外债资金比例。

这一现象说明，中国借用外债的产业领域逐步由基础设施行业转向基础设施和出口创汇并重的产业领域。从 2001 年 6 月开始，中国在外债统计方面采用新的国际标准口径，其主要内容包括：将境内外资金融机构对外负债纳入中国外债统计范围，同时扣除境内机构对境内外资金融机构负债；将 3 个月以内贸易项下对外融资纳入中国外债统计；将中资银行吸收的离岸存款纳入中国外债统计；在期限结构方面，将未来一年内到期的中长期债务纳入短期债务。统计口径的调整，使中国外债项下资本流动的统计和监测更全面、更及时。2006 年，中国外债余额迅速增加到 3300 多亿美元，其中以贸易信贷为借款方式的外债比例已达到 32.3%。

2007 年 3 月 2 日，国家外汇管理局发布了《关于 2007 年度金融机构短期外债管理有关问题的通知》（以下简称《通知》），对 2007 年金融机构的短期对外借款管理政策进行调整，以维护国家经济金融安全，促进国际收支基本平衡。《通知》还就进一步完善外债统计监测做出了相应规定。

这一阶段，中国企业在海外上市也呈现与国际接轨的现象，其标志是上市企业扩及垄断性行业，以石油、电信为代表的大型国有企业实现整个行业的重组和海外上市，如中国移动、中国联通、中国电信、中国石油、中国石化、中国海洋石油；以银行业为主的新一轮海外上市，如中国工商银行、中国建设银行等。此外，还引入了利用外资的最新实践，即建立了 QFII 制度。2002 年 11 月，中国证监会、中国人民银行联合发布的《合格境外机构投资者境内证券投资管理暂行办法》，以及国家外汇管理局《合格境外机构投资者境内证券投资外汇管理暂行规定》的出台，对 QFII 制度所涉及的外汇管理进行了规定，标志着 QFII 制度在中国正式推行。2003 年 7 月，QFII 正式投资于中国证券市场。2006 年 8 月，在充分总结 QFII 制度三年试点经验的基础上，中国证监会、中国人民银行、国家外汇管理局联合发布了《合格境外机构投资者境内证券投资管理办法》，进一步完善了 QFII 制度。

第二节　中国利用外资的主要经验

一　坚持解放思想的坚定性与统一认识的实践性相结合

邓小平同志反复强调的利用外资的政策主张，不仅是为中国未来的发展道路提供了新的实践方向，而且为中国未来的发展模式提出新的认识路线，鲜明地提出中国未来的新的发展观。其内涵是：和平崛起的国家战略，改变军事对峙和备战状态下经济建设的思路；走融入世界分工体系的经济发展道路，结束封闭与自我循环的经济发展形式；以竞争、合作、妥协以至部分让渡国家主权的不同策略来实现自身的发展并分享经济全球化利益，改变只讲斗争、不讲策略的极端民族主义的思维方式和行事习惯；最终达到快速增长、快速扩大经济规模的发展目标。要使全党在相当一个时期内完整、准确地理解邓小平同志利用外资思想所蕴含的新的发展观是很不容易的。因此，大胆利用外资，要破除许多思想框框和种种疑虑，从开始的姓社姓资论、保护幼稚工业论，到后来相继出现的市场换技术失败论、内资被挤出论、危害国家经济安全论、利用外资转向论等[1]，都在不同阶段对利用外资的方针、政策提出质疑，直接、间接地对中国对外开放的发展方向形成一定程度的思想阻力。党的领导集体和各级党委、政府坚持解放思想、实事求是的思想路线，坚定不移地坚持对外开放的发展方向，坚持大胆利用外资，并在实践中不断改善利用外资的政策和实际工作，最终用利用外资的有效成果和经济增长的事实来教育人民，提高人们的认识，包括那些对利用外资开始持怀疑态度或提出质疑的人们的认识。

二　在国际收支资本项目尚未开放的条件下，坚持以吸收外商直接投资为主

改革开放初期，国民经济和社会生活中面临的最主要矛盾是解决人民

---

[1] 指这样一种认识，即认为中国利用外资的数量已经太多，今后不应再强调利用外资数量，应从强调数量向强调质量转变。

的就业和温饱问题，发展工农业生产是经济建设的当务之急。在"摸着石头过河"的渐进式改革进程中，市场开放必然先从工农业产品，特别是消费品市场开始，然后依次向服务业各个领域开放市场。金融业的市场开放只能在商品和服务市场开放有了一定经验和金融业自身改革有了重大突破的基础上才能进行。因此，国际收支中，资本项目的开放不可能作为吸收外资的前提条件。同时，在中国外汇储备实力还很薄弱的条件下，也不可能大规模举借外债，利用外资只能以吸收外商直接投资为主。利用外商直接投资解决了经济发展的资金瓶颈，扩大了国内生产规模，增加了人民就业，使中国实体经济迅速得到发展壮大，为深化各个领域的改革打下物质基础，为多渠道、多形式利用外资创造了必要的条件。

三　正确选择出口导向型利用外资战略

在开放型经济建立的改革之初，选择出口导向型利用外资战略作为促进改革的突破口，有其内在的必然性，并不是盲目模仿某些东亚经济体的巧合。

（一）通过吸收外资建立外商投资企业，是实现对外贸易体制改革目标最现实的路径

当时能够生产出口产品的工业企业，仍然在计划体制的束缚下，不仅难以释放比较优势，而且也缺乏国际市场的联系渠道。而利用外资设立的外商投资企业，可以通过灵活的用工制度释放中国的比较优势，利用境外投资者的市场联系解决产品销售，利用境外资金市场解决外汇平衡问题。20世纪80年代和90年代初期，中国都要求外商投资企业的生产经营自我解决外汇平衡问题，直到1994年中国建立银行间外汇市场后才实现了经常项目下货物贸易的人民币可兑换。同时，在中国关税的保护下，外商投资企业的一部分产品还可以内销，得到国内市场利润的激励，从而使出口导向制造业发展起来，增加中国本土的生产和经济总量，加快中国的经济发展速度。

（二）选择出口导向型利用外资战略作为突破口，是当时经济生活实际的迫切需要

改革开放初期，人民十分贫穷，解决温饱是民生的头等大事。贫穷的

根源是缺乏工作就业岗位，特别是农村实行家庭联产承包责任制以后，以剩余劳动力形式出现的隐性失业问题暴露出来，解决这些人的就业需要投资和生产，但国内既没有资金，也没有购买力，也就是没有市场。因此，产业发展必须以出口为导向，而能够实现出口导向目标的，当时只能是外商投资企业，这就是中国从改革开放伊始的1979年就制定了关于外商投资企业相关法律的根本原因。

（三）出口导向型生产，既是中国开放战略的选择，又是国际资本的投资选择

从20世纪80年代开始，当东亚经济体制造业生产的比较优势开始弱化后，国际资本就已经在寻找更具有竞争优势的投资区位，并酝酿国际化生产布局和跨国公司价值链的重新调整。中国的改革开放立刻吸引了国际投资者的目光。对于国际投资者来说，中国有着既定现存的劳动要素禀赋优势，而且比其他发展中经济体更具有竞争优势，中国工人的工资大大低于周边所有发展中经济体。但仅有这个优势是不够的，中国贸易体制的改革不是急于进行贸易自由化，而是先解决体制高度集中垄断的弊病，先解决调动各方面积极性和实现外贸企业自主经营问题。暂时被搁置的贸易保护，既给予了国内产业发展的过渡期，又为外商投资生产提供了有效的激励。也就是说，中国贸易体制改革进程的安排，尽管是中国出于自身利益的选择，但却与国际资本的投资策略不谋而合，从而为中国赢得了国际资本产业转移的历史性机遇。

四 "体制转型在先，贸易自由化在后"的改革开放模式是吸引国际直接投资的重要条件

中国对外贸易体制改革的路径与次序，很大程度上区别于传统国际贸易理论所建议的方式。关于对外贸易体制改革顺序，一般认为首先应将配额、外汇管制的非关税手段关税化，然后再将关税水平降低，逐步实现贸易自由化。如果是那样，中国市场就将有大量进口产品与本土生产竞争，中国就不可能有改革开放头15年左右吸引外商投资的重要机遇。然而，与一般发展中国家对外贸易体制改革不同，中国对外贸易体制基础是改革开放的初始经济体制约束环境——计划经济，因此贸易自由化进程必须在

经济体制从计划体制向市场经济体制的转变过程中完成，从而中国对外贸易体制改革不是一个单纯贸易自由化问题，而是必须顺应总体经济体制改革的次序和步骤。在中国向市场化转轨过程中，就贸易措施而言，先逐步放松对外贸易计划，代之以许可证、配额及其他行政控制手段。随着市场化改革的深入，市场扭曲的程度逐步减少，对外贸易数量控制也随之减少，直至最后取消数量控制措施。就改革目标而言，是要通过体制改革释放比较优势，扩大出口贸易以缓解经济发展中的外汇需求压力；通过贸易保护，发展新兴产业与特定产业，而促进经济发展。中国对外贸易体制改革的措施组合是，一方面继续维持对国内产业的有选择保护；另一方面采取出口补贴、外汇留成、出口退税等出口鼓励措施，抵消保护政策造成的扭曲，优化资源配置，使一部分产业和产品的比较优势得以发挥，扩大出口规模。中国的改革开放模式和实现贸易自由化的时机选择，使大量吸收外商直接投资成为可能。

五　经济特区和沿海开放城市创造了区域突破的经验

改革开放初期，在邓小平同志的亲自主持下，设立了4个经济特区，随后又开放了沿海14个城市，在这些地区实行特殊政策和优惠政策。通过大量吸引外资，提升外资经济的比重，创造了与内地不同的体制与政策环境，改变了原有的商品流通计划体制一统天下的局面。在这些地区，市场机制在对外经济贸易领域逐渐占主导地位，计划体制退居次要地位，形成区域性的市场经济体制，为局部性的体制优势和贸易自由化创造了吸收外资的有利环境。

六　经济技术开发区创造了产业积聚的环境空间

由国务院和各个地方政府批准设立的经济技术开发区，不仅成为各级政府招商引资的重要手段和载体，而且事实上成为外商投资项目的产业积聚地，为产业的配套创造了必要条件，成为新兴的工业区。这为中国20世纪90年代后期的大规模城市化建设，以及城市中心区产业结构调整和服务业的发展创造了必要条件。

七 在积极利用外资的认识前提下，加强中央政府的统一管理

在利用外商直接投资方面，为了引导外商投资向更有利于中国经济建设和结构调整的方向发展，20世纪90年代中期，中国政府就采取了产业指导目录的办法来规范市场准入，并引导投资结构。此后根据不同时期经济建设的需要，不断调整和完善这种指导目录，对利用外商投资的健康发展发挥了积极作用。在市场竞争规则方面，制定了《反不正当竞争法》[①]；为了防止某些行业的外商投资企业可能出现的垄断现象，制定并颁布了《反垄断法》[②]。此外，就境外投资商对内资企业的并购投资，颁布了具体的市场准入条件和管理措施。[③]

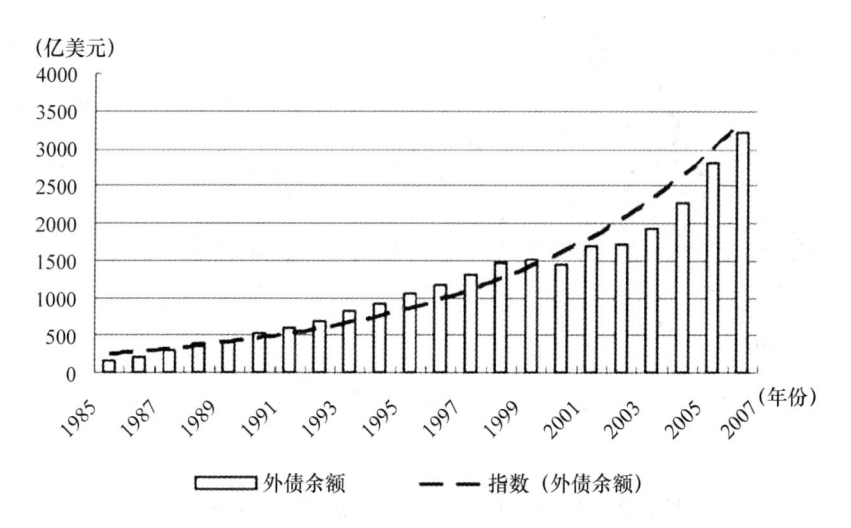

图 5.1　1985—2007 年中国外债余额变化趋势

资料来源：根据《中国统计年鉴》相关年份数据整理。

以外债形式利用外资，采取"放"与"管"结合的方针，始终使外债规模保持在安全警戒线内。从图 5.1 可以看出，20 世纪 80 年代外债余

---

① 2007 年 8 月 30 日第十届全国人大常委会第 29 次会议通过，2008 年 8 月 1 日生效。
② 同上。
③ 2006 年 8 月 9 日国家商务部等六部门联合颁布了《关于外国投资者并购境内企业的规定》。

额规模小于500亿美元,90年代外债余额规模在1500亿美元之内,到2003年以后,中国国际收支出现大量顺差,外债余额规模才有较大幅度增长。从外债期限结构来看,2001年以前短期外债余额所占比重一直处于25%的国际标准警戒线以下,短期和中长期外资结构比较合理。

图5.2表明,由于中国外汇收入增长速度以及GDP增长速度远远快于债务增长速度,因此无论是偿债率、负债率还是债务率这三项外债风险指标[①],近年来都呈现不断下降的趋势。中国整体外债结构合理,外债风险较小。

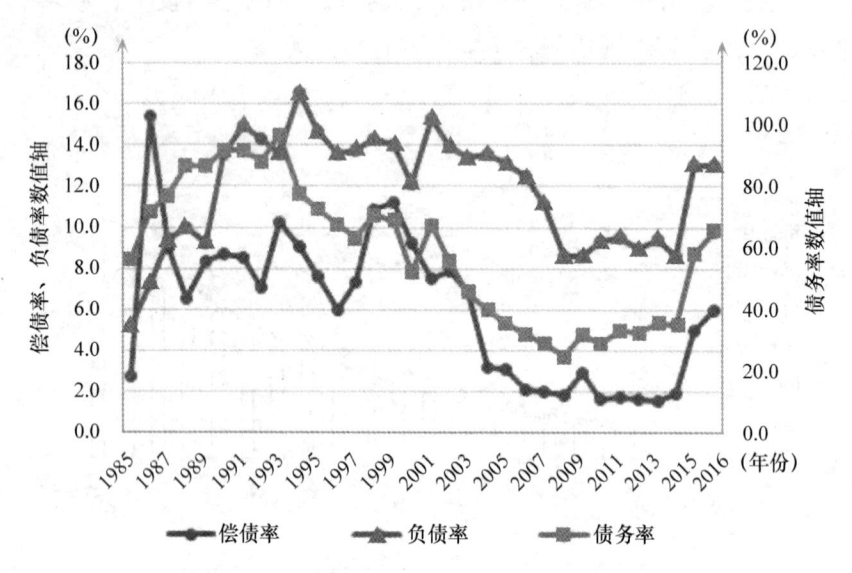

图5.2　1985—2016年中国外债风险指标变化情况
资料来源:根据《中国统计年鉴》相关年份数据整理。

对中国企业在境外上市融资的利用外资方式,除了国家证券业监督管理委员会采取严格的资格审查和审批之外,国家外汇管理局也对境外上市融资的外汇进行严格管理。但从2003年后,随着中国国际收支双顺差的持续出现,外汇管理逐渐放松。2005年规定,境外上市调回资金时间由原

---

① 偿债率:当年外债本息偿还额与当年货物、服务出口的外汇收入之比;负债率:外债余额与国民生产总值之比;债务率:外债余额与当年货物、服务出口的外汇收入之比。

来的 1 个月延长至 6 个月，境外上市公司经批准可将外汇资金存放境外进行保值运作。①

八　引进 QFII 制度，不仅创新了利用外资方式，而且成功探索了中国证券市场的对外开放

QFII 制度实质上是一些新兴市场经济国家在货币没有实现完全可自由兑换、资本项目尚未完全开放的情况下，有限度地引进外资、开放国内资本市场的一项过渡性制度。QFII 制度的顺利推进，使中国资本市场得到全球资本的空前关注，在引导价值投资理念、激励 A 股市场创新、推动中国股票市场制度建设、促进境内外金融机构广泛合作、扩展境内商业银行中间业务、培育境内金融机构等多方面均起到重要作用。中国 QFII 制度的成功，在于它的设计特点：第一，对合格境外机构投资者准入条件要求严格，要满足中国 QFII 资格审查条件，一般而言都是经营时间很长、运作规范、管理资产经验丰富的境外机构。第二，对封闭式基金或在其他市场有良好投资记录的养老基金、保险基金、共同基金管理机构，予以优先考虑鼓励，表明管理层希望能够吸引稳健型的资产管理机构进行中长期投资，维护市场中长期稳定的导向。第三，规定合格投资者的境内证券投资，应当符合《外商投资产业指导目录》的要求。第四，对合格机构汇出汇入资金进行监控，对资本出入采取强制方法，稳定外汇市场。

第三节　中国利用外资的发展趋势

未来，中国利用外资的总体趋势是：数量更多，质量更高，产业领域更宽，形式更多样；特别是外商投资者的并购投资以及服务贸易领域对各

---

① 2002 年，国家外汇管理局、中国证券业监督管理委员会联合下发《进一步完善境外上市外汇管理有关问题的通知》，明确对境外上市（H 股和红筹股）实施境外上市股票外汇登记管理，同时对境外上市资金调回、境外账户管理等进行规范。2003 年，国家外汇管理局下发《关于完善境外上市外汇管理有关问题的通知》，进一步明确了境外上市股票外汇登记管理的范围，规范了境外上市有关费用种类及支付方式等。2005 年，国家外汇管理局下发《关于境外上市外汇管理有关问题的通知》，放宽了对境外上市公司外汇调回的管理。

种形式的外资吸引将成为新的亮点。

一 中国仍然需要大量利用外商直接投资

国际直接投资新一轮增长和国际产业转移新高潮，为中国参与全球经济合作与竞争提供了前所未有的历史机遇。中国经济正处于关键转型期，进一步积极有效利用外商直接投资，应包括数量增长和质量提高两个方面，才能适应国际投资环境的新变化和中国经济科学发展的新要求。应清醒地认识到，发展中国家在吸引外资中的弱势地位并没有改变，它们需要十分努力，才能吸引一部分有限的国际资本流入，而世界上最富有的国家吸引了最大量的国际资本（世界银行，2007）。现在，我们要求提高利用外资的质量与水平，与继续增加外资数量并不矛盾。党的十七大报告中提出的提高利用外资的质量与水平都离不开外资数量这个前提。

（一）利用外资推动中国产业结构升级

中国利用外资加快产业创新和产业升级，不仅要承接国际制造业转移，而且要承接国际服务业转移。在制造业方面，中国工业现代化水平还只处于初级阶段，产业提升任重道远。在服务业方面，现代服务业发展刚刚起步，无论先进制造业，还是现代服务业，不仅资本形成差距很大，而且还要大量吸收国外各种优势要素。没有数量更多、规模更大的外资进入，要达到这种质量水平，是不可能实现的。

（二）利用外资提升中国企业自主创新能力

中国的自主创新战略是一个开放的体系，只有发挥外资企业技术外溢与中国企业自主创新之间的联动性，才能实现中国企业的自主创新。因此，需要通过更多地利用外资进行更高层次、更宽领域、更大范围内的国际先进科学技术的合作。当外资企业在中国本土获得更大的市场空间时，也就扩大了外资公司的技术溢出效应，这是当前中国技术发展的一个重要途径。当跨国公司在中国设立研发中心、培训中心等各种服务机构时，其资金输入和技术输入就更密切结合在一起了。

（三）利用外资促进中国区域经济协调发展

FDI在华投资的空间分布上，约80%的直接投资集中在东部沿海地区，内陆地区利用外资不足。中国开放区域的纵深发展，为外资企业拓展市场提供了可能。随着国家西部大开发、促进中部崛起和振兴东北老工业基地等相关政策的相继出台和实施,中国为外资进入中西部地区和东北地区乃至全国的纵深地区创造了良好的条件,也为外资企业开拓中国整体大市场提供了可能。显而易见,吸引外商投资进入这些区域,首先是要解决数量问题,其次才是质量问题。在这些地区吸引外资奢谈"数量"向"质量"转变,更是缘木求鱼。

(四)利用外资建设资源节约型、环境友好型和谐社会

这不仅是质量要求,同样也是数量要求。这意味着要进一步鼓励外商投资高新技术产业、先进制造业和环保产业,也就是说要新上一批项目。此外,中国政府已把节能减排作为经济发展中的重要目标,通过在清洁生产、循环经济以及资源综合利用等领域利用外资,获取相对较低成本的资金支持中国节能减排工作;通过与外国机构合作,引进世界先进的节能减排技术和节能环保技术装备,服务于中国市场,学习先进的评估方法和理论,这都离不开外资数量的增加。同时,还要引进外资和技术改造已有的高耗能、高污染和资源消耗大的企业和产业。总之,中国提出建设资源节约型社会和环境友好型社会,大力发展循环经济,正是为利用外资提供了更广阔的空间,也是为利用外资在数量上增长提出新的需求。

(五)形成经济全球化条件下中国参与国际经济合作和竞争的新优势

总结改革开放以来中国成为"世界工厂"的经验,中国制造业许多产品之所以具有国际竞争力,除了中国自身具有的要素禀赋优势以外,更重要的是利用了外资。通过外商投资,不仅使中国潜在的要素禀赋优势成为现实,而且引进了技术和新产品,引进了管理和知识,打通了国际市场。尽管付出了代价,但其结果正是我们所追求的。要在今后的国际经济合作和竞争中形成新优势,仍然要靠吸收外资,而且要在过去的基础上更大数量和更高质量地吸收外资。在当前的国际经济金融形势下,在国际资本数以万亿美元计的流动背景下,在各国包括发达国家都在争夺外资流入的情况下,在外资流入多少本身就成为国际竞争力标志的今天,我们放弃数量要求,片面只提质量,那不是科学发展观,而是违背科学发展,其结果只能是既无质量,又丧失数量。

二 落实十七大报告提出的创新利用外资方式、优化利用外资结构的要求，利用外商直接投资出现新发展

（一）改变以往吸收外商直接投资以"绿地投资"为主的状况，增加并购投资方式的境外资金

除了转变观念，认识并购方式不仅是解决企业财务和股权配置问题，还可以吸引其他海外要素进入，如技术、市场、品牌等外，还要解决体制问题和政策问题。从体制上看，中国企业无论国有企业还是民营企业，股份化程度都还不高，股份制改革陷于停顿状态；产权交易市场少，功能发育不健全；中介服务组织业务不熟，活动缺乏规范，使吸收外商并购投资的体制环境和政策环境都很不完善（世界银行集团，2008）。不少有可能增加并购投资的行业仍然面临新的突破。例如，按照中国加入世界贸易组织的承诺，在过渡期允许外资在国内及国际基础电信服务业务设立合资企业，外资持股比例可达25%，2006年外资持股比例可达35%，2007年可达到49%。由于这涉及外资并购问题，电信业吸收外资的步子偏于谨慎，几家垄断电信公司只有少量股权为外资购买，限制了股份制改革的进展。

（二）将增加服务贸易领域对外资的吸引力度

2006年，非金融类服务贸易领域（按WTO部门分类）实际吸收外商外资146.92亿美元，但占吸收外商直接投资总额（不包括金融类）的比重只有23%。中国吸引外资占全球比重下降与服务业吸引外资比重较低有关。虽然金融业吸引外资成为目前的新亮点，但其他服务贸易领域仍然没有较大突破，而且这两年服务贸易领域吸收外资主要集中于利润较高的房地产业，生产性服务业吸收外资仍然没有破题。中国服务业不仅在吸引外资的总量上水平较低，而且在内部结构上也不尽合理。这表明服务贸易领域利用外资无论是数量增长还是质量提高都有很大潜力（裴长洪，2008）。

（三）积极合理有效地利用外债资金，也将更警惕防范外债风险

针对未来一个时期，中国资本流出流入的特点和外债管理中存在的突出问题，必然加强和完善中国全口径资本流出流入的统计监测，加强对外

债和对外负债的管理和监测，建立有效的资本流动预警体系。加强对资本流入的引导，特别是加强对资金流入和结汇环节的合规性管理，遏制违规资金流入。优化股本和债务资本的结构，优化各种利用外资主体及其期限结构，提高利用外资的质量。在较长一段时期，中国仍需要整体上维持现行的外债数量管理模式，但管理方式应有所调整，使之更加合理化和科学化。在提高管理效率和减少政策震荡的前提下，在外债管理上统一国民待遇。实现中外资企业和金融机构外债管理政策的最优选择。

（四）利用外资的其他形式将随着中国金融市场的开放和监管体系的完善而不断增加

中国金融市场必然是遵循渐次开放的路径，在条件成熟的情况下逐步扩大开放的领域和范围，最终实现资本项目下证券投资的完全开放。因此，外资通过中国金融市场进入将是有序和稳定增长的。现阶段仍将以融资市场开放为主，辅之以投资市场的开放。在一个时期内，利用国际证券投资仍然以境外发行股票和债券为主，允许外资通过QFII等制度间接进入中国A股证券市场，同时逐步将B股市场国际化，并为与A股合并做准备。继续推进境内企业境外发行股票，不仅有利于国内企业扩展融资空间，而且有利于企业熟悉国际资本市场规则，并完善公司治理结构，进行规范化企业管理和经营。从中远期来看，允许外资以投资于基金、组建合资基金、组建证券公司和投资公司、购买资产管理公司所持有股权等形式间接投资于A股市场。允许境外共同基金直接进入股市，并由外汇管理局监督资金的流入和流出，通过专门账户来管理。由于资本市场开放很大程度上取决于中国资本项目实现自由兑换的时间，因此在金融市场开放过程中，中国的汇率制度改革必须与资本项目渐次开放相适应。

此外，注重市场微观基础的建设，完善资本市场体系，积极培育资本市场主体，扩大资本市场规模，推进多层次、多领域资本市场体系创新，分散金融风险，加强金融微观基础建设，提高金融系统抵御外部投机资本冲击能力，也是顺利推进证券投资开放的重要保障。针对市场开放中可能出现的新问题调整监管策略，建立适应市场新形势的约束机制，相关的监管框架必须与资本市场开放程度相适应，并根据开放过程的具体情况加以完善。

基于上述内容，未来中国通过金融市场吸收外资的形式必将呈现繁荣发展的局面，尽管在所有利用外资中不占主要地位，但其在整个利用外资的数量比重中将明显上升，而且也将成为国家宏观经济调控中的重要变量因素，需要引起我们的密切关注。

第六章 实现吸收外商投资的新跨越

第一节 21世纪以来中国吸收外商投资的重要特征

21世纪以来,特别是"十五"末期和"十一五"时期以来,外商来华投资出现了一些重要特征,包含了重要信息。分析这些现象,是我们在进入开放型经济新阶段重新认识和理解利用外资的理论和政策含义,以及实践需求呼唤的基本线索。

一 第三产业吸收外商投资比重明显上升,第二产业引资乏力

2004年的《世界投资报告》以"转向服务业"为副标题,总结了20世纪90年代以来国际直接投资逐渐向服务业转移的新趋势,引起中国学者和政府的注意。此后,呼吁中国更多吸收服务业外商投资成为学者研究和政府决策的关注点。从表6.1看,2001—2008年间,制造业外商投资流量的增加是不明显的,其中有4个年份是负增长或微弱增长,其余4个高增长年份有3个集中在"十五"期间,只有一个在"十一五"期间,而且是在持续3年的负增长和低增长后出现的结果。"十一五"期间吸收外资的亮点是2007年和2008年连续两年出现了服务业吸收外商投资的高速增长,整个地提高了"十一五"期间服务业吸收外资在全部吸收外资中的比重。这就产生了两个问题:为什么第二产业吸收外资出现停滞?什么原因使服务业吸收外资出现突破性进展?

表 6.1   2001—2008 年中国三次产业中的外商投资流入结构   单位：亿美元，%

外商投资	2001 年	2002 年	2003 年	2004 年	2005 年	2006 年	2007 年	2008 年
FDI 流入实际金额	468.78	527.43	535.05	606.30	724.06	727.15	835.21	1083.00
增长速度	15.10	12.50	1.40	13.30	19.40	0.40	14.90	29.70
第一产业金额	9.00	10.30	10.00	11.10	7.20	6.00	9.20	11.90
增长速度	33.30	14.40	-0.30	11.00	-35.00	-16.70	53.30	29.30
占比	1.90	2.00	1.90	1.80	1.00	0.80	1.10	1.10
第二产业金额	348.00	394.60	391.80	454.70	446.80	425.10	428.50	499.00
增长速度	17.60	13.50	-0.80	16.10	-0.20	-4.90	0.90	16.30
占比	74.20	74.90	73.30	75.00	61.70	58.40	51.30	46.10
第三产业金额	111.78	122.53	133.25	140.50	270.06	296.05	419.30	572.10
增长速度	6.80	9,60	8.70	5.40	92.20	9.60	41.60	36.40
占比	23.90	23.10	24.80	23.20	37.30	40.80	47.60	42.80

注：FDI 流入实际金额为全口径数。

资料来源：2008 年数据来自商务部外资司《外资动态》2009 年 1 月各期；其余来自《中国统计年鉴》历年数据。

二　外商"独资化"倾向加强

在利用外资的各种企业形式中，独资经营已成为外商投资企业最主要的投资方式。根据 2008 年商务部外资司全国外商投资企业年检数据显示，截至 2003 年，外商独资经营企业占全部外商投资企业的比重已经达到 52.21%，之后不断上升，2007 年年底达到 64.44%。中外合资经营和合作经营企业的比重不断下降；外商投资股份制企业的数量增加迅速，但总量仍不大；其他形式的外商投资企业逐渐消失。截至 2007 年年底，在 220601 家外商投资企业中，173476 家由外方绝对控股，占外商投资企业总数的 78.64%。

随着外商"独资化"倾向的增加，外商独资经营越来越成为当前中国利用外商投资的主要形式，其利用外资所占比重持续上升。外商独资经营企业使用外资金额从 2000 年第一次超过合资经营企业以来，比重不断加大，截至 2007 年年底，已上升到 68.57%（见表 6.2）。近几年，中外合资经营企业实际利用外资比重占 1/4 左右，中外合作经营企业实际利用外资比重开始下降，外商投资股份制企业实际利用外资规模大幅增加，但比重仍较低。

表6.2　2005—2007年不同形式外商投资企业实际利用外资的比重变化

单位：亿元，%

企业类型	2005年 金额	2005年 比重	2006年 金额	2006年 比重	2007年 金额	2007年 比重
独资	2615.44	65.84	3351.59	62.34	4480.49	68.57
合资	1161.62	25.39	1292.42	27.69	1549.63	23.72
合作	313.15	6.29	320.19	7.46	325.69	4.98
股份	105.30	2.48	126.22	2.51	178.37	2.73
其他	0.08	0	0.07	0	0	0

资料来源：商务部外资司，2008年。

对于这种现象，一种解释是认为外商利用其资本、技术和管理的优势排挤和控制中国民族工业，从而实施扩张（逯宇铎，2008）。这种解释是否全面准确，需要商榷。

三　自由港成为外资主要来源地

1992年以来，维尔京群岛、开曼群岛、西萨摩亚和毛里求斯四个自由港对华投资增长速度不断刷新，特别是进入20世纪90年代后期，来自自由港的外资比重跃上重要台阶，成为中国外资流入重要来源地。据统计，截至1994年年底，中国外资流入的十大来源地依次为：中国港澳地区（593亿美元）、中国台湾（84.5亿美元）、美国（77.3亿美元）、日本（72.8亿美元）、新加坡（20.7亿美元）、韩国（12.73亿美元）、英国（12.68亿美元）、法国（8.0亿美元）、德国（7.86亿美元）、泰国（6.26亿美元）。那时，四个自由港的外资流入累计不过1.8亿美元左右。在1995—2005年间，自由港外资流入迅速上升，从2000年起就超过了英、法、德在内的整个欧盟以及美国和日本（见表6.3）。

表6.3　　　　　　　1995—2005年自由港外资流入比重的上升　　　　单位：亿美元，%

年份	总额	中国香港	中国台湾	自由港	美国	日本	韩国	新加坡	欧盟
1995	375.2	53.5	8.43	1.01	8.22	8.28	2.78	4.93	5.68
1996	417.3	49.6	8.33	1.57	8.25	8.82	3.25	5.38	6.56
1997	452.6	45.6	7.27	4.55	7.16	9.56	4.73	5.76	9.22
1998	454.6	40.7	6.41	9.86	8.58	7.48	3.97	7.49	8.75
1999	403.2	40.6	6.46	8.03	10.46	7.37	3.16	6.55	11.11
2000	407.1	38.1	5.64	11.61	10.77	7.16	3.66	5.34	11.00
2001	468.8	35.7	6.38	14.11	9.46	9.28	4.59	4.57	8.92
2002	527.4	33.9	7.53	15.50	10.28	7.94	5.16	4.43	7.03
2003	535.0	33.1	7.35	14.26	7.87	9.45	8.39	3.85	7.35
2004	606.3	31.3	5.14	16.33	6.50	8.99	10.31	3.31	6.99
2005	603.2	29.8	3.57	17.18	5.07	9.02	7.14	3.04	7.17

资料来源：商务部外资司，2007年。

从2000年开始，自由港一跃成为仅次于中国香港的第二大外资来源地，中国台湾和新加坡的外资流入比重下降，而韩国流入比重上升，从而改写了中国十大外资来源地的排序（这个排序的外资流入金额不包括金融类投资）：中国香港（2595.22亿美元），日本（533.75亿美元），美国（510.9亿美元），维尔京群岛（459.16亿美元），中国台湾（417.57亿美元），韩国（311.04亿美元），新加坡（277.44亿美元），英国（131.96亿美元），德国（114.39亿美元），开曼群岛（86.6亿美元）。这个排序是把各自由港分开计算的，若把4个自由港加起来计算，已经位居第二。在2006—2008年，自由港外资流入出现新的高涨，从130亿美元依次增加到226亿美元和231亿美元，成为外资流入最活跃的来源地。这三年累计，十大外资来源地排序如下：中国香港（889.72亿美元），维尔京群岛（437.54亿美元），日本（118.39亿美元），美国（84.21亿美元），中国台湾（58.09亿美元），韩国（107.08亿美元）；新加坡（86.29亿美元），开曼群岛（78.11亿美元），萨摩亚（62.58亿美元），德国（36.13亿美元）。毛里求斯从2007年开始对华投资呈跳跃式增加，3年累计超过28亿美元，成为外资第十一大来源地，排在英国（24.7亿美元）之前。

自由港日益成为外资重要来源地，这说明了什么？流行的解释是热钱流入，但是这种解释很难得到调查和统计数据的印证，因此只能是假设。从这种现象中，我们还能探究出什么有意义的信息呢？

2002年以来，美元对西方主要货币处于贬值状态，以美元计算价格的世界直接投资流量存在价格增加因素，而从2008年下半年开始，美元对欧洲货币转为升值，可能也存在对世界直接投资流量的低估作用。中国从2005年7月实行人民币汇率改革以来，人民币对美元汇率升值了21%左右，如果考虑到人民币汇率升值因素，外商直接投资占国内总投资的实际比重需要做些修正计算，即便仍以2004年汇率年平均价计算，2005—2008年的修正值分别为6.8%、5.5%、5.0%、5.2%，下降趋势仍然是明显的。

中国从20世纪90年代开始大力吸收外商直接投资，1992年吸收外商投资跃上百亿美元新台阶。在1991—1995年的"八五"期间，中国吸收外商投资平均占世界直接投资流入量的8.8%；而在1996—2000年的"九五"期间，这个比例降为7.3%；2001—2005年的"十五"期间，这个比例再下降到6.7%；2006—2008年是"十一五"期间的前3年，这个比例又下降为5.7%。流行和简单的解释是，随着中国经济的发展和人民币储蓄的增加，对外来资金的渴求已经大为缓解，这就意味着中国已经不太需要外商投资了。确实，中国在利用外资中对资金要素的依赖已经不那么强烈，但是这并不意味着中国已不需要引进外商投资。从世界趋势看，美国、英国等发达经济体都是吸收国际直接投资的大国，甚至连比利时这样小而富的国家，2006年吸收的国际直接投资都比中国多，这在理论上应做何解释呢？

四 中国吸收外资在全球流量中比重下降

从20世纪90年代以来，随着国际产业结构调整和产业转移的加快发展，国际直接投资呈现上升趋势，这个趋势到2000年达到一个峰值；随后出现连续3年的下降，但从2003年开始回升，到2007年达到新的更高峰值。与世界直接投资流入量的增长趋势相一致的是，中国吸收外商直接投资的绝对量也是持续增长的，但相反的是，在国际直接投资流量中的份额持续下降。换言之，中国对外商投资的有效吸引能力小于世界直接投资流量的供给增长速度（见表6.4）。

表6.4　2001—2008年中国吸收FDI占比与FDI在国内总投资中占比

单位：亿美元，%

年份	中国吸收FDI	世界FDI	占比	汇率年平均价	中国固定资产总投资	占比
2001	468.78	7350	6.4	827.70	36898.00	10.51
2002	527.43	6252	8.4	827.70	43202.00	10.10
2003	535.05	5611	9.5	827.70	55118.00	8.03
2004	606.30	7177	8.4	827.68	70073.00	7.16
2005	724.06	9587	7.6	819.17	88604.00	6.69
2006	727.15	14110	5.2	797.18	109870.00	5.28
2007	835.21	18330	4.6	760.40	137239.00	4.63
2008	1083.00	14660	7.4	684.60	172291.00	4.30

注：中国与世界FDI流入量单位为亿美元，中国固定资产投资单位为亿元人民币。汇率年平均价为每100美元对应的人民币。

资料来源：中国吸收FDI来自中国商务部外资统计。从2005年起，中国商务部外资统计数字为全口径金额，即包括金融类外商直接投资。世界FDI引自联合国贸发会议《世界投资报告》最新版本，2008年数为作者估算；汇率年平均价引自《中国统计年鉴》，2008年数为作者估算；中国固定资产投资数引自《中国统计年鉴》和国家统计局公布数。

第二节　对上述重要特征的理论分析

一　从"两缺口"理论到全球价值链理论

发展经济学解释发展中国家破解资金和外汇两个缺口以实现经济起飞的目的是通过引进外商直接投资，这就是著名的"两缺口模型"理论（Chenery，Hollis Burley，1965）。20世纪60年代中期，由美国经济学家提出，它不仅为美、英等国大量输出资本提供了理论依据，而且也受到新独立的亟须发展经济的发展中国家的重视和采纳，甚至成为发展中国家引进外资的理论指南。随着国际直接投资的迅速发展，西方经济学家陆续创立了体系比较完备的国际直接投资和跨国公司理论。在理论上占有重要地位的有海默（S. H. Hymer，1976）、金德尔伯格（Charles P. Kindleberger，1969）等的"垄断优势论"；巴克利等（Peter J. Buckley et al.，1970）和卡森（Mark Casson，1970）的"内部化"理论；邓宁（John H. Dunning，1981）的"国际生产折中论"以及小岛清（Kiyoshi Kojima，1978）的"边际产业扩张论"。这些理论为西方跨国公司的全球生产和扩张提供了新的理论依据，受到国际垄断资本和西方经济学界的追捧。但是，这个理论的重大缺陷是没有解释国际直接投资的东道国特别是发展中国家为什么需要吸引外国直接投资，从而也就无法向发展中国家提供利用外资的政策信息。在很大程度上，它们的实用性不如"两缺口"理论。随着发展中国家涌现出成功的新兴市场经济体，出现对外直接投资，全球跨国投资出现南南相互投资、南北反向投资、发达国家相互投资以及资本主要流向发达国家的新格局，用"两缺口"理论解释国际直接投资现象的局限性越来越明显了。

进入20世纪80年代，美国经济结构加速向服务型经济转变，工业产品竞争力下降，日本和欧洲的工业产品日益占领美国市场，经常项目中的货物贸易逆差不断扩大，引起美国的密切关注，从而产生了一场关于美国产业竞争力的热烈讨论（裴长洪等，1998）。持悲观看法的经济学家主张政府干预并制定产业政策以提升美国工业产品的竞争力；持乐观看法的经济学家认为，美国工业结构的变革，应当由自由市场力量决定，政府不必采用产业政策干预，并认为美国工业产品竞争力下降只是为赢得下阶段竞争优势而暂时放弃的利益（Krugman，1988）。美国哈佛大学商学院教授迈克尔·波特（Michael E. Porter，1990）对这场争论进行了总结，并开创了产业国际竞争力新的研究分析框架。他的研究不是从价值判断着眼去评定两种观点的是非，而是从跨国企业如何赢得国际竞争的公司战略管理入手，分析了产业国际竞争的最新实践，提出了产业"全球价值链"中国际竞争的新概念，解释了在工业产品越来越成为多国籍生产的条件下，评价国际竞争力的新标准以及发达国家，特别是美国如何保持国际竞争力的国家战略（Michael E. Porter，1980，1985，1986，1990）。中国学者吸收借鉴了波特的理论，提出了跨国公司在国内外的价值增值过程中，其价值链是国际性的并由跨国公司共同管理的认识（王林生，1994）。

波特的"全球价值链"理论并不直接解释国际直接投资,他的本意是为美国公司出谋划策如何进行跨国经营并牢牢掌握价值链的"战略环节",但是也客观地分析了在国际直接投资发展和多国籍产品出现新形势下国际竞争的新形式,客观地分析了在经济全球化背景下,分工与市场跨越国界产生的要素流动和资源重新配置的必然趋势。通过国际资本流动,实现要素和资源的重新组合,不断改组原有的价值链和形成新的全球价值链。只要这种整合有利于保持或增强母公司在全球价值链中的"战略环节",这种要素流动和重新整合就是合理和必要的。1991—2001年间,美国、日本和欧洲的跨国公司中,高度依赖外部技术资源的企业的比重,从平均不到20%迅速提高到80%以上(江小涓等,2004)。因此,他解释了为什么发达国家需要大量引进外资。同时,对发展中国家来说,只有通过大量吸收外商直接投资,才能进入"全球价值链"生产体系。而只有进入该体系,才有机会集合全球优势生产要素,加强自身的比较优势并形成竞争力,并通过培育新的竞争力,实现"全球价值链"生产中国际分工位次的提升。游离于价值链体系就意味着在经济全球化中被边缘化,就难以得到国际分工的利益。因此,全球价值链理论也解释了发展中国家为什么需要不断吸收外商投资,为什么吸收外资的规模和能力成为评价发展中国家整合外部资源的综合水平和增强本国国际竞争力的重要指标。当然,全球价值链理论在一定程度上模糊了民族国家的界限,实质上是模糊了民族国家利益的界限,这是西方资产阶级理论的局限性。但是,这对于中国进行的现代化建设,特别是当前和未来完善利用外资的体制和政策,提供了有价值的信息。

二 资产及风险控制理论与外资流入结构

跨国投资在实践中毕竟是微观主体的市场行为,因此企业投资战略也成为解释国际直接投资原因的重要学说。美国学者曾经从资本、货币市场的不完善,利率和汇率波动以及国际资本市场的结构和效率等方面分析了这些因素对国际直接投资的影响,特别是阿利伯(Aliber, 1970)把对外直接投资视为资产在各个通货区域之间的一种流动。与其说这是一种生产现象,不如说这是一种货币现象。他认为,由于不同货币利率和汇率的波动,因此存在通货溢价(currency premium)因素,这是跨国企业得到高收益率的原因,也是跨国直接投资产生的原因。通货溢价论假设,当投资国货币疲软而东道国货币坚挺时,投资者是为了得到以东道国货币计价的资产,当它返回投资国时,就得到实际的或账面的溢价。可见,他的理论是建立在资本市场和外汇市场失效这一基础上,这种失效给了那些用某种货币定值其资产的企业以优势。国内投资的风险控制理论也可以用来解释跨国投资。例如,现代资产组合理论认为,就某一种资产而言,风险与收益是对称的,谋求既定风险下的预期收益或既定收益下的最小风险是困难的。但如果把不同的资产组合起来,就可以大大降低风险并取得较高收益。这是因为各种资产的风险可以大体分为两类,即系统风险与非系统风险,前者取决于该资产的外部因素,它本身无能为力;后者则与该资产相关,通过适当的资产组合可以基本消除(Markowitz,1959)。马科维茨的现代资产组合理论后来又成为资产定价(asset pricing)理论的基础(Ross,1976)。这两种理论解释了近几年中国服务业外商投资快速增加的原因。

中国加入世界贸易组织后,金融业对外开放有了很大进展,特别是交通银行、工商银行、建设银行、中国银行等国有大型商业银行实行股份制改革和引入战略投资者,大大加快了银行业利用外资的步伐。从2005年开始,随着银行业外资引进的大规模增加,商务部对外资的统计出现了"非金融类"和"全口径"两种数据。实际上,在"非金融类"统计中,也包含传统统计中关于外资金融机构设立和资本流入的数据。2005—2008年间,全口径金融业外资统计分别是:123.0亿美元、99.88亿美元、90.10亿美元、164.78亿美元。

从表6.5可以看出,近几年中国第三产业的外资流入中,60%以上集中于金融和房地产业。除了金融业对外开放扩大的因素外,人民币对美元汇率升值(特别2000年升值幅度最大,外资流入规模也最大)以及美元对西方主要货币贬值,从而改变了国际资本市场结构和效率,也使人民币具备了阿利伯所说的"通货溢价"条件,这为跨国企业投资中国金融和房地产业创造了垄断优势,成为国际资本流入的重要原因。金融和房地产业外资流入的增加,对于引进市场竞争机制和改善公司治理是有益的,但同时也存在所谓投机性"热钱"问题。这是利用外资中难以杜绝的，关键在于东道国提供什么样的"通货溢价"条件以及如何调控这种条件才能实现趋利避害。由于金融和房地产都属于高风险和高收益行业，这种风险又属于非系统风险，与资产本身密切相关。尽管国际资本对这种资产趋之若鹜，但出于风险控制的理性考虑，需要对其他资产进行组合投资。无论是对金融和房地产的投资，还是对具有系统风险的资产进行组合投资，都要求资本具有高度的流动性，因此，它的属性更多地倾向于金融资本，而不是产业资本。而自由港往往是金融资本的天堂，受到的管制最少，能够保持高度的流动性和最大限度的时间效率，这使自由港成为来华投资的重要来源地。经过40年改革开放，中国对外部世界有了更深刻的了解，同时也让外国投资者对中国市场有了更多的认识。境外投资者采取风险控制的投资策略是必然的，也是他们进步的表现。随着国际直接投资中跨境并购的发展，特别是服务业并购的发展，国际投资中的直接投资和证券投资具有日益融合和交叉进行的趋势。因此，未来来自自由港的境外投资会更多，我们不应该不分青红皂白地把它们一概斥为"热钱"或"假外资"；相反，我们应当鼓励它们进行组合投资，既允许外资流入金融和房地产业，也鼓励它们流入中国更需要的其他服务业或制造业，达到互利共赢的目的。

表6.5　2005—2008年金融和房地产业外商投资占第三产业外资流入比重

单位：亿美元,%

年份	2005	2006	2007	2008
第三产业外资实际金额	270.06	296.05	419.30	572.1
金融业占比	45.50	33.74	21.50	28.8
房地产外资金额	54.18	82.30	170.89	185.9
房地产外资占比	20.10	27.80	40.76	32.5
其他行业占比	34.40	38.46	37.74	38.7

资料来源：商务部外资司；2007年、2008年《中国外资统计》；《外资动态》2009年第1期。

三　内部化理论与独资化

外商投资出现"独资化"倾向，可以用内部化理论来解释。这个理论的代表人物是英国学者巴克利和卡森。他们认为，在当代国际交易中研究与开发型产品、技术密集型产品日趋占据主导地位的情况下，中间品交易日益困难，面对市场不完善状况，企业将力求使中间品在其体系内实行内部化转移。这里的市场失效表现为，中间品的权益在外部市场缺乏保障。由于技术、知识、信息等中间品具有整体、专用、共享等特征，既难以分割让渡，又要严格保密，这使买方难以确信其实际价值和效果，不接受其报价，即使成交，买卖双方都存在泄密的可能，使技术为社会共享。市场失效促使销售者从事购买者的经营活动，这种活动跨越国界，就产生了跨国企业。内部化的另一原因是，克服市场交易障碍所付出的代价构成交易成本，包括发现中间品相应价格的成本，确定合约双方责权的成本、接受合约有关风险、有关市场交易应付税款等成本。此外，政府对汇率、关税的干预也构成成本，各种成本太高以致阻碍了市场形成，促使企业求助于内部化。

外商投资出现"独资化"倾向，按照流行的解释是现在中国社会主义市场经济体制已经比较完善，境外投资者已经不需要中方合作伙伴作为进入中国市场的领路人，路径依赖的程度已经下降。这个解释固然有一定道理，但并不完全，甚至并没有找到主要原因。实际上，外资企业中的中方雇员同样可以在生产经营、公共关系等方面充当外资企业的顾问和市场向导，而不需要用股权合资的方式来达到目的。真正的原因是早期的外商投资以小资本为主，所拥有的技术并不先进，可以转让给合资企业，也不怕泄密为社会所共享。随着时间的推移，越来越多的跨国公司进入中国市场，企业规模越来越大。根据 2008 年外商投资企业年检数据，注册外资在 1 亿美元以上的企业占全部外商投资企业的比重呈现出稳步上升的趋势，2003—2007 年所占比重依次为 0.14%、0.17%、0.17%、0.2% 和 0.29%；0.5 亿—1 亿美元之间的企业所占比重依次为 0.22%、0.26%、0.34%、0.42% 和 0.57%，也呈现出逐年递增的态势。资本密集企业所拥有的技术也越来越先进，因此出现了市场交易的困难。跨国公司在华投资企业采取独资形式，不仅可以克服市场交易困难，实现内部交易和转让，而且有利于保护其技术专利和知识产权。因此，"独资化"倾向的加强，透露出重要的信息是跨国公司在华投资的技术、知识密集度正在提高，同时也反映出中国的市场环境在技术市场建设和知识产权保护方面还有待改善。而且，与合资企业相比，独资企业内部的交易成本相对较低，企业效率相对较高，这也是内部化的好处。

表6.6　　2003—2007年中国不同类型外商投资企业的资产周转情况

企业类型	2003年	2004年	2005年	2006年	2007年
独资	0.79	0.79	0.96	0.95	0.91
股份	0.53	0.58	0.50	0.61	0.61
合资	0.69	0.74	0.79	0.86	0.88
合作	0.46	0.42	0.46	0.52	0.57
其他	0.39	1.07	2.47	0.16	—
合计	0.69	0.72	0.80	0.85	0.85

资料来源：商务部外资司，2008年。

从表6.6中也可以得出与内部化理论相同的结论，即外资企业出资人越少，财产权越简单，内部治理难度越小，出资人控制力越强，资产利用效率就越高。这反映了外商在华投资要求提高经营效率。这与通过股权控制达到排挤民族企业毫不相干。我们不应当用敌意的眼光和"阴谋论"的心态去看待和分析外商投资的"独资化"倾向。只要资本、技术密集的外商投资不断增加，独资化就是不可避免的发展趋势。只要外商投资者有在中国长远投资的打算，提高资产运营效率就是必然的，而选择独资经营形式也在情理之中。既然我们允许境外投资者采用独资经营形式，就不必害怕它的发展。对于它的发展，我们所应有的反应是，能从中得到什么益处？益处是显然的，外商独资经营企业，特别是大型企业必然有较先进的技术和管理，尽管在一个时期内它只能进行内部化转移，但技术外溢是不可避免的。跨国公司理论告诉我们，与这类企业建立的前向或后向的产业关联，就是获取技术外溢的重要渠道。而这种前向或后向的产业关联，对于外商投资企业来说是不可避免的。只要中国企业能够充分发挥自己的比较优势，利用东道国要素、市场和部分中间品供给的有利条件，就能够通过与这些企业建立的前向或后向产业关联获得技术外溢的利益。

四 国家经济安全理论的与时俱进

这是困扰我们继续积极吸收外资的重大理论与实际问题，也是近几年来第二产业吸收外商直接投资增长缓慢的重要原因。在资产阶级工业革命的早期，在对世界市场和各国国内市场的争夺中，就已发生自由贸易和保护贸易的争论。竞争强势的一方强调自由贸易，竞争弱势的一方主张保护贸易，保护本国市场实际上也就是经济安全问题，其实质是保护不同民族国家，特别是该国资产阶级的利益。今天，中国作为社会主义市场经济国家，也要讲经济安全问题，但我们是在参与经济全球化和对外开放不断扩大的条件下讲经济安全，这就与当初一部分垄断资产阶级强调贸易保护有了根本区别。概括起来，我们的经济安全含义应是：一是维护社会主义市场经济基本制度的安全；二是充分利用贸易投资自由化的战略机遇，增强中国综合国力，抵御外来经济风险的冲击（桑百川，2006）；三是维护国内市场开放与竞争的合理秩序，保障各类经济主体的合法利益；四是涉及国防安全、重要基础设施以及影响国民经济全局的行业基本由国家控制。

对大量吸收外商投资会不会威胁中国的基本经济制度，邓小平早有判断："社会主义的经济基础很大，吸收几百亿、上千亿外资，冲击不了这个基础。"他还说："带来的消极因素比起利用外资加速发展的积极效果，毕竟要小得多，危险有一点，不大。"（邓小平，1993）今天，中国社会主义经济基础已经比邓小平说话的年代强大了几十倍，更不必担心社会主义基本经济制度受到外商投资的颠覆。

还要看到，世界形势发生了很大变化，过去高喊贸易自由化的西方国家，一部分变成贸易保护主义。2008 年，美国 Pew Research Center 做了一个调查，结果发现，美国人中对贸易自由化持积极态度的比例从 2003 年的 78% 下降到 2007 年的 59%，英国从 87% 下降到 78%，法国、意大利、德国也都大幅度下降了；中国、印度、巴基斯坦、孟加拉、阿根廷、约旦等发展中国家都上升了。（林桂军，2008）这说明，在当今经济全球化条件下，一部分发展中国家利用机遇赢得了发展，贸易投资自由化符合这些国家的利益，从而成为它们的旗帜。经济越发展，安全程度就越高。对中国来说，经济安全边界已经大大扩展，海外市场的扩大和海外资源的供给在某种意义上已经成为中国经济安全的首要问题。中国经济安全的战略利益方向已经发生重大转折,即已经从国内转移到国外,这才出现了"中国威胁论"和西方某些舆论从贸易自由化转向贸易保护主义的新变化。在这一点上,西方舆论的确要比国内某些人清醒得多。当然,仍然要警惕外部经济风险,这主要是指金融风险,因此,在开放国内资本市场和国际收支的资本项目上,要采取谨慎、渐进、可控的方式,并吸取美国金融危机的教训,加强金融监管。

在实体经济层面,民族经济的控制力已经很强大,国家掌握着最主要的资源和基础设施,国有企业和国有控股企业仍然是最强大的经济主体,因此应当尽量开放,吸收外商投资,引进竞争机制。一些工业行业由外商投资占支配地位,说明外资有资本和技术优势,这正是我们所需要的。当民族工业发展起来,局面就会发生变化,正如家用电器行业的发展过程,因此未必是坏事。只要国家通过实施《反垄断法》,形成合理的市场结构和有序竞争,就是正常现象。在这些行业中观察我们的利益不必只盯住投资主体所占的比重,应当看多数人民的实际福利。根据一些学者的研究,2004 年国民收入中的一半是工资,而外商投资企业的工资平均比国有企业和集体企业高 30% 和 80% 以上,境外投资者的利润收入中一部分用于再投资。2007 年投资收益项下的外汇流出只有 762 亿美元,这其中还包括外债利息的支付,占 GDP 的 2.3%(《中国统计年鉴》,2008)。如果只算外资企业利润汇出,比重更低,2008 年随着人民币汇率升值预期的增加,外商企业利润汇出的比重将进一步下降。

第三节 国际金融危机后国际直接投资的新动向

一 全球国际直接投资发展趋势

2012 年 7 月,联合国贸发会议发表了 2011 年国际直接投资统计和 2012 年国际直接投资预测。如图 6.1 所示,2011 年全球直接投资比上年增长了 17%,达到 1.5 万亿美元。贸发会议预测,2012 年全球 FDI 流动将温和增长,达 1.6 万亿美元左右。表 6.7 是联合国贸发会议对全球国际直接投资规模到 2014 年的预测。

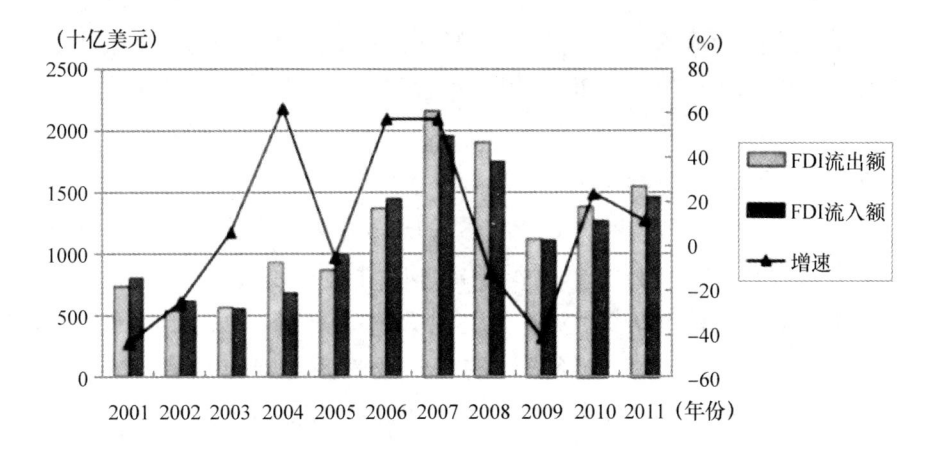

图 6.1　全球国际直接投资流量

资料来源：OECD 数据库。

表 6.7　　　　　　　　联合国贸发会议对国际直接投资的预测　　　　　单位：十亿美元

年份	2010	2011	2012	2013	2014
全球流量	1309	1524	1495—1695	1630—1925	1700—2110
发达国家	619	748	735—825	810—940	840—1020
欧盟	318	421	410—450	430—510	440—550
北美	221	268	255—285	280—310	290—340
发展中国家	617	684	670—760	720—855	755—930
非洲	43	43	55—65	70—85	75—100
拉美加勒比	187	217	195—225	215—265	200—250
亚洲	384	423	420—470	440—520	460—570
转型经济体	74	92	90—110	100—130	110—150

资料来源：UNCTAD。

二　近期全球跨国直接投资的主要特征

（一）跨国直接投资形成的世界分工格局暂时没有发生大的改变

21 世纪以来，以欧美发达国家为主的服务业尤其是金融业和信息业分工、以东亚和东南亚地区为主的制造业分工，以及油、气和其他初级品出口国提供资源供给这样的三角分工网络，并未发生大的变化。发达国家依然是国际直接投资流入最多的地区，东亚、东南亚和南亚地区次之，对初级产品出口国的流入较少。2000年以来，发达国家吸引了4000亿—13000亿美元，东亚、东南亚和南亚为1000亿—3000亿美元，而初级产品出口国为200亿—2300亿美元。

（二）发展中经济体和转型经济体连续两年吸收外资高于发达国家

2010年流入发展中国家和转型经济体的外国直接投资的增长速度达到12%，高于全球增速的5%，流入量达到5740亿美元，占全球外资流量的52%。2011年，流入发展中经济体的外资仍然占全球外资流量的一半以上，流入发达国家的外资虽然强劲增长，但仍然略低于发展中国家。

（三）美欧日仍然是对外投资的主要母体

2011年，发达国家对外直接投资额增长25%，达到1.24万亿美元。美国对外投资的主要因素是跨国公司增加了本公司海外现金储备，其利润再投资额创出新高；欧盟对外投资增长的主要因素是跨国并购；日本跨国公司投资的动力是日元升值，增强了购买力，特别是其在北美的并购交易上升，使其对外投资翻番。

（四）绿地投资比重基本稳定

国际金融危机发生以来，虽然跨国并购仍然是推动国际直接投资增长的重要因素，但绿地投资金额占比还是远远高于跨国并购。2011年，绿地投资达到9040亿美元，比重达到60.3%。尽管这一年巨额并购（30亿美元以上）数量从2010年的44宗增加到62宗，金额增长53%，但比重仍然低于绿地投资。

（五）流入服务业的外资止跌回升

国际金融危机发生后，金融业吸引外资下降，导致服务业吸收外资连续两年下降。2011年，服务业吸收外资回升，达到5700亿美元，特别是公用事业和电信业是外资流入的增长点。由于大宗商品价格高企，流入基础产业的外资也在上升，2011年达到2000亿美元，这都使流入制造业的外资有所下降。

（六）全球跨国公司仍然具有强大投资实力

2011年全球跨国公司海外子公司员工达到6900万人，销售额为28万亿美元，附加值为7万亿美元，比2010年增长9%。跨国公司现金储备估计达到 4 万亿美元—5 万亿美元。从全球最大的 100 家跨国公司数据看，国际金融危机期间，跨国公司为了积累现金，削减了生产性资产和并购。仅这 100 家公司在 2011 年的现金储备就有 1 万亿美元（其中额外增加的现金为 1050 亿美元），高于危机前的储备水平。尽管 2012 年投资略有增加，但跨国公司现金储备依然处于高位，而这种现金的过度储备是未来投资增长的基础。目前，全球最大 100 家公司持有 5000 多亿美元可投资基金。

（七）国际直接投资与间接投资融合促进了跨国并购投资

20 世纪 90 年代以来，投资自由化和金融全球化发展迅速，全球资本市场使企业资产与股权的交易更加便利，同时新技术产品的赢利周期越来越短，产业资本依靠实体循环平衡成本与收益的能力日益弱化。直接投资并长期控制生产经营活动不仅很难保证投资回报，而且生产过剩的风险日益加大。资本主义经济需要创造一种新的投资方式来缓解或转移这种风险。这种投资形式上与直接投资没有区别，即投向实体资产，但它的商业赢利模式却发生了变化。传统直接投资的赢利模式是依靠生产经营的利润，而创新直接投资的赢利模式是依靠资产与股权交易的"溢价"，由此产生的新投资工具叫作投资银行和私募股权基金。它们不仅创造了为避险趋利并缺乏其他优势的货币资本提供服务的组织形式，而且创造了新的商业赢利模式，从而为企业并购重组大开方便之门，同时也为国际直接投资的飙升和全球资本市场的活跃创造了生机和活力。这种投资方式和赢利模式用虚拟经济的扩张转移或缓解了生产过剩的矛盾，具有一定的合理性。同时，这种投资方式也颠覆了国际社会曾经对直接投资所下的定义。

国际投资出现了三种模式：第一种是间接投资（或证券投资），通过购买金融产品实现货币资本的增值；第二种是直接投资，通过购买商品资本，经过生产资本的循环，再通过商品资本的出售而实现货币资本的增值；第三种是创新形式的直接投资，通过购买商品资本来出售生产资本，或直接购买资产和股权（生产资本），再通过出售资产和股权实现货币资本的增值。第三种方式既可能是"绿地投资"，又可能是企业参股、收购或兼并，这已经成为国际直接投资的主流。这种创新形式的国际投资活动的出现，不仅促进了跨国并购的活跃，而且保障了国际直接投资流量的增长。总体来说，2008年金融危机期间，国际直接投资流量的下降不如2001—2003年间那么严重，在2007年达到1.979万亿美元空前峰值后，2008年下降14%，但仍然达到1.697万亿美元，仍然是历史第二高点。2009年下降了39%，但绝对值仍然达到1.04万亿美元左右。2010年恢复到1.122万亿美元，2011年可达到1.3万亿—1.5万亿美元。

(八) 国际投资的产业结构有所变化

粮食、石油、矿产等基础原材料等，近些年需求快速增长，产品价格明显上涨，使得从事基础原材料产业的公司实力大为增强，在金融危机中现金流仍然较为充裕，有继续扩大投资的融资能力，同时中长期良好的市场前景增强了投资信心。根据联合国的调查，基础原材料行业的跨国公司2011年投资将达到较高水平，在危机期间一度搁置的投资计划会重新启动，扩大资源占有规模、加快企业兼并重组意愿强烈，行业投资前景中长期乐观。农业投资的迅速增长主要是由价格而拉动的。2010年由于农业生产成本上升，加之石油价格上涨和灾害性天气频发而导致农产品总量下降。粮食价格则继续高涨，其中玉米的价格暴涨了52%，小麦上涨了49%，大豆上涨了28%。这使得未来农业领域的投资吸引力继续增强，包括投资银行和对冲基金都将农业视为高投资回报的产业之一。

原油和采矿业投资势头强劲。2010年以来，原油价格一路走高，刺激2010年原油勘探和开发投资重回升势，2009—2010年5月主权财富基金在矿产和石油开采业领域的跨境并购金额所占比重达到26%，比2007—2008年提高6个百分点。能源研究公司HIS Herold公司预计2010年石油勘探和开发支出增长8%。良好的投资前景使得国际资本对石油和天然气资产的并购热情高涨，2010年上半年全球在石油和天然气领域的并购交易金额就达到1285亿美元，同比增长一倍以上。此外，采矿业投资长盛不衰。2010年全球采矿业的并购交易案达到2693起，价值总额达到1130亿美元，数量和价值分别同比增长28%和77%。其中，黄金、铜、煤炭、钾盐、铁矿石这五种矿产领域的并购额占据了全球采矿业并购价值的88%，这些矿产资源的巨大需求大部分来自新兴经济体的快速崛起。

低碳投资成为资本追逐新热点。随着全球化趋势负面影响的显现，气候变化、生物多样性消失、污染、水资源耗竭以及为了争夺公有资源引起的冲突等,成为世界共同面临的难题。国际直接投资作为国际经济往来的主要形式,在投资领域中有更多的有利于减排降耗的合作机会和空间。2003—2009 年间,全球在替代能源及可再生能源、资源回收和环保领域,共有 1725 个外商直接投资的绿地投资项目,在可再生能源发电领域还有 281 个跨境并购项目,这使得三个低碳经济领域全球累计外商直接投资金额已经达到 3440 亿美元,其中仅 2009 年外资流量就达到 900 亿美元,比 2006 年增长了接近 2 倍。2010 年成为全球清洁能源投资增长最迅猛的一年,新增投资达到 2430 亿美元,增长 30%,其中中国清洁能源投资规模全球领先,2010 年增长 30%,达到 511 亿美元。

交通运输设备制造业成为国际资本流动的热点领域,主要原因在于汽车和飞机制造产业的投资前景依然广阔。其中,航空业投资方兴未艾。未来 20 年,全球民用飞机市场需求价值总额将达到 3.6 万亿美元左右;中国商飞公司的报告预计到 2029 年全球共需要 3.02 万架干线和支线飞机,总价值近 3.4 万亿美元。巨大的市场需求刺激全球航空制造业增加投资以扩大市场占有率,也将吸引更多的并购投资和绿地投资进入航空产业。

除交通运输设备制造业外,在金融危机中绝大部分制造业的外商直接投资都出现较大下滑,只有少数行业在 2009 年通过跨境并购吸引的外商直接投资实现正增长,电子电力设备制造业为其中之一。电子电力设备包括半导体、微处理器、电子元器件、电信设备、计算机、电力设备等。由于世界范围内信息产业的发展都异常迅速,特别是信息技术的更新换代速度快,三网融合趋势增强,电子通信产品需求增长较快。2009 年美国非居民部门的私人投资中,对绝大部分产品的采购支出都呈现不同程度的下降,但对通信设备的采购支出增长了 0.3%,显示出电子设备的良好市场前景。该行业自身的高成长性使其抵御金融风险的能力较强,也成为国际产业资本投资的重点领域。2009 年,电子电力设备行业的跨境并购金额同比增长 25%,美国电子信息产业外商直接投资流入量同比增长 41%。

(九)资本加速流向新兴经济体,中国对外商直接投资仍然具有吸引力

2008 年的国际金融危机使传统发达国家主导的国际经济体系日显不足,更多新兴经济体参与并决定全球经济事务成为全球化进程的必然趋

势，也被证明是克服危机影响的最有效方式。后危机时代，传统西方发达国家依然深陷泥潭，难以自拔，而以中国为代表的新兴经济体率先走出危机，开始复苏之路，这必然吸引国际资本加速流向新兴经济体。2010年，国际直接投资流向发达经济体为5270亿美元，比2009年下降7%，特别是欧洲吸收外资下降19.9%；日本的降幅高达83.4%；只有美国吸收了1861亿美元，增长43.3%。而发展中经济体吸收外资5248亿美元，增长幅度达9.7%，总量占比为53%，首次超过发达经济体。除了中国吸收外资增长外，南美智利、墨西哥、秘鲁和加勒比地区，东南亚的印度尼西亚、马来西亚、新加坡，都是吸收外资增长速度较快的经济体。

在各个新兴经济体中，中国吸引外资优势明显。调查显示，超过90%的企业认为2008年以来中国商务环境改善，83%的美国公司、90%的欧盟公司、62%的日本公司5年内打算扩大对华投资，76%的美资企业将中国市场列在近期全球投资计划的前三位，51%的企业将中国市场作为首位战略目标。2011年前6个月，中国实际吸收外商直接投资608.91亿美元，比2010年同期增长18.4%。其中，服务业吸收280.54亿美元，同比增长21.4%；制造业吸收284.74亿美元，同比增长18.4%；农、林、牧、渔业吸收10.35亿美元，增长15.13%。国际资本流动主要载体跨国公司纷纷看好中国，增加在华投资。2009年中国成为世界汽车第一生产和消费大国，年生产和销售量都突破1200万辆。全球汽车企业为了占领中国市场正在展开行动，福特公司决定在中国的南部地区建设第三个汽车工厂；通用汽车计划与中国一汽合作共同生产；菲亚特也决定与广州汽车合作，扩大生产量。

表6.8是美国、中国和印度2005年以来外商投资的统计汇总。中国2011年吸收外商直接投资比2010年增长8%，达1240亿美元，仅次于美国；对外投资下降5%，只达651亿美元；世界排名第九。截至2011年年底，中国吸收的外商投资存量为7120亿美元，对外投资的存量为3660亿美元。联合国贸发组织2012年进行的世界投资前景年度调查报告显示，由跨国公司评选的东道国排名中，中国第一，美国第二，印度第三。

表6.8　　　　　　　　美、中、印三国外商投资统计　　　　　　单位：亿美元

年份	美国 流出额	美国 流入额	美国 存量	中国 流出额	中国 流入额	中国 存量	印度 流出额	印度 流入额	印度 存量
2005	153.7	1048.1	28179.7	122.6	724.1	2720.9	29.9	76.2	432.0
2006	2242.2	2371.4	32930.5	211.6	727.2	2925.6	142.8	203.3	708.7
2007	3935.2	2159.5	35513.1	224.7	835.2	3270.9	195.9	255.1	1057.9
2008	3083.0	3063.7	24864.5	521.5	1083.1	3780.8	192.6	434.1	1252.1
2009	2669.6	1436.0	29954.6	565.3	950.0	4730.8	159.3	356.0	1712.2
2010	3044.0	1979.1	33974.1	688.1	1147.3	5878.2	131.5	241.6	2046.9
2011	3966.6	2269.4	35093.6	651.2	1239.9	7118.0	147.5	315.5	2017.2

资料来源：UNCTAD。

中国吸收外商投资的流向近年来出现新的变化，主要表现为：流入服务业外资持续增加，流入制造业减缓，服务业吸引外资已经超过制造业。

在国际投资流出方面，虽然2011年中国企业对外投资出现首次下降，排名从2010年的第六降为第九，但2012年强劲反弹，前7个月累计实现非金融类对外直接投资422.2亿美元，同比增长52.8%，对中国香港、东盟、美国的投资都以两位数增长。截至2012年7月底，中国累计非金融类对外直接投资已达3643亿美元；前7个月，对外承包工程业务完成营业额588.3亿美元，同比增长14.5%。

然而，中国吸收外商投资也面临新的挑战。首先，2011年中国吸收外商投资增长8%，低于全球16%的水平和发展中国家11%的整体水平。其次，2012年前7个月，中国非金融类吸收外商投资的金额为666.7亿美元，同比下降3.6%。

第四节　"十一五"时期中国吸收外商投资新特点

"十一五"期间，中国累计吸收外商直接投资4734亿美元，是"十五"期间的1.6倍，年均增速为16.5%，比"十五"期间提高了8.1个百分点。

"十一五"期间，中国吸收外商投资呈现出一些新特点。

一 服务业吸收外商投资比重上升

从2001年到2010年，制造业外商投资流量的增加是不明显的，其中有5个年份是负增长或微弱增长，其余5个增长年份有3个集中在"十五"期间，只有2个在"十一五"期间。"十一五"吸收外资的亮点是2007年和2008年，连续两年出现了服务业吸收外商投资的高速增长，提高了"十一五"期间服务业吸收外资在全部吸收外资中的比重。2009年受国际金融危机影响，服务业吸收外商投资流量大幅度下降，但比重下降不多，2010年无论是流量还是比重都上升了。

二 外资来源地有明显变化

21世纪以来，中国利用外商直接投资的主要来源地集中在中国香港、中国台湾、维尔京群岛、日本、美国、韩国、新加坡、萨摩亚群岛等国家和地区，这种结构在"十一五"前三年也得以保持。由于国际金融危机，中国利用外资的来源地结构在2009年发生较大的变化。具体如图6.2所示。

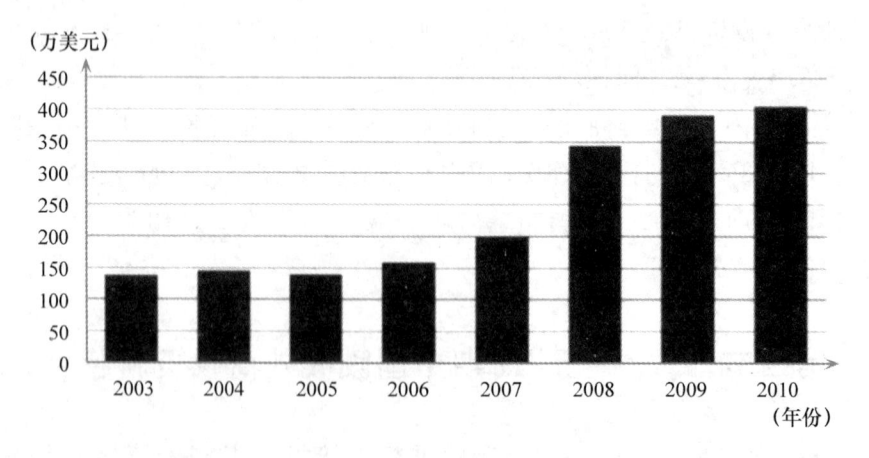

图6.2 外商投资项目平均金额

资料来源：商务部外资司。

维尔京群岛和萨摩亚群岛等自由港的金融状况发生了很大改变。维尔京群岛和萨摩亚群岛在 2009 年退出中国前十大外商直接投资来源地,而中国香港、中国澳门和中国台湾地区对中国内地(大陆)的投资则出现迅速的增加,占中国利用外商直接投资的比重提升明显。2010 年,亚洲十国或地区(中国香港、中国澳门、中国台湾、日本、菲律宾、泰国、马来西亚、新加坡、印度尼西亚、韩国)实际投入外资金额 881.79 亿美元,同比增长 20.55%。美国对华实际投入外资金额 40.52 亿美元,同比增长 13.31%。欧盟二十七国对华实际投入外资金额 65.89 亿美元,同比增长 10.71%。具体如表 6.9 所示。

表 6.9 第三产业吸收外商投资情况 单位:亿美元;%

年份	吸收金额	增长速度	占比
2001	111.78	6.8	23.9
2002	122.53	9.6	23.1
2003	133.25	8.7	24.8
2004	140.5	5.4	23.2
2005	270.06	92.2	37.3
2006	296.05	9.6	40.8
2007	419.3	41.6	47.6
2008	572.1	36.4	42.8
2009	378.66	-51.1	42.06
2010	487.1	28.6	46.1

资料来源:商务部《外资统计》。

三 外商投资项目规模明显扩大,独资倾向增强

2010 年中国利用外资平均项目金额达到 406 万美元,比 2005 年提高了约 186%。"十一五"期间,中国利用外资的平均项目金额保持稳定快速的提高态势,年均增长 33%。其中,单个外商投资项目的平均金额增长最快的是 2007 年和 2008 年,分别增长了 30% 和 70%。由于制造业占据中国外商直接投资的一半以上,因此可以反映出制造业的外商投资平均项目

规模出现大型化趋势,表明虽然制造业利用外资的比重下降,但制造业外商直接投资的项目规模结构发生了积极的变化。特别是随着项目扩大和技术转移趋势的增强,跨国公司在华设立地区总部和研发中心已超过1400家,比"十五"期末增加近1倍。

外商独资经营企业使用外资金额从2000年第一次超过合资经营企业以来,比重不断加大,截至2007年年底,已上升到68.57%。"十一五"期间,外商以独资方式进入中国的企业数量已占78%。

四 在华外商投资的地区结构有所改善

从外商投资的区域结构看,东部地区依然是外商投资的重点区域,但所占比重有所下降,中、西部地区吸收外资金额的速度增长迅速,外商投资的区域结构有所改善。2008年,中国中、西部地区吸收外资更是分别增长了36.4%和79.8%,远高于全国利用外资的平均增速,使得中、西部地区占中国吸收外资的比重进一步提高。2009年,东部地区实际利用外资同比下降0.96%,低于全国平均降幅1.6个百分点;中部地区实际利用外资下降28.26%,高于全国平均降幅25.7个百分点;西部地区全年利用外资71.09亿美元,实现了7.41%的正增长,其中四川省实际利用外资达到19.36亿美元,占西部地区总量的27.23%。2010年,西部占比提高到8.5%。整个"十一五"期间,中部和西部吸收外商投资占比从11.2%提高到15%。

五 外商投资在中国整个固定资产投资中的比重降低

这说明中国经济建设对外资的依赖已经下降,吸收外资的资金需求正在更多地转向对技术和管理的需求(见表6.10)。

表6.10　　2002—2011年中国固定资产投资中外资占比统计　　单位:亿元,%

年份	全社会固定资产投资总额	利用外资	外资占比
2002	43499.9	2085.0	4.8
2003	55566.6	2599.4	4.7

续表

年份	全社会固定资产投资总额	利用外资	外资占比
2004	70477.4	3285.7	4.7
2005	88773.6	3978.8	4.5
2006	109998.2	4334.3	3.9
2007	137323.9	5132.7	3.7
2008	172828.4	5311.9	3.1
2009	224598.8	4623.7	2.1
2010	278121.9	4986.8	1.8
2011	311021.9	5087.3	1.6

资料来源：历年《中国统计年鉴》，《中国统计摘要2012》。

六 在全球吸收外商直接投资流量中占比回升

中国从20世纪90年代开始大力吸收外商直接投资，1992年吸收外商投资跃上百亿美元新台阶。在1991—1995年的"八五"期间，中国吸收外商投资平均占世界直接投资流入量的8.8%；而在1996—2000年的"九五"期间，这个比例降为7.3%；2001—2005年的"十五"期间，这个比例再下降到6.7%；2006—2008年是"十一五"的前三年，这个比例又下降为5.7%。2009年和2010年占比回升，平均下来5年占比是6.8%（见表6.11）。

表6.11 中国吸收外商直接投资在国际直接投资流入量中的比重

单位：亿美元，%

年份	中国吸收外资	世界流量	中国所占比重
2000	407.15	12708	3.2
2001	468.78	7350	6.4
2002	527.43	6252	8.4
2003	535.05	5611	9.5
2004	606.3	7177	8.4
2005	724.06	9587	7.6
2006	727.15	14110	5.2

续表

年份	中国吸收外资	世界流量	中国所占比重
2007	835.21	19790	4.2
2008	1083	16974	6.4
2009	918.04	10403	8.8
2010	1147.3	11220	10.2

资料来源：根据联合国贸发会议各年《世界投资报告》整理。

第五节　中国为什么还要大量吸收外商直接投资？

改革开放前期，对于中国为何要利用外资，经济学研究者通常是从发展经济学理论来解释，即发展中国家破解资金和外汇两个缺口以实现经济起飞的目的，可以通过引进外商直接投资来实现，这就是著名的"两缺口"模型。该理论将发展中国家对外资需求的原因最终归结为国内储蓄和外汇储备不足而被称为"两缺口"理论。后来经济学家又将技术要素引进该理论，进而形成"三缺口"理论，即发展中国家对外资需求的原因，除了储蓄不足和外汇储备缺乏，更重要的是技术落后。然而，随着发展中国家涌现出成功的新兴市场经济体并出现对外直接投资，全球跨国投资出现南南相互投资、南北反向投资、发达国家相互投资以及资本主要流向发达国家的新格局，"三缺口"理论解释国际直接投资现象的局限性越来越明显。特别是中国进入21世纪以来，随着经济社会发展，国民储蓄不断增加，同时外汇储备增长更加迅速。现在，国家的宏观经济调控面临的新挑战是银行流动性过剩和外汇资金供给过多，这与当初资金外汇不足的时期已经形成明显的区别。在这种新形势下，中国究竟是否还需要大量吸引外商直接投资，已经引起相当大的争议。

如果说现在不缺资金和外汇了就可以不再吸收外商投资，那又怎么解释美国仍然在大量吸收外国直接投资呢？美国是世界上最富有的国家，它不缺乏资金，而美元又是世界货币，但美国同时又是世界上吸收外国直接投资最多、最主要的国家。当然，它也大量输出国际投资。解释美国之所以是世界上最大的外国直接投资东道国，可以同样解释今天的中国为什么仍然要大量吸收外商直接投资。

进入20世纪80年代，美国经济结构加速向服务型经济转变，工业产品竞争力随之下降，经常项目中的货物贸易逆差不断扩大，从而发生了一场关于美国产业竞争力的热烈讨论。波特的"全球价值链"理论从跨国企业如何赢得国际竞争的公司战略管理入手，分析了产业层面的国际竞争是如何展开的，提出了产业"全球价值链"中国际竞争的新概念，解释了在工业产品越来越成为多国籍生产的条件下，评价国际竞争力的新标准以及发达国家，特别是美国如何保持国际竞争力的国家战略。"全球价值链"理论的本意是为美国公司出谋划策，即如何进行跨国经营并牢牢掌握价值链"全球价值链"，但是它也客观地分析了在国际直接投资发展和多国籍产品出现的新形势下国际竞争的新形式，特别是在经济全球化背景下，分工与市场跨越国界产生的要素流动和资源重新配置的必然趋势。通过国际资本流动，实现要素和资源的重新组合，不断改组原有的价值链和形成新的全球价值链。只要这种整合有利于保持或增强母公司在全球价值链中的"全球价值链"，这种要素流动和资源重新整合就必然发生。美国大量吸收外国直接投资并大量输出国际投资，就是美国跨国公司整合全球生产要素和全球资源的表现形式，而且投资流入流出的多少，反映了美国跨国公司整合全球资源的能力。正因为美国是全球最强大的国家，其资源和要素整合能力最强，因此国际投资流入和流出的数量也最大。"全球价值链"理论虽然没有被学者直接用来解释当今美国的国际投资行为，但其借鉴意义是很明显的。

由此，我们可以引申出的认识是，对发展中国家来说，只有通过大量吸收外商直接投资，才能进入"全球价值链"生产体系；只有进入该体系，才有机会集合全球优势生产要素，加强自身的比较优势并形成自身的竞争力，进而通过培育新的竞争力，实现"全球价值链"生产中国际分工位次的提升。游离于价值链体系就意味着在经济全球化中被边缘化，就难以得到国际分工的利益。因此，不仅缺乏资金外汇和技术的发展中国家需要引进外商直接投资，即便不缺资金和外汇的发展中国家也需要不断吸收外商投资。而且，吸收外资的规模和能力已经成为评价发展中国家整合外部资源的综合水平和增强本国国际竞争力的重要指标。

除去上述因素，中国利用外商投资的特殊原因还包括，虽然中国银行资金很多，但只能形成债务融资，资本形成的渠道很少，直接融资不发达，股权投资成为中国经济发展的严重瓶颈问题。而外商投资是中国经济中寻找股权投资的成功渠道。这种现实性解释了中国各地在经济建设中长久不衰地致力于招商引资的重要原因和特殊原因。

从中国2002—2011年全社会固定资产投资总额和利用外资额的统计中可以发现，外资占比呈现逐年下降的趋势，由2002年的4.8%下降到2011年的1.6%。虽然在某些地方外商直接投资对于当地资本形成和股权投资仍然有重要意义，但从全局来看，外商直接投资对中国经济建设的意义已经从当初主要是弥补建设资金不足、增强资本形成能力逐渐转变为当前主要是为了调整经济结构、扩大区域开放和转变经济发展方式服务的新功能。

一　在产业转型升级中吸收外商投资

（一）把吸引外资与当地经济发展战略密切结合起来

未来在东部沿海发达地区，产业的发展路径必然是：工业由制造向创造转变，生产型制造向服务型制造转变，由粗放型向集约型转变；按照高端化、集约化、服务化的发展方向，推动三次产业融合发展，加快构建现代服务业为主体、战略性新兴产业为引领、先进制造业为支撑的新兴产业体系。

（二）吸引外资要有第三次工业革命的观念

建立在互联网和新能源相结合基础上的新的生产模式即将到来，传统能源的不可再生性和不可持续性必然导致第二次工业革命终结。第三次工业革命的实质就是通过信息化推动制造业深刻变革，发达国家是在工业化完成情况下进入信息化的，而中国在工业化尚未完成的情况下遇到信息化，使得中国工业化必须与信息化同时开展。这意味着我们必须走"两化融合"的道路，走出一条与发达国家不同的实现新型工业化的道路。

（三）吸引外资要为工业增长提供新的支撑

总体来看，中国制造业已经相当于发达国家20世纪90年代末和21世纪初的水平，为产业结构优化和转型升级提供了较好的基础。目前，制造业进一步发展缺乏的是新的支撑点，如电子商务、现代物流、工业设计、软件和信息服务等现代生产性服务业的发展。这是先进制造业的"心脏"和"大脑"，是走向高端制造业的重要基础和支撑，需要通过引进外资和技术实现突破。

（四）吸引外资要为信息基础设施建设引入创新技术

中国现阶段信息基础设施与发达国家仍然有较大差距，这种差距近五年仍被拉大。核心芯片、各种操作系统的关键技术，如高档数控系统、制造执行系统、工业控制系统、大型管理软件、宽带技术和铺设等方面还比较落后，可以通过引进外资和技术缩小差距。过去的实践证明，引进创新技术是自主创新的捷径，也是效率最高的方式。

（五）引进外资要为"两化融合"提供动力

"两化融合"将使传统制造业发生转变。一是促进绿色制造。注重产品环境属性，包括工艺规划、材料选择、产品包装回收处理等。二是形成智能制造。基本特点是整个生产线全自动化，生产效率显著提高，终端制造能力增强。三是服务型制造。生产性服务引领制造过程与客户消费过程、制造商与服务供应商的密切结合。

二 在发展战略性新兴产业中吸引外商投资

（一）把发展战略性新兴产业与吸引跨国公司"西进"结合起来

跨国公司"西进"目前已经初具规模，2012年5月以来，西门子、富士、丰田、摩托罗拉、福特、日立、索尼、佳能、三菱商事、爱普生、艾默生等100多家跨国公司负责人近10批次到重庆、四川、云南、陕西、新疆、海南等西部地区考察新兴产业项目投资。此外，日本公司沿长江而上，在湖北襄阳高新区签约20亿元打造日本工业园，日本NEC、日产公司、CK公司、中日龙、日本发展、小原光电等一批知名企业相继落户工业园。德国西门子公司将在中国中西部投资包括智能电网、电动汽车和绿色出行等在内的新兴产业领域。根据德意志银行的报告，跨国公司正在进一步增加向中国中西部的投资。

（二）中央政府各部门要积极支持外商向中西部投资

国家发展和改革委员会负责人称，中国政府正在完善相关法律法规，鼓励和支持国际资本投资中国的战略性新兴产业，特别是中西部的战略性新兴产业。科技部还将制定"跨国公司技术合作指引"，鼓励跨国公司设立地区总部、研发中心、采购中心、培训中心，鼓励外资企业技术创新，增强配套能力，延伸产业链。工业和信息化部与国家知识产权局正在联合酝酿相关规定，鼓励中国企业与跨国公司在战略性新兴产业知识产权方面展开合作。

（三）中西部省区要积极响应跨国公司的"西进"

中西部有关省市出台的一系列优惠政策是吸引跨国公司的重要因素。江西、重庆、新疆、海南等省市政府出台"鼓励和支持战略性新兴产业和高新技术产业发展的若干政策"，从土地、园区扶持、财税、融资、产业服务、人才、优化投资环境等多个方面鼓励和支持战略性新兴产业发展，对跨国公司形成吸引力。

第七章 从需求侧转向供给侧：中国吸收外商投资的新趋势

从经济学意义上分析，以往中国吸收外商投资的理念主要是基于需求方面的考虑，是为了增强资本形成能力，扩大投资需求，加速经济增长而大力吸收外商投资。在中国经济增长的"结构性增速"阶段，这个理念指导下的招商引资政策和利用外资实践是成功的。但从近年来中国经济发展的阶段性特征来看，中国已经或即将进入"结构性减速"阶段，单纯强调扩大投资需求的政策面临经济效益下降的挑战，因此利用外资政策同样需要重新审视它的功能。

党的十八大报告提出：要提高利用外资综合优势和总体效益。这个提法与以往我们熟悉的利用外资的政策语言相比，有了明显的变化。以往提过，要提高利用外资的质量和水平，更早的提法是要解放思想，扩大开放领域，大胆利用外资。以往的提法无论有什么不同的表述，其经济学意义上的共同点都是扩大资本形成能力和加速经济增长。然而，十八大的新提法是在国际金融危机继续深化和中国经济增长出现阶段性变化等一系列新背景下出现的，因此具有不同的含义，需要深入分析。

第一节 中国经济发展面临的新挑战

2011年和2012年，中国经济发展面临的新挑战，集中表现为经济增长速度下降。2012年，中国经济增长率自2002年以来首次"破8"。2011年和2012年连续两年经济增长率下滑的原因是三大最终需求不足。

2011年的经济增长率下调1.1个百分点，主要是由于消费不足。2011年，社会消费品零售总额实际增长11.1%，比2010年回落3.5个百分点，同期出口和投资都还较为稳定。2012年经济增长率再下行1.4个百分点的原因，则与投资、消费、出口增长放慢都有关系。从固定资产投资和商品消费的增长情况看，近两年的增长速度都低于2009年和2010年。但2012年的进出口贸易是一个特殊现象。全年进出口总额38667.6亿美元，比2011年增长6.2%，增速比上年回落16.3个百分点；出口20489.3亿美元，增长7.9%；进口18178.3亿美元，增长4.3%。进出口相抵，顺差2311亿美元。进出口总额中，一般贸易进出口20098.3亿美元，比2011年增长4.4%；加工贸易进出口13439.5亿美元，增长3.0%。由此，出现了在进出口贸易增长速度大幅度下降情况下，净出口对经济增长的正贡献结果。①

从各个地方的情况看，2012年经济增长的预期目标和最终实现目标不一致的现象主要表现为，多数发达省（市）的预期目标高于实现的指标，只有少数欠发达省区的实现指标高于预期目标，说明增长动力不足已经成为各地的普遍现象（见图7.1）。

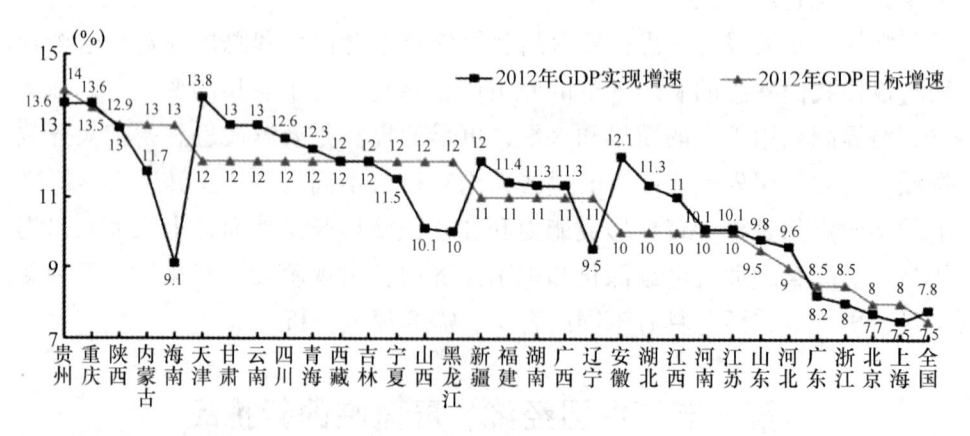

图7.1 2012年各省（市）经济增长与年初目标对比

资料来源：各地2013年"两会"公布信息。

---

① 以上数据来源于国家统计局。

这说明，中国经济的潜在增长率趋向下降。什么是潜在经济增长率？经济学的解释是，在没有政策刺激或压抑条件下，完全依靠生产要素投入的全要素生产率所产生的供给和需求的经济增长状况。2009年，在应对国际金融危机中，国家采取了4万亿元投资的刺激政策，使当年经济增长率达到8.7%，2010年更高；但当刺激政策退出和效果弱化后，2011年和2012年就逐年下降。2012年下半年，国家采取了一定的刺激措施，才使经济增长达到7.8%。所以，中国这些年的实际增长率高于潜在的增长率。反过来说就是，2012年中国经济的潜在增长率是低于7.8%的，这与以往在没有国家政策刺激情况下，经济增长率也能达到9%以上有了很大的区别。

为什么会出现潜在增长率下降？经济学的实证研究表明，世界上大多数经济体都经历过或将会经历"结构性增速"和"结构性减速"这两个过程。中国经济过去30多年平均增长速度达到9.8%，这是一个"结构性增速"的过程，其经济机理是生产要素结构和产业结构都推动"增速"。从生产要素看，是劳动力增长和劳动参与率的提高，资源要素资本化和资本形成能力的增强，工业技术的广泛采用；从产业结构看，一次产业向效率更高的二次产业转移，这些经济活动都支撑了中国经济的高速增长。但这些因素近年已经发生了变化，劳动参与率趋向下降（见表7.1），资本报酬递减导致资本投入亦呈下降之势，二次产业的技术创新面临瓶颈。产业结构缓慢向第三产业转移，但第三产业中的技术创新以及传统行业的效率提高都面临动力不足的挑战（见表7.2），这些因素都导致中国经济进入"结构性减速"阶段。

表7.1　　　　　　　　　　　劳动生产率与参与率　　　　　　　　　　单位:%

要素	增长率		
	历史：峰—峰	最近发展	预测
	1984—2007年	2008—2012年	2012—2017年
劳动年龄人口（15—64岁）	16	0.9	0.1
劳动参与率	0.4	-0.6	-0.7
非农就业比率	21	26	2.1
非农部门劳动生产率	6.7	6.4	6.4

续表

要素	增长率		
	历史：峰—峰 1984—2007年	最近发展 2008—2012年	预测 2012—2017年
全社会GDP与非农部门增加值比率	-0.9	-0.3	0
总和：实际GDP	9.9	9	7.9

资料来源：中国社科院经济研究所"经济增长理论研究"课题组。

表7.2　　　　　　　产业结构变动对增长的贡献下降　　　　　单位:%，元/人

年份	增加值结构			就业结构			劳动生产率		
	第一产业	第二产业	第三产业	第一产业	第二产业	第三产业	第一产业	第二产业	第三产业
1984	25.00	47.00	28.00	64.00	19.90	16.10	507.82	3038.15	2210.20
2007	6.00	65.00	29.00	40.80	26.80	32.40	1223.66	20392.94	745274
2011	5.00	66.00	29.00	34.80	29.50	35.70	1687.51	27306.65	968260
1984—2007（年均变动%）	-5.9	13	0.3	-2.0	1.6	3.5	4.4	8.6	5.4
2008—2011（年均变动%）	-5.0	0.5	-0.2	-3.9	2.4	2.5	8.4	7.6	6.8

资料来源：中国社科院经济研究所"经济增长理论研究"课题组。

此外，投资回报逐年降低，可以从中国工业增加值率（工业增加值/工业总产值）的下降趋势中看出来。2010年工业对GDP贡献超过49%，但增加值率却很低，只有28.3%。同时，劳动要素对增长的贡献也趋向下降。

以上证据说明，在"结构性减速"阶段，靠扩大投资需求来拉动经济增长的效果将比过去大大降低。同理，单纯从数量和规模来吸收外商投资也会遇到同样问题，特别是经济比较发达的东部地区，吸收外商投资的效益会更差。在这种挑战面前，过去单纯以需求导向考虑吸收外商投资的政策和做法到了应当转变思路和理念的时候了。（裴长洪，2013）

第二节 第三次世界工业革命的新机遇

国际金融危机发生后，美国重新认识到以制造业为主体的实体经济的重要意义，实施"再工业化"战略，因此需要寻找科技创新的支撑点和经济增长的支柱产业，从而占领国际竞争的制高点。这个战略导向的理论依据是，制造业对国民经济的贡献主要不是体现为制造业直接创造的价值或制造业在国民经济中的比重，而是体现为制造业所蕴含的生产性知识的复杂性。美国哈佛大学和MIT等机构的一份合作研究认为，在过去60多年间，由生产性部门产品复杂性所反映的一国生产性能力是所有预测性经济指标中能够最好地解释国家长期增长前景的指标，国家间的生产性能力差异能够解释国家间收入差异的至少70%，而制造业中的专用设备、仪器仪表、医疗器械、化学工业和数控机床等制造业是生产性部门中产品复杂度最高的行业。这个视角的研究发现意味着，虽然制造业在发达国家经济总量中比重不断下降，但制造业本身所蕴含的生产能力和知识积累却是关系一国经济长期发展的关键。这种认识极大影响了美国"再工业化"的技术路线。制造业技术的信息化、数字化、智能化以及与新能源相结合成为工业发展的战略性方向，并引起各国的纷纷效尤，对世界未来经济竞争格局的影响是广泛和深远的。（蔡春林等，2012）

从近几年趋势看，各国都在厉兵秣马角逐新的工业革命。（1）美国：新能源开发利用、混合动力汽车、生物医药、航天、海洋开发、信息和互联网、气候变化应对；（2）欧盟：健康、食品、农业与生物工程、纳米科学与工程、材料和新产品技艺、信息和传媒工程、能源、环境、运输、安全、空间；（3）英国：生物产业、创意产业、数字产业、通信产业、绿色能源、先进制造、重启核电发展计划；（4）法国：生态经济和绿色化工、再生能源、未来城市建设、未来交通工具、数字内容；（5）德国：数码软件创新研究、药物疗效和新药安全、成像诊断学、智能传感器和眼科学、环境友好创新技术、未来物流、重启核电；（6）意大利：太阳能与光伏、纳米技术与材料产业；（7）日本：信息通信、纳米材料、系统新制造、生物及医疗护理、环保汽车、能源、软件、融合战略；（8）韩国：新可再生能源、低碳能源、高质量水处理、LED 应用、绿色交通系统、高科技绿色城市、传播通信融合产业、IT 融合产业、机器人应用、新材料纳米融合、生物制药和医疗设备、高附加值食品产业、全球医疗服务、全球教育服务、绿色金融、文化创意、会展观光；（9）新加坡：新能源汽车、绿色化工制药法、创新手机、电子产业研发；（10）巴西：发展以乙醇为中心的产业、生物燃料汽车、风能、核能产业、电动汽车产业；（11）智利：混合种植技术、生产和加工生物燃料、生产沼气；（12）印度：软件产业、生态旅游、文化旅游和农业旅游、医疗旅游、医药产业、信息产业。世界第三次工业革命的预言就是在这种背景下提出的。与前两次世界工业革命相比，它确实已经出现了许多新的技术支撑点，在一定意义上说，具备了新工业革命的迹象。（杰里米·里夫金，2012）

我们可以从三次工业革命的主要衡量标准来观察。第一次工业革命使用的能源是煤炭，原材料是熟铁，信息沟通是通信和印刷品，交通及基础设施是蒸汽轮、火车、运河、铁路，通用技术是蒸汽机（蒸汽时代），制造范式是单件小批机械制造。第二次工业革命使用的能源是石油与电力，原材料是钢铁，信息沟通是电话电报，交通及基础设施是汽车、飞机、高速公路、机场、港口，通用技术是电动机（电气时代），制造范式是大批量流水线制造。第三次工业革命使用的能源是新能源，原材料是复合材料、纳米材料，信息沟通是互联网，交通及基础设施是新能源汽车和信息网络，通用技术是计算机（信息时代），制造范式是个性化的数字制造和智能制造。第三次工业革命对国际经济竞争的影响，将主要表现在以下几个方面。（工业经济研究所课题组，2012）

一 劳动成本的重要性下降

由于直接从事生产制造的人数将减少，少量"现代机械和知识型员工"对大量"传统机械和简单劳动力"逐步替代，劳动成本在整个生产成本中的比例也将随之下降。这可能会进一步弱化中国劳动要素的成本优势。2005 年，中国劳动力平均成本是美国劳动力成本的 22%，但 2010 年上升到了 31%，到 2015 年左右，预计将达到 60% 左右。美国《纽约日报》曾报道，飞利浦电子公司设在荷兰的一个工厂里有 128 部具有高超柔韧性的工业机器人，可以永不停息地工作，来完成工人无法完成的精细工作。

二　更加贴近市场在竞争中的重要性上升

未来竞争的关键是看企业是否具有快速响应市场个性化需求的品种适应能力。而大规模定制和全球个性化制造范式的优势，主要体现在对市场需求的快速反应和提供个性化产品上。为了更贴近市场，更快响应市场需求，企业会更多选择在消费地进行本地化制造。在中国，许多产品的生产需要进口大量原材料和关键零部件进行加工组装生产，未来这将受到明显影响。

三　高端服务业的竞争优势将进一步强化

制造业的数字化、智能化趋势，加快了制造业和服务业的深度融合，不仅使得制造业和服务业空间上更为集中，而且二三产业的界限更为模糊。以3D打印机为代表的个性化制造和网络开放社区的发展，将大大促进以个人和家庭为单位的"微制造"和"个人创业"等极端分散组织方式的发展。研发、设计的社会化参与，促进了新型制造范式时代的到来。由于现代制造系统与服务业的深度融合，发达国家在高端服务业形成的领先优势将被进一步强化。

四　制造环节的竞争优势将上升，"微笑曲线"理论受到挑战

在产业价值链上，制造的某些环节将变得与研发和营销同等重要，甚至超越其他的价值创造环节。曾经为寻找更低成本要素而从发达国家转出的生产活动，有可能向发达国家回流和转移。近年来，以福特、通用电器为代表的美国制造业企业明显加大了在本土的投资规模（技术密集型、劳动集约型）。2012年年底，库克公司就宣布将在2013年投资1亿美元，把部分电脑生产线转移回美国。波士顿咨询集团甚至预测，2020年将会有多达60万个制造业岗位从中国返回美国。

然而，第三次工业革命对中国既是挑战，又是机遇。首先，中国庞大的制造业为先进制造技术和相关产业的发展提供了巨大的潜在市场和应用场所。第三次工业革命虽然一定程度上缩小了大规模制造的适用范围，但大规模生产和大规模定制仍然在模块化架构和流程化技术范式产品领域具有广泛的应用空间。由于第三次工业革命是一个渐进的过程，中国还有时间通过战略调整和改善学习机制来应对。其次，中国已经初步具备先进制造业的技术基础。中国拥有完备的工业体系和强大的产业基础，这些年来在新型工业化战略指导下，一直坚持信息化与工业化融合发展，在制造业数字化方面掌握了一定的核心关键技术（2011年，中国十大科技进展之一就是研制出世界上最大的3D打印机），具有进一步跨越式发展的技术基础。只要有危机意识和战略应对措施，充分利用中国的制造优势，调动企业技术创新和应用的积极性，促进技术和工艺的持续改善，中国完全有可能将第三次工业革命转化为经济发展和工业化进程的新动力，进而构成倒逼中国产业结构调整的新机遇。

中国在第三次工业革命中所面临的挑战和机遇，是吸收外商投资导向的重要参照系。未来中国吸收外商投资已不再是单纯地扩大生产能力，而是适应国际经济竞争的新需要，促进工业技术的改造和升级，促进产品结构和产业结构的优化，促进要素生产率和劳动参与率的提高，在国际经济竞争中保持和提高中国的"世界工厂"地位。

第三节 国际直接投资流量下降的趋势

受世界经济影响，2012年全球外国直接投资流入量下降了18%，约为1.31万亿美元，再次回到与2009年低谷相当的水平。显然，各大经济体面临的不确定性继续阻碍外国直接投资的复苏。这些不确定性主要根源在于全球经济增长持续低迷、欧元区债务危机、美国的财政悬崖以及一些国家投资保护主义的抬头。这都影响了全球外国直接投资的恢复势头。2012年，全球外国直接投资的主要特点表现在下列方面。

首先，发展中国家吸收的外国直接投资继续超过发达国家流入发展中经济体的外国直接投资达6800亿美元，下降3%，仅比发达国家多出1300亿美元。其中，流向发展中亚洲国家的外国直接投资有所减缓（下降9.5%），但该地区发展中国家吸引外资总体上仍处于历史较高水平。

在发展中国家吸引外资总量中占59%。拉丁美洲和加勒比地区的外国直接投资流入保持增长，其中南美增长势头最为强劲。

其次，流入发达国家的外国直接投资急剧下降到10年前的水平，从2011年的8078亿美元下降到5489亿美元。2012年全球外国直接投资减少了3000亿美元，近90%是由发达国家外国直接投资下降造成的。多数欧盟国家出现显著下挫，外国直接投资流入额下降了1500亿美元。其中，比利时下降了800亿美元；由于出现大量撤资，流入德国的外国直接投资净值也从2011年的400亿美元下跌到2012年的13亿美元。美国的外国直接投资流入量也下降了800亿美元，主要是针对该国的跨境并购额下滑，但该国仍为全球最大外国直接投资流入国。日本连续第三年出现净撤资。

最后，跨境并购大幅下挫，但发展中国家海外并购逆势上涨。2012年全球跨境并购额下降了41%，为2009年以来的最低水平。欧洲很多国家的外资并购额与2011年的水平相比显著下降。相比之下，针对新兴市场的并购出现上升。跨境并购数据显示，发达国家投资者大量减持海外资产，而发展中国家投资者则在海外大举并购，在全球跨国并购中的份额上升到37%，创造了历史新高。

2012年，许多发达国家，如英国、卢森堡、葡萄牙、澳大利亚和法国的跨国公司大幅撤回海外资产。例如，ING集团出售了在美国和加拿大的约120亿美元的资产，BP出售了在墨西哥湾油田的56亿美元资产。相反，发展中经济体的跨国公司的境外收购达到1150亿美元，较大的并购包括：马来西亚国家石油公司收购加拿大Progress能源资源公司（54亿美元），中国石化集团购买Petrogal（巴西）公司资产（48亿美元），中国长江三峡集团公司收购葡萄牙Energias公司资产（35亿美元）。来自拉美的跨国公司的海外并购增长了51%，达280亿美元，但亚洲投资者在发展中国家海外投资中仍占据最大份额（75%）。

2012年，出现了新的十大外资流入国（经济体）。全球外国直接投资十大流入国（经济体）依次为：美国、中国、中国香港、巴西、英国、法国、新加坡、澳大利亚、加拿大和俄罗斯。发展中经济体占据了半壁江山，一些经济大国如德国、日本吸收外资远低于许多发展中国家。

2012年中国吸引外资近1200亿美元，同比下降3.4%，但仍保持在历史较高水平。从全球外国直接投资下降18%、亚洲下降9.5%的背景下看，中国吸引外资表现仍然出色。虽然欧盟及亚太一些经济体对华投资有所下降，但德国、荷兰、瑞士等国对华投资仍出现强劲的增长；美国对华投资也保持良好的增长势头。尽管中国吸引外资进入了成熟阶段，但很难重现过去起飞阶段的高速增长。未来中国吸引外资将更多地从量的增长转向质量和结构的提升与优化。高附加值、高技术含量的外国投资，以及高端制造业和服务业吸引的外资比重将进一步上升。

随着全球直接投资复苏势头的受挫，国际投资的政策趋势也将出现新动向。第一，全球投资协定谈判在双边及区域两个层面上保持快速发展的势头，但重心呈现出从双边向区域转移。一些主要国家积极参与、推动区域投资协定的谈判。例如，美国正在积极推动跨太平洋伙伴关系协定以及美国—东非共同体贸易和投资伙伴关系谈判。预计这一势头在今后几年将进一步发展。第二，国际投资协定的谈判更加重视可持续发展，包括企业社会责任等问题。第三，一些国家开始对现有的基于双边投资协定的国际投资体系，包括发展中国家公共政策空间等问题，进行反思和修订。与此相应的是，各国投资政策也会有两种主要变化趋势。一种是，投资政策总体上朝着自由化和投资促进方面发展，一些国家采取了投资鼓励和单边投资自由化措施，如对外资开放一些重要行业等；另一种是，对外国直接投资加强监管和限制的政策措施所占比例不断上升，投资保护主义有所抬头。各国新出台的投资政策中，限制性政策措施所占比重已从20世纪90年代的3%—5%上升到近年的30%左右。

从未来两三年国际直接投资流量趋势和各国对国际投资的政策动向来看，中国有可能继续保持1000多亿美元以上的外商投资流入量，但增长速度不可能太快，甚至不排除有的年份还会出现负增长。因此，未来几年中国吸收外商投资的理念再立足于数量多、增速快是不现实的，而要立足于质量和效益。什么是质量和效益？这就需要从供给侧的新视角来分析和论证。

第四节　培育国际竞争力的新要求

在结构性增速阶段，中国利用土地和廉价劳动力的比较优势，通过吸收外商投资，增强资本形成能力，就形成了当时较强的国际竞争力，这种竞争力主要表现为产品价格。吸收外资的目的是为了加速资本形成，满足投资需求增长的需要。在结构性减速阶段，随着土地和廉价劳动力要素禀赋优势的弱化，为了保持或提高中国经济的国际竞争力，就必须从过去主要依靠土地、劳动力廉价的要素禀赋优势向培育国际竞争的新优势转变。

一 培育人力资本新优势

未来大量劳动密集型企业的存在是必然的，那么它们的优势在哪里？在于形成新型的劳动密集型制造企业。竞争力不仅取决于工资水平，还取决于劳动生产率和单位产品成本。工资水平提高并不绝对意味着竞争力下降。如果劳动生产率提高，单位成本下降，有可能抵消工资水平上涨的不利影响。而要提高劳动生产率，也不仅仅只有资本替代这一途径，提高人力资本水平，也是提高劳动生产率的重要途径。这也是阻止制造业某些环节向发达国家转移的重要措施。富士康公司在2012年12月宣称，带到美国的任何制造工作都需要利用比中国低成本的工人有更高价值的工程人才。如果这样的人才在中国的供给是充分而又相对成本低廉，制造业必然继续留在中国。

二 提高企业技术创新能力和产品研发能力，积极参与国际标准制定

在技术创新的基础上培育产品的品牌。加快培育自主品牌，提高产品的品牌竞争力。自主品牌应理解为所有权的归属，它既包括自创，也包括购买等其他形式。创新也有许多形式，有技术革命型创新，能促进新兴产业诞生、重新组织国际分工和推动大量企业涌现；也有国际分工条件下价值链环节中的二次创新，其中既有原创型的，也有适应型、改进型、提升型的；既有完全自主知识产权的，也有引进、吸收消化再创新的，应当鼓励企业因地制宜、因厂制宜，开展各种创新。

三 采取精致化生产，提升产品质量和档次

许多中小企业没有能力采取资本替代措施，也不具备技术创新的各种条件，但它们依旧可以在现有技术和工艺条件下，通过精细化管理，节约

成本，提高产品质量，并提高产品的附加值，使产品比过去更有竞争力。

四 培育新的商业模式

通过专业分工，少数有竞争力的企业将不具有优势的生产环节外包，集中资源发展优势的生产和经营环节，并以生产性服务为龙头，跨地区、跨行业，把大量中小企业连接为完整的供应链，形成整体对外竞争新优势。集中供应链体系的优势，是当代国际经济竞争的新实践。

五 发展电子商务

发展电子商务不仅能创新技术和管理，也为创新贸易方式和发展新型业态的服务供应商拓展了空间。随着互联网技术的进步，中国电子商务已有很大发展。运用电子信息和互联网技术手段降低企业经营成本，创新贸易方式，更大范围拓展国际市场份额，成为企业的新实践。福建省国际电子商务平台是国内首家"区域电子商务平台"，2008年5月18日开通后，在应对国际金融危机影响中发挥了积极作用。至2009年9月底，已有1万多家企业加入该平台，2300多家企业通过平台建立了客户网络，单个会员结交客户数最多达40家，为开拓国际市场发挥了积极作用。目前，全国共有34个省市共同参与了区域电子商务平台的建设。一个全国范围、互联互通的区域电子商务平台体系正在形成。

六 打造新型的国际商务平台

在原有国内市场基础上，改造传统商品市场，引进国际商务的技术手段、运营模式和广告宣传，形成更多的生产性服务项目和服务供应商，形成专门的和综合的生产与服务相联系的供应链体系，打造更多的义乌国际商品交易模式。

七 企业走出去建立国际商务渠道

开拓国际商务渠道是改变传统竞争优势的最有力手段。海外市场开拓和技术、管理要素的输入，不仅需要依靠现有的境外服务供应商，更需要境内服务供应商走出去，在海外建立国际渠道，深耕海外市场，进一步加大中国商品在海外流通领域的竞争力和市场开拓能力，加大从海外输入有利于中国改善影响潜在经济增长的各种要素。

八 在产业转移中形成沿海与内地互连互补的专业分工关系

以空间延续廉价劳动要素的优势。中西部地区将会更多承接劳动密集型产业，但是不应该重复沿海地区早期工业化的模式，应当在沿海向内地的产业转移中，保持沿海与内地的专业分工联系，建立互补的产业体系，形成沿海与内地优势互补、沿海与内地紧密结合的供应链体系，在国际经济竞争中发挥中国大国的综合竞争优势。

未来中国培育国际竞争力的新要求，不仅需要国内的要素供给，也需要外部的要素供给，这是吸收外商投资的另一重要导向。以往在传统竞争力还具有优势的条件下，中国在吸收外商投资中，主要考虑的是外商的资金投入量，而不用太多考虑投资者的产业特定优势、技术品牌优势、管理和人力资本优势，以及形成国际竞争力新优势的其他要素。今后，中国培育国际竞争力新优势时，资金投入量的考虑虽然仍有必要，但应当让位于或更多权重地考虑其他上述各项因素。从需求侧转向供给侧，成为中国吸收外商投资的新理念和新要求。

第五节 利用外资的新理念和新导向

结合上述八个方面吸收外商投资以提高国际竞争力，并持之以恒，在集聚一定的数量和规模后，就一定能够达到提高利用外资综合优势和总体效益的目标。从经济增长机理来看，当前中国进入了一个结构性减速的新阶段，今后一个时期中国经济增长将进入一个位于8%左右较以往略低的水平上。所以，中国经济工作再片面强调扩大投资需求来拉动经济增长，将会事倍功半；与此同理，如果只考虑扩大外商投资规模和数量来增强资本形成，不仅从国际投资流量上看没有实现的可能，而且对经济增长的效果也没有以往那么明显。因此，吸收外商投资的指导思想，要从以往只从需求侧着眼，转变到需求与供给侧并重方面来。

以往对宏观经济的管理模式更容易采取刺激需求的做法，从而将需求管理做到极致，而忽略供应侧的管理，这难免发生刺激效果逐步递减的结局。因此，需要借鉴供给侧经济学的经济政策和管理理念。这就是今天我们应该重新思考、借鉴和引申供给侧经济学的意义所在。对于吸收外商投资，可以引申出以下几个方面的内容以及所蕴含的政策主张。

一 提高资本效率

即从提高投资回报率的视角，吸收较高质量的外商投资，当前的机遇是在发展战略性新兴产业中吸引外资。通过具有先进制造业水平的外商投资，推进中国战略性新兴产业培育和先进制造技术发展。通过发展战略性新兴产业，为先进制造技术突破提供应用场所和市场支撑，通过先进制造技术的发展为战略性新兴产业的工程化、产业化提供工艺保障。其中，实行精致化生产和管理创新，都是提高资本回报的重要途径。

二 从有利于促进技术创新方面考虑

中国的产业赶超必须从"承接制造＋产品创新"向"产品创新＋过程创新"的模式转型。总体来看，中国制造业已经相当于发达国家20世纪90年代末和21世纪初的水平，为产业结构优化和转型升级提供了较好的基础。当前缺乏的是新的支撑点，如电子商务、现代物流、工业设计、软件和信息服务等现代生产性服务业的发展，这是先进制造业的"心脏"和"大脑"，是走向高端制造业的重要基础和支撑，需要通过引进外资和技术来实现。

特别是信息基础设施建设亟须引进创新。中国现阶段信息基础设施与发达国家仍然有较大差距，这种差距近五年仍被拉大。核心芯片、各种操作系统的关键技术，如高档数控系统、制造执行系统、工业控制系统、大型管理软件、宽带技术和铺设等方面都还落后甚至受制于人，一定要通过引进外资和技术缩小差距。过去的实践证明，引进创新是自主创新的捷径，也是效率最高的方式。

三 建立以外商投资企业为龙头的第三次工业革命应用基地

通过吸引外资建立第三次工业革命的试验和应用基地，培育一些现代

"母工厂",推进中国先进制造技术的突破和应用。将这些"母工厂"建设作为中国先进制造技术突破、应用的示范场所,建设成为先进制造技术和先进现场管理方法改善的试验基地,从而最终以点带面地推进中国制造业素质的整体提升。

四 以"两化融合"为目标吸引外资

未来在东部沿海发达地区,产业的发展路径必然是:工业由制造向创造转变,生产型制造向服务型制造转变,由粗放型向集约型转变;按照高端化、集约化、服务化的发展方向,推动三次产业融合发展,加快构建现代服务业为主体、战略新兴产业为引领、先进制造业为支撑的新兴产业体系。电子商务和专业分工基础上的供应链体系,都可以促进两化融合。

引进外资促进"两化融合",一方面是吸收能够形成智能制造的外商投资,其基本特点是整个生产线全自动化,生产效率显著提高,终端制造能力增强;另一方面是能够促进服务型制造的外商投资,其特点是以生产性服务引领制造过程以及客户消费过程,制造商与服务供应商密切结合。

五 增强利用人力资本服务业的引资力度,增加劳动参与率

如果资本和技术提高了效率,但劳动参与率下降,仍然会使经济增长打折扣。中国面临劳动参与率下降的新挑战,既有人口年龄等方面的自然原因,又有产业结构与人力资本结构不匹配的原因。其中,在城市中,扩大具有12年以上教育经历的劳动者的就业岗位十分迫切,这就需要扩大这方面的资本形成。从有利于吸引劳动者参与的就业岗位看,可以吸引外商投资的行业主要有基础设施、交通和物流、网络信息化技术应用、职业和专业技术性教育、文化创意、康复医疗、公共卫生等领域。

六 发挥中西部地区吸引外资的后发优势

近年来,由于中西部地区劳动要素和土地价格的上涨幅度低于沿海发达地区,外商投资仍然可以继续得到要素价格优惠的利益,因而出现了跨国公司"西进"现象。2012年以来,西门子、富士、丰田、摩托罗拉、福特、日立、索尼、佳能、三菱、爱普生、艾默生等100多家跨国公司负

责人纷纷前往西部地区考察新兴产业项目投资。很显然，未来中西部地区将成为外商投资的新热点。但是，今后西部地区吸收外资不能重复以往的路径，不能仅仅考虑需求方面，也应同时考虑供给方面，特别是要通过外商投资建立沿海与内地的产业分工和相互衔接的关系，这将有利于提高资本效率和其他要素的生产率。

第六节 2017年中国吸收外商投资的新形势、新目标

一 2016—2017年实现吸收外商投资稳步增长

根据商务部数据，2016年中国吸收外资呈现以下特点。一是投资规模总体保持稳定，新设立外商投资企业27900家，同比增长5%；实际使用外资8132.2亿元，同比增长4.1%（不含金融领域，下同）。二是结构不断优化，外商投资延续向服务业和高端制造业聚集。服务业实际使用外资5715.8亿元，同比增长8.3%，占外资总量的70.3%。其中，信息和咨询服务、计算机应用服务、综合技术服务、分销服务实际使用外资同比分别增长59.8%、112.8%、66.4%、42.9%。高技术服务业实际使用外资955.6亿元人民币，同比增长86.1%。高技术制造业实际使用外资598.1亿元，同比增长2.5%。其中，医药制造业、医疗仪器设备及仪器仪表制造业实际使用外资同比分别增长55.8%和95%。三是改革制度红利开始显现。上海、广东、天津、福建四个自贸试验区实际使用外资达879.6亿元，同比增长81.3%，占全国实际使用外资的10.8%。10月外商投资企业由审批制改为备案制后，95.3%的外商投资企业设立与变更事项通过备案完成，外商投资便利度大幅提升。北京市服务业扩大开放综合试点改革成效显著，全市服务业实际使用外资占全国比重为13%。四是新设立及增资的大型企业数量较多。新设立投资总额1亿美元以上的大型外商投资企业超过840家，增资1亿美元以上的外商投资企业超过450家。总体来看，外商投资企业涉及众多新兴产业、高科技行业及高端服务业，充分说明跨国公司对中国发展前景充满信心。

2017年，全国新设立外商投资企业35652家，同比增长27.8%；实际使用外资8775.6亿元人民币，同比增长7.9%，实现平稳增长。12月，

全国新设立外商投资企业 4837 家，同比增长 36.5%；实际使用外资金额 739.4 亿元人民币，同比下降 9.2%。2017 年全年，吸收外资主要呈现以下特点。

第一，外商投资环境持续优化。2017 年中国吸收外资形势较为严峻。党中央、国务院高度重视，做出了一系列重大部署，彰显了中国坚持对外开放、积极利用外资的坚强决心。国务院先后印发了两份重要文件，推出 42 条措施。各部门和各地方加大工作力度，出台配套政策细则，确保放宽准入、财税支持、权益保护等具体措施落实到位，积极营造优良的营商环境，优化招商引资方式，提升服务质量和水平，有效提振了外国投资者信心。

第二，外资产业结构持续优化。高技术产业实际吸收外资同比增长 61.7%，占比达 28.6%，较 2016 年年底提高了 9.5 个百分点。高技术制造业实际使用外资 665.9 亿元，同比增长 11.3%。其中，电子及通信设备制造业、计算机及办公设备制造业、医疗仪器设备及仪器仪表制造业同比增长 7.9%、71.1% 和 28%。高技术服务业实际使用外资 1846.5 亿元，同比增长 93.2%。其中，信息服务、科技成果转化服务、环境监测及治理服务同比分别增长 162%、41% 和 133.3%。

第三，外资区域布局持续优化。中部地区实际使用外资 561.3 亿元，同比增长 22.5%，增速领跑全国；西部地区新设立外商投资企业同比增长 43.2%，市场主体活力进一步激发。11 个自贸试验区新设外商投资企业 6841 家，其中以备案方式新设企业占 99.2%；实际使用外资 1039 亿元人民币，同比增长 18.1%，高于全国增幅 10 个百分点，改革开放试验田作用进一步显现。

二 最重要的目标是提高引进外资的质量

中国引进外资的存量已居世界第一，今后是否可以不用引进外资，或者引进外资不那么重要了呢？事实上，这是一种误区。我们需要认识到，除纯粹金融投机资本外，大部分资本不仅是货币，它还内含技术和管理经验。所以，每个国家的资本都是有差别的，美国资本的生产效率就可能高于中国的资本。如果多样化的资本能够互补，根据经济学生产理论，引进不同国家的资本将有利于提高生产效率。中国总体上不缺资本，但缺少内含高端技术和管理经验的资本，缺少能够带来最新科技和生产模式的资本。另外，我们也要看到，虽然美国、英国和法国等发达国家不缺资本，但是它们仍然在不断吸收外资，且占世界比重非常大。

所以，中国今后仍须大力引进外资，根据以往经验，即利用外资低速增长之后一般会反弹（见表7.3），所以预计未来三年能够达到3%—5%的增速。但吸收外资必须要有选择性，尽量引进发达国家的资本，并向新兴产业和高端服务业倾斜。

表7.3　　　　　　　中国历年利用外资和对外投资额　　　　单位：亿美元，%

年份	实际利用外商直接投资流量	增速	对外直接投资额（不含银行、证券、保险）	增速
2006	630		161	
2007	748	18.73	187	16.15
2008	924	23.53	407	117.65
2009	900	-2.60	433	6.39
2010	1057	17.44	590	36.26
2011	1160	9.74	601	1.86
2012	1117	-3.71	772	28.45
2013	1176	5.28	902	16.84
2014	1196	1.70	1029	14.08
2015	1263	5.60	1180	14.67
2016	1260	-0.24	1701	44.15
2017	1390	10.0	1200.8	-29.4

注：表中增速以美元计价的投资额计算，因为汇率波动，其与用人民币计价所得出的增速略有差异。

资料来源：根据国家统计局历年统计公报整理。

三　2017年中国外资领域的供给侧结构性改革任务

补足对外投资短板，优化吸引外资和对外投资结构，使两者均衡发展。优化吸引外资结构主要是为了加快中国产业升级，并补足中国在某些领域的国际竞争力短板,如服务出口。中国长期以来对服务业的外商投资限制较多,导致服务业吸收外资较少,但近年来这种局面已得到根本扭转。对外投资更多的是为了提高中国在全球范围内获取和配置资源的能力,构建自主跨国生产经营网络,培育中国企业主导的全球供应链体系等。这有助于改变中国长期以来缺少大宗商品国际定价权,缺少国际知名品牌构建能力的短板。对外投资需要国家政策的支持,完善对外投资服务促进体系和信息共享机制,需要综合发挥跨国并购、绿地投资、新建海外附属公司等各种形式的对外投资优势。

四 大力降低外经贸企业的经营成本和投融资成本

降低外经贸企业的经营成本和投融资成本(包括制度性交易成本)是一项更为根本的任务,是未来几年外经贸领域可持续发展的基础。

第一,进一步推动涉外企业减税降费幅度,特别是要减少各种形式的"费",提高民营企业的盈利能力和内源资本积累能力。出口结构的升级需要出口企业机器设备、技术、人员结构等的升级,只有保证企业的利润在一定水平之上,以上升级才能获得资金上的支持。从国际可比的角度来看,中国外贸企业的税可能并不高,但是"费"的种类比较多,需要进一步规范。

第二,引导资本市场资金流向外经贸领域,降低外经贸企业投融资成本。外贸企业交付期限长,库存一般也较多,所以资金需求更大。需要大力支持外贸企业融资,通过差别准备金率、利率、再贷款、再贴现等政策,引导金融机构加大对外贸企业的支持力度。鼓励和支持金融机构对有订单、有效益的外贸企业贷款。同时,加强商业银行和外贸企业的合作,鼓励进一步扩大出口信用保险保单融资和出口退税账户质押融资规模。此外,就对外投资而言,风险大,期限长,大型国有和地方所有的企业自有资金较多,获取商业银行和政策性银行的贷款也较为容易。民营企业则需要更多借助银行、股票、债券、风险投资等多种融资方式。需要针对每类对外投资企业的特征,引导和鼓励资本市场提供差异化低价优质服务。

第三,降低外经贸领域制度性交易成本,以简政放权、转变政府职能、营造良好的营商环境为要义。一是改变相关外经贸部门管理理念,形成"公共服务型"政府理念。二是取消和简化不必要的审批事项。外贸方面可取消一些不必要的检验、检疫、认证及各类收费事项,减少通关时间。吸收外资和对外投资方面要把更多的审批变为备案,同时强化事中和事后监管。三是规范税费征收,税务部门不应以加重企业负担的各种名目来完成税收任务。四是改善服务方式,利用"互联网+政务"等手段改善政府服务模式和监管模式。推动通关智能化、无纸化和信息化建设,使得企业在网上就可完成报关手续。

中国开放型经济建设40年（下）

OPEN ECONOMY CONSTRUCTION
IN CHINA FOR 40 YEARS II

裴长洪　著

1978—2018

中国社会科学出版社

下册目录

第四篇　中国企业对外投资与"一带一路"建设

第一章　对外直接投资：理论解释与中国实践 …………………（435）
  第一节　资本输出理论简要评述 ………………………………（435）
  第二节　中国企业"走出去"对国际经济学提出新课题 ………（436）
  第三节　动力机制的考察：资本利益与国家利益 ……………（438）
  第四节　经营保障机制：中国企业的优势 ……………………（441）
  第五节　行为主体机制：企业与政府的不同作为 ……………（445）
  第六节　结论与政策建议 ………………………………………（448）

第二章　国家特定优势：中国企业对外投资的理论 ……………（451）
  第一节　西方主流理论解释力的不充分和不完善 ……………（451）
  第二节　对外投资与母国：基本考察 …………………………（455）
  第三节　对外投资的母国基础条件 ……………………………（457）
  第四节　对外投资的母国特定优势 ……………………………（461）

第三章　内地企业在港澳特区的投资情况分析 …………………（483）
  第一节　内地企业在香港的投资分析 …………………………（483）
  第二节　关于在香港招股上市的中资股份制企业 ……………（486）
  第三节　若干香港中资代表性企业 ……………………………（489）
  第四节　内地企业在澳门的投资 ………………………………（492）
  第五节　若干澳门中资代表性企业 ……………………………（492）

第四章　对中国企业对外工程承包和重点领域投资的考察 ……（495）
  第一节　对外承包工程：企业对外投资的重要发展路径 ……（495）

第二节　中国仍需加强企业境外石油投资开发 …………………… (499)
　　第三节　扶持工程建设企业"走出去"和海外石油开发投资的
　　　　　　政策体系 …………………………………………………… (505)

第五章　中国企业海外投资促进体系的构建 ………………………… (514)
　　第一节　法律体系 …………………………………………………… (514)
　　第二节　监督管理体系 ……………………………………………… (516)
　　第三节　财税金融体系 ……………………………………………… (518)
　　第四节　知识产权与标准化体系 …………………………………… (521)
　　第五节　行业引导与跨国公司培育体系 …………………………… (523)
　　第六节　风险防控体系 ……………………………………………… (527)
　　第七节　境外经贸合作区促进体系 ………………………………… (529)
　　第八节　海外证券投资促进体系 …………………………………… (530)
　　第九节　社会化服务体系 …………………………………………… (532)

第六章　"一带一路"建设与中国扩大开放 …………………………… (536)
　　第一节　"一带一路"倡议的内涵以及对曲解、误解的澄清 …… (537)
　　第二节　"一带一路"倡议与中国对外开放的大思路、
　　　　　　大棋局 ……………………………………………………… (542)
　　第三节　关于"一带一路"建设的金融支持 ……………………… (545)
　　第四节　推进"一带一路"建设的政策措施 ……………………… (548)

第七章　中国企业对外投资的增长与"一带一路"建设的
　　　　　　早期收获 …………………………………………………… (554)
　　第一节　世界直接投资的复苏与亚洲的对外投资 ………………… (554)
　　第二节　"十三五"期间中国将成为资本净输出国 ……………… (555)
　　第三节　"一带一路"建设的早期收获与前瞻 …………………… (563)

第五篇　经济全球化与中国参与、引领全球经济治理

第一章　对后危机时代经济全球化趋势的探讨与分析 ……………… (577)
　　第一节　经济全球化的基本趋势没有改变 ………………………… (578)
　　第二节　经济全球化趋势中的新特点 ……………………………… (584)
　　第三节　国际分工与世界经济多极化新态势 ……………………… (588)

第四节　中国仍然是机遇大于挑战 …………………………（596）
第二章　中国参与全球经济治理的话语表达、策略思想和主要目标 ………………………………………………（601）
　　第一节　中国参与全球经济治理的历史经验 ………………（601）
　　第二节　准确表达中国参与全球经济治理的主题设计思想 ……（604）
　　第三节　策略思想一：围绕主线、在多元利益诉求中建立多边关系 …………………………………………（609）
　　第四节　策略思想二：新历史条件下的"韬光养晦"与有所作为 ………………………………………………（611）
　　第五节　主要目标：增强贸易自由化的动力机制 ……………（614）
第三章　国际货币体系与全球金融治理改革 ………………（617）
　　第一节　国际货币体系固有缺陷与世界经济失衡 ……………（617）
　　第二节　国际货币体系的演化方向 …………………………（618）
　　第三节　国际经济金融治理架构存在的缺陷和改革路径 ……（620）
　　第四节　人民币国际地位与区域货币合作 …………………（626）
第四章　经济全球化进入减速转型新阶段 …………………（631）
　　第一节　英国"脱欧"意味着"去全球化"吗？ ………………（631）
　　第二节　以往经济全球化的主要特征和矛盾 ………………（632）
　　第三节　经济全球化新趋势：减速转型阶段 ………………（635）
　　第四节　中国的应对思路 ……………………………………（637）
第五章　全球经济治理的理论分析范式与中国实践 ………（641）
　　第一节　问题提出与文献简述 ………………………………（641）
　　第二节　全球公共品：全球经济治理的经济学含义 …………（646）
　　第三节　中国对全球经济治理的需求以及提供公共品的能力 ……………………………………………………（653）
　　第四节　扩大开放与中国对全球公共品供给的能力建设 ……（666）
第六章　习近平经济全球化、全球治理改革思想研究 ………（672）
　　第一节　习近平经济全球化科学论述的新观点、新理念 ……（672）
　　第二节　习近平经济全球化新趋势的论断符合客观历史规律 ……………………………………………………（675）

第三节　以往经济全球化的正负效应及其启示 …………… (684)

第四节　中国应对经济全球化新趋势、改革全球治理的

实践思路 ……………………………………………………… (694)

第六篇　中国特色开放型经济理论的形成与发展

第一章　"两个转变"：开放型经济理论的初步探索 ………… (701)

第一节　实现两个转变之一：加快转变对外经济发展方式 …… (701)

第二节　实现两个转变之二：转变在全球经济舞台上的

角色定位 …………………………………………………… (712)

第二章　全面提高开放型经济水平的理论探讨 ………………… (716)

第一节　开放型经济体系的概念和分析框架 ………………… (716)

第二节　中国开放型经济体系的发展现状与完善 …………… (721)

第三章　中国特色开放型经济理论研究概述 …………………… (729)

第一节　中国实践对理论的呼唤 ………………………………… (729)

第二节　中国特色开放型经济理论的形成过程 ……………… (730)

第三节　中国特色开放型经济理论的基本品格：

实践与创新 ………………………………………………… (733)

第四节　中国特色开放型经济理论框架及主要研究内容 …… (740)

第五节　对西方主流经济学的借鉴和扬弃 …………………… (748)

第四章　习近平新时代对外开放思想是中国特色开放型经济

理论的最新境界 ……………………………………………… (756)

第一节　习近平新时代对外开放思想内涵简述 ……………… (756)

第二节　新时代历史站位上的新思想、新贡献 ……………… (757)

第三节　习近平新时代开放思想的政治经济学新观点 ……… (762)

第四节　习近平新时代对外开放思想的物质基础与实践

依据 ………………………………………………………… (769)

参考文献 ……………………………………………………………… (785)

第 四 篇

中国企业对外投资与"一带一路"建设

第一章　对外直接投资：理论解释与中国实践

"企业特定优势"是当代西方国际经济主流学派解释对外直接投资的核心观点，但却不能有力解释中国企业的对外直接投资。笔者认为，"国家特定优势"是解释中国企业对外直接投资的基本理论依据，包括："利用两种资源，开拓两个市场"的国家经济发展战略导向对企业对外直接投资的影响；中国企业对外直接投资在服务和服从于国家经济发展全局和宏观调控目标下，兼顾和结合企业微观经济利益的市场行为以及国有企业在对外直接投资中的重要作用。中国企业正在和即将形成的微观竞争优势需要国家的引导、服务和组织，才能转化为企业对外直接投资的综合竞争优势。中国企业对外直接投资实践中，中国政府采取有力的政策体系引导并建设完善的服务体系，比其他国家更加必要，这是形成国家特定优势、加速企业特定优势形成的基本条件，也是中国企业"走出去"的理论依据和政策选择。

第一节　资本输出理论简要评述

关于资本输出，列宁在 1914 年指出，这是资本主义进入垄断阶段的重要特征，它区别于以商品输出为主要特征的自由资本主义时代，资本输出是列强的垄断资本瓜分世界市场的手段。列宁在《帝国主义是资本主义的最高阶段》中指出，到了垄断阶段，过剩资本更为突出，银行资本和工业资本已经融合起来。不论采取生产资本的形式输出，即直接投资、创办企业，还是用借贷资本的形式输出，即用贷款的形式将资本借给输入国家，同时又往往规定以一部分贷款购买债权国的商品，其实质都是"资本输出成了鼓励商品输出的手段"[①]。有的还通过契约，控制债务国的资源，一方面高价出卖商品，另一方面低价收购原料，从而取得高额利润。二战以前，资本输出的主要形式是借贷资本，西方经济学家主要把它作为国际货币流动现象研究，国际通货理论和国际汇兑溢价说成为解释国际借贷资本的主流学说。国际借贷理论是由英国学者葛逊（George Goschen）于1861年提出的，亦称国际收支说或外汇供求说。国际借贷理论认为，国际商品劳务进出口、资本输出入以及其他形式的国际收支活动会引起国际借贷的发生，国际借贷又引起外汇供求的变动，进而引起外汇汇率的变动。在一定时期内，假如一国国际收支中对外收入增加，对外支出减少，对外债权超过对外债务，则形成国际借贷出超；反之，对外债务超过对外债权，则形成国际借贷入超。古典国际证券投资理论认为，国际证券投资的起因是国际存在的利率差异，如果一国利率低于另一国利率，则金融资本就会从利率低的国家向利率高的国家流动，直至两国的利率没有差别为止。列宁从揭露资本的本质属性出发，指出富国对穷国的借贷往往附加资本母公司的贸易条件，因此是债权国试图从债务国的一头牛身上扒下两张皮的加倍盘剥。

第二节 中国企业"走出去"对国际经济学提出新课题

"二战"以后，资本输出逐渐转为以直接投资为主，而且主要发生在发达国家之间。按照联合国贸发会议的定义，从商业意义上说，直接投资与借贷资本（间接投资）的区别在于，后者只以资本收益为目标，而前者则不仅要取得资本收益，而且要取得经营权或经营控制权，这使经济学家的研究视野发生转移。外国企业投资东道国为什么要取得生产经营权，在已不具有殖民地特权条件下，它有何优势与本土企业竞争，从而保证其资

[①] 列宁：《帝国主义是资本主义的最高阶段》第3版，（苏联）中共中央马克思恩格斯列宁斯大林著作编译局译，人民出版社2001年版。

本收益的目标？围绕这个问题，产生了当代国际经济学关于 FDI 理论和跨国企业投资与经营的解释，涌现了垄断优势论（Hymer，1960）、内部化理论（Buckley，Casson，1976）和国际生产折中论（Dunning，1977；1980；1981；1982；1988）等一系列学说，奠定了当代 FDI 理论的基本框架。这些学说主要是解释欧美最发达资本主义工业国企业跨国投资行为的理论，分析的范围主要适用于发达国家的相互投资。20 世纪 60 年代以后，一些后起的资本主义国家如日本的大公司先后开始了对外投资，对比欧美的大公司，它们的跨国投资行为并不具有十分明显的企业特定优势或内部化优势。如何解释其投资行为？日本学者小岛清（Kojima，1978）以"边际产业转移论"解释了日本企业在东亚的产业转移中所形成的"雁行分工"，实际上是比较优势动态化地延伸，与邓宁的区位理论相接近。

20 世纪 80 年代以后，国际直接投资现象日益纷繁复杂，南南投资乃至南北反向投资都大量出现，这使国际经济学教科书中的传统学说日益丧失对发展中国家企业对外直接投资的解释力。Wells（1983）提出了小规模技术理论，认为发展中国家企业的比较竞争优势来自低成本，这种低成本优势主要来源于拥有为小市场需求提供服务的小规模生产技术；即使技术不够先进、经营范围和生产规模较小的发展中国家企业，也能够通过对外直接投资来参与国际竞争。Lall（1983）在对印度跨国公司的竞争优势和投资动机进行深入研究的基础上，提出了发展中国家跨国公司对外直接投资的技术地方化理论，认为发展中国家的跨国公司的技术形成包含着企业内在的创新活动，这种创新活动形成发展中国家跨国公司特有的优势。以上理论把发展中国家的企业对外直接投资行为用微观层次理论予以解释，证明了发展中国家企业以比较优势参与国际生产和经营活动的可能性。

进入 21 世纪，针对发展中国家企业对外直接投资现象，涌现出大批新的跨学科研究成果。Bair（2005，2008）从经济社会学视角、Mudambi（2008）从经济地理学视角、Schumitz（2004）从发展经济学视角、Levy（2008）从政治经济学视角、Ramamurti 和 Singh（2009）及 Narula（2009）从国际经济学视角，分别对发展中国家企业通过全球生产网络和全球价值链进行对外直接投资的路径变迁进行了分析。虽然研究视角各异，但是上述研究得出相近结论，指出发展中国家企业对外直接投资不断增多的重要原因包括：经济全球化的影响、信息通信技术的进步、大多数发展中国家从进口替代战略向出口导向战略的完全转型等，但是最重要的因素是全球生产网络和全球价值链的发展不断吸引发展中国家企业参与。起初这些企业是作为东道国企业参与国际分工，作为供应商融入发达国家跨国公司主导的全球生产网络或全球价值链，通过技术外溢等渠道，不断积累自身优势，时机成熟时就走出国门，成长为发展中国家的跨国公司，作为母国企业对外直接投资。邓宁（Dunning，1981；1988；1993）在其早期对投资发展路径理论（简称 IDP 理论）的基础上，又针对发展中国家企业对外直接投资行为将 IDP 理论和国际生产折中理论再度结合（Dunning and Narula，2009），提出在吸引 FDI 过程中，发展中国家企业积累所有权优势、内部化优势和区位优势，最终三种优势同时具备，就可以成长为跨国公司，进而作为母国企业进行对外直接投资。

21 世纪出现的大量 FDI 研究文献，虽然从全球生产网络和全球生产价值链的角度对发展中国家企业对外直接投资行为的变迁做了解释，但是发展中国家企业在国际化过程中如何能够像发达国家企业一样成为全球生产网络和全球生产价值链中的主导制造商或主导销售商，现有研究仍然没有给出明确的答案。20 世纪 90 年代中国政府提出了"走出去"战略，进入 21 世纪，中国企业对外直接投资异军突起，越来越成为东亚乃至世界直接投资的重要力量。中国企业特别是工业制造业企业，不仅在发展中国家投资，而且在发达国家投资，中国企业的优势在哪里？中国企业又如何构建国际生产体系？面对这种现象的大量发生，应当用何种学说来解释？显然，难以科学解释现象的理论，也很难用来指导实践的发展。这是国际经济学面临的新课题。

第三节　动力机制的考察：资本利益与国家利益

发达国家和其他发展中国家的对外直接投资，其动力机制主要来源于公司企业的资本收益。无论是直接资本还是间接资本，资本最主要的属性就是逐利，投资者会根据资本收益大小决定资本流向。大量资本以对外直接投资形式出现,是因为对外直接投资收益率比一般的商业贷款利息率高得多。在国际收支平衡表中,FDI 收益来自金融账户的直接投资项目,收益包括所有跨国投资者在东道国的各类投资项目获得的收入。根据世界银行的估算,20 世纪 90 年代后期,发达国家在发展中国家对外直接投资的年平均投资收益率为 16%—18%,而在非洲的撒哈拉沙漠国家的年均收益率更是高达 24%—30%。2000 年以来,美国对外直接投资总额长期高于外国对美直接投资总额,这一差额从 2000 年的 1106 亿美元迅速扩大到 2007 年的 9101 亿美元。与此相反,外资在美国获得的回报率却远低于美国对外直接投资的回报率。2003—2006 年,美资回报率分别为 9.5%、10.6%、10.8% 和 11.5%,而外资回报率分别只有 4.8%、6.0%、6.5% 和 6.9%。改革开放 30 多年来,中国吸引外资取得很大成就,不仅中国在商业环境、吸引外资方面做出了努力,而且外商投资企业也获得了很大收益。按照国际货币基金组织的统计,外商在华直接投资收益率为 13%—15%。

中国企业对外投资,不完全可以用公司利益最大化来解释。在中国经济高速增长背景下,在中国投资应是绝大多数企业的合理选择。根据中国行业企业信息发布中心《2007 年度中国制造业 500 强企业信息发布报告》,中国制造业 500 强企业平均利润率为 6.51%,烟草行业利润率最高达 17.30%,其次是饮料制造业 15.03%,利润率居第三至第五位的行业分别是塑料制品业 11.62%、造纸及纸制品业 10.94%、非金属矿物制品业 10.36%。电子通信设备、钢铁、交通运输设备、电气机械及器材等行业利润率分别为 2.81%、7.38%、6.93%、4.77%。但是,毕竟发生了大量中国企业的对外投资现象,2002—2008 年中国企业年度对外投资额从 27 亿美元增长到约 560 亿美元,年均增长速度达 66%。截至 2008 年年底,中资企业的境外投资存量达 1840 亿美元,境外资产总额超过 10000 亿美元。在逐步成为国际直接投资生力军的同时,中国企业对外投资的动力机制需要重新考察。

目前,中国企业对外直接投资的主体构成中,主要是国有企业。虽然从 FDI 流量考察国有企业所占的比重在逐年下降,但是从 FDI 存量考察,国有和国有控股企业占主导地位。按对外投资的企业数量计算,2008 年有限责任公司居中国企业对外直接投资的首位，国有企业的比重下降居第二位，但从中国企业对外直接投资存量规模考察，2008年国有企业在中国对外直接投资中所占的比重高达69.6%，居第一位。根据商务部统计，截至2008年年底，在国资委监管的136家中央企业中，共有117家发生了对外直接投资活动，占中央企业总数的86%。2008年年末，中央企业在全球127个国家（地区）共设立对外直接投资企业1791家，当年对外直接投资流量357.4亿美元，年末累计对外直接投资达1165亿美元。

在世界制造业500强和服务业500强的中国企业中，也主要是国有企业。根据《财富》杂志的排名，2003—2009年间，中国企业进入世界500强的企业，2003年为11家，2004年为15家，2005年为16家，2007年为30家，2008年为35家，2009年为43家。2009年，中国石油化工集团公司、中国石油天然气集团公司、国家电网公司进入全球前20强。在中国从事对外直接投资的国有企业中，以大中型国有企业为主，包括大型工业企业集团（首钢）、大型专业外贸公司（中化、五矿、华润）、大型金融机构（中银、中信）等。相较于其他国家，中国的情况具有更大的特殊性。由于历史原因，中国大型国有企业占经济总量的比重很高，战略性的能源、矿山、钢铁、机械装备、军工等行业都以国有企业为主。这些企业中相当大一部分开展了对外直接投资。中国对外直接投资的主体以国有企业为主，得自政治体制的异质性资源是这些企业竞争力的重要来源。

在中国对外投资的总金额或企业中，寻求自然资源输入的投资行为占很大比重。2008年金融危机发生前，中国自然资源类FDI占总FDI的45%；2008年金融危机经济危机后，在中国海外并购活动中，自然资源类的并购活动占到了中国海外并购的85%。国际市场供应不稳定，国内资源供给不足，已经成为中国经济发展的瓶颈。鼓励中国企业以对外直接投资的形式建立海外资源供应基地，获取短缺资源，可以降低单纯依赖资源产品进口的不确定性。中国资源导向型FDI符合国家的整体利益，不仅有利于战略安全，也有利于企业赢利。此外，通过投资银行业务保持外汇资产的保值增值和通过商业设施投资促进对外贸易，规避贸易壁垒也占重要比重。

中国企业对外直接投资的收益更多或更直接地体现为宏观经济利益，

而企业的微观利益是被兼顾的。中国企业的对外直接投资实践表明,国家利益高于企业的商业利益,中国企业对外直接投资以政府政策驱动型的对外直接投资为主。对外直接投资作为一种跨越国界的经济活动,是在中国母国政策和东道国政府政策双重约束条件下产生的。在改革开放过程中,中国政府一方面鼓励吸收对外直接投资,另一方面鼓励本国企业对外投资,中国政府采取的"双重鼓励政策"促进了外资对华投资和中国企业对外直接投资的迅速发展。中国政府鼓励企业对外直接投资,很大程度上具有实现国家宏观经济调控目标的意义。从宏观层面讲,中国企业对外直接投资战略应当符合中国对外直接投资"利用两种资源,开拓两个市场"的目标,充分发挥对外直接投资对国民经济发展的推动作用。

资源导向型对外直接投资,最能体现政府主导型的对外直接投资,即国家鼓励企业特别是国有企业开展资源导向型对外直接投资。中国的跨国公司在海外资源领域的投资,尤其是在石油和天然气资源丰富的国家投资,就是出于国家资源安全战略的考虑。中国的跨国公司对外直接投资保证多种原材料供应的目的,还与中国在非洲、中亚、拉丁美洲与加勒比地区以及西亚平行而持续的外交努力互为补充。市场导向型投资则更多地兼顾国家产业结构调整的战略需要。世界经济和产业结构不断发生着重大变化,而且仍处在不断的调整变化之中。中国可以利用对外直接投资进行产业部门结构调整,把高技术产业、技术知识密集型生产部门作为国内重点发展的对象,而将某些传统产业和国内已进入成熟阶段的技术、产品移往国外。由于很多发展中国家经济结构日益趋同,各国企业所面临的国家间市场竞争压力不断加剧,为了更好地利用国际市场,中国政府应积极鼓励这类中国企业对外直接投资,以开拓国际市场。

第四节 经营保障机制:中国企业的优势

发达国家包括一些新兴市场经济国家的企业,无论制造业还是服务业企业,其对外投资都不同程度地凭借其企业特定优势,如技术、专利、品牌、管理、整合资源的能力、以自身为核心的价值链和供应链、内部市场等。中国企业的竞争优势与发达国家企业有很大的不同,主要表现为大规模低成本生产、局部技术创新、市场定位能力及市场销售能力。中国企业的这些优势是基于中国本土的特征而形成的。在中国企业对外直接投资的过程中,它并不能够将这些优势复制到东道国。中国的大规模低成本制造是以中国众多的适龄劳动力为基础的。另外,企业的低工资使得中国劳动力成本较低,从而使得中国企业能够形成大规模低成本的生产优势。而到其他国家投资必然要受东道国国内劳资政策的制约,不能随意降低劳动力成本。中国企业的市场定位和销售能力,也是以中国的国内市场为前提的,离开了中国的市场环境,这样的优势不再成为其优势,甚至可能变成劣势。所以,中国企业并不具备发达国家跨国公司的垄断优势,垄断优势理论及以垄断优势理论为基础的传统理论不能很好地解释中国企业的对外直接投资行为。中国企业的竞争优势与一般发展中国家企业的竞争优势也有很大的差别。根据发展中国家跨国公司理论,发展中国家的跨国企业拥有的优势主要在小规模制造和技术地方化两个方面,而中国企业所进行的制造活动绝不是小规模制造,而是利用中国劳动力成本低的有利条件,进行大规模制造。所以,一般发展中国家对外直接投资理论也不能很好地解释中国企业的对外直接投资。而根据小岛清的"边际产业投资"理论,一国对外投资的产业应该是在投资母国丧失国际竞争力的边际产业,中国正在加紧进行对外直接投资的企业基本上都来自逐渐形成国际竞争力的产业。所以,中国对外直接投资的产业不是在本国逐渐丧失竞争力的边际产业,而是正在形成国际竞争力的优势产业;而且,当前中国也并不具备国内产业结构高度化的先决条件或优势。

正是由于中国企业对外直接投资几乎都不具备上述垄断竞争优势,因此,中国制造企业"走出去"的经营业绩其实并不理想,难以得到这些企业经营业绩的统计资料和信息就已经在一定程度上说明了这一点。那么,这是否意味着未来中国企业"走出去"完全缺乏国际竞争优势的前景呢?答案是否定的。首先,有一个行业是例外,这就是工程建设行业。中国30多年的高速增长中,建设了大量基础设施,2009年,ENR榜单上进入全球承包商225强的中国企业为50家,海外业绩进一步增长,平均营业额增幅明显。中国50家企业共完成海外工程营业额357.14亿美元,同比增加57.4%;企业平均营业额达7.14亿美元,同比增长了60%,说明行业集中度在进一步提高。20世纪80年代初，邓小平等老一代领导人批准了三家工程承包企业走出去，至今已有近40年的历史。中国的工程承包企业在世界工程建设市场中已经从简单的劳务施工承包，成长为可以承包设计、技术管理和施工管理到交钥匙的总承包商，是目前中国所有行业中唯一具有对外直接投资所需要的企业特定优势的行业。但是在企业对外直接投资统计中，中国工程建设企业被忽略，其原因是走出去初期主要是劳务施工承包，因此，始终被作为劳务输出或服务贸易出口，经营业绩也主要以营业额计量。从20世纪后期开始，海外的中国工程建设已不再是简单的劳务施工作业，而是已经转变为伴随技术、设备和管理输出的投资型企业。它不仅投资于施工项目的建筑材料和工程材料的生产经营，也投资于相关的生产经营领域，甚至是施工东道国所给予的优惠投资领域。以开辟海外工程建设市场带动其他投资领域，是未来中国企业对外投资的重要趋势。但是，这种发展趋势需要国家有意识地引导才能实现。

中国的工业制造业企业绝大多数是小企业，单独进行对外直接投资很难具备企业优势，但在中国高速增长的30多年中，中国中小企业依托各种类型的经济技术开发区和产业带，形成了产业集聚规模和工业生产的相关支持条件，使这些中小企业获得了很强的生命力和活力。能否在海外成功复制这种产业集聚优势，是中国制造企业"走出去"是否具有国际垄断竞争优势的决定因素。

产业集聚可以带来外部经济效应，节约交易成本，刺激学习与创新，产生品牌与广告效应等。Kogut（1984）、Porter（1986）都论证了产业集聚有利于形成企业的特定规模经济优势。Smith和Florida（1994）发现日本汽车企业及与汽车相关的制造企业在进行对外直接投资时，会选择与其他日资汽车装配企业邻近，认为前后向关联是产业集聚和集聚经济产生的重要原因。Headetal（1995）分析了日本企业在美国的投资区位问题，发现日本制造业投资趋向和同一产业中其他日资企业邻近，而不是简单地模仿该产业中美国企业的区位选择模式。Markusen（2000）认为FDI是促进特定产业及关联产业的集聚形成与周期性演化的重要原因。Black和Henderson（1999）的研究表明，资本品制造业有高度集聚的趋势，产业就业规模与本地制造业就业规模高度相关，因为资本品产业通过集聚可以获得供求关联的外部经济，这类产业的发展与本地上下游供求关系紧密相关，在为本地产业提供投入的同时，也从本地获得自身所需要的投入。Raffaello（2007）认为，产业集聚及其发展水平是决定 FDI 的区位选择与流入量的关键因素。

FDI 具有培育当地产业集聚、促进带动产业集聚的作用。东道国政府所提供的公共服务，可以成为区域产业集聚向心力的来源。母国政府如何为本国企业在东道国形成产业集聚创造更好的环境和条件？对于产业集聚的形成，联合国贸发会议（UNCTAD，1998）把集群分为两类：依靠内生力量自发形成的集群（Spontaneous Cluster）和依靠外生力量人为形成的集群（Constructed Cluster）。这两种集群的形成机理和动因存在很大区别：前者主要靠本国公司的内力驱动，其集群自下而上地发展；后者主要是建立在大量外国直接投资的基础之上。在资本迁移模式下形成的产业集聚、起推动和促进作用的迁移性资本是外商直接投资。作为 FDI 母国可以有意识地引导同类企业和相关企业朝某个东道国投资区域聚集，从而形成一定规模的产业集聚。近些年，中国在创新企业海外投资方式的实践中，创办了不少"境外经济合作区"以及其他类型的海关特殊监管区，以此吸引企业的投资集聚。这种特殊经济区的建立和完善，展示了复制国内产业集聚优势的前景。

政府行为是产业集聚形成和发展的重要推动力量。Osbome 和 Gaebler（1992）认为，在全球竞争环境中，政府仅仅依靠公共服务和保障是不够的，必须是积极的"企业型政府"。无论是内生性的本地产业集聚还是外生性的 FDI 产业集聚，它们的发生和成长都受到成本导向机制、市场导向机制和政府推动机制这三种机制的交互作用。中国企业通过对外直接投资方式进入东道国地方产业集聚有两种方式：一是以关键企业为龙头，带动一大批国内专业化供应商和配套企业去东道国投资，政府应该制定相应的产业政策，积极引导中国企业在东道国投资的产业集聚方向及其质量；二是通过上述特殊经济合作区域的建立，整合投资母国和东道国的各种政策扶持和服务设施、服务体系，形成吸引投资的有力磁场，形成一定规模的产业集聚，并与本土企业建立起前后向关联，发挥 FDI 的溢出效应，带动东道国更大范围和更高水平的产业集聚形成。中国政府可以通过政府政策和政府行为在上述两种方式上促进中国企业通过 FDI 在东道国政府形成外生性产业集聚。在对外直接投资中，复制已有的产业集聚条件是形成中国企业优势的发展方向。复制中国企业在海外的产业优势需要组织化，不可能是单个企业的行为。这种组织化应包括：提供更高层次的基础设施水平，提供信息交流平台等中介服务方面，为本土企业与东道国分支机构间的融合提供良好的外部环境。通过对核心企业和上中下游相关企业的扶持，促进生产、制造、加工、货物运输、金融服务、研究开发、销售服务等相关企业的对外直接投资，从而使中国企业以横向关联或纵向关联方式在东道国形成 FDI 产业集聚。在国际工程承包、工程项目管理和工程项目运营管理为核心的 FDI 中，鼓励中国企业不断革新主营业务模式，不断延伸产业链的构成，形成以工程建设为主业，咨询、勘察、设计、制造、施工、采购、管理、投资、运营于一体的综合核心能力，有效提升企业的核心竞争力以及抗风险能力。在巩固、发展传统工程承包和设计业务的同时，中国企业借助产业集聚的技术优势、资金优势、规模优势，积极拓展业务领域，构建关联互补、协同效应显著的业务板块布局，开展资源开发、装备制造及房地产开发、投资等业务领域，在国际市场形成多元化的经营格局。

第五节　行为主体机制：企业与政府的不同作为

发达国家企业的对外直接投资，由于企业的动力机制和特定优势，政府所需要的努力主要是在创造市场环境方面，即推动贸易投资自由化、保护投资和维护公平竞争是政府的主要工作。此外，也提供一些技术、信息服务、资金融通、税收优惠、境外投资担保等支持政策。由于中国企业海外竞争优势形成的机理不同，中国政府需要做的事情要比其他国家多。中国政府既需要促进企业对外直接投资以实现国家的宏观经济利益，还需要组织引导企业走出去，用特定的组织方式释放企业的优势来保证企业的微观利益。因此，对比其他国家的海外直接投资，中国政府更需要形成一套企业境外投资的规划发展体系、政策体系、服务体系、管理体系。中国企业对外直接投资的基本优势是政府的引导和服务，这是中国经济建设的基本经验，也是企业"走出去"的政策选择和理论依据。

提供经济基础、提供公共服务、维持竞争、保护自然资源以及保持经济稳定，这些职能是保持一国经济平稳运行政府必须承担的责任。中国企业对外直接投资还处于初级阶段，企业对外直接投资发展水平落后于经济发展水平，占世界对外直接投资份额偏低。跨国公司国际化程度偏低，在中国企业对外直接投资过程中，政府可以很好地发挥其职能。一个具有预见性、前瞻性的政府，才能引导社会资源适度流向对外直接投资领域。中国政府在中国企业对外直接投资发展中主要有两方面的作用：一是政策导向，包括制定产业、科技、财政、税收、投资、金融、外贸、人事等方面的鼓励和扶持政策，引导和支撑对外直接投资发展；二是提供服务，包括创办境外经济合作区和特殊监管区、营造氛围、优化环境、建立体系、完善基础、规范行为等，为中国企业对外直接投资创造条件。政府在中国企业对外直接投资中的作用不应是分散和单向的，而应是集成和双向的，即各类政策和服务是互相配套、协同作用的。对外直接投资的发展又为政府作用提出新的和更高的要求，促使政府不断完善和优化作用行为。

中国企业的对外直接投资不是单纯的商业行为，因为企业受到政府支持，因此承担着两个重要任务：国家的和平发展和实现国家宏观经济调控目标。中国政府在多大程度上、采取什么样的政策支持中国企业对外直接投资，企业又会在多大程度上通过投资利益最大化来平衡企业利益与国家利益，是企业和政府利益耦合的关键之处。中国企业是对外直接投资的主体，国家利益要和企业利益统一并不意味着政府能够替代企业成为投资主体，中国企业在对外投资过程中缺乏所有权优势、内部化优势和区位优势等竞争优势，短期内靠企业自身实力积累很难迅速形成，而中国政府的政策和服务体系可以作为特定要素为中国企业提供新的竞争优势来源。在尝试构建中国企业对外直接投资的理论体系时，笔者认为，与其他国家的不同之处在于，中国政府作为政策制定者和公共服务提供者，会形成母国的国家特定优势，这种国家特定优势将加速中国企业形成微观竞争优势。母国国家特定优势将连同企业所有权优势、内部化优势和区位优势等微观竞争优势，共同形成中国企业对外直接投资综合优势。

中国的对外直接投资必须符合中国长期发展战略：对外直接投资必须

促进中国经济发展，同时符合"利用两种资源，开拓两个市场"的战略导向。促进企业对外直接投资行为的政府制度安排，必须以母国利益最大化为前提。在这个前提下，中国政府在国内的投资政策和公共服务可以通过法律法规的制定、财政税收鼓励政策、金融融资和外汇用汇优惠政策、信息服务和人才培训等具体措施实现，在国外的投资政策和公共服务可以通过与东道国签订双边或多边投资协定保障中国企业对外直接投资安全和投资利益，通过建立各种形式 FDI 产业集聚区带动大批企业走出去。这将形成母国国家特定优势，为企业微观竞争优势的形成提供了制度保证。在国家特定优势的推动下，企业可以尽快形成微观竞争优势，在政府宏观政策主导和引导下，在对外直接投资主体培育、对外直接投资行业选择、对外直接投资的区位选择、对外直接投资的模式选择方面，最大限度地降低企业的试错成本，降低企业进入东道国市场的难度，并最终形成对外直接投资的综合竞争优势。

政府在选择相关对外直接投资产业时，可以基于政府对产业系统演进、产业系统外部条件和产业发展战略的认识与把握来做出决定。政府培育优势对对外直接投资产业领域的目的性比较明确，前瞻性强，容易很快形成外部力量介入经济系统，缩短企业对外直接投资的学习周期，降低相应的社会成本。政府拉动将是中国企业对外直接投资优势形成的重要模式，它可以在很大程度上克服单纯市场形成模式的不足，并把两者长处结合起来，形成市场拉动与政府推动的合力，从而更有利于中国对外投资优势产业的形成。在中国企业对外直接投资过程中，政府可以在市场监管方面完善利益诱导机制，完善利益主体及其功能，建立并完善法律保障系统。在经济调节方面，应进行产权制度改革，促进发展机制的形成，完善和落实优惠倾斜政策。在公共服务方面，应完善提高技术人才流动机制，在社会管理方面应加强国民教育，培养高素质人才，并建立高效的信息服务系统，从而创造有利于企业对外直接投资的制度安排、社会环境和文化氛围。当然，政府职能的错位，政府权力的滥用，政府对企业微观经营活动的盲目介入，都可能造成企业对外直接投资行为机制的扭曲，从而带来低效率。因此，界定政府为企业对外直接投资提供激励政策的合理边界同样至关重要。

母国国家特定优势促进企业培育微观竞争优势有两种方式：一是"加速方式"，即政府通过适时选择某些主导产业和相关企业的优先发展，加速演进过程，使企业最终拥有所有权优势、内部化优势和区位优势；二是"跳跃方式"，政府通过制度安排使得企业跳过国际化进程汇总的若干环节，实现超常规发展来积累微观竞争优势。作为母国国家特定优势的提供者，政府不再是仅仅充当辅助角色，而是通过制度安排和制度供给，与企业自身优势构成互补，共同形成综合优势。企业如果缺乏综合竞争优势，中国对外直接投资只能在低水平、低收益率上徘徊。而一旦拥有综合竞争优势，中国企业可以缩短国际化周期和加速国际化进程，有利于更多的中国企业成长为跨国公司，更好地参与全球竞争。鼓励企业对外直接投资，有利于提升本国企业竞争力，改善自己在全球分工体系中的地位。跨国公司掌握着全球化时代资源配置主导权，培养中国的跨国公司，对于提高中国对外开放水平，真正成为世界经济强国具有不可替代的作用。因此，母国国家特定优势有助于实现企业微观利益和国家宏观利益的共赢。

第六节　结论与政策建议

中国企业的对外投资，不完全可以用公司利益最大化来解释。中国企业对外直接投资的收益更多或更直接地体现为宏观经济利益，而企业的微观利益是被兼顾的。中国企业对外直接投资几乎都不具备当代国际经济学中流行的所谓"企业特定优势"，但只有一个行业例外，这就是工程建设行业。开辟海外工程建设市场带动其他投资领域，是未来中国企业对外投资的重要趋势，但是这需要国家有意识地引导才能实现。复制中国企业在海外的产业集聚优势也需要组织化，但这不可能是单个企业的行为。因此，中国企业对外直接投资的基本优势是政府引导和服务。中国政府在进行政策引导和服务提供过程中，会形成母国国家特定优势。这种优势将有助于中国企业形成企业自身的所有权优势、区位优势和内部化优势，最终共同形成中国企业的对外直接投资综合优势。

对于政府通过国家特定优势培育企业综合竞争优势，笔者提出以下政策建议。

第一，找准对外直接投资国家利益和企业利益耦合点。在中国现有的经济体制和行政体系下，政府在企业对外直接投资活动中具有重要作用。中国企业对外直接投资行为在很大程度上由企业和政府共同决定，是一个双重主体动力机制。因此，应从国家特定优势和企业特定优势两个角度来共同探讨企业对外直接投资的动力机制，建立国家利益和企业利益的耦合点。发展经济是当代中国国家利益的核心，通过企业的对外直接投资，中国可以利用全球市场配置资源，加强境外资源开发合作与综合利用，提高国家经济安全及在全球经济中的地位，并通过投资发展与相关国家和地区的经济外交关系。中国企业在国际化过程中不仅要有世界级的规模，还要拥有具备全球视野、战略思维能力的企业领袖和经营团队，有核心技术和核心竞争力，有全球认同的品牌和信誉，有集成和整合全球资源的能力，成为全球产业链、价值链的主导者。这既符合企业利益，又符合中国国家利益。政府是对外直接投资政策体系和服务体系的建构主体，企业是对外直接投资的行为主体，政策引导、激励机制的建立应把二者联系起来，形成一个统一的利益系统。这个系统应同时具备动态特征，使得政府在不同经济发展阶段和不同宏观战略目标下不断调整双方利益耦合点。

第二，降低政府驱动企业对外直接投资的政策成本。目前，中国对外直接投资的相关政策包括外资政策、税收政策、金融政策、财政政策、产业政策、外汇政策、与投资有关的贸易政策以及其他相关政策，它们共同构成政府的政策矩阵。一套决策系统、一套执行系统要比多套决策系统、多套执行系统更能减少政府驱动的成本。当政府能够把原来分散用于多个目标的多套决策系统与执行系统聚敛起来，而用一套新的决策系统与执行系统对原有目标的共生体进行合力驱动的时候，自然更能节约行政成本，提高行政效率。设立一个统一、独立的对外直接投资管理机构，统一制定中国对外直接投资的有关战略规划、方针政策和管理措施，简化对外直接投资审核手续，增加审核的透明度，加强对外直接投资的事后监管，可以有效降低政府行政成本；协调各项对外经贸投资政策，避免由于缺乏政策协调造成不必要的内部摩擦，使得各项政策相互支持，互相促进，有助于更好地形成国家特定优势。

第三，建立和完善对外直接投资的公共服务机制。如何提供良好的公共服务，除了政府通过经济环境、社会环境、法律环境、人文环境等各个层面提供服务外，关键还在于建立和完善以政府为主导、不同利益主体共同参与的形成多层级的公共服务机制。中央和地方各级政府专门设立的服务机构，行业内部由行会、商会等行业中介组织设立的服务结构，跨行业的专门服务机构，企业组成的联合结构，都可以提供政策引导和服务的融资、咨询、研发、培训机构，从而形成综合、健全的社会服务化系统。

第四，建立企业对外直接投资的良性激励机制。政府对外直接投资政策设计应该形成一个良性机制，即符合资源的有效配置、信息的有效利用及激励相容三个基本标准。企业对外直接投资的优势包括基于要素基础的生产成本优势、基于质量基础的产品差异化优势、基于区域的品牌优势、基于集聚的集体议价能力和组织管理能力等。政府应研究企业对外直接投资行为的演进规律，把握企业对外直接投资的本质特征，完善激励政策，减少抑制政策，规范规制政策，提供完善的服务，降低企业对外直接投资的沉淀成本和交易成本，促使企业在对外直接投资过程中从成本优势竞争转向质量和品牌竞争。

第五，形成对外直接投资产业整合力。目前，中国企业间的分工和协作水平偏低。通过政府的作用，加强对外直接投资企业相互之间的关联、配套和协调效应，加强产业内部企业间的合作，加强对外直接投资产业内部中国企业间的分工网络化联系，开发中间投入品（货物和服务）生产过程中的规模经济效应，形成产业整合力，使得对外直接投资过程中的企业集聚外部效应随之扩大。在政府政策引导下，推动要素禀赋、资源共享、分工与专业化、竞争与合作四种效益共同形成企业的对外直接投资产业整合力，提高中国企业对外直接投资整体水平。

第二章　国家特定优势：中国企业对外投资的理论

现有国际投资理论以跨国公司为研究主体，把"母国企业优势与东道国区位优势"作为一国企业对外投资的优势来源，其核心是"企业优势论"，这忽视了母国国家整体在一国对外投资中的地位与作用。本书构建了跨国公司企业优势来源的理论框架，对现有理论做出如下补充：母国是一国企业对外投资的基石，它在经济水平、社会发展等方面为本国企业发展提供基础性条件；母国国情及禀赋的差异，造就了各国不同的行业优势、规模优势、区位优势、组织优势及其他特定优势。这些母国国家特定优势，也是本国企业参与国际竞争的优势之源，对本国企业参与对外投资具有重要意义。

第一节　西方主流理论解释力的不充分和不完善

全球化条件下，国际投资发展极为活跃，国际投资形态发生新的变化，显著增强了国际金融联系、生产联系和贸易联系。跨国公司已成为世界经济一体化的主要推动力量，对全球政治与经济的影响不断加深。现有国际投资理论难以有力解释这一领域出现的不少新现象，表现出若干不足。

其一，现有国际投资理论以跨国公司为研究主体，符合国际投资发展的基本事实，但忽视了国家，尤其是投资母国在国际投资发展中日益增长的重大作用。

现有主流国际投资理论于 20 世纪六七十年代即已形成，主要有垄断优势理论（Hymer，1960）、产品周期理论（Raymond Vernon，1966）、内部化理论（Peter J. Buckley 和 Mark Casson，1976）、国际生产折中论（Dunning，1977）。它们构成了国际投资理论的基本框架，其后的理论发展主要是在上述框架内的补充，没有实质性突破。这些理论从企业的微观角度理解国际投资，反映了当时国际经济的特点，但已不适应国际投资发展现状：一方面，国家资本与私人资本相互融合，国家主权财富基金参与对外投资，国家参与全球生产要素的组合与配置，是当前国际投资领域的重要现象；另一方面，国与国之间不断签署更多的投资协定，开展更多样的投资合作，对国际投资的规划、管理日渐成为许多国家政府的重要工作内容。以上现象说明，国家在国际投资领域的作用明显增强，这已成为当代国际投资的基本特点。然而 Schumitz（2004）从发展经济学视角、Bair（2005，2008）从经济社会学视角、Mudambi（2008）从经济地理学视角、Levy（2008）从政治经济学视角、Ramamurti 和 Singh（2009）及 Narula（2009）从国际经济学视角展开的最新研究，探讨全球化时代国际投资发展的动力机制，其着眼点仍然置于企业层面。

现有文献在一定程度上研究了国际投资与国家的关系，但侧重于以发展中国家为研究对象，主要探究发展中国家如何改善投资环境以吸引外资，外资能否在东道国产生技术溢出及对东道国就业的效应等。这表明，现有研究仍然主要把发展中国家定位为投资吸收国，这种学术倾向与发展中国家对外投资能力不断扩大的事实是不相适应的。事实上，20 个世纪八九十年代以来，发展中国家对外投资就已进入上升通道，而且态势明显。因此，学术界理应把视角更多地转向发展中国家的对外投资，更多地把发展中国家作为投资母国来考察。[①]

只有少量文献关注于母国在对外投资中的作用与地位，主要理论成果

[①] 1990—1999 年，发达国家年均对外直接投资量为 3706.6 亿美元，发展中国家为 459.5 亿美元，两者比值为 8:1；2000—2009 年，发达国家年均对外直接投资量为 9766.4 亿美元，发展中国家为 1843.6 亿美元，两者比值为 5.3:1。

见于"两缺口"理论（Chenery H. B. 和 Strout A. M., 1966）与投资发展周期论（Dunning, 1981）。这两个理论其实可导出相近的政策含义："两缺口"理论认为，发达国家由于资本富余应输出资本，发展中国家由于存在外汇缺口与储蓄缺口，则应引进外资；投资发展周期论认为，人均国民生产总值高的国家，即发达国家应为资本净输出国，反之则应为资本净输入国。随着发展中国家涌现出成功的新兴市场经济体，发展中国家对外直接投资的出现，全球跨国投资出现南南相互投资、南北反向投资、发达国家相互投资以及资本主要流向发达国家、美国在成为最大的资本净输入国的同时又大举对外投资的新格局，这两个理论解释国际直接投资现象的局限性越来越明显了。

其二，现有理论把跨国公司自身形成的优势作为一国企业参与国际投资的核心原因，有其合理性，尽管学术界也注意到了企业优势的东道国来源，但尚未清晰认识到企业优势的母国来源。

国际生产折中论（Dunning，1977）对西方国际投资企业优势理论进行了迄今为止最为高度的概括，它把西方跨国公司的优势归纳为所有权优势、内部化优势与区位优势。至于发展中国家的企业优势，则主要被归纳为小规模技术优势（Louis T. Wells，1983）、技术地方化优势（Lall，1983）。如果照搬这些理论，发展中国家企业因优势不足，将长期在对外投资领域居于配角地位，这与发展中国家对外投资迅猛发展的现状显然不符。这就引发出一系列问题：发展中国家企业参与国际投资，究竟有没有优势？如果有，其优势何在？又源于何处？溯其根源，这部分理论最大的缺陷在于未认识到企业优势既源于自身与东道国，又源自母国。以区位优势为例，现有国际投资理论尽管已注意到它对企业优势的积极效应，但只是把区位优势局限于东道国，未认识到它也可源于投资母国，特别是源自区域经济一体化对区内企业竞争力的提升作用。此外，企业优势形成的母国来源尚有其他渠道。比如，现代经济体系中大量跨国企业经由母国产业组织、政策激励等方面的积极干预而增强国际竞争优势，母国行业优势、规模优势、国家形象、文化优势对本国企业优势的推动作用等。

其三，现有理论的不足还表现为对服务业国际投资、国际直接投资与间接投资的融合等的发展未能做出有力回应。

20世纪80年代末以来，国际投资的产业构成就发生了重要变化，服务业成为主要投资领域。理论界把这一现象主要解释为发达国家在服务业领域有着明显优势，世界各国的服务业私有化改革发挥了重要作用，经济自由化潮流带来的放松管制趋势等，而未意识到其深层次原因在于居主体地位的金融服务业的独特禀性：金融业是所有行业中财富效应最明显、赚钱速度最快、盈利能力最强、处于价值链顶端的行业，因此与初级产业受资源约束及制造业发展受实体经济约束不同，金融业最不易受约束，并且还有自我循环的能力。实体经济的发展速度与金融资本的膨胀速度只会越拉越大，金融业的扩张只会越来越凌驾于实体经济之上，本轮金融危机只不过是这一趋势的一次调整，并不会改变这一趋势。

国际直接投资与间接投资原本泾渭分明，但自20世纪90年代以来，这两种资本流动形式呈现出日益接近、交叉和融合的趋势。一方面，无论在危机之前还是危机之后，跨国并购一直是国际直接投资的主要方式，表明直接投资越来越多地通过资本市场来进行，采用间接投资的活动方式；另一方面，大量的国际资本通过私募股权基金投资、风险投资方式控制了企业后，却经由资本市场的运作，通过出售股权、出售资产来进行盈利，不一定获取生产利润，这与传统的直接投资观念有了很大区别。这些变化使得现有国际直接投资与间接投资的区分越来越难，对现有理论提出新的要求。

综上所述，现有理论对国际投资的若干重要变化未能给予充分关注和有力解释，有进一步完善的空间。本书认为：企业参与国际投资的优势除来源于企业实力的自我积聚和东道国区位优势外，也来源于投资母国（见图2.1）。鉴于现有理论已经详细探讨了东道国区位优势，故对此不再赘述。本书对现有理论主要做出如下补充：母国是一国企业对外投资的基石，它在经济水平、社会发展等方面提供基础性条件；母国禀赋的差异，造就了各自的行业优势、规模优势、区位优势、组织优势及其他特定优势，形成企业竞争优势的外部来源，对本国企业参与对外投资具有显著意义。

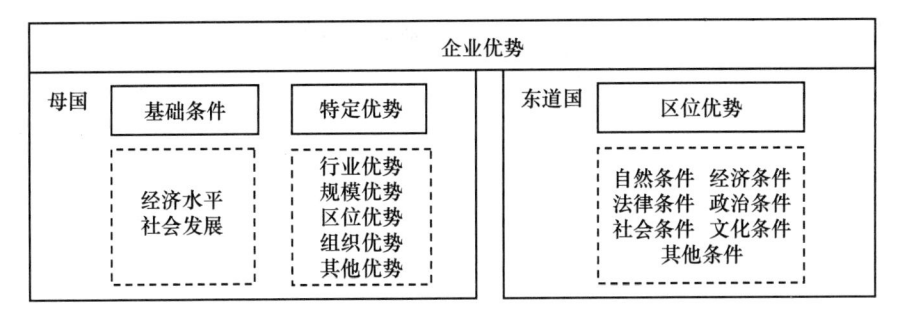

图2.1　国际投资的企业优势来源

第二节　对外投资与母国：基本考察

2007年国际投资规模达到1.97万亿美元，不仅对资本输入国资本形成的作用加大，而且也对投资母国的影响不断加深。20世纪后十年（1990—1999年）至21世纪初十年（2000—2009年），从FDI流出存量的母国GDP占比（平均值）来看，世界水平由13.6%增至28.3%，上升108.1%。也就是说，最近十年世界范围内以FDI形式外向流动的投资存量已占2009年全球GDP值的近1/3，这还不包括间接投资的流动量；其中，发达经济体由15.5%增至33.5%，上升116.1%；发展中经济体由6.5%增至13.9%，上升113.8%。从FDI流出流量的母国固定资本形成占比（平均值）来看，世界水平由6.8%增至11.9%，上升75%；发达经济体由7.9%增至14.7%，上升86.1%；发展中经济体由3.3%增至5.4%，上升63.6%，表明对外投资在全球资本形成中的作用在加大，地位在上升。

对外投资是全球化时代各国深化经济合作的需要，签署国际投资协定就是投资母国与东道国一起参与国际投资的重要表现形式。比如，母国政府出面与东道国政府谈判，订立投资保护协定、避免双重课税协定等，就是对本国跨国公司的重要支持。2009年，全球共缔结了211项新的国际投资协定，其中82项为双边投资条约、109项为避免双重征税条约、20项为其他国际投资协定，平均每周缔结大约四项新协定。截至2009年年底，协定总数达到5939项。在2009年确定的102项与外国投资相关的新的国家政策措施中，71项都旨在进一步放宽对外国投资的限制和促进外国投资。

投资母国直接动用国家资本与本国跨国公司资本相融合，国家资本从救援到其他干预成为投资全球化深入发展的新现象。本轮金融危机中，美国、德国、荷兰、法国、爱尔兰、英国等素来推崇自由经济的西方发达国家普遍采用注资参股、重组乃至接管濒临倒闭的本国金融业、房地产业跨国公司的方式来稳定金融体系，证明跨国公司资本与国家资本已经融为一体。经由国家资本的输血，不少金融企业不仅没有在本轮危机中垮掉或收缩，反而通过继续向全球扩张以摆脱危机。以美国花旗集团为例，2009年年末共有分支机构796家，分布于75个国家，其GSI指数①不降反升，由2008年的72.9增至2009年的75.3，仍然位居全球首位。

国家参与全球生产要素的组合与配置，是当前国际投资领域的另一重要现象。这主要是因为，资本、资源、技术等生产要素的配给对于任何一个国家实现可持续发展的意义越来越大。以资源要素为例，通过跨国公司在国际市场上配置资源，加强境外资源开发合作与综合利用，为国家获取重要资源提供相对稳定的来源，实现国民经济的长远发展已成为各国的共同做法。资源类投资多具有战略目的，这类投资往往并不特别关注价格和短期的投资收益，使得该领域的争夺尤其激烈。西方大国对资源的争夺意识早、下手快，已经以对外投资方式控制了全球许多矿产，获得了大量收益。其对外投资许多是借助国家力量实现的，甚至不惜通过战争手段，比如美国发动对伊拉克的战争，核心目标之一就是为了控制中东石油资源。

主权财富基金的勃兴则是国家对本国资本要素的主动运用。自1953年以来，主权财富基金先后于20世纪70年代和90年代兴起两次发展浪潮。截至2008年，全球已有36个国家和地区设立了56个主权财富基金。2011年年初，全球主权财富基金总资产已达3.98万亿美元，正加大在私募股权、基础设施和房地产中的投资。它们多为政府的专门机构管理，其目标既包括为本国资本保值增值，又包括协助中央银行分流外汇储备，干预外汇市场，冲销市场过剩的流动性，执行货币政策的国家职能。

---

① GSI指数：地理分布指数（Geographical Spread Index）。

全球供应链发展所引致的比较优势动态变化，为国家参与国际投资提供了新的动力。当前国际分工已发生深刻变革，突出表现为全球供应链的形成。发达国家的核心企业已不再局限于利用本国的比较优势，而是通过构建全球供应链，把节点企业安排在不同国家。这一模式下，任何一个国家的比较优势都可以被其利用；对发展中国家来说，劳动成本的优势或资源的优势不再是本国企业独享，而是要被供应链，尤其是被供应链中的核心企业所分享。这种分工交换和利益分配方式已经与传统比较优势理论下的分工和利益分配有很大的差别，表明传统比较优势已由静态转为动态化。一国企业在全球供应链中的地位，往往决定了该国在国际经济竞争中的地位。任何国家特别是发展中国家，要参与全球范围内的竞争，必须推动本国企业在全球范围内寻找生存和发展的机会，占据全球供应链上的有利地位，才能增强本国的长期竞争优势。

发展中国家资本市场的缺陷，也构成其企业对外投资的重要动力。当代国际直接投资越来越多地通过资本市场来进行，发达国家资本市场健全，它们的企业通过本国资本市场就可以参与全球供应链竞争，整合全球资源。而发展中国家通常因为资本市场发育晚、证券交易所的国际竞争力弱，证券交易成本相对高，产权市场发育不完全，政策、法规不健全，交易工具与机构、交易制度与管理制度国际化程度不足，使得国家企业在融入全球供应链、参与全球资源争夺中，往往只有经由发达国家资本市场，才能更有效率、更能分散风险与取得收益。

第三节　对外投资的母国基础条件

跨国公司是一国对外投资的载体，任何一个公司在走出国门之前只是一个国内公司，母国这个大摇篮为一个公司从小到大，从弱到强，从国内公司到跨国公司的成长提供了必要的土壤、养分、扶持乃至保护。很难设想一个政治动荡、经济长期停滞、社会失谐、文盲占主体的国家，能哺育出强大的跨国公司。环顾全球，当今拥有最多最强大跨国公司的国家要么是当代的世界超级大国，要么是曾经的世界强国。相比之下，发展中国家的跨国公司则明显有较大差距（见表2.1）。这显然能够说明母国总体实力对于该国对外投资的重要意义。

表 2.1　　2008 年世界最大的 100 家非金融跨国公司国籍分布　　单位:%

国籍	数量	占比	国籍	数量	占比	国籍	数量	占比
美国	18	18	荷兰	2	2	卢森堡	1	1
英国	15	15	韩国	2	2	以色列	1	1
法国	15	15	意大利	2	2	爱尔兰	1	1
德国	13	13	中国	2	2	中国香港	1	1
日本	9	9	葡萄牙	1	1	芬兰	1	1
瑞士	5	5	挪威	1	1	澳大利亚	1	1
西班牙	4	4	墨西哥	1	1			
瑞典	3	3	马来西亚	1	1			

资料来源:UNCTAD 网站。

因此,现有理论过分注重企业自身优势及东道国区位优势的传统应该得到纠正,母国对于本国企业对外投资的作用不应被漠视。我们以人均国民收入(PPP、现值国际元)、证券化率(上市公司市值/GDP)代表一国经济发展水平,以每百人宽带用户数、每千人病床数、高等教育生均支出/人均 GDP、R&D/GDP 代表一国社会发展水平,以对外直接投资/GDP 代表一国对外直接投资水平。以上所有数据均取 1996—2007 年共计 12 年的平均值进行比较,借以消除指标短期波动的干扰,考察上述指标对一国对外投资水平的长期影响(见表 2.2)。

表 2.2　　1996—2007 年母国对外直接投资水平指标年均值　　单位:%

指标	国家数	指标范围	指标值	对外直接投资/GDP
人均国民收入 (PPP、现值国际元)	5	30000—40000	35345	6.85
	21	20000—30000	26403	5.19
	14	10000—20000	14965	1.48
	32	1—10000	5607	0.56

续表

指标	国家数	指标范围	指标值	对外直接投资/GDP
证券化率（%）	1	300—400	352	17.41
	1	200—300	244	9.88
	10	100—200	131	5.13
	51	1—100	43.3	1.69
每百人宽带用户数	10	10—15	12.55	8.87
	11	5—10	7.98	3.5
	21	0.01—5	1.86	1.44
每千人病床数	3	8—10	8.74	4.42
	14	4—8	6.25	2.98
	4	1—4	2.92	1.61
高等教育生均支出/人均GDP（%）	7	40—70	51.4	6.19
	3	30—40	32.5	5.57
	13	20—30	25.5	2.95
R&D/GDP（%）	5	1—20	14.6	1.45
	8	2—4	2.6	6.59
	12	1—2	1.43	3.89
	21	0.01—1	0.54	1.22

注：所有数据均为1996—2007年共计12年的平均值。指标范围的表示方法为：小—大；含小不含大，比如1—2，含1不含2。

资料来源：世界银行世界发展指标（WDI）数据库。

分析表明，以经济水平、社会发展为标志的母国综合发达程度直接决定了该国的对外投资水平，并表现出如下普遍规律：上述六大指标（人均国民收入、证券化率、每百人宽带用户数、每千人病床数、高等教育生均支出/人均GDP、R&D/GDP）与对外直接投资水平总体呈正相关。这些指标高的国家，其对外直接投资水平也普遍高；这些指标低的国家，其对外直接投资水平也普遍低（见图2.2）。

迄今为止，国际投资发展周期论是母国宏观角度动态解释一国对外直接投资水平的最有影响的理论，其基本观点是：随着一国人均国民收入的提高，该国对外投资的规模会扩大。我们延续其思路，展开了进一步的检

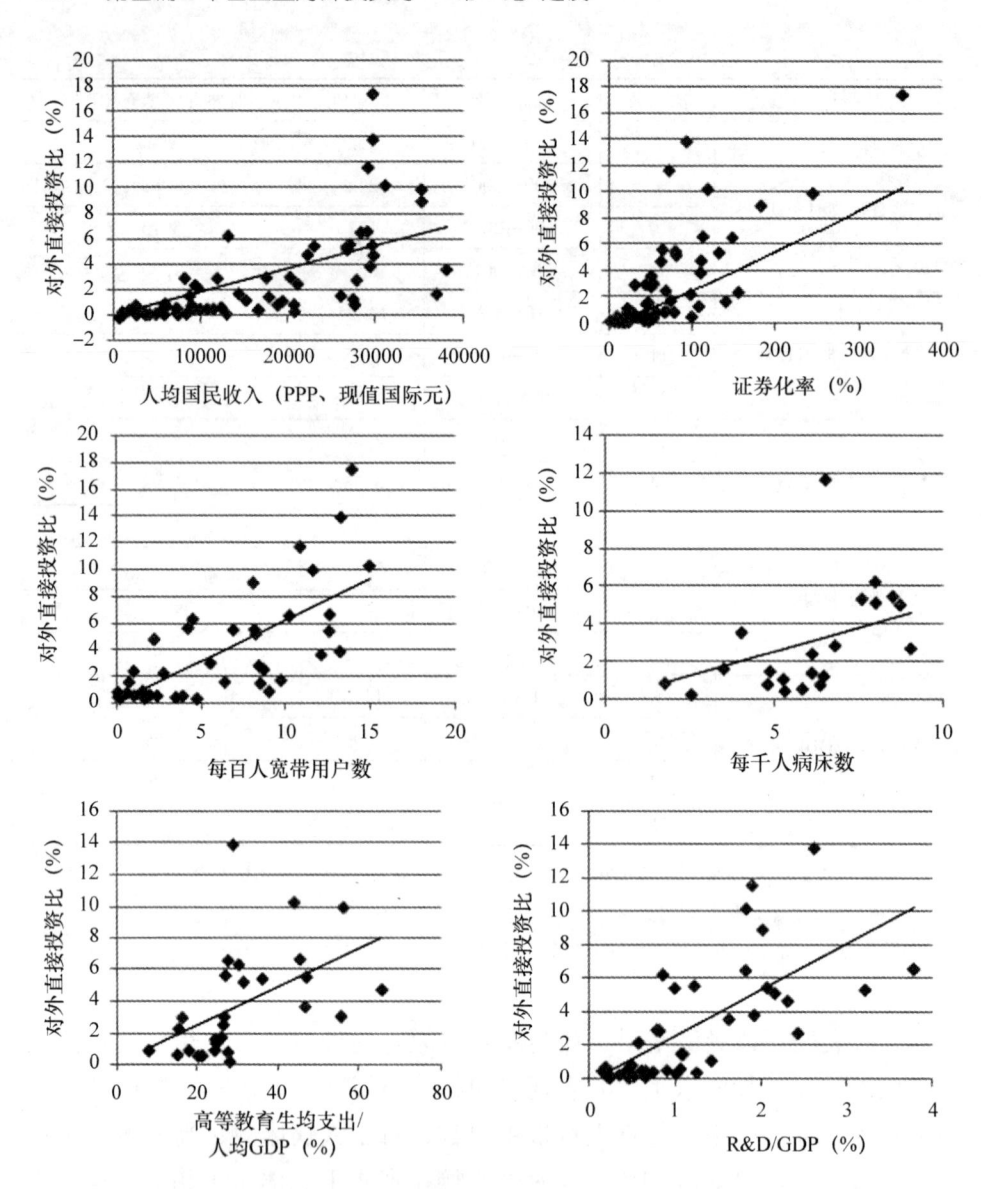

图 2.2 1996—2007 年母国对外直接投资水平指标年均值分布

验，结果表明：国际投资发展周期论的基本结论在一定程度上仍然是有效的，但我们同时发现采用购买力平价现值的人均国民收入（PPP，现值国际元）这一指标优于 Dunning 采用的人均国民收入（现值美元）。购买力平价的长处在于避免汇率波动对国民生产总值造成的失真问题,用于比较各国经济水平与对外投资关系的解释力,因而更强。

国际金融全球化的一个主要趋势是国际直接投资与国际间接投资的彼此渗透,使得国际直接投资日益通过证券化方式实现。母国证券化水平高,不仅有利于该国参与国际间接投资,更好地融入国际金融市场。它还是直接投资扩张的推手,有利于其国际直接投资规模的扩大。

社会发展是一国发展的终极目标,其社会发展程度最终体现在诸如研究开发、金融分析、医疗卫生、家庭服务、旅游娱乐、不动产服务等发展状况上。如果本国社会发展程度低,往往意味着本国产业结构、就业结构、消费结构尚不合理,表明其人力、物力、财力并未在本国得以充分调动和有效利用。此时国家资源主要用于国内尚显不足,资本如大量投向国外是不经济的。只有当该国社会发展的主要目标基本实现,本国国内资源已有效配置,此时内资本去外部寻求成长空间才更符合国家整体发展战略。因此,社会发展程度与对外投资表现出明确的正向相关关系,其中教育支出、科研投入水平更是直接关乎本国企业竞争力,这两个指标向好自然有利于本国对外投资活动的展开、持续与收益获取。

第四节　对外投资的母国特定优势

母国除提供对外投资的基础条件外,不同国家因自身基础及条件的差异,还衍生出行业优势、规模优势、区位优势、组织优势及其他特定优势,构成企业优势的重要外部来源。

一　母国行业优势

自从西方发达国家进入垄断资本主义时代起,国际竞争形态就已不再是过去那种单个企业之间原子式的竞争,母国的行业优势既是本国跨国公司优势形成之主要来源,又是本国企业优势长久延续之重要支柱。母国的行业优势,既包括企业所处行业的优势,又包括相关行业优势。

跨国公司发展史上,母国优势行业催生出强大的企业,这些企业进而发展成为强大的跨国公司,这是一个较为普遍的现象。同行业的企业具有共同特性，往往使用相同原材料，需要和提供相同的服务内容，在技术、工艺方面具有相似性，具有类似的生产工具、生产流程、管理技术，构成企业发展的行业环境。同行业内的企业，虽然有竞争，但也有沟通和联合，推动行业内的专业化协作不断向纵深和广度发展。比如，不少制药企业以共同开发新药或相互授权方式，降低本身研发失败的风险。类似的现象在汽车、民航机、工业机器人、消费电子产品等行业也很常见。日本企业还常结成战略联盟以打开一些外国产业的缺口，然后迅速侵入，大肆发展。

一国在某一行业强大，对该国同行业企业发展带来诸多便利。该行业先进企业或多或少会有技术扩散和技术转移，本国同行业企业在该行业最新的行业信息的获取、模仿与跟进方面往往比国外同行更便利。为生存与发展，即使该行业最强的企业只能开展更多的技术创新、管理变革等手段才能维持竞争优势，整个行业也因而活力十足，有利于造成弱者跟进、强者愈强的局面。一国在某一行业强大，则在行业标准的制定上处于有利地位。一旦本国的行业标准被广泛应用乃至成为全球标准，也就相应控制了行业发展的制高点，对本国企业竞争力的提高、竞争优势的维持将是极大推动。随着知识经济时代的来临，世界范围内的技术标准竞争越来越激烈，谁能胜出，谁就能从中获得巨大的市场和经济利益。

如果一国优势行业的企业进行强强联合，行业优势就直接地转化为企业优势。美国杜邦公司、美国烟草公司、美国钢铁公司、美国冶炼公司、玉米产品公司、查默斯公司、阿纳康达制药公司，这些至今对美国经济具有举足轻重作用并在国际经济舞台极为活跃的企业，都是在100多年前美国第一次并购浪潮中主要靠同业兼并扩张起来的巨型跨国公司。美国波音公司兼并麦道公司，美国惠普合并康柏，美国通用电气收购美国无线电公司，美国在线时代华纳公司收购美国电话电报公司有线电视子公司，日本八幡钢铁公司和富士钢铁公司合并成立日本制铁公司，日本东京三菱金融集团合并日本联合金融控股集团，德国大众收购奥迪等，则是近年来的突出例证。

我们对100家最大的非金融类跨国公司（依据2008年海外资产）进行了归纳，对其中主要行业的分析表明，跨国公司海外投资实力与母国行业优势确实有较大的正向关联，表现出较强的国籍集中度。批发贸易业是日本的优势行业，因而全球海外资产最多的四家公司均为日本企业，它们是三菱商事、三井物产、住友商事、丸红商事。化学工业是德国传统优势行业，全球海外资产最多的两家化学行业公司巴斯夫、林德均出自德国；电子电气设备业方面，美国有通用电子、IBM、惠普三家公司，日本有索尼、日立两家公司，与各自国家的行业优势相对应；汽车制造业基本上是德国、日本、美国三强并立；制药业优势主要集中于美国、英国与瑞士三国；食品、饮料及烟草业则是美国、英国具有相当优势（见表2.3）。

跨国公司的企业优势还发端于国内相关行业的优势，这是因为：各国生产体系、营销体系、服务体系之间的总体实力，对本国企业维持更为持久的竞争优势至为重要；企业的实力不仅取决于其自身的能力和策略，也取决于供货商和相关行业的能力和策略。比如，供货商往往提供上游产品和中间产品，具有国际竞争力的本国供货商能带动下游行业明确创新方向，加速创新流程；相关行业的经济活动有相当强的"外部经济效果"，相关行业往往依托相同的技术和供货，易于开展信息交流和各种合作，会有技术外溢效果，因此对本国相关企业有明显的带动作用。根据有关分析，目前在国际分工比较发达的制造业中，产品在生产过程中停留的时间只占其全部循环过程的5%以下，而处在流通领域的时间要占95%以上；产品在制造过程中的增值部分不到产品价格的40%，60%以上的增值发生在服务领域。一个产品的生产加工链条中，设计、研发、售后服务、销售、法律咨询、广告等部门的作用越来越大，而具体的加工过程、工艺处理等的作用相对下降。服务业能否提供低成本、高效率的分销服务、金融服务以及会计、审计、法律服务等，将直接影响生产制造业的竞争能力。因此，现代经济条件下，一国如果没有发达的服务业支撑，就很难产生具有优势的制造业企业。

在国际投资领域，德国在印刷机产业的强势地位，很大程度源自该国印刷业、造纸业、制版系统、印墨业及包装机械业的整体优势；日本机械工具业的优势离不开世界级的数控机床、电动机和其他零件；瑞典在滚珠轴承、切削工具行业中的竞争力源于它的特种钢行业，而特种钢行业的成功又离不开该国储量丰富的低磷铁矿及冶炼工艺；丹麦食品工业和酿造工

表2.3 2008年跨国公司与母国行业优势

单位：亿美元，%

行业	国籍	公司	总资产	海外资产	占比	TNI	行业	国籍	公司	总资产	海外资产	占比	TNI
批发贸易业	日本	三菱商事	1112.95	591.6	53	31	汽车制造业	日本	日产	1043.79	570.8	55	59
批发贸易业	日本	三井物产	852.62	486.53	57	65	汽车制造业	韩国	现代	820.72	283.59	35	36
批发贸易业	日本	住友商事	708.9	264.48	37	42	汽车制造业	瑞典	沃尔沃	474.72	375.82	79	82
批发贸易业	日本	丸红商事	479.85	250.49	52	35	汽车制造业	美国	福特	2229.77	1025.88	46	54
化学工业	德国	巴斯夫	707.86	430.2	61	56	制药业	美国	通用汽车	910.47	405.32	45	49
化学工业	德国	林德	331.58	298.47	90	88	制药业	法国	赛诺菲安万特	1001.91	503.28	50	59
电子电气设备	芬兰	诺基亚	550.9	500.06	91	90	制药业	德国	拜耳公司	730.84	256.96	35	45
电子电气设备	德国	西门子	1351.02	1044.88	77	73	制药业	以色列	梯瓦制药	329.04	242.13	74	84
电子电气设备	日本	索尼	1224.62	571.16	47	62	制药业	瑞士	罗氏制药	715.32	609.27	85	80
电子电气设备	日本	日立	958.58	242.82	25	31	制药业	瑞士	诺华	782.99	435.05	56	68
电子电气设备	韩国	三星	837.38	287.65	34	54	制药业	英国	阿斯利康	467.84	369.73	79	85
电子电气设备	荷兰	菲利浦	459.86	326.75	71	79	制药业	英国	葛兰素史克	574.24	269.24	47	55
电子电气设备	美国	通用电子	7977.69	4012.9	50	52	制药业	美国	辉瑞制药	1111.48	491.51	44	54
电子电气设备	美国	IBM	1095.24	520.2	47	61	制药业	美国	强生	849.12	403.24	47	52
电子电气设备	美国	惠普	1133.31	482.58	43	59	食品、饮料及烟草	法国	保乐利加	351.59	322.37	92	89
汽车制造业	德国	大众	2337.08	1236.77	53	60	食品、饮料及烟草	荷兰	百威英博	1131.7	1062.47	94	88
汽车制造业	德国	戴姆勒	1840.21	879.27	48	55	食品、饮料及烟草	瑞士	雀巢	998.54	663.16	66	87
汽车制造业	德国	宝马	1406.9	632.01	45	50	食品、饮料及烟草	英国	南非米勒	316.19	251.39	80	74
汽车制造业	意大利	菲亚特	859.74	408.51	48	61	食品、饮料及烟草	英国	帝亚吉欧	299.65	242.64	81	73
汽车制造业	日本	丰田	2962.49	1695.69	57	53	食品、饮料及烟草	美国	卡夫食品	630.78	256.38	41	50
汽车制造业	日本	本田	1204.78	892.04	74	72	食品、饮料及烟草	美国	可口可乐	405.19	251.36	62	74

注：TNI，是跨国化指数，计算方法为：（国外资产/总资产＋国外销售额/总销售额＋国外雇员数/总雇员数）/3×100%。

资料来源：海外资产最大的100家非金融类公司（2008年），源自UNCTAD网站。

业的专业人才和以卡尔斯堡研究中心为代表的发酵技术、生物技术方面的研发能力，是形成该国胰岛素、工业酵素和食品添加物等产业的优势来源；英国的化工和制药业的竞争实力，则与其密切联系国内相关大学和政府研究机构，并发展出英国其他产业少见的共同合作制度有关；瑞士雀巢资助日内瓦国际管理学院发展为欧洲数一数二的商学院，公司自身也由此在管理提升和人才培训方面获得好处。美国信息技术世界领先，软件业不断推出对硬件技术要求越来越高的实用软件，促使计算机厂商把计算机运算速度和内存容量一再提高。硬件的发展又为新一代更高级软件的开发提供了条件，构成动态的良性循环。微软与IBM、Intel、苹果公司以及无线电器材公司在业务上的密切关联，就体现出这层关系。至于数家美国钢铁企业经由摩根财团重组而成美国钢铁公司、洛克菲勒联姻花旗银行，则是实业界通过获得金融服务业的强力支持而提升优势的早期实例。

全球化条件下，世界各国融入国际分工的程度更深，领域更广，客观上促成行业优势在不同国家的分布。现代经济体系中行业门类极多，任何一个国家的生产资源、生产能力都是有限的，再发达的国家也不可能在所有领域占尽优势。从经济发展史上看，美欧等发达国家进入"服务经济"社会之前，制造业是它们对外投资的优势领域，发展中国家主要充当发达国家的原料产地与产品销售市场，在国际投资领域主要是资本流入国，少有资本输出。而当美欧等发达国家进入"服务经济"社会之后，其优势转向了高端服务业及高端制造业；发展中国家尚处于工业化阶段，主要承接国际制造业及部分中低端服务业的转移，因而培育了这些国家的企业主要在中低端制造业及中低端服务业上的竞争优势。

美欧等发达国家于20世纪60年代率先进入"服务经济"社会，经济重心偏向服务业。目前，发达国家和地区的服务业产值，在其国内生产总值中一般高达60%—80%，其国内市场已容纳不了服务生产的日益增长，服务业对外投资成为这些国家对外扩张的产业基础、动力所在、优势来源与发展方向。发达国家在服务业对外投资中的优势，不仅强化了发达国家与发展中国家之间传统的垂直分工，而且强化了它们之间在加工工序与生产服务上的分工。总体而言，发展中国家充当发达国家的生产加工基地，而影响产品价值链的诸多重要的生产服务环节，如产品设计、新产品和新工艺开发、海外市场拓展、原材料采购供应、资金筹集调度和财务控制等高附加价值的业务，都由发达国家掌握。不同的发达国家根据其服务业竞争优势的差别有着不同的对外投资倾向。日本的贸易和银行业的对外直接投资占其服务业对外投资的50%左右；欧洲国家则在银行、保险、出版、航空和其他运输业等领域，有规模巨大的海外直接投资；美国在大部分服务业都处于优势地位，其海外投资中60%以上流向服务业，在会计、广告、零售、旅馆、快餐及饭店连锁店、市场调研、法律服务、证券和金融等许多服务行业中，都进行了大量的对外投资。

发展中国家承接国际产业转移所引致的以中低端制造业及中低端服务业为主、兼有少量高端制造业与高端服务业的竞争优势。20世纪中后期以来，世界经济的一个重要现象是全球化带来的大规模国际产业转移，许多成熟产业从发达国家转移到发展中国家。这其中既有制造业，又有服务业，通过资金、技术、设备等的转移，发展中国家在国际分工的不同领域取得各自的专门优势，形成优势产业，并成为这些国家对外投资的基础。中国企业对外投资的优势主要在一些制造领域，如鸿海集团、中集集团、格兰仕、华为、中兴、海尔、联想、万向集团等企业。印度的产业优势主要是在软件程序的编写与设计、法律咨询、保险精算、国际会计、实验室服务的中低端部分，其对外投资也集中于这些产业。巴西在航空领域有一定优势，是其对外投资的主要方向之一。韩国作为发展中国家的佼佼者，在长期承接国际产业转移的过程中积累了相当优势，其部分领域已居于高端地位，海外投资广泛分布于汽车、电子、通信、机械、化工、食品等行业。

不同国家在地理环境、气候、资源、民族心理及其他方面形成了国家特质，也是行业优势形成的重要条件。芬兰在破冰船这种专用船舶制造领域领先世界，显然离不开该国特有的地理与气候条件。瑞典在远距离高压传输设备产业中居世界先进水平，原因是该国的钢铁、造纸等能源密集型产业与发电厂所在地、人口密集的南部地区距离甚远，地理特色助长了瑞典在这个产业环节中的需求。在收割机行业，美国企业生产的综合收割机尽管最有竞争力，但它主要适于美国这种地域广阔的国家；而德国克拉斯公司开发的体积较小、适合欧洲复杂地形工作的欧式综合收割机，同样在这一行业占有一席之地。日本资源贫乏，夏季炎热潮湿，住房狭小紧张，因此冷气机业发展初期，日本把研发重点放在省电、节约空间的回转式压缩机上，在这一细分行业取得优势。瑞士的民族性以保守出名，其银行、旅馆、化工等产业相当重视防火设备，这使得瑞士成为全世界防火设施最普及的国家。于是与防火相关的器材，如自动灭火系统、各种性质的火警侦测器在这个国家得到大力发展，生产电离子烟雾侦测器的赛柏拉斯公司就是这一行业的著名企业。至于瑞士钟表业、法国葡萄酒业、德国医疗器材业、意大利皮革业与瓷砖业等的国际竞争优势，则渊源于这些行业在各自国家的悠久发展历史。

中国工程建筑行业能在国际上站稳脚跟，并以此为依托展开多元化投资，则表明国家所处特定发展阶段一样能够诱发竞争优势。国际经验表明，人均4000—15000美元是资本形成的高速增长阶段，中国正处于这一发展阶段。长期以来，中国基础设施不完善，因而与发达国家相比有更大的建筑需求，伴随资本形成的高速增长，自然易于在这一行业培育出竞争优势。30多年来，中国建设了大量铁路、公路、桥梁、港口、机场和城市水、电、气等供应设施；全世界千米以上大桥梁26座，跨度最大的前十名有六座在中国，举世罕见。正是中国特定发展阶段为中国工程建筑企业提供的广阔发展平台，使得中国这一行业在设计、设备、施工技术、管理等许多方面得以提升优势，进而走向海外，成长为具有强大国际竞争力的行业。根据ENR[①]排名，进入全球承包商225强的中国企业，从2001年的39家增加到2009年的50家，中国中铁股份有限公司、中国铁建股份有限公司、中国建筑工程总公司、中国交通建设股份有限公司、中国冶金科工集团都进入全球十大承包商之列。中国的工程承包企业在世界工程建设市场中已经从简单的劳务施工承包，转变为可以承包设计、技术管理和施工管理到交钥匙的总承包商，进而成长为伴随技术、设备和管理输出的投资型企业。它不仅投资于施工项目的建筑材料和工程材料的生产经营，

---

① ENR是Engineering News Record的英文缩写，即《工程新闻记录》，是美国麦格劳希尔传媒集团旗下的知名媒体。ENR全球承包商225强以及全球国际承包商225强排名，目前是全世界工程领域权威榜单。

也投资于相关的生产经营领域及施工东道国所提供的其他优惠投资领域。

二 母国规模优势

母国国家规模是一国企业优势的重要来源。就一般规律而言，大国具有市场、人力、资本、自然资源等众多规模优势，经济回旋余地大，抗风险能力强；大的发展中国家，还有多层次的技术体系，这些优势极易转变为对外投资优势，发展中国家的企业优势绝非局限于 Louis T. Wells (1983) 所指出的小规模技术优势。

规模经济有内部规模经济和外部规模经济之分。前者是指企业生产规模越大，产品的平均生产成本越低；后者是指企业所在地区或国家的行业生产规模越大，产品的平均生产成本越低。大国企业容易同时实现这两种规模优势。如果母国市场容量很小，盲目扩张企业规模，容易陷入规模不经济的误区。反之，如果母国经济规模大，国内市场需求量大，企业的规模经济一般可以在国内市场实现，在国内就能做大做强，形成竞争优势。铁路、通信、石油加工、黑色金属冶炼与压延工业、化学纤维工业、机械制造业和家用电器行业，规模经济效应尤其显著。某些行业甚至只有大国或国家联盟才有力量发展，比如航空航天、大规模核能开发、大规模信息技术、大型生物产业等。据世界银行统计，2007年全球最大500家企业中，有205家集中在中国、美国、俄罗斯、巴西和印度，占全球数量的41%，其产值为97355.4亿美元，占全球GDP的17.91%。由此可见，大国的市场对本国企业实现规模发展及外向投资的支持作用是显而易见的。

中国对外投资的许多行业，其产品往往是国内贸易需求庞大的产品。如20世纪80年代末期的纱、布、收音机、收录机、组合音响、自行车、电话机、黑白电视机等产品，90年代以来的彩电、冰箱、洗衣机等家电产品，还有计算器、服装、家具以及众多工业制品。这些产品都有庞大的国内贸易需求作为支撑，相关企业基本上都是通过国内贸易来锤炼竞争力，然后走出国门，比如中国的海尔、海信、长虹、TCL等。印度Bharti、Reliance、Tata等通信企业的外向投资，其庞大的母国市场需求也是一个关键的支撑因素。2009年年初，印度Bharti进入斯里兰卡电信市场，成立子公司Bharti Airtel Lanka，不到半年时间用户数便突破百万大关。2010年年初，Bharti 又收购了孟加拉国 Warid 电信 70%的股份，大举进入孟加拉国市场。

大国经济平稳性更强，能为本国企业抵御较强的国际冲击。当外部风险来临，大国市场比小国市场更具有承受外部冲击的能力。而小国市场却不具有这样的优势，因为其经济发展往往依赖于单一市场，如越南、泰国、马来西亚等国的经济发展比较依赖外部投资市场，韩国、新加坡等国的经济发展比较依赖出口市场，在外部危机来临时往往会遭受重创。2007 年全球范围内的一场金融危机，使许多小国经济动荡，但以中国为首的大国却表现出超强的稳定性。以中国为例，其国内消费 2006 年为 8905 亿美元，2007 年为 13661 亿美元，同比仍增长了 34.8%，国内市场为本国企业渡过难关发挥了中流砥柱作用。就整体而言，中国、美国、俄罗斯、巴西和印度五国 2007 年和 2008 年平均经济增长率分别为 7.56%和 5.36%，但高于 2007 年和 2008 年世界平均经济增长率 3.8%和 2.1%的水平。这些大国的企业虽然也受到巨大冲击，但依靠国内市场仍保持较强的生存能力。相反，像冰岛、希腊等小国却深受其害，企业因受到外来冲击而大量倒闭。

（一）大国人力资源优势

无论是发展中国家大国，还是发达国家大国，都存在人力资本的异质性，即不同类型的人力资本。大国的经济社会发展往往是不平衡的。劳动力受教育的程度不同，既有较多的高技术人才，又有较多的适用技术人才；既有从事制造业的人才，又有从事现代服务业的人才，他们往往能够适用于不同的生产部门和劳动岗位。某些地区的高素质创新型人力资本比较丰富，有些地区的一般型人力资本比较充裕；有些部门拥有更多的高科技人才，有些部门拥有更多的通用技术人才。这种异质性的人力资本结构，能够为本国企业参与国际竞争提供充足而多样化的人才支持。目前积极开展海外投资活动的印度软件业，其成功就极大地受益于该国具有受教育程度高、工作勤奋、工资成本低、熟练使用英语的丰沛人才。

即使纯粹的人口数量，也是重要的优势来源。人类基因资源被称为"人类最珍贵的财产""人类最后的遗产"；人类基因产业是具有巨大成长空间的未来产业，发展空间广阔。这一产业需要完善的人类基因数据，而基因资源最全面、最丰富的国家非中国、印度这样的人口大国莫属。从20世纪90年代开始，德国、美国、丹麦、日本等一些国家的有关部门，以及一些大学、研究机构和企业怀着不同的目的，利用中国、印度对基因资源重要性认识不足的机会，打着科研合作的幌子对中国人、印度人的基因资源进行了巨大掠夺，获取了极大利益。因此，中国、印度这样的人口大国如能保护好本国人的基因资源并善加利用，就有可能在人类基因产业取得优势。

（二）大国资本优势

大的发达国家，资本总量本来就大；大的发展中国家，虽然人均资本量可能不高，但资本总量却可能很大。因此，大国往往能够积累起巨额资金，呈现出资金积累的综合优势。大国可以发挥资金总量优势，集中资金支持重点地区和重点产业的发展。比如，中国在改革开放初期，为了使广东、上海、江苏、浙江、山东等沿海地区率先发展起来，国家对这个地区实行倾斜政策，资金投入很大，从而使经济迅速发展起来，中国最早的对外投资企业大多来自这一地区。20世纪90年代，国家考虑到全局的协调发展，又集中大量资金用于支持东北的振兴、西部的开发和中部的崛起，提升了这些地区企业的国际竞争力。从产业支持来看，大国往往能集中较多的资金用于支持需要长期大规模资金投入的某些重要产业的发展，从而形成这些产业的发展优势，增强国际竞争力。此外，不少发展中大国，比如中国因长期执行出口导向政策、俄罗斯因资源出口、印度因服务贸易出口等积累了庞大的外汇储备，自然易于满足本国企业对外投资的资金需求。

（三）大国自然资源优势

大国往往具有种类繁多且储量丰富的自然资源，在资源开发行业易于形成优势。中国的稀土、煤、铁、石油、锑、钨、锡等矿产储量居世界前列，还有农牧、森林、水力、水产等多种资源；巴西拥有铁、锰、铝土、铀、石墨、石棉等矿产资源，以及非常丰富的森林、水力资源；印度则拥有丰富的铁矿、煤、锰、云母、铁矾土、钛矿、铬铁矿、天然气、石油、钻石、石灰石等资源。这些大国因而在各自的优势资源利用、开发、外向投资方面易于撷取优势。例如，印度以拥有丰富的高品位铁矿石资源而闻名，造就了米塔尔钢铁公司、塔塔钢铁公司等大型钢铁企业。近年来，它们在海外投资方面动作频频，规模巨大，引起世界瞩目。米塔尔钢铁公司于2004年以45亿美元收购美国俄亥俄州国际钢铁公司，2005年又以45亿美元收购乌克兰钢铁企业，成为世界最大的钢铁集团。塔塔钢铁则于2007年2月出资113亿美元成功收购欧洲第二大钢铁公司Corus，一跃成为世界第六大钢铁公司。目前，其制造中心分布于英国、荷兰、印度、新加坡、越南、泰国及中国等国，投资遍及全球几十个国家。

大的发展中国家，与规模经济相适应的还有多层次的技术体系，这也引致一定的竞争优势。发展中国家的经济是二元的，既有现代产业部门又有传统产业部门。前者以先进的科学技术作为技术基础，具有技术密集型的特征；后者以传统的手工技术作为技术基础，具有劳动密集型的特征。技术的多层次性，使得发展中大国在对外投资方面有独特的优势。以中国为例，中国某些已趋成熟和稳定的大量中间技术与加工制造技术，如机电、纺织、食品加工等对于发展中国家具有相对优势。比如，上海自行车厂在加纳设立凤凰自行车加纳有限公司，在巴西建立合资企业都取得了较好的投资收益；中国航空航天工业、材料工业、生物工程的若干领域，则因具有先进水平，即使同许多发达国家相比，也具有相当强的竞争力。

三 母国区位优势

现有国际投资理论在述及区位优势时，特指东道国区位优势，即可供投资的国家或地区对投资者来说在投资环境方面所具有的优势，主要是自然因素、经济因素、制度和政策因素方面吸引外来投资的条件，这种认识具有相当的局限性和片面性。显而易见的是，如果一国经济发展水平比周边国家普遍高，或者与周边国家交通便利且投资机会众多，在市场、供应、运输成本方面有适宜条件，则该国向周边国家投资比向其他地区投资成本要低，更易取得收益。因此有理由认为，投资母国的区位优势不仅存在，而且具有普遍意义。

经济一体化的蓬勃发展，则赋予母国区位优势以更深刻和更丰富的内涵。当投资母国加入某种形式的区域经济共同体后，将会有利于区内国家和企业国际竞争力的增强。优势主要形成于以下方面：一体化带来的市场规模效应、产业集聚效应、科技竞争力的提高，货币合作带来的投资利益以及区内国家谈判地位的提高。从理论上讲，经济一体化有特惠贸易协定、自由贸易区、关税同盟、共同市场、经济联盟、完全一体化等六种主要形式，目前欧盟已达到经济联盟这一级别，此种形式的一体化对于区内企业国际竞争能力的增强尤有深厚影响。

（一）市场一体化带来的区域规模经济效应

在封闭经济环境中，由于小国的市场规模限制，规模经济的效应难以获得发挥，但区域经济一体化削减或消除了区域成员国之间的贸易壁垒，降低或省去商品经过海关的申报、检查和等待的成本，减少了流通时间，降低了运输成本，促进了生产要素的流动。消费者可以因贸易壁垒的削减获得价格低廉的消费品，使成员国生产企业的产品市场范围扩大，对区内企业的发展壮大极为有利。当前，欧盟的直接投资流出额与流入额均已超过美国，居世界首位。欧盟巨大的经济规模功不可没。

（二）市场一体化带来的产业集聚效应

随着统一大市场的建立，原本贸易保护严重的行业开始面对竞争，这种竞争迫使这些企业改进生产技术，削减生产成本，提高产品质量。为提高生产效率，各国产业结构会按照比较优势的方向进行专业化生产，产品的生产汇集于生产成本最低的地区，最终形成比较优势原则下的生产分工格局，实现要素在区域内的效率分配。区域内产业的重组使成员国在某种产品生产上形成一定的规模，产生产业集聚效应。Krugman（1991）认为：一个经济规模较大的区域，由于前向或后向联系，会出现一种自我持续的制造业集中现象。经济规模越大，集中越明显，运输成本越低，制造业在经济中所占的份额就越大；在厂商水平上的规模经济越明显，越有利于聚集。Waltz（1996）的研究表明，区域经济一体化会导致规模收益递增的产生和创新产品的区域性集中，区域经济增长源于产业部门的地理集中及由此产生的持续的生产率提高。以欧盟为例，欧盟各国本来就有各自的优势产业集群，比如德国装备制造业集群、意大利普拉特纺织业集群、英国伦敦金融业集群、法国索菲亚·安蒂波里斯电子信息业集群，再加上欧盟对盟内产业集群的倾斜政策，其原有产业集群优势得以进一步的提升。丹麦、瑞典和芬兰非常重视生命科学产业，在丹麦哥本哈根与瑞典马尔默之间的厄勒海峡区域，形成著名的医药谷，已发展为全欧第三大医疗产业集群。

(三) 科技一体化带来的科技竞争力的提高

为了共同的科技目标和经济乃至社会利益，区内国家通过签订某种政府间条约或协定，拟定共同的科技行动准则和协调一致的科技政策，以至建立起各国政府一定授权的共同科技机构，实行长期而稳定的超国家科技调节，达成科技上的联盟。一是科技投入，包括科技人力资源、科技经费、科技基础设施等方面统筹规划，避免重复与浪费；二是科技产出，包括实际的知识创新成果，例如科技论文论著、技术发明专利、科研方法与实验数据等；三是投入和产出之外的科技活动，包括基础研究、应用研究和实验开发以及科技成果的产业化过程的整合与协调。

(四) 欧盟在科技一体化层面起步最早，成效卓著

欧盟展开的主要研究与技术开发计划有：欧洲研究与技术开发框架计划（FP）、欧洲信息技术战略研究计划（ESPRIT）、欧洲先进通信技术研究与开发计划（RACE）、欧洲工业技术基础研究计划（BRITE）、创新与技术转移战略计划（SPRINT）、尤里卡计划（EUREKA）、电子欧洲行动计划（EE）、欧洲研究区计划（ERA）。其中，欧盟研究与技术开发框架计划是欧盟最重要、投资最多、领域最广、内容最丰富、市场目的最为明确的全欧性科研与技术开发计划。从1984年开始实施第一个框架计划，目前正进行第七个框架计划。在目前的框架计划中，欧盟针对世界上不同的国家采取了不同的政策，特别是对其主要竞争对手如美国、日本、加拿大、澳大利亚和新西兰等发达国家参与欧盟框架计划项目都不予资助。这表明它所提供的优惠是针对非成员国竞争对手的，具有相当程度的排他性。这些研究计划搭建了若干重要的研发合作网络组织集群（见图2.3），比如以法国国家科学研究中心为核心的地理和环境科学研究集群、以空客公司（德国）和法国斯奈克玛发动机公司为双核心的航空航天研究集群、以菲亚特研究中心为核心的汽车和运输研究集群，汇集了欧洲相关领域的一流研究机构与企业，加强了欧盟内部公共科研和企业的科研合作，显著增强了欧盟跨国公司的竞争实力，催生出以空客公司为代表的有强大实力的跨国公司。

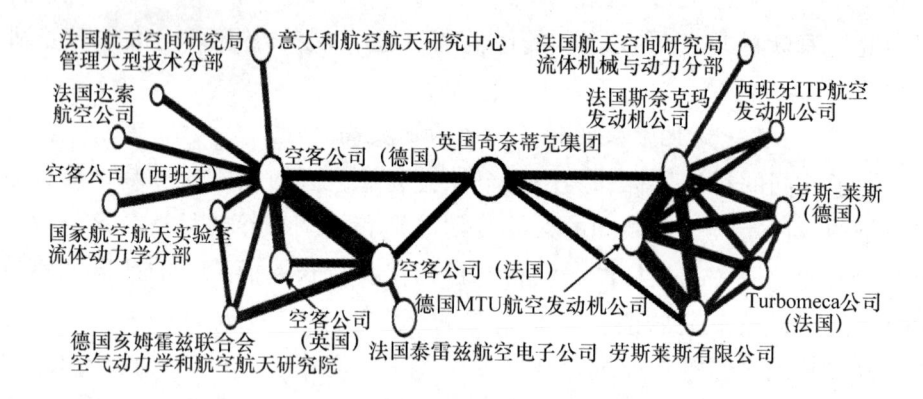

图 2.3　欧盟航空航天研究集群

资料来源：欧盟航空航天研究合作网络，转引自马勇（2010）。

（五）中国与东盟的区域合作同样结出类似的硕果

中国科技部与新加坡经济发展局合作，在新加坡建立了"中国高新技术企业创业中心"。它为中国高新技术企业提供了发达的金融与信息环境，使这些企业有了一个进行国际化的起步平台。中国云南生物企业在政府引导下与菲律宾国际水稻研究所合作的"国际水稻分子育种合作计划"，通过相互交换育种材料，构建核心基因库和供体基因库，成功获取了具有遗传多样性的育种材料及新品种。

（六）区域货币合作对区内企业竞争力的提升作用

它能提高区内货币流动性，降低区内企业对外投资的外汇风险，增强资本、商品的流动性，利于资源在货币区内的有效配置，节省直接和间接交易成本，促进生产一体化。特别是当区域货币合作表现为欧元这样的货币一体化形式时，区内国家在国际投资中能获得更多好处。其机理在于：对外投资涉及多种生产要素的流动，引起多笔贸易活动的发生，从而导致多种货币之间的计价与结算业务，由于外汇市场的波动性，增加了投资企业财务管理的难度。欧元作为国际货币，它既可以充当计价货币的职能，又可以作为结算货币，投资企业不必要因各种货币之间的兑换而采取风险防范措施，消除了相关价格的不确定性，大大地降低了投资的融资成本，控制和减少投资损失，同时还对区内企业抵御外来冲击提供了有力手段。至于欧洲中央银行，则作为管理主导利率、货币的储备和发行以及制定欧洲货币政策的超国家机构,担负着维护欧元稳定的责任,降低整个区域国际投资的风险。

(七)区域经济集团在国际投资谈判中占据有利地位

区域经济集团的一个重要特征就是总体经济规模较大,对世界经济影响力加大,区域的经济状况直接关系到世界其他国家。区域经济集团的经济实力和地位决定了其对国际经济关系有更大的左右能力,这是单独国家难以企及的,这在国际投资中表现得十分明显。以欧盟为例,它的生产总值规模、进出口规模、资本市场规模、投资规模都使它在世界经济和国际金融中处于主要地位。特别是在当代国际投资规则越来越强调对等和互惠的条件下,区域经济集团有利于集团内国家作为一致行为主体在国际投资谈判中居于主动地位,争取有利的谈判结果,其成果则由集团内成员共享。2007年12月巴厘岛气候大会上,正是由于欧盟作为一个整体所表现出的强大力量,迫使美国不得不于会议最后一天做出妥协和让步,承诺履行其长期不愿意接受的可测量、可报告、可核实的温室气体减排责任,最终通过了"巴厘岛路线图"。

四 母国组织优势

政府在对外投资中的组织优势主要表现为:一方面,政府对国内特定产业发展进行组织、扶持、规划与引导,提升企业竞争力,促成本国企业对外投资优势的形成;另一方面,构建专门的对外投资促进体系,提升本国企业对外投资实力。

(一)特定产业组织

母国政府为促进本国企业对外投资而进行有针对性的产业组织,形式多样。一方面,政府对国内特定产业的发展进行组织与扶持,间接提升本国企业国际竞争力,主要措施有:资助企业研究开发,制定政策支持技术创新,降低企业研究开发成本和风险,刺激企业加快技术进步;对国内市场进行适当保护或针对本国产品进行政府采购,充分帮助国内企业利用和占领国内市场,同时帮助国内企业扩大向国际市场出口,扩大市场规模,实现规模经济;优化产业布局,促进国内产业链的有效组织和产业集聚,推进产业重组,使产业资源向优势企业集中,加快产业集群的发育和成长，提高产业效率，降低产业风险和成本，使产业超常规发展，加速产业进步，逐步形成比较优势和竞争优势。另一方面，母国政府直接就对外投资实施产业规划与引导，或者与东道国政府协商建立对外投资的特定产业园区，则是更为直接地促进对外投资的政府举措。

特定产业组织方面，中国高速铁路产业的崛起就是一个成功典范。高速铁路本来是西方国家的"专利"，西方发达国家于20世纪50年代末即已开始研发及建设高速铁路，比中国早了30年。而仅仅20年的时间，中国就成为世界上高速铁路发展最快、系统技术最全、集成能力最强、运营里程最长、运营速度最高的国家，打造了举世闻名的中国高速铁路品牌。除巨大的市场需求推动外，另一重要因素就是中国政府在高速铁路发展上强有力的组织推动。中国铁道部将全国铁路市场集中统一，作为技术引进的谈判砝码，最先进的道岔技术、最优质的无渣轨道技术、最稳定的高速列车技术不得不以最高的性价比主动涌向中国谈判者，既避免了企业分散谈判而相互抬价、恶性竞争，又保证了引进的是占据产业制高点的关键技术。技术引进后，又在科技部与铁道部的组织下，整合全国的科技资源，打破部门、行业、院校、企业的体制壁垒，"消化、吸收、再创新"，打造战略性产业的公共创新平台。这既降低了创新的风险与成本，又加快了成果转化效率，使基础研发到产业化生产的时间大大缩短。由此，以中国中铁、中国铁建、隧道股份、中国南车、中国北车等为代表，覆盖工程机械、桥梁及隧道专用钢铁、水泥、电力、建筑材料、机车车辆等的相关企业迅速壮大，并大步走向海外。目前，中国高速铁路企业正与美国、俄罗斯、巴西、委内瑞拉等十几个国家就高速铁路建设展开形式多样的合资与合作。

特定产业扶持方面，韩国做法灵活，具有鲜明特色。20世纪70年代初，韩国政府执行"出口第一"的发展计划，政府为每家公司制定专门的出口目标，而这些公司享受的贷款、减税及其他政府优惠统统要与出口目标直接挂钩，甚至韩国人购买专为出口生产的商品也被视为非法行为。这些商品包括留声机、彩电、便携式电话等，电子产业在这种政策中获得极大利益，迅速腾飞。70年代中期，韩国政府又在特定工业制造领域采取进口保护措施，重点扶持钢铁、汽车、电子、造船、冶金、重工机械等特定行业，75%以上的制造业投资投向这些企业。正是政策的长期支持，三星于 1983 年率先开发出 64KDRAM 芯片,一跃而为世界先进企业;今天,三星已经成为 DRAM 芯片、闪存设备、光存储设备、液晶显示器的世界第一大生产商,并在国外大量投资。

政府直接就对外投资实施产业规划与引导,能更直接有效地促进本国企业的对外投资。随着科学技术进步和国际竞争的加强,为提高自身的竞争能力,发达资本主义国家普遍对本国企业对外投资进行规划引导:将一些劳动密集型、耗料、耗能、污染严重的传统产业和相对衰落的部门向发展中国家转移以延续这些产业的生命力,本国则集中力量发展高、精、尖新兴工业,开发和生产技术、知识密集、高附加值产品,实现产业结构的顺利升级。以日本为例,1969—1973 年、1978—1984 年是日本历史上两次对外直接投资的高潮期。这两次对外直接投资高潮的出现,均发生在日本主导产业转换之际。在 20 世纪 70 年代初期,当资本密集型的钢铁、化工、机械等产业被政府确立为主导产业后,劳动密集型的纺织等轻纺工业以对外直接投资的形式转移到具有廉价且高素质劳动力的东亚地区,出现了制造业转移的第一次高潮。随后,由于受石油危机的影响,技术密集型的汽车、半导体等产业取代了资本密集的能源消耗型产业成为国家主导产业,化学产业被政府确立为主要的被转移对象,日本对外直接投资因而出现了第二次高潮。

母国政府出面,与东道国政府协商建立对外投资的特定产业园区,也是一种重要而有效的方式。新加坡政府高度重视并极力促成的以发展电子信息、精密机械、生物制药、新型材料等高新技术产业为主的苏州新加坡工业园区、无锡新加坡工业园区就是成功的范例。印度班加罗尔新加坡资讯科技园、越南平阳新加坡工业园区则是新加坡政府与印度、越南政府商洽的成果。中国政府在海外设立的俄罗斯乌苏里斯克经贸合作区、泰中罗勇工业园区、越南中国龙江经济贸易合作区,则成为中国企业进军相关国家的桥头堡。

(二) 投资促进体系

不少国家通过制定对外投资的国家战略、设立特定国家机构、采取政府担保、财税支持、金融支持等一系列手段,实施专门的对外投资促进,各国手段不同,方式各异。

1. 对外投资的国家战略

在许多国家把大力吸引外资作为国家发展战略的同时,已有若干国家根据本国实际,提出了大力进行对外投资的国家战略,新加坡、日本就是典型的代表。新加坡政府20世纪末就制定了《产业21计划》,明确提出:在没有腹地、缺乏自然资源、自身市场有限的情况下,应积极将自身融入世界经济,扩大在中国、东盟、印度等地理邻近国家的投资,增强自身经济发展后劲。日本政府则于2005年4月通过了《21世纪展望》,首次明确提出"投资立国"战略。日本政府认为:随着日本国内老龄化、人口负增长问题的日趋严重和国民储蓄率的下降,进口增长将超过出口增长,贸易收支盈余将趋于减少甚至会出现贸易赤字。因此,日本要充分运用先进技术,依托特有的经营资源,开展全球性投资活动,从贸易立国转向投资立国,并视之为关系到日本民族生存和发展的长期国策。

2. 对外投资的国家机构

发达国家普遍设有对外投资的专门促进、服务与管理机构,列入政府职能部门序列,比如英国贸易投资署、加拿大投资局、法国财政部对外经济关系总司、德国联邦经济部、意大利对外贸易委员会、新加坡国际企业发展局、以色列投资促进中心等。发展中国家也设有不少相关机构,如越南计划投资部、泰国投资局、印度尼西亚投资协调局、巴西国家投资促进局。

3. 对外投资的政府担保

政府担保对企业来说具有特殊的重要意义。一方面,政府担保是企业风险管理的重要基石,并在一定程度上便于企业进行风险控制;另一方面,可使企业较容易地获得银行贷款,从而进一步筹措到境外投资项目所需要的资金。在这一方面,德国较有代表性。德国联邦政府为本国企业境外投资提供了相当额度的联邦担保。截止到2006年年底,自联邦投资担保产生以来,德国企业共提出了7537项担保申请,申请金额达639亿欧元。同期,联邦共承担了4408项担保,占申请数的59%,担保金额为407亿欧元,占申请额的64%。

4. 对外投资的财税支持

主要的有税收抵免,即国外投资者在东道国已纳的税款,可以在母国纳税额中相抵扣减；税收减让，即凡纳税人在税源国已征了税，在母国可免征税收。以法国为例，海外子公司的股息免税是法国对外投资税收促进政策的特色。根据法国政府早在1965年就颁布了的相关法律，规定任何一家法国公司在外国公司持有10%以上的资本，即视为母公司，其持股的公司则被视为子公司，国外子公司分配给母公司的股息不计入母公司应纳税的所得范围。免税法的采用，有效地降低了对外投资的跨国企业的税务负担，增强了法国跨国公司的竞争力。

5. 对外投资的金融支持

主要发达国家政府对本国跨国公司，无论在东道国独资经营，或者与东道国合资经营，都通过有关机构为本国企业提供灵活、有效、多种形式的资金帮助。其具体做法有：政府出资和贷款，直接参与投资活动；政府设立特别基金，资助投资者在国外投资，例如美国政府对其海外投资的基金资助，法国对工业的"第二种贷款"；设立由政府资助的金融开发公司，资助海外投资，在技术、资金融通及投资项目评估等方面给予资金支援，以帮助投资者在当地银行界的资金周转，改善与当地合作者的关系。

五 其他特定优势

国家特定优势的内涵是丰富多样的，除以上四大优势外，母国形象优势、文化优势及国际规则的掌控力及对国际组织的影响力，在国际投资领域一样具有重要意义，同样能有效增进企业优势。

（一）国家形象优势

国家形象是个人、组织和政府对他国的兼具客观性与主观性的总体认识与评价。在当今世界，国家形象不仅是国际政治博弈的重要变量，也是国际经济博弈的重要因素。其经济功能在于：国家形象可以影响外国公众对该国生产的商品、所提供的服务、所进行的投资活动的态度，进而影响该国企业在国际投资领域是否能够处于有利地位。对于东道国政府、企业与居民而言，当它们考察一家跨国公司时，首先会联想到企业背后的国家形象，比如可口可乐代表美国、诺基亚代表芬兰、大众代表德国、三星代表韩国。跨国公司是国家形象的延伸，良好的国家形象会对国外主体产生吸引力，造成"国家认同"，由此派生出"企业认同"，对该国企业的投资带来好处。

（二）母国文化方面的优势

这在国际投资中具有强烈的现实意义和长远意义。对于投资者而言，母国与东道国的历史、文化、语言、风俗、偏好、商业习惯等方面形成的心理距离，会对直接投资的决策产生很大的影响。这些因素不仅会与市场消费者的特性有关，也会影响投资者企业的内部管理效率和公司在东道国的经营绩效。跨国公司一般倾向于到文化背景相差不大的"文化认同"国家或地区投资，如许多美国公司最先进入相邻的加拿大或墨西哥市场，美国与西欧各国相互投资。这主要是因为：第一，由于"文化认同"国和投资者母国的"社会意识"趋同，政府部门等办事机构的作风逻辑也有所趋同。在"文化认同"国设立企业，有利于对办事流程、规则以及潜规则形成合理预期。投资者可以按照事先形成的办事逻辑开展企业经营，减少企业设立和经营过程中的交易成本。第二，"文化认同"有利于投资者形成对其企业产品的市场预期。由于文化相同，其市场需求与消费者偏好也有所接近，投资者可以参照母国做出对市场的判断。同时，在母国生产、销售较为成功的产品所涵盖的品牌和人文观念在"文化认同"国可以得到较好的延续。韩国文化产业在东亚国家的投资，与东亚人民对其表现的亲情伦理、人格取向的认同是分不开的。第三，如果母国和东道国语言相通，投资者在具体投资和管理中将获得较大的便利性。英国大量投资印度就与印度官方语言为英语有关。同样，西班牙投资拉丁美洲地区，语言的共性带来了企业管理，以及管理者生活上的便利。第四，在"有文化认同感的国家"投资，有利于母公司的企业文化和公司价值观念的延续。日资企业所强调的集体主义和大家庭管理，在东亚广为接受，而在欧美却难被认同。在没有"文化认同感"的国家，企业则需要根据东道国文化环境做出调整。

文化优势还表现为国家积极推动文化交流所引致的优势。以美国为例，历届政府均高度重视国际文化交流，富布赖特项目、"和平队"就承担了这样的使命。自1948年至20世纪90年代初期，美国政府财政资助的富布赖特文化交流项目年均使用的资金约2亿美元，其合作国家和地区多达140个，参与人数约30万人，这在世界文化交流史上都是空前的。

大批留学生回国后进入本国社会各行各业的精英阶层,把美国的思想方式、价值观念以及政治文化理念带回他们的世界,营造出外围的"美国情怀",为美国的政策目标做出重要贡献,被视为"对美国国家长远利益投资的一个典范"。难怪英国著名历史学家阿诺德·汤因比称该项目为"第二次世界大战以来,世界上最慷慨、最富有想象力的事务之一"。

文化优势的另一重要内容是文化产业优势。目前,全球互联网13台根服务器中的10台在美国,美国拥有12亿个IP地址,占已分配IP地址总量的25%以上;全球访问量最多的100个网站,94%设在美国;在网络信息资源中,全球6000种语言中的绝大多数销声匿迹,英文信息约占90%。这使得美国在网络信息传播与舆情引导方面居于主导地位,独具优势。此外,当今国际上最有影响力的电视、广播、报纸、杂志等也是美英主导的,比如《纽约时报》《华尔街日报》和美国之音、BBC。它们掌握了全球传媒话语权,而且穿透力极强。近年来,它们散布的"中国威胁论"就很有市场,很大程度上导致中国企业投资尤尼科公司、3COM公司、ICQ公司、力拓公司、加拿大钾肥公司、3LEAF公司的失败。形成反差的是,由于文化产业的劣势,中国媒体的应对及表现就逊色得多,未能有效捍卫中国食品行业的声誉,这不可避免地给中国相关企业的对外投资带来负面影响。

(三)对国际规则的掌控力及对国际组织的影响力

资本主义在发展过程中,"按照自己的面貌为自己创造出一个世界",按照自身的利益进行全球性的扩张,形成一整套国际交往规则和国际经济规则。从根本上说,这些规则是西方资本主义秩序的产物,是国际话语权和国际影响力的体现,代表西方资本主义的利益。广大第三世界国家从未真正作为平等的一员,参与制定这些规则,然而它们却不得不接受和执行这些没有反映其根本利益的规则,处于明显的不利境地。美国凭借雄厚经济实力,尽力维护旧的国际经济秩序,竭力根据美国的利益来制定国际经济规则,使其他国家普遍接受"投资自由"的原则,接受美元作为国际结算和信贷的标准,从而使美国对外投资和兼并外国企业居于有利地位。

美国通过倡导创建IMF、世界银行等各种国际经济组织,施加广泛的影响和控制力,力图使世界经济按照自己的轨道运转,为美国及西方发达国家的资本服务。在 1997 年亚洲金融危机期间，美国等西方国家主导的 IMF 对经济救援施以苛刻条件延迟对东南亚危机国家的救助，让美国投机资本全身而退，佐证了美国前贸易代表米基·凯特的评述——"IMF 是为美国利益服务的攻城槌"。同样，被美国等西方发达国家主导的世界银行，一直鼓吹并敦促发展中国家融入国际经济大潮，扩大对世界贸易和投资的开放，却对发达国家贸易保护主义行为或者不置一词，或者稍加批评而不了了之。历史上，世界银行还反对第三世界发展技术产业，反对发展中国家推行进口替代战略，甚至反对巴西这样的新兴工业化大国发展重工业和计算机等技术含量高的产业。世界银行的这些做法具有强烈的倾向性，其深厚背景乃是西方发达国家在工业和科技方面的比较优势。这些倡议明显助力于西方发达国家企业在全球的扩张。

在全球化时代，国际市场日益一体化，国际投资日益便利，国际经济的竞争主体、利益主体日益行业化、国家化、区域化、集团化，国家在国际投资中的作用较之过去明显加强。作为对现有理论的补充，本书把投资母国作为变量纳入国际投资视域，指出母国不仅为本国企业参与国际投资提供必要的基础条件，也是本国企业竞争优势的重要来源。母国的行业优势、规模优势、区位优势、组织优势这四大特定优势及国家形象优势、文化优势在内的其他特定优势对本国企业的发展壮大，扩大对外投资竞争优势，具有显著影响。本书的现实意义在于：任何国家的企业，其自身优势都是相对的；发展中国家的企业、小国的企业如能发掘并结合本国优势，弥补自身不足，主动创造条件，就能增强发展实力，铸就国际竞争优势，并取得应有的收益。

第三章　内地企业在港澳特区的投资情况分析

中国境外投资的区域分布呈现多元化，遍布世界五大洲，其中中国香港和澳门特区占了较大比重。据中国对外贸易经济合作部统计，截至1999年年底，中国境外投资企业数量已达5976家，其中中国港澳地区为2117家，占35.4%。[①] 因此，弄清楚内地企业在中国港澳地区的投资情况，对于研究中国海外投资问题是很有意义的。

第一节　内地企业在香港的投资分析

内地企业在香港投资已有悠久历史，最早有1872年创建的招商局，1949年以后，中银、中旅、中航、华润等公司相继建立。1979年改革开放以后，香港中资企业获得较快发展。除上述几个大集团外，近20年来，又增加了光大、中远、中信、中国海外、中保、航天科技以及许多省、市在香港开设的船公司，如粤海、华闽、越秀、首钢控股、深业集团等。到1999年为止，在香港的中资企业约有1800家，总资产达425亿美元。其业务覆盖金融、证券、贸易、航运、建筑、地产、旅游、工业制造、船舶、纺织、娱乐、科技开发、信息服务、餐饮酒店、食品、医药、保险、

---

① 中国对外经济贸易年鉴编辑委员会编：《中国对外经济贸易年鉴》，中国对外经济贸易出版社2000年版。

出版、印刷、机械、电子等领域。① 图 3.1 为政府促进企业对外直接投资形成的母国国家特定优势示意图。

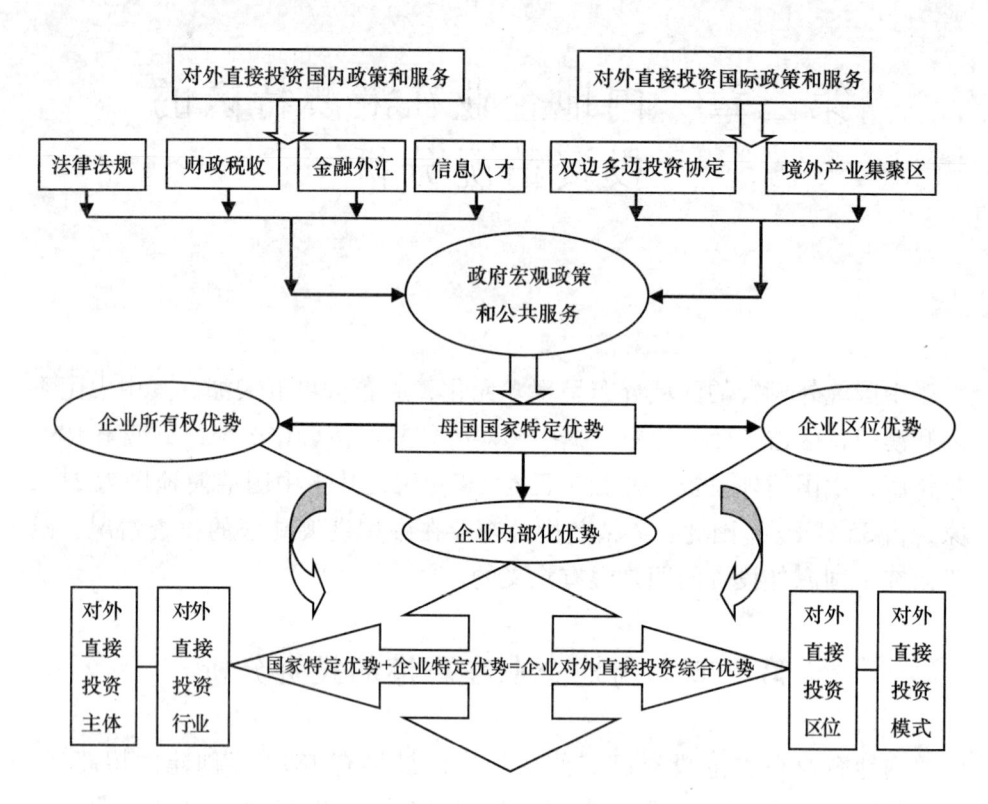

图 3.1 政府促进企业对外直接投资形成的母国国家特定优势

在港中资企业的明显特征是以服务业为主，特别是贸易、金融、保险、运输和旅游占较大比重。非服务业的企业数量和投资额都较少。据有关资料，到 1997 年，在港的非服务业企业仅为 172 家，投资金额为 2.2 亿美元。

根据笔者收集和整理的资料，1995 年企业资产超过 100 亿港元的中资企业已达到 11 家。香港的前 20 名中资企业依次是：中国银行、华润、中

---

① 中华人民共和国对外贸易经济合作部：《2001 中国外资统计》；中华人民共和国对外贸易经济合作部：《中国对外经济贸易白皮书》，中国社会科学出版社 2000 年版。

远、招商局、中国旅行社、粤海企业（广东省）、中信香港、上海实业、中国海外、越秀（广州市）、中国保险公司、光大、港澳国际、鹏利、中化香港、航天科技、越信隆（广州市）、三湘（湖南省）、全顺实业、华闽（福建）等公司。这些公司的资产占在港中资企业总资产的88%。

除了服务业企业在香港投资外，内地一些高科技企业也在香港设点经营，如北京联想集团于1988年4月同香港导远电脑系统有限公司、中国技术转让有限公司三家各投资30万港元建立香港联想集团公司，1988年创办当年营业额就达到1.2亿港元，到1992年营业额达到18亿港元，拥有15家分公司，1000多名员工和上亿元资产。1993年，该集团以每月5万电脑主机板、20万显示卡的数量远销世界各地，分别占世界同类产品的2%和8%，销往内地的中文汉字卡电脑，约占内地市场份额的25%。

1992年以后，内地企业除了在香港投资设立全资企业以外，还投资股份公司并通过股份公司在香港融资。由内地企业和机构在香港上市公司中出资比例超过35%的企业，其股价指数列入"恒生中资企业指数"，已从1993年的24家增加到1998年的47家，如果把具有"中国概念股"的更多企业也算上，1997年就已达92家，占上市公司数的14%。加上中国国有企业在港上市的H股，1997年即达128家，占上市公司数的20%，其资产市值也占20%。

通过投资香港的上市公司，并在香港股市融资，壮大了由中资参股的上市企业，因此也间接地扩大了中资在香港的投资规模。据统计，累计从1993—1998年间，由中资参股的上市企业在香港股市筹资规模已达286亿美元。[1]

内地高科技企业在香港发行股票融资的有香港联想集团、四通电子、航天科技、东方电机、华凌集团等。1994年，香港联想在香港成功上市；1993年7月，四通电子在香港上市，其持有58%的股权，1993年市值达到24亿港元。1993年4月，中国航天工业总公司收购康力公司投资控股权，将公司易名航天科技，发展制造程序交换器、卫星通信、电脑及液晶显示器等产品，1993年市值30亿港元。东方电机于1994年5月在香港发

---

[1] 香港《经济导报》1999年4月29日，8月2日，9月4日，9月6日，11月22日。

行 1.7 亿股 H 股，集资 4.811 亿元，同年 6 月 6 日正式在香港挂牌上市。昆明机床 1993 年在香港上市招股，发售 6500 万股 H 股，集资 1.28 亿元，同年 12 月 7 日正式在香港挂牌上市。华凌集团由广州几家国有企业与香港美达家电企业合资建立，港资占近 17%，1993 年 12 月在香港招股上市。

第二节　关于在香港招股上市的中资股份制企业

内地企业在香港招股上市，有 H 股和红筹股，特别是了解红筹股企业的情况，也有利于进一步认识内地企业在香港的投资经营现状。

H 股与红筹股同为香港上市的中资概念股，在运行机制上有较多的共同点。为了适应国际投资者的要求和国际证券市场的制度规范，在上市以前，它们都已经在企业管理机制及会计制度等方面做了大胆改革。它们的不同点主要表现在四个方面。（1）在市场运行机制方面，红筹股比 H 股更规范。由于红筹股是在香港注册、香港运营，并在香港上市的香港公司，而 H 股上市公司是在香港上市的内地注册、内地运营的内地国有大型企业，往往具有更多的计划体制的痕迹。（2）在运行方式上，红筹股比 H 股更灵活，由于红筹股打破了一元一股的传统模式，股票面值更加灵活多样；同时，由于其股本结构较 H 股更为简单明了，没有国家股、法人股等较为复杂并难以界定和处理的问题，二级市场上具有足够的流动性，投资风险显然较 H 股小。（3）在所属行业上，红筹股多数是多元化经营，不受行业限制，受国内宏观经济政策的直接影响也较小，而 H 股多偏重于传统重工业及基础工业原料生产，且多为产品单一、易受环境变化影响的行业。（4）红筹股比 H 股在上市股票限制、上市效率、公司数量、发展速度及抗风险能力等方面，具有较多优势和发展潜力。（杨大楷等，1999）

中国概念股的说法也需要做些说明。这是指香港本土的上市公司逐步开展对内地投资，并最终将其全部或主要业务移往内地。由于这些公司的利润有相当比重来源于内地，有人把这类企业也归入中国概念股范围。从本书主要是针对内地在香港投资的目的来看，此类企业不在笔者的视野之内。而从关于 H 股和红筹股的比较来看，本书显然更应关注红筹股公司。

红筹股公司是指在香港注册并上市，由中资企业直接或间接控股达 35% 以上的香港联交所上市公司。其组建方式有两种：一是指香港的中资企业在香港股市买壳上市，中资企业通过向香港股市目标上市公司注入资金或直接在二级市场上收购目标公司一定比例股权而达到控股该上市公司的目的；二是指直接招股上市，即所谓"窗口模式"，是指中国内地各省、部、委将其所有优质企业资产组合起来直接在香港上市。后来，又出现了红筹股公司的分拆上市，即某些红筹股公司业务发展后，为处理核心业务与其他业务的关系，往往会将其子公司的业务从母公司分离出来，予以包装后再直接推向股票市场，使其具有独立筹资、独立经营发展的能力。红筹股是相对于蓝筹股而言，意即在投资价值上仅次于蓝筹股的上市公司股票。

红筹股的行业分布广泛。香港中资已在许多主要经济领域起重要作用，是香港仅次于英资的第二大外来资本。红筹股公司经过多年的积极发展，其业务也趋向多元化。在香港红筹股公司中，业务比较集中的公司只有中远太平洋（码头与集装箱租赁）、中国海外（建设与房地产）与中旅国际等，但它们近几年也开始向其他产业拓展，其余的公司多进行多元化经营战略。此外，还有一些红筹股公司如中信泰富、华润创业等，已经开始从低利润、低层次的业务发展到高层次、高利润和极具策略性的业务上来。

自 19 世纪 90 年代以来，仅 8 年多的时间，香港股市就已经掀起两次红筹股热潮。第一次起于 1992 年年底，止于 1994 年年初；第二次起于 1996 年年初，止于 1997 年下半年。1992 年邓小平南方谈话后，一些政府背景的大公司进入香港，在香港注册成立公司，并收购香港上市的某些空壳公司。到 1994 年 1 月，已经约有 20 家香港上市公司成为中资入市的壳股，它们被称为"红壳股"。由于内地经济增长，市场对红壳股充满信心，股价大升，由此带动"中国概念"的香港股票均告上升。1994 年内地经济实行宏观紧缩，导致来港中资减少。1996 年下半年，中国经济改善，通胀下降，软着陆成功，两次降息，又使香港沉寂了两年的红筹股活跃起来。上海实业、粤海投资、北京控股、中国电信等先后上市，屡创认购记录。在红筹股公司"注资概念"和"九七回归概念"的引导下，红筹股股价再次高涨。1997年6月，中国政府发布"红筹股指引"，对红筹股等海外上市公司的注资活动进行约束。此后，东南亚金融危机波及中国香港，香港股市因利息上调而跌。红筹股最终因为注资计划的难以实现和香港经济环境的影响而低迷下来。

红筹股公司由于在香港注册上市，须依香港"公司条例"进行规范，因而在管理机制和运作上要比H股更完善和灵活。但是，红筹股公司一般都隶属于内地省市政府和中央部委，往往要受其主管部门或政府的直接控制，或受其建立的母公司的控制。这又使得红筹股公司的管理机构设置、有关人事制度、高层管理人员的薪金、报酬及奖惩制度甚至公司的重大决策都受到母公司的影响。红筹股公司与内地政府的密切联系，各种难以摆脱政府干预和控制的因素，在香港投资者看来，是一些具有较为浓厚政治背景的上市公司，成为红筹股备受关注和炒作的一大动因。

综上所述，内地投资在香港已占相当规模，中资企业在香港市场已成为一支重要力量，对繁荣香港经济起到一定推动作用。中资企业贸易额占香港贸易总额最高时达到22%，其中55%是转口贸易。在中国香港的转口市场中，中国内地占31%，中国香港转口商品主要来源地是中国内地。中国香港产品主要出口市场中，美国位居第一，占28%；中国内地位居第二，占26%。在金融方面，中资银行吸收的存款、中资保险公司的保费收入和中资企业承办的货运量差不多均占香港市场的20%—25%；中资经营的内地旅游服务约占香港市场的50%以上；中资企业在香港股票市场上总市值和上市公司总数差不多均占20%。中资企业承建的各种建筑工程约占香港建筑工程总量的12%。中资拥有香港最大的驳船队、浮动船坞和总载重量超过1000万吨的海运船队，如中远集团在香港就有110多艘船舶。其货柜箱租赁公司是国际上的十大货柜箱租赁公司之一。此外，中资企业还对香港的电信、道路、隧道、航空等公用事业和基础设施建设进行投资。仅中资企业窗口公司及其全资附属子公司就为香港提供了5万多个就业机会。

第三节　若干香港中资代表性企业

一　华润集团有限公司

香港华润公司成立于中华人民共和国诞生的前夕，即1948年。自20世纪50年代初起，华润就成为中国内地各进出口公司在香港的总代理，是新中国开展对港澳地区和世界各国贸易的最早窗口。内地实行改革开放前，华润是香港市场上鲜活名特产品、轻工产品和工业原料等国货的最大供应商，也是内地部分生产原料，如橡胶、化肥、钢铁、木材和纺织原料等的主要进口商。1983年，华润公司改组为华润集团后，趋向多元化发展，成为综合性大型企业。

内地实行改革开放以后，华润集团政策性的代理经营模式受到冲击，计划经济时期形成的独家垄断内地对港贸易的格局逐渐被打破。它顺应改革开放和两地经贸发展的潮流，先后完成了由代理向自营的转变，由贸易为主向多元化的转变，由商品经营向资产经营的转变。

在经营策略上，华润从单一的贸易环节向上下游延伸，使营销过程成为包括调研、设计、生产、销售、售后服务、市场反馈、再设计等各环节有机联系的过程，生产上以名优产品为核心，向外围、连带产品扩展。在管理模式上，改变贸易公司经营分散、规模狭小、产品及销售渠道不稳定的营销方式，调整组织结构，明确市场定位，集中资源培育名优产品，建立庞大销售网络，扩大市场占有率。到1997年年底，华润集团旗下拥有各类全资附属企业和合资、联营企业300多家，员工队伍近万人，年营业额达85.35亿美元，总资产由1984年的9亿美元增长至1997年的67亿美元。其中，华润在香港的资产占总资产的70%，中国内地占23%，海外占7%。就是说，香港华润资产达近47亿美元。从1997年华润盈利所贡献的地区分布来看，中国香港及海外占91%，中国内地占9%。1997年华润营业额的业别来源是：商品贸易占52%，实业投资占39%，零售百货占5.4%，运输仓储占1.3%，其他行业占2.3%。

商品贸易是华润最大的业务，其年进出口贸易总额达350亿港元，经营品种涉及石油、化工、机械、五矿、纺织、服装、轻工、药材、食品等，销往 100 多个国家和地区，与数千家客商保持业务联系。华润在香港设厂较少，但有全港最大的集成电路生产企业。华润集团的零售业务无论在销售总额、店铺数量、营业面积还是客户基础方面，均在香港占一席之地。华润零售集团有限公司是香港规模最大的零售百货公司之一，五丰行旗下的华润超级市场是香港第三大超级市场。华润集团控股成立的万众电话有限公司，1997 年在香港率先推出 PCS 移动个人通信业务，其通信网络覆盖港九新界，位居香港移动电话市场占有率第四位。1993 年涉足金融业，1997 年华润控股华人银行。

华润集团在香港资本市场融资的历史不长，但目前已拥有华润创业和五丰行等 4 家上市公司。华润创业的前身为永达利公司，1992 年华润集团以注入资产形式取得该公司的控股权，并更名为华润创业，其主要业务是物业发展、食品与饮品、基建与财务、投资。华润创业通过配股、扩股、发行可转换债券和银行融资等方式筹集资金，通过合资、收购、扩建等方式扩大资产。公司总资产由 2.5 亿港元扩至 1997 年年底的 209 亿港元，在香港联交所的市值由不足 2 亿港元增至 1997 年年底的 256 亿港元，公司盈利年均递增超过 50%。1994 年华润创业入选恒生中型指数成分股，并是该指数中权数最高的公司之一；1997 年，华润创业入选恒生指数成分股。五丰行创立于 1951 年，是中国内地鲜活冷冻食品在香港的统一代理商，现已发展成为香港最大的鲜活冷冻食品经销商。1995 年 10 月，五丰行在香港上市，超额认购 108 倍，震动香港股市，被誉为盈利稳定、潜力优厚的实力红筹。

二　中国银行集团

香港中银是仅次于汇丰银行的香港第二大银行集团，也是香港三大发钞银行之一，在香港有 12 家姐妹行，员工达 1.7 万人，其分行遍布香港，多达 350 家。1997 年中银集团在香港的经营业绩达到空前的水平，当年中银集团总资产达到 8519 亿港元，客户存款达到 6257 亿港元，税前利润为 135 亿港元。1998 年受亚洲金融危机的影响，香港金融界经营业绩严重受损，银行呆坏账比例上升，中银集团也受此影响。尽管遭受金融风暴的袭击，中银集团的客户存款和总资产仍然有所增加，当然经营业绩不佳。

1999年中银集团的处境仍然很不利，到当年6月底的经营状况显示，呆坏账增加2.8倍，税前利润比上年同期下降46.7%，其余数字也都不乐观。

2000年中银集团开始走出困境，经营效益显著改善。当年上半年该集团税前利润达到48亿港元，比上年同期增长58.3%。净利息收入比上年同期增加5.6亿元，增长7.3%。

到2000年6月底，中银集团总资产达到8738亿港元，比上年同期增长0.4%，比上年年底增长3.5%，扭转了总资产下滑的趋势。同期该集团存款为6585亿港元，比上年同期增长4.5%，比上年年底增长2.9%；放款为3555亿港元，与上年同期持平，但较上年年底增长0.6%。存贷款均出现恢复性增长。至当年6月底，该集团不良贷款余额为542亿港元，较上年年底减少33亿港元，降幅为5.7%，不良贷款占总贷款比率仍达15.3%；呆坏账准备余额为246亿港元，较上年年底增加了7.2%。由于加强内部管理，经营成本也有所下降。当年上半年经营开支总额为26.8亿港元，比上年同期下降9.2%；从成本收入比率看，上半年为24.5%，较上年同期甚至比1998年都有所下降。到2000年年底，中银集团中的商业银行税前赢利已达67.63亿港元，增幅为17%，这是集团自亚洲金融危机以来首次实现赢利。

2001年5月，香港中银集团根据香港法律向香港立法会提交重组计划，7月12日获通过。中银实现该重组计划后，将成为香港本地注册的最大银行，并可望于2002年年初上市。香港中资银行业的发展，改变了香港银行体系的资本结构。原来占统治地位的日资银行在亚洲金融危机以后，银行数已从1997年的44家减至22家，总资产比重和总贷款比重分别从40%和47.4%跌至20%和19.9%。被香港金管局定义的中资银行主要指中银集团、友联、中信嘉华、交通、工银亚洲、中国农业银行和中国建设银行的分行，2000年其总资产比重和总贷款比重已分别升至15.8%和17.14%。而老牌的欧资企业，其比重也只达到19.4%和18.4%；美资企业在港虽呈上升趋势，但也远远落后于中资银行的发展。总体态势是，在港日资银行业急剧萎缩，其他资本相对增长，中资银行业增势强劲，有望在未来若干年后与日资、欧资成三足鼎立之势。

第四节　内地企业在澳门的投资

从 1949 年 8 月南光贸易公司在澳门正式注册以来，驻澳中资企业不断增加，特别是内地实行改革开放以后，一批具有实力的中资企业已在澳门出现。20 世纪 80 年代以前，中国银行（当时称南通银行）、南光公司和中国旅行社在澳门闻名遐迩；20 世纪 80 年代以后，南粤公司、珠光集团、中福公司、振华海湾工程有限公司和中国建筑工程公司又各领风骚。到 1999 年，驻澳中资企业已达 200 多家，总资产超过 900 亿澳门元，中资已成为澳门的第一大外来资本，中资企业在澳门企业总资产中的比重超过 40%。中资企业的业务量已占到澳门金融保险业、旅游酒店业和建筑地产业的一半，占进出口贸易的 30%。澳门居民喝的水、吃的饭菜都主要来自内地，由中资企业送到千家万户。（李继学，2000）

第五节　若干澳门中资代表性企业

一　中国银行澳门分行

中国银行澳门分行成立于 1950 年 6 月 21 日，其前身是澳门南通银行，1987 年元旦更名为中银澳门分行，成为中国银行第 9 家海外银行。1995 年 10 月 16 日，中银澳门分行成功参与发行澳门元钞票，成为澳门两家发钞银行之一，发钞比例占澳门元现钞流通量的 50%。中银澳门分行既是发钞银行，也是商业银行。作为发钞银行，中银澳门分行积极配合澳门金融管理当局，维护澳门币的稳定；作为商业银行，积极为澳门经济社会发展提供资金服务。近半个世纪以来，中银澳门分行"立足澳门，服务澳门"，为澳门经济、金融的稳定与发展做出了贡献。20 世纪 60 年代，中银澳门分行支持澳门当地推销国货；70 年代配合当地政府发展经济住房；80 年代大力支持澳门填海造地，扩大经济实力；90 年代支持澳门的大型基本建设，如澳门国际机场的建设。在此过程中，中银澳门分行自身的业绩也在不断上升，规模不断扩大。到 1999 年，中银澳门分行已拥有 24 家支行，近 1100 名员工，总资产达 400 亿澳门元。如今，中银澳门分行实力在澳门金融界也是最强的,各项业务及盈利都占澳门金融市场的 1/3。

二 澳门振华海湾工程有限公司

澳门振华海湾工程有限公司是中国港湾建设集团总公司的海外企业,自 1982 年在澳门注册成立以来,已在澳门基本建设领域做出卓越业绩。20 年来,振华公司在澳门承接了 30 多个工程项目,如友谊大桥、南光码头、九澳码头等,在澳门回归前几年,尽管澳门经济滑坡,建筑市场竞争异常激烈,但是振华公司仍然拿到了路环新电厂一期工程等几个项目。振华公司参与澳门填海造地,盖楼建厂,累计合同金额达到 70 亿澳门元。澳门原来有 17 平方公里,现在增加到 23.5 平方公里,其中百分之七八十是由振华公司填出来的。澳门国际机场是澳门有史以来最大的工程,也是世界上第二座海上机场。这项工程总投资 73 亿澳门元,振华公司拿下了总投资的 3/4,包揽了人工岛建筑、联络桥、跑道基础处理和路面铺设等四项工程,创下中国内地在境外承包工程合同额之最。振华公司从开始的穷家底,到 1999 年已成为一个净资产达 7 亿多元人民币、固定资产达 5000 万元人民币的大型企业。

三 中国保险股份有限公司澳门分公司

1952 年,中国保险公司在澳门设立分公司。近 50 年来,中保澳门分公司不断发展壮大,现在已成为澳门财产保险业中的老大,占有 1/3 的市场份额,在各财产险种中的保费均名列第一。1982 年,该公司自行设计了有关酒店的一揽子保单,开创了澳门承保大型酒店的先河;1985 年开始软件开发工作,成为澳门第一家全面电脑化的保险公司。该公司除经营一般的财产保险外,还承保了澳门的多项大型基建工程,如澳门国际机场、南湾湖填海工程、莲花大桥、边检大楼、澳门观光塔等。在澳门全部 23 家保险公司中,中保澳门分公司最大,而且实力最强,但由于回归前澳门经济不景气,房地产业停滞不前,同业竞争激烈,因此中保澳门分公司在未来的发展中仍面临严峻的挑战。

四　南粤食品水产有限公司

南粤食品水产有限公司成立于1981年，专门负责经营广东省供应澳门鲜活商品的代理业务，它与另一家中资企业南光粮油公司（负责广东省以外的内地输澳鲜活商品业务）几乎占有澳门鲜活商品市场的整个份额。由于澳门属于海岛型经济，本地没有农业、养殖业，因此澳门人的"菜篮子""米袋子"里都是内地商品，特别是鲜活商品更需由大陆输入。而鲜活商品的70%是由南粤食品水产有限公司供应的。

南粤公司的业务范围主要是活畜、活禽、蔬菜、塘鱼和冻品五大类商品。目前，澳门市场这五大类商品的年销售额为7500万美元，每天要出售生猪400多头、活禽1.1万只、蔬菜80吨、塘鱼7—8吨。南粤公司每天往来澳门与内地运送鲜活食品的汽车达120车次，组织鲜活食品供应涉及广东省的25个市县、80多个出口部门、44个农场（站），其种养、收购、保养、运输和技术人员多达2300人。为了保障澳门的供应，南粤公司还在广东省的珠海、斗门、中山、顺德等地开办了十多个万头以上的瘦肉猪场、大型养鸡场、蔬菜、水果等鲜活商品生产基地。各生产基地通过引进良种、精选饲料、改善饲养方式来适应和满足澳门市场的需求。1997年，南粤公司还投资3500万澳门元在关闸附近建起了鲜活商品批发市场，改善了批发贸易的经营环境。

第四章 对中国企业对外工程承包和重点领域投资的考察

第一节 对外承包工程：企业对外投资的重要发展路径

改革开放前，中国的对外工程承包业务主要是配合对外援助工作，发展缓慢。改革开放后，其发展历程经历了从起步到稳步增长，再到"入世"后跨越式发展的三个阶段。但长期以来，中国政府主管部门对对外承包工程事业在开放型经济中的作用和地位认识不够明确，重视不足，往往把这项业务仅作为带动劳务输出、获取承包服务收入的手段。虽然从经济理论和发达国家的实践经验看，对外投资是"走出去"的主导形式，但就中国目前的发展阶段和竞争优势条件看，对外承包工程才是中国实施"走出去"战略的最主要形式，应以对外承包工程为先导，带动境外资源开发和对外投资的发展。当前，对外承包工程应该被定位为带动中国货物出口、境外资源开发、对外投资、技术贸易的综合载体，落实"走出去"战略最成熟、最可行的发展路径，是中国服务贸易出口的优势产业。在"十二五"期间，应将对外工程承包作为战略性重点产业，大力支持和促进其发展。

一 中国对外承包工程业务经历跨越式发展，营业额迅速扩大，企业具备了较强的国际竞争力

从宏观角度看，2001年"入世"以来，中国对外承包工程连续九年保持高速增长，特别是近三年增长速度异常迅猛，营业规模迅速扩大。

2009年面对国际金融危机的不利影响，在对外贸易和利用外资都大幅下降的情况下，对外承包工程逆势大幅上扬，全年完成营业额同比增长37.3%，新签合同额同比增长20.7%，达到1262亿美元。整个"十一五"期间，中国对外承包工程完成营业额2971亿美元，年均增长33.5%，累计派出劳务195.6万人，成为中国外经贸领域的亮点，为稳外需、促就业、保增长工作做出积极贡献。

从微观角度看，中国对外工程承包企业目前已经具备了较强的国际竞争力。近年来，中国对外承包工程企业在保持成本优势的同时，加大了技术研发投入，逐渐向EPC（设计—采购—施工总承包）、BOT（建设—经营—转让）、PPP（公共部门与私人企业合作模式）等高端业务模式迈进，大型合作项目比重提高，已经成长为国际承包工程领域的生力军。根据美国权威工程杂志《工程新闻记录》（ENR）的统计评选，2009年中国有50家企业进入全球225家最大国际承包商行列，其中中国交通建设、中国建筑、中国机械工业集团、中国铁建、中国水利水电集团5家骨干企业进入美国《财富》杂志世界500强。这显示了中国工程企业已经具备了与其他国际一流工程企业竞争的实力。再如中国交通建设股份公司目前已成为全球最大的集装箱起重机制造商，占该产品世界市场份额的78%以上；该公司的耙吸船总舱容量和绞吸船总装机功率均排名世界第一，是世界第二疏浚企业。在全球跨度超千米的26座桥梁中，该公司设计承建监理了其中10座，在2009年《财富》杂志世界500强中排名第341位。

二 从资金数额和竞争优势看，对外承包工程是目前中国实施"走出去"战略的最主要形式

从中国发展对外经济合作、实施"走出去"战略的三种主要形式：对外承包工程、对外直接投资、对外劳务合作，相对比来看，对外承包工程是最主要的形式。

第一，从资金数额上看，对外承包工程业务远超过后两者。根据商务部统计，2009年，中国对外承包工程业务完成营业额777亿美元，而同期非金融类对外直接投资为433亿美元，对外劳务合作完成营业额89.1亿美元，前者分别是后两者的1.8倍和8.7倍。再从存量角度看，截至2009

年年底，中国对外承包工程累计完成营业额 3407 亿美元，累计对外直接投资额为 2200 亿美元，对外劳务合作累计完成营业额 648 亿美元，前者分别是后两者的 1.5 倍和 5.3 倍。

第二，分析以上情况背后的竞争优势原因，可以发现：首先，近年来由于中国国内基础设施建设快速发展，带动中国对外承包工程企业竞争力的快速提升，使该行业快速发展。其次，中国对外投资业务的发展目前还尚处起步阶段，发展并不成熟。由于大部分国家人工成本高于中国，对外直接投资的作用主要体现在绕开贸易壁垒、获取境外资源等方面。最后，在劳务输出方面，由于绝大部分国家有较严厉的就业保护政策，所以劳务输出的发展空间比较有限。

三 对外承包工程对出口、境外资源开发和对外投资都具有较强的带动作用

对外承包工程对经济发展的促进作用绝不仅限于获取承包服务收入、推动劳务输出方面，而更多地体现在对货物出口、境外资源开发和对外投资具有较强的带动作用。

（一）带动出口和 GDP 增长

在对外承包工程业务中，房屋建筑、基础设施建设、交通运输和电力行业占据很大份额。这些产业具有的较强"派生需求"和带动效应，对国产机电设备、原材料和技术服务的出口带动作用明显。据商务部资料，2009 年中国对外承包工程带动出口近 300 亿美元，促进了国内建筑、制造、运输、金融等多个相关行业的发展，拉动了劳务输出和国内就业。在带动 GDP 增长方面，对外承包工程营业额每增加 1 亿美元可拉动当年 GDP 增长 4.91 亿美元，即对外承包工程对国民经济增长约有 1∶5 的拉动力。

以电力工程建设为例，中国电站设备制造能力跃居世界前列，仅上海、哈尔滨和东方三大动力设备制造企业一年的设备产量就可以供给法国一年的发电量。进入 21 世纪以后，中国国内电站建设高潮期已过，建设发展速度趋于平缓，国内产能需要寻找海外市场。目前国内一年产能可制造出 5000 万千瓦左右的发电机组，并分布在 210 个主要设备及其配套厂

家。这样大的生产能力如果不能找到海外市场，对国内企业会有很大的打击。

发挥工程公司在海外承包电站项目的作用，是有效解决国内产能寻找市场出路的重要途径，山东电力建设第三工程公司"走出去"的实践证明了这一点。山东电力建设第三工程公司成立于1985年，注册地址青岛市。该公司是以EPC（设计、采购、建设）总承包方式执行国内外电站项目的专业工程公司，业务范围包括燃煤电站、燃机电站、核电站、水电站、风电站、太阳能电站以及输配电项目。该公司是行业内最早走出去以EPC方式独立承包国际电站项目的工程公司，从2002年至2009年，公司业务已经遍布印度、约旦、沙特阿拉伯、阿曼、尼日利亚、新加坡、印度尼西亚7个国家，海外项目总装机容量约10000兆瓦，合同额近120亿美元。从2007年起，该公司连续三年入选世界工程领域的权威杂志美国《工程新闻记录》（ENR）评出的"全球工程总承包商225强"，2009年位列第95位。被中国对外承包工程商会、对外贸易经济合作企业协会、电力企业联合会，认定为AAA级信用企业。

根据调查，电站项目合同金额中，40%是设备，25%—30%是材料和配套件，合计占项目金额的65%—70%，都需要从国内厂家采购，实际上带动了国内出口贸易；这些设备主要由钢材构成，一台60万千瓦的发电机组，需要加工和未加工的钢材5万吨。而且，一旦一个电站项目中标，建成后其运营寿命可达30—50年，在此期间，其备品、备件和维护材料都需要依靠原厂家和建设企业，具有长久的贸易和经济利益。

工程建设公司在海外承包电站项目，还可以成为促进中国企业海外投资的重要渠道和有利形式。工程公司中标成为项目总承包商后，根据施工需要往往还要对工程材料或部件实行再加工或当地加工，这就需要投资建设此类生产线，施工结束后，这种生产线可以转为为当地市场服务的企业经营，成为境外投资项目。更重要的是，如果鼓励工程公司以BOT形式投标竞争，一旦中标，在项目施工结束后的经营期间内，该项目实际就成为该公司投资经营的境外企业，或者成为国内外投资者共同参股合资经营的企业。这不仅投资额大，而且经营效益也有保障，是非常有利的投资领域和投资形式。

（二）带动境外资源开发

直接参股或收购国外资源类项目，往往会因政治因素受到外国政府的限制。而通过先在东道国实施承包工程，较好地完成为其修建桥梁、公路、铁路、医院、学校等基础设施工程，帮助其实现经济发展，则比较容易获得东道国政府的信任与认可，会比较顺利地实现获取资源类项目的目的。非洲、中东等资源型国家，有时还会以金属矿山、油气资源等作为支付手段，支付中国承包工程企业的工程费用。这都为中国获取境外资源开发提供了一条新的途径，即在已实施的"以贷款换资源"之外，还可以"以工程换资源"。

（三）对外承包工程向高端模式转移，带动对外投资

目前中国对外承包工程企业开始逐渐升级业务模式，扩大海外投资，在带动投资方面的作用日益显现。对外承包工程企业的海外投资活动与工程承包紧密结合，是其业务升级的必然要求，主要方式有：以BOT（建设—经营—转让）、PPP（公共部门与私人企业合作模式）等带有投资性质的业务模式参与国外基础设施的投资运营；以工程承包项目为先导进而投资建材、农牧、矿山资源、商业物流等相关产业领域；以收购或合资的方式参股设计院所、工程企业等。大型国有企业是开展海外投资业务的工程企业的主体，投资的地区以非洲、东南亚等企业熟悉的传统市场为主。例如中国交通建设股份公司利用在刚果（布）承包建设工程的经验，在刚果（布）投资建设的水泥厂取得较大成功，2009年实现营业额2550万美元，完成利润额1069万美元。该项目是刚果（布）目前唯一的一家水泥生产厂家，在实现良好经济效益的同时，为两国经济、政治合作做出贡献。

第二节　中国仍需加强企业境外石油投资开发

一　未来二三十年内新能源与传统化石能源的关系

未来二三十年内，新能源与传统化石能源的关系如何，将直接决定着中国能源战略的未来方向。同时，国际能源巨头当前的投资动向，也可以看作世界能源未来发展的风向标。

(一) 传统化石能源在能源结构中将长期居于主导地位

虽然全球各国都在大力倡导发展新能源，但目前为止，新能源发展还面临着技术发展不成熟、产业发展成本高两大"瓶颈"制约，实际上还躺在政策呵护、财政补贴的襁褓里，叫好难叫座，尚无法从根本上替代化石能源。在未来二三十年内，新能源将长期作为化石能源的补充角色而存在，化石燃料仍将在能源构成中居主导地位，石油仍然是最重要的单种燃料。

根据国际能源署（IEA）在《世界能源展望》中对未来世界能源消费的预测，化石燃料包括石油、天然气和煤炭，依然是全球一次能源的最主要来源。化石燃料在2005—2030年间全球能源需求增长总量中将占84%，在全球能源需求中的比例将从2005年的81%上升到2030年的82%。也就是说，到2030年，新能源在能源消费结构中只能占18%而已。具体到单种能源形式，石油仍然是最重要的单种燃料，在2005—2030年，其所占的比例将从35%降到32%，天然气的比例将从21%上升到22%，煤炭的比例将从25%上升到28%。在新能源方面，由于能源需求总量的增加超过新能源发展的速度，核电将从2005年占一次能源总需求额的6%下降到2030年的5%。水电所占的比例将维持在2%；生物质和废弃物所占的比例将从10%下降到9%。其他包括风能、太阳能、地热能、潮汐能和波浪能等可再生能源所占的比例将从不到1%上升到约2%。

另外，全球著名的会计和商业咨询公司德勤（Deloitte）的调查也预计，即使到2050年新能源也无法从根本上取代传统能源，企业对清洁传统能源的兴趣远超新能源。能源消费大国将更加依赖石油和天然气进口。

(二) 世界能源巨头目前正在加紧收购上游油气资源

由于世界能源消费结构在未来二三十年内很难有重大改变，石油、天然气等资源的战略地位愈显突出。从国际能源巨头的投资动向看，目前他们正在加紧、加大收购上游油气资源的力度。例如，欧洲最大的石油公司英国石油公司（BP）2016年3月以70亿美元现金，用于收购位于巴西、阿塞拜疆和墨西哥湾深水的石油资产。壳牌石油公司（Shell）在2016年4月宣布，将以51.6亿美元收购加拿大迪韦尔奈石油公司。美国能源巨头埃克森美孚（Exxon mobil）2015年10月以40亿美元收购非洲油气公司

Kosmos Energy 在加纳近海石油区块中的权益等。

二 发展境外石油开发任务迫切，前景广阔

（一）石油企业"走出去"获取境外资源，是解决国内石油供求矛盾的必然选择

首先，随着中国经济的快速增长，近年来中国石油消费增长迅速，原油消费年均增长率在6%左右。2009年，中国石油表观消费量4.08亿吨；成品油表观消费量2.21亿吨，仅次于美国，位居世界第二。其次，从国内石油储量和生产潜力来看，石油的可持续供给难度很大。中国石油需求量占全球的7%，但只拥有世界已探明可采储量的1.7%。最后，中国的石油对外依存度较高。2009年中国石油净进口量2.19亿吨，石油进口依存度达到53.6%，且这一比重还在不断提高，预计2020年石油对外依存度将上升至逾65%，国内石油产量已远不能满足消费需求。

在近几年国际油价大幅波动、国内能源需求不断增长的背景下，中国石油企业"走出去"，在全球范围内寻求稳定的能源供给，是解决国内油气资源供求矛盾的必然选择，是维护和保障中国能源安全乃至经济安全的必由之路。

（二）发展境外石油开发面临良好机遇，具备广阔前景

当前中国石油企业开展境外资源开发的外部环境总体有利。受国际金融危机的影响，部分资源国对外合作政策出现新的变化，一些国外石油公司为渡过困难进行资产结构调整，国际油价的逐渐回落也使油气资产价格开始走低，这为海外石油资源战略投资和资产并购提供了新契机。总体来看，中国石油企业"走出去"面临良好机遇，具备广阔前景。

第一，利用政治优势，加大与中国有传统友好政治关系的石油资源国的开发合作。例如，非洲的苏丹、安哥拉、尼日利亚、利比亚和中东的伊朗等。非洲地区资源丰富，与中国关系良好，是中国石油企业海外投资最多、作业产量最高的地区，项目数占中国海外总项目数的35%左右，作业量占海外总产量的43%。炼油等业务也取得了进展，中国石油和苏丹合作的喀土穆炼油厂年炼油能力达到500万吨。当前中国与中亚地区的合作领域日益扩大，与俄罗斯的外交关系稳定，与中东国家的交往也日益密切，

这都为中国石油企业"走出去"提供了良好的政治保障。

第二,利用拉美国家油气资源国有化的机遇。随着拉美国家左派势力崛起,当前一些拉美产油国正极力摆脱对美国的依赖,增强政府对石油资源的控制权,实现政治和经济外交多元化。这些国家石油产业的国有化带来能源市场的重新洗牌。对中国来说,这既是挑战更是机会。在委内瑞拉、厄瓜多尔、乍得等国家实行国有化政策时,都表示欢迎中国石油公司参与其石油领域的开发合作。中国石油企业可以利用此时机积极与拉美国家石油公司合作。

第三,利用中国外汇储备规模大的资金优势,发展以贷款换资源。作为第一大外汇储备国,到2010年3月底,中国外汇储备规模已经达到2.45万亿美元,占全球储备的比重达30.7%。利用中国外汇和资本充裕的优势,为其他发展中国家的能源开发提供贷款。同时,中国获得按协议价格购买相关项目的石油产出。作为投资回报,这不仅有利于满足中国自身的能源需求,同时也可以分散外汇储备的贬值风险,相当于以一个比较优惠的条件将外汇储备转化为石油储备,锁定长期原油供应。中国目前已与俄罗斯、哈萨克斯坦、巴西、厄瓜多尔、安哥拉、委内瑞拉等产油国签署过类似的协议。对于一些资源丰富,但急需境外资金缓解债务压力的国家,可以继续大力推进这种合作方式。

第四,中国石油勘探开发能力的提升为发展国际石油合作、获取境外资源提供了技术保障。中国石油开发技术经过半个世纪的发展,已形成了具有自身特色的科技理论和先进适用的工程技术,具备了开发石油上下游大型项目的综合配套能力。在油气勘探、开发生产,特别是在开发低渗透油田和油田开发后期提高采收率方面,具有较强的技术实力。这些多数可以运用到国外,为"走出去"获取境外资源提供技术保障。

目前,中国石油企业在"走出去"进行海外投资方面,已经取得了一些初步成绩,如中石化于2009年8月以75.6亿美元收购Addax石油公司。2008年年底,以17亿美元完成对加拿大石油公司Tanganyika Oil的收购。

三 中国石油企业"走出去"面临的主要问题与挑战

以中国石油为例,它作为中国最大的油气生产和销售企业,2009年实现经营收入 1.22 万亿元，利润总额 1286 亿元，上缴税费 2426 亿元，在世界 500 强中排名第 10 位，在全球石油公司 50 强中排名第 5 位。1993 年，随着国民经济的快速发展，中国成为石油净进口国。同年，中国石油贯彻落实党中央、国务院提出的"利用两种资源、两个市场"的战略方针，开始走出国门，实施跨国经营。经过 17 年的艰苦创业和不懈努力，中国石油海外业务实现了跨越式发展。目前，海外油气业务涵盖全球 29 个国家，运作 81 个合作项目；海外油气资产价值超过 400 亿美元；拥有海外合同区面积近 78 万平方公里；海外原油年生产能力 8500 万吨，天然气年生产能力 120 亿立方米，年炼油能力 2660 万吨；建成海外油气管线 7 条，长度 9616 公里，原油年输送能力 5000 万吨，天然气年输送能力 200 亿立方米；在海外拥有加油站 63 座，成品油库 8 座。目前，中国石油企业在"走出去"开展境外资源开发中面临的主要问题包括下列几个方面。

首先，与国际大石油公司相比，中国石油在国际竞争力方面有一定的差距和不足。中国石油的油气储量、产量、总资产规模基本相当，并具有较为有利的国内市场优势、独特的综合一体化优势，以及政治外交、企业文化和人力资源等方面的明显优势。但国际大石油公司早已完成全球化业务布局并进入调整优化的成熟阶段，而中国石油尚处于持续较快发展的成长阶段，国际化经营时间短。

其次，在新技术上，世界油气勘探开发难度越来越大，技术要求越来越高。世界石油技术的发展，深海作业、天然气液化、重油轻质化、煤层气、页岩气开发等都已成为各大石油公司角逐的新领域。中国石油在这些新兴领域的关键技术与国际大石油公司相比，优势不明显，发展后劲不足。

再次，中国石油的国际化程度依然较低，只有近 20%，而五大石油公司的跨国指数都超过 60%，在国际化经营管理经验、对投资环境变化的适应能力以及资源国文化融合多元化等许多方面，还存在较大差距。

最后，人才队伍建设在数量和质量上面临严峻挑战。当前，随着国际业务的加快发展，中国石油国际化人才培养和队伍建设滞后于国际业务发展速度。在数量上，整个中国石油从事国际业务的生产、技术和经营管理人员，目前仅 4000 人左右。由于海外人员不足，许多同志长期得不到轮换。在质量上，中国石油国际化人才的综合素质有待提高，尤其是在国际商务、法律、合同、语言方面仍比较薄弱，国际工程技术服务企业问题更为突出。因此，要加快解决国际人才培养问题。

除了企业自身的不足之外，来自国内外的困难因素还有以下几个。

第一，政府主管部门对石油开发类海外投资的管理机制还不够灵活，核准程序和额度有待改善和提高。国家发改委和商务部作为中国资源开发类境外投资的主管部门，在具体的核准操作中，存在反应机制不够灵活和决策机制滞后的问题，完成核准的时间周期较长，一般要20—30个工作日，不能够满足瞬息万变的国际石油市场竞争的需要。一方面，中国石油企业的海外投资与国内投资不同，国内投资需要主管部门综合考虑环境保护、土地使用、发展规划、地区平衡等问题，加以系统研究后做出审批，而境外投资不涉及这些问题。石油企业的海外投资风险由其自身承担，而且由于石油开发的海外投资数额一般都较大，企业在投资决策前都经过了详细的可行性研究和风险评估。另一方面，国外能源合作方往往会在协议中提出对我方石油公司获得政府批准的时间要求，以及未获批准时须补偿的高额"分手费"。考虑以上两方面因素，中国政府主管部门应进一步简化核准程序，缩短审批时间。

另外，在石油开发境外投资的核准额度方面，现有规定所设额度过低，也是造成审批效率不高的原因之一。目前执行的《境外投资项目核准暂行管理办法》（国家发改委2004年第21号令）规定："资源开发类项目境外投资项目中方投资额3000万美元及以上的，由国家发展改革委核准，其中中方投资额2亿美元及以上的，由国家发展改革委审核后报国务院核准。大额用汇类项目中方投资用汇额1000万美元及以上的境外投资项目，由国家发展改革委核准，其中中方投资用汇额5000万美元及以上的，由国家发展改革委审核后报国务院核准。"但在实际操作中，石油企业对外投资的数额动辄十几亿，甚至几十亿美元，现行额度对所有资源类投资的总体规定，没有充分考虑石油企业投资数额较大的特点，额度标准显得太低。

第二，由于起步晚、需求量大以及各种政治因素等，导致目前中国在境外石油开发中面临激烈竞争。首先，中国石油企业从事国际石油合作起步较晚（如中石化2001年才在伊朗卡山建立第一个对外投资项目）。而那些开发成本较低、投资环境较好的海外油气资源，经过数十年的国际争夺，80％左右已经被发达国家抢占，落入国际石油巨头手中。其次，由于中国的石油需求量很大，并且受"中国威胁论"等不良国际舆论的影响，一些发达国家常将原油价格走高的原因归咎于中国的需求。最后，当前，印度、日本、韩国等其他能源需求大国与中国争夺石油资源的竞争愈演愈烈。这些国家的石油公司的背后都有政府的强力支持，能源部长、石油部长等政府官员常会直接出面干预并推动本国企业境外能源开发项目，而中国企业往往很难得到这种待遇。这个因素往往也导致中国石油企业在激烈的国际竞争中落败。

第三，目前中国进入的境外石油开发区块，大部分勘探开发难度大、成本高。由于西方跨国石油公司较早地进入海外石油开发，目前已占据了世界石油的中心地带，中国石油企业在"走出去"时，面临的可供开发的石油产区大多资源条件一般，开发难度较大。在勘探项目中，以深海项目、山地和沙漠地区、两极地区的非常规项目居多；在开发项目中，以高含水油田、低渗透油田、稠油、高凝油和老油田改造等居多。这些项目的勘探开发难度主要体现技术难度大和开发成本高两个方面。而且，近年来，资源国为了保护自身利益，制定了诸多法律法规，如利润汇出限制、原油出口以及开采设备的进出口等，这些因素也导致中国获取境外能源的成本提高。例如在调研中了解到，巴西政府规定，对在当地进行石油开发的外国能源企业所获利润，须在当地进行再投资，否则对所汇出利润征收30％的所得税。

第三节　扶持工程建设企业"走出去"和海外石油开发投资的政策体系

一　工程建设企业"走出去"的促进政策

（一）尽快完善对国有工程建设企业海外承包的业绩考核体系

对外承包工程投资项目与普通国内投资项目有很大不同，前者获取投资回报的周期往往较长。对外承包工程项目中，有很大比重是买方延付项目，中国承包和施工方需要垫资，这是一种"卖方融资"行为。这就决定了对外承包工程企业的资金回收期长、资金成本较高、前期投入大，但却具有未来远期收入较丰厚的特点。以对外承包工程中目前常用的 BOT（建设—经营—转让）模式为例，工程的建设周期一般在 3—5 年，而经营收入期一般在 20—40 年，所以从投资建设到获取项目利润的时间间隔很长，一般约 20 年才能收支相抵，25—30 年之后才是项目的利润期。

大型国有建设企业是中国对外承包工程的主力军，从这类企业的领导任职时间看，以每届任期 5 年，连任 2 届计算，企业主要领导在位时间在 10 年左右。与上述对外承包工程项目收益的时间周期特点相对比，可以看出，企业领导人很难从企业长远发展的角度来做投资决策，容易造成企业过度追求短期效益，不太重视企业发展战略和创新，企业发展的短期效益和长期效益矛盾突出，这为企业的未来可持续发展很不利。

针对上述对外承包工程获取投资回报周期长的特点，国资委在对国有对外承包工程企业的业绩考核中，应做差别化的特殊处理，调整考核指标，即减少对其短期业绩的考核项目，相应地增加考核主要领导对企业可持续发展贡献力的指标。完善国有对外承包工程企业的业绩考核机制和评价体系，必须以可持续发展为基础，引导企业更加重视自主创新，鼓励经营者做出有利于长期发展的投资决策，弱化企业经营者短期行为。应该说，从整体上看，目前国资委对国有企业的考核体系是比较科学和系统的。但对外承包工程企业在经营中有其上述利润周期的特殊性，所以针对这类企业的业绩考核指标，应做适当的调整和差别化处理。

（二）有针对性地解决对外承包工程面临的困难和问题

对外承包工程发展仍然处于有利时机，但也存在一些困难和问题，主要表现在以下方面。

1. 企业面临融资瓶颈，融资能力弱

融资条件一直是困扰中国企业扩大对外工程承包业务的"瓶颈"之一。当前国际工程承包市场现汇项目少，工程预付款比例低，大多需要承包商自身带资承包，而且近年来中国企业的业务范围向工程总承包的方向发展，经营规模迅速扩大，这两点都对承包企业的资金实力和融资能力提出更高的要求。但中国对承包工程企业的金融支持体系不完善，与国际大承包商强大的融资及资本运营能力相比，中国承包商的融资能力较弱。另外，企业在融资过程中，往往审批程序复杂，担保条件要求苛刻，运作时间长，难以适应国际承包工程项目竞争的需要。有些工程企业追踪到一些好项目，因为不能及时解决融资问题而丧失机会。对外承包工程所需的资金运作周期长、数额大，十分需要国家的政策支持和金融机构的积极合作。

2. 人民币升值给企业带来较大成本压力和汇率风险

中国对外承包工程企业在国外的收入大部分以美元结算，回国后兑换人民币在国内采购设备、原材料等，人民币升值使企业成本增加，利润下降。尤其是对外承包工程合同周期长，使其与一般现货贸易相比，面临更大汇率风险。据中国对外承包工程商会的估算，人民币升值将对此行业300亿—500亿美元的在建项目产生直接负面影响，人民币每升值1%将对此行业带来1.75亿—2.75亿美元的直接经济损失。而中国出口信用保险机构目前还没有针对汇率升值而设立相应的保险项目，企业只能主要依靠自身能力消化此类影响。

3. 行业经营秩序有待进一步规范，企业综合服务能力和创新能力须进一步提高

在对外承包工程的经营中，部分企业之间存在过度竞争甚至恶性低价竞争的现象，导致国家利益、行业利益和公司利益遭受损失。另外，中国对外承包工程行业的综合服务能力较弱，表现在：首先，缺少足够能力为发包业主提供包括项目规划、可行性研究、咨询设计等在内的综合服务的工程咨询、工程管理、法律服务、投资顾问类企业；其次，在项目的规划和实施中，缺少对人文、生态、环境等方面综合考虑并与国际接轨的自主创新理念。

二 工程建设企业"走出去"迫切需要的促进政策

（一）加大金融支持力度

第一，国家应研究拟定相关政策，给予对外承包工程企业在贷款利率和保险费率方面适当的优惠，或提高贷款的政策性贴息率和延长贴息期限，特别是对关系到中国政治、外交发展需要的重大项目，给予利率和费

率优惠。

第二，增加各项风险基金和专项扶持基金的数额，简化使用程序，扩大使用范围，包括保函风险专项基金、对外优惠贷款、海外投资风险基金、信用保险风险基金等。推动国内商业银行、信用保险机构，尽快建立和完善中国企业海外投资风险评估体系，进一步完善信用担保制度。参照对外承包工程保函风险专项基金的办法，由国家财政、政策性金融机构和企业共同出资设立担保专项基金。在人民币升值的压力下，还应尽快建立外币与人民币汇率风险规避金融工具。

第三，推进银企合作和金融创新。首先，积极推动国际承包工程企业与国内外金融机构的合作，推动银行参与对外承包工程企业的信用风险管理，建立银行与企业间相关信息的共享体系，银行根据对企业的资信评级给予相应的授信额度。在额度范围内，为企业提供更加便捷的服务，如免保函抵押金、免担保贷款等。对一些特大项目，可由某一家银行牵头，组织银团贷款，或由银行和企业组成联合体对外投标，提前介入项目，对项目进行共同管理，共享利益，共担风险。其次，积极借鉴和推行发达国家所采用的项目融资和项目担保的经验，鼓励金融机构积极开展金融创新，允许企业以项目本身权益做担保。鼓励银行提供适合对外工程承包的金融新产品，对于符合国家支持条件的大型工程项目进行项目国内外融资试点，在贷款担保、简化手续、换汇用汇等方面给予更加便利的政策。

（二）更好地发挥经济援助、双边基础设施建设合作和中国资金优势对对外承包工程的带动作用

第一，应将对外经济援助与对外承包工程更加紧密地结合起来。在对外经济援助的实体建设项目中，不仅要让中国工程企业作为施工方，还应允许和鼓励其以公私合营的形式参股，参与这些项目的经营，获取对外投资收益。另外，目前的经援项目是以物资、实体建设项目为主，如果能够集中部分经援资金，有步骤地投入资源勘探、项目发展规划等软援助，不但可以为企业开路，还可以大幅度降低企业市场开发、资源开拓的风险和成本。

第二，积极推动与政治友好、经贸联系紧密的国家签订更多的基础设施建设合作框架协议，以政府间合作协议的形式，为企业承担对外承包工

程铺路搭桥。

第三，更好地利用中国充足的外汇储备等资金优势，推动对外承包工程的发展。利用资金优势的支持包括提供对外优惠贷款、优惠出口买方信贷等措施。例如，2009年年底成立的"中国—东盟投资合作基金"就是其中很好的形式之一，政府部门应推进建立更多的类似项目。

（三）引导企业形成合理分工与合作体系，培育优势国际工程咨询服务类企业

第一，政府和行业协会应共同引导和鼓励企业差别化经营，形成合理分工与合作体系，开展产业间和区域间合作，形成产业集群，避免恶性竞争。

第二，政府主管部门应加快推进对外承包工程企业的联合、重组、改制步伐，尽快形成一批专业特点突出、技术实力雄厚、国际竞争力强的对外承包的大企业集团，促进他们向总承包方向发展，向承接 EPC、BOT、PPP 等高端市场和高附加值领域发展，再将中小建设企业带出去。

第三，大力培育具有竞争优势的国际工程咨询服务类企业。在中国对外承包工程企业中，大力培育工程咨询、工程管理、投资顾问类公司，使这些企业有足够能力依据东道国的具体国情为业主进行项目的规划论证和可行性研究，设计技术方案和融资方案，进而进行项目的施工和运营，实现规划、设计、融资、施工、运营一体化，促进承包工程企业整体实力和国际竞争能力的进一步增强。

三 推进中国石油企业加快"走出去"步伐的对策建议

鉴于石油资源的特殊重要性，中国政府部门应进一步增强对中国石油企业"走出去"获取境外资源的支持力度。

（一）政府部门加强调查研究，在宏观上指导企业"走出去"

建议政府部门组织国内外研究力量，开展对重点资源国（如苏丹、伊拉克、伊朗、俄罗斯、哈萨克斯坦等）地缘政治研究，包括对当前涉及能源合作的重大热点问题的研判和分析，给予企业宏观指导。

中国驻外使馆（经参处）加大力度，开展对重点资源国政治经济状况和投资经营环境的研究，包括法律法规的研究，重点是税法、劳动法和投

资法等，在政策上引导企业与当地社会融合。政府部门制定和执行境外项目分包商管理办法，加强源头控制。树立"部分工作可以分包，但责任分包不出去"的观念；在签订的分包合同中对业主和分包商的职责进行明确规定，要求施工人员遵纪守法，保护环境，履行应尽的社会责任，为施工人员提供健康安全的工作和生活条件（包括饮食、卫生等）；国内分包商分包境外项目，应有相应的资质。政府部门建立企业"走出去"安全预警机制。目前，中国石油海外油气资产主要分布在高风险地区，海外项目所在国家中，被外交部或国际专业安保机构评定为高风险和较高风险的国家19个，特别是在伊拉克、苏丹、尼日尔和乍得等重点油气投资地区，面临资源国政局动荡、社会不稳定、恐怖活动多发、市场不规范等政治、经济和安全风险，对海外业务的安全发展和员工人身安全构成很大的威胁。建议政府部门在国家层面构建海外防恐预警机制，包括：加大与国际安保信息系统、国际SOS技术支持系统的互动；加大政府间的协商力度，与资源国建立多边军事和反恐合作，制定各项预案，应对突发危机，增强保护中国海外员工、资产安全的能力。

建立国家层面的统筹协调机制，将对外援助、文化交流与能源合作紧密结合，实现可持续发展。近年来，一些重点资源国加大对油气资源的控制，对外合作政策趋紧，加强海外现有油气项目运作，尤其是在哈萨克斯坦、委内瑞拉、苏丹、厄瓜多尔等国的项目，挑战较为突出，需要中国政府部门的大力支持和帮助。鉴于目前中国对一些资源国的经济援助、债务减免和文化交流（包括在海外建立孔子学院）尚未与油气合作紧密结合，建议政府部门与能源企业建立对外援助、文化交流与油气合作的协调机制。政府部门在向油气资源国提供优惠贷款、援外工程、减免债务、技术援助、开展文化交流时，尽可能与油气合作相结合，支持石油企业更好地"走出去"，实现可持续发展。政府部门出台对企业派出境外项目人员的管理办法或指导意见，对派出人员的素质和数量进行要求，推动海外员工当地化和国际化。这包括：对境外项目人员出国前进行防恐、健康、安全、环保（HSE）培训，外语培训和考试，外事教育；境外工程项目要严格控制中方人员派出数量；海外作业队伍要具备相应的专业资质；为境外项目人员办理保险；建立适用境外项目人员的薪酬和休假制度。

（二）简化石油开发类海外投资项目的审批手续，放宽审批权限

政府主管部门之间宜加强协调沟通，对于重点的资源类海外投资项目，建立审批快速通道，缩短石油企业对外投资合作项目的审批时间。放宽石油开发类项目海外投资的核准权限，建议由国家发改委核准的项目额度，由 3000 万美元以上改为 10 亿美元以上；由国务院核准的项目额度，由 2 亿美元以上提高到 20 亿美元以上为宜。

（三）完善对石油开发类海外投资的金融支持

对境外石油开发项目，允许使用政府境外投资专项贷款的比例应进一步提高。鼓励国内商业银行与大型能源公司在境外资源开发利用上进行更紧密的合作，如由银行和石油公司共同组建境外石油开发投资公司。应允许各类基金以及保险资金向境外石油开发项目投资，推进能源企业通过债券、上市等多元化融资手段，为境外石油投资提供更宽阔的资金来源。对重大境外能源投资项目以及风险勘探项目，应适当给予贷款贴息、优惠贷款和提高财政注资比例。

（四）完善石油开发类海外投资的税收政策

在税收优惠方面，对进行境外资源开发的石油公司以实物作价投资的国产机械、设备及零配件等应视为出口，给予出口退税。在增值税方面，对企业海外石油开发的初加工成品实行增值税减免。对海外勘探开发收入，已在资源国缴纳所得税的，可不再按国内税制重新核定、补缴差额。另外，还应抓紧与有关资源国家签订避免双重征税、投资保护、司法协助等政府间双边协定。目前，中国已经与 86 个国家签订了避免双重征税协定，财政部门应尽快完成与所有石油输出国签订相关协议。

（五）完善石油开发类海外投资的风险分担和保险制度

国家应考虑在境外矿产资源风险勘查专项资金的基础上，借鉴日本等发达国家的做法，增大原有资金额度，设立能源对外投资风险基金和海外油气风险勘探基金，减轻和分担石油企业对外投资面临的政治、法律风险和勘探风险。对国有石油公司应从保障国家能源供给的社会责任出发而承担的海外项目，经由国家主管部门批准，可申请使用该基金。风险勘探沉没的资金，由国家风险基金核销，风险勘探成功后从收益中及时返还。风险基金既可针对前期项目的调研、可行性研究、投标等准备工作，也可以

针对项目启动之后运营中的不可抗风险。

（六）建立外汇储备与资源储备的转换机制，完善石油储备制度

在外汇储备与资源储备的转换方式上，一是可以采用间接方式，即以金融机构为平台，将外汇资金注入政策性银行和金融机构，充实其资本金，再由政策性、开发性银行以贷款方式支持国内能源公司开展海外经营。二是直接方式，可以利用外汇储备设立境外能源投资基金，直接为能源企业海外投资提供资金保障。另外，还应抓紧完善国家独立的战略石油储备体系，除了通过市场运营的手段管理储备库中的油品，还应重视做好原产地战略石油储备，即只探不采或只做科学试验不进行规模开采。

（七）充分发挥能源外交的作用，为企业开展境外石油开发创造良好的双边、多边国际环境

首先，推行务实的能源外交政策，把能源问题列入国家间高层互访的重要议事日程，在重点石油出口国大使馆增设专职能源外交人员，将外交战略、外经贸战略与石油资源跨国经营战略紧密结合起来。其次，加强与主要油气生产国的合作，积极援助海外油气生产国，建立战略伙伴关系，主要目标国可以包括：中东国家，俄罗斯，哈萨克斯坦等中亚国家，拉美的巴西、委内瑞拉以及非洲部分国家。再次，强化与其他石油消费大国（如印度和日本等）的战略协调，相互之间建立互信机制，充分磋商，减少冲突，联合起来提高与石油输出国谈判的能力，增强在石油价格方面的影响力。最后，应加强与国际能源署、联合国开发计划署等国际能源机构密切合作，在国际社会宣扬中国的能源战略和政策，消除误解。

（八）企业微观层面应采取的措施

首先，中国石油企业要加快发展海外炼油化工业务，打造海外一体化产业链。在积极发展上游勘探开发业务的同时，中国石油企业还应有选择地在海外投资炼油化工、成品油销售等下游业务。在石油资源国设立炼油厂、加油站等，一方面延伸和完善了海外业务产业链，实现海外业务上下游一体化经营的协同效应，也可以带动当地的经济增长和就业，比较容易获得当地政府的认同，从而更多地拿到上游资源；另一方面，可以转移分散石油炼化中的环境污染，减轻国内的环境压力。

其次，灵活调整经营策略，并逐渐增加风险勘探项目。根据国际油价

变化，企业应及时调整经营策略。油价较高时，应加大海外新区的风险勘探，努力增加油气发现，提高资源开发效益；油价较低时，则更多地通过海外油气资产并购，增加油气产储量。总体来看，应在勘探开发相结合的基础上，逐步增加风险勘探项目。从国际比较分析，国际能源巨头掌握着大批风险勘探项目，这种项目虽然风险较高，但收益更高，是未来国际能源竞争的重点领域之一。

最后，中国的石油企业应加强相互之间的协调，以及与西方跨国能源公司的合作。一方面，中石油、中石化、中海油三大石油公司以及其他国内民营石油企业之间，应加强海外投资经营的协调与合作，联合起来共同参与国际石油合作，以提高自身的国际竞争力。另一方面，通过与国际能源跨国公司的股权合作促进国内石油企业海外业务的拓展。中国企业在海外的石油开发业务经常会被泛政治化，通过与国际能源公司股权合作，可以减少这方面的风险。同时，在对国际石油市场的把握、项目的选择和评价、国际招投标策略、跨国石油公司的经营管理等方面，学习西方跨国能源公司的管理运营经验，弥补自身跨国经营能力的不足。

第五章 中国企业海外投资促进体系的构建

在新的历史时期,中国融入全球经济的程度将进一步加深,海外投资对中国经济与社会发展的意义日益重大。而当前中国海外投资总体上尚处于起步阶段,海外投资的进一步开展遭遇诸多困难。中国政府有必要从新的战略高度,以更宽广的视角,对中国企业海外投资行为进行统筹规划和规范引导,并根据海外投资发展的动态特征,及时制定、调整和实施相关法律法规和政策措施,对本国企业海外投资活动进行鼓励、扶持、引导、监管和保护,确保海外投资的持续、健康发展,从而在企业获取微观经济利益的同时,最大限度地实现国家战略利益。结合现实国情,中国海外投资促进体系主要应该包括如下九个子体系:法律体系、监督管理体系、财税金融体系、知识产权与标准化体系、行业引导与跨国公司培育体系、风险防控体系、境外经贸合作区促进体系、海外证券投资促进体系、社会化服务体系。

第一节 法律体系

中国海外投资相关的法律体系包括国内法以及国际协定,相关国际协定以双边投资协定、国际税收协定(主要是双边税收协定)、自由贸易协定为主体。一方面,目前中国海外投资的国内立法还很不完善,海外投资的管理、促进和保障还主要停留在部门规章的层面,与中国快速发展的海外投资活动和趋势极不相称;另一方面,中国虽然已签署了众多的国际协定，但这些协定普遍"陈旧"，更多的是从中国作为投资东道国的视角进行考虑和制度设计的，明显落后于中国海外投资的现实需要，亟待修改与完善（梁咏，2010）。

一 以先单行法后基本法模式，加快国内投资立法

应选择"先单行法后基本法"的国内立法模式，可先设立《海外投资监管法》《海外投资保险法》《海外投资税收法》《外汇管理法》《海外投资银行促进法》《对外援助法》等单行法，待条件成熟时，再考虑确立《海外投资基本法》。其中，《海外投资监管法》与《海外投资保险法》宜加紧设立。《海外投资监管法》应具体明确监管机构、投资主体、审批模式、审批范围和禁止范围、审批程序、违法制裁、海外投资的鼓励与禁止、海外投资报告制度、海外投资统计制度、境外国有资产监管等制度的法律地位。《海外投资保险法》则应明确以下主要内容：采用海外投资保险审批机构与业务经营机构分设的制度；承保范围的设定可以中国的现实需求为选择标准，建立一个开放的制度体系，除了承保外汇险、征收险和政治险之外，还可以依据需要增设其他险种；合格承保条件主要包括合格的投资者、合格的投资及合格的东道国三方面的内容；还应明确保险期限、保险费和保险金及代位求偿权。

二 完善相关国际协定文本，注意与国内立法的衔接

高度重视双边投资协定、国际税收协定、自由贸易协定的文本建设工作，对基本概念及其适用范围进行明确界定，注意国内法与中国加入的国际协定之间的内容衔接（杨凤鸣、李淼，2012）。

双边投资协定的完善，重点在于规范投资准入、投资待遇、投资退出保障、投资争端解决机制。第一，关于投资准入，建议在中外BIT中对投资者权利限制要求加以规定，可参考美国、加拿大BIT范本，对履行要求规定具体化，完善投资准入的例外规定。第二，关于投资待遇，继续坚持准入后国民待遇，反对将最惠国待遇扩张适用于争端解决，统一公正与公平待遇规定的表述和内涵。第三，关于投资退出保障，应重视关于资金转移的规定，适时完善征收和国有化的补偿标准问题，重视

间接征收的规定并进行完善。第四，关于投资争端解决机制，建议弱化中外 BIT 关于设立其他专设仲裁庭的规定，对仲裁庭选择的任意选择性予以一定限制，在中外 BIT 中明确最惠国待遇条款不适用于争端解决，建议区分不同国家，在可提交仲裁事项中采用不同标准，建议在法律适用中强调中外 BIT 对东道国法的补充和纠正作用，相对缩小用尽行政复议程序的争端范围。

国际税收协定的完善，重点在于修改税收协定谈判工作文本的第 5、10、12 条。第 5 条应增加关于在中国从事提供劳务（包括咨询劳务）活动和保险活动构成常设机构的规定。第 10 条由于没有对直接投资股息和间接投资股息的征税予以区别，从而无益于跨国直接投资的增长，同时不符合税收中性；建议参照 OECD 范本与联合国范本对受益所有人的表述，将其第 2 款中的表述改为"如果股息受益所有人是缔约国另一方的居民"。建议将第 12 条第 2 款的相关表述"如果收款人是特许权使用费受益所有人"改为"如果特许权使用费的受益所有人是缔约国另一方的居民"；第 5 款的相关表述"是缔约国一方政府、其他地方当局或该缔约国居民"改为"是该缔约国居民"。此外，税收协定谈判工作文本还应更多地关注居民管辖权规则，关注对纳税人的平等保护，关注争端解决机制。

规范自由贸易协定，增强可操作性。规范中国所签 FTA 文本的贸易自由化的实施条款、保护贸易自由化利益对国内政策进行规范的条款、促进深层次自由化的应急条款、赋予自由化承诺公信力的争端解决条款、保证自由化可行性的透明度条款、落实自由化的机构安排等条款。这些条款的规定，应明确、具体，还要有一定的灵活性以增强可操作性。

第二节　监督管理体系

目前，中国海外投资管理的组织体系尚不健全，突出存在多头管理、政出多门、职能交叉多、便利化程度不高以及重审批、轻监管、轻服务等问题，导致非法经营、资本外逃及海外国有资产流失等现象多有发生。随着中国企业对外投资的不断发展，客观上要求政府改善监管，加强服务。

一 全面改善投资管理体系，推动海外投资地环境监管

为改变海外投资多头管理的现状，规范和引导海外投资活动，建议设立国家海外投资委员会作为权威机构，负责制定海外投资发展战略，由它在宏观上统一领导、管理和协调商务部、外交部、发改委、财政部、国家外汇管理局、海关总署、国有资产管理局、国家税务总局等相关部门，并明确这些相关部门的具体职责，彻底扭转目前各个部门彼此之间缺乏协调、权责界限不清的局面。改革对外投资审批，简化或取消不必要的审批程序，缩短审批时间。对外投资的审批应当集中在是否符合国家产业政策上，目前存在的其他审批环节可以改核准为备案。企业在对外投资获得批准后，向有关职能部门、行业管理部门备案。

明确中国政府机构有环境影响评估的责任，推动海外投资地环境监管。实施投资项目透明度原则，强调投资者对投资项目环境绩效的披露和报告义务（涉及商业秘密除外）；建立国家联系点制度，即在海外投资国建立联系点，以调查申诉者指称的有关投资造成的环境问题或对环境法的违反；规定海外投资者要遵从多重环境标准，包括东道国标准、母国标准和国际标准，以高者为准，以避免"竞争到底线"的问题；直接规定银行和保险公司对其海外投资客户进行环境监管的义务。

二 加强海外投资统计，完善境外国有资产流失责任追究制度

现有海外投资统计制度针对的是对外直接投资统计，如何对海外间接投资进行统计，目前仍无有效手段，亟待加以改进。即使进行直接统计，现在也只统计"在境外拥有或控制10%以上投票权或其他等价利益的各类公司型企业和非公司型企业的直接投资"。这不符合全球股权分散化趋势下对统计的要求，需要完善。此外，现有统计"以我为主"，对当地经济发展的贡献指标设计不足，应增加诸如对当地的税收贡献、对当地就业促进、员工收入与当地平均收入水平的比较等指标。

完善境外国有资产流失的责任追究制度，应至少涵盖两个方面的情形：一是海外投资决策时，决策者违反决策程序，导致对海外投资决策的失误，致使国有资产流失；二是驻外企业或机构在日常经营中，由于故意

或者过失导致国有资产流失。对以上两种情形都应该追究责任者的法律责任，这种责任应包括行政责任、民事责任乃至刑事责任（施宏，2011）。

第三节 财税金融体系

全球主要发达国家对外投资的发展历程均表明，它们的财政和金融政策在促进对外投资的发展过程中，都发挥了重要作用。虽然中国已经初步建立起适应市场经济体制需要的财税金融体系，但目前适用于企业对外投资的相关财税金融制度、政策还不完善，其系统性、科学性和可操作性还有待进一步加强。

一 加大对重点行业的财政支持，完善海外投资税收制度

在整合现有政策资源和资金渠道的基础上，由财政出资设立战略性新兴产业海外投资发展专项资金，建立稳定的财政投入增长机制，创新支持方式，着力支持重大产业创新发展工程、重大创新成果产业化、重大应用示范工程等方面的对外投资。扩大海外能源、矿产资源勘探基金的规模，完善管理体制，由国家承担前期风险程度最高的勘探风险，分担和减轻企业风险。对于资源开发前期的勘查工作，经费由政府全额承担；选点后进行矿床勘探时，政府对企业进行补贴。风险勘探沉没的资金，由国家风险基金核销，风险勘探成功后从企业收益中及时返还。风险基金既可针对前期项目的调研、可行性研究、投标等准备工作，又可以针对项目启动之后的运营风险。

改进境外应纳税所得额的计算方法，完善海外投资企业所得税制度。在计算境外应纳税所得额时，企业为取得境内、境外所得而在境内、境外发生的共同支出，与取得境外应税所得有关的、合理的部分，应在境内、境外应税所得之间，按照合理比例进行分摊后扣除。设立海外投资损失准备金制度，一般海外投资损失准备金的比例可设为15%，从事资源开发投资的可设为20%。企业海外投资若发生亏损，则可从准备金得到补偿；若无损失，则准备金的余额可从第六年起分五年逐年合并到应税所得中。从股息、持股比例等方面进一步细化间接抵免的政策，建议对间接抵免的层

次不做限定。

完善海外投资的税收征管措施，提高税收服务水平。为了方便"走出去"企业的纳税申报，税收部门需要继续改善税收征管的具体制度，着重于规范海外投资企业境外所得的申报内容、方式、举证责任、申报主表、附表、附报资料、公正会计师查账报告，以及未按规定申报的罚则等事项。根据境内申报抵免税款要求，结合境外涉税法制实际状况，做出境外完税凭证认定的合理规定，准许确实无法取得完税凭证的纳税人采用核定扣除的方法申报境外应税所得。建立境外投资经营专项税务登记制度与境外税源分析评估制度，经境外税源分析评估发现重大异常情况时，主管税务机关应启动税务审计程序；其中，境内审计由税务机关自行完成，境外审计可由税务机关委托境内或境外合法的税务公证机构完成。与境外税源管理相关的税务审计启动程序和作业规则，应当有全国统一的规范。

二　完善海外金融体系，加强海外投资的金融服务

（一）加快银行业国际化步伐，丰富产品体系

目前中国银行业的国际化程度普遍偏低，中国银行、中国农业银行、中国工商银行、中国建设银行和交通银行五大银行海外业务和收入的平均占比不足6%，即便是国际化程度最高的中国银行，这一比例也仅为22%，远低于欧美同业35%以上的平均水平。截至2011年年底，中国投资者已经在海外设立了18000家企业，覆盖了全球七成以上的国家和地区。然而，包括五大银行在内的中国国有商业银行，只在美国、日本等32个国家和地区设立了62家分行和32家附属机构，这使得中国跨国企业在海外普遍缺乏本国金融企业的有效服务。为此，中国银行业要大力发展境外分行、离岸业务部、境外全资子银行以及境外投资银行机构，创建多位一体的海外金融平台。同时，积极扩大业务范围，丰富支持海外投资的产品体系，争取在国际结算、贸易融资、外汇理财、保理保函、物流融资、咨询代理等众多业务领域，提供更多低成本、低风险、高价值、高品质的金融服务（陈道富，2011）。

（二）完善对外担保体系，放宽融资担保

改革对外担保管理模式，对担保公司进行分类监管，对规范经营的优

秀担保公司，在经营范围和准备金提取等方面实施优惠性政策。放宽被担保人资格条件，调整对外担保余额指标的管理范畴和核定方法，对符合条件的境内银行提供融资性担保实行余额管理；进一步扩大对外担保业务范围，放宽担保人财务指标限制，降低被担保人盈利要求。放宽融资性担保公司对外投资比例，可将对外投资比例从20%放宽至40%以上。修订风险准备金的提取办法，将"融资性担保公司应当按照当年担保费收入的50%提取未到期责任准备金"，修订为"应当按照当年担保费收入的20%提取未到期责任准备金"，或者将"担保赔偿准备金累计达到当年担保责任余额10%的，实行差额提取"修订为"担保赔偿准备金累计达到当年担保责任余额5%的，实行差额提取"。

（三）推动政策性金融机构合作，改善政策性金融支持

密切中国出口信用保险公司与中国进出口银行这两大机构的合作与创新，加强它们在出口信贷、海外投资、海外租赁、中小（微）企业等重点业务领域上的协同。对于符合国家产业导向和政策的投资行为，降低配套融资要求，规定企业最低只需要项目投资额30%的资本金，就可以获得进出口银行70%的配套融资。对进出口银行提供的海外投资项目贷款，企业的海外投资无论是股权还是债权部分，都可获得出口信用保险公司最长30年的海外投资保险保障，承担起商业保险难以承保的海外投资风险。以融资保险带动技术标准、自主品牌产品出口，帮助企业巩固市场份额，拓展市场空间。通过向出口信用保险公司申请中长期出口信用保险、海外特险、海外租赁保险和海外投资保险等政策性业务支持，使企业更加快捷地得到进出口银行提供的大额外汇支持。打破传统的抵押担保融资模式，快速打通出口信贷融资、进口信贷融资、海外投资融资和中小微企业融资等多个通道，实现项目风险的全程控制，进一步提升企业的投融资和风险防范能力，快速实现海外发展战略。

（四）简化外汇管理手续，完善外汇服务体系

进一步简化企业出口核销、联网核查等业务操作，取消异地付汇备案和进口付汇业务现场核销管理，择机取消出口收汇核销管理。对出口重点企业，实施出口收汇自动核销管理，尽快实现资本金结汇，对有实际用途的外汇资金，及时办理结汇，以满足企业投资的用汇需求。增设结售汇业

务经营网点，不断完善结售汇业务服务网络。

（五）扩大人民币域外流通渠道，大力推进人民币国际化

继续扩大与周边国家进而与亚洲国家或地区的人民币跨境贸易结算，逐步实现人民币的区域化，在中长期内逐步推动人民币在国际贸易结算中成为核心货币。积极推动人民币离岸金融中心的建设，在发展好中国香港人民币离岸中心的基础上，要回应伦敦、新加坡等国际金融中心的积极性，建立以中国香港为总中心、其他金融中心为区域中心的人民币离岸市场体系，同时加快上海金融中心建设，确保海内外市场有效连接。加强与非洲、中东等地区资源出口国的协商，在能源、矿产、粮食等大宗商品的交易中逐步实现以人民币计价。进一步扩大人民币互换范围，在功能上逐渐从目前的紧急救援模式向日常交易模式转换，以促进人民币在国际贸易和投资中的使用，未来还可考虑在 IMF 框架内讨论人民币和 SDR 互换的可能性。加强与其他发展中国家尤其是新兴经济体的合作，支持 IMF 增资及扩大代表性，支持 SDR 扩大作用，并积极争取人民币成为 SDR 篮子货币。

第四节　知识产权与标准化体系

在知识经济时代，知识产权与技术标准已成为国际竞争的焦点，是各国经济、科技、投资与贸易发展的战略性资源；发达国家积极实施知识产权战略与标准化战略来主导科技竞争，意图实现知识产权和标准的结合以实现竞争优势最大化，使中国企业在"走出去"过程中承受更多知识产权与技术标准方面的挑战和压力。因此，加强知识产权国际保护，推动标准国际竞争，是促进中国企业海外投资的重要环节。（安佰生，2012）

一　强化知识产权管理与支持机制，加强知识产权国际保护

（一）强化知识产权管理机制，健全知识产权法律制度

在中国还没有自己的《知识产权基本法》的情况下，可建立由国务院直接领导的国家知识产权管理协调委员会，作为协调知识产权部门联合执法的国家机构，以更好地统一、协调知识产权各部门的联合执法活动。充

分利用网络技术，建立畅通、快捷的知识产权执法信息共享机制，促进知识产权管理机关与其他执法机关的信息数字化交流，拓宽执法信息共享渠道。加快修改中国《商标法》《反不正当竞争法》《专利代理条例》《著作权法》等知识产权相关法律，及时出台专利授权确权案件审理标准等司法解释或者司法解释性规范文件（叶军，2012）。

（二）健全知识产权支持体系，完善知识产权交易体系

利用财税、金融、科技、投资、贸易等政策杠杆，促进知识产权创造和运用。完善知识产权区域促进政策，加强分类指导，服务区域经济创新发展。研究制定与对外投资、对外贸易有关的知识产权保护制度的配套规则和救济措施。建立健全知识产权统计监测制度，完善重大经济活动知识产权审议机制。加强对战略性新兴产业发展的知识产权分析预警工作，完善相关标准与操作指南，引导分析预警服务市场化。培育知识产权优势企业，制定和完善知识产权优势企业认定标准。完善知识产权融资交易体系，大力推进知识产权资产评估工作，推动建立以金融机构、创业投资为主的知识产权投融资体系。引导各类信用担保机构为知识产权交易提供担保服务，探索建立质押融资风险多方分担机制，规范证券市场中的知识产权审查、追踪、信息披露。

（三）引导企业知识产权运营国际化，加强知识产权国际保护

引导企业树立知识产权申报意识，坚决抵制侵权行为，增强知识产权创利能力，重视企业知识产权战略和制度建设。加强建设知识产权管理和执法信息数据库，各国专利、商标数据库，知识产权维权指南等，有效提供信息检索及咨询等公共服务；以政府为主导，整合政府、知识产权服务中介机构、企业的力量，加快知识产权预警应急机制的建设，确定中国重点产品、重点产业领域的预警和监测重点，减少知识产权纠纷。加强知识产权国际合作，积极参与世界知识产权组织主导的各项国际规则制定及讨论，推动形成公平合理、互利共赢的知识产权国际规则和制度。积极推动中国与亚太经济合作组织、经济合作发展组织、东盟、各专门知识产权组织的合作；加强与美、欧、日、韩合作，引导合作方向，使合作更趋于务实性、战略性和前瞻性。

二 完善标准化体系，推动标准国际竞争

调整采用国际标准的政策，修改现行采用的国际标准管理办法，对现有的国际标准，强调在充分进行验证、试验、分析的基础上有效采用；对制定中的国际标准，强调在实质参与国际标准制定的基础上有效采用。建立采用国际标准有效性指标评价体系，以评估国际标准发展状况、中国采用国际标准适用性以及国内标准和国际标准之间的一致性、国际标准反映中国技术要求的情况。确定并及时调整中国采用国际标准的原则，以确保中国采用国际标准的有效性（李学京，2008）。

建立国际国外标准跟踪制度，形成在国家标准化行政管理机构领导下，以国家级标准化研究机构为核心，以全国专业标准化技术委员会为主体，分工明确，有机协调的跟踪体系。建立国家级国际标准信息平台，及时发布国际国外标准化最新动态。全面掌握国际国外标准核心动向，为重点参与、实力主导制定国际标准提供依据，指明方向。

制定产生重点国际标准的程序，建立重点实力主导制定国际标准的机制。第一，制定产生重点国际标准的程序。由国家科技主管部门和国家标准化行政主管部门负责制定产生重点国际标准提案的程序，组织、制定重点领域标准的评价方法，统一进行重点项目的评估及其优先顺序的排列，统一组织进行国际标准提案，实施重点突破。第二，确定实力主导制定国际标准的途径。以重点龙头企业领先技术制定的技术标准、高新技术领域产生的论坛标准以及国家科研成果形成的标准为基础，进行国际标准提案。第三，明确重点突破的主体。对于以占领国际市场为目的的战略性国际标准提案，原则上以受益的产业界为主体，国家从政策、资金上对提案单位给予支持；对于环境、安全、健康等领域的国际标准应主要由政府组织进行国际标准提案。第四，形成科技开发、标准研制、国际贸易与国际投资一体化的国际标准攻坚机制，支持中国特色行业的国际性标准组织的发展。

第五节 行业引导与跨国公司培育体系

中国对外直接投资仍处于初级发展阶段，总体效益不高，产业分布不

尽合理，要想进一步提高对外投资素质，就需要合理调整对外投资的行业结构。中国应从国民经济发展的整体需要出发，结合中国社会经济发展的各方面需求及现实条件，对中国企业海外投资进行针对性的行业引导，增强投资的目的性。此外，尽管改革开放已有40年，但与西方成熟跨国公司相比，中国对外投资企业在投资理念、投资实践、企业管理、企业规模等方面都有相当大的差距，因此把中国外向型企业培育成为现代跨国公司也是一项富有中国特色的重要工作。

一　加强海外投资的行业引导，避免盲目投资

（一）以工程承包项目为先导，拓宽海外投资途径

通过先期在东道国以 BOT、PPP 等模式参与国外工程承包，为其修建桥梁、公路、铁路、医院、学校等基础设施，能比较容易地获得东道国政府的信任与认可。以此为基础，可较为顺畅地以收购或合资的方式参股设计院所、工程企业，开展建材、农牧、商业物流等相关领域的进一步投资。这就推动企业实现了从工程承包商到境外经营者的身份转换，变"建完即走"为"扎根当地"，实现与当地社会更加深入的融合。

（二）转移过剩产能，扩大国际市场份额

中国的家电制造业、钢铁、水泥、纺织、服装等不少行业已形成了成熟的技术体系，产品质量稳定，在海外有广阔的市场需求。但由于受欧美等国的非关税壁垒、出口配额等因素的限制，出口贸易受阻，难以扩大份额。为此，既可将上述产业的过剩生产能力移植于产品进口国，实现当地生产当地销售，也可将生产能力移植于第三国，利用当地的出口配额进行产品出口。

（三）加大资源投资力度，增加海外资源储备

今后，中国对石油、铁、锰、铜、钾盐等大宗矿产的需求会不断增加，但现有的矿产后备储量严重不足，因此要充分利用政治优势和地缘优势，引导中国企业以矿产资源丰富的发展中国家，特别是中国周边和非洲国家为资源投资重点区域，争夺油气资源丰富的中东地区，兼顾拉丁美洲，渗透其他一些矿产资源丰富的国家，实现中国矿产资源供给在全球范围内的优化配置。（李钟山，2011）

（四）推动学习型投资，积极吸收先进技术

通过对发达国家的直接投资，在境外设立研发中心，并购海外高科技企业，以获取先进技术，是一条有效的技术获取渠道。当前，中国要重点推进节能环保、新能源、新一代信息技术、生物医药、高端装备制造、新材料和新能源汽车等七大战略性新兴行业的国际化，鼓励这些行业进行海外投资，吸收最新技术。

（五）加强国际营销网络建设，对接国内国际市场

国际营销网络是企业营销活动在国际范围内的延伸，对营销渠道的控制就是对市场的控制，国际竞争正日益表现为营销渠道的竞争。中国企业宜通过与国际上著名营销商签订协议、建立战略合作、并购等方式，强化境外经销网络建设。

（六）开展对外农业投资，积极开发境外农业资源

今后，中国土地、水、化肥等资源的压力将进一步加大，为此应大力引导中国企业通过在境外开办企业、购买或租赁土地等方式，开展经济作物种植、牧渔业养殖、农产品加工、销售等方面的经营活动，尽快上规模、上水平。

二　加快跨国公司培育，推动企业联合出航

（一）加快对外投资的主体培育，推进优质企业向跨国公司转型

从中国优势产业及企业国际化程度出发，认真制定培育中国本土跨国公司的发展规划，选择处于行业龙头的优质国有企业予以重点扶持，推进这些企业向跨国公司转型，着力打造一批具有全球战略导向的、立足全球市场和全球资源配置的本土跨国公司。国家在支持国有大型企业向跨国公司转型的同时，也应重视对民营企业的扶持，重点培育一批优秀民营企业增强国际竞争实力，形成中国跨国公司对外投资的梯队效应。

（二）加强企业制度建设，适应国际化竞争

中国不少跨国经营的企业，在制度建设方面存在诸多问题，尤须加强在公司治理、财务管理和内部监控等方面的制度建设，以实现适应国际竞争要求的规范化管理。第一，公司治理制度的关键是在境外机构中建立有效的法人治理结构。境外机构应积极寻求多元投资主体，形成股权多元化

格局，如培育机构投资者，发展经营者持股和员工持股等；尽量按有限责任公司注册，成立董事会和监事会，依法对公司进行监督和指导。还应建立对员工特别是管理人员的激励制度，具体应包括工资、奖金、股权、期权等方面。第二，财务管理制度的主要内容是要求企业按照当地法律规定开展经营活动，缴纳税款，进行会计核算和财务管理，在总部授权范围内建立资金支出、收益、税务等管理制度。境外企业有责任保证母公司财产的安全运营，并努力使之保值增值。公司总部派出或指定的专职财务人员，既要向海外企业总经理负责，又要向公司总部制定的财务管理制度负责。第三，内部监控制度的核心是建立严密的规章制度和规范的业务程序，并强化内部审计以检查这些规章制度和业务程序的执行情况。境外企业财务人员要对企业资产的增减做详细的记载。境外企业在撤销、合并、出售或破产时，要及时清理财产、债权和债务，向母公司报告当地会计师事务所审计的详细财务状况及处理意见。境外企业要建立收入和支出档案，保留企业各项支出的原始单据复印件。

（三）推动企业联合，共同走向世界

纵观世界上著名的跨国公司，几乎没有一家是单靠内部积累机制发展起来的，而都经历了横向或纵向的兼并、收购与联合的扩张与转型过程。中国企业实力本来就相对弱小，更需通过联合以尽快增强竞争实力。中国应打破地方和部门间的束缚，支持企业本着"相互自愿，优势互补"的原则实行联合，通过收购、兼并、出售、拍卖、存量折股、股权转让等市场行为发展跨国企业集团。加速产业资本与金融资本融合，促进跨国生产型企业与银行业、证券业、保险业之间的联合，以把生产型企业的技术优势与金融企业的投资管理经验相结合，实现优势互补。以有实力、有经验的牵头企业为依托，通过市场手段广泛联合国内企业组建联合体，以它们为核心展开海外投资。重点培育具有如下特征的牵头企业：具有较强的控制、管理和协调能力；技术创新能力强，主业突出，拥有知名品牌和自主知识产权；市场开拓能力强，有健全的营销网络，拥有持续的市场占有率；经营管理能力强，有适应国际化经营的优秀管理层和人才队伍，劳动生产率、净资产收益率等主要经济指标达到国际同行业先进水平；规模经济效益好，具有持续的盈利能力和抗御风险能力。中国中信集团、五矿发展、华为技术等，就是符合以上特征的牵头企业。

第六节 风险防控体系

跨国投资风险极其多样，除经营风险、政治风险等传统风险外，一些非传统安全的因素如海盗、恐怖主义袭击、网络风险等，也开始频频威胁中国企业与公民安全，对中国企业境外经营造成的损失不断增加。为保障海外投资战略的顺利实施，中国迫切需要建立一套海外投资风险防控体系（郑厚清，2011；张碧琼，2012）。

一 加强政府层面综合服务，完善风险应急机制

加强政府和境外中国企业与公民的联系，改进信息服务。进一步了解企业需求，对信息进行提炼和整理，为企业海外投资提供综合信息服务，保证信息的时效性和准确性。政府所掌握的有关信息，只要不涉及国家机密和企业的商业机密，应作为公共信息，通过一定渠道向公众公开，提高企业及时获取海外投资信息的能力。加强政府和境外中国企业、公民的联系，向社会多做宣传，让公众知道政府可以提供什么服务，如何提供服务。

建立中国海外投资环境综合评估体系，对所有投资对象国进行全面评价。这一体系的建设应综合考虑资本抽回、外商股权、对外商管制程度、货币稳定性、政治稳定性、对企业关税保护意愿、当地资本可供程度、近年通货膨胀率、基础设施情况、劳动力供给水平、市场需求度、商务成本等主要指标。

完善《对外投资合作境外安全风险预警和信息通报制度》，规定"境外安全风险信息的收集不应局限于各驻外经商机构、各地商务主管部门和有关商（协）会，同时应把驻在国中资企业，特别是央企的风险信息汇报工作为重要的一环"。中国驻外使（领）馆应建立相关机制，定期向中国公司通报驻在国治安形势，召集中资公司一起会商研究安全问题。

推出明确实用的安全预警系统，警示内容应包括恐怖警戒级别、对潜在威胁的扼要概括、相关部门为确保公众安全所采取的应对措施以及针对

个人和社区的防范建议等。预警信息应指示明确，可靠性强，适合中国人识别和记忆。

加强安全监管，对所有援外项目、重大对外投资项目、承包工程项目和劳务合作项目进行全面跟踪和管理。督促企业根据不同地区与国家的安全风险情况设定出境投竞标的安全成本比例，通过增加安全人员比例、加强员工安全培训等措施以增强内部安全防范；对于企业应急处置预案的制定、境外人员安全保险等加强监管，推动企业提升出境时的风险调查水平。

制定《国家涉外突发事件应急预案》，实现应急机制常态化，增强中国军事力量远程跨区机动、远海区域护航和复杂环境下的装备适应能力，建设海外军事补给基地，以利于执行紧急情况下的撤侨等非传统安全任务。

审慎运用外交手段，低调应对中国企业与公民的海外安全问题。在境外中国企业和公民安全事件上，我们需要谨慎借助外交手段，应低调务实地对事件进行处理，坚决避免卷入当地的政治矛盾，防止被矛盾双方当成工具利用，降低中国企业和公民在境外遇到袭击的风险。对于中国企业和公民在境外遭遇安全风险的问题，需要进行具体分析，将一般的社会犯罪与恐怖袭击区分开来，尽量按照正常程序处理，不轻易上升到政治高度进行外交施压。政府还应当妥善引导媒体的报道，既要给予报道关注，但同时应避免大肆炒作。

二 健全企业层面风险控制，注重风险回避与预警管理

注重风险回避，慎重选择投资地区。通盘考察当地的政局稳定性、民族矛盾、宗教冲突、排外情绪和势力、与邻国的关系、与中国的外交和民间交往、中国公司在该国的投资和其他经营活动情况等，认真评估该国家和地区的风险指数，避开投资风险过大的地区。

（一）健全风险成本核算，优化风险决策机制

企业要将聘请战略顾问、风险评估支出、安全防护费用、法律成本支出、保险支出等主要投资风险防范的成本计算在内，以健全风险成本核算；优化风险决策机制，按照"管法人、管风险、管内控、提高透明度"

的监管理念加强企业内部监管，严防违规操作；加强法律部门的顾问和监督权力，规范法律事务工作程序和流程，按国际惯例进行风险管理，准确科学地发现、识别、防范、控制和化解经营风险。

（二）切实融入当地社会，积极承担社会责任

大力加强政治公关，广交朋友，建立与国外政府沟通的渠道，注意加强对东道国的政府、议会、在野党派、媒体等几大重要政治力量的公关；适当提高当地职员在公司持有股份的比例，适当以当地企业为原材料与零部件的供货方，在资金融通上适当依赖东道国的金融机构，建立与东道国交易方的利益联盟，尽力实现双赢的交易结构。

（三）积极与政府配合，建立政企联动的风险应对体系

企业要根据国家处置涉外突发事件应急机制的要求，加大人力、物力和财力投入，加快建立和完善境外纠纷及突发事件应急机制。各企业要将境外事件处置机制作为海外发展规划的必备内容，设立负责境外突发事件预防和处置的部门，对矛盾与问题进行监测和处理，发现苗头要在第一时间向有关部门报告。针对不同类型的风险，事先制定不同的应急措施。

第七节 境外经贸合作区促进体系

中国的境外经贸合作区建设始于2006年，其做法是由国家商务部牵头，与政治稳定且同中国关系较好的国家政府达成一致，然后以国内审批通过的企业为建设经营主体，由该企业与国外政府协议和签约，在国外建设经济贸易合作区；再由该企业开展对外招商，吸引国内外相关企业入驻，形成产业集群，所以相当于中国企业以集群和抱团的方式集体对外直接投资。几年来，由于缺乏足够国际经验可以借鉴，出现了境外经贸合作区规划不合理、产业定位不明确等问题，需要着重加以解决（冯维江，2012）。

一 提升合作区公共服务水平，建立合作区入驻与退出机制

合作区应提供高效率的货代、清关、物流、银行、法律、财务、员工培训、商会以及餐饮、保安、保洁、维修等配套服务，减少各企业成本支

出以提高整个园区的生产效率。各合作区应建立入驻标准和退出机制，能够及时吸纳足够符合条件的企业进入区内，同时将落后产能淘汰出局；引导区内企业苦练内功，不图多贪大，集中优势资源做强主业，培育和提升自身的核心竞争力。

二 合理调整产业定位，促进合作区内特色产业发展

现有合作区普遍出现了定位过高、产业选择过杂的现象，这并不符合中国的产业条件，也不符合区域经济地理要求和东道国的国情，需要进行产业定位调整。为此，要从产业经济角度，合理评估合作区的主导产业，明确合作区的优势，对合作区的交通、资源、供应链、产业特色、市场覆盖率、合作区获得利益点等方面加以分析和把握；引导企业充分考虑东道国国情需要，结合企业的技术、管理、人才优势和国际商务经验，以及拥有的国内潜在招商资源，对合作区未来的产业方向和商务功能做出明确、具体的定位，形成有利于发挥规模效益或互补效应的产业生态。

三 制定综合评价体系，推进合作区健康有序发展

为促进合作区建设健康有序发展，实现社会、经济、人文、资源、环境等方面的同步和谐，主管部门要依据合作区所处的地理环境、经济条件和社会条件，借鉴国内类似开发区的相关标准值，综合制定一套科学化、定量化、标准化的指标体系，以推进合作区合理规划和科学发展。这一评价体系必须关注合作区长期发展和综合效益，而不仅仅是企业的短期利润；不仅要考虑合作区对东道国产生的外部经济性，即对当地经济发展的贡献，又要考虑对母国其他企业"走出去"产生的外部经济性。这可在一定程度上避免区位选择扎堆、重复建设及恶性竞争等问题的发生。

第八节 海外证券投资促进体系

在当今经济全球化的进程中，生产要素在全球范围内布局，产业结构在全球范围内重新调整，经济利益在全球范围内重新组合，具有不同于过去商品、贸易在全球流动的新特点，金融投资活动的全球化特征进一步凸

显。通过海外证券投资，能优化中国金融资产配置效率，有利于提高国内储蓄转化为投资的效率，为中国资本提供更为宽广的投资渠道，增强中国经济金融体系的弹性和防御各种外部冲击的能力，维护中国的经济和金融安全，提高中国在全球化环境下的竞争力和综合国力（王元璋，涂晓兵，2011）。

一 改善海外证券投资监管模式，健全相关法律体系

（一）改善监管模式，加强机制合作

第一，统一监管机构，完善监管手段。建立以中国证监会为主要监管机构，其他监管机构为辅助监管机构的监管模式。各监管机构应明确其职责和权力，各司其职，相互协调。建立健全与资本市场发展阶段相适应的监管方式，完善监管手段，提高监管效率，努力提高市场的公正性、透明度和效率，降低市场系统风险。第二，完善监管理念，实现机构监管和自律监管相结合。对 QDII 的监管应该逐步通过市场机制来完成，对其资格的许可也要向宽松的审核制过渡。规范监管行为，减少行政审核和许可，并逐步向由市场机制管理过渡，以符合 QDII 监管的效率原则和适度原则。例如，对 QDII 基金的发行与募集主要通过发行审核和信息披露制度来实现；对外汇资金的进出活动由专门的 QDII 账户来实施监管；对于 QDII 境外证券的投资活动主体，即基金发行人、托管人、投资者、从业人员等，则主要由机构监管和自律监管相结合的方式进行。第三，加强与各国金融机构以及国际金融组织的合作，建立有效的合作机制，就监管的目标、原则、标准、内容、方法以及实施监管中发现的问题进行协商和交流。通过签订司法协助条约和谅解备忘录等形式，谋求与其他国家及其证券监管部门在有关 QDII 违法行为的调查和执行方面相互提供协助，以便本国证券法的域外运用。

（二）统一部门规章，健全相关法律体系

目前中国 QDII 法律层次低，权威性不高，应改变这种立法局面，统一中国证监会、中国银监会和中国保监会出台的部门规章的内容。可行的办法是由中国证监会、中国银监会和中国保监会联合出台类似《境内金融机构境外投资管理暂行办法》的规章，对原有各自出台的规章内容进行统

一。同时，在《证券法》与《证券法实施细则》中增加 QDII 相关内容，待条件成熟时制定《合格境内机构投资者境外证券投资法》，统一规定各类 QDII 的资格条件、审批程序、资金募集、资金管理、信息披露、监督管理和法律责任等内容。

二　加强规范化与专业化建设，推动主权财富基金大发展

中国主权财富基金的未来发展，应注重加强组织治理、明确定位、完善制度与遵循惯例。在治理结构上，应按照国际通用的模式构建组织架构，避免照搬政府行政机关的管理结构，基金高层人员的组成绝不能只是政府官员；突出董事会与专业投资委员会的核心决策职能与自主权，讲究组织上的精简与决策的效率；仿效阿联酋阿布扎比投资局、新加坡淡马锡、挪威政府养老基金等成功的主权财富基金的做法，在董事会、经理层、监事会等架构中引入具有多种专业背景的高级人才，特别注重从民营企业和社会各界吸收人才，使董事会包容政府和民间的看法，具有良好的专业性。为消除对外投资的政治化负面影响，必须高度重视以网络化信息为基础的透明度建设，健全基金的对外财务信息定期报告和公告制度，公开披露投资目的。增强基金管理的问责制和操作的独立性，以化解西方疑虑，减少投资者和基金管理者的道德风险，提高中国主权财富基金的声誉，降低被投资国的抵触情绪。

第九节　社会化服务体系

海外投资的稳定开展，需要一定的服务业发展水平作为起步条件；海外投资规模的稳定扩大，需要服务业的同步提升。推动社会化服务体系建设，给予中国企业的海外投资行为以有效支撑，是中国海外投资促进体系的重要组成部分。当前，要采取措施，加快发展行业协会，重点促进信用评级服务、物流服务、法律服务、会计服务、科技服务等服务业的发展。

一　大力发展行业协会，推动行业"走出去"

通过加强制度建设，淡化行政控制，增强自治能力等步骤，实现行业

协会自主发展,推动行业走向海外。修订《社会团体登记管理条例》和《民办非企业单位登记管理暂行条例》,颁布关于行业协会等专业性强的民间组织的专项管理条例,逐步形成分类监管的行政法规体系;正确处理政府与行业协会的关系,淡化行政干预,政府逐步退出对评估、公证、仲裁等领域的直接掌控,赋予行业协会代表政府管理行业和进行专项经济管理的权力;推动行业协会从行业利益出发制定行业章程进行自律,加强行业准入证的管理,制定违约处罚措施等以增强自治能力;通过发挥企业代言人的作用以应对国际纠纷;聚合行业信息资源,发挥信息支持作用;规范行业内竞争秩序,实现企业互利共赢;整合协会资源,促进技术联盟的建立;进行行业培训、咨询、市场介绍和推广等方式支持行业"走出去"(李桂芳,2011)。

二 加快信用评级体系建设,大力推进物流现代化与国际化

加强信用评级统一监管体系建设,支持信用评级体系自主发展。完善信用评级法规,建立统一监管体系,统一准入条件与认可机制,强化执业规范,切实履行监管责任。扶持民族信用评级机构,遏制国外信用评级机构的渗透与控制,坚持中资信用评级机构的外资比例限制,规定外资机构持股中资信用评级机构的比例最高不得超过25%,而且不能直接或间接控制合资企业的经营权;对于不涉及国家经济技术安全的评级应采用"双评级",即外资评级机构参与不涉及国家经济技术安全的评级,必须有本国的评级机构同时出具评级报告,以保障中国骨干企业进入国际市场时获得公正的待遇(隋平,2011)。

大力推进物流现代化,加快运输国际通道建设。积极扩大物流市场需求,推进物流服务的社会化和专业化,加快物流企业兼并重组,提高物流信息化水平,完善物流标准化体系,加强物流新技术的开发和应用,加强物流基础设施建设的衔接与协调,构建顺应物流发展的海关监管和服务体系。提升国际物流运输能力,加快立体化的运输国际通道建设。水路方面,有序推进沿海港口建设,大力发展海洋运输船队,加快国际水运通道建设;陆路方面,加快铁路出境通道、沿海港口后方铁路及口岸公路建设;空运方面,加强国际合作与竞争,增强机场保障能力,推动货运物流

化，提高客货运能力。

三 推进律师与会计服务国际化，提升科技中介服务能力

（一）加强专业化建设，推进律师服务业国际化

通过建设普通合伙与有限合伙的新型合伙律师事务所、有限责任公司制的大型合伙律师事务所以及推动律师与非律师合伙，跨省、市区域的律师合伙等方式，推动律师事务所发展。通过成立国家律师学院、加强律师国际交流、改善学历教育、继续教育等途径，加强律师专业化建设。立法机关及律师管理部门应当借鉴国际律师业的成熟做法，尽快建立一套与国际法律服务发展水平相适应的律师管理法律、法规体系，抓紧律师法的修改，健全律师机构、业务、人员管理方面的各项法规、规章，为中国开放的法律服务市场做好充分的准备。适时修改《外国律师事务所驻华代表机构管理条例》，允许中国律师参与外国律师事务所驻华代表机构的活动；适度放开国内市场，吸引外国律师，加强相互交流，提升中国律师的国际化水平。

（二）做大做强会计服务业，推动会计师事务所"走出去"

加快与市场经济发达国家和地区职业组织及标准制定机构的沟通与谈判，推进中国会计准则与有关国家和地区会计准则的等效认同，为中国企业和会计师事务所进入国际市场提供有力的技术保障。财政部门应积极推动相关政策和市场环境的改善，取消对国际会计公司的任何超国民待遇，鼓励涉及国家利益和国家机密的业务，优先给国内有能力的会计师事务所承办，帮助和促进国内会计师事务所做大、做强、做出去。为"走出去"的会计师事务所提供资金支持，如资助全部或部分开办费，提供3—5年的贴息贷款，以减轻会计师事务所"走出去"的巨额开办费和运营成本带来的沉重负担。在对外经贸谈判时，应把会计师事务所的"走出去"和企业的"走出去"一起考虑；必要的时候可以作为对外投资和贸易谈判的一个附加条件，以更快更好地带动事务所"走出去"。

（三）提升科技中介的服务能力，加强海外投资的科技支撑

组织有条件的科研单位、高等院校立足科研设备和人才优势，组建各类科技中介机构，引导政府部门所属事业单位转变运行机制，鼓励国有企

业、民营企业与科研单位联合组办科技孵化器或海外投资科技促进中心，盘活存量资产，支持科技人员创办实体，从事科技中介服务。创新服务方式、服务手段和组织方式，充实服务项目的技术内涵，引导科技中介机构向专业化、规模化和规范化方向发展，加强海外投资的科技支持力度。

第六章 "一带一路"建设与中国扩大开放

2013年9月,习近平总书记出访哈萨克斯坦时,强调中国同中亚国家可以共同建设"丝绸之路经济带";同年10月,习近平总书记在印度尼西亚发表演讲时,提出与东盟国家建设"21世纪海上丝绸之路"的重大倡议。二者共同构成了中国"一带一路"构想的基本内容。2013年李克强总理出访中,用了"一带一路"倡议的提法。在中国对外开放中,党和国家的文献把某一开放措施称为"战略"的,只有"走出去"战略和"自由贸易区"战略。从近两年习近平总书记有关对外开放的多次讲话以及中央关于对外开放的决策部署来看,"一带一路"事实上已经成为中国对外开放的重要内容。

2015年3月28日,经国务院授权,国家发展改革委、外交部、商务部发布了《推动共建丝绸之路经济带和21世纪海上丝绸之路的愿景与行动》,从时代背景、共建原则、框架思路、合作重点、合作机制等方面全面阐述了"一带一路"倡议的内涵。《愿景与行动》指出,"一带一路"是一条跨地区具有全球视野的各国互尊互信、合作共赢、文明互鉴之路。这一合作正逐渐步入全面务实阶段。实施新一轮高水平对外开放,离不开"一带一路"倡议的实施。因此需要对"一带一路"深刻内涵进行探讨梳理,从对外开放、金融支持、政策建议视角对其进行详细解析。

第一节 "一带一路"倡议的内涵以及对曲解、误解的澄清

一 "一带一路"倡议的内涵

"一带一路"倡议是在古代丝绸之路的基础上重塑一个新的经济发展区域,不是单方行动,是涉及亚欧非65个国家44亿人口,以经济走廊和自由贸易区建设为依托,贯穿欧亚大陆,东连亚太经济圈、西接欧洲经济圈,涵盖政治、经济、外交、安全等诸多领域的区域合作框架与双边合作框架结合的综合性新型国际合作构想。其坚持的四个原则是:坚持开放合作,坚持和谐包容,坚持市场运作,坚持互利共赢。也就是说,"一带一路"倡议是基于但不限于古代丝绸之路的范围,追求兼容并蓄、共生共荣,遵循市场规律和国际通行规则,企业发挥主体作用,也发挥政府作用,通过兼顾各方利益和关切,来寻求利益契合点和合作最大公约数。

(一)"一带一路"倡议的基本理念

"一带一路"倡议的基本理念是通过中国企业、社会组织和人民"走出去",促进沿线各国经济繁荣与区域经济发展,推动沿线各国实现经济政策协调,开展更大范围、更高水平、更深层次的区域合作;致力于亚欧非大陆及附近海洋的互联互通,构建全方位、多层次、复合型的互联互通网络,维护全球自由贸易体系和开放型世界经济;旨在促进经济要素有序自由流动、资源高效配置和市场深度融合,实现沿线各国多元、自主、平衡、可持续发展;推动沿线各国发展战略的对接与耦合,发掘区域内市场潜力,促进投资和消费,创造需求和就业;增进沿线各国人民的人文交流与文明互鉴,让各国人民相逢相知、互信互敬,共享和谐、安宁、富裕的生活,促进世界和平发展。

(二)"一带一路"倡议的战略方向

"一带一路"倡议进行陆海统筹,贯穿亚欧非大陆,一头是活跃的东亚经济圈,一头是发达的欧洲经济圈,中间广大腹地国家经济发展潜力巨大。它是一个陆海并进、依托亚洲、辐射周边的国际区域合作机制。重点涉及三条陆上线路,两条海上线路,六条经济走廊。其中陆上依托国际大通道,以沿线中心城市为支撑,以重点经贸产业园区为合作平台,共同打

造新亚欧大陆桥、中蒙俄、中国—中亚—西亚、中国—中南半岛等国际经济合作走廊。基于此，丝绸之路经济带重点贯通三个战略方向，分别是北线自中国经中亚、俄罗斯至欧洲（波罗的海）；中线自中国经中亚、西亚至欧洲及北非地区；南线自中国经东南亚、南亚至印度洋。

海上以重点港口为节点，共同建设通畅安全高效的运输大通道。推动中巴、孟中印缅两个经济走廊合作与"一带一路"的对接。基于此，"21世纪海上丝绸之路"的两大重点战略方向是从中国沿海港口过南海到印度洋，延伸至欧洲和从中国沿海港口过南海到南太平洋。

（三）"一带一路"倡议的主要内容

"一带一路"倡议在不同区域与双边合作中有不同的内容，有的还在磋商和研究之中，但共性的是优先推进五通来谋求合作共赢之道。五通即政策沟通、基础设施互联互通、投资贸易合作，资金融通以及民心相通。具体来说，政策沟通即深化政治互信，共同制定推进区域合作的规划和措施，寻求各国经济发展战略的契合点。基础设施互联互通是"一带一路"倡议的优先领域，是要加强公路、铁路以及港口等交通基础设施建设，共同维护输油、输气管道等运输通道安全，推进跨境电力与输电通道建设，积极开展区域电网升级改造合作。

投资贸易合作是"一带一路"倡议的重点内容，着力研究解决投资贸易便利化问题，消除投资和贸易壁垒，构建区域内各国良好的营商环境。资金融通是"一带一路"倡议的重要支撑，但不是只考虑人民币国际化，主要包括通过深化金融合作，推进亚洲货币稳定体系、投融资体系和信用体系建设；强化沿线国家间的货币互换机制。民心相通是要通过人文合作的发展来实现经济合作的进步，包括文化交流、学术往来、人才交流合作、媒体合作、青年和妇女交往。

"一带一路"倡议力求实施务实、民主的合作机制，建立完善双边联合工作机制，强化多边合作机制作用，发挥上海合作组织（SCO）、中国—东盟"10+1"、亚太经合组织（APEC）等现有多边合作机制作用。继续发挥沿线各国区域、次区域相关国际论坛、展会以及博鳌亚洲论坛、中国—东盟博览会等平台的建设性作用。支持沿线国家地方、民间挖掘"一带一路"历史文化遗产，联合举办专项投资、贸易、文化交流活动，办好丝绸之路（敦煌）国际文化博览会、丝绸之路国际电影节和图书展，建立"一带一路"国际高峰论坛。通过以上方式来共同打造开放、包容、均衡、普惠的区域经济合作架构，是国际合作以及全球治理新模式的积极探索。

（四）"一带一路"倡议的国内愿景

"一带一路"倡议必然引起举国积极响应，这既是一个愿景，也是中国扩大开放的必然。"一带一路"倡议强调充分发挥国内各地比较优势的作用，统筹西北、东北、西南、沿海和港澳台、内陆地区的具有覆盖全国的愿景目标。因此需要有重点、有步骤地推进国内区域建设和合作。具体来说，对于西北、东北地区主要是要实现西安开放新高地、兰州西宁开发开放、宁夏内陆开放型经济试验区建设；内蒙古连通俄蒙、黑吉辽与俄远东陆海联运合作；对于西南地区主要是要加快建设北部湾经济区、珠江—西江经济带，大湄公河次区域经济合作，西藏和尼泊尔。

对于沿海和港澳台地区的建设，主要包括福建建设21世纪海上丝绸之路核心区、浙江海洋经济示范区、福建海峡蓝色经济试验区和舟山群岛新区建设，海南国际旅游岛。海外侨胞和港澳积极参与和助力，为台湾地区参与建设做出妥善安排。

而中国内陆要实现开放新高地，包括长江中游城市群、成渝城市群、中原城市群、呼包鄂榆城市群、哈长城市群；重庆、成都、郑州、武汉、长沙、南昌、合肥内陆开放新高地；支持郑州、西安等内陆城市建设航空港、国际陆港，加强内陆口岸与沿海、沿边口岸通关合作。同时打造"中欧班列"品牌，建设沟通境内外、连接东中西的运输通道。

总之，"一带一路"倡议以政策协调为基础，经济合作为主轴、人文交流为纽带，致力于全方位推进务实合作的长期综合战略。它既是中国对内谋求经济转型，对外输出产业资本技术、获取战略资源保障的主要抓手，也是中国在国际上争取话语权、扩大影响力的关键平台（王卫星，2015）。

二 应当澄清的曲解和误解

对于"一带一路"倡议的提出，国内外存在不少曲解和误解。其中境外的误解主要有：认为"一带一路"倡议是中国版的"马歇尔计划"；认为"一带一路"倡议会挑战美国的全球化领导地位。境内的误解主要有：认为"一带一路"倡议主要是为了推销过剩产能，缓解经济下行压力；认为"一带一路"倡议是针对美国的中国版全球化战略；认为"一带一路"倡议是为了加快推行人民币国际化，替代现行国际经济金融体系。

（一）中国版"马歇尔计划"

对"一带一路"倡议，境外一些媒体称这是中国版的"马歇尔计划"，这是有意或无意的曲解。实际上这两者存在很大差异，主要体现在：首先两者存在时代背景差异。马歇尔计划拉开了二战后的冷战序幕，为北大西洋公约组织奠定了经济基础。而"一带一路"致力于和平发展，为构建世界经济增添动力；两者还存在实施意图差异，马歇尔计划体现美国对欧战略，政治上拉欧洲成为对抗苏联的工具、经济上占领欧洲市场；而"一带一路"强调"共商、共建、共享"原则，倡导新型的国际经济合作模式。

再次，两者的条件内容差异很大。马歇尔计划为受援国制定标准和规则，后者只能无条件接受，不仅有时间期限，而且还款利率高，援助资金必须用于购买美国货物，并要求尽快撤除关税壁垒，取消或放松外汇管制，设立由美国控制的本币对应基金，美国由此获得大量对欧出口，而且使美元成为贸易中主要结算货币，助力美元霸权的建立。而"一带一路"通过基础设施项目建设，采取市场运作方式，遵循市场规律和国际通行规则，企业发挥主体作用，也发挥政府作用。在金融合作上采取双边、双向选择，并不以人民币为指定货币。

最后，两者体现了国际关系差异，马歇尔计划是美国对第二世界的援助。而"一带一路"倡议体现新型的国际关系，体现发展中国家多对多的合作模式，它不是中国政府的对外援助，而是通过设立开放式的国际开发性金融机构为有关国家和区域合作提供更多公共产品，它没有设立时间界限，是一项长久发展的伟大事业。由此"一带一路"不仅不是中国版的"马歇尔计划"，更超越了马歇尔计划（王义桅，2015）。

（二）挑战美国的全球化领导地位

境外媒体害怕中国利用"一带一路"俱乐部问鼎世界领导地位，挑战美国的全球化领导地位,这不仅是美国的疑虑,也是一些发展中大国的疑虑。有的发展中国家不仅回避"一带一路"倡议,而且也提出了自己的合作思路和计划。

而实际上"一带一路"主张共建原则,不是单方行动,是兼顾各方利益和关切,寻求利益契合点和合作最大公约数。对于某些发展中国家提出的合作思路和计划,这与"一带一路"倡议也没有矛盾,有的可以衔接合作,有的没有条件衔接合作的也不勉强,这里没有谁领导谁的问题,中国也没有与谁争夺世界领导地位的企图。中国愿意在力所能及范围内承担更多责任义务,为人类和平发展做出更大贡献,并非就要与谁争夺世界领导权。

(三)推销过剩产能,缓解经济下行压力

国内一些人认为"一带一路"倡议主要是为了推销过剩产能,缓解中国经济下行压力,而实际上"一带一路"的项目建设,不是为国内过剩产能找出路而设计的,其工程承包和设备、原材料采购都要按照国际通行的商业规则进行国际招投标,中国企业能否通过商业规则为自己赢得商业机会,面临与国际同行的平等竞争,并没有特殊待遇。目前的过剩产能也许能通过"一带一路"倡议得到缓解,国际产能合作也可能使中国部分产能转移到国外,但这需要企业的市场运作和自身努力与竞争,而不可能通过特殊途径与制度安排来实现。

(四)针对美国的中国版全球化战略

有观点认为"一带一路"倡议是针对美国的中国版全球化战略,而实际上中国的开放措施不针对任何人,也不当头。如果非要说"一带一路"包含中国的全球化战略,那么世界范围的宏大经济愿景就是这个战略:努力实现区域基础设施更加完善,安全高效的陆海空通道网络基本形成,互联互通达到新水平,投资贸易便利化水平进一步提升,高标准自由贸易区网络基本形成,经济联系更加紧密,政治互信更加深入,人文交流更加广泛深入,不同文明互鉴互荣,各国人民相知相交、和平友好。这个宏大愿景没有针对任何国家的含义,也没有中国想当头的含义。

(五)加快推行人民币国际化,替代现行国际经济金融体系

有观点认为"一带一路"倡议是为了加快推行人民币国际化,重新塑

造国际货币体系乃至替代现行国际经济金融体系。这明显是不现实的夸张之词,实际上中国推出的"一带一路"倡议以及为其服务的国际开发性金融机构,是对现行国际经济金融秩序的补充和完善,而不是替代,更不可能是颠覆。现行国际经济金融秩序存在明显缺陷和不足,各国采取的补充和完善的努力都是合理和必然的。在中国日益融入世界经济的大背景下,人民币走出去是必然的,"一带一路"倡议中,金融合作采取双向选择,但人民币在很大程度上被选择也是必然的,制定必要的国际投资贸易和金融合作规则也必然要发生,从而建立有关的必要国际经济秩序等都会发生,但这些都是对现行国际经济金融秩序的有益补充和完善。

第二节 "一带一路"倡议与中国对外开放的大思路、大棋局

党的十八大以来,中国对外开放形成了一套新的思路并推出一系列重大举措,如加快自由贸易区建设步伐,设立并推广上海自由贸易试验区经验,在广东、天津、福建特定区域再设三个自由贸易试验园区;十八届三中全会《决定》提出构建开放型经济新体制及培育参与和引领国际经济合作竞争新优势等。"一带一路"倡议是在以上中国新一轮对外开放的大背景下提出的,是党中央在经济新常态下构建开放型经济新体制、打造全方位对外开放格局的重大战略部署。因此应当结合中国扩大开放的大思路和大棋局来加深对"一带一路"倡议的理解。

一 中国对外开放的三大总体目标

首先是完善开放型经济体系。党的十八大报告提出了建设完善互利共赢、多元平衡、安全高效的开放型经济体系。这个开放型经济新体系覆盖的范围是全方位的,它包括了开放的部门和领域、空间配置、开放方式、边境上和边境内的改革内容以及参与全球经济治理的要求(裴长洪,2013)。这个体系具有三个特殊的政策含义:第一是互利共赢,要求中国进一步扩大从贸易伙伴进口商品与服务、让世界分享中国市场的红利,并增加中国企业对外投资的东道国福利;第二是多元平衡,即要求进出口贸

易平衡、国际收支平衡、沿海与内地开放平衡、深化国内改革与扩大对外开放平衡、双边与多边及其他合作方式的平衡、在参与全球经济治理中权利与义务的平衡；第三是安全高效，要求在扩大开放的同时提高抵御国际经济金融风险的能力，保障国家能源、粮食、食品安全，促进生产要素内外流动，在全球范围整合资源，优化资源配置水平。

其次是构建开放型经济新体制。党的十八届三中全会《决定》提出构建开放型经济新体制。这个新体制主要包括六方面特征：一是建立与服务业扩大开放相适应的新体制和新机制；二是逐步建立与国际贸易新规则相接近、相适应的新体制和机制；三是建设具有支撑新体制的战略纵深和更优化的空间布局；四是逐步培育具有与海洋战略意义相适应的新体制、新机制；五是具有法治化、国际化、便利化的营商环境；六是政府管理方式从事前审批向事中事后监管转变（裴长洪，2015）。

再次是培育竞争新优势。党的十八届三中全会《决定》提出培育参与和引领国际经济合作竞争新优势。新优势的培育应当包括三个方面，第一是市场优势，即培育国内产品和产业（价值链、供应链）的国际竞争新优势；第二是体制优势，以开放促改革，使社会主义市场经济体制成为中国参与国际经济合作与竞争的优势要素；第三是规则优势，培育参与制定国际规则的能力：发起新倡议、新议题和新行动，更有能力提供全球公共品，履行大国责任。

二 完善和继续推进企业"走出去"战略

以往我们认为"走出去"战略只是为了开拓国内国外两个市场、利用国内国外两种资源，促进国际收支平衡。在新的开放形势下，中国企业"走出去"战略不仅要追求以往的目标，还要有更多的追求和目的。这包括：要体现互利共赢，增加中国企业对外投资的东道国福利；同时为保障国家能源、粮食、食品安全做出贡献；构建自主的跨国生产经营价值链、整合全球资源。

还要求中国企业参与未来世界经济的构建，需要体现更多的人文关怀。中国企业如果还只是像20世纪那样只是在中国之外卖掉自己的产品，那中国企业不可能赢得世界的欢迎和尊重。正如马云在2015年1月达沃斯论坛中接受记者采访时说的那样：其实中国自身的市场足够大，但作为全球经济的重要一员，中国企业有责任思考为世界创造中国的独特价值。假如我们的出发点不是到海外挣钱，而是去为世界创造自己的价值，顺便也挣一点钱，这可能就是中国企业在21世纪的全球追求。中国企业家应该身体力行这种责任和追求。你的责任有多大，你的影响力就有多大；反之，你的影响力有多大，你的责任就有多大（任彦，2015）。

三 加快推进自由贸易区战略

目前中国已经建立了两类自由贸易区，一类是过去已经有的双边或多边的自由贸易区，主要功能是推进贸易便利化改革，相互提供关税的最惠国待遇；在原有贸易规则基础上有选择地扩大少数领域的开放。另一类是中国上海自由贸易试验区这种单方面向世界给予开放优惠的自贸区，则有更多的开放内容和政策，倒逼改革并提供可复制、可推广的经验；其中还包括准备接受国际新规则压力测试的政策含义。

第一类自由贸易区建设近年取得新进展的是中韩和中澳自贸区谈判，具有突破性意义。韩国是全球第14大经济体，2014年中韩贸易总额为2905亿美元，占中国当年贸易总额的6.8%，这是一个很大的量。达成自贸协定后，中韩双方最后达到91%—92%的产品零关税，这也是一个对中国扩大开放的压力测试。澳大利亚的经济制度和法律法规几乎与欧盟没有区别，中国希望能够和澳大利亚达成一个高水平的，涉及几乎所有目前自贸协定谈判的各种议题，从而使得中国相信自己更有能力全面地参与全球高标准的自贸协定谈判。

更具有历史标志性意义的事件是启动亚太自贸区进程。2014年亚太经合组织（APEC）领导人非正式会议上，国家主席习近平出席并在会场讲话，表示启动亚太自由贸易区进程。这是由中国首倡、中国设置议题、中国提出行动计划和时间表的国际经济治理新方案，因此必然在制定规则中占据主导地位。

第二类自贸区的进展是新设立了三个自贸试验区。这使自贸试验区有了新的区域布局：天津自贸试验区主要包括东疆保税港区和滨海新区商务区，其中前者分为码头作业、物流加工和港口综合配套服务三大局域，主攻方向为商务服务、先进制造业，后者主攻方向包括金融贸易、商务服务。广东自贸试验区主要包括广州南沙新区、深圳前海片区、珠海横琴，主攻方向分别是先进制造业、金融贸易、商务服务、先进服务业。福建自贸试验区分厦门、平潭、福州三个片区。厦门的主攻方向是金融，平潭是服务贸易，福州是先进制造业基地、两岸服务贸易合作和金融合作的示范区。

以上种种，体现了中国对外开放的重大战略，而"一带一路"倡议是通过新一轮对外开放实现中国经济转型升级和引领经济新常态的重大举措，对进一步推进中国新一轮对外开放和沿线国家共同发展意义重大。推进"一带一路"倡议既是中国扩大和深化对外开放的需要，也是加强和亚欧非及世界各国互利合作的需要。当前，中国经济和世界经济高度关联，中国愿意在力所能及范围内承担更多责任义务，将一以贯之坚持对外开放基本国策，构建全方位开放新格局，深度融入世界经济体系。

第三节 关于"一带一路"建设的金融支持

一 金融支持战略

资金是支撑经济贸易发展的重要条件，"一带一路"倡议和发展所带来的融资需求和各种金融服务需求，并且进一步深化对外开放和稳健高效地推进"一带一路"倡议也迫切需要充分发挥金融的支持和引领作用。因此需要沿线各国提供金融支持。"一带一路"涉及国家的经济差异大，欠发达国家和地区较多，各方面投资期限较长，资金需求量大，且需要多个国家的货币金融体系之间的相互合作。根据基础设施互联互通和投资贸易合作的实际需要来看，比较可行的"一带一路"金融支持战略主要可以从金融市场、国内外金融机构、货币以及金融监管等方面采取措施：

一是积极加强与"一带一路"国家的金融市场合作，推进中国金融市场的国际化。包括加快开放中国债券市场，大力发展国际债券市场，推动亚洲债券市场的开放和发展，吸引有实力的沿线国家的政府、金融机构和企业在中国境内发行人民币债券，也支持中国金融机构和企业在沿线国家发行东道国货币以及其他货币种类的债券，不仅为"一带一路"倡议筹集资金，也使其成为国际债券市场发展的推动力。

二是国内各个金融机构要努力开展国际化经营渠道，积极创新适应"一带一路"国家实体经济需要的金融产品和金融业务，提高自身的国际经营水平和抗风险的能力（王勇，2015）。比如以银团贷款、银行授信等方式开展多边金融合作，目前国内各个金融机构已经纷纷就各地参与"一带一路"倡议的项目开展项目融资和授信业务，授信额已经超过4000亿元人民币。截至2014年底，国开行与"一带一路"沿线国家签约超过1373亿美元，在"一带一路"沿线国家融资支持项目超过400个。并且个别金融机构已经开始在海外就"一带一路"项目发行债券筹集资金，如中国银行已经在海外发行了40亿美元的债券，项目主要涉及基础设施建设、高新技术产品、大型成套设备和机电产品出口以及农林牧渔和矿产开发等领域。

三是加强沿线国家金融机构之间的合作。努力设立和酝酿设立国际开发性金融机构，如亚洲基础设施投资银行、金砖国家开发银行、丝路基金等，充分发挥这些国际金融机构的作用，支持"一带一路"相关国家加快基础设施建设，加强互联互通和物流发展，促进贸易和投资便利化。

四是加强货币合作，扩大沿线国家双边本币互换、结算的范围和规模。加快跨境人民币业务政策创新，加快人民币资本项目可兑换进程，积极推进人民币国际化进程。在"一带一路"沿线国家设立人民币结算中心，扩大人民币与有关国家的货币直接兑换。

五是进一步加强与沿线国家的金融监管合作。包括进一步加强与沿线国家各监管当局间的沟通协调，扩大信息共享范围，建立信息交流机制和区域反洗钱合作系统，提升在重大问题上的政策协调和监管一致性，逐步构建区域性金融风险预警系统和危机处置制度安排（王红力，2015）。

二 亚洲基础设施投资银行的建立与完善

与"一带一路"倡议紧密相关的是亚洲基础设施投资银行（简称亚投行）的筹建和运营。"一带一路"的直接目标是通过基础设施建设来为欧亚地区的经济发展找到新的增长空间，而亚投行设立的目的就是为解决亚洲地区基础设施项目的投融资缺口提供金融服务。亚投行是"一带一路"

金融支持的支柱，为"一带一路"沿线国家基础设施、能源资源开发、产业合作和金融合作等与互联互通有关的项目提供投融资支持。

（一）亚投行的筹建

2013年10月中国领导人提出倡议，2014年10月由22个成员签署了《筹建备忘录》，建立了首席谈判代表机制进行章程文本谈判。经过5轮谈判，产生了《亚洲基础设施投资银行协定》文本最终稿，并于2015年6月29日签署了该协定，2015年底各国立法机构批准并占合法数量后将生效。亚投行设立后具有以下特点：

一是发展中国家占多数且拥有较大话语权。截至2015年5月，亚投行共有57个意向创始成员国，其中27个是区域外成员。57个成员中有16个国家位列世界20大经济体。亚投行的股本金是为了保障发展中成员占多数。根据《协定》，亚投行总投票权由股份投票权、基本投票权和创始成员投票权组成。股份投票权等于占有股份数，基本投票权占12%，由全体成员平均分配，每个创始成员有600票，后二者占总投票权15%。按此计算，中国占总投票权26.06%，这在现阶段中国实际拥有一票否决权，但这是各方确定的规则出现的结果，而不是中方刻意谋求的。

二是亚投行具有专门的投资领域。投资领域涉及交通、能源、电信、农业和城市发展；涉及面很广的基础设施，亚投行尤其专注于基础设施建设，协助在"一带一路"沿线地区开展基础设施建设，贯彻实施"一带一路"倡议中"五通"中的基础设施互联互通，解决沿线地区尤其是经济不发达地区的资金缺口问题。

三是亚投行和其他多边开发银行是互补而非竞争关系。亚投行侧重于亚洲基础设施建设，而现有的世界银行、亚洲开发银行等多边开发银行强调以减贫为主要宗旨，亚投行将补充亚行在亚太地区的投融资与国际援助职能。

四是亚投行具有开放性。亚投行作为开放包容性极强的国际金融机构，所有致力于亚洲区域和全球经济发展的国家均可申请亚投行成员资格，因此具有极强的吸引力。

（二）亚投行运营面临的考验

亚投行实际运营后将要面临严重考验，主要有以下几个方面。

一是如何建立互信包容的治理架构。亚投行成员数量比亚洲开发银行只少10个，如何打造命运共同体、利益共同体、责任共同体，如何减少摩擦并降低内部交易成本，这是国际开发组织尚未成功解决的难题，亚投行既要借鉴已有国际金融机构的经验，也要避免其弊端，实行创新发展。

二是如何把绝对需求转化为有效需求。博鳌亚洲论坛曾提出，2010至2020年亚洲基础设施的投资需求达到8万亿美元，全球的投资需求为70万亿美元。这是指绝对需求，如果按照相对需求可能还不止这些，但商业投资要讲求有效需求，即有支付能力的有效需求。如何把庞大的绝对需求转化为有效需求是实际运营要考虑的风险问题。

三是项目的风险评估。要考虑未来基础设施的资产价格走势，世界经济处于低速增长的持续时间对于资产价格的影响，从而对投资回报的影响；东道国的债务风险与银行体系的抗风险能力；贷款后期的信用管理；如何应对突发事件和政治风险。

四是金融设施和生态环境建设。包括支付体系、多币结算、信用环境、金融监管、反洗钱；公司治理、会计准则、投资者保护、法律环境、中央银行最后贷款人职能等；项目合同、担保、融资工具、争议解决、法律适用等。

五是与国际规则的协调关系。如何协调与已经产生或将要产生的国际投资与贸易规则的关系；如何协调与二十国集团关于制定全球基础设施计划的关系；如何协调与亚开行、世界银行、国际货币基金组织的关系，并体现对全球经济金融治理的补充和完善。

亚投行正在填补现有机构无力发挥作用的领域，为现行的全球金融治理体系注入了新的活力。相信未来的亚投行不仅将夯实作为经济增长动力引擎的基础设施建设，还将提高亚洲资本的利用效率及对区域发展的贡献水平，对"一带一路"沿线国家尤其是亚洲国家提供重要的金融支持。

第四节 推进"一带一路"建设的政策措施

"一带一路"倡议是以共商、共建、共享的理念来引领国际经济合作，以五通的方式形成多层次、多领域、多形式的区域经济合作新模式。"一带一路"倡议顺应了全球化趋势和各国共同合作的愿望，有着良好的发展前景。亚投行等各种金融体系设立的总体目标是服务于实体经济，推进产业、贸易、投资合作的便利性和安全性，因此在建立国际金融合作和金融服务的基础上，还应采取其他措施来推进"一带一路"倡议。

并且在"一带一路"倡议的实际推进过程中，可能遇到涉及经济、政治、安全等方面的风险挑战，根据这些风险因素需要从贸易、投资、企业、服务、人员、外交等多方面来采取应对措施，推动"一带一路"倡议的实施，全面深化提升"一带一路"倡议的发展水平。

一 深化经贸合作

无论古代丝路经济还是新丝路经济，其发展都离不开各国之间的贸易与分工合作。沿线各国市场规模和潜力很大，中国与沿线国家贸易呈现较快发展势头。商务部数据显示，2015年第一季度中国与沿线国家双边贸易额2360亿美元，占全国进出口总额的26%；其中，对沿线国家出口增长10%，大幅领先整体出口增速，占全国出口总额的比例达到28%；进口规模为915亿美元，占进口总额的23.4%。

但因受制于诸多发展瓶颈，如贸易往来存在较多壁垒和障碍等，贸易不平衡、结构不合理等问题较为突出，双边贸易水平的进一步提升存在较大难度。这需要进一步挖掘区域贸易新增长点。需要进一步扩大市场开放，推进区域自贸区建设和升级，大力发展跨境电子商务，提高沿线国家贸易自由化及便利化水平；调整进出口贸易结构，促进贸易平衡发展，扩大服务贸易，推进旅游、金融、文化等领域的合作机制建设，发展现代服务贸易；减少并消除贸易壁垒，深化海关、质检等合作，降低交易成本，加强政府采购、知识产权领域的信息交流与合作；简化通关手续，提高通关及监管效率，推进海关信息化建设和区域信息一体化。

二 加强国际投资合作

"一带一路"倡议将突出投资引领合作并带动贸易发展的作用。随着"走出去"的不断深化以及各类重大投资项目的逐步实施，中国对"一带一路"沿线国家投资和利用外资都取得较为丰硕的早期成果。商务部数据显示，2015年第一季度中国对沿线国家实现非金融类直接投资25.6亿美元，占同期对外直接投资总额的9.9%，利用外资方面，沿线国家对中国实际投入外资额16.8亿美元，其中蒙古、俄罗斯和中亚国家对中国实际投资额整体增长超1倍；中东欧和西亚、北非地区国家投资额超过4倍。2016年，中国企业共对"一带一路"沿线的53个国家进行了非金融类直接投资145.3亿美元，同比下降2%，占同期总额的8.5%，主要流向新加坡、印度尼西亚、印度、泰国、马来西亚等国家和地区。2017年中国企业对"一带一路"沿线的59个国家有新增投资，合计143.6亿美元，同比下降1.2%，投资金额占总额的12%，比2016年同期增加3.5个百分点，主要投向新加坡、马来西亚、老挝、印度尼西亚、巴基斯坦、越南、俄罗斯、阿联酋和柬埔寨等国家。

但"一带一路"涵盖的国家多为发展中国家和新兴经济体，其管理体制差异较大，经营环境相对不稳定，投资风险比较高，不利于开展投资活动。因此中国应扩大对沿线国家投资，鼓励国内企业到沿线国家开展投资合作，建立区域投资促进与保护机制，改善区域投资环境，为投资者提供更好的制度保障，提升自贸区框架下投资自由化与便利化水平；扩大双向投资合作，引导传统优势产业和装备制造业走出去投资设厂，优先发展农业合作，加强能源资源开发合作；企业应认真分析，采取针对性的举措，加强对当地规则及标准的了解，减低投资成本，保证投资效率；同时改善投资环境，吸引沿线国家企业来华投资兴业。

继"一带一路"、亚投行等倡议之后，在全球经济舞台上，中国亮出一张新牌——国际产能合作。坦桑尼亚是第一批加入中国国际产能合作进程的非洲国家。目前，中坦产能合作工作机制已经建立。坦桑尼亚为其他广大非洲国家抓住中国产能转移的历史机遇，加快工业化进程，提供了绝好的样本。坦桑尼亚正在制定的5年规划的核心就是工业化，这与中国提出的国际产能合作正好相符。2015年4月3日，李克强总理主持召开中国装备走出去和推进国际产能合作座谈会。5月，国务院发布了《关于推进国际产能和装备制造合作的指导意见》。坦桑尼亚是第一批加入中国国际产能合作进程的非洲国家。2011年，中坦贸易额不足20亿美元，投资额仅7亿美元；2014年分别提升到43亿美元和40亿美元。另外，中国还为坦桑尼亚急需发展的基础设施建设和重大民生项目提供了 20 多亿美元的优惠贷款。目前，中国已成为坦桑尼亚第一大贸易伙伴和第二大投资国，中资企业中的坦桑尼亚员工人数超过 15 万，有超过 35 万坦桑人从事与中国贸易相关的工作。中资企业在坦桑投资的各行业中，基建算是最大的一块。中国对外承包工程商会会长刁春和不久前表示，中资目前几乎占据了整个坦桑尼亚基建市场的 70%。此外，电信、制造业、矿产也成为中资企业的优势产业。

国际产能合作是一个新经验。包括轨道交通、钢铁、有色、建材等将成为区域产能合作的先导行业。此外，"丝绸之路经济带"部分国家能源资源丰富，但开发能力较为有限，比较优势难以发挥，不利于经济发展。中国一方面在石油、电力等行业生产能力建设领域取得了长足进展，技术水平高、装备能力优良，另一方面能源对外依存度过高，能源安全受到挑战。因此，能源领域产能合作符合中国与部分国家双方安全、经济、发展需求。总之，中国推进产能合作应具有国别针对性，要根据不同国家的国力、意愿、市场前景等，选择重点国家，与之建立合作机制、签署合作文件、形成产能合作示范区。

三 推进企业外交

以国企作为战略外交的主力，同时鼓励民企"走出去"，鼓励民营资本参与。大型海外工程应交给企业、专业组织来完成。企业在境外投资经营的过程中，要熟悉并掌握投资经营对象国的会计准则、管理体制等，要按照市场规则去守法诚信经营，具有责任意识和可持续发展意识。要鼓励国内企业在境外合作建立产业园区和合作区等，鼓励企业到沿线国家扩大对外工程承包业务，积极参与沿线国家基础设施建设，利用好各种国际博览会、论坛等平台，加强沿线国家间的企业合作。

无论国企还是民企的"走出去"都需要一定的制度保障和市场资源，因此需要各国政府、企业、智库、中介组织等多方面发挥协调作用，为其提供信贷、保险和信息服务体系以及当地的经济、文化、法律、税收、治安等多方面的信息，完善信贷、保险、信息服务等方面的机制。同时鼓励民企尤其是中小型民企以民间商会等形式来保障自身权益。

四 充分发挥广大海外华侨华人华商的重要作用

中国海外华侨华人华商具有人数众多、经济实力雄厚、政商人脉广泛等多方面优势，是推动"一带一路"倡议的重要力量。充分发挥海外华侨华人华商在当地政治、经济、文化等领域的资源和影响力，调动其积极性，使其成为"一带一路"倡议的重要参与者和建设者，从而加快"一带一路"倡议的战略实施。中国约有 2/3 的海外华侨华人华商分布在"一带一路"沿线各国，并且这些华人都受过良好教育，活跃在高新技术、教育、金融等领域，经济实力雄厚，并且社团规模不断壮大。因此可以通过海外华侨华人华商的力量，加强产业投资与合作，转移国内过剩产能，推进沿线欠发达国家工业化进程；加大对沿线各国市场的开拓力度，推动中国的货物、服务、资本、技术的输出；推动民间外交，加强政治互信，营造"一带一路"倡议的良好政治环境。

五 构建"一带一路"沿线国家政治风险评估体系

（一）将政治风险评估纳入"一带一路"的顶层设计

要从保障"一带一路"顺利实施、保护中国海外利益安全的高度来认识和理解加快构建"一带一路"沿线国家政治风险评估体系的重要意义，将相关内容纳入"一带一路"顶层设计，为有关工作的开展提供人、财、物等方面的基本保障，抓紧制定沿线国家政治风险评估体系建设的总体要求和指导意见。

（二）委托专业机构进行政治风险评估

对沿线国家进行政治风险评估不仅任务繁重，而且要求熟练掌握相关国家的国情和科学的评价方法，因此这项工作必须依托有较强研究基础的专业机构开展。选定专业机构后，要抓紧制定沿线国家政治风险评估实施细则，健全评估考核指标体系，并定期更新测评结果，力求评估结果科学、公正、管用。

（三）建立评估结果使用和管理制度

作为共建"一带一路"国际倡议的发起国和主导国，中国政府对于沿线国家的任何官方表态或评价都可能影响相关国家参与"一带一路"的积极性。为了保护相关国家的积极性，需要强化评估结果的非官方立场特性，努力探索一种既能满足决策咨询需要，又能兼顾保密性、权威性、非官方等多层次要求的评估结果管理使用制度。

六　强化国际合作力度，加强国际的战略协调

对于沿线地区的安全威胁，不稳定局势，需要建立高层对话机制，加强政治互信，在国际事务中，积极沟通与协作，加强国际的情报、边检合作等。在战略推进过程中，与沿线国家加强战略协调和政策沟通，利用自贸区、上海合作组织以及国际博览会等合作平台，进一步提升贸易经济便利化与自由化水平，尤其是涉及重大战略性合作项目，尽可能发掘国家之间的利益契合点，比如优先从各国普遍需要的电力、通信等涉及民生的基础设施建设入手，促进基础设施建设的互联互通。加强各国之间交通规划、技术标准体系的对接，推进建立统一的全程运输协调机制，提高运输效率。

"一带一路"倡议涉及多个国家，各个国家经济发展阶段不同，国情不同，具体情况差异很大，但各国发展经贸合作、政治合作、文化交流的意愿共识在增加。因此在推进"一带一路"倡议过程中要根据各国供给和需求特点采取针对性策略，从而使得"一带一路"倡议这一新时期的重大发展战略顺利实施，发挥自己应有的作用。

第七章　中国企业对外投资的增长与"一带一路"建设的早期收获

第一节　世界直接投资的复苏与亚洲的对外投资

2007年是世界直接投资流入量的最高年份,达到1.97万亿美元,国际金融危机发生后,处于下降阶段,2011年有所回升后又处于下滑期,2015年回升到1.8万亿美元左右,2016年又略有下降(详见图7.1)达到1.75万亿美元。据《世界投资报告2017》预计,2017年世界FDI流入量将呈现温和复苏趋势,但预计该数值仍将远低于2007年的峰值水平。基于对制造业和贸易发展的预期,世界FDI流入量预计将在2017年增加约5%,达到接近1.8万亿美元。[①]

提到对外投资,一般都容易想到是发达国家到落后国家去投资。现在,不仅发达国家到发展中国家投资,发展中国家也对外投资,既到发展中国家投资,也到发达国家投资,并且发展中国家对外投资的比重越来越高,亚洲成为发展中国家对外投资的主力。新加坡、中国香港、中国台湾、韩国"四小龙",加上东南亚、印度尼西亚,当然最重要的还有中国,成为对外投资的主力。它们在对外投资中很重要的特点是主要向发展中国家投资。其中,在亚洲区域内投资占到85%,还有一部分投向非洲和发达国家,促使出现了"南南合作"的新局面(详见图7.2)。

---

① UNCTAD, *World Investment Report 2017*.

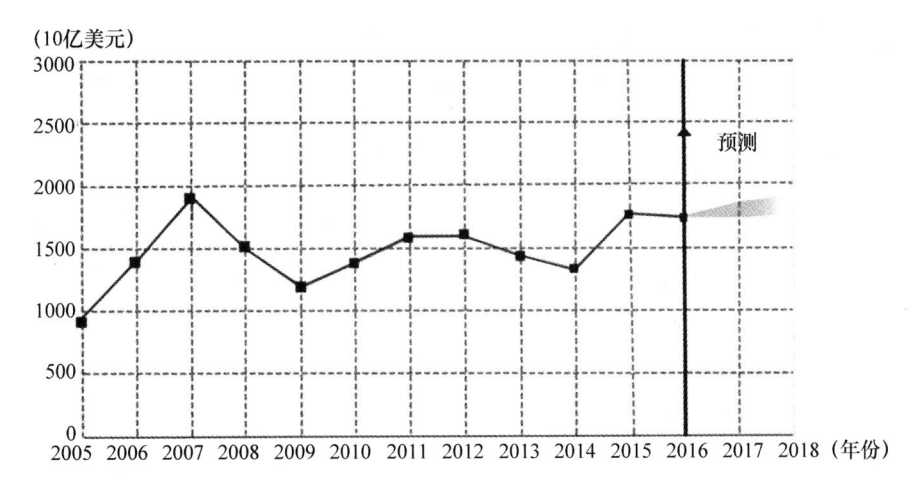

图 7.1　2005—2018 年世界对外直接投资额期预测值（流入量）

资料来源：World Investment Report 2017。

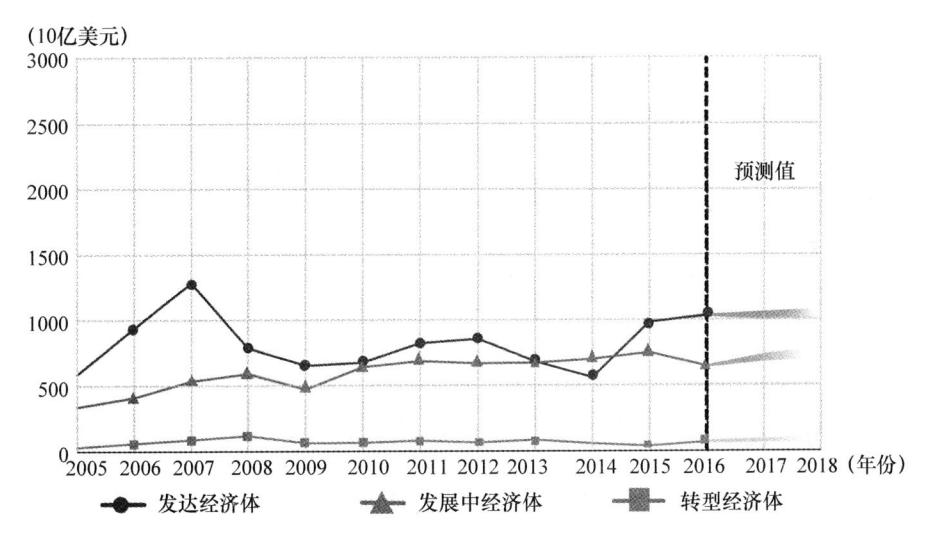

图 7.2　2005—2016 年不同经济体对外直接投资流入量变动

资料来源：World Investment Report 2017。

第二节　"十三五"期间中国将成为资本净输出国

2000 年，中国政府提出了企业"走出去战略"，鼓励中国企业到海外投资。进入"十二五"期间,中国企业对外投资发展很快。2010年中国对外直接投资为688.1亿美元,2013年增加到1078.4亿美元(全行业),首次突破千亿美元大关。2014年,中国境内投资者共对全球156个国家和地区的6128家境外企业进行了直接投资,累计实现非金融类对外直接投资6320.5亿元人民币。以美元计,全年累计实现非金融类对外直接投资1028.9亿美元,同比增长14.1%。全行业对外直接投资达到1160亿美元,同比增长15.5%。2015年,中国对外投资合作继续呈现较快发展态势。非金融类对外直接投资1180亿美元,同比增长14.7%;对外承包工程新签合同额1376亿美元,同比增长26.5%,完成营业额1008亿美元,同比增长9.2%。按照联合国贸发会议统计,2013年中国企业对外投资已占世界直接投资流量的7.2%,仅次于美国的24.1%和日本的9.7%,如果把香港的6.5%占比和台湾1%占比计算进来,中国占比已经达到14.7%,大大超过日本。2014年中国大陆的对外直接投资继续增长,在全球流量中的占比将接近9.5%(详见图7.3)。

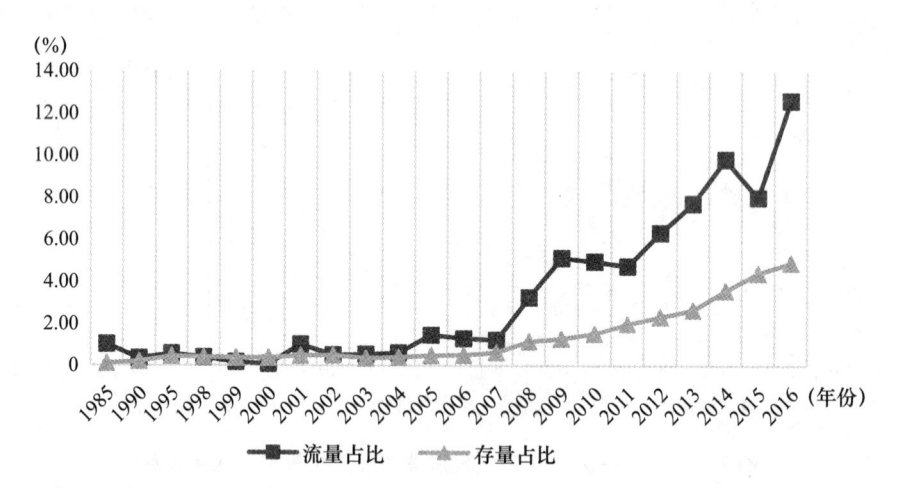

图7.3　1985—2016年中国对外直接投资流量与存量占全球比重

资料来源：UNCTAD,http://unctadstat.unctad.org/wds/ReportFolders/reportFolders.aspx。

2016年中国企业对外直接投资达到历史性高点,并主要呈现以下特点。

一是对外投资流量蝉联全球第二，占比首次超过一成，连续两年实现双向直接投资项下资本净输出。2016年，在全球外国直接投资流出流量1.45万亿美元，较上年下降2%的背景下，中国对外直接投资流量创下1961.5亿美元的历史新高，同比增长34.7%，在全球占比达到13.5%。

二是存量全球排名前进2位跃居第六，年末境外企业资产总额超过5万亿美元。截至2016年底，中国2.44万家境内投资者在国（境）外设立对外直接投资企业3.72万家，分布在全球190个国家（地区）；中国对外直接投资累计净额（存量）达13573.9亿美元，在全球占比提升至5.2%，位居第六。

三是对外投资并购活跃，数量金额创历史之最。2016年，中国企业共实施对外投资并购765起，涉及74个国家（地区），实际交易金额1353.3亿美元，其中直接投资865亿美元，占63.9%；境外融资488.3亿美元，占36.1%。并购领域涉及制造业、信息传输/软件和信息技术服务业、交通运输/仓储和邮政业等18个行业大类。

四是国家地区高度集中，对美欧投资快速增长。2016年，流向中国香港、美国、开曼群岛、英属维尔京群岛的投资共计1570.2亿美元，占当年流量总额的80.1%。对美国直接投资169.81亿美元，同比增长111.5%；对欧盟投资99.94亿美元，同比增长82.4%。投资存量的八成以上（84.2%）分布在发展中经济体中，在发达经济体的存量占比为14.1%，另有1.7%的存量在转型经济体中。

五是投资覆盖国民经济各行业，租赁和商务服务业、制造业、信息传输/软件和信息服务业等领域的投资快速增长。2016年底，中国对外直接投资覆盖了国民经济各个行业类别，租赁和商务服务业、制造业、信息传输/软件和信息服务业同比分别增长了81.4%、45.3%和173.6%；5个行业的投资存量超过千亿美元，分别是租赁和商务服务业、金融业、批发零售业、采矿业和制造业，5个行业的合计占比达79.7%。

六是近六成投资形成境外企业股权，债务工具规模创历史极值。2016年对外直接投资流量中，新增股权投资1141.3亿美元，同比增长18%，占当年流量的58.2%；收益再投资306.6亿美元，占15.6%；债务工具投资513.6亿美元，是2015年的4.6倍，占26.2%。

七是八成以上非金融类投资来自地方企业，上海、广东和天津位列前三。2016年，地方企业对外非金融类直接投资流量达1505.1亿美元，同比增长60.8%，占全国非金融类对外直接投资流量的83%，上海、广东和天津位列前三。截至2016年底，地方企业对外非金融类直接投资存量达5240.5亿美元，在全国占比达44.4%，较2015年增加7.7个百分点。

八是境外企业对东道国税收和就业贡献明显，对外投资双赢效果显著。2016年我境外企业向投资所在国缴纳的各种税金总额近300亿美元，年末境外企业雇用外方员工134.3万人，较2015年末增加11.8万人。

2017年全年，中国境内投资者共对全球174个国家和地区的6236家境外企业新增非金融类直接投资，累计实现投资1200.8亿美元，同比下降29.4%，非理性对外投资得到切实有效遏制。对外承包工程完成营业额1685.9亿美元，同比增长5.8%；新签合同额2652.8亿美元，同比增长8.7%。对外劳务合作派出各类劳务人员52.2万人，比2016年同期增加2.8万人，年末在外各类劳务人员97.9万人。

2017年全年，对外投资合作主要呈现以下特点。一是对"一带一路"沿线国家投资合作稳步推进。2017年全年，中国企业对"一带一路"沿线的59个国家有新增投资，合计143.6亿美元，占同期总额的12%，比2016年同期提高3.5个百分点。二是对外投资降幅逐步收窄，行业结构更加优化。三是企业对外投资并购活跃，境外融资比例高。2017年全年，中国企业共实施完成并购项目341起，实际交易总额962亿美元；其中直接投资212亿美元，占22%，境外融资750亿美元，占78%。四是对外承包工程新签大项目多，带动出口作用明显。2017年全年，对外承包工程新签合同额在5000万美元以上的项目782个，合计1977.4亿美元，占新签合同总额的74.5%。对外承包工程带动货物出口153.9亿美元。五是境外经贸合作区建设成效显著，促进中国与东道国共同发展。截至2017年末，中国企业共在44个国家建设初具规模的境外经贸合作区99家，累计投资307亿美元，入区企业4364家，上缴东道国税费24.2亿美元，为当地创造就业岗位25.8万个。2017年全年，商务部和省级商务主管部门共备案和核准了境外投资企业6172家，其中备案 6122 家，核准 50 家。

根据中国《"十三五"规划纲要》的要求，未来五年中国将在海外建设一批大宗商品境外生产基地，培育一批跨国企业。积极搭建国际产能和装备制造合作金融服务平台。因此将继续鼓励中国企业"走出去"，特别是鼓励民营企业"走出去"。以建设自主国际化生产经营网络作为战略目标，来规划企业海外投资并建立与此相关的服务促进体系。在政策引导上，要鼓励制造业领域的投资，鼓励多采取绿地投资方式，在服务体系建设中，要注意针对民营企业的弱点和不足，提供更多有针对性的、有效率的服务。同时要改善中国企业对外投资和经营的统计、税收以及绩效考核等方面的管理。可以预计，中国将在"十三五"期间成为资本的净输出国。这个判断的理论依据如下。

根据经济学家对新兴市场经济体和一部分发展中国家的实证研究表明，随着一个国家经济的发展，外资企业在东道国优势的构成和即将在海外投资的本国企业的优势的构成会交互发生变化。因此，它们吸收外资流量与对外投资流量的对比关系也将发生变化。开始这些国家吸收外资和本国企业对外投资都很少，后来吸收外资逐渐增加，到一定阶段后，本国企业也开始对外投资，再到后来，本国企业对外投资开始超过本国吸收的外国直接投资。这就是所谓的对外直接投资——IDP 理论（详见图 7.4、图 7.5、图 7.6）。

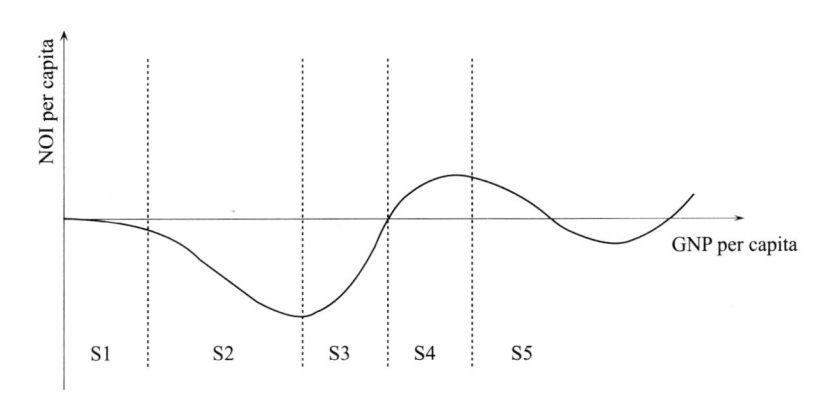

图 7.4　IDP 理论的图形描述

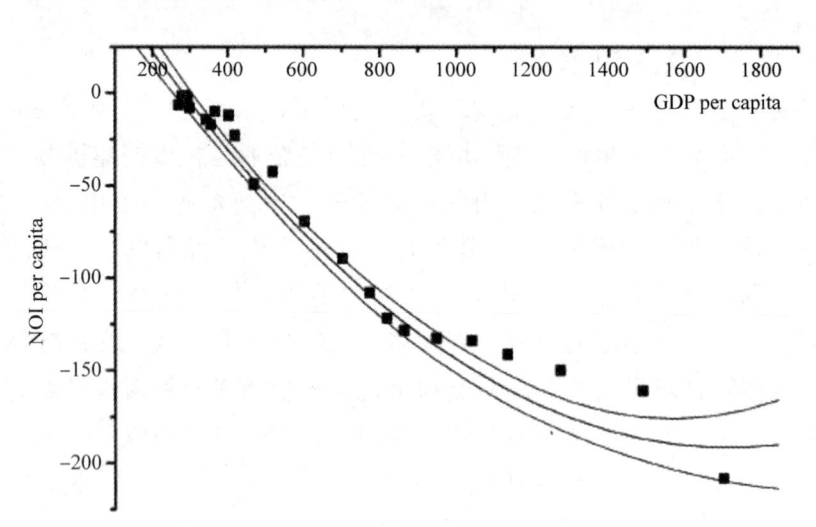

图 7.5　2005 年中国在 IDP 理论中的位置

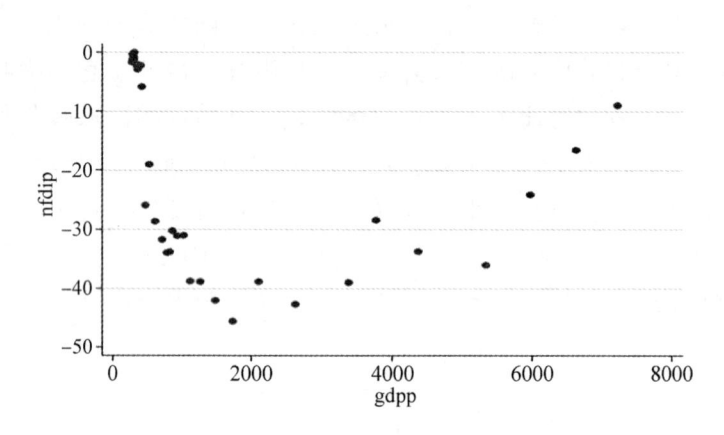

图 7.6　2014 年中国在 IDP 理论中的位置

到 2016 年，中国实际利用外资 1263 亿美元，而对外直接投资 1900 多亿美元。后者已经明显超过前者，根据上述图形的理论解释，中国在"十三五"期间将成为资本的净输出国是没有很大疑问的。

正如美国作为非常富裕的发达国家，既是对外投资的大国，也是全世界吸收外资最多的国家，可谓是"大进大出"。如何理解这一现象？这说明美国配置全球资源的能力最强，所以既能"大进"，也能"大出"。而这也正是中国对外开放、倡导企业"走出去"的原因所在。中国企业对外投资的快速发展，正是利用国内、国外两种资源、两个市场的现实要求和必然选择。因为中国人均的各种资源都很有限，央企大的并购项目基本都是资源性的项目，必须要利用国外的资源。而要利用两种市场，除了利用国外的商品市场，还要利用国外的资金市场、技术市场。过去，中国用了很多优惠政策吸引国外资金，外资进来配置资源，我们是被动的。现在，到了需要"走出去"的时候，我们要主动去配置全球的资源。从发展趋势看，未来中国企业的海外投资会继续增加，这也是"一带一路"倡议的必然趋势。

从另外一方面看，现在全世界是怎样一个状况？全世界是一个国际化的生产体系，国际化的生产体系是由跨国公司支配的。跨国公司控制了全世界生产和贸易的80%，同时它要求政府推动贸易投资自由化，形成一个全球生产网络。包括中国在内的很多工业生产都是和全球的生产紧密联系的。市场是全世界的，国际分工呈现出产业间分工、产业内分工、产品内分工这种多层次并存的崭新格局，这种多层次的分工形成了全世界范围的供应链和价值链。这就是生产贸易层面的经济全球化。全球生产网络以价值链为纽带将空间分散的组织和分工有机结合，涵盖价值链所有环节的分工，不仅包括生产作业活动，还囊括了技术研发、后勤和采购、市场和销售、售后服务等各种活动，在全球范围内实现价值活动的整合，建立一体化、高依存的全球价值网络体系。现在，全世界的生产贸易都是这样来组织的，各个国家参与价值链的程度越来越高（详见图7.7）。据国际组织统计，全球57%以上的生产和贸易都是和别国相关联的（裴长洪、于燕，2015）。

不论是发展中国家还是发达国家，全世界范围内生产贸易活动都是相互依存的，而且越小的经济体依赖性越高。那么，这种价值活动的一体化形成的全球价值链的国际生产网络会出现怎样一个现象？它会不断扩大新的国际生产空间，出现一个"新经济地理"。在全球价值活动一体化的背景下，愈来愈多的国家和地区加入到全球化中来。例如，中国改革开放后参与经济全球化，因为价值链活动不断扩大，不仅推动了世界经济的发展，也促使自身得到了发展。实际上，目前还有很多地方没有进入全球价值链的生产经营网路，这也就是我们提出"一带一路"往西走、往南走的原因所在，因为我们要扩大国际生产的空间，要寻找新的经济领域，就跟当年哥伦布发现新大陆一样，我们在寻求"新经济地理"。

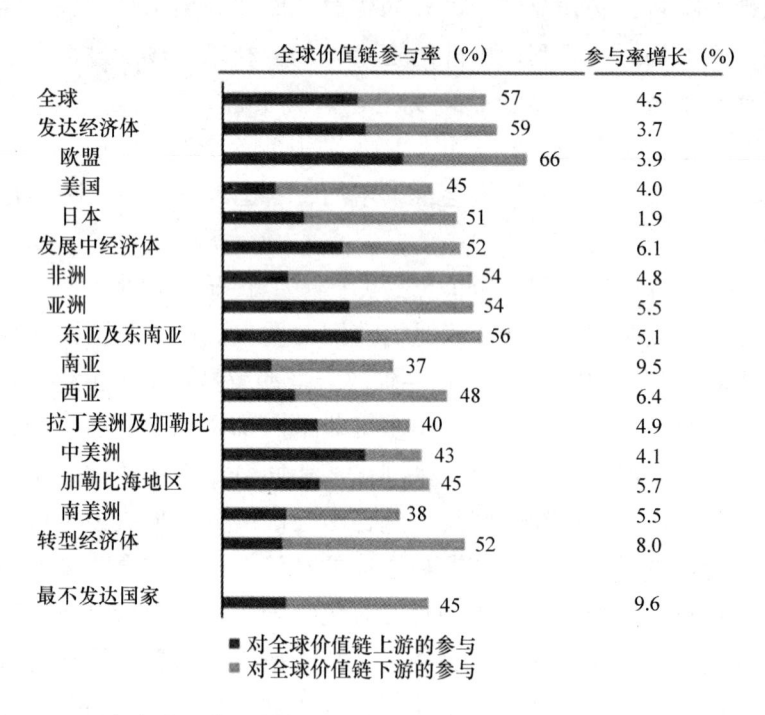

	全球价值链参与率（%）	参与率增长（%）
全球	57	4.5
发达经济体	59	3.7
欧盟	66	3.9
美国	45	4.0
日本	51	1.9
发展中经济体	52	6.1
非洲	54	4.8
亚洲	54	5.5
东亚及东南亚	56	5.1
南亚	37	9.5
西亚	48	6.4
拉丁美洲及加勒比	40	4.9
中美洲	43	4.1
加勒比海地区	45	5.7
南美洲	38	5.5
转型经济体	52	8.0
最不发达国家	45	9.6

■ 对全球价值链上游的参与
■ 对全球价值链下游的参与

图 7.7　2010 年全球不同经济体 GVC 参与率及 2005—2010 年 GVC 参与增长率
资料来源：UNCTAD-Eora GVC Database。

　　从企业层面来讲，提出了企业国际生产的空间和组织选择的概念，是指企业要扩大新的经济领域，要根据企业比较优势的具体表现来选择适合的国际生产组织形式，要按企业的比较优势找出与之契合的国家和空间，然后选择恰当的分工方式，选择不同的企业组织形式。实际上，全球价值链需要国家层面做的事情很多。因为企业"走出去"是一种投资行为，这与全球贸易活动会遇到关税、非关税、商品检验查验等"边境障碍"，需要 WTO 来解决这些问题一样，对外投资活动则是到不同国家设立企业和项目，它涉及的是当地的法律、制度、产业政策、技术标准、商品质量标准等一系列的经济管理规定。因此，全球价值链不仅是企业的行为，它更要求国家的参与，因为其涉及的生产问题、贸易问题及服务问题，这些问题要求各个国家对其贸易投资政策进行改革，需要一套配套政策，不然，全球价值链就无法形成。目前，WTO 主要解决的是贸易活动的问题，它对于双向之间各领域的投资，不仅是货物还包括服务的投资，涉及的问题比较浅，做的规定、相互约束比较少，所以，我们需要一套新的规则，这就是美国为什么要设立 TPP（跨太平洋合作伙伴协定）和 TTIP（跨大西洋伙伴协定）的原因。这表明，全球价值链的发展对贸易政策和投资政策都提出了改革的要求，其主要目的是降低成本。

现在，很多地方在设立自由贸易试验区，其中，有一个试验叫提高贸易便利化水平。什么叫提高贸易便利化水平？实际上就是要降低贸易的成本，包括生产成本、距离成本、边界成本、规则成本、文化成本以及交易成本等。为此，我们设立了单一贸易窗口，实际上就是把各个部门都集中在一起办公，为企业提供便利。那么，涉及投资活动，要改革的内容就更多。目前，全世界的第一代投资贸易规则正在向第二代过渡，在这个过程中，WTO 完成不了这样一个历史使命，但是，我们又很难让一百多个经济体坐在一起来谈一个统一的规则，这个难度太大。所以，当下出现了区域合作的潮流，在小范围内先准备一套新的规则。现在，中国提出"一带一路"倡议，与"一带一路"周边的国家搞国际产能合作，同样涉及规则问题。目前，我们对外投资谈判还停留在双边阶段，例如中国和蒙古国，中国和巴基斯坦，中国和印度，双边谈判比较容易，但是像上合组织这样的多边平台要达成一个协定就比较困难。而"一带一路"涉及60多个国家，我们之间的协调机制和对话机制还没有出现，甚至召开一个共同的会议，哪怕只是召开一个研讨会也还没有实现，所以，我们倡导的"一带一路"倡议还有很漫长的路程要走（裴长洪，2017）。

第三节 "一带一路"建设的早期收获与前瞻

从 2013 年到 2017 年的 4 年多，全球 100 多个国家和国际组织积极支持和参与"一带一路"倡议，联合国大会、联合国安理会等重要决议也纳入"一带一路"倡议内容。"一带一路"倡议逐渐从理念转化为行动，从愿景转变为现实，建设成果丰硕。中国同有关国家协调政策，包括俄罗斯提出的欧亚经济联盟、东盟提出的互联互通总体规划、哈萨克斯坦提出的"光明之路"、土耳其提出的"中间走廊"、蒙古国提出的"发展之路"、越南提出的"两廊一圈"、英国提出的"英格兰北方经济中心"、波兰提出的"琥珀之路"等。中国同老挝、柬埔寨、缅甸、匈牙利等国的规划对接工作也全面展开。中国同40多个国家和国际组织签署了合作协议，同30多个国家开展机制化产能合作。本次论坛期间，我们还将签署一批对接合作协议和行动计划，同60多个国家和国际组织共同发出推进"一带一路"贸易畅通合作倡议。各方通过政策对接，实现了"一加一大于二"的效果。

在基础设施建设领域，中国与相关国家一道共同加速推进雅万高铁、中老铁路、亚吉铁路、匈塞铁路等项目，建设瓜达尔港、比雷埃夫斯港等港口，规划实施一大批互联互通项目。目前，以中巴、中蒙俄、新亚欧大陆桥等经济走廊为引领，以陆海空通道和信息高速路为骨架，以铁路、港口、管网等重大工程为依托，一个复合型的基础设施网络正在形成。

在贸易投资领域，中国同"一带一路"参与国大力推动贸易和投资便利化，不断改善营商环境。笔者了解到，仅哈萨克斯坦等中亚国家农产品到达中国市场的通关时间就缩短了90%。2014年至2016年，中国同"一带一路"沿线国家贸易总额超过3万亿美元。中国对"一带一路"沿线国家投资累计超过500亿美元。中国企业已经在20多个国家建设56个经贸合作区，为有关国家创造近11亿美元税收和18万个就业岗位。

在金融支持领域，中国同"一带一路"倡议参与国和组织开展了多种形式的金融合作。亚洲基础设施投资银行已经为"一带一路"倡议参与国的9个项目提供17亿美元贷款，"丝路基金"投资达40亿美元，中国同中东欧"16＋1"金融控股公司正式成立。这些新型金融机制同世界银行等传统多边金融机构各有侧重、互为补充，形成层次清晰、初具规模的"一带一路"金融合作网络。

在人民交往领域，"一带一路"倡议参与国弘扬丝绸之路精神，开展智力丝绸之路、健康丝绸之路等建设，在科学、教育、文化、卫生、民间交往等各领域广泛开展合作，为"一带一路"倡议夯实民意基础，筑牢社会根基。中国政府每年向相关国家提供1万个政府奖学金名额，地方政府也设立了丝绸之路专项奖学金，鼓励国际文教交流。各类丝绸之路文化年、旅游年、艺术节、影视桥、研讨会、智库对话等人文合作项目百花纷呈，人们往来频繁，在交流中拉近了心与心的距离。

一 境外合作园区的发展

中国企业的对外投资的80%的投资在发展中国家，这些发展中国家包括水电供给、道路等基础设施都较差，法治环境不好，而且金融服务也很滞后，企业各自去投资会遇到很多困难。如何解决？实际上，我们在复制国内开发的经验，由政府与对方的政府谈判，在对方国家设立对外经贸合作区，对方划一块地给予优惠或者免费，然后由龙头企业跟对方政府谈，以优惠的价格把这块地租下来，建设一些基础服务设施，并由这个龙头企业代为行使开发区管委会这样的职责，与当地政府沟通税收、劳动力招工等一系列政策，然后再去国内进行招商引资，让其他企业入驻这个园区。目前这个形式相对比较成功，我们已经在境外设立了69个境外经贸合作区。这其中有19个合作区是商务部主导的，还有省一级谈判的，当然也有企事业单位直接谈判设立的，但是背后都有政府的支持（曾刚等，2018）。

境外经贸合作园区的建设不仅能解决当地的就业，还为当地提供税收，这一成绩是很大的。对我们而言，境外经贸合作园区作用何在？一是降低海外经营风险和成本，二是服务国内产业发展，同时入园区的企业能够享受园区服务，这是我们搞"一带一路"和对外经济贸易发展的一条先进经验。目前，中国海外投资国有企业占比49.6%，非国有企业占到50.4%。商务部提供了一些比较成功的案例，例如民营企业江苏红豆集团在柬埔寨建设的园区，已经变成一个对外贸易的生产基地；上海东方集团是个国企，它在孟加拉建立了一个服装产业园，主要是服装的生产贸易；泰中罗勇工业园主要进行汽车零部件制造，也比较成功；还有苏伊士经贸合作园等。还有些非园区建设，例如安哥拉的社会住房项目，是中信公司作为龙头企业，同时也是联合舰队，由38家国内企业一起承包；还有中国路桥公司承建的肯尼亚的铁路项目。从未来对外投资的路径看，会向由更多大型跨国公司牵头的趋势发展。

在海外投资中，金融支持是必不可少的。海外投资究竟可以得到哪些金融支持？党的十八届五中全会关于"一带一路"金融支持的设计提出：一是加强同国际金融机构的合作；二是设立一些国际性的金融开发机构，像亚投行、金砖国家银行和丝路基金等；三是吸引国际资金共建开放多元共赢的金融合作平台，目前还在筹划阶段。当前进行的是国内各个金融机构对于有关地方给的一些项目融资和授信，还有个别金融机构在海外发美元债。此外，就是设立了一些开放性金融机构，像亚洲基础设施投资银行。目前最受关注的就是亚投行，因为它已经成立，有57个国家成为创始成员国，其中，有27个是域外的国家包括英国，现在对亚投行持冷淡态度的就是美国和日本两国，其他的国家都很积极。但是由于经济条件有限，亚投行真正能够按时缴纳股本金的只有少数几家，笔者测算全年股本金到位的只有100亿美元，因为它注册资本是1000亿美元，比亚开行还少，亚开行是1600亿美元。实际上，亚投行在国际开发性金融机构中还在发展初始阶段，所以对它的作用应合理评估。但就是这样的一家金融机构也让欧美很紧张，因为以前的国际金融机构都是由他们控制的，后来仅仅是日本设立了亚开行。二战以后，没有哪一个发展中国家能够设立国际金融机构，所以，尽管亚投行很小，但在欧美看来，中国人已经创造奇迹。从这个角度来看，亚投行任重道远。

习近平总书记说，亚投行要打造成"命运共同体、利益共同体、责任共同体"，这需要行长金立群先生首先是个政治家，其次是个外交家，最后还要挣钱。所以说，亚投行实际上面临很多考验。第一是内部结构，要避免国际金融组织的弊病，要兴利去弊，本来就没经验，还要实现三个"共同体"，非常不容易。第二，亚洲基础设施的商业意义值得商榷，亚洲基础设施绝对需求很高，但是有效需求实际是不足的。第三，项目需要进行风险评估。第四，涉及不同的金融设施生态环境，"一带一路"周边六十几个国家的支付体系、币种结算、信用环境、金融监管都有差异。第五，要与现行国际规则接轨、协调，因为与亚开行、世界银行、国际货币基金组织等都有联系，亚投行的规则不能与其冲突，要处理好与它们的关系。所以，亚投行面临很多问题，必然要经受很多考验。

所以，企业走出去参与"一带一路"倡议，应做合理规划和预期。2015年，国务院除了发布联合声明，还出台了一个重要的文件——《关于推进国际产能和装备制造合作的指导意见》，它从产能和装备制造怎么支持"一带一路"倡议的角度做了具体的要求，执行以来取得了一些效果。第一是铁路项目。一个是印度尼西亚亚旺高铁项目开工，同时，中老铁路进入实施阶段，中泰项目虽有波折但是已经启动，还有匈塞铁路动工、土耳其东西高铁落成等，都是央企或国企走出去的成果。核电设备和核电建设开始进入世界市场，高铁有色建材这些一般的项目也有走出去的势头，主要是一般的竞争性项目和产品。第二是对外投资工程承包。签订了一些承包合同，大型成套的设备出口增长也比较快，这样就带动了国内装备的标准品牌走出去。第三是业务创新。我们现在的基本做法是建营一体化，这个主要指的是大型项目，尤其是工程项目，采用的基本做法就是建设和经营一体化，投资经营者合一，经营一段时间之后再交出去。这种项目在铁路交通建设方面发挥了很大作用，包括一部分的经贸合作园区也采用这个办法，比如说埃塞俄比亚的工业园、中白工业园，以及缅甸的芨白经济特区，都是采用这种新的业务方式来推动"一带一路"倡议。第四是"一轴两翼"。重点是周边地区六条经济走廊，特别像哈萨克斯坦，我们之间的产能合作已经有了早期收获，涉及 52 个项目。同时俄罗斯、巴基斯坦等周边国家的发展也比较快，这叫"一轴"。"两翼"则主要是西边，西翼包括非洲和中欧。首先是中非产能合作，因为非洲现在正在推进工业化，所以，政府想把埃塞俄比亚打造成中非产能合作的承接地、示范区，同时聚焦肯尼亚、坦桑尼亚、埃及、南非等重点国家。通过提高中非产能的合作水平，实施中非工业化合作，推动非洲的"三网一化"，就是铁路、公路、航空三大网络和工业化，这是政府在非洲的布局。其次是中欧，中欧产能合作也是西翼，欧洲的合作重点是 16 + 1，就是中国—中东欧，思路是关键技术、市场依托西欧，然后利用我们的一些装备和产能在中东欧投资。最后就是"东翼"，中国和拉美合作，主要是通过资金、信贷、保险、做物流、电力、信息。这是目前中国促进国际产能和装备制造合作走出去的办法。

它的制度保障和工作机制一方面是贯彻落实境外投资管理办法，99.6% 对外投资实现备案管理。然后跟国外 17 个国家建立了双边、多边的产能合作机制，对接非盟、欧盟、东盟、拉共体这些区域组织。跟法国、韩国谈了第三方合作机制，意思是中国在境外的产能技术和市场都在对方的国家。同时，发改委已经和九省签订央地协同合作协议，还有十省在商签，这些都是工作机制的构建。我们还关注到，配合"一带一路"倡议在建的一系列双边、多边合作基金。其中有丝路基金支持的，比如中哈产能合作基金、中拉产能合作基金。所以说，地方央企想要走出去，需要基金支持，要有一个完整的构想。第二种是在境外发债，主要发的是美元债，现在上海自贸区也在酝酿在自贸区发人民币债，这是一个好办法，因为境外有很多这样的运营商。

二 "一带一路"建设中遇到的问题

第一，投资企业和来源地的不平衡和风险问题。现阶段中国企业在"一带一路"沿线的投资中，国企、央企是投资的主力军和领头羊，"开拓产品和业务的国际市场、占领当地市场、提高全球市场份额、增加盈利能力"等市场因素是企业"一带一路"沿线投资的第一大动因，政府政策位居其次。随着"一带一路"倡议的落实，越来越多的国内企业参与到"一带一路"沿线国家的投资当中，由于对"一带一路"相关国家投资企业以国企为主，企业来源地也主要集中在国内一线大城市。[①] 国企与民企并购重组难。国企和民企"走出去"有各自的优势，也有不利之处。国企的最大不利之处就是别人敏感，担心你有政府的意图，它们往往很谨慎；而民企"走出去"实力不够强。所以，促进国企、民企合作对我们也是个新的问题，地方央企想"走出去"，建议要联合国企、民企一起走。

"一带一路"沿线各区域经济发展程度和社会文化具有多样性，与中国在空间距离和国际关系方面也不尽相同，这些直接影响到了中国对沿线国家投资的区位选择（详见图7.8）。根据商务部相关数据显示，2016年，中国企业共对"一带一路"沿线的53个国家进行非金融类直接投资145.3亿美元，同比下降2%；在"一带一路"沿线61个国家新签对外承包工程项目合同8158份，新签合同额1260.3亿美元，同比增长36%；完

[①] 国内对外直接投资额前10个省份依次是广东、北京、上海、山东、江苏、浙江、辽宁、天津、湖南、云南。

成营业额759.7亿美元,同比增长9.7%。

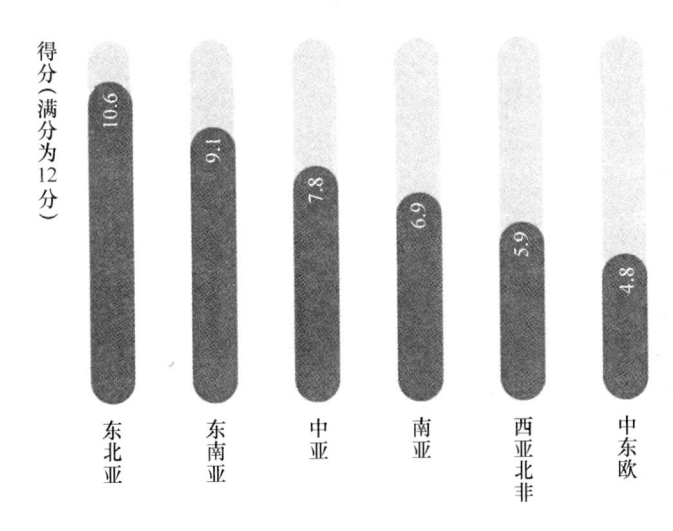

图中数据(满分为12分):
- 东北亚: 10.6
- 东南亚: 9.1
- 中亚: 7.8
- 南亚: 6.9
- 西亚北非: 5.9
- 中东欧: 4.8

图7.8 中国企业与"一带一路"各区域投资合作指标平均得分情况

资料来源:根据公开资料整理。

"一带一路"相关国家要素禀赋存在较大差异,与中国经济互补程度不同,中国对沿线国家直接投资的产业领域也呈现异质性(见图7.9)。能源是中国对"一带一路"相关国家直接投资规模最大、最为重要的产业领域;交通运输也具有重要地位,其投资规模仅次于能源类投资;此外,作为信息基础设施建设的一部分,电信等技术类投资也是中国对"一带一路"相关国家直接投资较为重要的产业领域之一。

在中国企业"走出去"取得成功的同时,中国企业遭遇到的阻碍也在大幅增加。第一,自2016年1月至2017年3月,针对中国企业或可能对中国企业产生影响的贸易救济调查达215起,包括反倾销、反补贴、双反、反规避、保障措施。从争议解决看,有31%的被访者提及企业在"走出去"过程中曾遭遇程序或处罚,其中以遭遇民事诉讼和仲裁的企业较多。纠纷所涉领域主要为采购合同、销售合同纠纷。涉案最大标的在500万以下以及1亿元以上区间的最多。诉讼费用在10万—50万元区间的最多。诉讼和仲裁的结果以和解、调解居多。此外值得关注的是,由

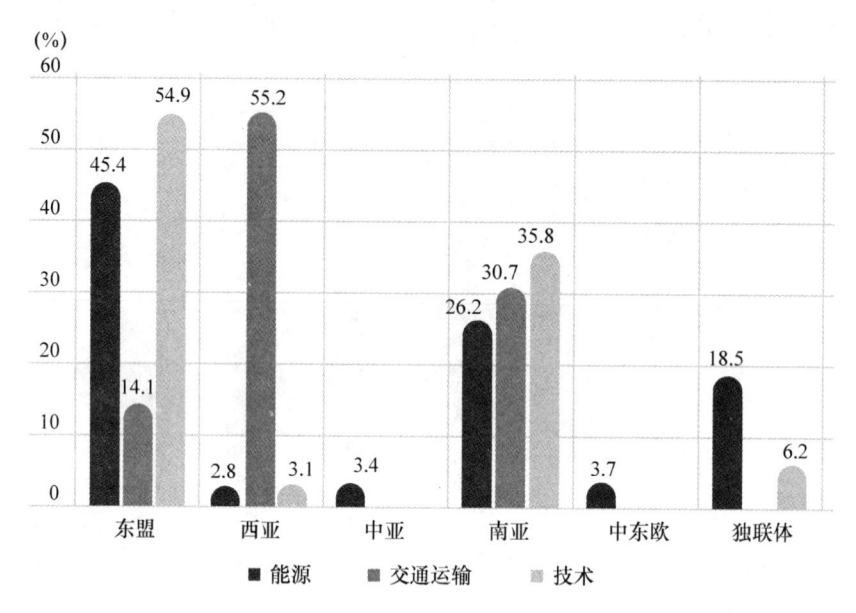

图 7.9　中国对"一带一路"沿线各类直接投资的区位结构分析

资料来源：根据公开资料整理。

于"一带一路"沿线国家多为发展中国家，发展阶段差异巨大，国情复杂多样，在为中国投资者提供广阔空间的同时，也加大了中国企业在海外投资、运营过程中的潜在风险。相关调查结果显示，近四成受访者认为投资过程中遇到的主要困难是政治不稳定、恐怖主义、战争、内乱、军事冲突等（详见图 7.10）。

随着"一带一路"倡议的深入推进，中国企业也将更多地参与到国际规则的运用中。相关配套措施，包括区域投资争端解决机制的设立、投资争端解决规则及程序的指引、双边投资保护协定的完善等将成为政府及相关机构的重点工作之一。

第二，要实现基础设施互联互通，搞产能合作、行业标准、技术资质互认，这本身就是个问题，因为有些标准还没有国际化。现在我们"一带一路""走出去"就遇到双重标准、技术不互认的问题，没有互认，我们的标准和技术得不到对方的认同。

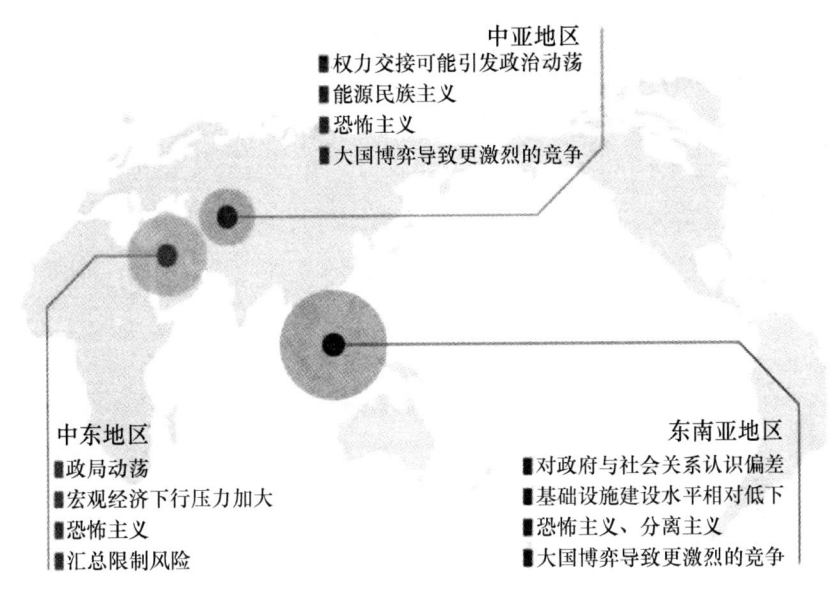

中亚地区
- 权力交接可能引发政治动荡
- 能源民族主义
- 恐怖主义
- 大国博弈导致更激烈的竞争

中东地区
- 政局动荡
- 宏观经济下行压力加大
- 恐怖主义
- 汇总限制风险

东南亚地区
- 对政府与社会关系认识偏差
- 基础设施建设水平相对低下
- 恐怖主义、分离主义
- 大国博弈导致更激烈的竞争

图 7.10　2017 年中国企业在"一带一路"相关地区需关注的风险

资料来源：根据公开资料整理。

第三，海外并购、工程承包融资租赁模式效率很低。国内银行的融资不支持出去并购，不支持出去搞国际承包，只能搞绿地投资。

第四，境外国际招投标困难多。因为缺乏境外的国际采购平台，作为总承包商的成本就很难控制；同时，国内银行包括政府服务体系现在也不完善，还有很多跟不上的地方。

第五，当地法律存在隐性贸易和投资壁垒，境外投资会遇到很多问题。比如法律要求当地雇员的比例，要求你跟当地企业联合投标，而且有些地方还会限制你的股权比例，不是你想怎么干就能怎么干。

第六，工程技术、环保标准很高。虽然有些国家是发展中国家，但是它的标准和欧美没有差别，尤其是环保技术标准很高。按国内的一套可能会不适应，比如到非洲投资，它们的劳工标准就很高，工人上班要喝咖啡、要有空调，它们的要求是西方的标准。

第七，"一带一路"倡议过程中，商业原则有时候很难贯彻。很多时候我们和这些国家合作，往往是既当甲方又当乙方，本来是对方的事都得你去替他办，无形中增加了很多成本，实现盈利可能就存在困难。

第八，面临日本的明显竞争。在亚洲地区，日本加紧了与中国的竞争。中国提出"一带一路"以后，日本先是采取冷处理的态度，之后加紧了在亚洲地区与中国的竞争。2015年5月，日本宣布5年内对亚洲基础设施投资1000亿美元；12月，与印度签署120亿美元高铁协议；此外，加大对外援助的贷款，总规模达到14700亿日元，涉及铁路的有菲律宾2429亿日元、印度尼西亚770亿日元、印度1240亿日元。

三 "一带一路"倡议未来的发展趋势

第一，部门、地方、驻外使馆、协会、企业、金融机构"六位一体"的协同推进。

第二，"两重一商"项目与不同资金来源匹配分类推进，就是说对重大战略性项目、重大政府间合作项目和一般商业性项目采取区别化资金支持。如果有重大战略性项目、重大政府间合作项目，政府是会考虑提供资金支持。但一般的商业性项目就得完全依靠市场。

第三，以周边为主轴，以非洲、中东和中东欧为"西翼"，以拉美为"东翼"全面推进，"一轴两翼"从政府层面提出45个重点国家，"一带一路"沿线是65个国家，但重点是这45个国家，这里面既有双边合作，也有多边合作，还有第三方合作，力争重点国家双边产能合作机制全覆盖。同时，要设立第三方市场合作基金，这也是很重要的信息。这种金融设计是要树立第三方的合作样板，以德国、英国、美国、韩国等高收入国家为重点合作伙伴，选准合作领域和重点项目，共同开拓第三方市场，这是"一轴两翼"布局的含义。

第四，"三网一区一链"整体推进，交通网、能源网、信息网是"三网"，一区是产业集聚区，形成产业链来推进国际产能装备制造合作项目，滚动推进项目落地，这叫"三网一区一链"整体推进。这个构想很宏伟，但要稳步推进，不可能在短期一两年内完成。那么，在沿线六十几个国家的合作范围基础上建立一套新的国际规则就是更长远的努力方向。所以，国际经济合作协议要推进需要很艰苦的谈判，任重道远。

同时，另有几个问题需要澄清：第一，"一带一路"倡议不是中国版

"马歇尔计划",我们不是搞对外援助,而是要进行市场化运作,企业需要担负很大的责任,不能指望政府埋单。第二,"一带一路"倡议不是为国内过剩产能找出路。我们的项目建设都要参与国际招投标,是要出去参与平等竞争,没有特殊待遇。当然,通过"一带一路"可能会有一部分过剩产能可以被消化,但是要通过竞争消化,没有特殊途径也没有制度安排,这个是不能误解的。应充分认识五中全会《建议》指出的"一带一路"倡议要广泛开展教育、科技、文化、旅游、卫生、环保等领域的合作,造福当地民众。第三,"一带一路"倡议及相关措施是对现行国际金融经济秩序的补充和完善。不论是"一带一路"倡议还是成立亚投行,都不可能重塑国际投资贸易金融规则。

总而言之,"一带一路"建设追求兼收并蓄、共生共荣,遵循市场规律和国际通行规则,中国企业走出去要发挥主体作用,也要发挥政府作用,通过兼顾各方利益和关切,寻求利益契合点和合作最大公约数。

第 五 篇
经济全球化与中国参与、引领全球经济治理

第一章 对后危机时代经济全球化趋势的探讨与分析

在国际金融危机冲击下,全球贸易与直接投资流量下降,但经济全球化的基本趋势没有改变;跨国垄断资本不仅有经济金融实力继续推进生产要素的跨国界流动,而且经济全球化趋势演进的内生机制、运行条件和路径等仍将在调整和变化中继续发挥作用。但这并不意味着国际金融危机对经济全球化的发展进程毫无影响,在后危机时代,经济全球化和世界经济多极化都出现了若干新特点和新态势。对这些新情况的分析表明,在后危机时代,中国全面参与经济全球化将遇到新挑战,但机遇仍然大于挑战。2009年三季度后,美国与西方主要发达国家的经济出现好转迹象,尽管经济复苏之路尚遥,但认为世界经济进入"后国际金融危机时代"的看法已颇为流行。[①] 怎么看待后危机时代的世界经济,经济全球化对中国是否还有机遇?这是本章的主题。2007年10月召开的党的十七大对世界形势的判断是:"和平与发展仍然是时代主题""世界多极化不可逆转,经济全球化深入发展";指出中国改革开放的一条经验是"把坚持独立自主同参与经济全球化结合起来";并要求"科学分析中国全面参与经济全球化的新机遇新挑战"。[②] 这些重大判断与认识是否过时,哪些需要与时俱进地再认识,成为需要分析研究与回答的重要问题(裴长洪,2010)。

[①] 王秋石:《后金融危机时期全球经济的五大特征》,《当代财经》2009年第12期。
[②] 胡锦涛:《高举中国特色社会主义伟大旗帜 为夺取全面建设小康社会新胜利而奋斗》,人民出版社2007年版。

第一节 经济全球化的基本趋势没有改变

经济全球化的动力机制既来源于以跨国公司为代表的市场力量,它加速了商品、服务和生产要素的跨国界流动,以及国际化生产经营在全球的扩展;又来源于为跨国垄断资本服务的西方发达国家政府极力推行贸易投资自由化的种种努力,以及为全球资源配置所进行的各种经济合作、协调机制与国际组织的作用。

从现象上看,2009年全球货物、服务和直接投资流量都明显下降,但国际组织预测2010年流量都将回升,因此贸易流量只有单年度下降,而直接投资流量的下降却不如2001—2003年期间那么严重。国际直接投资流量在2007年达到1.979万亿美元空前峰值后,2008年下降14%,但仍然达到1.697万亿美元,位居历史第二高点;2009年下降了39%,但绝对值仍然达到1.04万亿美元左右,而且,2008年和2009年跨国并购在国际直接投资中仍占68%和67%,与2007年的70%相差无多。这种状况与美国IT新经济泡沫破灭后国际直接投资流量从2000年的1.3万亿美元历史峰值下跌到2003年的5000多亿美元有很大不同。联合国贸发会议预测,2010年国际直接投资流量将恢复到1.4万亿美元。①

值得注意的是,危机中国际证券投资流量不仅没有下降,反而有所增长,这与人们的想象正相反。2007年,全球证券投资11130亿美元,为2001年的10.62倍,年均增长高达48.26%。2008年,国际证券投资增速明显下降,全年额度为12442亿美元,但仍然比2007年增长了11.8%。2009年,国际证券投资重新活跃。2009年前三季度,国际股本证券融资额为1723.66亿美元,同比增长76%;国际负债证券融资额为30363亿美元,而2008年同期为13224亿美元,同比增长129.6%。②

这说明,以跨国公司为代表的跨国垄断资本仍然有经济金融实力继续

---

① UNCTAD,"Overview","FDITrends, PoliciesandProspects",。
② 数据来自 IMF,https://www.imf.org/en/Data,2009年数据来自 BIS(国际清算银行):https://www.bis.org/statistics/about_derivatives_stats.htm? m = 6%7C32,经计算后整理。

推进生产要素的跨国界流动,更重要的是,经济全球化趋势演进的内生机制、运行条件和演进路径即世界经济结构,以及国际货币体系和全球经济增长模式等都仍将在调整和变化中继续发挥作用。

一 内生机制:世界经济结构不会发生大的改变

以美国为首的西方发达国家的跨国公司,其市场行为深深植根于世界经济的结构性矛盾:即发达国家的经济日益服务化、虚拟化;日益成为服务产品,特别是金融产品的生产者、消费者和供给者、并日益依赖进口物质产品来满足消费;而更多的发展中国家从事制造生产和资源供给,从而吸引和驱动商品、资本和技术等要素的加速流动来实现世界经济的平衡。

进入21世纪,美国的服务性行业占GDP比重超过了70%。但在经济全球化条件下,掌握了信息关键技术的西方跨国公司成为引领全球化生产经营的主导力量,通过对全球生产价值链条的有效管理,美国和发达国家的跨国公司控制着全球生产的规模和流向。虽然随着生产经营环节的对外转移,发达国家出现了所谓"产业空洞化"现象,但在企业层次上看,原先以生产环节为核心的母公司变成了控制整个供应链的、以提供"生产性服务"为核心的生产服务型企业。只是这种企业微观层面的变化,加速了世界商品、服务和生产要素的流动。

根据2009年12月22日美国商务部经济分析局发布的最新调整数据,2008年第一至第四季度,美国实际GDP年增长率分别为-0.7%、1.5%、-2.7%、-5.4%。2009年第一至第三季度实际GDP年增长率分别为-6.4%、-0.7%、2.2%。2008年美国实际GDP增长1.1%,其中私人服务生产部门增长1.6%,私人货物生产部门下降3.0%。2008年美国制造业增加值下降2.7%;这使美国制造业增加值占GDP比重从2007年的14%下降为2008年的13.5%;而服务业占比反而从80.92%上升为81.62%。[1] 这说明在金融危机冲击下各产业都受影响,但服务业比重占支配地位的经济结构却没有改变。欧洲服务业的比重在2000—2008年间逐年上升为74.5%、75.1%、75.9%、76.6%、76.5%、76.5%、76.4%、

---

[1] 根据美国商务部经济分析局2009年4月28日公布的数据计算得出。

76.5%、76.3%。① 日本第三产业 2005 年占比 63.2%，2007 年服务业占比上升为 79.5%。② 可见西方各发达国家服务业比重都已经很高，不会因为金融危机冲击而使经济结构发生戏剧性变化。

二 运行条件：美元霸权地位仍可勉力支撑

经济全球化的金融实质是美元充当世界货币并成为世界财富的符号，可以向各种形式的价值创造（资本、劳动和技术）及其财富需求提供实现物，这导致美元充当世界经济平衡的货币工具，而美国国家利益与世界各国利益的矛盾，又使美元经常成为世界经济不平衡的罪魁祸首。美国金融危机的爆发，使美元霸权地位受到打击，也引发了一些欧洲政客对欧元取代美元地位的天真遐想，但事实证明，欧元还不足以取代美元霸权地位。首先是美元对比欧元汇率依然比较坚挺。根据国际货币基金组织月度汇率统计，2007 年 1 月平均 1 美元兑 1.3 欧元，2008 年 1 月 1 美元平均兑 1.47 欧元；2009 年 1 月平均 1 美元兑 1.32 欧元；2010 年 1 月平均 1 美元兑 1.43 欧元。其次是美元仍占据外汇交易的主导地位，大多数国家以美元结算外贸的比例高于其与美国之间的贸易。2008 年在全球外汇市场上，美元与欧元之间外汇交易约占 28%，美元与欧元之外其他货币外汇交易约占 61%，欧元与美元之外的其他货币交易约占 8%，美元、欧元之外外币交易约占 3%。再次是美元作为储备资产的地位仍在维持。尽管美国是全球经济金融危机中心，但流动的美元资产仍是安全的天堂，储备中美元份额仍保持高位。2000 年美元在全球储备中占 70%，到 2007 年、2008 年美元在全球储备中仍保持大约 65% 的比重。③

三 运行路径：全球经济增长模式仍将曲折持续

国际金融危机发生后，美国主流经济学家提出世界经济再平衡论，以及 2009 年 9 月世界 20 国领导人峰会，美国提出世界经济"可持续与平衡

---

① 根据联合国数据中心统计数据计算得出（http://www.un.org/zh/databases/index.html）。
② 日本经济产业省（http://www.meti.go.jp/statistics/index.html）。
③ 数据引自美国商务部经济分析局（https://www.bea.gov/）。

发展框架",其意图都是要改变现行的全球经济增长模式,即未来美国居民应降低消费水平,提高储蓄率,提高工业制成品出口能力,减少贸易逆差,减轻经济增长对消费的依赖;同时要求中国等贸易顺差国减少出口,转向内需。

在现实情况下,美国在多大程度上能够转变过去负债消费、过度消费的经济增长模式,这不取决于美国政治精英的愿望和主张,而取决于美国长期形成的社会经济结构和文化传统。美国经济以"消费导向型"为主要特征,居民消费是美国经济的支柱。2002—2008 年,居民消费支出占 GDP 比重超过 70%。其中,商品消费比重约占 30%,服务消费比重约占 40%。从消费结构来看,耐用消费品消费(主要包括汽车、家电等)、非耐用消费品消费(主要包括食品、服装、燃油等)、服务消费(主要包括住房、交通、娱乐教育等)基本保持稳定比重。

从国际金融危机发生后的一年时间看,美国的消费水平确有所下降,但没有想象的那么严重。2007 年第四季度美国个人消费支出 100192 亿美元,2008 年第四季度降为 100098 亿美元,2009 年第二、第三季度分别为 99993 亿美元、101329 亿美元。按现行价格(名义)计算,2007 年与 2008 年相比,一年中 GDP 下降了 0.5%,一年中的个人消费上升 3.6%。从 2008 年四季度到 2009 年二季度的半年中,GDP 下降 1.4%,个人消费下降 0.1%。2009 年二季度到三季度,GDP 上升 0.8%,个人消费上升 1.4%。金融危机期间美国经济衰退主要是投资衰退,其次才是消费势头减弱。

随着消费减弱,个人储蓄率有所上升,但也没有想象的那么高。20 世纪 90 年代中期美国居民储蓄率为 5.2% 至 5.8%,2009 年三季度的储蓄率比这个水平还低。从近 20 年历史看,5.4% 仍是较低的储蓄率。1991 年衰退时美国个人储蓄率曾达到 7.0%,1992 年继续上升到 7.3%。1993 年经济开始强劲复苏,储蓄率降到 5.8%。这次衰退低谷的储蓄率刚刚达到 5.4%,虽不排除还会间或回升,但总体看将处于低水平。2007 年衰退开始前,个人消费占 GDP 比重是 69.8%。随着衰退的到来,投资比消费下降更多,从而消费在 GDP 中的比重反而进一步上升了。2008 年超过 70%,达到 70.1%,2009 年一、二、三季度分别达到 70.4%、70.7% 和

71.1%，个人消费总额中，商品消费和服务消费之比大致是1∶2，服务消费相对刚性。① 奥巴马政府的基本政策是鼓励消费，而不是鼓励储蓄。例如减税、补贴低收入阶层、汽车以旧换新、首套房抵税等。奥巴马政府提高储蓄率的说法，到目前为止仍然只是一种愿望。为什么会出现这种结果？其原因在于：

第一，美国消费导向型经济增长模式是长期形成的，历史不可能倒退。居民消费始终是美国经济增长的动力，从美国商务部统计数据来看，2000—2008年以来，美国私人消费占美国GDP比重一直维持在70%以上；私人消费支出增长率变化从20世纪50年代开始一直保持在-2%到7%的幅度内波动，长期增长趋势并未发生太大变化。消费支出增长成为惯性。

美国消费增长模式得益于两个主要因素：一是放松管制的低利率金融市场使得风险被严重低估，支持了美国负债消费；二是历史形成的美元霸权是维持美国负债消费的另一重要制度因素。美国消费模式的形成是市场经济信用制度不断完善的结果，包括三个方面：一是各种保障信用消费制度不断创新；二是各种信用交易基础设施不断完善；三是借贷消费理念逐步确立。2008年美国信用卡发卡总量为6.5亿张，年交易总额达到1.53万亿美元。②

第二，改变经济增长模式不符合美国金融垄断资本的利益。服务经济的发展，使美国生产总值三分之二以上是只以价值量衡量的国民收入，而没有实物产品，美国经济日益虚拟化，这使美国金融资本成为最强大、最有权势的利益集团。金融危机削弱了金融资本，但靠美国政府不断输血，依然十分强大。任何缩减金融资本活动空间的经济措施都不符合金融资本的利益。美国居民负债消费正是金融资本借以迅速扩大金融产品生产与市场的最广泛土壤，改变美国居民的消费习惯不符合美国金融资本的利益。美国政府采取的种种稳定金融市场的措施，其中一个重要目的，也是为了修补消费拉动经济增长的模式。2009年6月17日，奥巴马政府出台《金融监管改革：新基础》，提出了监管框架、监管领域、监管权责等多方面

---

① 刘日红、李强：《金融危机难以根本改变美国消费模式》，《国际贸易论坛》2009年第12期。
② CEIC data. 亚洲经济数据，cn-casslibrary-cdml，casscdm。

第一章 对后危机时代经济全球化趋势的探讨与分析 583

金融监管改革方案，旨在提升全球对美金融市场信心，恢复金融体系稳定，特别是恢复信贷消费的稳定和安全。为此专门建立了消费者金融保护局（CFPA），旨在强化对金融消费者利益的保护。

第三，工业生产复苏有赖于消费支出增长的恢复。美国经济史表明，消费支出与工业生产增长相关性很强，消费支出往往伴随工业生产库存化和去库存化发生周期性调整。1960—2008年多数年份中，美国实际消费支出上升导致工业生产更大幅度上升，实际消费支出同比增长率上升至5%—8%时，工业生产同比增长率升至8%—10%。而1960—2008年间实际消费支出同比增长率下降至3%—4%时，工业生产同比增长率通常下降5%左右，再通过库存渠道影响到资本支出使之下降更多。[①]

第四，美国产业资本也依赖金融市场。美国制造业具有全世界难以企及的优势：技术、管理、品牌、营销能力和整合资源能力。那为什么仍然出现两大汽车公司破产危机？因为美国工会极力主张高工资和高福利，迫使美国公司难以控制劳动力成本，美国制造业依靠产业资本自身循环来平衡成本与收益的能力愈来愈弱；它需要依靠资本运作的手段，即不断在全球市场上通过重组、兼并、收购等方式来争取在金融领域的利润以弥补和抵销生产成本的不断增加，因此使美国产业资本的生存愈来愈依赖全球金融市场。在美国非金融企业的总资产中，金融资产比重越来越高，1987年、1997年、2007年美国非金融企业的金融资产占总资产比重分别为34.7%、42.5%、47%。而美国居民消费模式的转变，意味着美国金融市场乃至全球金融市场的萎缩或扩张速度下降，这也使产业资本难以忍受。

第五，美国居民偏好金融交易以获得财富。经济结构的虚拟化，导致国民财富结构的改变，实物财富在经济生活中愈来愈退居次要地位，虚拟财富愈来愈占有重要地位，这导致了人们观念的变化，这种观念变化就是经济学中说的偏好改变。金融产品交易成为美国居民获得财富的重要来源，1980年美国居民收入中来自金融业和股息等金融性收入占23.2%，1990年上升到37.5%，1999年上升到48.2%，进入21世纪则达到一半

---

① 资料来源：美联储网站经济研究与数据（https://www.federalreserve.gov/data.htm）。

以上。① 可见负债与扩大金融产品交易不仅是美国普通居民的实际经济利益，也是美国独特的时尚文化，回到过去靠工资收入积累财富的传统，既不符合美国人民的利益，也违背美国的时尚文化。美联储 2009 年 3 月 12 日公布的数据称，危机爆发前的 2007 年第二季度，美国家庭的财富（房产、银行存款、股票资产减去债务）曾为 64.4 万亿美元，到金融危机爆发后的 2008 年底，尽管美国家庭财富缩水了 20%，但仍然达到 51.5 万亿美元。② 美国家庭依靠金融交易积累起来的财富仍然有较强的基础，设想美国居民会放弃这种途径而另辟蹊径是不现实的。

因此结论是明显的：未来发达国家会继续出现消费与储蓄比例关系一定程度的波动，但不可能改变它们的经济结构；不可能改变金融资本、产业资本的生存方式；不可能改变居民的利益偏好与时尚文化。若强行改变，必然引起政治和社会动荡。因此美国等发达国家依靠消费拉动经济增长的趋势不会改变，负债消费和过度消费会有所收敛，但仍然会花样翻新继续出现，美国将仍然是世界最大的商品市场，其他发达国家也都只能照着美国的路子走，不可能出现太大的偏离。

第二节　经济全球化趋势中的新特点

经济全球化的基本趋势没有改变，但并不意味着国际金融危机对它的发展进程毫无影响，在后危机时代，这种影响不仅存在，而且呈现出若干新特点。

第一，国家资本直接与私人垄断资本相融合成为危机救援的重要手段。在危机救援中，美国和西方发达国家普遍采用直接干预、重组乃至接管濒临倒闭的金融机构的方式来稳定金融体系，证明私人金融垄断资本与国家资本已经融为一体。继美国政府接管"两房"和保险巨头 AIC 之后，2008 年 10 月份美国国会批准美国财政部以 2900 亿美元为美洲等九大银行

---

① 国家统计局网站/国际数据/1997，2001/美国个人可支配收入和人均个人可支配收入，参见 http://data.stats.gov.cn/easyquery.htm? cn = G0104。

② 资料来源：美联储网站经济研究与数据（https://www.federalreserve.gov/data.htm）。

注资参股；另以 4100 亿美元用于直接收购银行股份。与此同时，欧元区 15 国联合救市计划也包括以取得优先股的方式向银行直接注资。2008 年 10 月 5 日德国政府以 680 亿美元巨资收购房地产巨头 HRE，荷兰和法国政府分别出资 233 亿美元和 198 亿美元，收购富通银行股份，爱尔兰几乎把银行系统全部国有化，连最推崇自由经济的英国政府，也在 2008 年 9 月 29 日接管了英国的房地产贷款巨头布拉德福德—宾利公司。救援行动的一致性说明，经济全球化不仅把私人垄断资本的利益联系在一起，也把西方发达国家资本的利益联系在一起；国家资本从救援到其他干预将成为经济全球化深入发展的新现象。

第二，国家资本跨国化成为刺激经济的新需要。危机中各国不仅普遍采取经济刺激方案来纾缓本国危机，而且还采取联合措施刺激经济。2009 年 4 月 2 日，伦敦 G20 峰会各国领导人就全球经济刺激达成 1.1 万亿美元刺激计划的协议。出台了一系列旨在增强国际货币基金组织贷款能力、稳定国际金融秩序的多边协议。20 国集团领导人承诺为 IMF 和世界银行等多边金融机构提供总额 1.1 万亿美元融资，将 IMF 资金规模由 2500 亿美元增加至 7500 亿美元。与此同时，IMF 将增发 2500 亿美元特别提款权以增强流动性。为促进贸易以帮助全球经济复苏，同意在未来两年内，通过出口信贷机构、投资机构和银行提供 2500 亿美元用于贸易融资。此外，还将向区域性的多边发展银行提供至少 1000 亿美元贷款支持。完整地看，G20 伦敦峰会所形成的全球刺激经济计划金额合计远远超过 1.1 万亿美元，而到 2010 年底前不低于 6.1 万亿美元。可见资本要素的流动已经从私人垄断资本的跨国流动发展到国家资本的跨国流动。

第三，全球经济治理改革成为经济全球化新的利益诉求。首先是改革金融货币体系。在加强金融监管方面，2009 年 12 月 11 日，美国国会众议院通过了一项 20 世纪 30 年代大萧条以来最大的金融监管改革方案；2009 年 12 月 2 日，欧盟各成员国财长就金融监管框架达成一致；2009 年 2 月，英国议会通过了《2009 银行法案》。

美欧金融监管改革计划涉及金融机构、金融市场、金融产品、消费者保护、危机应对以及国际监管合作等诸多领域。在国际金融组织治理结构改革方面，决定新建金融稳定委员会取代现有的金融稳定论坛机制，对全球宏观经济和金融市场风险实施监控和预警。2009年6月26日,金融稳定委员会在瑞士巴塞尔正式成立,成员机构包括20多个国家央行、财政部和监管机构以及主要国际金融机构和专业委员会。[①]

在改革国际货币基金组织的呼声下,增加以中国、巴西、俄罗斯、印度为代表的新兴市场国家和发展中国家的发言权和投票权成为与美国"一股独大"进行博弈的新力量,尽管新借款安排(NAB)增资方式成为折中选择,但国际货币基金组织的改革已势在必行。2009年9月25日,匹兹堡G20峰会上各国领导人就金融体系改革等一系列问题达成共识,发表《领导人声明》指出:将新兴市场和发展中国家在国际货币基金组织的份额提高到至少5%以上,决定发展中国家和转型经济体在世界银行将至少增加3%的投票权;各方将注资超过5000亿美元,用于扩大国际货币基金组织的"新借款安排"机制。

其次是改革磋商与政策协调平台。由于世界经济相互依赖的程度不断加深,美国等西方发达国家与各国经济的对话、磋商与政策协调的必要性继续增强,G20成为各国对话、磋商与政策协调的机制性重要平台,取代了G7俱乐部和后来的G8。

为应对国际金融危机,到2009年11月为止召开了三次G20峰会。匹兹堡G20峰会《领导人声明》指定G20成为"国际经济合作的主要平台";继续实施经济刺激计划,支持经济活动,直到经济复苏得到明显巩固。

第四,新的科技革命及其产业化正在酝酿之中。历史经验表明,经济危机往往孕育着新的科技革命。面对这场国际金融危机,各国正在进行抢占科技制高点的竞赛,全球将进入空前的创新密集和产业振兴时代。[②] 美国提出,将研发的投入提高到GDP的3%这一历史最高水平,力图在新能源、基础科学、干细胞研究和航天等领域取得突破;美国科技的主攻方向将包括节能环保、智慧地球等。欧盟宣布到2013年以前,将投资1050亿

[①] 金亨泰:《危机后的金融体系框架——全球金融改革及其对于韩国的意义》,《金融评论》2009年第1卷第1期。

[②] 温家宝:《让科技引领111国可持续发展》,《人民日报》2009年11月3日。

欧元发展绿色经济，保持在绿色技术领域的世界领先地位。英国从高新科技特别是生物制药等方面，加强产业竞争的优势。日本重点开发能源和环境技术。俄罗斯提出开发纳米和核能技术。在应对气候变化中，各国都高度重视新能源产业发展，旨在加快推进以绿色和低碳技术为标志的能源革命。新能源汽车已成为全球汽车工业发展方向。世界主要国家为保障能源安全，都在加快新能源汽车研发和市场开拓的步伐。21世纪还是生命科学大发展的世纪，生物科技发展将显著提高农业和人口健康水平。信息网络产业是世界经济复苏的重要驱动力。全球互联网旨在向下一代升级，传感网和物联网方兴未艾。"智慧地球"简单说来就是物联网与互联网的结合，是传感网在基础设施和服务领域的广泛应用。[1] 在这些领域中，突破关键技术并使之产业化将成为后危机时代发达国家产业振兴以及促进新一轮产业转移出现，带动新的国际分工的新现象。

第五，跨国垄断资本旨在寻找新的全球市场。出于对美国国家利益的长远考虑，一部分垄断资本极力主张并支持美国政府发展新能源和低碳经济，并企图获得技术优势，再利用资本优势建立新的国际分工体系以及全球市场。这种努力将成为经济全球化深入发展的新动向。同时，为了讨好并取得金融垄断资本的支持，美国新能源经济的设计者还谋划了金融垄断资本在新能源经济中的生财之道——碳交易和碳金融。《2009年美国清洁能源和安全法案》中明确要建立一个以市场为基础的总量管制和排放交易体系，实行"限制排量与贸易许可"计划。建立"限额交易"制度之初，免费发放85%的排放配额，余下15%的配额进行拍卖，以后再逐年增加用于拍卖的排放配额的比重。对碳配额分配、交易、持有等将创造出一个巨大的碳金融市场，随之而来的就是对各类碳产品进行衍生创新，这将从物质能源中提炼出"金融要求权"——一种新的"能量通货"，美元纸币体系和能量通货结合可以保障美国金融资本和国家资本利益的最大化。实现这个构想将成为美国金融垄断资本建立新的国际分工体系、实现全球扩张的新计划。

---

[1] 路甬祥：《经济危机往往催生重大科技创新》，《新闻周刊》2009年1月19日。

第三节　国际分工与世界经济多极化新态势

跨国公司主导的全球资源配置和国际分工，把不同国家的经济纳入全球经济循环体系，成为经济全球化深入发展的突出表现。跨国资本的产业体系与国际分工体系紧密联系，形成有机的价值链，具有相对的稳定性。新产业体系及其国际分工体系的建立，面临技术、企业重组、市场、与既有垄断资本利益矛盾等方面的严峻挑战，因此将是一个竞争、合作、融合的较长过程。其成长过程表现在国际分工格局上，将不是后者颠覆前者，而是后者融入前者的渐进变化过程。

一　美国新能源经济成长前景与国际分工基本格局

奥巴马上台之前，其智囊班子就为其制定了振兴美国经济的基本思路：发展清洁能源和低碳经济。希望由此建立起新的战略性产业，形成新的技术与生产供给，使美国或西方发达国家成为新兴战略性产业的设计、研发和生产者、创新产品的主要供给者，这种新的国际分工不仅可以增强美国的制造能力和出口，而且让中国和发展中国家成为这些产品的消费者，从而改变世界经常项目收支的"失衡"格局。

在贸易规则上通过征收碳关税，限制中国和发展中国家的出口和产业，逼迫中国在高油价、碳关税、高汇率三重压力下永远处在国际分工的不利地位。但是这个如意算盘很难在几年内完全实现。这不仅在于美国参议院未必能通过《2009年美国清洁能源和安全法案》，更重要的是美国真正要推进战略性新产业将遭到重重阻力。

首先，推行清洁能源和低碳经济在国内外都有阻力。与信息技术经济和房地产金融不同，石油垄断集团是新能源经济的天敌，美国石油垄断资本和石油出口国都是新能源经济的对立面，它们可以容忍新能源在不损害其利益的前提下得到一定发展，一旦出现利益冲突，它们不会任其坐大，必要时会采取各种手段来封杀新能源经济的发展，甚至控制其技术。

其次，替代弹性较高。由于新能源是传统能源的替代品，存在替代弹性问题。新能源革命较之20世纪90年代互联网技术革命存在较多的困难。因为互联网技术没有替代产品,因此其可以在初期确定较高的价格以弥补研发、基础设施的投入,而又由于互联网存在供给和需求的双方面的规模经济,随着用户数量的增多,使用价格逐渐下降,因此整个产业能够形成良性循环。而新能源技术革命则不然,初期研发投入、资本设备投入、基础设施投入均比较高,而由于传统能源替代弹性较高的缘故,又不能定价过高,由此新能源产业初期企业盈利前景并不乐观。再加上新能源产品赢利周期可能并不长,也会打击对新能源产业的持续投入。垄断资本更愿意投资于稀缺资源开发或可以不承担投资失败责任(如金融创新)的领域。

再次,对新能源的需求仍然有限。由于同传统能源存在较高的替代关系,因此新能源需求主要是依靠政策扶持的新增容量,市场容量有限。而真正要等到新能源技术成熟,市场竞争力增强,对传统能源替代性增强,对传统能源市场存量的大规模替代将是未来10—20年以后的事情。从新能源技术适应性角度看,新能源技术不仅要面对传统能源低碳化改进技术的威胁,还要面临相互之间的竞争。例如,新能源中的太阳能不仅要与风电、水电、生物物质发电竞争,还要与带有碳捕获和封存技术(CCS)的燃煤和燃气发电相竞争。

然后,美国至今还缺乏使新兴战略性产业成长的机制。这包括风险投资、技术转让、成本补贴、市场规制、大众消费推广、出口促进等一系列经济杠杆手段。简单地依靠改变排放标准和交易规则,可在一定程度上促进新兴产业发展,但不具有内在的可持续性。而这一经济机制的建立,是一个极其复杂的利益博弈过程。这个机制还包括政府对新能源市场结构的设计和规则的制定,因为无论是新能源生产还是新能源装备产业都有技术和资本密集的特点,具有天然垄断性质。这种规模经济要求限制众多中小投资者的进入,并不能引发公司和企业大量建立的新经济现象。

最后也是最关键的是,美国制造业仍然很强大,产业资本对新产业的需求以及美国国家利益对发展新产业的迫切性并非想象得那么强烈。美国制造业优势体现在三个领域:第一,航空航天器、汽车、大型计算机、武器、成套设备等技术含量高、附加值高的行业；第二，机械、电子产品的核心零部件等，主要为大企业配套，技术含量也较高；第三，在附加值低的劳动密集型制造业中控制研发、品牌和营销。这些产业优势将相当长时间存在，决定美国世界创新领导者的地位，另外美国还牢牢掌握着石油价格武器来维持此地位。

因此美国战略性产业不可能迅速在未来三五年内取得很大进展，但这并不意味着在奥巴马任期（或4年或8年）内，美国以清洁能源和低碳经济为主的战略性产业毫无进展。在一部分美国垄断资本的支持下，会创建出一些新企业，并形成一定的产业体系，特别是在欧盟新能源资本的配合下，全球分工体系中也会出现新的产业分工以及部分的分工重组和企业并购，但这些都需要在竞争中与原有的产业基础相适应、相融合，不可能是简单的替代关系，因此不可能很快改变原有的制造业国际分工格局和国际收支流向。随着美国和发达国家的企业在制造业中成本控制能力的不断弱化，制造业向发展中国家转移的趋势将继续。在后危机时代，国际分工的格局将会在原有的基础上发生一些变化，但这仍然改变不了中国和一些国家仍然是世界制成品或中间产品的主要生产者和供给者的基本态势，世界经常项目收支的基本流向也不会有根本改变，中国和部分贸易顺差国家仍然是经常项目顺差大国，这是不以人的意志为转移的。在经济全球化趋势的国际分工中，贸易投资自由化和比较优势对要素配置的必然结果是与经常项目收支不平衡相伴随的，而这一切结果的动力机制只是来源于美国和发达国家的跨国公司的努力扩张。

二 国际分工深化

世界生产与消费分离的结构性不平衡特征继续演化，由于危机导致需求萎缩，世界制造业将发生新一轮的分化与调整最典型是汽车制造业，世界最大的汽车公司旨在收缩业务和调整结构。PSA集团、雷诺、菲亚特和欧宝、宝马、福特、丰田和大众相继宣布了停产计划，被削减的生产能力相当于其全球总生产能力的1/10。世界第一大钢铁企业安塞洛—米塔尔临时关闭其在法国的一半高炉。其在西欧总共有13座高炉即将要停产。英荷皇家壳牌石油公司放弃了之前已有投入的英国第二大风电建设项目。该公司退出英国项目后,将能源项目建设的重点调整至在北美开发风能和在伊拉克合营开发天然气项目。这些调整无疑都增强了发展中国家进一步趋向生产制造与能源供给的结构特征。

在这些调整中,跨国公司纷纷看好中国,把生产业务转入中国,中国吸收外商直接投资降幅很小。2009 年中国吸收外商直接投资 900 多亿美元,仅比 2008 年下降 2.6%,与全球 39% 的降幅对照极其鲜明。①

在生产与消费分离的全球经济结构状态下,中国和一些新兴经济体的"世界工厂"地位将继续上升,承担更多的商品生产分工,从而要求更大的世界市场。中国作为贸易投资大国地位的上升,必将与贸易伙伴发生更广泛、更深入的经济贸易关系和合作。统筹两种资源、两个市场和两个生产经营体系的关系不仅将赋予中国经济发展更深刻的含义,而且将深刻地影响经济全球化和世界经济多极化的态势。

三 世界经济多极化新态势

不同跨国垄断资本之间的矛盾,世界各国经济政治发展不平衡以及美国霸权与各国的矛盾、多哈回合全球多边关系谈判的停滞,决定了经济全球化的继续发展必然表现为国家利益集团化和区域经济一体化,世界经济多极化随着经济全球化的深入发展而更加丰富多彩。

(一) 金融危机加快了世界经济重心由大西洋向亚洲地区转移的速度

2008 年亚洲发展中国家和新兴工业化经济体的经济规模分别为 72387.3 亿美元、17370.6 亿美元,分别占世界经济总量的比重为 11.9%、2.9%。2008 年亚洲发展中国家经济占世界 11.9% 的比重中,中国经济占了 7.3%。2008 年亚洲发展中国家在世界经济总量中比重得到进一步提高,比 2000 年提高了 4.7 个百分点。而新兴工业化经济体在世界经济总量中比重略微下降,比 2000 年下降 0.6 个百分点。按照 IMF 的预测,2009 年亚洲发展中国家在世界经济总量中比重进一步提高到 13.8%;新兴工业化经济体在世界经济总量中比重进一步下降到 2.6%。除日本外,亚洲国家经济在世界经济中的份额由 1980 年的 7.8% 上升到 2008 年的

---

① 联合国贸发会议 2010 年 1 月 19 日报告,转引自《国际商报》2010 年 1 月 21 日第 1 版。

14.8%和2009年的16.4%。① 可以看出，亚洲国家在世界经济中的地位日益提高，而且正在加快发展。如果算上日本，亚洲经济规模已经占到世界经济总量的1/4。亚洲经济体的实力与日俱增，规模日益接近欧盟，而且亚洲经济呈现快速上升势头，不久会超过欧盟。中国、日本、印度、韩国和东盟是推动世界经济重心移向亚洲的核心力量。亚洲将日益成为国际经济贸易的活跃地区，加强与亚洲各国、各经济体的经济贸易合作必然成为中国未来对外经贸合作的重要内容，中国在亚洲区内贸易投资的发展，也将对中国海外市场多元化，减轻对美国、欧洲市场的依存度产生重要影响。

（二）"金砖四国"成为新兴的经济大国

近年来，"金砖四国"抓住了经济全球化带来的机遇，发挥各自优势，显示出强劲的发展活力，经济迅速崛起，改变了世界经济结构和全球利益格局，其增长部分占世界经济增长近一半。2008年世界各国GDP前20位排名，发达国家11个，新兴经济体占9个，分别是中国、俄罗斯、巴西、墨西哥、印度、韩国、土耳其、波兰、沙特阿拉伯。俄罗斯、巴西、沙特阿拉伯经济快速增长得益于近年来能源资源价格高涨。墨西哥、印度、韩国、土耳其、波兰经济增长更多受益于与美国以及欧盟的经济贸易关系的发展。在世界经济50强中，发达经济体占22个，发展中经济体（包括中国台湾和中国香港）占了28个，发展中经济体数量超过一半以上。在这些新兴经济体中，中国、印度、巴西和俄罗斯以其国土面积、人口、经济规模和增长状况显示出明显的重要性，被誉为"金砖四国"。四国在世界经济和发展问题上，有许多利益共同点，相互之间的联系和对话日益增加，成为世界经济中一支不可忽视的力量。

（三）美国主要债权国的出现

20国集团并不是一个国家联盟，而是反映不同利益诉求的国家间的沟通与磋商机制，它要协调发达国家与发展中国家的不同利益诉求关系，协调发达国家各自之间的利益诉求关系，甚至包括部分发达国家与发展中国

---

① 数据来自国际货币基金组织2009年4月发布的世界经济展望数据库（IMF World Economic OutlookDatabase, April 2009, http://www.imf.org/cxternal/pubs/ft/wco/2009/0i/wcodata/indcx.aspx）。

家对于某些发达国家的利益诉求关系。在20国集团中，中国、日本、英国、德国和石油出口国等都是美国的债权国，2009年10月中国持有美国国债数量为7989亿美元，日本为7465亿美元，英国为2307亿美元，德国为528亿美元，而石油出口国则增至1884亿美元。[①] 美元汇率的稳定，关系到这些国家的切身利益。这些国家对美国有责任和有义务保持美元币值的稳定有着共同的要求，在20国集团中成为一种重要的利益诉求方。这种现象的出现表明，后危机时代将是世界经济多极化趋势进一步深化的时期，各个国家的利益诉求关系不断在发生分化和改组，简单地用发达国家和发展中国家的两分法概念已不能全面、充分反映世界经济和国际经贸关系的新格局；世界经济已不能简单地用两分法或三分法就可以反映全球利益格局，而成为因事、因时而异的多种划分的利益诉求关系。但不管出现多少种利益诉求关系的划分，美国都是每一种划分关系中的甲方，美国处在世界经济协调关系中的主要矛盾地位。这说明，美国若要协调好世界经济中的各种问题，首先要处理好自己的事情，少对别人的事情指手画脚；世界各国也有权利要求美国处理好自己的事情，因为这是处理好世界经济各种问题的前提。

世界各国在应对气候变化问题上形成不同利益的国家集团。在2009年12月召开的哥本哈根世界应对气候变化第十五次缔约方会议上，各国既有对减少温室气体排放的共识，也有依据自身利益对各国减少排放的利益诉求。欧盟国家对减少温室气体排放最为积极，这与欧盟成员国可再生能源的发展有关。目前全球清洁能源发展主要集中在风能与太阳能领域。2008年美国风电装机容量累计为25170兆瓦，德国、西班牙等欧洲9国则达到60312兆瓦；[②] 在过去15年中，全球光伏产业以25%的年均增长率成长。在德国光伏屋顶计划引领下，德国缔造了全球第一大太阳能市场，形成了上下游完整的太阳能产业链，囊括全球近1/3的太阳能市场，德国风力发电已占其全国发电总量近8%。欧洲光伏产业协会发布的2008年世界

[①] 2009年12月15日美国财政部公布的国际资本流动报告（TIC, https://home.treasury.gov/）。

[②] 资料来源：Global Wind 2008 Report（http://gwec.net/publications/global-wind-report-2/the-global-wind-2008-report/）.

太阳能市场排名显示,目前欧洲仍是全球太阳能市场最重要的地区。法国则在核电方而居于全球领先地位,全国78%以上的电力供应来自核能发电。法国核电企业则在国内核电饱和情况下不断努力开拓海外市场,如收购他国公司等,此外,法国也向各国积极推销民用核能项目。[①] 德国还是欧洲利用生物质能发电最成功的国家之一,德国沼气专业协会在第16次年会报告中预计,2020年用沼气发电将占到德国电量消耗的17%。2004年5月德国政府对《可再生能源优先法》进行了修订,进一步强化了鼓励沼气发电的措施,并增加了对使用能源作物和新的发电技术的鼓励,更加支持小型的和以农场为基础的沼气发电工程。1988年丹麦建立了世界上第一座秸秆生物燃烧发电厂,现已建立了130多家秸秆生物发电厂,秸秆发电等可再生能源占丹麦能源消费量的24%以上。当前丹麦正在实行利用生物质能进行热电联产的计划,使生物质能同时满足提供高品位电能和供热的需求。英国、荷兰等国家也已采用大型秸秆锅炉用于供暖、发电或热电联产。[②]

在传统能源资本的实力对比上,欧洲石油垄断资本的实力、集中度都逊于美国,因此推行新能源的阻力也较小。2007年,世界500强中,美国石油公司市值总计为11819亿美元,占据12个席位,欧洲石油公司市值总计为10941亿美元,占据8个席位;2009年,美国石油公司市值总计为8451亿美元,占据13个席位,欧洲石油公司市值总计为8131亿美元,占据8个席位,分布于6个成员国。美国埃克森美孚(Exxon Mobil)公司尽管市值大幅缩水,但仍居500强第二位,其市值3237亿美元,仍然大大超过欧洲石油霸主荷兰皇家壳牌(Royal Dutch Shell)的1866亿美元、远超过BP的1818亿美元,其地位难以撼动。2009年全球500强中,危机后有三家美国石油公司市值上升,它们是依欧格资源(Eog Resources)、XTO能源(XTO Energy)、西方石油公司(Occidental Petroleum)。其中,依欧格资源由219.55亿美元上升为248.7亿美元,增幅13.28%;XTO能源由248.35亿美元上升为270.03亿美元,增幅8.73%;西方石油公司由

---

① 联合国环境规划署:《2009年全球可持续能源投资趋势报告》。
② 陈建省:《生物质能源发展的趋势及策略》,《山东农业科学》2008年第4期。

637.94 亿美元上升为 660.29 亿美元，增幅 3.5%。①

相反，欧洲的非化石能源产业、环保产业发展较快，已经形成强大的利益集团和社会舆论。其资本利益集团的进一步发展，要求减少温室气体排放，实质上是继续压缩传统能源产业及其资本利益集团的空间，为新资本集团的成长创造更大的市场。因此在欧洲实行减排，阻力较小、成本较低。早在 2007 年，欧洲理事会就提出了能源和气候一体化决议的三个"20%"：到 2020 年温室气体排放比 1990 年减少 20%，可再生能源在总能源中比例提高到 20%，能源效率提高 20%。《欧洲气候变化计划》第一期报告对减排成本做过测算："欧盟实现对《京都议定书》承诺的总成本为 37 亿欧元，相当于 2010 年 GDP 的 0.06%，对经济的负面影响非常小。"② 欧盟在应对气候变化上的积极态度也隐含着与美国争夺世界领导权的政治企图。欧盟关于温室气体排放对地球人类社会危害的呼吁，得到各个岛国的共鸣，特别是关于地球温度上升 1.5℃，图瓦卢就将被淹没的悲惨预言，更激起岛国集团对减排的强烈愿望。但是，以美国为首的部分工业化国家，如日本、加拿大、澳大利亚等，对减排的中期预期较低，而且以加大发展中国家减排责任为前提。特别是美国，只提出到 2020 年比 2005 年减排 17% 的目标，更是与美国碳排放的大国责任相差甚远。

美国在温室气体排放上的消极态度，反映了美国国内垄断资本利益集团的矛盾。石油垄断资本集团在美国经济社会中的强大力量以及美国金融、石油垄断资本对于世界化石能源的控制利益，决定了美国在减排问题上不可能与欧盟完全合拍。奥巴马政府上台后，力推减排和新能源，反映了新资本集团的利益诉求，美国众议院以微弱多数通过了《美国清洁能源和安全法案》，但要在参议院通过却困难重重。不仅占参议院 40% 席位的共和党反对，就连来自各州的民主党议员也要根据本州利益审视该法案。一些煤炭生产和发电的州，以及农业州都因该法案将损害本州利益而不准备支持该法案。

由发展中国家组成的 77 国集团，加上中国，坚持《京都议定书》的

---

① 资料来源：英国《金融时报》网站（https://www.ft.com/），经整理后计算。
② 董军：《欧盟为何充当气候"急先锋"》，《中国经营报》2009 年 12 月 14 日第 6 版。

原则，坚持发展权的底线，坚持共同的但有区别的减排责任，要求发达国家率先实现总量减排，并给发展中国家提供资金和技术的支持。发展中国家的自主减排，并非强制性的国际承诺，因此不接受发达国家提出的"可测量、可报告、可核实"的任何国际核查。中国在会议上提出了到2020年对比2005年单位GDP二氧化碳降低40%—45%的自主减排目标，得到国际社会的赞誉。欧盟与美国虽然在减排问题上的利益并不一致，但在对发展中国家施压，要求发展中国家听凭它们摆布方面却表现出共同性，甚至不惜违背联合国气候变化公约和"巴厘路线图"的原则。以中国、印度、巴西、南非组成的"基础四国"，坚持捍卫联合国气候变化公约、《京都议定书》和巴厘路线图的原则，鲜明地表达了广大发展中国家在温室气体排放问题上的立场。

上述可见，在全球温室气体排放问题上，世界形成了：欧盟；以美、日、加、澳大利亚组成的伞形集团；发展中国家77国集团；以中国、印度、巴西、南非组成的发展中基础四国；欧佩克和沙特阿拉伯产油国集团；小岛国集团等若干利益不一致或不完全一致的集团。气候变化问题上利益多元化格局的出现，进一步加深了世界多极化趋势的发展，必将对经济全球化和国际经贸关系产生重大影响。

第四节　中国仍然是机遇大于挑战

"机遇前所未有、挑战也前所未有，机遇大于挑战"，这是党的十七大的判断，后危机时代，这个判断仍然没有过时。

后危机时代中国全面参与经济全球化、发展开放型经济确实面临许多新挑战。

首先是中国外贸发展方式还不适应后危机时代世界市场的新变化。在危机后的若干年内，由于美国和西方主要发达国家的新兴战略性产业尚不可能迅速成长，新的经济增长点还不足以带动大的市场需求；美国和西方发达国家的消费增长还处于恢复状态，世界经济将呈现低速增长，世界市场需求不可能出现较大的新增容量。因此中国对外贸易发展，特别是出口贸易发展面对的是外部需求拉动力低于金融危机之前的市场环境。在此环境下，中国外贸发展方式转变的迫切性进一步增强了。

其次是中国将面临贸易保护主义的长期困扰，应对贸易保护主义也将成为长期任务。客观上存在的经济利益矛盾、西方国家的选票政治因素，以及对中国社会制度的敌视和怀疑，都是贸易保护主义长期存在的原因。特别是由于中国工业化的加速发展，不仅面临努力减少碳排放的压力，而且也面临扩大世界市场的迫切需要。

但西方一些国家可能利用其在碳排放上的有利地位，增加节能环保产品和技术的出口，并限制高碳产品的进口和消费，甚至力图修改贸易规则以维护自身的利益。美国也可能在国际经贸关系上采取实用主义的态度，一方面在国际社会面前不承诺其作为碳排放大国所应该兑现的国际责任，另一方面又可以利用美国环保署（EPA）制定的《清洁空气法》等国内立法，来实行"绿色贸易保护主义"的某些措施。在面对国际挑战的同时，中国还面临兑现在 2009 年 12 月哥本哈根气候变化峰会上减排目标的承诺，加速经济发展方式的转变已经日益紧迫。

最后是中国国际性资产安全运营的矛盾凸显。随着中国企业走出去和海外资产的增加，以美元和西方货币计算价值的海外资产（实体资产和金融资产）都面临汇率和经营风险的安全考验；规避风险、安全高效已成为中国资产海外运营的现实问题。此外，中国企业海外投资还处于初级阶段，不仅发挥统筹两种资源、两个市场的能力建设刚刚起步，甚至也不能为扩大中国的商品和劳务市场发挥有效作用，因此，在后危机时代的国际经济竞争中，中国还十分缺乏取胜的新优势。不仅如此，在未来各国抢占经济科技制高点的国际竞争中，中国还面临差距被拉大的危险。

尽管如此，后危机时代中国全面参与经济全球化的空间不仅存在，而且机遇大于挑战。

（1）中国经济相对比重上升，为和平发展的时代主题增添了新的活力。2008 年中国经济规模超过了英国、德国，仅次于美国和日本，居世界第三位。在世界主要经济体受金融危机拖累，出现不同程度经济衰退的情况下，2009 年中国仍然能够维持超过 8% 以上的经济增长率，显示出经济强劲增长的基础。中国没有被国际金融危机的冲击削弱。2009 年 10 月，中国累计商品出口贸易达到 9570 亿美元，超过德国的 9170 亿美元，成为世界第一出口大国。

在国际金融危机推动世界制造业资本向中国新一轮转移进程中，中国制造业产品谱系将大大拓宽。西方跨国公司新一轮产业转移和对华投资将带来较高技术水平的现代劳动密集型产业，如汽车、石化、电子以及机械等；较为成熟的技术、知识密集型产业，如信息技术、微电子、通信等。跨国公司的业务转移可能不限于生产制造环节，而且可能包括研究与开发、设计、采购、销售及售后服务等相关环节，中国"世界工厂"的地位将更加巩固。经济地位的上升，使中国的国际影响力和话语权进一步增大，这为世界和平发展增添了新活力，有利于促进世界和平发展的时代潮流。

(2) 为中国企业海外投资和跨国经营创造了新机遇。国际金融危机造成了一些外国企业在资金和生产经营的严重困境，这是中国企业加快实施"走出去"战略的有利时机。通过绿地投资、重组联合、股权投资和跨国并购等多种方式，实现专业化、集约化和规模化的国际化经营，充分利用国际资源和市场，增强中国企业国际竞争力，同时积极培育具有国际知名度的企业及产品的品牌。中国企业实施"走出去"战略，扩大对外直接投资，有利于促进贸易和国际资源整合，有利于缓解国内市场供求矛盾，有利于进一步扩大规模经济，通过境外投资建厂形成若干基础设施较为完善、产业链较为完整、关联程度高、带动辐射能力强的境外经济技术贸易合作区，建立一大批中国海外独资、合资合作或控股公司，在获得国外资源、资金、技术和管理经验的同时在国际国内两个市场优化资源配置，促进国内产业在全球范围内的结构优化调整。

(3) 为人民币拓展国际业务营造了新空间。由于美元、欧元、英镑和日元在这场国际金融危机中受到不同程度的打击，国际地位受到动摇，美元地位会有所下降，为中国人民币拓展国际业务提供了难得机遇。鼓励中国商业银行积极开拓人民币国际业务，利用人民币开展国际经济活动，如进行人民币信贷融资、发行债券、国际结算、对外投资、支付国际工资、支付工程及劳务款项，从而推动人民币在国际经济活动中扩大采用和流通，促进人民币资产进入国外、特别是美国等西方发达国家的央行、主权机构和商业银行的资产负债表或成为某些经济体的储备货币。鼓励企业在跨境交易中采用人民币支付和结算，减少出口贸易以美元计价的风险。2009年上半年，中国服务贸易中，长期都是逆差状况的金融服务出现了小额顺差，表明中国人民币国际业务有了新发展，展现了人民币国际业务发展的潜力。

（4）世界经济重心转移为亚洲经济合作提供了新契机。在应对国际金融危机冲击中，中国—东盟自由贸易区已显示出活力，中国海外市场多元化取得了实质成效。这为中国积极参与亚太经合组织、10＋3合作、上海合作组织、大湄公河次区域合作等区域合作机制活动提供了鲜活经验。鉴于目前多哈回合多边贸易谈判处于搁浅状态，世界各国均在加紧商谈自由贸易区建设，中国需要从战略角度重视与有关贸易伙伴加快开展自由贸易区的建立。中国完全有可能把亚洲或亚太区域经济合作/自由贸易区构建为互利共赢、实现海外市场多元化发展的富有潜力和活力的市场。

（5）世界多极化的各种矛盾为中国开拓各类国际市场提供了回旋余地。在后危机时代，在围绕温室气体排放的原则立场和具体行动上，中国与发展中国家77国集团、与基础四国和金砖四国都有明显的共同立场和利益，反映到未来的国际经济合作和经贸关系上，中国与这些国家的贸易投资会有新的利益共同点，即便发生贸易摩擦和经贸纠纷，也易于避开碳排放和绿色贸易壁垒等方面的敏感问题，也易于在反对绿色贸易保护主义方面找到共同语言。这为中国在努力实现到2020年的减排目标的过渡时期提供了很大的回旋空间。在过渡时期，中国一方面要努力实现既定的减排目标，以适应欧美传统市场可能出现的绿色贸易限制措施；另一方面通过加强对这些新兴市场的开拓，寻找过渡时期可以利用的贸易和投资市场，以缓解过渡时期对中国出口贸易和其他经贸活动可能带来的不利影响。美国与欧盟在温室气体排放的利益矛盾也为中国继续发展中美、中欧经贸关系创造了新的空间。中国可以利用它们既打压中国，又都需要中国牵制对方的矛盾心理，发展双边经贸关系。只要中国善于利用这种矛盾，中美和中欧经贸关系仍会继续发展。中国与欧盟、中国与欧盟成员的经贸关系也有很大潜力。2008年欧盟27国包括本身内部成员之间的进口总额为60450.13亿美元，中国出口占其进口总额的比重仅为4.84%。可见，欧盟是中国出口占其进口需求比重最低的地区之一，也是中国出口最具挖掘潜力的市场之一。中国出口在英、法、德、意、西等大国进口中的比重都很低，进口需求最低的国家是奥地利，仅为1.04%。[①] 从一个侧面看，欧洲是中国出口最集中、最依赖的市场，但从侧面看却是中国商品占其进口比重最低的市场。这充分说明，后危机时代，不仅中国与欧盟各成员发展经贸关系存在很大的发展空间，而且还有许多机遇可供中国利用。

（6）世界多种利益诉求的分化为中国在国际经济竞争中建立统一战线关系提供了新思路。世界多极化和各国、各个国家集团利益诉求多元化的新格局，为中国在国际经济竞争中建立国际经贸合作统一战线带来了新的可能性。国际金融危机把中国推到了世界经济和国际社会矛盾的前台，西方国家中存在着利用"捧杀"和诋毁两种形式遏制中国的暗流，但世界经济多极化和多种利益诉求的分化又为中国提供了反遏制的联合力量，这为中国应对气候变化和贸易保护主义创造了有利的外部条件。在应对气候变化的国际关注中，贸易规则可能成为世界贸易组织的新议题。尽管贸易自由化的趋势不会改变，但贸易自由化会被逐渐加入新的因素，逐渐与传统自由贸易概念有新的区别，这也会成为一种趋势，中国应当积极参与规则制定并认真应对。经济全球化和贸易自由化是跨国垄断资本的根本利益所在，跨国公司主导国际贸易的基本格局决定了贸易保护主义兴风作浪的有限程度。所以，中国应确立不怕打贸易战的思想，要学会有理、有利、有节、持久地打各种贸易战和汇率战，"斗而不破"是我们处理与美国经济利益矛盾的指导思想；建立国际经贸统一战线联盟和分化区别不同贸易伙伴和利益集团应是我们的基本策略。

[①] WTO, "World Trade Annual Report 2009", *International Econoic Review*, 2010, 4 Essays.

第二章 中国参与全球经济治理的话语表达、策略思想和主要目标

中共中央关于"十二五"规划的建议中提出,"必须实行更加积极主动的开放战略,不断拓展新的开放领域和空间,扩大和深化同各方利益的汇合点",并第一次在党的重要文献中提出了"积极参与全球经济治理和区域合作"的新概念,成为未来中国对外开放的一个新的拓展空间和对外开放战略的新的支撑点。

第一节 中国参与全球经济治理的历史经验

全球经济治理理念的出现,有着鲜明和深刻的时代特征。冷战结束后,虽然美国成为唯一存在的超级大国,但世界多极化格局进一步发展,超级大国主宰世界历史的局面已经过去,随着经济全球化的深入发展,世界各国的相互依存度空前提高,各方利益的相关性日益增强,任何国家都不可能再像历史上那样以武力和侵略手段来解决全球经济政治问题。这为全球经济治理的理念的提出奠定了客观基础。第二次世界大战以后,联合国组织、世界银行、国际货币基金等国际组织的成立,尽管其发挥的作用并不能有效解决各国普遍关心的问题,但毕竟为全球经济治理提供了初始平台和初步实践。随后发生的关税与贸易总协定谈判、世界贸易组织的成立、传统大国的联系协调机制(如G7)、欧洲货币联盟和欧元区的成立以及各国双边经贸关系的加强和各种形式的区域经济合作的出现,都为全球经济治理提供了新的实践依据。适应这个过程的深刻变化,"全球治理"

在西方国际政治经济学中应运而生。

最早提出这个概念的政治家是原联邦德国总理勃兰特，1990年他提出这个概念的目的是希望建立和发展多边的规则和管理体系，以便促进全球相互依存和可持续发展。1992年联合国有关机构成立了"全球治理委员会"，随后初步阐明全球治理的概念和价值。后来，全球治理的概念和理论被广泛应用在国际关系和经济全球化理论的研究之中。西方学者认为，全球治理的主体不仅是国家，而且包括国际组织、跨国公司、国际商业机构以及民间社会团体，它们为公共目标进行社会协调合作；在治理方式上，重视正式规则，也重视对国际秩序运作必不可少的非正式、非权威的认同准则。随着区域经济合作的发展，学者们认识到区域经济合作安排也是全球经济治理的重要途径，提出了通过贸易投资区来管理大范围的经济活动。

国际金融危机发生以后，危机对世界经济产生了严重影响，全球经济增长速度减缓，全球需求结构出现明显变化，围绕市场、资源、人才、技术、标准等竞争更加激烈，气候变化以及能源资源安全、粮食安全等全球性问题更加突出，各种形式的贸易保护主义抬头，国际经济金融环境更趋复杂。全球经济治理成为当今世界最强烈的政治呼吁之一，其目的是如何修正全球规则体系的缺失和矫正全球经济发展的不平衡。西方学者认为，国际社会共同应对国际金融危机正在使全球经济治理发生重大转变，这体现在：G20的建立、央行行长的全球经济会议、金融委员会的建立。这导致了全球经济治理的积极变化：全球监管合作的领域不断扩大；全球经济治理的效率和有效性不断提高；全球经济治理的参与者不断增加。

改革开放以来，中国在参与联合国以及相关国际组织事务的基础上，更多地参与了全球治理的实践活动。首先是与世界各国广泛建立了经济贸易合作关系，双边关系日益增强。其次是成为国际货币基金组织成员并于2001年12月加入了世界贸易组织。再次是在国际金融危机发生前后，与一些传统大国开展了机制性战略对话活动，并参与了G20对话和协调机制的治理平台。总结改革开放以来中国参与全球经济治理的实践，可得出以下几点基本经验。

第一，在治理理念上，应坚持各国平等协商的原则，共同推进国际关系民主化。全球经济治理的对象，应是全球性的，而不是个别和局部的问题，这种治理不能仅靠一个国家或几个国家来完成，更不能由某一超级大国来主宰。而应当弘扬民主、和睦、协作、共赢的精神，相互尊重、平等协商，用民主的方式达到治理的目的。

第二，在治理机制上，应与时俱进地创造各种新的对话和联系协调平台、新的经济贸易合作方式、新的参与主体，同时要改革原有的国际组织，如联合国及其所属国际机构，使之适应当今的形势变化。在全球经济增长主要由传统发达国家主导的时代，传统大国的联系协调机制，如 G7 等国际协调机制曾经发挥过重要作用，随着世界经济多极化的发展，新兴国家在世界经济中的作用日益明显，2009 年世界经济的增量贡献中，新兴国家的贡献超过了 50%，改写了世界经济主要由传统发达国家主导的历史。在世界经济舞台上，出现了传统大国与新兴大国并驾齐驱的局面，传统大国与新兴大国的对话协调机制以及 G20 治理平台应运而生。因此，传统大国的联系协调机制既要适应当今世界经济形势的变化而实施必要的改革，还要处理好与新的治理平台的关系，使发展中国家在全球治理中拥有比以往多的发言权；同时，经济治理机制还要充分发挥民间组织和企业家的作用，使全球经济治理的民主性包含更广泛的内容。

第三，在治理方式上，应根据各国认同程度不同的问题，采取多种形式。对于各国意见分歧较大的问题，应主要采取对话和协商的形式，互相沟通，了解彼此的利益关切，再徐图探讨可能相互妥协的途径。而不应采取霸权或单边主义的做法，施压对方或报复对方。对于各国能够达成基本共识的问题，应争取促成多边形式的国际协议，因此应积极促进多哈回合谈判和气候变化问题的国际协商，争取达成国际多边协议。对于利益相关程度不同，但又有利于促进世界经济整体发展的各种经济贸易合作问题，应鼓励各种形式的区域合作方式，如推进各种自由贸易区的设立，使全球经济治理能够建立在各种更广泛的经济合作的利益平台上。

第四，在治理边界上，要以处理国家间的共同利益为目标，而不应无所不包，更不能成为干涉主权国家内政的借口。在全球经济治理的某些问题上，有可能出现让渡部分国家主权的现象，如世界贸易组织的成立，各国降低关税并削减非关税措施，是一种让渡国家主权的行为，但并非所有问题都适用这种方法,而且这要建立在符合各国利益并自愿的基础上。在当今世界还存在强国与弱国、富国与穷国、超级大国与霸权的现实情况下,任何时候都要警惕以全球经济治理为借口来干涉别国内政的霸权行径,并坚决予以反对。

第五,中国在全球治理的角色定位上,坚持独立自主地积极参与全球治理的立场。首先,中国不谋求霸权,其含义是:既不谋求全球领导者地位,也不谋求地区领导者的地位。其次,中国承担与自己地位相对称的国际责任,但不承担超过自己国力和民力的国际责任。再次,中国与世界各国共同维护世界和平稳定,推进全球经济治理和世界经济健康稳定发展,但中国绝不允许任何国家以任何借口干涉中国内政,中国将不惜一切代价,坚决捍卫自己的核心利益;坚决维护自己的重大利益,决不妥协;积极争取与人民福祉密切相关的国家利益,但也做必要的妥协。最后,中国在全球经济治理中不结盟,根据不同问题与国际社会各成员协调关系与立场,即多元性的多边主义立场,而不是按照传统结盟方式协调立场。

第二节　准确表达中国参与全球经济治理的主题设计思想

美国号称是"世界领导者",从第二次世界大战以来就一直充当全球治理的主要角色,依靠向全世界输送"民主、自由"的价值观念并输出美元,控制全世界的粮食、石油供给,主导联合国和各种国际组织机构,成为全球公共品的主要提供者。随着欧洲、日本经济的崛起,全球经济治理格局发生了变化,美国最关切的全球经济治理议题和治理方式也在不断发生变化。进入21世纪以来,中国和新兴市场经济体的经济力量上升,特别是遭受国际金融危机重创以后,美国开始认真反思自己的经济发展方式,提出了世界经济失衡论,把美国国内的三大失衡,即居民储蓄与负债失衡、实体经济与虚拟经济失衡、国际收支中经常项目失衡,同一部分国家的国际收支顺差,特别是与中国的贸易顺差相联系,提出了世界经济再平衡的治理议题。

世界经济失衡论是当今美国全球经济治理思路和政策主张的理论基

础，并企图把这一套思路和政策主张提升为全球经济治理的设计蓝图和标准制定的基础。随着世界经济从危机最严重阶段走向缓慢复苏的后危机时代，美国将在全球经济治理的平台上，特别是G20的平台上，逐步把国际社会的注意力从国际金融监管议题引向世界经济再平衡。2009年9月世界20国集团领导人匹兹堡金融峰会上，奥巴马提出的"可持续与平衡发展框架"，已经明确表达了美国的意图。

但是，美国提出的世界经济再平衡的全球经济治理思路，并不具备全球公信力，而难以服众，其原因在于美国对人对己的不一致。

第一，美国不可能纠正自身的经济增长模式。美国依靠负债消费曾经带来经济繁荣，但同时也是造成次贷危机的原因。为了逃避自身的责任，在讨论国际金融危机根源中，美国和西方学者都把贸易收支、经常项目的收支问题与美国负债消费、高消费现象相联系，并把这个现象归结为世界经济失衡的主要标志。因此美国要求贸易顺差国转向内需，既然如此，美国是否能够改变消费拉动经济的模式，提高储蓄率呢？提高储蓄率，意味着经济紧缩，需要美国朝野一致支持，并克服生活水平暂时下降带来的困难，这在美国政治中是难以想象的。在现实情况下，美国在多大程度上能够转变过去负债消费、过度消费的经济增长模式，这不取决于美国政治精英的愿望和主张，而取决于美国长期形成的社会经济结构和文化传统。美国经济以"消费导向型"为主要特征，居民消费是美国经济的支柱。2007年衰退开始前，个人消费占GDP比重是69.8%。随着衰退的到来，投资比消费下降更多，从而使消费在GDP中的比重反而进一步上升了。2008年超过70%，达到70.1%，2009年一、二、三季度分别达到70.4%、70.7%和71.1%。从绝对值来看，2009年第二季度到2010年第二季度这五个季度的个人消费开支分别是：10.2752万亿美元、10.292.1万亿美元、10.2888万亿美元、10.3302万亿美元、10.3715万亿美元，基本上也是小幅度上升趋势。

20世纪90年代中期美国居民储蓄率为5.2%至5.8%，2009年三季度的储蓄率比这个水平还低。从近20年历史看，5.4%仍是较低的储蓄率。1991年衰退时美国个人储蓄率曾达到7.0%，1992年继续上升到7.3%。1993年经济开始强劲复苏，储蓄率降到5.8%。这次衰退低谷的2009年二季度储蓄率刚刚达到5.4%，三季度又下降为4.5%，2010年一季度更下降为3.4%，二、三两个季度也不过上升为6.3%和6.4%。奥巴马政府的基本政策是鼓励消费，而不是鼓励储蓄。例如减税、补贴低收入阶层、汽车以旧换新、首套房抵税等。奥巴马政府提高储蓄率的说法，到目前为止仍然只是一种愿望。

第二，美国根本不可能改变服务经济为主的经济结构。美国经济以服务业为主，占国民经济的80%，特别是金融业的过度发展成为美国经济的特殊现象。美国朝野都有调整这种经济结构的呼吁，奥巴马政府也大造舆论要发展新能源产业，重新发展制造业，提出所谓"再工业化"和工业制成品的出口贸易翻一番的出口贸易战略。

但实际结果完全与奥巴马政府的愿望相反。图2.1显示，从2009年第四季度开始，美国净出口对经济增长的贡献不仅没有上升，反而再度下降。这说明，美国企图依靠调整经济结构来恢复经济增长的努力是十分困难的。其原因在于，美国劳动力以及人力资本结构与调整经济结构的努力方向是难以适应的，美国再工业化的努力难以在国内劳动力市场中解决供给来源，而要在不长的时间内改变国内劳动力结构和人力资本结构也绝非易事，除非美国大幅度放宽移民政策，大量吸收国外劳工。

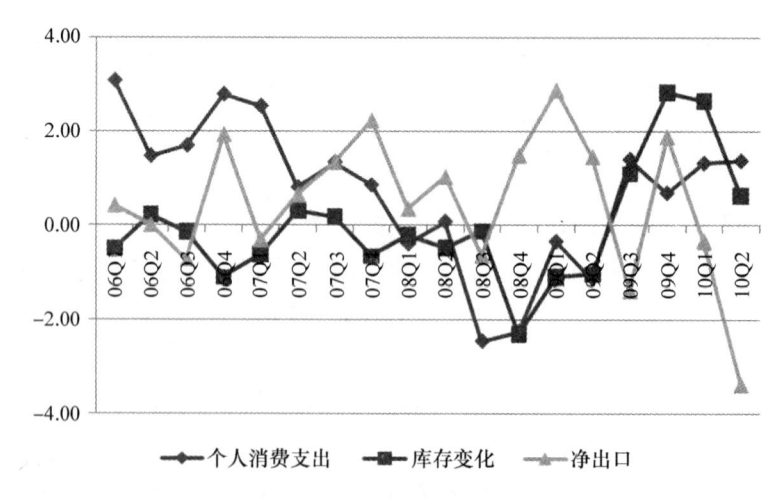

图2.1　2016年Q1—2010年Q2个人消费支出、库存变化和净出口对GDP贡献

资料来源：BEA，Bureau of Economic Analysis。

第三,美国能够实现金融结构调整吗?在金融危机产生过程中,美国金融部门积累了高杠杆率,银行和金融机构大量从事高风险、高收益的活动,而调整金融结构就意味着去杠杆化。但是这种调整需要大量的资金来源,或者需要大幅度提高储蓄率,而不是印刷钞票。显然这个过程也是紧缩的过程。在这个过程中需要大量资金来修复银行和金融机构的资产负债表。大量资金注入但没有产出,因此,尽管美国金融机构得到了大量资金,但信贷仍然是萎缩的,因为这些资金都成为修复资产负债表的资本。日本在调整泡沫经济破灭时期也经历了去杠杆化的过程,其实质也是修复资产负债表。日本修复了16年,失去了20年的发展时期。现在美国提出要执行"巴塞尔协议3",欧洲并不支持。如果严格执行这个新协议,到2018年金融机构就只能增加资本金,而不产生信贷和利润,美国金融巨头真能这样做吗?这是值得怀疑的。

第四,美国何时能实现财政政策的合理调整?靠财政扩张刺激经济的政策能否推出,是检验美国执政当局是否真正试图纠正世界经济失衡的最主要试金石,但这要付出很高的社会成本,如削减开支,增加税收,减少工资和福利,要承受罢工和社会动荡的风险。而这都是美国政府不愿意、也无法承受的调整成本。

表2.1显示,美国的债务总额到2015年都是上升的趋势,而且,美国还反对欧元区成员国当前采取的紧缩财政的措施。在欧元区各国吸取希腊的教训,纷纷采取措施紧缩财政和削减开支后,美国却对欧洲国家纷纷紧缩财政的做法提出了批评,认为欧洲这样做会危害世界经济增长和就业市场,希望以发展来解决债务问题,通过经济增长征收更多税款来填补国债窟窿。

表2.1　　2007—2015年美国联邦预算赤字走势　　单位:对GDP的比率,%

年份	2007	2009	2010	2011	2014	2015
赤字总额	1.2	9.9	10.5	8.1	3.9	3.9
周期性赤字	-0.4	2.4	3.2	3.0	1.0	0.5
结构性赤字	1.5	7.6	7.3	5.1	2.9	3.4

续表

年份	2007	2009	2010	2011	2014	2015
债务总额	65.0	83.4	94.3	100.8	101.9	102.6
公众持有的债务	36.2	53.0	63.6	70.8	72.2	72.9
实际GDP增长率	2.1	-2.5	2.7	3.8	4.0	3.6

数据来源：美国行政管理和预算局。

上述说明，美国并没有真正履行纠正世界经济失衡中自身的责任。当然，履行这种责任确实存在很多困难，但是，说出来的话做不到使美国的话语霸权大打折扣。所以，美国要以世界经济再平衡作为全球经济治理的主题，将缺乏普遍的号召力。

欧洲的主要兴趣在应对气候变化上。即便还没有完全摆脱国际金融危机影响的阴影，欧洲主要大国和政治领袖就已试图将应对气候变化作为全球经济治理的主要议题。

由于美国和其他一些工业发达国家的消极态度，欧洲国家企图以应对气候变化作为全球经济治理中压倒一切的首要议题的愿望是不可能实现的。美国的世界经济再平衡议题，得不到欧洲国家的全部和无条件的支持；反过来，欧洲的应对气候变化议题，也得不到美国、日本等大国全力和无条件的支持。因此，在全球经济治理的主题设计思想上，西方主要大国的意见并不统一，这为中国参与全球经济治理，明确提出中国希望的主题设计意图提供了有利条件，也为中国参与主题设计的讨论提供了谈判的空间。

从当前中国所处的国际地位和面对的国际形势看，参与全球经济治理的主题设计思想应该准确反映中国当今的国家利益。在话语宣传上，明确但不需要反复强调中国是发展中国家，更不应自觉不自觉地把中国作为发展中国家的代表，因为这种宣示和说法已经并不能最准确和最完整地表达中国的国家利益，也不能准确地反映在不同问题上中国与其他国家的利害关系。从改革开放和中国参与经济全球化的历史经验来看，贸易投资自由化才最符合中国的利益，高举贸易自由化旗帜才最准确表达中国的国家利益，同时也最准确地反映在不同问题上中国与其他国家的利害关系，也是中国建立国际经贸统一战线的基本依据。因此，贸易自由化应成为中国在国际社会面前最主要的话语表达和核心价值观念，是中国提出全球经济治理设计意图的理论基础。自由贸易曾经是大英帝国奉献给世界的礼物，这一价值观念与国际社会的主流观念具有历史的延续性，与当今美国依然尊崇的自由市场经济也有密切的联系，美国国内的自由市场经济学传统也容易接受这种理念，这将使中国据此提出的设计意图具有最广泛的国际社会的认知条件。

唱响贸易自由化的主旋律，还是中国参与其他经济治理问题讨论的重要前提，例如，我们不反对讨论美国关心的世界经济再平衡问题，但解决世界经济失衡不能牺牲贸易投资自由化的成果；我们也不反对讨论应对气候变化问题，但应对气候变化的所有措施不能以牺牲贸易自由化原则精神为代价。贸易自由化曾经是发达国家的最爱，如今，它已经成为中国应对全球经济治理问题的最有力武器，这虽然不利于西方发达国家中的某些利益集团，但它强大的传统影响使西方国家的各种势力并不敢公然反对。

第三节 策略思想一：围绕主线、在多元利益诉求中建立多边关系

经过改革开放30多年的发展，中国经济实力空前增强，国际经济政治地位上升，不仅世界经济对中国产生影响，而且中国经济活动也对世界产生越来越大的影响。世界多极化的发展和世界经济政治格局的变化，已经把中国推到全球经济政治舞台的前沿，中国积极参与全球经济治理的时机已经成熟。从全球经济治理的发展历史来看，第二次世界大战以后，全球经济治理经历了从霸权者寡谋到同盟者共谋的变化，现在正经历着从同盟者共谋到非同盟者同谋的深刻变化，不仅国际社会需要适应这个深刻变化，同时也对中国参与全球经济治理提供了有利的历史机遇。

从贸易自由化的核心价值观念出发，中国参与全球经济治理的基本策略思量应是：以世界贸易组织为基础，为最主要平台，也是参与全球经济治理的最主要战场，并争取在其中获得更大的话语权；同时，以自由贸易区和区域经济合作为基本动力和基本实践场地，在此基础上，影响和塑造

G20平台，使之成为中国与美国等西方大国进行经济利益协调的补充机制，并进而呼吁改革联合国、世界银行、国际货币基金组织等国际组织和机构；同时，还要加强全球治理机制中的外交协调，包括与传统大国的关系，与新兴经济体的关系，尤其是印度、巴西、南非、墨西哥，与G20中6个亚洲成员国的协调，与不发达的发展中国家的合作。原因如下：

在当今世界经济中，存在富国和穷国，因此有发达国家与发展中国家之区别；国际货币体系中，有储备货币国与非储备货币国的区别，但并非所有发达国家或经济体都是储备货币国；在国际收支中，有经常项目顺差国与逆差国的分野；在国际分工中，也存在资源出口国、商品出口国和资源、商品消费国的分工区别；在国际主权债务关系上，存在债权国与债务国的区分，如中国、日本、英国、德国和石油出口国等都是美国的债权国。在全球温室气体排放问题上，世界又形成了若干利益诉求不同的集团：欧盟；以美、日、加、澳大利亚组成的伞形集团；发展中国家77国集团；以中国、印度、巴西、南非组成的发展中基础四国；欧佩克和沙特产油国集团；小岛国集团等若干利益不一致或不完全一致的集团。气候变化问题上利益多元化格局的出现，进一步加深了世界多极化趋势的发展，对经济全球化和国际经贸关系产生重大影响。同时，正如美国依然是全世界的关注对象一样，中国已经历史性地成为全球经济治理中的焦点议题之一，而且，美国也不怀好意地把全球目光引向中国，奥巴马说："我们时代的核心议题是中国。"

上述现象的出现表明，后危机时代将是世界经济多极化趋势进一步深化的时期，各个国家的利益诉求关系不断在发生分化和改组，简单地用发达国家和发展中国家的两分法概念已不能全面、充分反映世界经济和国际经贸关系的新格局；世界经济已不能简单地用两分法或三分法就可以反映全球利益格局，而成为因事而异、因时而异的多种划分的利益诉求关系。我们虽然仍然是发展中国家，但我们并非在所有问题上的利益关切都与发展中国家一致。特别是近十多年来，随着新兴经济的崛起，特别是中国经济总量成为世界第二之后，世界经济的矛盾和冲突，不仅将继续发生在西方国家内部，也将发生在西方经济与非西方经济之间，甚至发生在非西方经济内部。近几年对中国发起贸易救济措施调查的国家中，非西方经济体明显增加，就是这种关系的注解。因此，我们应跳出世界两分法或三分法（三个世界）的旧思维，学习在多元的利益诉求中建立多边主义的关系。多边主义的一个最大好处是，它的确可用来处理大国之间的冲突。利用多元的多边主义关系来巩固和拓展贸易自由化，来化解中国与美国在某些针对中国的议题上的冲突，应成为中国在全球经济治理中的基本策略思想。同时，对全球经济治理要有合理的预期，应当充分认识它的局限性，只有适度的全球经济治理才是有效的全球经济治理，不顾现实的全球经济治理，注定要浪费资源、涣散人心。

第四节　策略思想二：新历史条件下的"韬光养晦"与有所作为

中国过去采取的"韬光养晦"的策略取得了极大成效，为中国赢得了发展机遇，如今，我们采取积极参与全球经济治理的姿态，是否意味着这种策略思想已经过时了呢？一些话语表达和具体措施可能需要调整，但就该策略思想的基本精神来看，并不过时。因为，现阶段中国参与全球经济治理仍然面临不少难以逾越的历史性矛盾。

第一，中国经济总量第二与经济质量、综合国力仍然落后的矛盾。如果中国是在完整意义上的经济大国条件下参与全球经济治理，应对国际社会治理问题的能力就要比现在强得多，形象地说，现在中国是在发育不完全或虚胖的身体状况下去承担重体力工作，那就难免力不从心。

第二，中国与世界取予不平衡的矛盾。中国经济发展日益依赖全球的资源、技术和要素供给以及世界市场，这种需求的增长速度和规模与中国能够向全球提供的市场、资本供给要快得多、也大得多。这种取与予之间的不平衡是中国的自然资源禀赋和人口状况，以及长期落后所造成的，也是短期内难以改变的。因此在参与全球经济治理中必然经常遇到的难题是，如何回答国际社会对中国少取多予的呼吁。

第三，国际社会对中国的责任预期与中国的权利以及自我定位的矛盾。自从中国经济总量成为世界第二之后，国际社会就出现了要求中国承担更大国际责任的舆论，甚至用"中美国"或"G2"来形容这种格局。

但实际情况却是，中国并不拥有世界第二的各项权利，无论在各种国际组织和国际经济金融机构中，中国既不具有第二位的投票权，也不拥有世界第二的影响力。尽管中国不断重申中国是发展中国家的一员，并坚持这种国际定位，但国际社会并不完全认同，特别是某些大国要求中国承担超出中国国力和民力的国际责任时，往往具有一定的蛊惑力，从而使中国经常陷入尴尬境地。

第四，中国国内治理目标和参与全球经济治理的矛盾。虽然中国经济社会高速发展，但由于中国的客观条件和综合国力的局限性，政府在经济社会的调控和治理上，限制条件很紧、约束性很强、回旋空间很小，没有太大空间能够为全球治理提供公共品。正如美国学者所说，全球经济治理是一种公共品，几乎只有具备霸权条件的国家才有可能生产和提供。这虽然是霸权寡谋的理论逻辑，但公共品的生产确实需要投入和成本。

第五，非同盟者参与同谋的非经济因素矛盾。在 G7 作为全球经济治理主要平台的时代，那是典型的同盟者之间的共谋，因为这 7 个国家的经济社会制度、意识形态和价值观念都是相同的，经济利益矛盾的协调不受非经济因素的干扰。G8 改变了同盟者共谋的格局，但由于俄罗斯经济比重的局限性，使经济协调中非同盟者的矛盾并不突出。进入 G20 时代，中国和其他发展中国家加入了非同盟者的俱乐部，使俱乐部成员的异质性大大增强，特别是中国，坚持的是中国共产党领导下的中国特色社会主义道路，中国社会主义市场经济也不同于其他国家的市场经济。中国与西方大国的关系，特别是中美关系，十分微妙，是此友彼敌的关系，此一时是朋友，可以建立战略合作伙伴关系；彼一时是敌人，军事上的潜在对手和台湾问题以及西化分化亡我之心不死。这种亦友亦敌的关系，经常会成为经济利益协调的干扰因素。

根据毛泽东主席的辩证法思想来分析，上述五个矛盾中，中国国内治理目标与参与全球经济治理的矛盾是最主要的矛盾，如何找到国内经济自主性和全球经济治理之间的平衡点，是许多国家面对的最重大政策选择难题，当今中国正面临这一难题。因此要克服这一系列矛盾，只有在搞好国内事情的基础上，腾出更多的力量来兼顾全球经济治理，也就是说，只有尽力解决国内治理问题，中国才有参与全球经济治理的资本，才有能力解决全球公共品生产的投入与成本问题。因此，中国现在要学习在新的历史条件下的"韬光养晦"。首先，中国绝不当"G2"，也不要在区域谋求当头，中国如出头，很多国家不服。在亚洲，日本和印度会不服；俄罗斯加入G7成为G8，除了它不认为中国可以与美国比肩外，还反映了它对中国经济崛起的深刻担心，因此不能把自己放在炉子上烤。其次，中国不当头，但要积极参与；同时应当积极支持新兴国家或别的国家在G20发挥更大作用，推选别的新兴国家或别的国家当头，想当的人很多，推选这些国家出头，既可以打消美国担心中国挑战美国霸权的忧虑，还可以打破美国一家独大的局面。在国际关系理论中，一些"中等强国"和"小强国"是很重要的。这些国家在全球经济治理中发挥着关键而独特的作用。如加拿大，它既是G7的创始国，也是G20的成员国，它不仅在外交上一向重视和主张多边主义，而且始终主张G8对世界经济的领导作用。新加坡虽然是小国，但在全球经济治理中也不是可有可无的，甚至发挥一定的领导作用，正因为如此，新加坡领导人以3个小国的代表身份出席G20峰会。

根据这种策略思想，中国在一些出人头地的议题上，应贯彻"退一步海阔天空"的原则。在原有的国际组织中，我们没有必要去争取没有实际意义的投票权。例如，尽管美国承诺改革国际货币基金组织，并相应让渡某些份额和投票权，但美国并没有放弃它的一票否决权，国际货币基金组织由美国把持的现状难以在较短时期内改变，中国多取得份额和投票权，不仅没有实际意义，反而容易引起误解。所以，这些出人头地的事情应当尽量避免，而应当推选别国去担当。

再如，在东北亚经济合作问题上，应打破传统的以中日为主导的旧思路，应重视韩国的作用，应推举韩国为主导，让韩国在协调中日两大国的经济合作方面发挥协调、沟通的桥梁作用。以韩国现在的经济规模，在世界上也可以被看作"中等强国"，很希望被国际社会尊重，很愿意承当全球经济治理的领导责任。2010年11月韩国承办首尔G20峰会后，举国上下都很有成就感，希望为全球经济治理发挥更大作用。中国投其所好，推选韩国当头，不仅有利于两国双边关系，而且也能为三国合作开辟新的途径。正如欧盟将首都设在比利时的布鲁塞尔，避免了德国和法国之间的猜忌，是国际关系的艺术设计，我们应当有这样的胸怀和远见。

第五节　主要目标：增强贸易自由化的动力机制

当前，世界经济进入后危机时代，全球经济治理的迫切性日益增强，难度也空前提高。各种治理百端待举，但我们对全球经济治理的前景应当有明确以下认识。

不能寄希望于美国经济结构调整、金融财政政策调整；不能寄希望于国际货币体系改革的迅速到位（虽然中国与其他国家配额和投票权增加，但美国仍然具有一票否决权）；不能寄希望于西方发达国家经济快速恢复和很快景气。寄希望于新兴国家经济的崛起；寄希望于区域经济合作；寄希望于贸易投资自由化的深入发展。

中国参与全球经济治理的基本路线是，促进各国贸易投资自由化应是中国参与全球经济治理的核心理念，世界经济再平衡要以推进贸易投资自由化为目标。区域经济合作应是全球经济治理的基本动力机制。应继续实施自由贸易区战略，继续推动东亚经济合作。经济合作方式应以贸易投资合作为基础，进而相机促进货币金融合作。

首先，要强化世界贸易组织这一基础平台的作用，推动建立均衡、普惠、共赢的多边贸易体制。世界贸易组织到2010年底已经成立15年，对世界贸易的健康发展发挥了重要作用，世界贸易组织肩负推动贸易投资自由化的国际责任，其宗旨与中国的国家利益最为吻合，而且中国已成为世界贸易组织中负责任的成员，已经赢得各成员的尊重。但在国际金融危机爆发期间，它也暴露了一些缺陷，主要是对于贸易保护主义的抬头缺乏遏制手段，显得束手无策。因此，世界贸易组织的运行机制仍然需要完善，不仅要加强贸易争端仲裁机制的建设，还要建立对贸易救济措施的审查和评估机制，防止滥用贸易救济手段。对于滥用贸易救济措施的行为应当有合理的警告与惩戒手段。中国应在这个平台继续发挥作用，并积极参与国际规则的制定，推进多哈回合谈判，利用这个平台遏制贸易保护主义。

其次，明确提出应把反对贸易保护主义作为全球经济治理的重要议题。国际金融危机发生后，国际贸易保护主义出现新的动向，一些国家采取提高关税或本币贬值的措施来干预国际贸易，某些发达国家采用了非关税的隐蔽措施来限制进口，各国的反倾削、反补贴等贸易救济措施明显增多，严重干扰了国际贸易的恢复和发展。与贸易保护主义并行出现的还有投资保护主义，国际投资也受到非经济因素的干扰。中国是各种保护主义的最重要受害者，2009 年中国共遭受 126 起贸易救济措施的调查，涉案金额达到 127 亿美元，2010 年前 8 个月，中国仍然遭受了 48 起贸易救济措施的调查，这对中国经济的稳定增长造成了不利影响。中国经济遭受困难，也将不利于世界经济复苏，因此，世界各国应把反对各种形式的保护主义列入全球经济治理的重要议题，使保护主义的势头得到有效遏制。

再次，务实推动自由贸易区建立和区域经济合作。改革开放以来，中国已经先后与一些国家和地区建立了各种形式的区域经济贸易合作关系，对于促进全球经济治理起到良好的推动作用。在以往的基础上，中国应继续巩固和提高已有的区域经济合作区和自由贸易区，并继续与其他新兴市场国家和发展中国家开展务实合作，或谈判建立新的自由贸易区。截至 2010 年底，中国已经签订自由贸易区协议 9 个，正在谈判建立的 5 个，正在研究建立的 4 个。中国应采取更加积极主动的姿态，推进自由贸易区谈判进程，争取在"十二五"规划期间再建成 9 个自由贸易区。在推动区域经济合作中，中国可以通过继续实施"走出去"战略，推动中国企业开发海外投资项目，建立各种形式的投资开发和经济合作园区，推动中国工程建设企业到海外承包公路、铁路、港口、电站、桥梁、机场等基础设施项目，整合投资、贸易、技术、劳务合作关系。同时，把对发展中国家的援助与区域经济合作方式、企业海外投资项目结合起来，不仅达到与受援国的互利共赢，而且使对外援助建立在可持续发展的基础上。

最后，在国际金融货币体系改革上，应采取一般关注与重点呼吁相结合的措施。由美国次贷危机引发的国际金融危机给予世界深刻的教训，世界各国都认识到建立审慎的国际金融监管制度和建立金融危机风险预警防范机制的必要性，如何修订有关这方面的国际协议，如巴塞尔协议 3，成为各国关注的问题。中国应以积极姿态参与规则制定，但这主要是西方大国的博弈，中国作为一般参与就可以了。我们需要重点关注和强烈呼吁的是要求保持美元汇率的稳定。2010 年 8 月份以来，美国重新启动量化宽松的货币政策，引起美元汇率下跌和国际大宗商品的价格上涨，并导致国际资本大量无序流入新兴国家，不仅给这些国家经济复苏造成不利影响，也给世界经济的恢复蒙上阴影。因此，如何保持美元汇率稳定，是当前促进国际经济秩序朝着更加公正合理方向发展的最紧迫问题，也是全球经济治理的关键问题，中国应把这个呼吁作为全球经济治理的关切问题明确提出来。

第三章　国际货币体系与全球金融治理改革

第一节　国际货币体系固有缺陷与世界经济失衡

由一个国家控制的在全球流通和储备的主权货币，注定会出现主权货币国与流通储备国在经济利益上的矛盾。美国利用美元作为世界储备货币使其拥有向世界发行货币的特权，通过金融政策影响其他国家汇率和国际收支的能力，利用印钞权转嫁通货膨胀和经济危机，抹平调整国际收支失衡的损失。美元所主导的国际货币体系实际就是美国从其他国家转移财富的一种机制，这是世界经济失衡的总根源。

美国次贷危机爆发后，为拯救美国经济，美国政府实行了巨额救市计划，财政赤字和对外负债空前上升。美联储实行了低利率的宽松货币政策，向市场大量提供流动性，利用美元在国际货币体系中的这种霸权地位向全球转嫁救援金融危机的干预成本，导致美元长期大幅贬值和通胀预期，长期持有美元资产的国家外汇储备大幅缩水。长期来看，美国财政收支赤字扩大与美元贬值是总趋势。

美元大幅贬值，迫使人民币升值，是美国试图调整国际收支、弱化财政赤字严重后果的"以邻为壑"之举。通过美元贬值，降低外国人持有美元金融资产的实际价值以及吸引世界资本流入美国等办法来缓解美国的利益损失，让中国等大量持有美元金融资产的国家承担调整国际收支不平衡的成本。这是美国鼓吹世界经济再平衡的本质。

第二节 国际货币体系的演化方向

一 国际货币体系改革面临的问题

不合理的国际货币体系是当前国际金融危机的制度根源，也是当前全球经济治理中的主要缺陷。解决全球经济失衡、避免国际金融危机再现的关键是改革现行国际货币体系。现行国际货币体系存在的诸多弊端已经给世界各国造成巨大的经济损失，尤其是广大发展中国家损失惨重，引发了全球尤其是以中国为代表的持有较多美元储备的新兴国家要求改革国际货币体系的强烈呼声。这些新兴国家希望健全国际储备货币发行调控机制，保持主要储备货币汇率相对稳定，促进国际货币体系多元化、合理化。

国际政界、学术界对国际货币体系改革已经提出多种思路，其中提出建立超主权储备货币的呼声最为强烈。周小川提出以特别提款权（SDR）的超主权储备货币代替美元，约瑟夫·施蒂格利茨也主张建立一个类似于国际货币基金组织特别提款权的系统。2009年9月21日联合国有关国际金融体系改革的专家委员会提出报告，认为有必要设立新的基准货币以代替美元，指出重新设定基准货币，脱离美元体系可使全球的金融系统免受美国的政治及经济问题的影响，提高自身稳定性，促进全球经济平衡发展。但是，这些设想在相当长一个时期很难实现。

（一）美元金融市场已经形成世界经济的循环体系

长期以来世界形成了功能完备的美元金融市场，这一点在短期内任何一种货币是无法比拟的。就拿经济规模超过美国的欧盟来说，欧元金融市场在一体化程度、规模、流动性和便利性等各方面都无法与美元金融市场相竞争。而出于安全和保值增值的考虑，亚洲顺差国因拥有大量外汇储备更倾向于投资美国金融市场，这也为美国的金融市场和美元资产的实际价值提供了额外的信用保障强化了美元金融市场地位，使外部世界不得不继续依赖美国的金融市场。

（二）美元的国际储备货币基础地位无人撼动

长期以来，美元作为国际支付手段和主要外汇储备工具，世界贸易额约80%以美元定价，全球外汇储备中美元占64%、欧元占27%、英镑占

5%、日元占3%。据美联储公布数据,虽然美国国债累计总额突破10万亿美元,但考虑到美国财政部持有外国债券约为7万亿美元,美国净国家债务总额不足3万亿美元,占GDP比重不到25%。美国债务承受能力仍具备一定的伸展空间。

(三)超主权货币作为国际储备货币不具有现实可行性

超主权货币的信用如何维持?没有信用基础的货币是不可能成为价值媒介的。另外,如果按照中国人民银行行长周小川的建议,将全部经济体货币纳入计值范围,那么以SDR作为超主权货币的现实选择存在的最大问题是汇率平价如何确定。另外,超主权货币技术经济也不具有可行性。当前国际贸易中,各种价格形成机制所依赖的交易工具、软件等信息手段均是以美元作为结算货币开发的,引入超主权货币所引发的转换成本必然引起商品市场混乱。并且,历史上SDR的创设和分配一直受到以美国为首的发达国家的反对、阻挠和抵制。目前全球经济由少数发达国家主宰,在这种格局下创建一种超主权的、与各国的经济实力相脱离的国际储备货币,替代发达国家主权货币体系构成的国际货币体系既不现实,也不可能。

二 尊重和维护金融货币生态多样性

可见,目前并没有解决全球货币体系一劳永逸的方法,而现实的选择是尊重和维护金融货币生态多样性。一方面是增强欧元、日元、英镑等传统国际货币的储备功能;另一方面是不断在国际储备货币中添加竞争性货币,即人民币、卢布、巴西里尔以及未来可能产生的东盟货币等。由于货币信用及价值与货币发行国经济规模、增长潜力、政府信用、金融市场等因素密切相关,因此预计在未来几十年,欧元、日元、人民币、卢布、东盟货币等有可能成为全球有一定分量的储备货币,并且随着全球经济格局的变动,美元在全球储备货币中的比重将会下降,而其他货币比重将会上升。

因此,对于目前仍无法改变的国际金融货币体系格局仅能够采取适当调整的方式来约束美元霸权。推动国际社会设计一种国际协调机制,保持储备货币币值稳定。加强对主要储备货币发行国金融风险必要的监督,对财政赤字和货币政策制定必要的约束机制,促其币值稳定,确保新的金融危机不再出现。

目前国际货币体系"一强多元"的格局暂时不会改变，在多种储备货币并行体系下，国际社会要建立新的协调平台，明确制定储备货币发行国家的责、权、利等制度体系，非储备货币国家对储备国货币发行国家的货币金融政策要拥有监督、约束权力。长远的目标是要创建一个全球流通，但又不能受制于单一国家或地区的"世界货币"，但也不能超脱主权国家，而是在各主权国家货币流通基础上建立一种协调一致的新世界货币。但并不是哪国货币强势，就选择哪国货币作为世界货币。这种新的世界货币必须不受任何单一国家控制，而是各参与方充分发挥民主，协商一致，体现各方利益和意志的新制度产物。因此，新的世界货币不是短期内能够协商达成的，而要通过各区域内逐步形成的各种国际货币这个中间环节最终协商创建出来。欧元成功创建的经验对于新的世界货币诞生具有启示意义。欧元是在区域货币同盟基础上形成的新国际货币，与美元是一国主权货币不同，它是建立在各主权国家经济基础之上的协商一致的国际货币。

无论是主权货币还是区域货币，作为国际主要储备货币，主要储备货币发行国都要平衡和兼顾货币政策对国内经济和国际经济的影响，确保国际金融市场稳定。主权储备货币国家或者区域组织的货币政策不能只考虑货币政策变化对本国或本区域经济影响，不能以储备货币谋取一个国家私利，还应平衡考虑对其他国家经济的影响。这是作为国际主要储备货币国家或者区域组织的责任。为了保持全球经济稳定、平衡增长，国际社会要对主要货币储备国的货币政策进行评估，要加强包括货币政策在内的宏观经济政策协调，特别是要加强主要经济之间货币政策的协调。

第三节 国际经济金融治理架构存在的缺陷和改革路径

一 国际经济金融治理架构存在的缺陷

当前全球经济金融治理架构主要由国际货币基金组织（IMF）、世界银行和世界贸易组织（WTO）三个机构组成。IMF缺乏反危机和对潜在国际金融危机进行预警的机制。IMF除了向成员提供短期贷款之外，一项重要功能就是保障国际货币体系稳定，帮助成员平衡国际收支，促进国际金融政策合作。有人（例如 Dieher and Walter，2008）认为，IMF 确实完全履行其促进汇率稳定和帮助其成员改正宏观经济不平衡的职能。然而，批评者指责，IMF 在给予陷入亚洲金融危机和这次国际金融危机困境的许多国家财政融资中所提出的贷款条件没有起到反危机效果，相反却起了加重世界经济下行、促进危机加深的负面效果（Weisbrot Cordero and Sandoval，2009）。IMF 没有建立起应对金融危机的预防、阻断和反制机制，面对危机手足无措，对于稳定成员国内金融和恢复经济的积极作用很有限。现行国际金融框架的主要缺陷和系统性风险在历次世界性金融危机中暴露无遗，改革势在必行。

（一）IMF 对主要储备货币发行国和世界金融中心缺乏有效的金融监管

由于金融全球化发展和放松金融管制，过去几十年中各国金融部门拆除了"防火墙"，增加了全球金融体系脆弱性，使得一个国家金融危机很快演变成为全球性的系统性金融危机，并且向实体部门快速蔓延。IMF 过多关注新兴市场和发展中国家，对美国等主要储备货币国家金融部门监管失察，疏于对国际金融中心监管，尤其疏于对新金融工具的使用进行国际规制和监管，没有看到国际金融系统的脆弱性以及信任危机的传染效果。例如，美国金融市场上复杂的债券交易更加依赖评级机构，其道德风险和资质有可能得不到金融监管机构的监管，其谨慎性监管被大大忽略，金融市场存在严重缺陷。加之美国政府监管严重失职，致使金融衍生工具盲目发展，虚拟经济发展失控，投机无度。金融危机爆发的根本原因是金融过度虚拟化发展和实体经济脱节，结果引发股市、期货和房地产等虚拟资产交易泡沫的最终破灭。

（二）国际金融机构的关联性、代表性和合法性受到质疑

2008 年 11 月 15 日，时任美国总统乔治·沃克·布什在二十国集团金融市场和世界经济峰会结束后在华盛顿发表讲话。他表示，IMF 和世界银行很重要，但它们是建立在 1944 年经济秩序基础之上的，我们应该改革国际金融机构，目前应考虑扩大发展中国家在这两个机构中的投票权和代表性。1944 年布雷顿森林体制所设计创建的 IMF 和世界银行的治理结构虽然经过一些改进，但已经不符合当前国际经济发生的新变化。当

前 IMF 投票结构和治理结构仍然体现的是 1944 年世界经济力量的分布，没有合理反映当今世界经济中发展中国家的重要性，没有增加发展中国家利益代表性。IMF 治理的一个方面体现在配额和投票比例中，其合法性和有效性取决于成员运用投票权的制度框架。IMF 每个成员的投票权和贷款权由它的注资份额决定。美国是 IMF 最大注资国，拥有否决权。美国、日本、德国、法国、英国是 IMF 份额和投票权最多的 5 个国家，总额高达 37.8%。据 2008 年 IMF 公布的成员份额与投票权数字显示（见表 3.1），美国占有 16.5% 投票权，日本占 5.9%，德国占 5.8%，法国、英国分别占 4.8%，中国仅占 3.6%。世界银行行长由美国人担任是惯例，而 IMF 总裁一职一直由欧洲人把持也是传统。在国际金融机构领导权问题上，美、欧高层一向相互支持。这样的全球经济治理结构已经缺乏代表性和合法性，与当前新的世界经济力量分布发生了偏差，结果在国际政策协调中缺乏具有广泛代表性的可信机制，限制了快速、有效地应对当前金融危机的成效。

表 3.1　　　　　2008 年 IMF 成员份额及投票权比例单位　　　　单位：%

国别	美国	日本	德国	法国	英国	高收入石油国家	中国	意大利	加拿大	俄罗斯	印度	澳大利亚及新西兰	韩国及新加坡	墨西哥	巴西	其余国家
投票权比例	16.5	5.9	5.8	4.8	4.8	4.3	3.6	3.1	2.8	2.6	1.9	1.8	1.7	1.4	1.4	37.7

资料来源：International Monetary Fund, IMF Members' Quotasarid Voting Power and IMF Boardf Governors, 2008, http://www.imforg/external/np/sec/memclir/membershtim。

1. 国际金融机构缺乏可信性和可靠性

IMF 有限的资源难以满足潜在要求金融援助的巨大需求，在当前危机时刻维护世界经济稳定的能力受其有限的资源障碍。而且 IMF 受到一些国际组织，例如 G7 或 G8 的削弱。IMF 在处理当前危机中被边缘化。自 20 世纪 90 年代以来 IMF 资源下降导致其赤字运转。这也危及其在国际金融体系中发挥作用的能力。

2. 世界银行功能发挥不足

世界银行功能发挥不足，尤其是在提供长期信贷，投资某些建设周期长、利润率偏低的开发项目，促进世界经济复苏和发展上做得很不够。而且，目前世界银行的发展援助总量规模少，政府开发援助占援助国 GDP 比重低，发展援助常常附带政治条件，带有一定的国别歧视。占官方开发援助较大比重的减债资金减少了实际援助资金流入，向发展中国家投入的资金、智力和制度设计都严重不足，导致发达国家与发展中落后国家之间发生严重的两极分化和世界经济的不平衡。

3. WTO 对世界经济复苏没有发挥建议性作用

WTO 在这次世界性金融危机中对于其成员各种形式的贸易保护主义兴起没有起到有效的约束作用，没有保障贸易投资有序开展，对世界经济复苏没有发挥建设性作用。一些欧美国家在救市计划中体现出贸易保护主义做法，一些刺激经济复苏政策实际带有违反 WTO 原则的色彩，WTO 没有主动解决问题的办法。当前需要国际协商一致的政策行动，避免国际金融危机陷入 20 世纪 30 年代那场大衰退。那场大衰退由于"以邻为壑"的政策、全球经济解体和保护主义复活而加重。目前正是由于缺乏国际政策协调的有效机制，全球经济深陷危机难以尽快摆脱，充分暴露了全球经济治理结构存在的严重缺陷和旧的国际经济秩序的危机根源，全球经济治理陷入了国际货币体系无序、国际金融机构无能、多边贸易体系无助和世界宏观政策协调无效的尴尬境地。

二 国际经济金融治理改革路径

国际经济金融治理改革应当提到议事日程上来。IMF 和世界银行自身已经认识到改革的必要性，已经采取了一些行动以适应新形势、新变化和新要求。IMF 启动了加速贷款机制的危机紧急程序。2008 年 10 月中旬 IMF 对匈牙利、冰岛、巴基斯坦和乌克兰等请求金融援助的国家贷款条件减少，并比以前更加具有针对性。IMF 有 2000 多亿美元资金可用来贷款，如果需要还可以向其成员融资。西方七国在 2009 年 4 月二十国集团领导人的伦敦金融峰会上同意为 IMF 增资，将这一组织的资金规模由 2500 亿美元增加到 7500 亿美元，其中美国最多增资 1000 亿美元。

世界银行展开了自身改革，增加撒哈拉非洲执行董事席位，提高其基础投票权。2008年5月世界银行宣布启用12亿美元基金来帮助摆脱全球食品危机。2009年4月25日世界银行行长佐利克发起发展中国家基础设施建设投资计划，世界银行所属的基础设施恢复与资产平台和国际金融公司所成立的基础设施危机机构在未来3年将拨款550亿美元帮助发展中国家建设基础设施，提供就业机会并为未来的经济发展和减少贫困奠定基础。

2009年4月26日，世界银行和IMF联合发展委员会会议在美国华盛顿举行，会议主要讨论在全球面临金融危机和经济衰退的背景下如何进一步促进世界经济与社会的发展等问题。世界银行和IMF不仅需要主动进行小修小补的改革也需要借助外部力量推动其进行深层次改革。金融危机扩大了全球经济治理和国际金融架构改革的一致性。国际社会需要共同协商探讨国际金融机构改革的方向。国际金融危机已经把中国推到了世界经济的前台。中国积极主动地参与到IMF和世界银行等国际经济组织的改革之中既是责任也是利益所在，并在这些国际经济组织改革过程中争取国家的最大利益。探索切实可行的国际金融机构改革路径是一项具有重大意义的理论研究。

（一）强化IMF的功能，让其监控国际储备货币的发行和保持国际汇率相对稳定是改革的首要任务

由于短期内国际储备货币体系发生根本改变的可能性很小，全球经济失衡的根源没有消除，因而，全球再次发生大规模金融危机的可能性很大。IMF要建立国际协调一致的强势反危机机制，达到对主要国际储备货币发行国家金融部门进行规制与监管的改革目标，避免再次发生全球性金融危机，确保国际金融安全。IMF要建立快速有效的金融救援机制，优先向最不发达国家提供融资支持。国际社会要赋予IMF协调、监督国际储备货币国家金融政策的职责，对于这些国家可能引起的高金融风险与汇率动荡的政策加以预警和监督，并提出政策修正建议。

（二）重组IMF和世界银行内部治理的权力架构使其适应当前世界经济结构的变化是一项紧迫的任务

过去国际金融机构曾经进行过缓慢的"微小调整"已经不足以反映

21世纪世界经济的新变化。与时俱进地改革国际金融体系，提高其关联性、代表性、合法性和可信性，可以增强其履行职能的有效性。实现发展中国家和转轨国家与发达国家拥有合理的投票权安排是国际金融体系发言权和代表性改革的核心目标。国际金融体系改革不能再依赖某个国家的力量，而是要共同参与，共同制定新的全球金融体系架构。发达国家需要表现出改革诚意，大幅度提高发展中国家和转轨国家在IMF和世界银行决策过程中的地位，加快国际金融机构发言权和代表性改革进程，提高发展中国家代表性和发言权，避免国际金融组织变成某个国家或者某个国家集团掌控的"家族机构"。

2009年9月24日，G20美国匹兹堡领导人金融峰会《领导人声明》中，领导人承诺将新兴市场和发展中国家在IMF的份额提高到至少5%以上，决定发展中国家和转型经济体在世界银行将至少增加3%的投票权。这是一个积极的信号。国际金融机构要完善现行决策程序和机制，推动各方更加广泛有效参与，推进国际金融监管体系改革。加强金融监管合作，扩大金融监管覆盖面，尽快制定普遍接受的金融监管标准。领导人遴选程序要能够真正适应时代要求，体现现代治理理念，遵循公开、竞争、择优的原则，使机构治理结构真正发挥效率。国际金融机构领导人必须要在全球范围内遴选，赋予其相应的、明确的权责，实行问责制，对于决策失误和不作为的失职需要明确责任追究，并且对于造成的损失按照出资份额比例进行补偿。

（三）加强IMF、世界银行反危机能力和干预协调世界经济能力

在重新调整注资份额基础上，增加IMF、世界银行的资本实力，积极拓宽融资渠道，从而增强其反危机能力和干预、协调世界经济能力，使其发挥积极有效的作用。目前这一任务已经基本落实，资金实力从2500亿美元增资到7500亿美元。有学者（Weisbrot, et al., 2009）开始担忧给予IMF扩张权力会对未来世界经济以及对受其影响的中低收入国家造成不利影响。郑永年提出要削弱国际金融机构权力，重新定位其角色，把它们只作为国际协调机构存在。笔者认为，现实中现有国际金融机构应对金融危机的能力非常有限，不仅不应削弱其履行职能的资金能力，而且需要进一步增强其资金实力，使其能有效协助成员面对挑战；但同时要限制其职

能范围和行为，必须限制国际金融机构对其成员内政的干预，约束贷款条件与内政之间的联系。IMF要发挥积极、有效的最后贷款人（lender of last resort）角色。世界银行要增加发展资源，坚持发展和减贫使命，增强减贫和发展职能，加大对发展中国家区域合作和南南合作的支持力度，为世界经济复苏做出应有贡献。

第四节 人民币国际地位与区域货币合作

人民币成为独立的国际储备货币不仅是很遥远的事情，而且实现的难度也很大，在相当长时期内人民币不可能与某种亚洲货币相融合而成为亚元。从欧元诞生的历史经验中可以看出，它经历了欧洲煤钢联盟、欧洲经济共同体这一系列长期从贸易自由化到经济金融合作的历程，历时四五十年。今天的东亚地区，在第二次世界大战结束后60年时间里，连最初级的自由贸易区形式都难以建立，更何况要整合各自的主权货币成为区域性货币，即便有往这个方向努力的愿望，也要花费半个世纪的时间。而人民币更不可能在世界三大货币之外成为第四大国际货币。如果勉强去做，只能覆盖三大货币区之外的第三世界不发达国家，那将是中国经济实力所无法承担的。人民币不应该也没有能力成为穷国货币的领头羊，人民币在相当长时期内仍然是世界上的非关键货币，因此人民币国际化的舆论和尝试应该有一个合理和谨慎的预期，不能给这种设想加上太多泡沫。

实际上，至今中国对外贸易结算的90%以上是用美元，资本项下的金融交易也主要是美元，人民币与美元的交换关系很难被弱化；人民币汇率事实上也一直是钉住美元的。中国内地、香港、台湾，以及东南亚地区，在货币流通上都属于美元区的势力范围，人民币钉住美元也不完全是一件坏事，美元仍然是世界最强的储备货币，美元霸权地位仍将维持很久，所以现在我们还不可以轻言人民币脱离美元而自成国际货币体系。在今后一个时期内，人民币汇率应实行主要钉住美元的、有浮动的、竞争性的固定汇率，形成既发挥市场机制作用的又有管理的汇率，这较为符合中国的利益。

现在我们所要做的事情是如何减轻美元汇率波动的损害。国际金融危机发生后，中国以 2 万亿美元外汇储备为后盾所试行的货币互换和人民币跨境交易结算是有意义的。此外，我们还可以积极开展其他的人民币国际业务，如建立国际的货币清算系统、开展人民币债券的海外发行和其他扩大以人民币定值的海外资产的业务操作，增加世界各国和国际组织所拥有的人民币资产。

一 推进人民币国际业务发展

中国在推进人民币国际业务中已经出台一系列政策，采取了一系列具体措施。

（一）国际金融危机加快了中国人民币与其他国家的货币互换进程

通过缓解贸易伙伴国家金融危机影响，中国已经与许多国家开展了货币互换，扩大货币互换规模和覆盖面，这有利于启用国际贸易人民币结算业务，规避汇率风险，降低汇兑费用。近年来中国已经与世界上一些国家或地区达成货币互换协议，从 2008 年 12 月到 2009 年 3 月底，中国内地已与韩国、中国香港、马来西亚、白俄罗斯、印度尼西亚和阿根廷六个经济体货币当局签订了货币互换协议，规模达到 6500 亿元人民币，这六方占中国双边贸易 35% 左右。通过货币互换，中国与缔约方可以相互提供短期流动性支持，为本经济体在对方分支机构提供融资便利。更重要的是这种措施可以一定程度降低汇率风险。货币互换的真正意义在于减轻主要货币汇率波动给其他贸易伙伴造成的损失，它相当于在一段时间内锁定汇率（见表 3.2）。中国应继续充分发挥双边货币互换协议的作用，扩大互换额度和签约国范围，逐步扩大国际贸易人民币结算的规模，进一步推进人民币国际互换、国际计价、结算和流通。

在应对国际金融危机中，为了缓解美元汇率波动的影响，西方五大中央银行已经开展了货币互换措施：2009 年 4 月 6 日美联储、欧洲央行、英国央行、日本央行和瑞士央行宣布，签订总额 3000 亿美元的货币互换。美联储分别购买了 300 亿英镑、800 亿欧元、10 万亿日元和 400 亿瑞士法郎作为储备。中国未来应争取人民币与美元和其他西方货币互换。人民币与美元互换，让美国货币当局持有人民币资产，使美元汇率波动有所顾忌，这是稳定人民币与美元汇率的有效办法，也是向固定汇率方向靠拢的实际步骤。人民币还可以相机与日元、欧元等西方货币互换，在未来美元贬值趋向中增强中国国际性资产的安全，减轻国际货币汇率波动对各国经济的影响。

表 3.2 中国与其他国家或地区货币互换情况

国别和地区	货币互换规模	互换日期	有效期
阿根廷	700 亿元人民币/380 亿比索	2009 年 3 月 29 日	3 年
印度尼西亚	1000 亿元人民币/175 万亿印尼卢比	2009 年 3 月 23 日	3 年
白俄罗斯	200 亿元人民币/8 万亿白俄罗斯卢布	2009 年 3 月 11 日	3 年
马来西亚	800 亿元人民币/400 亿林吉特	2009 年 2 月 8 日	3 年
中国香港（SAR）	2000 亿元人民币/2270 亿港元	2009 年 1 月 20 日	3 年
韩国	1800 亿元人民币/38 万亿韩元	2008 年 12 月 12 日	3 年

资料来源：中国人民银行。

（二）建设上海和香港国际金融中心

2005 年在上海设立中央银行第二总部，把上海打造成国际金融中心，这是推进人民币国际化的重要战略步骤。香港可以发挥国际金融中心地位的既有优势，与上海分工合作共同构建人民币国际结算、清算体系，为将来人民币作为基础货币做好各方面的准备。以前香港早已有对私的人民币流通渠道，如今又开放对公渠道。香港将成为除内地之外的又一人民币结算中心。香港集中了世界上许多世界级金融机构，在货币结算和清算等方面具有优势。人民币国际化给中资银行带来了人民币结算的优势，有助于中资银行走向世界。例如，中国银行在香港的上市银行——中银香港，在人民币清算方面已经具备非常丰富的经验，具备了很好的清算、结算平台。

中国跨境贸易人民币结算已经顺利开展试点。2008 年 12 月 24 日，国务院常务会议提出，在广东和长江三角洲地区与港澳地区、广西和云南与东盟的货物贸易进行人民币结算试点。2009 年 4 月 8 日，国务院会议决定在上海市和广东省广州、深圳、珠海、东莞四城市开展跨境贸易人民币结算试点。2009 年 7 月 1 日中国人民银行等部门共同制定、发布了《跨境贸易人民币结算试点管理办法》及《实施细则》。2009年7月6日中国首笔跨境贸易人民币结算业务在中国银行顺利完成。在人民币跨境结算后要扩大人民币国际融资，境外参加中资银行可以向代理行拆借资金，境外企业可以向境内结算行申请人民币融资，人民币在境外的沉淀资金会越来越多。允许外资银行在华销售"熊猫债券"等尝试也可以促进人民币的国际流通。

二 中华区域货币联盟的构想

中国的特殊国情是国内并存着"一国四币"的局面，多家发钞银行，流通四种不同货币。截至2009年6月底，海峡两岸及香港、澳门地区外汇储备总额高达26700多亿美元，储备运营管理的成本与机会成本巨大。随着海峡两岸及香港、澳门地区经贸合作的深化，尤其是2004年CEPA的推出，港澳与内地间的经贸合作更加紧密，逐步形成大中华货币一体化的政治、经济和文化共识基础。台湾当局已经逐步放开大陆人民币和金融机构入岛的限制，有力地促进了两岸之间经贸往来。两岸之间正在酝酿签署综合性经济合作框架协议，金融合作也将成为重要的组成部分。海峡两岸及香港、澳门地区将围绕中华区域内货币金融分工合作加强磋商，达成共识，共享货币合作带来的交易便利、成本与风险下降和铸币税等好处。

中华区域内货币应该是一国主权内货币，具体是叫人民币或者中华元的名称不重要，关键是在区域内各方之间合理安排利益，让各方都愿接受。为了创建区域货币，中国内地、香港、台湾、澳门各方出一定比例的资金，建立一个货币基金机构，作为未来区内货币发行、兑换与监管的共同管理机构，掌管货币供给，促进经贸发展，各方共享铸币税等利益。为此，海峡两岸及香港、澳门地区之间要着眼长远，完善区域内金融分工与布局，协调和照顾海峡两岸及香港、澳门地区各方金融利益，尽快整合大中华区域内货币，在不断推进人民币国际业务基础上，实现中华区内货币一体化。

三 亚洲区域货币与金融合作机制

中国同时需要进一步推进东亚乃至亚洲区域货币合作，提高货币组织化、区域化水平。2000年5月,东盟10国与中国、日本、韩国在泰国清迈签署的以双边货币互换为核心的融资框架协议《清迈倡议》。2008年5月东盟和中日韩财长会议达成共识,筹建规模为800亿美元的13国共同外汇基金。2008年12月中日韩三国领导人签署了《国际金融和经济问题的联合声明》,致力于加快《清迈倡议》多边化进程。2009年2月东盟与中日韩财长会议通过《亚洲经济金融稳定行动计划》,把筹建中的区域外汇基金从此前商定的800亿美元扩大到1200亿美元的规模。这笔基金是推进亚洲区域货币与金融合作进程的重要基础,是本地区维护金融稳定的重要保障。亚洲国家之间还通过不同平台探索区域内汇率稳定与协调机制。中国在加强与日韩以及东盟各国之间的经济货币合作的同时,发挥上海合作组织经济功能,积极推动上海合作组织框架下货币金融合作,推动人民币在周边国家贸易、投资以及金融活动中的使用和流通。

第四章 经济全球化进入减速转型新阶段

第一节 英国"脱欧"意味着"去全球化"吗?

英国"脱欧"当然是对欧洲一体化进程的重大打击。2012年欧债危机爆发,已经开始暴露了欧盟制度本身的缺陷,即统一的货币和分散的财政制度之间具有不可调和的矛盾。英国"脱欧",更是将欧洲各国之间文化的差异,责任和利益分配的不均,以及各国政治理念的分歧暴露出来。英国"脱欧"引发了"去全球化"的担忧。欧洲一体化试验遭受重大挫折,全球贸易体系可能受到影响。在美国,奥巴马政府参与主导的跨大西洋伙伴关系协定(TTIP)谈判可能受拖累,美国总统大选中各种奇怪的"去全球化"论调得到选民追捧。在其他地区,地缘政治争端、极端宗教主义、恐怖主义愈演愈烈,对世界的和平发展日益构成重大威胁。在当今世界治理日益缺乏合作动力的背景下,未来的全球一体化发展方向令人担忧。

一 毋庸置疑,英国"脱欧"对全球经济将产生不同程度的负面影响

英国经济将首当其冲,GDP增长率与物价、社会就业、投资与贸易发展、伦敦国际金融中心地位等都将受到全面影响。根据英国财政部的测算,在最坏情况下,至2030年英国GDP将比"留欧"减少7.5%,贸易规模减小17%—24%。最严重的打击将是金融业,伦敦国际金融中心地位将会逐渐下滑。目前,英国占据全球外汇交易量的40%以上,许多欧洲大型金融机构都将总部设在伦敦,欧盟国家大部分的衍生品交易和风险对冲活动都在英国开展;英国"脱欧"后,与欧盟的跨境金融活动面临全新的

制度环境，很多机构很可能将业务转移到欧盟其他国家，对英国金融业的就业、资产以及与之相关的房地产业、配套服务业带来持久影响。

二 欧盟经济也将受到影响

欧盟将感受到英国"脱欧"的最大外溢影响。英国是欧盟的第二大经济体，欧盟是英国的第一大出口目的地和进口来源地。"脱欧"后，英国要与欧盟开展长期的贸易谈判，许多法规要重新改写；英国经济很可能陷入衰退，英镑对欧元等其他欧盟国家货币将较大幅度地贬值。这些都将对欧盟的投资贸易产生不利影响。IMF测算显示，英国"脱欧"将对2018年欧盟其他经济体产出冲击为0.2—0.5个百分点。通过金融传导，这种负面影响也可能冲击到其他地区。尽管其他地区因英国"脱欧"受到的冲击要小于欧盟所受到的冲击，但在金融联系上，英国对全世界的跨境信贷、离岸金融活动都有很重要的意义。英国"脱欧"将通过投资与贸易渠道、金融渠道对其他地区的经济带来一定冲击。特别是，英国"脱欧"已经导致全球避险情绪上升，风险偏好恶化，全球金融市场震荡加剧，美元和日元大幅升值，美联储的加息步伐也将重新考虑，未来传导到实体经济的冲击程度仍有待评估。

美国学者史蒂芬·罗奇评论说，全球化从理论上看很完美，实际上却有很多问题。这就是英国脱欧和特朗普在美国崛起的教训，也是眼下席卷全世界的日益激烈反华风潮的根源。崇拜自由贸易的人——包括笔者在内——必须认清这一显而易见的"脱节"（disconnect）。所谓"脱节"就是中断，也是"去全球化"的另一种表达方法。但笔者认为，英国脱欧，并没有改变经济全球化的发展趋势，更不可能扭转这一趋势，但确实标志着经济全球化进入减速转型的新阶段。目前，对进入新阶段的观察和认识还很不够，需要进行深入研究。特别是需要加深对前一阶段经济全球化的主要特征的认识和分析，才能准确把握未来阶段的发展趋势。

第二节 以往经济全球化的主要特征和矛盾

史蒂芬·罗奇把以往的经济全球化分为两个阶段：1.0版和2.0版。

他说，当然，这不是全球化第一次陷入困境。全球化1.0——19世纪末20世纪初全球贸易和国际资本流激增——但却在第一次世界大战和大萧条期间寿终正寝。1929年至1932年期间，全球贸易下跌了60%。这是因为主要经济体纷纷变得内向，采取了保护主义贸易政策。美国1930年的斯姆特—霍利关税法（Smoot-Hawley Tariff Act）便是例子。但如果当今更强大的全球化遭到同样的命运，代价将更加高昂。全球化1.0主要局限于有形（制造）品的跨境交换，而全球化2.0的范围要广泛得多，许多曾是不可流通的所谓无形商品的贸易日增。不管经济学家将经济全球化划分为几个阶段，笔者把第二次世界大战结束到2010年的60年间，看作经济全球化的上一个阶段。这个阶段又可以分为两个时期，前30年是经济全球化开始提速的时期，后30年是经济全球化加速发展的时期，这个时期使当今经济全球化的主要特征得到充分的体现。这个阶段的主要特征有6个方面。

第一个特征是制造业国际分工深化推进贸易投资自由化。第二次世界大战以后，制造业的国际分工从产业间分工、向产业内分工、产品内分工、公司内分工不断深化，产业不断被细分，制造业内部的不同行业成为产业，各行业内部的不同产品成为产业，而产品生产过程的技术可分性又使各个工序、各个生产环节成为产业，各个产品内部垂直专业化分工的不断深化和细化，推动了产业内、产品内、公司内贸易的发展，进而推动了国际直接投资的发展，引发了贸易投资自由化的巨大需求和动力。

第二个特征是中国融入新经济地理。国际分工的深化和扩大恰恰与中国的改革开放历史性相遇，广袤的中国版图和庞大的中国人口进入了新的国际分工体系，极大地扩展了国际分工的能量，扩大了全球贸易投资的规模，成为这个时期经济全球化的最大加速器，也成为贸易投资自由化的最大推动因素，同时也使中国成为经济全球化的重要受益者。

第三个特征是跨国公司在全球生产和贸易中的作用日趋重要。跨国公司的经济地位日益重要，它垄断了全球生产的60%和全球贸易的80%，以及国际直接投资的90%。世界500强的跨国公司主要集中在美国、欧洲和日本等发达国家，一些新兴市场国家虽然也出现了数量可观的跨国公司，但这些跨国公司也主要集中在少数经济增长较快的经济体中。

第四个特征是美元作为全球资源配置的工具的影响无处不在。布雷顿森林体制虽然瓦解，但美元依然是全球资源配置的主要工具，美元在全球外汇市场中的交易比重、在贸易结算支付、投资计价以及官方储备中始终占据主导地位；美元汇率在很大程度上影响贸易平衡、资本流动以及能源的生产和供给。全世界都追逐美元，美元把自己捧上了国际交易的神坛，美元的衍生品都成为可贸易性的商品。

第五个特征是国际经贸政策、国际规则的自由化趋向。无论是国际经济贸易政策的协调，还是国际交易的规则制定，都围绕制造业国际分工的深化和贸易投资的自由化，不断开辟新的经济地理，不断为跨国公司的全球网络扫清障碍，不断为美元制造范围更大的"特里芬"难题。世界贸易组织成立以及中国加入世界贸易组织，树立了全球经济治理的两大里程碑。

第六个特征是国际经济学理论的偏向。这个时期产生的国际经济学理论，其主要偏向是追踪国际分工的深化，从而产生了新贸易理论和新新贸易理论等流派；追踪贸易投资自由化进程，从而产生了经济全球化理论；追踪国际经济贸易政策协调的发展，产生了新凯恩斯主义学说；追踪国际经济贸易规则的制定，产生了全球经济治理的新学说。史蒂芬·罗奇评论说，老实说，全球化并没有严格的理论基础。经济学家拿得出手的最好根据，是19世纪初大卫·李嘉图（David Ricardo）所提出的框架：如果一国只生产符合其比较优势（从天赋资源和工人技能来看）的产品，它就能从扩大的跨境贸易中获益。贸易自由化——全球化的万应灵药——能让所有人获益。

经济全球化在这个发展阶段取得了长足进展，但也产生了突出矛盾。因为并不是世界的每个角落都像中国那样，由于自身改革开放的成功使自己成为新的经济地理被发现，被这个发展阶段所遗忘的角落和人群并不少。因此经济全球化的利益在区域分布中是不平衡的；承载经济全球化列车高速运行的微观主体跨国公司占有了经济全球化的大部分利益，因此即便在发达国家内部，企业家和普通人对经济全球化的感受是不同的；加上地区冲突导致的移民和难民流动，使不堪其重的普通民众把它归因于经济全球化。简言之，它的发展缺乏普惠性和共享性。缺乏普惠性、共享性是上阶段经济全球化的主要问题，因此产生了经济全球化中的利益受损者，而这些利益受损者以发达国家中的普通民众更为敏感。美国民众爆发过反对中国加入世界贸易组织的游行，这成为美国上层政治遏制中国的借口，区域的利益受损者成为攻击中国"新殖民主义"的借口。

第三节　经济全球化新趋势：减速转型阶段

世界经济与贸易减速已经是个事实并表现为长期趋势。根据国际货币基金组织（IMF）的数据，2009年至2016年世界贸易量年增长平均只有3%——或仅是1980年至2008年期间的6%的一半。这不只是因为大衰退，也是因为复苏的反常萎靡。减速原因：（1）以垂直专业化分工为主要内容的国际分工深化、细化已经接近尾声，贸易投资快速增长的内在动力已经弱化。（2）作为新经济地理被发现的中国，其经济已经进入新常态，原有国际分工以劳动力和土地为基础的分工优势已经弱化。

为什么说经济全球化趋势没有变，但进入转型阶段呢？第一，以互联网技术为核心的新的技术突破正在开拓网络经济的新空间，生产力的最活跃因素仍在蓄积新能量。互联网核心技术、传输技术、工程技术、网络硬件基础设施、核心软件、芯片、操作系统等技术已经成形并在生产和生活中广泛应用，大数据的收集、生产和跨境流动对各国经济、政治都正在产生日益重要的影响。围绕互联网技术组合，各国正在形成新的国际分工体系，美国利用其在互联网领域的关键技术资源、大数据资源，形成了网络霸权地位，并由此形成了思科、微软、谷歌、英特尔、高通等新型跨国公司。不仅占据了技术和产业制高点，而且正在试图建立一套新的互联网技术标准、管理制度和国际产业分工体系。

第二，全球价值链、供应链的形成和加强，需要服务产品和服务劳动的自由流动和可贸易性的增强，服务产品的生产与服务劳动的国际分工正处于扩展和全球布局之中，服务劳动的价值不断提升，服务劳动和服务产品的可达性和可贸易性因为互联网而大大增强，其对全球供应链的强化而使全球价值链和供应链的覆盖能力大大扩张。互联网也让知识型服务如软件编程、工程与设计、医疗检查及会计、法律和咨询工作，能够在一瞬间实现跨境流动。新信息技术以罕见的高速被采用。区区五年，5000万美国家庭就实现了网上冲浪，而无线电达到类似的普及程度，共用了38年。

第三，哪些新的经济地理将融入新阶段经济全球化的版图？中国提出的"一带一路"倡议是回答这个问题的伟大创举和未来的出路。"一带一路"展现的宏伟愿景是未来开放型世界经济的新潮流。中国能否站在未来国际分工的相对制高点以推进未来国际分工的发展，这是中国需要担负的大国责任。

第四，以国际垄断资本为基础的大型跨国公司是上阶段经济全球化的微观载体，它难以承担普惠性和共享性的使命，是否有新的微观载体对其形成补充？跨境电商发展中涌现的平台服务企业展现了这种前景，依据美国2015年的发展规划，到2025年美国的国际贸易中将有75%的跨境电商，从而将使国际贸易的发展方式发生巨大变化。

中国以阿里巴巴为代表的网络平台企业展现了共享经济的发展前景。数以万计的小企业和个人利用它的网络平台来完成与阿里巴巴共同实现的商业交易。当然，除此之外还需要更广地开展工人再培训，以及安置津贴、求职补助、高龄工人工资保险和延长失业救济时限等社会保障。

第五，国际金融发生后，新兴市场经济体加速了全球多极化，发展中国家的经济总量、贸易和投资总量都超过了全球总量的半数，突显了美元在这种经济大格局中仍然作为全球资源配置主要工具的不合理性。人民币国际化的发展，再次证明新阶段经济全球化的发展需要多种国际货币参与作为全球资源配置的工具，以削弱美元造成的"特里芬"难题对全球经济的负面影响。

第六，服务产品的流动性、服务市场的开放以及服务劳动的可达性、可贸易性成为新一代国际贸易新规则的焦点，美国致力于TPP、TTIP、TISA等谈判，就是围绕这个目的，尽管其提出的治理理念带有不合时宜的排他性（排除中国），但应当承认这是与新阶段经济全球化发展趋势相适应的，我们不能视而不见，应当积极应对，积极适应新趋势。

上述说明，经济全球化仍在发展，但改变了形式和内涵。在经济全球化的新阶段，伴随着贸易和投资的减速，国际政治和经济生活中仍然会出现类似英国脱欧之类的倒退和曲折的事件和现象，这并不奇怪，但经济全球化的历史趋势是不会改变的，改变的只是它的形式和内涵，我们仍然处于可以大有作为的战略机遇期，要想在这个机遇期继续有所作为，我们需要认识它的变化规律并探索遵循规律的路径。

展望未来，经济全球化新阶段的历史趋势和基本脉络是：互联网技术突破以及运用将覆盖制造业技术进步，从而创造网络经济和制造智能化经济的新空间，但这个过程将是渐进的，而不是突发的，因此新的国际分工体系的形成也将是渐进发展的过程。在这个过程中，体现即有产品和服务结构的世界贸易和投资在数量上的增长将明显减速；但各国新经济中微观主体的发育和政府管理的改革将依据各国对未来世界经济的认知水平而发生相应变化，从而使各国在世界经济中的地位再次发生排位的变化和迁移。谁能占据网络技术和智能化技术的高端，谁就将主导未来的世界经济，或占据国际分工的领先位置。

更多的经济体像中国曾经发生的那样，更深入地融入经济全球化过程将是另一个重要趋势性现象，它与互联网技术突破共同成为未来世界经济发展的两大动力。与过去不同的是，经济全球化的深入发展将不单纯表现为制造业垂直分工专业化特征的全球价值链和供应链的扩展，网络空间和网络经济的发展将使各国融入世界经济体系的进程发生更本质、更深刻的变化，从而使全球价值链和供应链的生产和产品、商业模式、分工形式也发生新的变化。

新的国际贸易规则将围绕上述趋势展开新一轮的谈判，在多边贸易体制之外，各类区域性自由贸易谈判和协定将成为塑造未来全球新贸易规则的试验田。在目前的认知水平和语境下，服务产品和服务劳动的自由流动和增强可贸易性，减少政府干预，成为自由贸易和投资谈判的聚焦点，同时也是为网络经济开拓空间的初始步骤。能够在多大程度上适应贸易自由化的新趋势，将成为考问各国开放型经济体制成熟度的衡量标准。而全球经济治理的主要议题也将围绕如何使各国进一步适应贸易和投资自由化的新趋势。

第四节 中国的应对思路

在经济全球化减速转型的新阶段，我们的理念和思路也需要有所转变，以适应新形势的发展。

第一，弱化对贸易投资数量增长的追求，强化对新经济要素的学习、吸收和培育。目前中国有关部门和智库对新经济还缺乏研究，这方面要借鉴发达国家的经验。如美国有研究新经济的专门机构，"美国信息技术与创新基金会"（IITF, The Information and Innovation Technology Foundation）。该机构作为高端智库主要致力于帮助决策者更好地理解新的创新经济本质，帮助决策者更好地知悉推动创新、生产力和经济繁荣所需要的公共政策类型。该机构定期发布的《美国各州新经济指数》（The State New Economic Index）具有广泛影响力，至今已经出版1999年、2002年、2007年、2008年、2010年、2012年、2014年共7个不同年份的年度报告，是研究美国新经济的重要资料。以2014年《美国各州新经济指数》报告为例，该报告主要致力于测度美国各州的经济结构，聚焦于回答"各州的经济结构与新经济的理想化结构之间的匹配程度如何？"这样一个很详细的问题。该报告通过设置"知识型工作、全球化、经济活力、数字化经济、创新能力"5大类别25个指标作为评价基础。此外，美国国家经济研究所（National Bureau of Economic Research, NBER）也有新经济的相关研究。据此，建议国家统计局、政府各部门以及国内有关智库也开展类似的研究，为中国新经济发展提供咨询和服务。

在实际工作中，要实施新一轮的"引进来"开放措施，努力吸引发达国家的新经济技术和产业；在国内要总结和推广"互联网+"的创新经验，对工农业生产领域中的智能化技术，贸易领域的电子商务、金融领域的互联网金融等新生事物要多予以扶植，要在搞活的前提下规范发展，要以生产力发展为第一标准，改革不适应生产力发展的管理措施和各种部门规则。在税收利益问题上，要放眼长远，不能只顾短期的税收利益而损害长期发展的根本利益。

第二，在开放型经济的建设中，更加强调体制机制的转变，强调更高标准的贸易投资自由化。目前，中国自主设立的自由贸易试验区走在对外开放的最前列，应当起表率作用。在自贸试验区的工作思路上，应当实现五个转变：从原来经济开发区的建设思路进一步向创新体制机制试验方向转变；从传统的货物贸易便利化改革向发展跨境电子商务方向转变；从货物贸易投资自由化为主向服务贸易投资自由化为主转变；从生产服务领域的要素自由流动为主向兼顾公共服务领域的要素自由流动方向转变；从物理围网监管方式向电子围网监管方向转变。在双边自由贸易区建设中，建议与某些发达国家商谈建立自由贸易区，如爱尔兰、加拿大等国，尽量使中国的现行贸易规则向更高标准的贸易投资自由化方向接近，同时更加便利地吸引这些国家的新经济要素。

第三，在推进"一带一路"建设中，不仅强调与发展中国家合作，更要注重强调与发达国家合作，强调发达国家第三方技术和资金、第三方市场的作用。以往发展中国家被融入新经济地理，是由发达国家主导和推动的，这是由于它们站在技术和国际分工的最高端，它们主导国际分工体系和全球价值链。中国和新兴市场经济体的崛起，一定程度改变了这种状况，但并没有颠覆它。"一带一路"倡议，顺应世界经济发展的潮流，但并不意味着由中国一家包打天下，这既不现实，也与中国的国力不相称。我们提的"一带一路"倡议，不是排他性的，是开放式的。题中应有之义，就是要与发达国家合作，共同推动亚洲基础设施建设，共同推动"一带一路"沿线国家的产业开发和贸易发展。在合作方式中，既要有项目建设中的资金和技术合作，也要有第三方市场合作。"一带一路"倡议的成就，不应当单纯以我们具体实施了多少项目、我方投入多少资金、人力和物力来衡量，而应当更看重有多少国家响应并参与合作，特别是发达国家参与合作来衡量，即以合作总量来衡量。我们最大的成功就在于，让中国的符号成为世界更多国家参与的合作实践；我们的贡献是作为倡议者和推动者，而不是为了针对谁。为了达到这个目的，应当在公共外交、经贸合作和人文交流中，更多有效宣传我们的主张，消除误会，赢得更广泛的理解、参与和支持。

第四，扎实推进人民币国际化。我们能否在未来新经济发展的竞争中占据有利地位，取决于我们在全球资源配置中具备多少优势。无疑，货币优势是重要的。在今天世界经济增量中，新兴市场经济体已经占有重要地位的情况下，美元作为配置全球资源的工具地位有所下降是必然的，新兴货币地位上升也是必然的，人民币国际化在这种背景下出现，是中国的重要战略机遇。人民币国际化的战略目标是，更多参与全球资源配置，更多地使人民币成为贸易结算和投资的工具；为此要发展境内外人民币债券市场，特别是为"一带一路"倡议服务的人民币债券市场。为了推进人民币国际化，应当保持人民币币值稳定。当前，全球有六大央行实行负利率政策，采取货币刺激，压迫本币汇率下行，美联储迟迟不敢加息，明显顾忌这一形势，害怕加息不利于美国商品服务的价格竞争力。面对这种形势，我们必须有战略定力，不为所动，仍然保持稳健的货币政策，保持人民币汇率基本稳定，不贪图下调人民币汇率促进出口贸易增长的蝇头小利，而应当站在发展新经济、获取新技术要素、获取新经济的资源以及提升中国全球资源配置能力的高度上来审视和处理人民币汇率以及货币政策等眼前的操作性问题。

第五章　全球经济治理的理论分析范式与中国实践

全球治理这一命题，学者多从国际政治学的角度进行分析，但全球经济治理的对象是经济问题，因此也需要经济学的分析方法。本章从公共品的需求与供给的角度分析了全球经济治理的经济学含义。随着中国参与经济全球化的深入发展，参与全球经济治理成为中国对外开放的新课题。笔者分析了中国对全球公共品的需求特点和供给能力，得出的结论是，中国要发挥负责任大国的作用，必须增强全球公共品的供给能力，而这除了增强国力之外，仍然需要进一步扩大开放，使中国的经济体制更适应参与制定全球规则的需要，从而提高全球公共品的供给能力。（裴长洪，2014）

第一节　问题提出与文献简述

自 2010 年中共十七届五中全会关于"十二五"规划的建议中首次提出中国应积极参与全球经济治理后，党和国家有关对外开放的论述中都反复重申这个提法。2013 年党的十八届三中全会关于全面深化改革的《决定》中进一步提出，"增强宏观调控前瞻性、针对性、协同性。形成参与国际宏观经济政策协调的机制，推动国际经济治理结构完善"。这就把中国的对外开放延伸到国内的宏观政策领域。从经济学意义上说，国际经济治理是一种跨国界的公共品，它与中国对外开放的发展紧密联系。因此，本章的假设和所要论证的命题是，中国对外开放的新发展，将为国际经济治理增加全球公共品的供给。

一 治理与全球治理

表面上看,治理的概念与政府和政治权威关系密切,但有很多学者认为,实际它的内涵更为丰富。正如一位西方学者指出的那样:"与统治相比,治理是一种内涵更为丰富的现象。它既包括政府机制,同时也包括非正式、非政府的机制,随着治理范围的扩大,各色人等和各类组织得以借助这些机制满足各自的需要并实现各自的愿望。"[①]

20世纪90年代,伴随着国际关系研究领域中全球变革理论的兴起,全球治理的概念成为热议的话题。1992年联合国有关机构成立"全球治理委员会"。1995年联合国成立50周年之际,该委员会发表了"全球治理委员会"报告,[②] 阐明了全球治理的概念和价值以及全球治理同全球安保、经济全球化、改革联合国和加强全世界法治的关系。

归纳学者和联合国报告的讨论,全球治理的主要内容是:第一,全球治理的主体。由于全球治理是治理在全球层次上的延伸,国家的作用不再如同在国家层面的治理中那样独一无二,主体问题便成为全球治理的首要问题。大卫·赫尔德(David Held, 1995)认为"全球治理是为实现公共目标进行社会协调合作的过程。在这一过程中,国家、国际组织、跨国公司、国际商业机构以及民间社会团体已经形成了一个巨大的全球治理网络"[③]。由此可以看出,当治理跨越了国界,上升到全球的高度,治理的主体也相应多元化了。国家依然扮演着重要的角色,但全球治理的体系包括了更多的主体,它们共同参与了全球治理的全过程。第二,全球治理的规则。大量全球问题的凸显说明在全球范围内单纯依靠市场手段存在缺陷。因此,建立一套具有约束力的全球治理规则就显得十分必要。国际治理较之国内治理更强调规则的作用,强调国家、非政府组织、私人部门等国际

[①] [美] 詹姆斯·N. 罗西瑙:《没有政府的治理》,张胜军、刘小林等译,江西人民出版社2003年版。

[②] Commission on Global Governance, *Our Global Neighborhood*, New York: Oxford University Press, 1995.

[③] David Held, *Democracy and the Global Order: From the Modern State to Cosmopolitan Governance*, Polity Press and Stanford University Press, 1995.

治理的参与者通过具有约束力的规则进行合作。第三，全球治理的途径。不同于国内治理，全球治理的途径不可能是强制的政治干预或者法律约束，而只能是主权国家之间的国际合作和非政府组织的国际协调。这便产生了全球范围内多个政体的网状治理结构与单个国家内部治理结构交织发生作用情况。奈瑞·伍茨认为"相比以前，世界经济正在变得越来越不稳定、不平等以及缺少治理。为了解决这些问题，WTO、IMF和世界银行应该分别在贸易、货币和发展援助领域发挥更大的作用"[①]。斯图瓦特·帕特里克认为，"虽然有效的全球治理需要多重的合作框架才能实现，但有三样合作是其重要支柱：一个强有力和合法性的多边组织，能够确保和平与安全的长久实现；一系列常设的职能机制，它们提供了各式论坛，也为全球经济的运行制订了基本规则，并提供必要的资源和专业知识。在这些正式组织之外，也需要一些灵活的议程设定式的组织"[②]。第四，全球治理的范围。王国兴和成靖认为，全球治理的议题中包括全球经济、人类安全、气候环境、公民社会、能源利用等。[③] 张宇燕和李增刚认为全球治理的范围包括全球生态、全球犯罪、全球经济秩序、全球安全、消除全球贫困和传染病等问题。[④]

二　全球经济治理的概念

可以把全球经济治理理解为全球治理在经济领域的应用和延伸，是经济活动与治理关系的反映。但对比全球治理而言，全球经济治理在概念上又有一些自身的特点。

首先是经济理论的运用。既然是经济领域的治理就必然会引入经济理论作为全球治理的理论基础之一，斯蒂格利茨在批评现有全球经济治理体系时强调了经济理论在全球经济治理中的重要性，他认为世界银行和国际货币基金组织等国际经济组织是全球化的治理者所推行政策的工具，一方

[①] ［英］奈瑞·伍茨：《全球经济治理：强化多边制度》，曲博译，《外交评论》2008年第6期。
[②] ［美］斯图瓦特·帕特里克：《全球治理改革与美国的领导地位》，杨文静译，《现代国际关系》2010年第3期。
[③] 王国兴、成靖：《G20机制化与全球经济治理改革》，《国际展望》2010年第3期。
[④] 张宇燕、李增刚：《国际经济政治学》，上海人民出版社2008年版。

面它以市场经济理论为基础；另一方面又将现今发达国家的成功经验作为最高标准，且"生搬硬套地强加到发展中国家和转型期国家的经济实践中"。① 经济学家们将经济学理论运用于全球治理领域主要是借助于外部性和公共品这两个概念。外部性广泛地存在于全球经济领域的各个方面，比如一套运行良好的国际金融交易体系会有效防范世界性金融危机的爆发，对所有的国家都存在正的外部性，甚至可以把这套体系界定为准公共品。但是建立这套体系所需要耗费的大量成本应该由谁来负担呢？在一个国家的范围内，可以选择市场机制和非市场机制来进行干预，但在全球范围内市场被分割成各个子市场，市场机制因此无法发挥作用，需要具有一定权威的全球性组织协调。由此制定的国际规则和体系就具有了正外部性的公共品。"全球和平与安全体系、流行疾病防御体系、臭氧层保护、知识和信息、公平和正义的国际制度、有效率的国际市场体系等都具有很强的全球正外部性。"② 张宇燕和李增刚则提出了公共品提供中的"搭便车"现象。由于每个民族国家都是为了自身利益参与全球治理，而全球治理的效果具有非排他性和非竞争性，每个国家都试图搭别国的"便车"，而不希望其他国家搭自己的便车，这便构成了全球治理中公共产品提供的不足。③

其次是治理途径和治理范围的特定性。与全球治理广泛的途径不同，全球经济治理更加强调国际组织在治理途径中的作用，这并非否定国家层面的全球经济合作，因为所有合作都融入国际组织的管理和协调之中。西方学者们将全球经济治理分为五个层次，其中第二个层次强调"通过一定数量的国家所建立的国际管理机构来规制某一方面的经济行为。比如 WTO 对 GATT 的管理，或者某一国际组织对国际直接投资和共同环境标准的管理"；④ 第三个层次同时强调"通过贸易投资区来管理大范围的经济活动，比如欧盟。这种区域管理能够实现中小国家所无力企及的社会和经

---

① [美] 约瑟夫·E. 斯蒂格利茨：《全球化及其不满》，李杨、章添香译，机械工业出版社 2004 年版。
② Jonathan Gruber, *Public Finance and Public Policy*, New York: Worth Publishers, 2005.
③ 张宇燕、李增刚：《国际经济政治学》，上海人民出版社 2008 年版。
④ Paul Hirst, Grahame Thempson, *Globalization in Question*, Blackwell Publishers, 1999.

济目标"。① 全球经济治理的范围仅仅限于全球治理的经济范畴之内，它的研究议题相应被限定在特定的范围之内。欧洲央行行长特里谢（Jean-Claude Trichet）在 2010 年 4 月 26 日纽约的讲话中指出"在经济金融的领域内，全球治理的研究范围包括国际经济组织，比如国际金融机构；也包括国际非政府组织和非官方论坛，比如 G7、G10、G20 等，这些组织和论坛对于改善经济领域的全球合作发挥了重要作用"②。施伯特（Horst Siebert）则认为全球治理在经济领域的重点应用在于分析"国际贸易规则的必要元素有哪些以及如何预测和防范国际金融危机"。③

再次是国际金融危机爆发后全球经济治理的新议题。2008 年金融危机的爆发使国际社会意识到，防控全球金融系统性风险、改革全球经济治理体系、重新规划全球经济合作成为全球经济治理的三个新议题。特里谢提出，全球经济治理在危机中表现出的缺陷在于"全球规则体系的缺失和全球经济发展的不平衡"，④ 他同时指出："三个方面的因素使目前的全球经济治理正在经历重大转变。一是 G20 的建立；二是央行行长的全球经济会议；三是金融稳定委员会的建立。"⑤ 他还乐观地表示，"全球经济治理正在如下三方面发生积极的变化：第一，全球监管合作的领域不断扩大；第二，全球经济治理的效率和有效性不断提高；第三，全球经济治理的参与者不断增加"⑥。IMF 第一副总裁李普斯基（John Lipsky）也将全球经济治理的改革等同于国际经济金融体系的重建，他认为"全球经济治理的改革恰逢时宜，并且与国际经济金融体系改革形成合力，为未来稳定、平衡并且可持续的发展打下坚实的基础"⑦。但也有人不那么乐观，对全球经济治理的效果持谨慎态度。如有西方学者认为，"在全球危机的压力逐渐减少

---

① Paul Hirst, Grahame Thempson, *Globalization in Question*, Blackwell Publishers, 1999.

② Jean-Claude Trichet, "Global Governance Today, Keynote address at the Council on Foreign Relations", New York, April 2010.

③ Horst Siebert, *Global Governance: An Architecture for the World Economy*, Berlin: Springer, 2003.

④ Jean-Claude Trichet, "Global Governance Today, Keynote Address at the Council on Foreign Relations", New York, April 2010.

⑤ Ibid..

⑥ Ibid..

⑦ John Lipsky, "Asia, the Financial Crisis, and Global Economic Governance", Speech at the Federal Reserve Bank of San Francisco Conference, Santa Barbara, California, October 2009.

的情况下，新的全球经济治理方式——G20的预期成果会随之逐渐减少"①。他进一步呼吁"着力重新规划全球经济合作的版图，是全球经济治理向多元化的方向发展，经济组织间的合作应在国际秩序的各个层面展开，包括国家间、区域间和全球性的合作，而不能采取一套合作模式"。

第二节　全球公共品：全球经济治理的经济学含义

从经济学一般意义上考察，全球经济治理就是提供一种全球公共物品。公共物品之所以"公共"，在于其供给和消费都不是一个个体，而是许多人或是一个集体。亚当·斯密最早区分了公共物品和私人物品。② 亚当·斯密认为公共物品只能由国家或政府提供。1954 年萨缪尔森③、1965 年曼瑟尔·奥尔森④以及丹尼尔·缪勒⑤也从不同的角度对"公共物品"给出了定义，概括起来公共物品的两个最主要的特征是：消费和生产的非竞争性（non-rivalness）和非排他性（non-excludability）。具有以上两个特征的公共物品一般被称为纯粹的公共物品，最为典型的例子就是"国防"。而与公共物品相对的自然是私人物品。但实际生活中，更多的社会物品介于"纯粹公共物品"与"私人物品"之间，即可能具有其中一个特性，或具有竞争性、不具有排他性；或具有排他性、不具有竞争性；或竞争性和排他性程度有所不同。以下是与公共物品概念极为相关的两个经济学概念。

（1）外部性与搭便车：外部性是指当事人承担的成本与收益不对称的情况。外部性又分正的外部性和负的外部性。在现实中，公共物品与外部性很难严格区分，原因是，一旦一个公共物品被提供，其消费对所有人便

---

① Gregory Chin, "Global Governance: Shaping the Post-Crisis Order without a Silver Bullet", *Global Perspectives Magazine for International Co-operation*, August 27, 2010.

② [英] 亚当·斯密：《国民财富的性质和原因的研究》（下卷），郭大力等译，商务印书馆1974 年版，第284 页。

③ Paul Samuelson, "The Pure Theory of Public Expenditure", *Review of Economics and Statistics*, XXXVI, Nov. 1954, pp. 387–389.

④ [美] 曼瑟尔·奥尔森：《集体行动的逻辑》，陈郁译，上海三联书店1996 年版，第13 页。

⑤ [美] 丹尼尔·缪勒：《公共选择理论》，杨春学等译，中国社会科学出版社1999 年版，第15 页。

是非排他、非竞争的,这就导致了公共物品提供中的搭便车行为。

(2)公共提供的物品(publicly provided goods)与自然垄断:公共提供的产品与公共物品(public goods)有一定区别。许多公共提供的物品,例如煤气,在消费上属于私人物品,而不是公共物品。之所以公共提供的物品需要公共提供,主要是考虑到规模经济,而形成规模经济的行业具有一定的垄断性。[①] 对于公共物品(特别是纯粹公共物品)而言,具有自然垄断性,但绝大多数自然垄断产品并非公共产品。

一 全球公共品的特殊性

全球公共品的特征与一般意义的公共品有所不同,在全球视野中,单个经济体是"私人";全球各经济体的联合是"公共",而这个"公共",不是全球政府,这与民族国家政府不同,往往不可能强制性地在所有领域都代表所有"私人"的意志,这体现为它不具有向所有"私人"征税的职能,而向某些国际经济治理提供纯粹的公共品并为此支付成本的往往只有少数经济体。为实现世界贸易治理所产生的多边贸易体系,尽管拥有空前的代表性,即有空前多的"私人"参加,而且,消费世界贸易治理这种全球公共品的需求在所有成员中虽然没有排他性和竞争性,但却有需求强弱的差别,这也导致为此支付成本多寡不同的现象。

国际经济问题的出现,类似于市场活动中的"市场失灵"或者"集体行动困境(collective action dilemma)"。[②] 国际经济治理是为了弥补"市场失灵",最终目的是达成集体行动,促进整体福利的改善,于是也可以把国际经济治理看成是在促成集体行动后,为全球提供了一种"全球公共产品"。而按照经济学的逻辑,公共品的提供自然是不足的,原因有很多,比如受到集体行动的逻辑、经费等的限制。同时,我们要承认,每个民族国家,面对国际经济问题,是无法依靠自身的实力去解决,于是各个国家希望通过"国际经济治理"这件公共物品来改善自身福利,但因为"国

---

① 以煤气公司为例,各国煤气公司多为国有,由国家提供,貌似公共物品,但我们也知道煤气公司一般具备垄断性。

② [美]曼瑟尔·奥尔森:《集体行动的逻辑》,一个著名的"集体行动困境"的例子就是"搭便车现象"。

际经济治理"是件公共物品，那么它就必须满足公共物品的基本经济学属性：非排他性和非竞争性，自然就导致每个民族国家试图搭上别国的"便车"，而不希望其他国家搭自己的"便车"，这便构成了国际经济治理中公共产品提供的不足，也许正是这样的原因，才进一步产生了更多的国际经济问题。从另外一个层面来说，创造一个"国际经济治理"的公共物品，民族国家也是需要投入的。为了实现国际经济治理，民族国家往往是要让渡一定利益，比如要么在外交上做出让步，要么牺牲一定的国内经济利益，或放弃一定的政治权利和利益。而民族国家之所以愿意让渡这些权利和利益，其根源在于，民族国家也希望在创造"国际经济治理"这个公共物品后，能分享到此物品的收益，改善自身的福利水平。

二 全球公共品的主要内容

第一类是国际规则，这包括多边的国际规则和区域的国际规则（见表 5.1）。通常是不同经济体在全球范围或在区域内联合生产和消费的，理论上说，它在消费和生产两方面都不具有排他性和竞争性，具有纯粹公共品的特征；但在实际上，生产这种公共品往往由少数强势经济体主导，而消费这种公共品的各个经济体，往往在经济社会发展程度上差距很大，在这种"中性原则"指导下产生的公共品，往往会掩盖事实上的不平等，即消费侧的非排他性和非竞争性都程度不同被打折扣，因此，这种全球公共品往往需要连带副产品，即国际规则的"例外"条款。

表 5.1　　　　　　　　　全球性多边经贸规则

管辖领域	规则名称	英文简写	制定机构	生效时间
货物贸易	《关贸总协定 1994》	GATT	WTO	1995
服务贸易	《服务贸易总协定》	GATS	WTO	1995
信息贸易	《信息技术产品协议》	ITA	WTO	1997
国际投资	《与贸易有关的投资措施协定》	TRIMS	WTO	1994
国际投资	《多边投资担保机构公约》	MIGA	WORLD BANK	1988
国际投资	《解决国家与他国国民间投资争议公约》	ICSID	WORLD BANK	1966
国际投资	《资本移动自由化法典》	CLCM	OECD	1969

续表

管辖领域	规则名称	英文简写	制定机构	生效时间
国际投资	《多边投资担保机构公约》	MIGA	WORLD BANK	1988
知识产权	《与贸易有关的知识产权协定》	TRIPS	WTO	1995
知识产权	《保护工业产权巴黎公约》	PCPIP	WIPO	1884
知识产权	《关于集成电路知识产权公约》	TRPRIC	WIPO	1989
知识产权	《国际植物新品种公约》	UPOV	WIPO FAOUN OEEC	1968 1991 （第三次修订）
知识产权	《商标国际注册马德里协定》	MACIRM	WIPO	1892
知识产权	《专利合作条约》	PCT	WIPO	1978
知识产权	《为商标注册目的而使用的商品或服务的国际分类尼斯协定》		WIPO（管理机构）	1961
知识产权	《国际专利分类斯特拉斯堡协定》	IPCA	WIPO（管理机构）	1971
知识产权	《国际承认用于专利程序的微生物保存布达佩斯条约》	BTIRDMPPP	WIPO（管理机构）	1977
知识产权	《保护文学艺术作品的伯尔尼公约》	BCPLAW	WIPO（管理机构）	1887
知识产权	《世界版权公约》	UCC	UNESCO	1955
知识产权	《保护表演者、录音制品制作者和广播组织罗马公约》	RCPPPPBO	UNESCO WIPO ILO	1964
知识产权	《保护录音制品制作者防止未经授权复制其录音制品日内瓦公约》	PPPUDP	WIPO	1971（签订）
知识产权	《世界知识产权组织版权公约》	WCT	WIPO	2002
知识产权	《世界知识产权组织表演和录音制品条约》	WPPT	WIPO	1996（签订）
环境保护	《联合国气候变化框架公约》	UNFCCC	UNCED	1994
国际能源	《国际能源纲领协议》	IEPA	IEA	1976
经济秩序	《建立新的国际经济秩序宣言》	NIEO	UN	1974
经济秩序	《建立新的国际经济秩序的行动纲领》	AENIEO	UN	1974
货物贸易	《联合国国际货物销售合同公约》	UNCISG	UN	1988
国际运输	《统一国际航空运输某些规则的公约》	CRICA	ICAO	1933
国际运输	《联合国国际货物多式联运公约》	UNCIMTG	UN	1980

续表

管辖领域	规则名称	英文简写	制定机构	生效时间
国际货币	《国际货币基金协定》	AIMF	IMF	1945
国际货币	《国际复兴开发银行协定》	IBRD	WORLD BANK	1945
国际货币	《国际开发协会协定》	IDA	WORLD BANK	1960
国际货币	《国际金融公司协定》	AIFC	IFC	1956
国际货币	《巴塞尔银行业务条例和监管委员会》	BCBS	BIS	1975 1988（3）
国际税收	《联合国关于发达国家与发展中国家间双重税收的协定范本》	MDTA	UN	1980
经济争端	《关于解决各国和其他国家国民间投资争端的公约》	CSIDS	WORLD BANK IBRD	1966

数据来源：IMF，WTO，World Bank，UN，OECD，WIPO。

第二类是主权经济体为国际规则提供运行载体和平台所提供的成本，即使它分摊到所有成员，但少数经济体往往提供其主要部分，还包括为特殊国际经济问题提供的援助，这些都属于纯粹的公共品，包括：（1）向联合国及所属专门机构、世界银行、国际货币基金组织、世界贸易组织等所提供的资金支持；（2）向类似于20国集团峰会以及各类对话、协调机制的平台提供的支持和援助；（3）向国际社会中的各类非政府组织，如"国际金融稳定委员会"等，所提供的支持和援助；（4）减贫减灾等国际援助。

第三类是企业和私人机构对优化国际经济治理所承担的社会责任，它一般由强势的跨国公司和具有资金优势的非营利机构提供，属于纯粹的公共品。这包括对东道国的各种社会责任的承担、援助和对贫困和自然灾害的救助。

三 全球公共品的需求因素

国际社会中的所有"私人"都需要公共品以实现必要的经济治理秩序，但各个成员对这种全球公共品的需求偏好和强弱是不同的。全球公共品的需求偏好和强弱对国际经济治理结构有很大影响。

国际经济治理的核心是建立两个秩序：一是稳定合理的全球市场秩序；

二是全球可持续的发展秩序。因此，国际社会中的成员是依据各自对全球市场重要意义的界定以及现代化发展进程的需要来决定自己对全球公共品的需求偏好和强弱。这里包括：(1) 全球商品和服务市场对成员经济体的重要性；(2) 全球资本流动和技术供给对成员经济体的重要性；(3) 全球气候变化对成员经济体实现可持续发展的重要性。除了少数封闭和极不发达的经济体，只偏好国际援助和救济类公共品外，多数经济体对于建立世界市场秩序的全球公共品都有比较明显的偏好和比较强烈的需求。其中，发达国家和新兴市场国家的需求强度又更高一些。由于发达国家长期主导全球市场治理的历史，因此，新兴市场国家成为参与国际经济治理呼声最高的群体。对于气候变化引起的全球可持续发展问题，其需求结构比较复杂。在全球温室气体排放问题上，世界形成了若干利益诉求不同的集团：欧盟；以美、日、加、澳大利亚组成的伞形集团；发展中国家77国集团；以中国、印度、巴西、南非组成的发展中基础四国；欧佩克和沙特产油国集团；小岛国集团等若干利益不一致或不完全一致的集团。气候变化问题上公共品需求结构的复杂化，加深了国际经济治理结构多极化趋势的发展。

四 全球公共品的供给因素

公共品的供给因素自然与供给能力有关，供给能力取决于经济硬实力，也取决于文化软实力。这个文化软实力实际就是市场经济秩序和生活逻辑、自由贸易和公平竞争的价值观。按照经济学的逻辑，公共品的提供自然是不足的，其最重要原因就是提供能力不足，但各个国家又希望通过"国际治理"这件公共物品来改善自身福利，因此出现"搭便车"现象。在现实世界中，能提供"全球治理"这样体积庞大的公共物品的国家不多，[1] 美国学者金德尔伯格[2]认为这样的国家必须具备霸权国家的

---

[1] 根据公共物品提供的定义，公共物品一般由政府提供，但现阶段世界范围内不存在凌驾于各国之上的政府。所以全球公共物品只能通过其他方式。全球公共物品提供既是一个经济学问题，也是一个政治问题。Inge Kual在书中指出，在不存在世界政府的情况下，一是让霸权国家提供；二是超越国际层次上的公共物品提供依赖于国际组织或国际协定，但这就涉及融资问题。书中建议的两种融资方式是：(1) 托宾税；(2) 特别提款权建设。

[2] Charles Kindleberger, *The World in Depression, 1929–1939*, Berkley University of California Press, 1973, p. 292.

所有属性。① 而在当今世界格局中，"全球治理"这个公共物品主要是由"美国经济霸权"来提供给世界人民的，② 全世界人民可以选择的"全球治理"公共物品不多。所以美国提供的，本身就具有了垄断性。因为具有垄断属性，造成"全球市场失灵"（即：全球问题）也就不足为奇。美国利用经济霸权向世界提供和输出了这个国际性的"全球公共物品"，为世界带来的好处是，维持了世界经济体系（国际贸易体系、国际货币体系、国际投资体系）的开放与稳定，大大降低了国际交易的成本与风险。美国为了输出这个"公共物品"自然也有投入，但其自身也分享了这个公共物品带来的巨大"收益"。霸权国家在出现维持国际体系稳定的"成本"大于"收益"时，美国国内就会产生放弃国际责任的思想。同时，也需指出的是，因为全球长期使用美国提供的这个"公共产品"产生了现阶段的全球经济结构失衡。

目前国际社会深入探讨"全球治理"，就是对"全球公共物品"问题的反思。是放弃现由美国提供的这些"公共物品"体系，寻求建立新的"公共物品"，还是各国帮助改良美国的这个"公共物品"？如果放弃现有的"公共物品"，创建新的，重置成本是多少？因此，这是各国参与全球治理中，必然要考虑的现实问题。

五　区域治理与区域公共品

如同当今世界经济全球化与区域经济一体化并存，全球治理与区域治理既相互联系，也相互影响，而且在解决当今世界经济发展的问题中，区域治理同样扮演着极其重要的角色。区域治理是一种区域内的公共品，相对于全球公共品而言，有能力提供这种公共品的国家要多一些，同时，参与区域治理的各个主权国家，面对成员不是太多的合作伙伴，产生"搭便

---

① 即：(1) 为世界过剩产品提供容纳的市场；(2) 在世界经济衰退期，提供稳定的逆经济周期的资金来源；(3) 当国际货币体系因恐慌而停止运作时，能提供"再贴现"机制，提供融通资金；(4) 管理国际货币兑换体制；(5) 能够协调不同国家的国内货币政策；(6) 能够保护国际经济产权、产权清晰，并且保护运转过程中货物及海外资产（短期投资与长期投资）的基本权利。

② Charles Kindleberger, *The World in Depression, 1929–1939*, Berkley University of California Press, 1973, p. 292.

车"的念头和机会也要少一些,加上利害关系更直接,其参与偏好也要更强一些。这就是为什么区域合作和区域治理比全球经贸问题的合作及其治理发展更快的原因。

第三节 中国对全球经济治理的需求以及提供公共品的能力

中国实行对外开放后,开始重视利用国外资源和国外市场来促进社会主义现代化建设,这使中国对全球经济治理及其公共品有了真实需求。改革开放初期,中国对国际规则一类的公共品并无太大需求偏好,更多的是希望国际援助类的公共品。随着中国成为贸易投资大国以及参与经济全球化程度的日益加深,对全球经济治理及其公共品的需求日益增加。典型的例子是中国从1986年就开始申请恢复关税贸易总协定的缔约方地位,并锲而不舍地与主要贸易伙伴谈判,历时16年,在做出许多让步和妥协的情况下于2001年12月加入世界贸易组织。提出"复关"当初,也很难说有多大消费需求,而在20世纪90年代后期及谈判的最后时刻,应当说对多边贸易体制和规则这个公共品的需求是强烈的,加入世界贸易组织后12年的实践证明,我们的收益大于成本。在广泛建立国际经贸合作关系中,以及在参与各类经济治理实践中,中国已经初步总结出对全球经济治理这个公共品的消费要求或者说需求偏好。

第一,民主性偏好。即治理理念、公共品生产与消费的民主性,各经济体平等协商,共同推进全球经济治理的实现。全球经济治理的对象,是全球性的问题,不能仅靠一个国家或几个国家来完成,更不能由某一超级大国来主宰。因此,这种公共品的生产和消费不能是单赢或少赢,而应是多赢和共赢。

第二,多样性选择偏好。即公共产品和治理方式的多样化:既需要全球公共品,也需要区域公共品;既需要多边规则,也需要区域规则。全球经济治理与区域经济治理共同发展、相互促进。

第三,消费更新偏好。现行的全球经济治理公共品,是以美国为首的发达国家作为主要供给者,其公共品反映的是西方发达国家的价值观和消费利益；国际金融危机以后，世界经济和国际经贸格局发生了改变，新兴市场国家的经济实力上升，反映发展中国家和新兴市场国家的呼声开始影响全球经济治理，要求与时俱进地改革全球经济治理结构，实质上反映了发展中经济体对全球公共品消费更新的需求。

第四，消费防范需求。在全球经济治理中，各成员让渡部分国家主权是实现全球经济治理的必要措施，但这个公共品的消费不能成为干涉主权国家内政的结局。让渡部分国家主权要建立在符合各国利益并自愿的基础上。在当今世界还存在强国与弱国、富国与穷国、超级大国与霸权的现实情况下，全球公共品不能无所不包，无侵害性应成为全球公共品的消费边界。

需要指出，在消费防范中，有些是属于中国与其他成员共同面临的发展阶段的约束问题，具有最大公约数的特征，因此容易受到国际规则中"例外条款"的消费防范；而有些问题则是由于中国的市场经济体制不完善产生的，这种消费防范的需求往往具有正负两方面效应，未必具有长久的合理性。

中国在参与全球经济治理的官方声明中，一方面申明要发挥负责任大国的作用，另一方面也强调要从中国最大的发展中国家和社会主义初级阶段的实际地位出发，承担和提供与自己地位相对称的全球公共品。这种宣示实质上反映了中国经济实力与国际社会对中国认知的矛盾。随着综合国力提升，中国在国际经济治理体系中的影响力不断增加，各方在重大国际和地区问题上更加关注中国的立场，中国正被加速推向国际事务前台。一些发达国家在全球经济再平衡、应对气候变化、人民币汇率、知识产权保护、市场开放等方面对中国的要求越来越高，一些发展中国家对中国的期待也越来越多。但中国仍处于并将长期处于社会主义初级阶段的基本国情没有变，作为世界最大发展中国家的国际地位没有变。外界认知同中国实际情况的落差，给中国参与全球经济治理带来复杂影响。

分析中国对全球公共品的供给能力，是清醒认识全球经济治理格局发展趋势以及如何定位中国角色地位的依据。

首先分析国际规则类的公共品。目前中国基本上还无从参与全球规则的制定，还只是全球规则的学习者和服从者，也还提不出全球治理的议题,只是这种议题的被动讨论者。在区域合作上,中国的地位要好些,可以成为规则的制定者,从而也是区域公共品的提供者。但中国目前的区域合作水平和标准不高,并不能成为全球规则的风向标。为什么会这样?因为还没有很多话语权,背后实际上就是硬实力和软实力都不够。

硬实力的观察指标如下。

(1)中国向世界提供的市场份额(见表5.2)。

表5.2　2012年世界主要经济体货物贸易、服务贸易进口额及世界占比

单位:百万美元,%

	货物进口额	世界占比	服务进口额	世界占比
世界	18601000	100	4152300	100
东盟	1219692	6.56	276300	6.65
欧盟(27)	5937635	31.92	1569064	37.79
北美自由贸易区	3190934	17.15	541500	13.04
中国	1818405	9.78	280164	6.75
日本	885843	4.76	174757	4.21
美国	2475900	13.3	411110	9.90

数据来源:WTO International Trade Statistics Database (www.wto.org)。

(2)中国向世界的资本输出贡献(见表5.3)。

表5.3　2012年世界主要经济体OFDI规模及世界占比　　单位:百万美元,%

	2012 OFDI流量	2001—2012 OFDI流量	2001—2012年 OFDI流量世界占比
澳大利亚	16141	168915	1.12
中国	84220	417813	2.76
中国香港	83985	628739	4.16
法国	37197	1060553	7.01
德国	66926	833230	5.51
意大利	30397	428177	2.83
日本	122551	789089	5.22

续表

	2012 OFDI 流量	2001—2012 OFDI 流量	2001—2012 年 OFDI 流量世界占比
韩国	32978	183509	1.21
荷兰	3509	633822	4.19
俄罗斯	51058	392792	2.60
新加坡	23080	206509	1.37
英国	71415	1203501	7.96
美国	328869	2922358	19.32

数据来源：UNCTAD STATISTICS DATABASE（www.unctad.org）。

(3) 中国向世界的技术输出贡献（见表5.4）。

表5.4　　世界各主要经济体专利许可费出口额及世界占比　单位：百万美元,%

	2011 专利许可费 出口额	2011 专利许可费 出口世界占比	2012 专利许可费 出口额	2012 专利许可费 出口世界占比
世界	289500	100.00	289600	100.00
中国	743.302	0.26	1044.102	0.36
澳大利亚	919.339	0.32	854.26525	0.29
巴西	590.77	0.20	510.712	0.18
印度	302	0.10	316.48015	0.11
日本	29058.184	10.04	31846.105	11.00
俄罗斯	555.78	0.19	664.2	0.23
新加坡	1637.02	0.57	1648.99	0.57
美国	120836	41.74	124303.39	42.92
欧盟（27 国）	102700	35.47	96000	33.15
南非	100	0.03	100	0.03
韩国	4335.6	1.50	3435.5	1.19

注：各国技术转让数据缺乏统一统计口径，所以用 BOP 项目中的专利和许可费代替技术转让数据（Royalties and licence fees）。

数据来源：UNCTAD STATISTICS DATABASE（www.unctad.org）。

(4) 人民币在外汇市场中的交易份额与官方外汇储备中的比重（见表5.5—表5.8）。

表5.5　　　　2012—2013 年世界外汇市场主要交易货币排名　　　　单位：%

货币名称	2012年排名	2012年世界市场份额	货币名称	2013年排名	2013年世界市场份额
美元	1	45.73	美元	1	40.14
欧元	2	17.21	欧元	2	16.16
日元	3	6.48	英镑	3	11.31
英镑	4	5.84	日元	4	5.78
澳元	5	3.77	澳元	5	3.21
瑞士法郎	6	2.69	瑞士法郎	6	2.34
加元	7	2.40	加元	7	1.99
瑞典克朗	8	1.58	人民币	8	1.49
韩元	9	1.08	俄罗斯卢布	9	1.16
俄罗斯卢布	10	0.98	韩元	10	0.86
人民币	11	0.92	港元	11	0.76

数据来源：SWIFT，2013 年 9 月（http://www.swift.com）。

表5.6　　　　2012—2013 年世界主要贸易融资货币排名　　　　单位：%

货币名称	2012年排名	2012年世界市场份额	货币名称	2013年排名	2013年世界市场份额
美元	1	84.96	美元	1	81.08
欧元	2	7.87	人民币	2	8.66
日元	3	1.94	欧元	3	6.64
人民币	4	1.89	日元	4	1.36
阿联酋迪拉姆	5	0.76	沙特里亚尔	5	0.33
沙特里亚尔	6	0.48	阿联酋迪拉姆	6	0.26
英镑	7	0.38	瑞士法郎	7	0.26
韩元	8	0.21	英镑	8	0.25
澳元	9	0.18	巴基斯坦卢比	9	0.17
港元	10	0.16	印度尼西亚盾	10	0.14

数据来源：SWIFT，2013 年 10 月（http://www.swift.com）。

表5.7 2012—2013年世界主要贸易结算货币排名 单位:%

货币名称	2012年排名	2012年世界市场份额	货币名称	2013年排名	2013年世界市场份额
欧元	1	44.04	美元	1	38.12
美元	2	29.73	欧元	2	34.69
英镑	3	9.00	英镑	3	9.92
日元	4	2.48	日元	4	2.56
澳元	5	2.08	澳元	5	1.91
加元	6	1.81	加元	6	1.89
瑞士法郎	7	1.36	瑞士法郎	7	1.72
瑞典克朗	8	1.05	港元	8	1.02
新加坡元	9	1.03	新加坡元	9	1.01
港元	10	0.95	瑞典克朗	10	0.99
挪威克朗	11	0.93	泰铢	11	0.84
泰铢	12	0.82	人民币元	12	0.84
丹麦克朗	13	0.54	挪威克朗	13	0.83
俄罗斯卢布	14	0.52	波兰兹罗提	14	0.58
南非兰特	15	0.48	俄罗斯卢布	15	0.51
匈牙利福林	16	0.34	丹麦克朗	16	0.50
新西兰元	17	0.33	南非兰特	17	0.44
墨西哥比索	18	0.31	墨西哥比索	18	0.39
土耳其里拉	19	0.27	新西兰元	19	0.38
人民币元	20	0.25	土耳其里拉	20	0.29

数据来源：SWIFT，2013年10月（http://www.swift.com）。

表5.8 2010 Q1—2013 Q2世界各国外汇储备货币结构 单位:%

	2010 Q4	2011 Q4	2012 Q4	2013 Q1	2013 Q2
美元	61.84	62.36	61.25	61.94	61.94
欧元	26.01	24.67	24.16	23.55	23.83
英镑	3.93	3.83	4.02	3.87	3.82
日元	3.66	3.61	4.04	3.89	3.85
瑞士法郎	0.13	0.08	0.28	0.26	0.26

续表

	2010 Q4	2011 Q4	2012 Q4	2013 Q1	2013 Q2
加元	0	0	1.48	1.56	1.79
澳元	0	0	1.47	1.62	1.66
其他货币	4.44	5.46	3.31	3.31	2.85

注：最权威的也是最全面的外汇储备货币结构数据来源于 IMF 的统计，但是很遗憾目前列入统计的货币只有美元、欧元、瑞士法郎、英镑、加元、日元、澳元 7 种货币，人民币没有专门统计，被列入第 8 种其他货币里。

数据来源：IMF（www.imf.org）。

(5) 碳排放量强度（见表5.9）。

表5.9　　　　　2011年世界各主要经济体碳排放量及比重　　　单位：百万吨，%

	排放量	比重
巴西	475.40926	1.46
中国	8715.307	26.75
中国香港	92.90875	0.29
印度	1725.762	5.30
南非	1152.221	3,54
俄罗斯	1788.136	5.49
日本	1180.615	3.62
韩国	610.9538	1.88
澳大利亚	67.18218	0.21
新西兰	37.16929	0.11
瑞士	43.364	0.13
加拿大	552.5565	1.70
美国	5490.631	16.85
法国	374.3273	1.15
德国	748.4856	2.30
英国	496.7992	1.52
意大利	400.9392	1.23

数据来源：Worldbank（www.worldbank.org）。

中国除了向世界市场提供了较大份额的货物贸易贡献之外，其他的硬实力指标都远不如美国以及其他西方国家集团。在软实力方面，中国的市场经济体制还不完善，尽管我们主张和强调贸易和投资自由化，但事实上我们只能是贸易和投资自由化的追随者，而不是领路人，在制定国际规则和设置全球经济治理议题时，难免受到国内经济体制与全球市场不接轨的掣肘而难以有所建树。

其次分析为全球治理提供的各种成本和援助（见表5.10）。

表5.10　2012年主要经济体向联合国各专属机构缴纳会费及占GDP比重

单位：美元，%

序号	经济体	劳工组织	占本国GDP比重	粮农组织	占本国GDP比重	知识产权组织	占本国GDP比重
1	中国	11543985	0.00016	7946705	0.00011	341842	0.000005
2	美国	79613688	0.00053	70578468	0.00047	1139475	0.000008
3	日本	453617	0.00001	31226285	0.00053	1139475	0.000019
4	韩国	8182116	0.00073	5632636.4	0.00050	227895	0.000020
5	巴西	5833512	0.00024	4058887.9	0.00016	91158	0.000004
6	俄罗斯	5800943	0.00031	3993194.5	0.00021	455790	0.000025
7	印度	1932441	0.00010	1331891.6	0.00007	91158	0.000005
8	南非	1393240	0.00034	1919709.6	0.00047	341842	0.000084
9	新加坡	1212299	0.00047	623161.56	0.00024	11395	0.000004
10	法国	22168793	0.00080	15258467	0.00055	1139475	0.000041
11	德国	29026427	0.00081	19980854	0.00055	1139475	0.000032
12	英国	23909438	0.00098	16458906	0.00068	1139475	0.000047

数据来源：联合国贸发会议；联合国劳工组织；联合国粮农组织；联合国知识产权组织（www.un.org）。

表5.11—表5.16是2012年世界各主要经济体向世界银行、国际货币基金组织、世界贸易组织、亚洲开发银行、清迈协议提出的亚洲金融稳定机制等机构提供的经费比重。

表 5.11　　　　2012 年世界主要经济体向 WTO、IMF、WB 缴纳会费

	WTO 会费（瑞士法郎）	WB 捐款（百万美元）	IMF SDR（百万美元）
巴西	2088725	745	2593473708
中国	14156698		7388757780
印度	3240924		2886380741
南非	1084194	1	2886380741
俄罗斯		2009	5686848446
日本	9310856	3107	12959631311
韩国	5298561	1976	2261353527
澳大利亚	2380175	3225	2951204291
新西兰	444947	1187	818360742
瑞士	2642480	5363	
加拿大	5727964	3157	
美国	23687113	3011	35818621174
法国	8545314	1522	9490456292
德国	17135317	3147	11652162856
英国	9019406	5127	9620522735
意大利	7074463	2610	6153583405

数据来源：www.wto.org；www.imf.org；www.worldbank.org。

表 5.12　　　　2009 年清迈倡议多边化份额（10 + 3）　　　　单位：亿美元,%

	份额	占比
中国	342	28.50
中国香港	42	3.50
日本	384	32.00
韩国	192	16.00
+3 国家总额	960	80.00
印度尼西亚	47.7	3.97
泰国	47.7	3.97
马来西亚	47.7	3.97
新加坡	47.7	3.97

续表

	份额	占比
菲律宾	36.8	3.07
越南	10	0.83
柬埔寨	1.2	0.10
缅甸	0.6	0.05
文莱	0.3	0.02
老挝	0.3	0.02
东盟10国总额	240	20.00

数据来源：中国人民银行（http://www.pbc.gov.cn）。

表5.13　　　2012年各国对亚洲开发银行（ADB）经费的贡献　　单位：百万美元

	实缴资本	向亚发基金捐助资金
奥地利	27.76	289.52
比利时	27.76	248.1
丹麦	27.76	269.44
芬兰	27.76	167.24
法国	189.9	1430
德国	352.95	2100
爱尔兰	27.82	67.9
意大利	147.47	929.74
卢森堡	27.82	48.76
荷兰	83.69	839.51
葡萄牙	13.02	111.2
西班牙	27.76	467.57
瑞典	27.76	395.36
英国	166.62	1150
中国	525.8	65
印度	516.53	0
印度尼西亚	444.08	14.96
柬埔寨	6.73	0

续表

	实缴资本	向亚发基金捐助资金
老挝	1.41	0
马来西亚	222.18	20.08
缅甸	44.45	0
菲律宾	194.37	0
新加坡	27.76	15.8
泰国	111.09	13.86
文莱	28.79	15.51
越南	36.13	0
日本	1270	10080
韩国	410.99	401.31
澳大利亚	472.1	2290

注：数据为累计至2012年各国贡献。

数据来源：亚洲发展银行官网（www.adb.org）。

表5.14　　　2012年世界各主要经济体向拟设立的机构

（如金砖国家银行等）提供的经费　　单位：亿美元

	巴西	俄罗斯	印度	中国	南非
金砖国家应急基金（或金砖国家外汇储备库）	180	180	180	410	50
金砖国家开发银行	100	100	100	100	100

数据来源：2013年8月29日，财经网（http://finance.sina.com.cn/world/gjjj/20130829/103916602702.shtml）。

表5.15　　　2012年世界各主要经济体对外援助规模及世界份额

单位：百万美元，%

	2011年官方发展援助	2001—2011年官方发展援助规模	2001—2011年官方发展援助规模世界占比
中国	-660.9	13264.41	1.62
巴西	826.47	3534.69	0.43
印度	3221.12	20289.29	2.48

续表

	2011 年官方发展援助	2001—2011 年官方发展援助规模	2001—2011 年官方发展援助规模世界占比
印度尼西亚	414.59	10743.87	1.32
马来西亚	30.64	1325.12	0.16
墨西哥	958.18	2800.82	0.34
南非	1397.52	9061.82	1.11

数据来源：UNCTAD STATISTICS DATABASE www.unctad.org。

说明：由于各国对外援助数据缺乏统一统计口径，所以采用 UNCTAD 统一的官方发展援助数据（Total official development assistance net）。

表 5.16　　2009—2012 年世界各主要经济体对外援助规模及世界份额

	2009 年	2010 年	2011 年	2012 年
中国（亿元人民币）	132.96	136.14	159.09	
美国（千美元）	32711460	32290032	36388640	
欧盟对外援助（百万欧元）	12298	131388	144281	148414
日本对外援助（十亿日元）	1554.2	1666.3	1582.8	
韩国对外援助（亿韩元）	14982	16510	16437	18602
巴西对外援助（百万美元）	292	337	362	
印度对外援助（百万美元）	442	563	646	1020
南非对外援助（百万美元）	120	98	95	
俄罗斯对外援助（百万美元）		472.4	479	
澳大利亚对外援助（千美元）	3865036	4303155	4825159	
新西兰对外援助（千美元）	201500	212300	224300	

注：以上数据分别从不同网站搜索，计价单位以本币为主。

数据来源：中国对外援助（单位：亿元人民币）数据来自：中宏统计数据库；美国对外援助数据来自：www.usaid.gov，FY 2009 FOREIGN OPERATIONS PEFORMANCE REPORT AND FY 2011 PERFORMANCE PLAN；欧盟对外援助数据来自：http://ec.europa.eu/europeaid/index_en.htm；2010 年、2011 年、2012 年、2013 年 europeaid Annual report；日本对外援助数据来自：www.jica.go.jp，JAPAN INTERNATIONAL COOPERATION AGENCY ANNUAL REPORT 2011，2012；韩国数据来自：www.edcfkorea.go.krEDCF ANNUAL REPORT；巴西数据来自：http://www.globalhumanitarianassistance.org/countryprofile/brazil；印度数据来自：http://www.respondanet.com/Asia/indias-foreign-aid-program-catches-up-with-its-global-ambitions.html；南非数据来自：http://www.globalhumanitarianassistance.org/countryprofile/south-africa；俄罗斯数据来自：http://www.globalhumanitarianassistance.org/countryprofile/russia。

第三类公共品是强势跨国公司和非营利机构提供的国际社会责任和援助（见表5.17）。

表5.17　2013年世界各主要经济体跨国公司数量、资产、销售额占世界比重

单位：百万美元,%

	上榜公司数量	公司数量占世界500强比重	销售额	占世界500强比重	利润	占世界比重
中国	95	19.00	5243683	17.30	265630.7	17.24
美国	132	26.40	8597690	28.37	567493.6	36.83
欧盟	128	25.60	8419242	27.78	256718.4	16.66
英国	26	5.20	1591877	5.25	45647.3	2.96
法国	31	6.20	2036629	6.72	54625.2	3.55
德国	29	5.80	2071834	6.84	72372.4	4.70
意大利	8	1.60	700397.4	2.31	14157.5	0.92
荷兰	11	2.20	979985.5	3.23	42604.6	2.77
比利时	3	0.60	93598.4	0.31	3694.7	0.24
日本	62	12.40	3449438	11.38	95527.3	6.20
韩国	14	2.80	781959.8	2.58	38604.2	2.51
澳大利亚	8	1.60	395504.6	1.31	46471	3.02
东盟	5	5.85	324215.3	1.07	23664	1.54
巴西	8	1.60	443347.4	1.46	31828.5	2.07
俄罗斯	7	1.40	487757.3	1.61	85018.9	5.52
印度	8	1.60	371855.3	1.23	13358.8	0.87

数据来源：财富2013年世界500强榜单（http://www.fortunechina.com/fortune500/c/2013-07/08/2013G500.html）。

世界上各主权国家政府以及非营利机构（如中国红十字会、中国残疾人基金会等机构）也通过国际红十字会向国际社会提供援助。根据国际红十字会的《2012年财务报告》，前20位的主要捐助方没有中国政府和中国红十字会（见图5.1）。

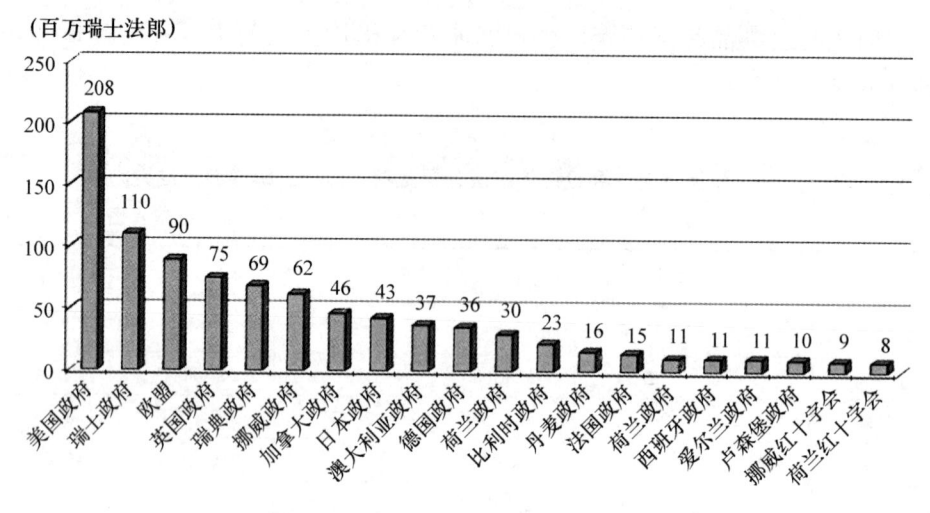

图 5.1　2012 年前 20 位的主要捐款方

数据来源：国际红十字会《2012 年财务报告》。根据中国红十字会总会官网公布的《2012 年部门决算》：支出总计 10290.51 万元，其中本年支出 6546.96 万元，年末结转和结余 3743.55 万元。其中外交（类）支出 1023.59 万元，占本年支出的 15.63%（http://www.icrc.org/chi/resources/documents/annual-report/current/finance-funding–2012–overview-icrc-annual-report.html）。

第四节　扩大开放与中国对全球公共品供给的能力建设

从以上分析可以看出，中国要在全球经济治理中拥有较大的话语权，不能只停留在批判霸权主义的口诛笔伐上，"批判的武器不能代替武器的批判"，而需要扎实地提高公共品的供给能力。随着中国国力的增强，对第二类公共品的供给，即为国际规则提供运行载体和平台所提供的成本，包括为特殊国际经济问题提供的援助，都会随之增加，有些公共品实际上中国现在就有能力增加，但受到某些大国的限制，如中国在世界银行、国际货币基金组织的贡献份额，就受到美国要求掌控一票否决权的限制，这种局面的改变，光靠呼吁和批评是不解决问题的，需要中国在制定国际规则上有更大的话语权、在第三类公共品提供方面有更大的能力后才能实现。

怎样才能有更大的话语权？就是要靠增强背后的硬实力和软实力。如果中国能够为世界提供更大的市场，就将增加一分话语权。中国提供货物贸易世界市场的份额虽然不低，但比起美国、欧盟等发达经济体仍然有差距；服务贸易的市场贡献份额就更低了，只相当于东盟的水平。因此仍然需要扩大开放市场。如果中国能够为世界输送更多的长期投资，就将再增加一分话语权。进入21世纪以来，中国企业"走出去"发展很快，但时间仍短，海外资产存量、资产结构和投资方式都仍有发展和改善的巨大空间，因此仍然需要继续推进"走出去"的步伐。在技术贡献方面、人民币作为国际货币工具方面以及在减少碳排放方面，中国都任重道远，都需要改革、创新和开放的新发展。可见，要增强硬实力，扩大开放是必经之路。增强软实力也需要扩大开放。如果中国的市场经济体制更加完善，市场配置资源起决定性作用，中国经济的体制机制、法规政策与国际规则的耦合性更强，中国参与制定全球或区域的游戏规则或提出和设置经济治理议题就更加自如，同时中国为发展中国家呼吁的游戏规则例外，也就更有道义上的力量。否则，不仅将不断受窘于新国际规则的挑战，而且为发展中国家的呼吁也难免遭受"挟私"之讥。因此，只有加快扩大开放来倒逼改革的步伐。今天中国已经如此深度地融入全球经济，对全球经济治理及其公共品的需求与日俱增，全球经济治理结构的完善对中国国家利益的重要性日益突显，增加中国的话语权以及支撑它的硬实力和软实力，都必须进一步扩大开放，只有把对外开放提高到新的水平，才能切实保护中国的自身利益。

以中美投资协定谈判和中国上海自由贸易试验区为例，2013年8月，中国政府承诺以准入前国民待遇和负面清单管理为前提，启动第十轮中美双边投资协定谈判，并且，在2013年8月份中国上海自由贸易试验区正式设立前，全国人大常委会授权国务院对自贸区的外商投资管理政策进行调整。这些举措都表明，中国新一轮的对外开放，将继续接受国际经济规则（或新规则），并改革中国已有的部分经济管理规则。这两大战略举措的重大意义在于，如果中美投资协定谈判达成，这将意味着中国不仅参与了国际投资规则的制定，而且引领了国际游戏规则的产生。此外，新的国际规则对中国巨额的海外投资不仅可以要求东道国的法律保护，还可以要求国际规则的保护。如果中国上海自由贸易试验区获得成功，不仅可以促进中国的改革和发展，还可以从试验中获得规避国际风险因素的免疫力，更好应对未来的国际新规则。

第三类的公共品需要跨国公司和非营利机构来提供。在国际经济治理结构中，主权国家的政府自然是重要的角色，但也需要企业和社会组织的参与，需要实现治理主体的多元化，从而达到公共品供给的多样化。这就需要培育中国的跨国公司和社会组织。中国跨国公司显然还远不如发达国家多，总体上实力也比不上发达国家，而要使中国的跨国公司在国际经济治理中发挥作用，或在国际经济合作中承担更大的社会责任，需要中国的跨国公司更多更强，对于提供公共品更有自觉性，而这一切都需要在开放型的经济体制中和开放的世界经济环境中才能逐步实现。中国的社会组织不仅需要进一步发育和完善，也需要"走出去"。因此，中国的"走出去"战略，其实施主体不仅应当是企业，还应当包括社会组织，应当让中国的社会组织在国际经济治理中发挥应有的作用，提供必要的公共品，这对中国的社会组织是一个新课题，但也是中国扩大对外开放、构建开放型经济体制中的不容回避的问题。

那么中国的对外开放是否还有潜力呢？答案是肯定的。从货物贸易市场开放看，中国的关税水平及其结构都仍然有继续下降和调整的空间（见表5.18）。

表 5.18　　　　　2011 年中国与其他经济体的平均关税水平　　　　　单位:%

国家	关税水平
印度	48.5
巴西	31.4
南非	19.0
印度尼西亚	37.1
墨西哥	36.1
阿根廷	31.9
美国	3.50
欧盟	5.30

数据来源：根据 WTO 网站，International Trade Statistics Database。

从进口关税收入占国内生产总值的比重看（见表5.19），中国进口各个环节的税收占国内生产总值的比重也偏高。

表 5.19　　　　　2010—2012 年"金砖四国"及部分 OECD 国家
　　　　　　　　　　　进口税收收入占 GDP 比重　　　　　　　　单位:%

国别/年份	2012	2011	2010
巴西	—	0.64	0.56
中国（不含进口增值税、消费税）	0.54	0.54	0.51
中国（包含进口增值税、消费税）	3.38	3.41	3.12
印度	—	1.69	1.69
俄罗斯	—	1.45	1.24
美国	—	0.21	0.20
日本	—	0.19	0.16
OECD 国家平均水平	—	0.2	0.2

数据来源：WTO，International Trade Statistics Database（www.wto.org）。

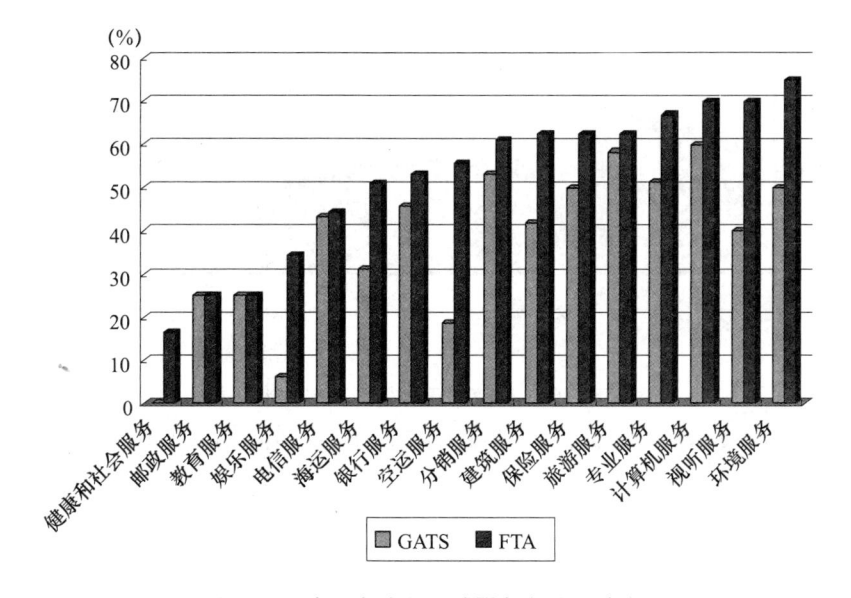

图 5.2　中国多边及区域服务贸易开放度

注：（1）GATS 即根据《服务贸易总协定》，FTA 即根据"自由贸易区"的协定。

（2）计算方法是根据多边或区域承诺开放的部门比例（开放分部门占该项大部门比例）和开放程度（没有股权限制、部分限制、完全限制）综合计算。例如 GATS 项下中国对健康服务没有做任何开放承诺，开放度就为 0，保险服务的开放程度是 50，是因为做了部分开放承诺，有股权比例限制。区域开放度是选择了承诺水平最高的标准计算，目前 CEPA 水平最高，所以选的是 CEPA。

在服务贸易领域，中国的开放空间就更大了（见图 5.2）。即便不考虑实际开放，而仅仅以承诺开放来衡量，这包括中国加入世界贸易组织的服务业开放的承诺、加上中国在与各经济体建立区域自由贸易协定中的服务业开放承诺，不同部门的开放度差别很大、很不平衡。

再从投资领域来看（见图 5.3），综合货物贸易和服务贸易两部分的投资开放来考察，中国的开放程度也远不如许多国家。图 5.3 是一位美国学者绘制的图，按照这个图的比例，中国的投资开放比世界水平差很多。

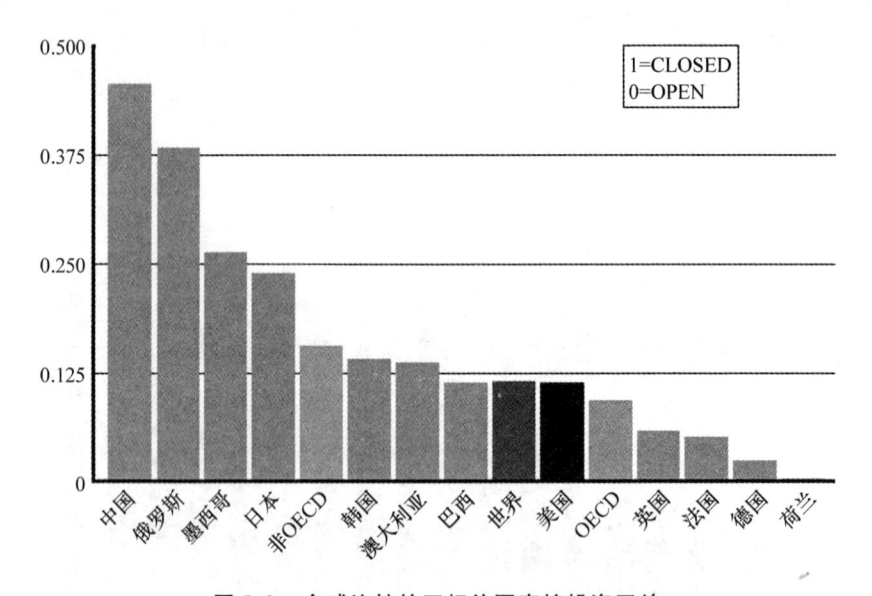

图 5.3　全球比较的正规外国直接投资开放

数据来源：Organisation for Economic Co-operation and Development; for methodology and details, see Kalinova, Palerm, and Thomsen。

这说明，中国需要掀起新一轮的对外开放，这不仅是中国全面深化改革、完善和发展中国特色社会主义制度，推进国家治理体系和治理能力现代化的需要，也是完善国际经济治理体系和结构的需要。

结语

在经济学分析中，全球经济治理是一种公共品，在经济全球化深入发展的当今世界，它是稳定和改善国际经济秩序的必然产物。中国在参与和深入融入经济全球化的情况下，不仅无法回避这种公共品的消费，而且也难以回避为消费此公共品所必须承担的成本。随着中国成为贸易投资大国，中国愈来愈需要这种公共品的供给和消费。中国还处于社会主义初级阶段、仍然是发展中国家一员，中国对全球公共品的消费特点和需求偏好自然与发达国家不同，只有参与全球经济治理和加入全球公共品的生产，才能使这种公共品更具有普适性。而生产和提供这种公共品的能力取决于硬实力和软实力，增强这种硬实力和软力的途径，不仅需要经济社会发展，更需要进一步扩大开放。进一步扩大开放是中国为全球提供公共品能力建设的重要推动力。

第六章　习近平经济全球化、全球治理改革思想研究

自 2008 年国际金融危机以来，经济全球化不复呈现往日的高速增长态势，世界贸易和投资等领域的增长速度都有一定程度下降。"逆经济全球化"思潮在欧美泛滥，认为世界贸易将出现"大崩溃"（great slowdown）。经济危机也使得一部分国家民众的生活水平有所下降，一些国家的贸易保护主义措施也卷土重来。针对这种"逆经济全球化"思潮和行动，习近平总书记在国内外各种场合阐述了他的观点和理念。这些观点和理念是我们正确认识当前和未来经济全球化新形势的思想理论基础，也是经济全球化在未来再平衡过程中朝着健康方向发展的行动指南。本章首先力图领会习近平经济全球化科学论述的新精神；然后从经济全球化历史发展和主要特征、正负效应和启示视角论证习近平经济全球化思想的科学性；最后探讨如何在习近平思想指导下应对经济全球化新形势的实践思路。

第一节　习近平经济全球化科学论述的新观点、新理念

自党的十八大以来，习近平针对经济全球化新形势阐述了一系列新观点、新理念，可概括为以下几个方面。

一　力排"逆经济全球化"思潮，指出经济全球化将进入转型调整新阶段

习近平敏锐察觉到经济全球化趋势在发生变化，2014 年 12 月 5 日，

在十八届中央政治局第十九次集体学习时的讲话中指出,"要准确把握经济全球化新趋势和中国对外开放新要求"。① 2014 年 11 月,习近平指出"要充分估计世界经济调整的曲折性,更要看到经济全球化进程不会改变"。② 2016 年 11 月,他进而阐释"经济全球化进入阶段性调整期,质疑者有之,徘徊者有之。应该看到,经济全球化符合生产力发展要求,符合各方利益,是大势所趋"。③ 2016 年 11 月 19 日,习近平指出"新一轮科技和产业革命正孕育兴起,国际分工体系加速演变,全球价值链深度重塑,这些都给经济全球化赋予新的内涵"。④ 2017 年 1 月,习近平指出"历史地看,经济全球化是社会生产力发展的客观要求和科技进步的必然结果,不是哪些人、哪些国家人为造出来的"。⑤

习近平的上述观点有力驳斥了"逆经济全球化"思潮和论调,为正确把握经济全球化未来发展趋势提供了理论指导。一段时间以来,随着世界贸易和投资增速下降、英国脱欧、特朗普当选美国总统、TPP 夭折、全球范围内的贸易保护主义措施上升等,"逆经济全球化"越来越成为经济学家和政策制定者们关注的焦点,甚至成为普通人谈论的热词。国际贸易近年来的增速放缓是一种暂时性的短期现象,还是代表一种经济全球化新阶段,甚至意味着"逆经济全球化"? 正确解答这些问题具有重大的现实意义。在一些人的意识里,"经济全球化新阶段"和"逆经济全球化"可能是一个意思,但事实上,两者存在重大的差别,失之毫厘,谬以千里,正确区分两者的差别意义重大,有助于纠正我们在认识和观念上的认知偏差。各种迹象表明,经济全球化确实进入了一轮结构性减速转型时期,可能会持续很长一段时间,但是这并不意味着"逆经济全

---

① 习近平:《在十八届中央政治局第十九次集体学习时的讲话》(2014 年 12 月 5 日),《人民日报》2014 年 12 月 7 日。
② 中央外事工作会议,2014 年 11 月 28 日至 29 日。
③ 习近平:《面向未来开拓进取　促进亚太发展繁荣——在亚太经合组织第二十四次领导人非正式会议第一阶段会议上的发言》(2016 年 11 月 20 日),《人民日报》2016 年 11 月 22 日。
④ 习近平:《深化伙伴关系　增强发展动力——在亚太经合组织工商领导人峰会上的主旨演讲》(2016 年 11 月 19 日),《人民日报》2016 年 11 月 21 日。
⑤ 习近平:《共担时代责任　共促全球发展——在世界经济论坛 2017 年年会开幕式上的主旨演讲》(2017 年 1 月 17 日),《人民日报》2017 年 1 月 18 日。

球化",而是意味着进入了经济全球化新阶段,这是本章下一部分论述的重点。

二 倡导新型经济全球化理念

在肯定经济全球化总体趋势不可逆转以及利大于弊的同时,习近平也指出经济全球化造成了一系列负面影响,需要倡导新型经济全球化理念。习近平意识到并不是所有国家、所有群体都从经济全球化中获得同等收益。2014年3月,他指出:"推动经济全球化朝着普惠共赢的方向发展。"① 2016年11月19日,习近平更加详细阐述:"经济全球化是一把双刃剑,既为全球发展提供强劲动能,也带来一些新情况新挑战,需要认真面对。我们要积极引导经济全球化发展方向,着力解决公平公正问题,让经济全球化进程更有活力、更加包容、更可持续。"② 2016年11月20日,习近平重申了这个观点。③ 这两次讲话构成了习近平经济全球化思想的基础。习近平不仅注意到经济全球化所引起的若干负面问题,而且指出了解决问题的方向。2017年1月17日在达沃斯世界经济论坛开幕式主旨演讲中,习近平指出:"我们要主动作为、适度管理,让经济全球化的正面效应更多释放出来,实现经济全球化进程再平衡;我们要顺应大势、结合国情,正确选择融入经济全球化的路径和节奏;我们要讲求效率、注重公平,让不同国家、不同阶层、不同人群共享经济全球化的好处。"④ 习近平的这种思想在2017年1月18日联合国的演讲中,在2017年5月14日"一带一路"国际合作高峰论坛开幕式上的演讲中,以及在2017年9月4日金砖国家领导人厦门会晤大范围会议上的讲话中,得到了更加精练的表

---

① 习近平:《在中法建交五十周年纪念大会上的讲话》,2014年3月27日。
② 习近平:《深化伙伴关系 增强发展动力——在亚太经合组织工商领导人峰会上的主旨演讲》(2016年11月19日),《人民日报》2016年11月21日。
③ 习近平:《面向未来开拓进取 促进亚太发展繁荣——在亚太经合组织第二十四次领导人非正式会议第一阶段会议上的发言》(2016年11月20日),《人民日报》2016年11月22日。
④ 习近平:《共担时代责任 共促全球发展——在世界经济论坛2017年年会开幕式上的主旨演讲》(2017年1月17日),《人民日报》2017年1月18日;《携手推进"一带一路"建设——在"一带一路"国际合作高峰论坛开幕式上的演讲》(2017年5月14日),人民出版社2017年版;《深化金砖伙伴关系 开辟更加光明未来——在金砖国家领导人厦门会晤大范围会议上的讲话》(2017年9月4日),《人民日报》2017年9月5日。

达:"建设一个开放、包容、普惠、平衡、共赢的经济全球化。"① 这种经济全球化新理念进一步写进了党的十九大报告,表述为:"推动经济全球化朝着更加开放、包容、普惠、平衡、共赢的方向发展。"

三 中国需要转换思路,由经济全球化的被动参与者转变为主动引领者

2014年12月,习近平指出:"我们必须审时度势,努力在经济全球化中抢占先机、赢得主动"。② 怎样才能赢得主动?历史经验表明只有通过引领经济全球化、主导国际规则制定才能赢得主动。2014年12月9日,习近平明确指出"过去只是被动适应国际经贸规则,现在则要主动参与和影响全球经济治理"③。2016年1月,习近平指出:"二十年前甚至十五年前,经济全球化的主要推手是美国等西方国家,今天反而是我们被认为是世界上推动贸易和投资自由化便利化的最大推手。"④ 2016年11月,习近平强调"我们要积极引导经济全球化发展方向"。⑤ 这一系列讲话表明随着中国经济和综合国力的增强,我们已经可以且有必要引领经济全球化的新进程。

第二节 习近平经济全球化新趋势的论断符合客观历史规律

一 以往经济全球化发展过程和主要特征

经济全球化是一个历史的动态发展的过程,它事实上很早就开始了。

---

① 习近平:《共同构建人类命运共同体——在联合国日内瓦总部的演讲》(2017年1月18日),《人民日报》2017年1月20日。
② 习近平:《在十八届中央政治局第十九次集体学习时的讲话》(2014年12月5日),《人民日报》2014年12月7日。
③ 习近平:《在中央经济工作会议上的讲话》(2014年12月9日)。
④ 习近平:《在省部级主要领导干部学习贯彻党的十八届五中全会精神专题研讨班上的讲话》(2016年1月18日),人民出版社2016年版,第22页。
⑤ 习近平:《深化伙伴关系 增强发展动力——在亚太经合组织工商领导人峰会上的主旨演讲》(2016年11月19日),《人民日报》2016年11月21日。

学术界关于经济全球化的起点有不同的判定（罗宾逊，2009），哪种判定标准更为科学合理不是本文研究的重点，我们暂且认为经济全球化开始于第一次工业革命。但需要指出的是，我们通常所谈论的经济全球化一般指第二次世界大战以后，由发达国家的跨国公司所主导的经济全球化。

根据我们能够收集到的数据，本部分给出了自 1830—2015 年共 185 年以贸易开放度（进口占 GDP 比重）衡量的经济全球化进程（见图 6.1）。在这段时间内，经济全球化出现了 3 次持续时间较长的上升阶段（分别是 1830—1879 年、1903—1920 年、1946—2008 年），以及 2 次持续时间较长的下降阶段（分别是 1880—1902 年、1921—1945 年）。从 1830—1879 年间的第一次经济全球化浪潮主要归功于第一次和第二次工业革命的兴起及其在全世界范围的扩散。作为当时世界上最强大的军事、科技、经济和贸易强国，英国主导了此次经济全球化进程。1775 年，美国开始其脱离英国的独立战争，随后法国、西班牙、荷兰相继参战支持美国，战争一直持续到 1783 年。美国独立战争对当时的世界贸易体系造成了一系列负面影响，更使得英国再也无法主导经济全球化进程，此后美国以及欧洲大陆国家相继采取贸易保护主义措施（Taylor，1996），可能引起了从 1880—1902 年的经济全球化下降。经过一段时间的调整，经济全球化在 1903—1920 年间继续深化。虽然第一次世界大战造成了一定干扰，但影响时间很短，此轮经济全球化在 1920 年达到顶峰且超过了以往最高水平。从 1921 年开始，经济全球化再一次进入下降通道，但起初并没有严重衰退，且有复苏的趋势。然而，1929 年爆发全球性"大萧条"，主要经济体纷纷变得内向，采取了保护主义贸易政策，美国 1930 年出台的斯穆特－霍利关税法案（SmootHawley Tariff Act）便是例子；紧随其后，发生了第二次世界大战。这些事件共同使得经济全球化进一步严重衰退，到 1945 年下降到历史最低水平（1830—2015 年）。第二次世界大战之后，世界重新回到和平与发展路径之上，美国替代英国完全主导世界秩序，经济全球化不断深化，极大地超出了历史上任何时期。值得指出的是，第二次世界大战之后的经济全球化进程可进一步划分为两个阶段。1946—1986 年为经济全球化开始提速阶段，1987—2008 年是经济全球化加速发展阶段。考察图 6.1，我们也发现，即使对于第二次世界大战之后的经济全球化，它也不是始终上升的，经历了许多短期的下降过程，例如1980—1986年间就经历了较为严重的下降过程。

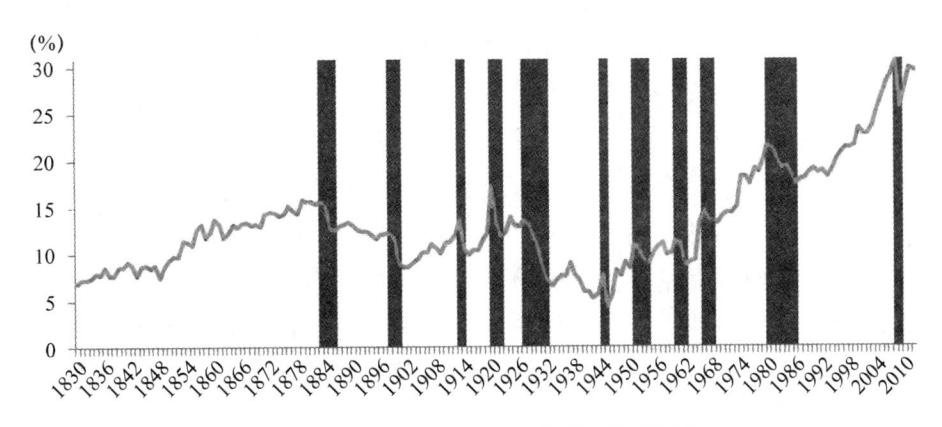

图6.1　1830—2010年经济全球化发展历史

资料来源：1930—1976年数据来自Chase-Dunn等（2000），1977—2015年数据来自世界银行的世界发展指标数据库（WDI）。

第二次世界大战以来的经济全球化阶段有以下主要特征。第一，制造业国际生产分工深化推进贸易投资自由化。第二次世界大战以后，制造业的国际分工从产业间分工向产业内分工、产品内分工、公司内分工不断深化，产业不断被细分。制造业内部的不同行业成为产业，各行业内部的不同产品成为产业。产品生产过程的技术可分性也使各个工序、各个生产环节成为产业。各个产品内部垂直专业化分工的不断深化和细化，推动了产业内、产品内、公司内贸易的发展，进而推动了国际直接投资的发展，引发了贸易投资自由化的巨大需求和动力。第二，中国融入新经济地理。国际分工的深化和扩大恰恰与中国的改革开放历史性相遇，广袤的中国版图和庞大的中国人口进入新的国际分工体系，极大扩展了国际分工的能量，扩大全球贸易投资的规模，成为这个时期经济全球化的最大加速器，也成为贸易投资自由化的最大推动因素，同时也使中国成为经济全球化的重要受益者。第三，跨国公司在全球生产和贸易中的作用日趋重要。跨国公司的经济地位日益重要，它垄断了全球生产的60%和全球贸易的80%，以及国际直接投资的90%（UNCTAD，2013）。世界500强跨国公司主要集中在美国、欧洲和日本等发达国家和地区，一些新兴市场国家虽然也出现了数量可观的跨国公司，但这些跨国公司也主要集中在少数经济增长较快的经济体中。第四，美元作为全球资源配置工具的影响无处不在。虽然布雷顿森林体系已经瓦解，但美元依然是全球资源配置的主要工具，美元在全球外汇市场中的交易比重、在贸易结算支付、投资计价以及官方储备中始终占据主导地位；美元汇率在很大程度上影响贸易平衡、资本流动以及能源的生产和供给。全世界都追逐美元，美元把自己捧上了国际交易的神坛，美元的衍生品都成为可贸易性的商品。第五，国际经贸政策、国际规则的自由化取向。无论是国际经济贸易政策的协调，还是国际交易的规则制定，都围绕制造业国际分工深化和贸易投资的自由化以不断开辟新的经济地理，不断为跨国公司的全球网络扫清障碍，不断为美元制造范围更大的"特里芬"难题。世界贸易组织成立以及中国加入世界贸易组织，树立了全球经济治理的两大里程碑。第六，国际经济学理论的偏向。这个时期产生的国际经济学理论，其主要偏向是追踪国际分工的深化，从而产生了新贸易理论和新新贸易理论等流派；追踪贸易投资自由化进程，从而产生了经济全球化理论；追踪国际经济贸易政策协调的发展，产生了新凯恩斯主义学说；追踪国际经济贸易规则的制定，产生了全球经济治理的新学说。

二 习近平经济全球化新趋势的论断符合历史规律

第一，从历史规律来看，如果没有发生世界范围内的动荡或战争，根本就不可能出现"逆经济全球化"，但是经济全球化确实会出现扩张、停滞和收缩调整的周期性规律。从大历史的角度看，虽然经济全球化有上升和下降，但是上升阶段更长，而下降阶段更短，且每次下降之后都会上升到一个更高的水平。第二次世界大战以来，和平与发展成为时代主题，经济全球化持续扩张，只是偶尔有所调整（例如1980—1986年），之后继续扩张。所以说，只要世界处于和平时期，经济全球化一般都会不断深化；只要不发生世界性的战争，经济全球化就不会长期衰退。考察当前经济全球化面临的全球政治经济背景，虽然各国出台了许多贸易保护措施，但是并不十分严重；虽然存在局部性的地域冲突，但是不可能演变成世界性的战争；虽然旧有经济全球化动力基本消耗殆尽，但是新科技革命和新经济正在破土而出。而且，推动第二次世界大战以来经济全球化进程的主要特征仍然存在，未来将继续发挥作用。例如国际经贸规则的总体取向仍是自由化，中国进一步融入世界经济并带领许多新的国家融入全球经济地理，跨国公司和市场主体追求利润最大化的动机仍没有改变。所以，当前经济全球化只是在经历较为缓和的调整，未来的经济全球化可能继续深化，也可能稳定在当前状态但有小幅上升和下降，但是不可能发生"逆经济全球化"现象。

第二，从反映经济全球化的贸易和投资数据来看，经济全球化的增速在减缓，但是并没有猛烈地下跌，而是保持了较平稳的较低增速。全球贸易增速确实已连续多年低于全球 GDP 增速，很多人便据此认为正在发生"逆经济全球化"。但是这只是对于名义贸易增速和名义 GDP 增速而言，如果仔细考察实际贸易增速和实际 GDP 增速（表6.1），会发现实际出口仍一直大于实际 GDP 增速。2013 年之前，实际进口增速都高于实际 GDP 增速，2013 年以后，实际进口增速也只是偶尔略低于实际 GDP 增速，两者相差微小。而且，世界银行和 UNCTAD 等国际组织预计 2017 年世界贸易增速将会有所回升，并不会一直下滑。全球 FDI 仅在 2012—2014 年出现连续下降，此后年份交替上升与下降，2015 年上升 38%，2016 年下降 13%，2017 年预计上升 10% 左右（UNCTAD，2016a）。2016 年中国吸收 FDI 更是小幅度上升 2.3%，创造了新的纪录，达到 1390 亿美元。这说明虽然全球 FDI 没有达到金融危机前的水平，但其实也没有急剧下降，只是在一个相对低的位置上震荡。

表6.1　　　　　　1978—2017 年世界 GDP 和进出口增长率　　　　　单位：%

年份	名义出口增速	实际出口增速	名义进口增速	实际进口增速	名义GDP增速	实际GDP增速
1978—1982	11.50	3.13	11.33	2.41	9.65	2.53
1983—1987	7.16	5.00	6.34	5.30	8.88	3.57
1988—1992	11.03	5.36	9.53	4.92	8.32	2.90
1993—1997	6.87	7.50	7.22	7.37	4.47	2.94

续表

年份	名义出口增速	实际出口增速	名义进口增速	实际进口增速	名义GDP增速	实际GDP增速
1998—2002	3.06	4.87	3.35	5.21	1.98	2.85
2003—2007	16.51	7.28	16.40	8.04	10.80	3.98
2008—2012	6.74	2.71	6.84	2.52	5.46	2.01
2013—2015	-2.03	3.18	-2.12	2.71	-0.16	2.60
2008	13.79	2.74	15.52	2.91	9.68	1.84
2009	-19.43	-10.23	-20.81	-11.96	-5.21	-1.7
2010	19.2	11.7	18.95	12.37	9.67	4.37
2011	18.67	6.44	19.17	6.81	11.11	3.1
2012	1.48	2.88	1.39	2.46	2.06	2.45
2013	2.9	2.91	2.61	2.43	2.8	2.48
2014	1.86	3.49	2.17	3.21	2.41	2.69
2015	-10.85	3.14	-11.14	2.48	-5.69	2.63
2016	—	—	—	1.7—1.8	—	2.3
2017	—	—	—	1.8—3.1	—	2.7

资料来源：笔者根据世界银行的世界发展指标（WDI）数据库计算；2017年的GDP增速为世界银行《全球经济前景报告》（2017年1月）估计值；2016年和2017年的贸易增速为WTO的预测。

第三，虽然世界贸易保护主义思潮在上涌，但是并没有出台特别严厉的贸易保护主义措施，而且历史经验表明，贸易保护主义措施的作用其实非常有限。WTO的一项统计研究表明，WTO成员方自2008年国际金融危机至2017年已经推出了2100多项限制贸易的措施。美国更是高举保护主义大旗，数据显示，2015年实施贸易保护措施624项，为2009年的9倍（张茉楠，2017）。贸易保护主义措施的上升确实反映各国经济趋向于保护，但是它们并不会对各国进出口有大的影响。一是因为这些保护措施都是细枝末节性的，很多只是无关大局的情绪性表达，影响不大。当今世界并没有出现特别严重的贸易保护主义措施，例如特朗普并没有把中国列为汇率操纵国，也没有对中国征收45%的关税，双边自由贸易谈判仍在平稳发展。二是这些贸易保护主义措施也不一定能够起到作用。一些学者的研究甚至表明，贸易保护主义措施很少起作用（Bairoch，1993）。数据也表明，虽然美国出台了许多贸易保护措施,但是根据UNCTAD《世界贸易和发展报告:2016年》(UNCTAD,2016b)的数据,美国2014年和2015年的货物进口量仍高达4.3%和4.8%。事实上,贸易保护主义从没有停歇过,经济全球化一直是在克服贸易保护主义的阻挠中前行的。当今的贸易保护主义有扩大之趋势,只是从一个侧面反映出经济全球化可能走得太快太远,没有处理好经济全球化与国内收入分配之间的关系(各国收入分配差距加大,低收入阶层把不利处境迁怒于全球化和市场开放),也没有处理好区域一体化与主权国家权力分配的关系,以及没有处理好各国之间的利益分配关系。当今的经济全球化减速,正是为了腾出时间和资源来处理这些关系。

第四,虽然WTO框架下的多边贸易投资自由化谈判进程受阻,如多哈回合谈判历时15年无果,但是国家之间的区域贸易协定(RTAs)(双边自由贸易协定)快速增加。图6.2显示,2008年以来,每年都签订相当数量的RTAs。此外,一国自主设立的自由贸易试验区也越来越多,开放度越来越大,例如中国已经设立13个自贸试验区,且要把上海建成自由贸易港。区域贸易协定、自由贸易区、自由贸易港将成为新的推动经济全球化的举措,使得世界经济联系依然日益紧密,相互依存继续提高。

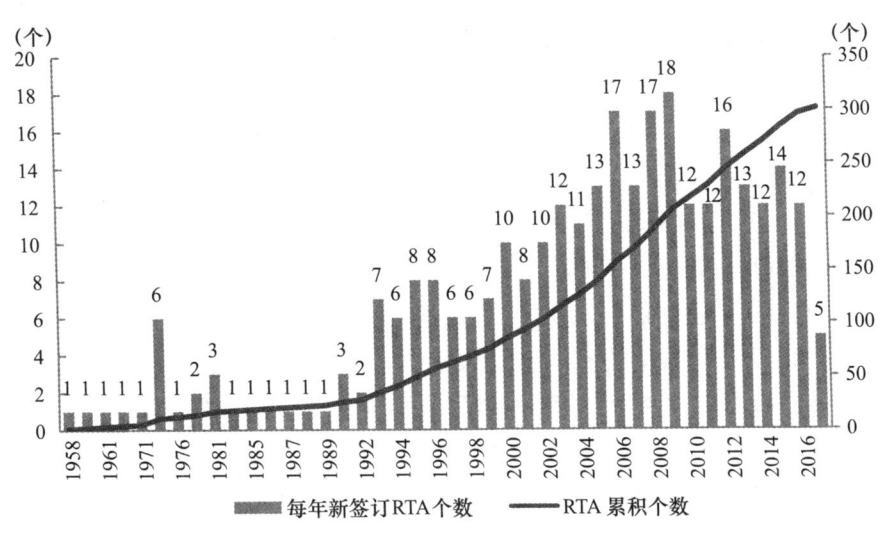

图6.2 1958—2016年世界区域贸易协定(RTAs)发展情况

资料来源:作者根据WTO秘书处RTA数据库数据绘制,也可见表长洪、刘洪愧(2018)。

既然"逆经济全球化"论断并不能成立,那么我们如何理解当今的经济全球化现状,我们认为经济全球化为什么进入一个减速转型的新阶段,包括两方面的内涵。

一方面,经济全球化不可能继续维持危机前的高速增长态势,主要原因有以下几点。

第一,制造业的全球价值链分工基本成熟定型。自20世纪80年代以来的经济全球化很大程度归功于全球价值链的不断细化和发展,促进了产业内和产品内贸易的发展。但是当全球价值链分工细化到一定程度之时,继续分工的成本就会大于收益,进而使得分工停滞。许多研究表明制造业的全球价值链已经成熟(Constantinescu,Mattooand Ruta,2015)。数据也显示,在世界总出口中,国外增加值与国内增加值的比重在1995—2005年间上升了8.5个百分点,但是在2005—2012年间只上升2.5个百分点(Frankel,2016)。对于中国,自2005年后,国外增加值占总出口的比重一直下降;对于美国,进口中的零部件比重也开始下降。这些事实都说明全球制造业价值链已经成熟定型。第二,中国经济增速的放缓和换挡,以及经济结构的调整。在过去的30多年中,中国经济的高速增长为经济全球化注入了新的活力。中国的低成本劳动力进一步促进了产品生产的国际分工,中国也提供了广阔但有待开发的消费和投资市场。但是自2012年以来,中国经济增速进入新常态,投资需求开始下降。此外,中国经济结构也在发生变化,服务业比重不断提高,由于服务业的贸易和投资密集度相对于制造业来说都更低,这不可避免将降低中国对世界消费品和投资的需求。中国也越来越由出口和投资驱动型经济增长模式转向消费增长模式,中国的外向型经济不断下降而内向型经济不断上升,对经济全球造成了一定的挑战。考虑到中国的经济增速和经济结构调整将是一个长期过程,那么对经济全球化的影响也是长期的。第三,新科技革命的创造性作用还没有完全发挥出来。根据熊彼特的"创造性毁灭"理论,新科技革命既有创造性的一面,也有毁灭性的一面。在短期,创造性的一面难以发挥出来,则更多地体现为毁灭性的一面,所以此时的贸易、投资都有可能下降,经济全球化会出现短时的停顿。更为具体地,互联网技术的突破以及广泛运用将覆盖制造业技术进步,从而创造网络经济和制造智能化经济的新空间，但这个过程将是渐进的，而不是突发的，因此新的国际分工体系的形成也将是渐进发展的过程。在这个过程中，体现即有产品和服务结构的世界贸易和投资在数量上的增长将明显减速。第四，全球经济治理正在重构中。经济全球化需要一套满足各国需要的国际经济交易规则和体系，即全球公共品。没有这套规则，经济全球化将无秩序可循，当现有规则不能反映大多数国家的需要，或者不能满足大多数国家的利益时，经济全球化一般会出现停滞或者倒退。随着新兴经济体经济实力的崛起（特别是中国的崛起），加速了世界经济多极化，发展中国家的经济总量、贸易和投资总量都超过了全球总量的半数，已有国际经济力量对比发生了很大变化。然而，全球经济治理体系仍没有反映这种变化。现有的全球经济治理或者全球公共品仍是以美国为主导建立的，主要的国际经济治理实体包括世界银行、IMF 和 WTO 等，这些国际组织主要被少数发达国家所把控，并且掌握着主要的投票权。例如，世界银行的行长一直来自美国，IMF 的总裁总是来自欧洲，副总裁总是来自美国。特别地，美元仍是国际金融领域的主导性全球公共品，在这种经济大格局中仍然作为全球资源配置主要工具有很大不合理性，美元造成的"特里芬"难题对经济全球化有很大的负面影响。

另一方面，经济全球化的总趋势不会改变。第一，中国的崛起以及持续稳定发展。历史发展规律表明，一个全球性大国的崛起将有利于经济全球化。19 世纪英国的崛起，其作为主导者推动了长达一个多世纪的经济全球化进程。第二次世界大战之后美国担负起维护世界秩序、推动经济全球化的任务，使得世界经历从第二次世界大战到 2008 年金融危机长达半个多世纪的经济全球化浪潮。2008 年金融危机之后，中国继续崛起并开始担当经济全球化引领者，也将推动经济全球化继续深入发展，并呈现新的特色。第二，全球生产分工体系已经建立，很难逆转。第三，跨国资本寻求最优化资源配置的动机没有改变。只要各国的资源、要素禀赋仍然存在差异，跨国资本全球配置资源的动力就不会停滞。第四，新的科技革命不仅已经孕育出生，有的还转化为生产力因素，新产业、新业态已经出现，新的经济发展周期终将到来。第五，服务的跨国贸易、服务生产的跨国外包日益成为可能，已经成为经济全球化的新动力。第六，"一带一路"建设将使得更多国家作为新经济地理因素融入经济全球化。第七，以平台网络企业为代表的新国际贸易微观载体的兴起，将使得广大的中小微企业直接参与经济全球化进程。

第三节 以往经济全球化的正负效应及其启示

20世纪90年代，美国曾经是经济全球化的主要推手，不遗余力发挥引领作用。在贸易投资自由化声浪日益高涨之中，按照美国垄断资本的意愿，终于结束了长达十多年的乌拉圭回合谈判，于1995年成立了世界贸易组织，建立了全球第一个多边贸易体制。当时美国对经济全球化的积极性来自哪里？美国学者口无遮拦地说破了秘密。第一，美国精英阶层认为，经济全球化将是资本主义制度完胜世界的利器，资本主义生产方式将借助经济全球化不战而胜。1993年美国杜克大学教授阿里夫·德里克在中国演讲说，人类已经进入一个全球经济时代，资本主义的生产方式破天荒地真正成为全球的抽象（阿里夫·德里克，1993，俞可平译）。第二，美国将成为经济全球化的大赢家。因出版《世界是平的：21世纪简史》而受到全球热捧的美国经济学家托马斯·弗里德曼曾傲慢地说："在全球化体系中，美国是唯一居于统治地位的超级大国，所有国家都不同程度上从属于它。……我们不是老虎，全球化才是老虎。但是我们最会骑老虎，而且我们正在对其他所有的人说，要么骑上来，要么滚开。我们之所以最会骑老虎，是因为我们把它从虎崽子养大成老虎。"（李世安，2005）。

但是，2008年爆发的国际金融危机，给美国人大大地浇了一桶冷水。美国精英们发现，资本主义制度并没有完胜，相反，中国特色社会主义道路很成功；美国也不是大赢家，相反，中国成了大赢家。"失算"的心态引动了民粹主义的潜流，加上失落群体的不满，美国率先掀起了逆全球化的思潮。王平等（2008）发现，从2008年8月至10月，美国媒体发表了大量反对经济全球化的言论，其中《华盛顿邮报》52篇、《新闻周刊》43篇、《时代》杂志19篇、《芝加哥评论》14篇，这在美国新闻史上堪称奇观。

毋庸讳言，中国是经济全球化的受益者，但对经济全球化的评价却需要全球和历史的眼光。正如习近平在联合国日内瓦总部发表的《共同构建人类命运共同体》演讲中所说："经济全球化是历史大势,促成了贸易大繁荣、投资大便利、人员大流动、技术大发展。21世纪初以来,在联合国主导下,借助经济全球化,国际社会制定和实施了千年发展目标和2030年可持续发展议程,推动11亿人口脱贫,19亿人口获得安全饮用水,35亿人口用上互联网等,还将在2030年实现零贫困。这充分说明,经济全球化的大方向是正确的。"①

一 经济全球化的积极作用

第一,促进世界贸易持续稳定增长,成为世界经济增长的稳定器。表6.1显示,自20世纪80年代到2008年金融危机,世界经历了很长一段时间的稳定时期(学界一般称之为"大缓和"时期),GDP稳步增长,世界贸易增速更是GDP增速的将近两倍。第二,促进资本跨国流动,世界经济一体化程度更高。为了参与经济全球化,各国纷纷取消对外投资和引进外资方面的壁垒,这使得外商直接投资(FDI)呈现爆发性增长态势,FDI的增速远远快于世界生产和贸易的增速(见表6.2)。从20世纪80年代以来,不管是对于世界整体、发展中国家还是发达国家,FDI增长率基本上都以两位数增长(金融危机以来除外),且FDI的增速远远快于世界生产和贸易的增速,使得FDI占GDP比重稳步快速增长。这使得世界各国经济从产权属性来看变得"你中有我,我中有你",提高了世界经济一体化程度。第三,国际人员流动更加频繁,移民不断增加,促进了各国文化的交流和融合。荆林波、袁平红(2017)收集的数据表明,全球移民存量从1970年的7838万人上升到2015年的2.432亿人,增幅高达210.3%。第四,许多发展中国家借经济全球化契机摆脱了贫困状态,少数甚至挤入发达经济体行列。1990—2015年,世界绝对贫困人口从19亿(约占世界人口的36%)减少到大约9亿(约占世界人口的12%),意味着多于10亿人口摆脱了绝对贫困;对于参与经济全球化程

---

① 习近平:《共同构建人类命运共同体——在联合国日内瓦总部的演讲》(2017年1月18日),《人民日报》2017年1月20日。

度最高的东亚和太平洋国家,绝对贫困人口的减少尤其明显,从20世纪80年代占总人口的80%减少到2012年的低于8%(UNCTAD,2017)。而且,韩国、中国台湾、新加坡、许多东欧国家都借助经济全球化步入了发达经济体行列。根据《全球价值链发展报告:2017》,从2000—2015年,79个中低收入国家(总共为133个)的收入水平都有提高。表6.3表明,就全球来看,低收入群体分别有47.6%和4.8%的比重转变为中低收入和中高收入群体,中低收入和中高收入群体转变为高收入群体的比例则分别为3.8%和48.6%,而没有出现由更高收入群体转变为更低收入群体的。

表6.2　　1980—2016年FDI存量、增长率及占GDP比重　　单位:百万美元,%

年份	世界 FDI存量	增长率	占GDP比重	发展中国家 FDI存量	增长率	占GDP比重	发达国家 FDI存量	增长率	占GDP比重
1980	701097	—	—	294491	—	11.03	406605	—	4.93
1985	986629	14.10	—	370388	3.97	13.87	616240	21.20	6.43
1990	2197015	19.91	9.59	509488	9.00	12.91	1685876	23.67	9.32
1995	3565332	20.26	11.53	843355	11.37	14.05	2711006	23.18	11.11
2000	7489631	5.65	22.39	1669073	8.38	23.33	5767578	4.68	22.25
2001	7463878	-0.34	22.44	1743864	4.48	24.68	5640875	-2.20	21.90
2002	7546204	1.10	21.79	1685613	-3.34	23.19	5755822	2.04	21.42
2003	9500425	25.90	24.41	1972155	17.00	24.48	7386984	28.34	24.43
2004	11011564	15.91	25.13	2296720	16.46	24.41	8533220	15.52	25.41
2005	11440924	3.90	24.10	2680267	16.70	24.10	8504685	-0.33	24.10
2006	14090422	23.16	27.41	3308695	23.45	25.51	10418167	22.50	28.11
2007	17955381	27.43	31.00	4397884	32.92	28.25	12930348	24.11	31.88
2008	15397114	-14.25	24.25	4064534	-7.58	22.34	10942705	-15.37	25.44
2009	18283079	18.74	30.38	4930017	21.30	27.52	12784979	16.84	31.54
2010	20244875	10.73	30.74	6102988	23.79	28.21	13443731	5.15	31.92
2011	20953297	3.50	28.60	6412565	5.07	25.32	13849955	3.02	30.66
2012	22801586	8.82	30.50	7304668	13.91	27.07	14746797	6.47	32.88

续表

年份	世界 FDI存量	增长率	占GDP比重	发展中国家 FDI存量	增长率	占GDP比重	发达国家 FDI存量	增长率	占GDP比重
2013	24602934	7.90	32.04	7771797	6.39	27.17	16021692	8.65	35.52
2014	25107863	2.05	31.96	8335353	7.25	28.00	16145256	0.77	35.12
2015	25190641	0.33	33.99	8579767	2.93	29.68	16019692	-0.78	37.05
2016	26728256	6.10	35.07	9077653	5.80	30.20	16917253	5.60	38.21

数据来源：笔者根据UNCTAD数据计算得出。

表6.3　　　2000—2015年世界范围内各收入群体之间的转移矩阵　　　单位：%

收入群体：2000年		收入群体：2015年				
		低收入	中低收入	中高收入	高收入	加总
	低收入	47.6	47.6	4.8	0.0	100
	中低收入	0.0	37.7	58.5	3.8	100
	中高收入	0.0	0.0	51.4	48.6	100
	高收入	0.0	0.0	0.0	100.0	100
	加总	14.6	24.4	25.8	35.1	100

资料来源：World Bank et al., Global Value Chain Development Report 2017。

最后，中国是经济全球化的受益者。20世纪80年代以来，经济全球化进入新一轮快速发展通道，这恰好与中国的改革开放历史性相遇。中国广袤的版图和庞大的人口进入了国际分工体系，极大扩展了经济全球化的能量，扩大了全球贸易和投资的规模，成为经济全球化的最大加速器，也成为贸易和投资自由化的最大推动因素。同时，中国也成为经济全球化的重要受益者。表6.4显示，改革开放40年来，中国GDP年均增长率接近10%，成为世界第二大经济体；进出口快速增长，成为第一大出口国、第二大进口国；人均收入不断上升，按世界银行标准，将近6亿人口摆脱绝对贫困状态，人均GDP超过5万元人民币，折合超过8000美元，基本建成全面小康社会。此外，随着中国经济实力增长，人民币作为世界货币的地位不断提高，已经成为国际货币基金组织（IMF）篮子货币，且为第三大权重货币，占比 10.92%，其中美元、欧元、日元、英镑分别占比 41.73%、30.93%、8.33%、8.09%。人民币在 2017 年已经成为世界第六大支付货币。中国在全球经济治理体系中的作用和重要性也不断提高，由以往被动遵守已有全球治理规则到现在初步具备主动引导全球治理规则制定的能力。

表6.4　1990—2016 年反映中国参与经济全球化成果的相关指标变化情况

年份	GDP（亿元）	GDP 增速（%）	人均 GDP（元）	出口总额（亿元）	进口总额（亿元）	实际利用外商直接投资金额（万美元）	绝对贫困人口数（百万人）
1990	18873	3.9	1651	2986	2574	348700	755.8
1991	22006	9.3	1900	3827	3399	436600	—
1992	27195	14.2	2321	4676	4443	1100800	—
1993	35673	13.9	3010	5285	5986	2751500	671.7
1994	48638	13.0	4058	10422	9960	3376700	—
1995	61340	11.0	5064	12452	11048	3752100	—
1996	71814	9.9	5868	12576	11557	4172600	512
1997	79715	9.2	6448	15161	11807	4525700	—
1998	85196	7.8	6829	15224	11626	4546300	—
1999	90564	7.7	7200	16160	13736	4031900	507.9
2000	100280	8.5	7912	20634	18639	4071500	—
2001	110863	8.3	8686	22024	20159	4687800	—
2002	121717	9.1	9476	26948	24430	5274300	409.1
2003	137422	10.0	10634	36288	34196	5350500	—
2004	161840	10.1	12450	49103	46436	6063000	—
2005	187319	11.4	14326	62648	54274	6032500	244.4
2006	219439	12.7	16694	77598	63377	6302100	—
2007	270232	14.2	20452	93627	73297	7476800	—
2008	319516	9.7	24060	100395	79527	9239500	194.1
2009	349081	9.4	26158	82030	68618	9003300	—
2010	413030	10.6	30802	107023	94700	10573500	149.6
2011	489301	9.5	36316	123241	113161	11601100	106.2

续表

年份	GDP（亿元）	GDP 增速（%）	人均 GDP（元）	出口总额（亿元）	进口总额（亿元）	实际利用外商直接投资金额（万美元）	绝对贫困人口数（百万人）
2012	540367	7.9	39908	129359	114801	11171600	87.4
2013	595244	7.8	43745	137131	121037	11758600	25.1
2014	643974	7.3	47080	143884	120358	11956200	—
2015	689052	6.9	50127	141167	104336	12626700	—
2016	744127	6.7	53817	138455	104932	12600000	—

注：绝对贫困人口数按世界银行每天收入低于1.9美元（2011年购买力平价）的标准计算。
资料来源：第2—6列数据来自国家统计局，最后一列数据来自世界银行数据库。

二 经济全球化的负面效应

肯定经济全球化的历史趋势，并不是说它一切都很美满。即便在获得经济全球化巨大收益的中国，也仍然存在发展不平衡、不充分的许多问题。截至2015年底，中国还有7000万人均收入不足2300元人民币的贫困人口，收入不平衡、城乡与地区差距依然很大、环境生态治理形势严峻、人民在生产和生活中仍然存在许多困难和不满意的地方。[①] 这些问题，在一国内部和国际社会都产生了经济全球化中的利益受损者。这些利益受损者以发达国家中的普通民众更为敏感，此外，经济全球化也产生了许多其他负面效应，例如全球环境恶化、全球经济治理失衡、地区不稳定等。正如习近平所说："发展失衡、治理困境、数字鸿沟、公平赤字等各种各样的问题也客观存在。我们要正视并设法解决。"[②] 具体来看，以往经济全球化的教训有以下几点。

第一，国家之间利益分配不平衡。从全球价值链（GVC）角度，美国、欧洲和日本等发达国家攫取了GVC的绝大部分收益。表6.5显示在1995年时，少数高收入国家占制造业GVC收益高达73.8%，尤其以美国、日本、德国所占份额最大，美日两国所占份额就超过所有中低收入国

---

① 《"十三五"期间有决心让7000万人脱贫》，2015年11月3日，中国新闻网。
② 习近平：《共同构建人类命运共同体——在联合国日内瓦总部的演讲》，《人民日报》2017年1月20日。

家。从1995—2008年,GVC收益的这种不平等分配状况有所改善,主要由少数几个新兴经济体崛起引起,中国占制造业GVC收益的份额提高到12.8%,是中低收入国家份额提高的主要贡献者。而世界其他国家和地区占制造业GVC份额仍只有17.5%,增加幅度非常有限。总体来看,经济全球化的收益在国家之间的分配仍是严重不平衡的。

表6.5　1995年、2008年世界主要经济体在制造业GVC收益中所占份额　　单位:%

国家(经济体)	1995年	2008年	2008—1995年
美国	19.9	15.8	-4.1
日本	17.5	7.8	-9.7
德国	9.4	7.6	-1.7
法国	4.4	3.8	-0.6
英国	3.8	3.0	-0.9
意大利	4.4	4.1	-0.3
西班牙	1.9	2.0	0.0
加拿大	1.9	2.2	0.3
澳大利亚	1.0	1.3	0.3
韩国	2.1	1.8	-0.3
荷兰	1.4	1.4	-0.1
其他10个高收入国家	5.9	5.3	-0.6
所有高收入国家	73.8	56.0	-17.8
中国	4.2	12.8	8.6
俄罗斯	1.2	2.8	1.6
巴西	2.5	3.0	0.6
印度	1.7	2.6	0.9
墨西哥	1.5	2.4	0.9
土耳其	1.1	1.4	0.3
印度尼西亚	1.3	1.3	0.0
世界其他国家和地区	12.7	17.5	4.9
世界与高收入国家之差	26.2	44.0	17.8
世界	100.0	100.0	0.0

资料来源:Timmer et al.(2014)。

第二，市场主体利益分配不平衡。一是承载经济全球化列车高速运行的微观主体跨国公司占有了经济全球化的大部分利益。它们垄断了全球生产的60%和全球贸易的80%，以及国际直接投资的90%（UNCTAD，2013）。而世界500强的跨国公司主要集中在美国、欧洲和日本等发达国家。一些新兴市场国家虽然也出现了数量可观的跨国公司，但这些跨国公司也主要集中在少数经济增长较快的新兴经济体中，其他大部分发展中国家基本上没有大型跨国公司。这导致跨国公司和中小企业的处境和获得的利益截然不同，进而使得跨国公司和中小企业的从业人员对经济全球化的感受和支持也不同。二是经济全球化导致各国劳动力需求发生剧烈变化，使得各类劳动力之间的收入差距不断扩大。表6.6说明从1980—2016年，全球经济增长的收益主要被最高收入阶层的群体所占有，而占总人口数50%的低收入阶层的群体获得的收益非常少。表6.7进一步表明，对于世界整体而言，全球价值链中的增加值大部分被资本家和高技术劳动力占有，中低技术劳动力的收入份额不增反减。所以，即便在发达国家内部和发展中国家内部，不同技术程度的劳动力、不同阶层的人对经济全球化的感受是不同的，对经济全球化的支持程度更是差异巨大。

表6.6　　1980—2016年全球经济增长中不同收入群体所获得的份额　　单位：%

收入群体	中国	欧洲	印度	俄罗斯	美国和加拿大	世界
所有群体	100	100	100	100	100	100
50%的低收入群体	13	14	11	−24	2	12
40%的中间收入群体	43	38	23	7	32	31
10%的高收入群体	43	48	66	117	67	57
1%的高收入群体	15	18	28	69	35	27
0.1%的高收入群体	7	7	12	41	18	13
0.01%的高收入群体	4	3	5	20	9	7
0.001%的高收入群体	2	1	3	10	4	4

数据来源：Alvaredo et al.：《全球不平等报告：2018》（World Inequality Report 2018）。

表 6.7　　1995 和 2008 年制造业全球价值链中各类生产要素所获份额

增加值	1995	2008	2008—1995
总增加值（十亿美元）	6586	8684	2098
资本份额（%）	40.9	47.4	6.5
高技术劳动力份额（%）	13.8	15.4	1.5
中等技术劳动力份额（%）	28.7	24.4	-4.2
低技术劳动力份额（%）	16.6	12.8	-3.8

资料来源：Timmer et al.（2014）。

第三，国际金融市场持续动荡。其根源在于布雷顿森林体系所做出的国际货币制度安排虽然从短期来看有其合理性，推动了一段时间的经济全球化，但是从长期来看，其存在巨大的缺陷，引起了国际金融市场的结构性失衡。之后，虽然布雷顿森林体制瓦解，但美元依然是全球资源配置的主要工具，美元在全球外汇市场中的交易比重、在贸易结算支付、投资计价以及官方储备中始终占据主导地位。美元汇率在很大程度上影响贸易平衡、资本流动以及能源的生产和供给。全世界都在追逐美元，把其捧上了国际交易、国际金融市场中的神坛地位，美元的衍生品都成为可贸易性的商品。但是，仅用一国货币作为世界性货币存在不可调和的特里芬难题，当美元作为全球资源配置、全球支付、全球储备货币到达一定量的时候，这种难题必然会引起国际金融危机，进而威胁世界经济的稳定性，这是国际金融市场周期性动荡的根源。

第四，全球治理和全球经济治理体系失衡。全球经济治理规则作为世界通用的公共产品，是经济全球化的顺利推进必不可少的要件。各国为了参与和获得经济全球化的利益，承认并遵守这套全球公共品，而且让渡了一部分国家主权。以美国为首的发达国家控制着主要的世界组织、行业协会，它们不仅主导国际经贸政策、国际规则、各类国际标准的制定，而且设定世界经济和社会的主要议题和谈判内容，几乎垄断了国际公共产品的供给，发展中国家只能是这些公共产品的被动消费者。这些公共产品不断为跨国公司的全球化网络扫清障碍，但并没有带来包容、普惠、平衡、共赢。这套公共产品越来越不能代表当今世界的力量格局，已经不能承担继续推进经济全球化新发展的历史使命。

第五，环境问题和地区不稳定。一方面，经济全球化与环境不平等是经济学家一直研究的问题。其主要观点是经济全球化并没有减轻环境污染问题，它只是把环境污染从发达国家转移到发展中国家，这就造成了环境污染的不平等分配。而且，由于发展中国家对环境问题的重视程度通常不够，所以从全球整体视角来看，环境问题反而更加严重了。另一方面，霸权主义方式推进的经济全球化，以及由此造成的地区不平等，阶层不平等导致了地区冲突和局部战争，并引起移民和难民流动，对一些国家的社会治理和社会稳定造成了许多麻烦。这些国家那些不堪其重的普通民众把它归因于经济全球化。

三　习近平关于经济全球化论述的启示

习近平关于经济全球化的许多重要论述以及中国融入经济全球化的生动实践，给予了国际社会一些重要的启示。

首先，世界各国应顺应大势、结合国情，正确选择融入经济全球化的路径和节奏。在融入经济全球化进程中，中国选择了社会主义市场经济。但中国走的是渐进式改革道路，这是因为"有效市场"的建立不可能一蹴而就，既需要与产权制度和价格体制等最主要领域的改革相匹配、相适应，还需要与中国特定时期、特定地区、特定产业的要素禀赋结构相匹配、相适应。而且，"有效市场"必定需要"有为政府"与之相伴，而在"有效市场"和"有为政府"之上，还需要有中国共产党的坚强领导。而所有这些事物又都是具体的和动态变化着的。中国并没有输出自己发展模式的意图，也不可能被别国完全复制，但中国故事是可以借鉴和参考的，中国领导人的总结是值得重视的。

其次，要讲求效率、注重公平，让不同国家、不同阶层、不同人群共享经济全球化的好处。效率与公平的关系一直以来是经济学研究和争论的重要命题。现代西方经济学在微观主体和产业层面，在初次分配领域，从来只讲效率优先；而只有在宏观的再分配层面才有福利经济学的概念，在国际经济中有外国援助的概念。但对于广大发展中国家的人民来说，不讲微观层面和制度层面的机会公平，社会福利既有限也很难落到实处；发达国家的援助也往往带有政治上的附加条件，事实上也是不公平的。怎样把效率与公平结合好，一直是经济学家探讨的理论问题和实践问题。习近平提出的"发展创新、增长联动、利益融合"的新理念，指明了解决这一长期困扰经济学研究的新方向。发展创新不仅仅是科技创新，也包括制度安排、企业组织、商业模式以及运营管理等一系列创新，它有助于保障微观层面效率与公平的结合；增长联动与利益融合，则是宏观层面通过对国际经济活动的适度管理，再次实现效率与公平的结合。这种朴实无华的语言，其实包含了生机勃勃的经济学逻辑新思维。

最后，世界经济的新目标，必然是建设一个开放、包容、普惠、平衡、共赢的经济全球化。经济全球化前面的 5 个形容词，当然是一种愿景，也是一种价值观。经济学逻辑虽然讨论的是客观的社会化生产活动和蕴含其中的客观规律，但也都以特定的价值观为前提条件，例如社会化生产目的、经济人假设、竞争规则、优胜劣汰等，这些都涉及价值观问题。国际经济学中讨论的商品、服务、资本、技术和人员的跨国流动，照样也脱离不了以特定的价值观为导向。一种价值观被普遍认可，它将影响交易规则制定和参与经济活动的人的观念，最终对经济实践发生重要影响。这就是精神变物质。因此，经济学研究不能没有价值观的探讨和剖析。

第四节　中国应对经济全球化新趋势、改革全球治理的实践思路

在经济全球化减速转型的新阶段，中国已经成为仅次于美国的世界性大国，中国已经初步具备影响全球的实力。这意味着中国在夯实自身参与经济全球化新优势以获取收益的同时，也应该采取力所能及的措施以主动引领经济全球化新规则、新理念的走向，使得经济全球化稳步发展。所以，中国的理念和思路也需要有所转变，以适应新形势的需要。在具体的对外开放实践工作中，要以中国自主建设的自由贸易试验区或自由贸易港、双边或多边的自由贸易区、"一带一路"建设等为抓手，推动形成中国全方位对外开放格局。

第一，弱化对贸易投资数量增长的追求，强化对新经济要素的学习和

吸收,从而培育中国参与经济全球化新优势。中国的贸易投资体量已经非常大,继续增长的潜力和意义都不是很大。更重要的是,以人工智能、物联网、大数据、云计算、工业机器人、新能源、新一代生命医疗科学等为代表的新经济即将成为生产力。新经济的全球化生产分工将成为未来经济全球化的主要动能。但是,目前中国有关部门和智库对新经济还缺乏研究,这方面要借鉴发达国家的经验。如美国有研究新经济的专门机构——"美国信息技术与创新基金会"(IITF, the Information and Innovation Technology Foundation)。该机构作为高端智库主要致力于帮助决策者更好地理解创新经济本质,更好地知悉推动创新、生产力和经济繁荣所需要的公共政策类型。该机构定期发布的《美国各州新经济指数》(The State New Economic Index)具有广泛影响力,至今已经出版1999年、2002年、2007年、2008年、2010年、2012年、2014年共7个不同年份的年度报告,是研究美国新经济的重要资料。以2014年《美国各州新经济指数》报告为例,该报告主要致力于测度美国各州的经济结构,聚焦于回答"各州的经济结构与新经济的理想化结构之间的匹配程度如何?"这样一个很具体的问题。该报告通过设置"知识型工作、全球化、经济活力、数字化经济、创新能力"5大类别、共25个指标作为评价基础。此外,美国国家经济研究所(National Bureau of Economic Research, NBER)也有新经济的相关研究。据此,建议中国国家统计局、政府各部门以及国内有关智库也开展类似的研究,统计国家和省市层面的新经济种类和比重,为中国新经济发展提供咨询和服务。在此基础上,要制定国家和省、市层面的新经济发展规划,培育符合各地比较优势的新经济类型。

在对外开放实际工作中,要实施新一轮的"引进来"开放措施,努力吸引发达国家的新经济技术和产业。在国内,要总结和推广新经济创新经验,对工农业生产领域中的智能化技术、贸易领域的电子商务、金融领域的互联网金融等新生事物多予扶植,要在搞活的前提下规范发展,以生产力发展为第一标准,改革不适应生产力发展的管理措施和各种部门规则。

第二,在开放型经济的建设中,更加强调体制机制的转变,强调更高标准的贸易投资自由化,主动培育适用于国际的经贸规则制定能力。目前,中国自主设立的自由贸易试验区走在对外开放的最前列,应当起表率作用，且要加快探索自由贸易港建设。在自贸试验区的工作思路上，应当实现五个转变：从原来经济开发区的建设思路进一步向创新体制机制试验方向转变；从传统的货物贸易便利化改革向发展跨境电子商务方向转变；从货物贸易投资自由化为主向服务贸易投资自由化为主转变；从生产服务领域的要素自由流动为主向兼顾公共服务领域的要素自由流动方向转变；从物理围网监管方式向电子围网监管方向转变。要强调的是，我们现在设立的自贸试验区和将要设立的自由贸易港，是中国单方面的自主行为。所以，我们要对标国际最先进的自由贸易区和自由贸易港，大胆创、大胆试，从而培育参与制定世界范围内新一轮更加开放的贸易投资自由化协定的能力。此外，在双边或多边的自由贸易区建设中，建议与某些发达国家商谈建立自由贸易区，如爱尔兰、加拿大等国，尽量使中国的现行贸易规则向更高标准的贸易投资自由化方向接近，同时更加便利地吸引这些国家的新经济要素。

第三，继续推动"一带一路"建设，通过我们的努力撬动更多国家和机构参与。我们为什么要提出"一带一路"倡议？它绝不是像某些经济学家和媒体所认为的那样，仅为了消化中国的过剩产能。这种观点过于狭隘。从大处着眼，"一带一路"倡议不仅是具体的经贸投资领域国际合作，更是一种全新的经济全球化发展理念。我们的目的更多是为了通过基础设施互联互通等"五通"（政策沟通、设施联通、贸易畅通、资金融通、民心相通）来开拓新的经济地理，打造新的贸易投资网络和生产分工网络、赋予经济全球化新的动能。这不仅有利于"一带一路"沿线国家发展，也是中国自身发展的需要。"一带一路"是一个世界性的开放包容的合作平台，坚持共商、共建、共享原则，是全球公共产品。所以它也将有助于引导形成开放、包容、普惠、平衡、共赢的经济全球化新理念。从小处着眼，"一带一路"有利于提升中国的国际影响力、塑造中国负责任大国的形象、增强中国处理国际事务时的协调和领导能力、培育跨国公司配置全球资源的能力、培养具有国际视野的人才。"一带一路"倡议也有助于沿线发展中国家快速融入世界经济中，摆脱贫困落后状况。

在推进"一带一路"倡议的建设过程中，要突出"中欧班列"的重要作用、提高运行数量和效率，广泛建立海外站点和海外仓库，从而开创新陆地运输物流贸易方式,改变以往"投资—生产—贸易"的传统经济合作形式,形成"运输物流—贸易—生产—运输物流—贸易—生产"新的经济循环形式。需要注意的是,虽然"一带一路"是中国倡导的,但是"一带一路"建设并不是中国的单打独斗,它需要所有国家的共同参与。所以,在推进"一带一路"建设中,不仅要强调与发展中国家合作,也要注重强调与发达国家合作,强调发达国家第三方技术和资金、第三方市场的作用。以往发展中国家被融入新经济地理,是由发达国家主导和推动的,这是由于它们站在技术和国际分工的最高端,它们主导国际分工体系和全球价值链。中国和新兴市场经济体的崛起,一定程度改变了这种状况,但并没有颠覆它,发达国家仍然掌握着最高端、最先进的科学技术,资金雄厚。中国倡议的"一带一路"建设,顺应世界经济发展的潮流,但并不意味着由中国一家包打天下,这既不现实,也与中国的国力不相称。我们提倡的"一带一路",不是排他性的,是开放式的,欢迎任何国家参与。所以,其题中应有之义就是要与发达国家合作,共同推动亚洲基础设施建设,共同推动"一带一路"沿线国家的产业开发和贸易发展。在合作方式中,既要有项目建设中的资金和技术合作,也要有第三方市场合作。"一带一路"建设的成就,不应当单纯以我们具体实施了多少项目、我方投入多少资金、人力和物力来衡量,而应当更看重有多少国家响应并参与合作,特别是发达国家参与合作来衡量,即以合作总量来衡量。我们最大的成功就在于,让中国的符号成为世界更多国家参与的合作实践;我们的贡献是作为倡议者和推动者,而不是为了针对谁。为了达到这个目的,应当在公共外交、经贸合作和人文交流中,更多有效宣传我们的主张,消除误会,赢得更广泛的理解、参与和支持。

第四,扎实推进人民币国际化。我们能否在经济全球化新阶段的竞争中占据有利地位,取决于我们在全球资源配置中具备多少优势。无疑,货币优势是最重要的优势之一。在今天世界经济增量中,新兴市场经济体已经占有重要地位,美元作为配置全球资源的工具地位有所下降是必然的,新兴货币地位上升也是必然的。这意味着人民币国际化面临重要的战略机遇期。人民币国际化的战略目标是,更多参与全球资源配置,更多地使人民币成为贸易结算和投资的工具。为此,要发展境内外人民币债券市场、货币市场、结算中心、期货市场,特别是要发展为"一带一路"建设服务的各类人民币市场。在具体操作中,要利用上海自贸试验区建设契机,把上海打造成全球领先的人民币结算中心、人民币输送和服务中心、在上海建立"境外人民币管理中心",从而完善人民币在全球的投放、回收和清算渠道。提高上海自贸区内各类面向世界的金融市场的影响力,例如中国外汇交易中心的"国际金融资产交易平台"和中欧国际交易所,从而向全球提供以人民币计价的各类金融资产和服务。而且,要充分利用"一带一路"倡议推动人民币国际化,在沿线国家率先实现人民币支付结算功能、储备货币功能、金融资产功能的新突破。

为了推进人民币国际化,还应当保持人民币币值稳定。当前,全球有六大央行实行负利率政策,采取货币刺激,压迫本币汇率下行,美联储迟迟不敢加息,明显顾忌这一形势,害怕加息不利于美国商品服务的价格竞争力。面对这种形势,我们必须有战略定力,不为所动,仍然保持稳健的货币政策,保持人民币汇率基本稳定,不贪图下调人民币汇率促进出口贸易增长的蝇头小利,而应当站在发展新经济、获取新技术要素、获取新经济的资源以及提升中国全球资源配置能力的高度上来审视和处理人民币汇率以及货币政策等眼前的操作性问题。

第 六 篇

中国特色开放型经济理论的形成与发展

第一章 "两个转变": 开放型经济理论的初步探索

党的十八大报告提出要全面提高开放型经济水平,实行更加积极主动的开放战略。要实现这一新目标,我们必须加快实现两个关键性的转变:第一,加快转变对外经济发展方式;第二,积极参与全球经济治理,转变在全球经济舞台上的角色定位。对于这"两个转变"的理论和政策含义,需要进一步全面分析和系统认识。

第一节 实现两个转变之一:加快转变对外经济发展方式

加快转变对外经济发展方式也是党的十八大报告首次提出的目标,这是与转变整个经济发展方式的要求和目标相适应、相呼应的。其主要内容可以归纳为以下六个方面。

一 从原来主要发展商品出口向进出口并重转变

过去30多年,我们对商品出口的重要性和政策激励已经有了比较深入的认识和理解,成就已经很辉煌,现在为什么要把进口贸易提高到转变对外经济发展方式的高度来认识,这是需要深入研究的。"互利共赢"和贸易平衡固然是一个重要原因,但扩大进口的经济学依据是什么,这才是经济学需要研究的问题。总的来看,中国进口商品结构是生产型和需求拉动型的,资源品、资本品进口比重呈现上升趋势,中间品进口比重呈现下降趋势，消费品进口比重只有小幅度上升。如果仅是因为考虑贸易平衡而扩大进口，将缺乏可持续性，也缺乏刺激政策的针对性，因此要从有利于国内进一步发展的视角来审视这个问题，才能找到扩大和刺激进口的政策依据。

关于进口对经济增长的贡献，近年来，中国学者的相关研究总体上认为中国进口有益于经济增长，如佟家栋（1995）、许和连（2002）、范柏乃（2004）、徐光耀（2007）、陈勇兵（2011）等。比如陈勇兵（2011）测算认为，中国消费者由于进口种类增长而获得的福利相当于中国GDP的0.84%。从进口贸易对产业结构升级的影响机制和进口贸易对经济增长的制度创新机制的视角（Marwaha，2004）来考虑扩大进口规模和优化进口结构，这可以从进口结构的不同类别加以分析。

首先，在中国初级品的进口中，要保持粮、棉、食用油、大豆等产品进口的合理增长，以节约土地资源，但要与国内食品保障安全和储备制度相配套；能源和矿产品的进口，不应盲目加速增长，要从合理消费、提高资源利用效率和培育新能源的视角配置进口规模，为此，要通过能源资源品价格改革和关税结构的调整来促进进口规模的合理安排。其次，资本品进口原则上应保持增长势头，但也要优化结构，要采取政策手段促进大型机器设备、工作母机的进口，以提高资本品的生产效率；特别是要注意引进数字化、智能化的设施，环保和新能源设施，更好地应对和利用世界第三次工业革命的挑战和机遇。再次，在中间品的进口中，要逐步改变中国进口关键零部件、国内生产大量消耗资源能源的配套产品加以组装和加工的现状。关键零部件的生产要逐步实现进口替代，鼓励国内生产，而消耗能源资源的中间品生产应逐步由国内生产转为"走出去"生产。要通过价格改革和海关特殊监管政策的调整，促进进料加工贸易企业多使用境外资源消耗型中间品。最后，消费品的进口，应更多从改善中国人力资本素质着眼，采取政策手段，多进口先进的、适用的教育消费品，如教材、教学设施，医疗器械和设施，公共卫生设施和体育运动器具和设施，以及科研设备、器材和设施。表1.1列举出了过去十几年中中国货物进口结构的变化情况。

表 1.1　　　　　1995—2016 年中国货物进口商品结构变化　　　　单位：亿美元

年份	进口总值	初级品	中间品	资本品	消费品
1995	1320.78	244.17	460.71	526.42	82.61
1996	1388.38	254.41	494.97	547.63	84.86
1997	1423.61	286.2	515.17	527.74	85.5
1998	1401.66	229.49	512.33	568.45	84.56
1999	1657.18	268.46	583.47	694.53	97.01
2000	2250.97	467.39	720.2	919.31	127.51
2001	2436.13	457.74	740.45	1070.42	150.76
2002	2952.03	492.71	875.25	1370.1	198.01
2003	4128.36	727.63	1128.77	1928.26	330.11
2004	5614.23	1172.67	1394.59	2528.3	501.43
2005	6601.18	1477.14	1588.91	2904.78	608.62
2006	7916.13	1871.29	1739.71	3570.21	713.11
2007	9558.18	2430.85	2104.31	4124.59	875.1
2008	11330.86	3623.95	2263.53	4417.65	976.41
2009	10055.55	2898.04	2198.29	4077.97	851.86
2010	13948.29	4338.5	2809.78	5494.21	1135.6
2011	17434.58	6042.69	3314.1	6305.7	1277.22
2012	18181.99	6349.34	3252.4	6529.41	1365.19
2013	19499.92	6580.81	3381.76	7101.41	1388.55
2014	19592.35	6469.4	3656.25	7241.97	1397.08
2015	16795.64	4720.57	3042.77	6824.18	1346.92
2016	15879.26	4410.55	2860.37	6578.25	1261.41

资料来源：《2002—2017 年中国统计年鉴》，国家统计局；进口结构分类根据海关统计的进出口商品构成，以 0—4 类作为初级产品；以 5 类和 6 类作为中间产品；以 7 类（机器设备）作为资本品；以 8 类作为消费品。

二　从原来以吸引外资流入为主向"引进来"与"走出去"并重转变

这个转变的现实迫切性当然是"互利共赢"的要求，但如果仅仅是提出"互利共赢"的良好愿望以及平衡国际收支的目标是不够的，需要寻找它的经济学逻辑和依据。以往中国吸收外商投资也好，鼓励企业"走出去"也罢，其经济学的逻辑都是基于扩大需求的考虑，吸收外资是为了增强资本形成能力，满足国内扩大投资的需求；鼓励企业"走出去"十分重要的目标是满足国内的能源资源品需求和绕过贸易壁垒、扩大出口贸易的需求。这些都是必要的，但如果只依据这样的理念和经济学的逻辑，那就很难兼顾"互利共赢"。

要实现这个转变，首先要转变对外经济发展的经济学理念和逻辑，应当从供给面考虑如何使中国企业"走出去"既能增进中国的福利，又能使东道国获利。在经济政策实践中，供应经济学理论偏重供给方面的改善，如减轻企业的税收负担、改进生产技术以及其他要素的素质，还包括提高劳动的参与率等因素。从供应经济学的逻辑考虑，中国企业"走出去"应当扩大生产型的实体项目投资，这样才能增进东道国的就业和福利。但这样又如何兼顾本国的利益呢？这就需要考虑投资的结构问题。一般性地提出转移过剩产能为什么实际行不通，因为它没有回答谁是过剩产能的需求者。海外投资的加工制造项目应以生产中国国内资源能源消耗型的中间品为主，投资也应选择资源和能源的富集地区。产品需求者是中国，建立起中国与生产地的经济联系，还能扩大进口贸易；过剩产能的转移要以工程承包建设项目为先导，由该承包建设项目为产品需求者。从供给面考虑，中国企业海外投资的更重要功能是投资于技术和研发部门，这样既能使东道国富集的人力资本提高就业机会，同时又能使中国获得技术工艺、管理、知识和人才等战略资源，从而改善中国企业的技术进步能力。从经济总体上看，中国能源资源的消耗不宜过度增长，因此，海外能源和资源的投资力度应与国内相关产品的价格改革和关税改革相配套，否则会盲目刺激国内消费，造成生态环境的负面影响。农业企业"走出去"扩大农产品供给来源是符合中国利益的，但要与国内生产者利益相协调，关键是要建立和完善有关产品的储备机制。

从表1.2可以看出，中国企业海外投资结构中，制造业投资比重较低，研究和技术部门的海外投资更低，这种状况需要逐步改变。其中，实现这个转变的题中应有之义是要转变中国国家级对外投资企业的政策目标，应把企业的资金盈利与实现国家供给面管理的目标结合起来，因此它原则上应是政策性和商业性并重，不能见利忘义，并以此为依据建立一套相适应的考核指标。有关的政策性投资机构应当扩大到省市一级,才能有效促进中国企业海外投资的健康发展。

表1.2　　2012—2015年中国企业海外投资的行业结构　　单位:亿美元,%

行业类别	2012 金额	2012 比重	2013 金额	2013 比重	2014 金额	2014 比重	2015 金额	2015 比重
总计	878.0	100.0	1078.4	100.0	1231.2	100.0	1456.7	100.0
农、林、牧、渔业	14.6	1.7	18.1	1.7	20.4	1.7	25.7	1.8
采矿业	135.4	15.4	248.1	23.0	165.5	13.4	112.5	7.7
制造业	86.7	9.9	72.0	6.7	95.8	7.8	199.9	13.7
电力、燃气及水的生产和供应业	19.4	2.2	6.8	0.6	17.6	1.4	21.4	1.5
建筑业	32.5	3.7	43.6	4.0	34.0	2.8	37.4	2.6
交通运输、仓储和邮政业	29.9	3.4	33.1	3.1	41.7	3.4	27.3	1.9
信息传输、计算机服务和软件业	12.4	1.4	14.0	1.3	31.7	2.6	68.2	4.7
批发和零售业	130.5	14.9	146.5	13.6	182.9	14.9	192.2	13.2
住宿和餐饮业	1.4	0.2	0.8	0.1	2.4	0.2	7.2	0.5
金融业	100.7	11.5	151.1	14.0	159.2	12.9	242.5	16.6
房地产业	20.2	2.3	39.5	3.7	66.0	5.4	77.9	5.3
租赁和商务服务业	267.4	30.5	270.6	25.1	368.3	29.9	362.6	24.9
科学研究、技术服务和地质勘查业	14.8	1.7	17.9	1.7	16.7	1.4	33.5	2.3
水利、环境和公共设施管理业	0.3	0.0	1.4	0.1	5.5	0.4	13.7	0.9
居民服务和其他服务业对	8.9	1.0	11.3	1.0	16.5	1.3	16.0	1.1
教育	1.0	0.1	0.4	0.0	0.1	0.0	0.0	0.0
卫生、社会保障和社会福利业	0.05	0.0	0.2	0.0	1.5	0.0	0.8	0.1
文化、体育和娱乐业	2.0	0.2	3.1	0.3	5.2	0.4	17.5	1.2

资料来源:商务部各年度《中国对外直接投资统计公报》、国家统计局《中国统计年鉴》。

三 从原来主要发展商品贸易向商品与服务贸易并重转变

中国服务贸易的"十二五"发展目标主要表现在三方面：一是稳步扩大规模。如表1.3所示，过去十几年中中国的服务贸易进出口额实现了长期、持续增长。根据中国服务贸易中长期发展目标测算，预计中国2015年服务进出口总额约为7000亿美元。2010—2015年间，年均增幅为15%。

表1.3　1997—2015年中国服务出口、进口　　单位：亿美元,%

年份	出口金额	同比增长	进口金额	同比增长
1997	245.0	19.1	277.2	23.9
1998	238.8	-2.5	264.7	-4.5
1999	261.6	9.5	309.7	17.0
2000	301.5	15.3	358.6	15.8
2001	329.0	9.1	390.3	8.8
2002	393.8	19.7	460.8	18.1
2003	463.7	17.8	548.5	19.0
2004	620.6	33.8	716.0	30.5
2005	739.1	19.1	831.7	16.2
2006	914.2	23.7	1003.3	20.6
2007	1216.5	33.1	1292.6	28.8
2008	1464.5	20.4	1580.0	22.2
2009	1286.0	-12.2	1582.0	0.1
2010	1702.5	32.4	1921.7	21.5
2011	1820.9	7.0	2370.0	23.3
2012	1904.4	4.6	2801.4	18.2
2013	2105.9	10.6	3290.5	17.5
2014	2222.1	7.6	3821.3	15.8
2015	2881.9	9.2	4248.1	18.6

资料来源：《中国服务贸易统计2015》，商务部服贸司，2016年。

二是结构不断优化。提高通信、计算机和信息服务、金融、文化、咨询等智力密集、技术密集和高附加值现代服务贸易占中国服务贸易出口总额的比重。表 1.4 列举了 2015 年中国服务进出口结构和差额情况。

表 1.4 　　　　　2015 年中国服务进出口结构与差额　　　单位：亿美元，%

行业	出口金额	同比增长	进口金额	同比增长	差额
总值	2881.9	9.2	4248.1	18.6	-1366.2
运输	385.0	0.5	873.0	-9.3	-488
旅行	1149.0	8.1	2386.4	26.0	-1237.4
其中：旅游	986.5	7.8	1195.0	44.5	-208.5
专业管理和咨询	291.3	13.6	139.4	1.3	151.9
电信、计算机和信息	269.9	25.1	114.0	15.6	155.9
文化服务	200.2	37.2	170.6	14.1	29.6
建筑	163.0	5.7	101.0	99.9	62
技术	123.7	-4.5	114.3	6.7	9.4
知识产权使用费	10.8	64.9	219.9	-2.2	-209.1
保险	50.0	9.1	80.0	-64.4	-30
金融	22.0	-52.2	26.0	-52.7	-4
其他商业服务	217.0	-2.0	23.5	-22.5	193.5

资料来源：中商情报网（http://www.askci.com/news/finance/20160520/1143558962.shtml）。

三是提高服务贸易国际竞争力。对外承包工程、劳务合作、运输、旅游、通信、计算机和信息服务、金融、文化、咨询、分销、研发等行业服务出口规模显著扩大，与货物贸易和境外投资协调发展，培育一批拥有自主知识产权和知名品牌的重点企业，打造"中国服务"品牌。境外商业存在数量明显增加，加快培育一批具备国际资质和品牌的服务外包企业，国际市场开拓能力逐步提升。

实事求是地说，这个发展目标只是服务出口贸易的发展目标，是典型的需求管理指标，在发展目标的制定者看来，服务进口只能是自然的结果，而无须操心。这个思路大大制约了中国服务贸易的发展并严重限制了它所需要发挥的功能。长期以来，中国实际工作部门和研究部门形成了比较重视出口贸易而低估甚至忽视进口贸易在经济增长中作用的倾向。在贸易政策方面，国家出口退税等政策措施鼓励出口，而对进口则实行不同程度的关税和非关税限制措施；在学术研究方面，有关对外贸易与经济增长关系方面的研究大多集中在出口与经济增长的关系上，而对进口的作用却关注较少。但是，随着中国经济由高速增长降为次高速增长阶段，以及资源环境约束的不断加大，长期以来的需求管理必将转向需求管理与供给管理并重的新阶段，由此进口贸易对中国经济增长将发挥更大作用，中国对外开放亦将由出口导向转向进出口并重的开放新阶段；因此，详尽研究进口促进经济增长的机制与条件，发挥进口调节经济、促进潜在经济增长率提高的作用对于中国下一阶段的经济发展，将具有非常重要的意义。而从近两年的发展形势看，服务进口增长快于出口可能将成为常态。

服务出口贸易增速下降的一个重要原因是中国目前服务产品的比较优势与货物产品是相同的，即基本都体现为劳动密集型。未来确实应当培育新的具有技术和知识优势竞争力的服务产品，但要看到，中国这种产品的外需是有限的，面临的竞争更严峻。过度发展劳动密集型产品又面临与货物出口争夺资源的矛盾，因此，服务贸易的长期发展应当转变思路。这个转变的良好条件是中国没有经常项目收支的压力，所以从相当长一个时期来看，服务贸易可以把贸易逆差作为常态对待。应把服务贸易进口作为发展目标的重点加以考虑，这就需要进一步优化进出口结构。

从这个结构可以看出，中国的服务贸易出口，在运输和建筑领域还有潜力外，其他领域的增长空间都不会太大，然而在服务进口领域，可以有较大幅度增长的领域还不少。应当借鉴供应经济学的逻辑方法，以改善国内生产要素素质、提高国内要素生产率为战略目标，采取政策性手段，努力扩大进口并不断优化结构。政策应予以鼓励的进口服务产品主要有专利、品牌（购买与租赁）、技术培训、知识和信息的购买、引进智力（管理人员和科研人员）、教育服务、医疗康复服务、公共卫生服务、对外资在华研究开发活动的支持等。

四 从政策优惠型加工贸易向国际通常的产业内贸易转变

关于加工贸易，国内的争论很多，一般都把它作为低级形态来对待，这是一个误区。加工贸易的原本意义，就是国际贸易学中的产业内贸易和公司内贸易，并没有高低级的区别。但在中国发展的初期阶段，这种产业内贸易的发展需要借助海关优惠政策才能得以支撑,即需要通过保税措施进口用于加工的原材料和零部件(国内没有),生产才能起步,需要市场在外,才能解决需求(国内没有),所以是"两头在外"。今天,情况已经发生变化,"两头在外"的必要性已经大大降低。因此,加工贸易已有条件从原来主要依靠海关监管优惠的特殊加工贸易向通常的加工贸易(正常的产业内贸易)转变。

这种转变事实上已经发生,它首先表现为,加工贸易中的来料加工装配形式向进料加工贸易方式转变。前者不是法人企业,只利用廉价劳动力收取加工费,是完整意义的"两头在外";后者是企业法人,有企业的成本和利润核算,可以进口境外保税的原材料和零部件,也可以在国内采购,是不完整意义的"两头在外"。从1995年到2012年,来料加工装配方式的进出口贸易额在整个加工贸易中的比重已经从28.0%降到13.6%。而且,加工贸易企业已经在试点进行产品内销。

而进料加工贸易方式的转型升级另有多种形式:第一种是通过产业系列扩张,即从加工劳动密集型产品向加工技术含量较高的产品方向拓展中实现的升级,这使许多企业的技术、设备和经营能力增强。第二种是从简单的委托加工(OEM)升级为设计加工(ODM),这在广东已经大量发生。这两种升级已经使进料加工贸易的境内增值率大幅度提高。第三种是贸易企业升级为品牌加工(OBM)供应商,这种升级现象虽然很少,但也已经发生。总结我们的经验,继续使已经发生的转型升级健康发展,逐步弱化海关监管的优惠政策直至在未来某个时期取消,从而使优惠型加工贸易成为国际通行的产业内贸易性质的加工贸易。

五 从主要发展双边经贸关系向统筹双边、多边和区域、次区域经贸合作方向转变

在发展双边经贸关系中,容易偏向大国经贸关系,大国经贸关系固然重要,但也容易忽略与小经济体的经贸关系,这就难以做到扩大各方利益的汇合点,也难以建立国际经贸的统一战线,在争取公平、合理的国际经贸关系中必然势单力孤。因此,这种统筹关系的实质就是中国在与各国利益关系中的"取"与"予"的关系;更简单地说,就是如何能做到少取

多予，而又不过分丧失自己的利益。

与美国相比，以中国为最大贸易伙伴的经济体明显较少。2011年，以中国为最大贸易伙伴的经济体有16个，分别是美国、日本、韩国、中国香港、中国澳门、马来西亚、俄罗斯、澳大利亚、巴西、智利、埃塞俄比亚、南非、多哥、也门、阿曼、毛里塔尼亚。这些大多是亚洲的大经济体和金砖国家。

以美国为最大贸易伙伴的经济体有26个，分别是阿尔及利亚、巴哈马、百慕大群岛、伯利兹、柬埔寨、加拿大、中国、哥伦比亚、哥斯达黎加、多米尼克、多米尼加共和国、萨尔瓦多、危地马拉、圭亚那、以色列、牙买加、黎巴嫩、墨西哥、阿鲁巴、尼加拉瓜、尼日利亚、秘鲁、圣基茨和尼维斯联邦、圣文森特和格林纳丁斯、特立尼达和多巴哥共和国、埃及。这些大多是中南美洲的小经济体。这种状况正是美国发展区域和次区域合作的结果。因此，中国应在统筹各种经贸合作中加强与小经济体的经贸关系，进一步推进国际市场多元化。

六 从主要依靠土地、廉价劳动力等要素禀赋优势向培育国际竞争新优势转变

以往中国的国际竞争优势，如土地和廉价劳动力等，都是从扩大需求，特别是从刺激投资和外需的维度来考虑和加以发挥的。现在这方面文章可以继续做下去的空间和回旋余地已经大大弱化了，今后应当从新的思维出发，从新的经济学逻辑出发来考虑如何培育国际竞争的新优势。借鉴和引申供应经济学的理论，未来培育中国国际竞争的新优势，可以找到以下几个方面。

（一）培育人力资本新优势

未来大量劳动密集型企业的存在是必然的，那么它们的优势在哪里呢？它们的优势在于形成新型的劳动密集型制造企业。竞争力不仅取决于工资水平，还取决于劳动生产率和单位产品成本。工资水平提高并不绝对意味着竞争力下降，如果劳动生产率提高，单位成本下降，则有可能抵消工资水平上涨的不利影响。而要提高劳动生产率，也不仅仅只有资本替代这一途径，提高人力资本水平，也是提高劳动生产率的重要途径。因此要创造有利于人力资本积累的政策环境。政府要发挥更积极的作用。在教育和培训的供给方面，政府应该增加公共投入，降低家庭和个人的教育（培训）支出比重。同时，通过劳动力市场制度建设，政府可以矫正失灵的市场信号，提高人力资本回报率，引导家庭和个人对人力资本的投资。此外，还要创造有利于提高劳动生产率的政策环境。

（二）提高企业技术创新能力和产品的研发能力，并积极参与国际标准的制定

在技术创新的基础上培育产品的品牌。加快培育自主品牌，提高产品的品牌竞争力。自主品牌应理解为所有权的归属，它既包括自创，也包括购买等其他形式。创新也有许多形式，有技术革命型创新，它能促进新兴产业诞生、重新组织国际分工和大量企业涌现；也有国际分工条件下价值链环节中的二次创新，其中，既有原创型的，也有适应型、改进型、提升型的，既有完全自主知识产权的，也有引进、消化吸收再创新的，应当鼓励企业因地制宜、因厂制宜地开展各种创新。

（三）采取精致化生产，通过管理创新提升产品质量和档次

许多中小企业没有能力采取资本替代措施，也不具备技术创新的各种条件，但它们依旧可以在现有技术和工艺条件下，通过精细化管理，节约成本，提高产品质量，并提高产品的附加值，使产品比过去更有竞争力。

（四）培育新的商业模式

通过专业分工，少数有竞争力的企业将不具有优势的生产环节外包，集中资源发展优势的生产和经营环节，并以生产性服务为龙头，跨地区、跨行业，把大量中小企业连接为完整的供应链，形成整体对外竞争的新优势。集中供应链体系的优势是当代国际经济竞争的新实践。

（五）发展电子商务

发展电子商务，不仅为创新技术和管理，也为创新贸易方式、发展新型业态的服务供应商拓展了空间。随着互联网技术的发展，中国电子商务已有很大发展。运用电子信息和互联网技术手段降低企业经营成本，创新贸易方式，更大范围拓展国际市场份额，成为企业的新实践。

（六）打造新型的国际商务平台

在原有国内市场基础上，改造传统商品市场，引进国际商务的技术手

段、运营模式和广告宣传，形成更多的生产性服务项目和服务供应商，形成专门的和综合的生产与服务相联系的供应链体系，打造更多的义乌国际商品交易模式。

（七）企业"走出去"建立国际商务渠道

开拓国际商务渠道是改变传统竞争优势的最有力步骤。海外市场开拓和技术、管理要素的输入不仅需要依靠现有的境外服务供应商，更需要境内服务供应商走出去，在海外建立国际渠道，深耕海外市场，进一步加大中国商品在海外流通领域的竞争力和市场开拓能力，加大从海外输入有利于中国改善潜在经济增长的各种要素。

（八）在产业转移中形成沿海与内地互连互补的专业分工关系

以空间延续廉价劳动要素的优势。中西部地区将会更多承接劳动密集型产业，但是不应该重复沿海地区早期工业化的模式。应当在沿海向内地的产业转移中，保持沿海与内地的专业分工联系，建立互补的产业体系，形成沿海与内地优势互补，沿海与内地紧密结合的供应链体系，在国际经济竞争中发挥中国大国的综合竞争优势。

第二节 实现两个转变之二：转变在全球经济舞台上的角色定位

2010年党的十七届五中全会向"十二五"规划建议中，首次提出要积极参与全球经济治理。"十二五"规划采纳了这个建议，党的十八大报告重申了这个努力方向，因此它已成为全面提高中国开放型经济水平的重要内容。积极参与全球经济治理的目的是要转变中国在全球经济舞台上的角色定位，即从过去主要是被动地接受和适应国际经济规则的参与者角色向积极参与全球经济治理、参与国际经济规则的制定、发挥负责任大国作用的角色转变。

中国参与全球经济治理面临两大制约因素。

一是提供全球公共品的能力还不够。全球经济治理的经济学含义是处理全球公共品的需求和供给的关系，中国作为世界第二大经济体，国际社会不可能容忍中国只是这种公共品的需求方。中国经济总量虽然跃居第二,但经济质量、综合国力仍然落后,尤其中国经济发展日益依赖全球的资源、技术和要素供给以及世界市场,这种需求的增长速度和规模与中国能够向全球提供的市场、资本供给相比要快得多,也大得多。这种"取"与"予"之间的不平衡是中国的自然资源禀赋和人口状况以及经济长期落后所造成的,也是短期内难以改变的。因此在参与全球经济治理中经常遇到的难题是,如何回答国际社会对中国少取多予的呼吁。正如美国学者所说,全球经济治理是一种公共品,几乎只有具备霸权条件的国家才有可能生产和提供。这虽然是霸权主义的理论逻辑,但中国没有太大余力提供这种公共品却是不争的事实。

二是中国国内的体制和政策还不能完全适应扩大开放的要求。虽然中国经济的市场化程度已经不低,但政府对产业的干预不当,存在某些行政垄断以及国有企业改革仍然不到位,劳动力市场和收入分配政策、环境保护和知识产权保护等方面均存在与国际规则不完全相符的问题,在扩大开放中还不能完全摆脱被动适应的局面,参与全球经济治理仍然主要是解决自己的问题,而非主要是纠正国际社会的不公正和不公平现象。

更直接的挑战是来自美国全球经济治理战略和措施对中国的遏制和制约。1995年WTO成立后,标志着制约美欧主导的贸易投资自由化的边境障碍问题已经有了全球规则和治理平台,特别是中国的加入,宣告了解决要素流动的边境障碍问题已经基本结束。对WTO成立后的多哈回合谈判所涉及的发展议题,美国没有兴趣。随后发生了国际金融危机,使美国智库以及当权派认为,全球经济治理的焦点已经转向世界经济再平衡。从适应世界经济再平衡的全球治理战略和讨论议题来看,WTO成为美国战略利用工具的价值显然没有预期的那么大,为此美国选择了G20。一方面可以绕开多哈回合谈判,重新开设美国感兴趣的议题,另一方面可以回避由157个成员组成的难以掌控的WTO格局,在较小的治理平台中发挥美国的掌控力。

G20谈判协调机制在国际金融监管方面取得了一定成效,如促进了《巴塞尔协议》的产生和国际认同,但在改革国际金融秩序和国际组织方面却乏善可陈;尤其是美国试图在G20治理平台中把世界经济再平衡的责任与中国人民币汇率、贸易顺差等问题密切联系,企图通过打压中国的国际市场空间来为美国重新塑造国际分工体系扫清道路。萨默斯说，美国应成为唯一的出口导向型国家，中国应以内需为主。奥巴马上台前为美国设计的重新塑造国际分工的产业基础是非化石新能源产业，可惜"有心栽花花不开"，美国试图通过新能源产业重新塑造国际分工的可能性微乎其微。而且，在人民币汇率不断升值和贸易顺差不断减少的情况下，也并没有使美国期待的"重振制造业"和"出口倍增"出现奇迹。世界经济再平衡无论在理论逻辑和实践应用上都基本破产。

在奥巴马第一任期末期，美国智库和当权派的全球经济治理的战略思想开始发生变化。2012年5月3日，美国副国务卿霍马茨在美国商会组织的会议上第一次提出了中国的"国家资本主义"问题，认为中国实行的国家资本主义，支持了国有企业，妨碍了公平竞争，阻碍了美国商品和服务进入中国市场。2012年美国贸易代表处向国会所做的关于中国履行WTO承诺的报告，也提出了中国的"国家资本主义"问题，此后，美国智库纷纷响应，所谓"竞争性中立""反竞争扭曲"一时成为经济治理的主题词。其战略思想是在解决要素流动的边境障碍后，深入解决经济体内部的市场障碍问题。

为了制造舆论，美国近两年在多边经贸体制方面鼓吹新世纪、新议题和新纪律；同时，为回应美国商会提出亚太地区是经济利益焦点的呼吁，奥巴马政府高调提出重返亚太地区，并设计和筹划了"泛太平洋合作伙伴"（TPP）的所谓高水平区域合作，把政府采购、国企运营、产业政策、劳工政策和知识产权等边境内市场问题均纳入协议范围，使其新战略有了实行的范本。奥巴马在竞选辩论中说："我们没有将中国包含在内，建立起与其他国家的贸易关系，这样可以让中国开始感受到遵循基本国际标准的压力。"由此可见，美国新的全球经济治理的理论依据是反"国家资本主义"的"竞争扭曲"，实践版本是"泛太平洋合作伙伴"和"美欧自由贸易区"这两个所谓高水平的区域合作计划。这构成了奥巴马下一任期全球经济治理的基本方案和路线图。

面对新形势，中国应如何拨开迷雾，认清现实，抓住机遇，应对挑战？

首先，我们应深刻认识到：从边境开放向境内体制性开放过渡，即如何使国内体制、经济与社会、环境保护政策与国际接轨,既是当前中国参与全球经济治理面临的新挑战,也是十八大后中国如何扩大开放需要解决的新课题。美国反对"国家资本主义"的理论,从根本利益考虑还是为了争取更大的市场空间。中国市场潜力的巨大是任何国家都看得很清楚的,各国都想在中国争取更大的市场份额。从某种意义上说,这种欲望与中国希望成为位居世界前列的国际市场的定位并没有矛盾。中国继续对外开放,既包括继续扩大开放国内的商品和服务市场;还包括倒逼国内有关领域的改革继续深化。从这个意义上说,中国既有与美国等贸易伙伴谈判协商的余地,也有提出中国利益诉求和治理议题的砝码。

其次,为增强贸易投资自由化动力机制,策略上中国应在边境开放上做较大让步,而在境内开放上持审慎、渐进步伐。贸易投资自由化的实践动力来源于务实推动自由贸易区建立和区域经济合作。中国已经先后与一些国家和地区建立了各种形式的区域经济贸易合作关系,对于促进全球经济治理起到良好的推动作用。这是中国向世界提供的最务实的公共品,也是中国参与全球经济治理最务实的措施。中国应采取更加积极主动的姿态,推进自由贸易区谈判进程,并在边境开放问题上做较多让步。境内开放所涉及的敏感问题更多,应采取渐进式开放的趋向,并与国内深化改革的步子相适应。为了应对美国"泛太平合作伙伴"和"美欧自由贸易区"合作范式的挑战,中国应积极支持有关贸易伙伴,特别是支持东盟等贸易伙伴提出的区域全面经济伙伴关系(RCEP)的区域经济合作的动议,把东盟10国与中、日、韩、印、澳、新等共16国的区域合作谈判推动起来,并在边境开放上做出让步,以争取时间推进国内改革,并抵消美国试图另立贸易新规则的影响。

综上所述,转变对外经济发展方式的经济学含义是,不仅要从需求面考虑对外经济活动的绩效,还要从供给面考虑改善对外经济活动的成效;转变中国在全球经济舞台上的角色定位,意味着不仅要提高中国为全球提供公共品的能力,还要继续逐步完成从边境开放向境内体制性开放过渡的改革任务,即实现国内体制、经济与社会、环境保护政策与国际规则、惯例和新潮流的深度接轨。

第二章　全面提高开放型经济水平的理论探讨

继续扩大对外开放是坚持中国特色社会主义道路的必然要求，关于对外开放，党的十八大报告提出了两个新要求：一是全面提高开放型经济水平；二是实行更加积极主动的开放战略，从而实现两个新目标：一是完善互利共赢、多元平衡、安全高效的开放型经济体系；二是实现两个转变：第一，加快转变对外经济发展方式；第二，积极参与全球经济治理，转变在全球经济舞台上的角色定位。这就需要我们进一步搞清楚这两个新目标的理论和政策含义，才能理解什么是更加积极主动的开放战略，什么是全面提高开放型经济水平。

第一节　开放型经济体系的概念和分析框架

"开放型经济"是中国在扩大对外开放实践中提出的和发展的新概念（陈德铭，2008），1993年十四届三中全会决议中首次提出"发展开放型经济"。党的十五大报告，再次使用这个提法；2000年10月，党的十五届五中全会把它写入"十五"计划的建议；2001年3月，第九届全国人民代表大会第四次会议把它正式写入"十五"计划，并进一步做了阐释，其含义为"进一步推动全方位、多层次、宽领域的对外开放，促进中国现代化建设"，具体包括"积极发展对外贸易""积极合理有效地利用外资""实施'走出去'战略"等。

中国"开放型经济"的概念与西方国际经济学理论的最大区别是具有

中国特色的实践性，但这种实践性又不偏离市场经济的导向，它的运行方向在相当程度上又必然与国际经济学的理论抽象和解释具有一致性。欧美国家从古典经济学到新古典经济学都把国际经济关系作为重要研究对象（Appleyard，2000），西方国家的《国际经济学》教科书可以看作经济学家们对国际经济关系的知识体系的归纳和梳理，即对"开放型经济"的认识和理解。从抽象意义上说，经济学研究的问题通常划分为两个层次，一个是资源配置问题，另一个是资源的利用程度和积累问题。前者是微观经济学的研究范围，后者是宏观经济学的研究范围。与此相对应地，国际经济学也可分为微观和宏观两部分。其微观部分主要讨论世界范围内的资源配置问题，而宏观部分主要讨论在国际格局下资源利用的决定因素和国际传递机制。在叙述和刻画这个知识体系时，国际经济学的微观和宏观两部分通常被分为国际贸易理论和国际金融理论。国际贸易理论旨在说明贸易的决定机制和福利分配，以及贸易政策的影响及其依据；国际金融理论则主要说明国际经济活动（商品、服务贸易和资本国际流动）在各国国民收入决定中的地位和作用，以及各国国内经济活动对国际经济关系的影响。国际经济学知识体系还有两个有别于经济学的基本特征，一个是国际交易与国内交易不同，它普遍存在对贸易和要素流动的自然的与人为的障碍，此外还存在货币不同和国际收支的特殊现象，因此描述和解释这种交易需要有专门的理论体系；另一个是国际经济关系受各国制度和政策的影响，一国政策往往只考虑本国的福利和稳定，而未必考虑全世界的福利和稳定，各国政策目标的选择经常会与全世界的福利和稳定诉求不一致。从本质上说，各国政策的差异和冲突，实际是各国经济条件和市场运行机制上的差别造成的。而在封闭条件下，这些政策的差异和冲突问题便不存在，而在开放经济条件下，却需要有专门的理论来解释这些差别，以及弥合这种差别的政策选择和价值观念。从学理上说，开放经济理论在已有的知识体系中已被演绎得十分广泛和深入，但中国人受到"开放型经济"最全面、最普及、最深刻的知识灌输和实践训练并不是这些教科书的课程，而是加入世界贸易组织过程中的学习、模仿、价值观转变以及在某些问题上的苛刻煎熬。

第二次世界大战后产生的关税贸易总协定，可以看作各国经济政策协调的结果，是解释国际经济学理论的重要实践范本。由此产生的乌拉圭回合谈判和世界贸易组织的建立，既是各国对开放经济的共同最新实践，也是开放型经济概念和国际经济学存在与发展的客观依据。毕竟国际经济学的理论解释是抽象的，而世界贸易组织规则的政策和利益协调结果是具体的，在这个时点上，世界贸易组织规则对各国政策协调得愈有效、愈深入，国际经济学的理论解释力才愈强。从这个意义上说，对中国自创的"开放型经济"概念的理解，取决于中国对加入世界贸易组织所承诺的广度和深度。世界贸易组织的规则表面上看是中性的、公平的，但它的制定过程实际是由美国为首的发达国家操纵的，主要反映的是发达国家的利益诉求，因而事实上它在相当程度上是不公正的，然而在"民主、自由"价值观的掩盖下，多数发展中国家以让渡部分国家主权的代价接受了它，使之成为全球普遍适用的"国际规则"。中国接受这种国际规则，当然也要付出让渡部分国家主权的代价。权衡这种让渡成本和开放收益的取舍，就成为"开放型经济"发展过程的一个重要因素。

在世界贸易组织的六项职能[①]中，最重要的是制定多边贸易规则。目前，世界贸易组织拥有13个货物贸易多边协议，服务贸易协议和与贸易有关的知识产权协议。此外的其他的多边贸易协议虽然在WTO框架内，但各成员方可有选择地参加。例如，《政府采购协议》《民用航空器协议》和《信息技术产品协议》等。从货物贸易协议的主权让渡性质来看，基本属于边境开放或扩大开放的内容；但是，服务贸易的开放就不仅涉及边境开放，特别是商业存在方式所提供的服务内容，在各个服务部门都程度不同地涉及境内开放问题，即本来只管辖国内经济活动的制度和政策也需要与贸易伙伴的利益关系相协调。因此，目前各成员所做出的承诺还很不全面，而且即使在其所承诺的部门中，贸易壁垒也依然存在。

争取各贸易伙伴在更多经济政策或经济金融体制上更深入地与美国和发达世界的利益相协调，让它们让渡更多国家主权，是美国在多哈回

[①]（1）制定多边贸易规则；（2）为谈判提供场所；（3）解决成员间争端；（4）审议贸易政策；（5）处理与其他国际经济组织的关系；（6）对发展中国家和最不发达国家提供技术援助和培训。

合谈判搁浅后所做的最大努力。例如在国际金融危机发生后，体现国际金融监管新标准的巴塞尔协议3，以及美国在二十国集团峰会上提出的人民币汇率的议题，包括提出对中国经常项目顺差占国内生产总值比例的参考指标等，都是在多边贸易体制规则之外的政策协调要求，这些要求已都不是边境开放的政策协调，而是涉及主权国家内部对国内经济活动的管辖权问题。这些要求，例如国际金融监管新标准，受到多数开放经济成员的认同，虽然没有形成具有法律效力的国际规则，但由于国际社会对它的接受度很高，因此成为一种没有强制性规则的"国际惯例"，美国关于人民币汇率的议题，虽然既没有成为规则和惯例，也没有被中国接受，但它代表了一些成员的利益关切，形成了一定压力，因此事实上对中国人民币汇率改革政策产生了一定影响。这说明，中国开放型经济的发展也受到规则和惯例以外的压力和影响，在新规则出现之前，它也是动态的过程。

事实上，在中国宣布实行对外开放以后就积极准备接受国际经济规则和惯例，这种积极的姿态同时又是慎重的，这集中体现在20世纪80年代创办的经济特区和沿海开放城市，随后，中国在沿海和内地都创办了许多海关特殊监管区，从性质上看，这些举措都是边境开放的试验区。在边境开放的基本前提下，开放布局从沿海发展到内地、沿江和沿边；开放产业从制造业发展到农业和服务业；经贸关系从双边发展到多边、区域、次区域，中国的实践为自己提出的"开放型经济"提供了现实依据。可见，中国的开放型经济，其概念可以理解为，它是以自身的开放实践为基础的，以边境开放为基本特征的多层次、宽领域的、全方位的经济活动和体制变革过程；这是渐进和动态的过程，既履行对国际经济规则和惯例的承诺，又在规则和惯例的框架之内和之外延伸其广度和深度，有些已经进入境内开放和进一步制度、体制变革的深水区，它与国际经济学的理论解释愈来愈接近，但可能永远不重合。

随着中国开放经济活动多维度、多领域、多方式地展开，党的十七大报告首次用"开放型经济体系"来刻画这些活动的立体形象。这个形象可以勾勒为下面的一个分析框架。

开放型经济体系的分析框架

一 开放的部门和领域

1. 商品流动：物质的生产和贸易
2. 要素流动：资本和技术交易，（吸收国际直接投资和中国企业对外投资）
3. 服务流动：服务和信息的可贸易性（服务贸易的四种形式）

二 开放的空间布局

1. 沿海与开放城市（优惠政策的先期效应）
2. 内陆与沿江城市（市场准入的差别）
3. 边境地区（市场准入的差别）

三 开放的体制与政策含义

1. 边境开放：关税与非关税措施的削减；特殊区域：海关特殊监管区或自由贸易区；接受世界贸易组织的原则并兑现有关承诺
2. 境内开放：兑现加入世界贸易组织的有关承诺；人民币汇率体制与外汇管理、知识产权保护、环境与劳工政策、产业政策、竞争政策、市场监管等经济金融政策与国际规则接轨或协调

四 开放的方式

1. 双边经贸关系
2. 多边经贸关系
3. 区域合作关系（上海合作组织、APEC等）
4. 区域经济一体化（自由贸易区）

五 参与全球经济治理（平台角色与议题设置；公共品提供能力）

1. 治理平台（联合国、世界银行、国际货币基金组织、亚洲开发银行、八国集团协商机制、世界贸易组织、二十国集团协调机制、国际金融监管机制、全球气候变化谈判等）
2. 治理议题设置（平台中的各自表述或共识的议题）
3. 公共品提供能力（联合国经费、各国际金融机构中的资金份额、谈判中的发展援助、冲突地区的维和、对最不发达成员的发展援助等）

第二节 中国开放型经济体系的发展现状与完善

一 边境开放的主要内容

(一) 外贸法规和体制的调整

中国在非歧视原则、自由贸易原则和公平竞争原则下调整和修改不符合 WTO 规定的政策法规，从中央级的法律到 30 个政府部门的 3000 多个法规规章、19 万个地方的规章制度得到了清理和调整，开展了大规模的法律法规清理修订工作，通过将世贸组织所倡导的统一性、透明度和公平贸易等基本原则转化为国内法律，修订了《中华人民共和国对外贸易法》。

(二) 降低关税与撤除非关税措施

大幅降低关税，关税总水平由 2001 年的 15.3% 降至 2011 年的 9.10%，农产品平均税率由 18.8% 调整至 15.6%，工业品平均税率由 14.7% 调整至 8.7%。2010 年降低鲜草莓等 6 个税目商品进口关税后，中国加入世界贸易组织承诺的关税减让义务全部履行完毕。此外，中国还不断削减非关税措施，取消了 424 个税号产品的进口配额、进口许可证和特定招标，分批取消了 800 多个税务商品的管理。表 2.1 列举了中国和世界其他主要经济体的关税情况。

表 2.1　2011 年中国与其他经济体的平均关税水平　　单位:%

经济体	关税水平	经济体	关税水平	经济体	关税水平
印度	48.5	印度尼西亚	37.1	中国	9.10
巴西	31.4	墨西哥	36.1	美国	3.50
南非	19.0	阿根廷	31.9	欧盟	5.30

资料来源：WTO 网站。

(三) 履行《服务贸易总协定》的承诺

在按 WTO 规则分类的 160 多个服务贸易部门的分部门中，中国已经不同程度地开放了 100 个，占 62.5%，接近发达成员平均水平（最不发达成员开放了24个，发展中成员开放了54个，发达成员开放了108个）；并将进一步开放11个分部门，已高于发展中国家的平均水平。

（四）开放布局已深入中国广大幅员

继80年代开放经济特区和14个沿海城市后，1992年开放了18个省区的省会和首府城市；并以上海浦东为龙头，开放沿江5个城市；在同一年，开放了沿边的13个边境城市。在90年代上半叶，中国已经基本完成国土开放的总体布局。

（五）经贸关系全面发展

中国已建立了163个双边经贸合作机制，签订了129个双边投资协定，与美、欧、日、英、俄等均建立了经济战略对话。截至2012年底，中国正在商建的自贸区共14个，涉及31个国家和地区；已先后与东盟、巴基斯坦、智利、新西兰、新加坡、秘鲁、哥斯达黎加等国家或地区签署了自由贸易协议，与香港、澳门签署了《关于建立更紧密经贸关系的安排》，两岸签署了《海峡两岸经济合作框架协议》，促进了区域经济融合和经贸合作深入发展。

（六）参与了全球经济治理

中国加入世界贸易组织后，除了不是八国集团协调机制成员外，几乎参加了所有全球经济治理的平台，并开始发挥作用，参加了世界贸易组织对各成员的贸易政策审议，特别是参加了二十国集团领导人峰会和财长、央行行长对话和协调，在国际金融危机治理中显示了中国的影响。

二　境内开放

境内开放的含义是，当其他经济体的商品和服务通过边境开放比较便利地进入东道国后，遇到的体制和政策障碍，这些障碍有的在世界贸易组织的国民待遇原则条款中可以得到解决，有的并没有纳入世界贸易组织的协议条款，因此仍然存在。例如，一些经济体对国有企业的支持和补贴、劳工和环保政策以及不少原本只管辖本国经济活动的政策和只对本国经济运行发生影响的体制和制度，在开放深入后都会成为提出公平竞争要求的改革对象。货物贸易会涉及这些问题，但服务贸易的问题更突出，中国服务贸易的开放虽然已经达到和超过履行承诺的标准；但从服务贸易四种形式（跨境交付、境外消费、商业存在、自然人流动）的具体分项和开放的程度来看，开放水平还不是很高。表 2.2 列举了 WTO 部分成员对服务贸易的开放承诺水平。

表 2.2　　　　　　　　WTO 成员服务贸易开放承诺　　　　　　单位：部门比例%

	贸易模式	模式1 跨境交付			模式2 境外消费			模式3 商业存在			模式4 自然人流动		
	承诺范围	无限	有限	未承	无限	有限	未承	无限	有限	未承	无限	有限	未承
准入	俄罗斯	64	30	6	75	19	6	25	71	4	2	93	5
	中国	21	21	57	52	3	45	1	52	46	0	55	45
	发达	65	11	25	87	12	2	39	60	1	0	100	0
	发展	44	10	46	70	2	28	20	75	5	5	81	14
	转型	52	11	37	79	11	10	37	61	12	0	99	1
国民待遇	俄罗斯	63	33	4	69	26	5	17	81	2	2	96	2
	中国	44	1	54	55	0	45	30	20	50	0	55	45
	发达	70	5	25	95	3	2	0	97	3	17	83	1
	发展	52	3	45	66	1	33	28	63	9	45	34	21
	转型	70	3	27	93	3	4	0	88	12	51	48	1

资料来源：WTO 网站。

表 2.2 说明，要扩大中国服务部门的对外开放，必然涉足境内开放的深水区，境内开放的步伐将决定服务部门开放的广度和深度。从中国加入世界贸易组织以来，中国境内开放问题的争论焦点是人民币汇率。这仍然是由于货物进出口贸易的不平衡产生的，或以此为借口的。在货币汇率和国际收支管理的国际规则中，只有国际货币基金组织规定了经常项目的开放规则，而中国早已实现了经常项目的可兑换。由于货币汇率和国际收支管理没有列入世界贸易组织的协议内容，因此这种争论缺乏国际规则的约束和仲裁，不可能有明显的结论，但对中国人民币汇率形成机制改革却有一定影响，这说明，境内开放问题已经成为中国开放型经济完善和发展的新议题。

现在，中国的对外开放姿态已被国内外普遍接受。但是，国内外欢迎中国继续扩大对外开放的出发点已经与以往有了明显的区别。中国人说继续扩大对外开放,在许多人的意识中可以解读为,我们从扩大开放中还能得到什么好处?外国人过去欢迎中国开放,仅仅是把它作为一种文明的进步,并不认为对自己的利益有什么影响。现在外国人如果仍然抱着欢迎中国扩大对外开放的态度,那么它的本意是想表达:现在我们能从中国的开放中得到什么好处?

中国货物贸易的增长是惊人的,其出口占世界市场的份额稳步提高,并有继续提高之势。2011年世界货物贸易额为182170亿美元,中国、美国、德国为前三大出口国,占全球出口比重分别为10.4%、8.1%和8.1%。美国、中国、德国为前三大进口国,占全球进口比重分别为12.3%、9.5%和6.8%。2012年全球贸易额预计应为186724亿美元,中国出口贸易的世界市场份额应为10.97%,比上年提高了0.57个百分点。[①]与几年前相比,各国与中国贸易的重要性正在超过美国。2006年,与美国的贸易额超过与中国贸易额的经济体是127个,中国超过美国的是70个;但到了2011年,这个比例发生了戏剧性变化,与中国的贸易额超过与美国贸易额的经济体是124个,美国超过中国的是76个。

这种戏剧性的变化带来的直接结果是,我们从全球大多数贸易伙伴中都得到了增进福利的好处。根据中国海关2012年12月的统计,2012年中国与全球贸易伙伴的贸易平衡关系是:55比180,即对55个经济体贸易逆差,对180个经济体贸易顺差。分地区表现如下。

亚洲:除伊朗、伊拉克、日本、科威特等15个经济体外,对其余33个经济体是贸易顺差;

非洲:除南非、南苏丹等16个经济体外,对其余45个经济体是贸易顺差;

欧洲:除对德国、奥地利等11个经济体外,对其余39个经济体是贸易顺差;

拉丁美洲:除对巴西、智利、秘鲁等7个经济体外,对其余42个经济体是贸易顺差;

北美:除对格陵兰外,对其余4个经济体是贸易顺差;

[①] 2011年数据引自世界贸易网站,2012年数据是根据作者的推算。

澳洲：除对澳大利亚、新西兰等5个经济体外，对其余17个经济体是贸易顺差。

与全球许多贸易伙伴的贸易关系不平衡，成为一些别有用心的人攻击中国的话柄，或成为"中国威胁论"的证明。再看国际投资活动，企业的对外投资通常被认为对东道国福利有增进，中国吸收外商投资的东道国福利便很明显。从2000年开始，中国正式提出实施企业"走出去"战略，到2012年当年中国企业海外投资已达772亿美元，中国宣称已跻身对外投资大国行列。但中国企业对外投资的东道国福利并没有受到国际社会的赞誉和宣扬，相反，投资保护主义却一直困扰中国企业的一些投资活动。究其原因，与中国企业海外投资中并购比重较高有很大关系。

2007年，中国企业248亿美元的海外投资中，并购比重还只占23.8%，2008年国际金融危机发生后，掀起了中国企业海外投资的热潮。2009年，中国企业海外并购已经创下历史纪录，交易金额达到300亿至350亿美元，这比2008年高出3倍多。2010年，中国对外直接投资净额（流量）为688.1亿美元，其中，企业以并购方式实现的直接投资297亿美元，占流量总额的43.2%。并购领域涉及采矿、制造、电力生产和供应、专业技术服务和金融等行业。2011年，中国对外直接投资净额（流量）实现了自数据发布以来连续十年的增长，达到746.5亿美元，同比增长8.5%，国家商务部宣布当年以并购方式实现的直接投资272亿美元，占流量总额的36.4%，并购领域以采矿业、制造业、电力生产和供应业为主。但根据中国电子商务研究中心的数据，2011年，中国企业海外投资并购207宗，规模约429亿美元，与2010年同期相比，并购规模和金额增长12%。投资并购涉及能源、矿产、基础设施、金融保险、奢侈品、高端制造业、生物医药、高档酒店及房地产等28个领域及52个国家和地区。2012年中国海外投资实现大幅增长：全年共宣布329起中国企业海外并购业务，其中披露金额的有253起，交易总额约为665亿美元，同比增加244%。按照被收购方所在国家统计，加拿大、美国和澳大利亚是中国企业投资前三位的国家，分别为211亿美元、111亿美元和80亿美元；投资的行业中，能源和电力仍然占据最大份额（56%），其次是材料（12%）

和工业（9%）行业。①

根据清科研究中心统计数据，2009年至2012年上半年，100多家央企在三年半间完成海外并购交易35起，披露交易金额的32起交易共涉及447.37亿美元，每笔交易的平均金额达13.98亿美元；国资企业同期共完成海外并购交易109起，其中披露交易金额的89起案例共涉及212.71亿美元，平均交易金额2.39亿美元；民营企业共完成海外并购交易118起，83起披露交易金额105.69亿美元，平均交易金额为1.27亿美元（见表2.3）。

表2.3　　　　　　　　2009—2012年中国企业海外并购统计

企业类型	案例数（总）	占比（%）	案例数（披露金额）	并购总额（US＄M）	占比（%）	平均并购金额（US＄M）
中央企业	35	13.2	32	44737.34	58.2	1398.04
国资企业	109	41.1	89	21270.91	27.7	239.00
民营企业	118	44.5	83	10569.03	13.8	127.34
未披露	3	1.1	1	235.85	0.3	235.85
总计	265	100.0	205	76813.16	100.0	360.63

资料来源：清科研究中心，2012年8月（www.zdbchina.com）。

以并购方式实现的企业投资，只对原有企业的股权和资产进行了购买，并不产生新的生产能力和就业增量，有的甚至还会出现裁员现象，因此对东道国的福利效果不明显，而且，并购方式的投资多数是投向资源能源性产业，容易出现"掠夺"的恶评，再加上能够出手大金额实行并购的企业，多数是国有企业和中央国有企业，因此也易于遭到"阴谋论"的诽谤，屡屡遭到投资保护主义的阻挠就不奇怪了。

2007年党的十七大总结了中国开放型经济发展的经验、针对存在的问题以及对未来深入开放后可能产生的风险，不仅首次把中国的开放战略定位为"互利共赢"，提出要扩大同各方利益的汇合点；还在中国的开放型

---

① 上述数据引自清科研究中心和税务部：《商务动态经济指标》2012年12月。

经济体系前面加上了三个定语：内外联动、互利共赢、安全高效。内外联动是对中国开放型经济的经验总结。30多年来，以开放促改革，以改革促开放，这种良性互动不断地把改革和开放引向深入。加入世界贸易组织后，对外承诺"遵守规则、开放市场"，对内进行有关法律法规的"废、改、立"，使对外开放既建立在国内改革的基础上，又促进对外开放从政策性开放向制度性开放转变。党的十八大报告根据中国开放型经济的发展和未来完善的方向，修改了开放型经济的提法，开放型经济体系的三个定语改变为：互利共赢，多元平衡，安全高效。三个定语的政策含义可以理解为：要实现互利共赢，应当增加货物进口，以减少对许多贸易伙伴的贸易顺差；在对外投资活动中，应当考虑增加中国企业对外投资的东道国福利，寻求双方共同获益的投资方式和领域。多元平衡的内容包括进出口贸易平衡、国际收支平衡、沿海与内地开放平衡、深化国内改革与扩大对外开放平衡、双边与多边及其他合作方式的平衡、在参与全球经济治理中权利与义务的平衡等。而要实现这些平衡，就必须实行对外经济发展方式的转变，本章下一节将具体分析它的内容。提出安全高效的目的，是在对外开放深入进行条件下对风险的预警。这是总结了中国抵御亚洲金融危机的经验后提出的认识，抵御国际金融危机的经验进一步深化了扩大开放的风险意识，因此要继续改革和完善涉外经济体制，这包括进口贸易管理体制、"走出去"的政策扶持体制、金融改革和金融体制、人民币汇率体制、外汇管理体制、资源品价格改革及其储备体制等。这些都是完善开放型经济体系的重要内容。

结语

全面提高中国的开放型经济水平，首先是要完善中国的开放性经济体系，这是一个以中国改革开放的实践创造为基础、以国际规则和国际惯例范式为导向的对外经济活动整体运行的制度性框架，它是动态发展的；现阶段它的主要特征是边境开放，解决要素在边境之间的自由流动。完善中国的开放型经济体系，需要解决好与世界之间的"取"与"予"的关系，实现互利共赢，并在这个过程中平衡各种矛盾关系，达到国家安全和经济高效运行的目标。

全面提高中国的开放型经济水平,还要实现两个转变。转变对外经济发展方式的经济学含义是,不仅要从需求面考虑对外经济活动的绩效,未来还要从供给面考虑改善对外经济活动的成效;转变中国在全球经济舞台上的角色定位,意味着不仅要提高中国为全球提供公共品的能力,还要继续逐步完成从边境开放向境内体制性开放过渡的改革任务,即实现国内体制、经济与社会、环境保护政策与国际规则、惯例和新潮流的深度接轨。

第三章　中国特色开放型经济理论研究概述

第一节　中国实践对理论的呼唤

在中国对外开放的长期实践中，中国共产党提出并创立了"开放型经济"理论，成为中国特色社会主义政治经济学的有机组成部分。它遗传了马克思主义优化培育的基因，深深扎根于中国亿万人民的对外开放的伟大实践，经过广大理论工作者的辛勤浇灌，已经成长为参天大树。它创新了马克思主义世界市场理论和国际分工理论，创新了毛泽东三个世界划分的理论，成为中国改革开放30多年的基本实践和基本经验的理论总结。它的理论框架包括，完善互利共赢、多元平衡、安全高效的开放型经济体系；构建开放型经济新体制；培育参与和引领国际经济合作竞争新优势；完善对外开放战略布局；积极参与全球经济治理和公共产品供给。作为纲要，本章只是提出了理论的基本架构，尚有大量内容需要研究和充实。在建设和发展中国特色开放型经济理论中，我们能够从西方国际经济学知识体系中借鉴的内容并不多，可以直接为我所用的更少，因此中国经济学者应当有这样的使命感和自信心，我们必须走自己的路，创造中国自己的学术体系和理论范式。但是，中国经济学研究在西方经济学学术体系的强烈影响之下，要想走出一条反映中国特色社会主义经济发展规律的、中国风格和中国气派的理论发展道路，确实任重道远。

把对外经济关系列为政治经济学的研究范畴，在马克思主义经典著作中有文献可考。马克思在1857年撰写的《政治经济学批判》导言中曾有这样的分篇结构设计，"生产的国际关系，国际分工，国际交换，输出和输入，汇率，世界市场和危机"。他还说，"我考察资产阶级经济制度是按照以下的次序：资本、土地所有制、雇佣劳动、国家、对外贸易、世界市场"。（马克思，1995）因此改革开放前的政治经济学（资本主义部分）教科书一般都有资本主义世界市场和对外经济关系方面的内容。但是，社会主义政治经济学如何分析对外经济关系，很长时期是个空白。进入21世纪后，党中央抓了马工程建设，出版了《马克思主义政治经济学概论》，笔者也曾参与文稿的修改。该书第四篇论述了经济全球化和对外开放，应当说这是填补了社会主义政治经济学在对外经济关系分析方面的空白，有很大贡献（马克思主义政治经济概论编写组，2011）。但现在回头来看，不仅认识落后于实践，而且与习近平总书记关于马克思主义政治经济学建设的要求也差距甚大。不仅内容显得单薄，而且缺乏理论支撑，基本上只是叙述了经济全球化的内容和中国对外开放的必要性以及主要措施。

中国对外开放的伟大实践，其成功业绩举世公认，而社会主义政治经济学的主要任务则是发现和总结它的理论创新，使之升华成为继续指导实践发展的成熟理论。2015年11月23日习近平总书记在第28次政治局集体学习会议上指出，改革开放以来，我们党把马克思主义政治经济学基本原理同改革开放新的实践结合起来，不断丰富和发展马克思主义政治经济学，形成了当代中国马克思主义政治经济学的许多重要理论成果。在这些成果中他提到了关于用好国际国内两个市场、两种资源的理论。可以肯定，在中国对外开放的长期实践中已经产生了重要的理论创新成果，中国特色社会主义政治经济学体系中应当有它的地位和内容。

笔者认为，中国特色开放型经济理论是中国对外开放长期实践的基本理论总结，在开放领域的各项理论创新成果中是概括性和纲领性的总名称，因此也是中国特色社会主义政治经济学在对外开放领域中的主要内容和理论分析架构，需要理论工作者加以论证和阐发。

第二节　中国特色开放型经济理论的形成过程

"开放型经济"是中国实行对外开放政策的必然结果，早在1978年9

月，邓小平就提出要吸收外国资金、技术和管理经验，也要大力发展对外贸易，之后他经常重申这些主张。到党的十二大召开时，他正式提出了中国实行对外开放的基本政策："独立自主、自力更生，无论过去、现在和将来，都是我们的立足点"，"我们坚定不移地实行对外开放政策，在平等互利的基础上积极扩大对外交流"。之后很长时间内并没有"开放型经济"的提法，一直到党的十四届三中全会，才首次出现"开放型经济"这一新概念，全会《决定》提出"充分利用国际国内两个市场、两种资源、优化资源配置……发展开放型经济"（中共中央文献研究室，1993）。当时提出这个概念所包含的主要内容是，首先区域上强调全方位开放，除了推进经济特区和沿海开放以外，还要着力推进沿边、沿江和内陆中心城市的开放；其次是深化外贸体制改革，加速转换各类企业的对外经营体制；再次是积极引进外来资金、技术、人才和管理经验。所以在那时，这个概念是若干工作任务的集合体，并非就是理论，但是已经有了新理念的萌芽，它经历了内涵不断丰富完善、理性概括层次不断升高，最后成为理论创新的过程。党的十五大报告中进一步提出，"完善全方位、多层次、宽领域的对外开放格局，发展开放型经济"（江泽民，1997）。对比过去，这里所说的"开放型经济"，增加了扩大服务贸易、积极参与区域经济合作和全球多边贸易体系、有步骤推进服务业对外开放、鼓励能够发挥中国比较优势的对外投资，更好利用国内国外两个市场、两种资源等新内容。2000年中共中央在"十五"计划《建议》中再次提出，"进一步扩大对外开放，发展开放型经济"。指出中国应充分利用加入世界贸易组织的发展机遇，并首次提出实施"走出去"战略，努力在利用国内外两种资源、两个市场方面有新的突破（中共中央文献研究室，2000）。

党的十六大报告总结对外开放的成就时指出，"开放型经济迅速发展，商品和服务贸易、资本流动规模显著扩大，国家外汇储备大幅度增加，中国加入世界贸易组织，对外开放进入新阶段"。并指出未来五年开放型经济发展的重点是坚持"引进来"和"走出去"相结合（江泽民，2002）。为了进一步发展开放型经济，十六届三中全会提出了"深化涉外经济体制改革"和"完善对外开放的制度保障"的改革任务（中共中央文献研究室，2003）。党的十六届五中全会关于"十一五"规划《建议》提出的任务是，要推进"开放型经济达到新水平",并首次提出促进全球贸易和投资自由化便利化和实施互利共赢的开放战略(中共中央文献研究室,2005)。

党的十七大报告宣告,中国开放型经济进入新阶段,未来的任务是提高开放型经济水平,总的要求是,扩大开放领域、优化开放结构、提高开放质量,完善内外联动、互利共赢、安全高效的开放型经济体系,形成经济全球化条件下参与国际经济合作和竞争新优势(胡锦涛,2007)。这里第一次提出了"开放型经济体系"的概念。2010年10月中共中央通过了"十二五"规划的《建议》,进一步提出完善更加适应发展开放型经济要求的体制机制,并首次提出积极参与全球经济治理和区域合作,推动国际经济体系改革的主张(编写组,2010)。

党的十八大对开放型经济有了更完整的表述,提出"全面提高开放型经济水平。适应经济全球化新形势,必须实行更加积极主动的开放战略,完善互利共赢、多元平衡、安全高效的开放型经济体系"(胡锦涛,2012)。对比党的十七大报告的表述,开放型经济体系的三个定语发生了调整和改变,互利共赢成为第一个定语,原来的"内外联动"改成了"多元平衡",成为第二个定语。这种变化绝不可能是文字游戏,而是包含着复杂的背景和深刻的含义。党的十八届三中全会的《决定》明确提出要"构建开放型经济新体制",这是在继续扩大服务业开放和外资准入以及推出中国上海自由贸易试验区举措、加快自由贸易区建设和"一带一路"建设的重大背景下提出的任务(中共中央文献研究室,2013)。十八大以后,习近平总书记也不断重申,"中国将在更大范围、更宽领域、更深层次上提高开放型经济水平""完善互利共赢、多元平衡、安全高效的开放型经济体系";并第一次提出了"共同维护和发展开放型世界经济"的新理念(中共中央文献研究室,2013)。党的十八届五中全会提出,必须顺应中国经济深度融入世界经济的趋势,奉行互利共赢的开放战略,发展更高层次的开放型经济,积极参与全球经济治理和公共产品供给,提高中国在全球经济治理中的制度性话语权,构建广泛的利益共同体。并提出要丰富对外开放内涵,协同推进战略互信、经贸合作、人文交流。从1993年党的十四届三中全会《决定》第一次出现"开放型经济"的提法之后20多年以来,伴随着中国对外开放实践的扩大和发展,"开放型经济"的提法不仅被党和国家重要文献以及领导人不断重复使用，而且其内容也不断丰富，包含了经济体系和体制、开放战略、参与全球经济治理以及形成参与国际经济竞争合作新优势等重大理论命题，事实上它已经成为指导中国对外开放的政治经济学理论。

中国特色开放型经济理论，作为一个成熟的理性思维，其基本要件是：总结了中国35年对外开放的基本实践和基本经验，揭示了事物发展的客观规律；提出了我们党的价值观和追求目标；规划了未来的行动纲领。35年中国对外开放的基本实践是：不断改革不适应对外开放发展的对外经济贸易体制，全方位、宽领域、多层次努力扩大各种形式的对外经济贸易联系；顺应经济全球化发展趋势，在深度融入世界经济中发展壮大自己，并接受、适应和引领国际经济规则。我们的基本经验是：既要坚持独立自主、自力更生的方针，又要善于利用两个市场和两种资源；在改革和开放的相互促进中统筹兼顾国内国际两个大局；在实施开放战略的行动部署中坚持两种思维，既抓住和利用机遇，又有防范风险和安全意识。我们揭示的客观规律是：经济全球化是资本主义生产方式和世界经济发展的新的历史阶段，中国对外开放和参与经济全球化、必然使中国深度融入世界经济并参与未来开放型世界经济体系的构建，必将促进国际经济秩序朝着平等公正、合作共赢的方向发展。我们党的价值观和追求目标是：完善互利共赢、多元平衡、安全高效的开放型经济体系，构建平等公正、平衡和谐、合作共赢的开放型世界经济。我们未来的行动纲领是：构建开放型经济新体制，培育参与和引领国际经济合作竞争新优势，积极参与全球经济治理和公共产品供给，迈向更高层次开放型经济。

第三节 中国特色开放型经济理论的基本品格：实践与创新

一 政治决定，实践先行

开放型经济理论的形成，离不开对外开放这个政治决定的大前提。中国实行对外开放是以邓小平为核心的中国共产党第二代领导集体的政治决定，这个政治决定来源于对世界大势的深刻认识和把握。20世纪80年代初期，邓小平对世界大势有以下清醒认识，他认为在较长时间内不发生大规模世界战争是有可能的，应当改变原来认为战争危险很迫近的看法。随着世界新科技革命蓬勃发展，经济、科技在世界竞争中的地位日益突出，没有硝烟的战争是世界的主要矛盾，这是我们党可以把工作重心转移到经济建设上来的国际环境。他还认为，经济上的开放，不只是发展中国家的问题，也是发达国家的问题，世界市场如果只在发达国家兜圈子，那很有限度。这是中国可以实行对外开放的国际条件。同时他还认为，在国际垄断资本控制世界经济和市场的情况下，封闭孤立地奋斗竞争不过它们，要靠开放政策打开出路。进入 90 年代以后，经济全球化加速发展，经济和综合国力的较量日益成为各国竞争的主要方式。我党敏锐洞察这一世界大势的变化，党的十五大报告首次提到了"经济、科技全球化趋势"，随后党的领导人指出，经济全球化是社会生产力和科学技术发展的客观要求和必然结果，有利于促进资本、技术、知识等生产要素在全球范围内的优化配置，是世界经济新的发展机遇，中国应当顺应潮流、趋利避害（江泽民，2002）。这就为中国继续扩大开放，发展开放型经济提供了新的认识依据。因此可以说，对外开放的政治决定是中国开放型经济理论形成的政治基础和前提。

同时，中国开放型经济理论的形成过程是问题导向、实践导向的，它要解决当前和未来一个时期干什么，怎么干的问题，因此它是一个动态发展、补充和完善的过程。这与西方经济学理论以解释和验证过去发生的事情有很大不同。粗略划分，改革开放以来，中国开放型经济经历了三个发展阶段，开放型经济理论也经历了与时俱进的三个发展时期。整个 80 年代至 90 年代中期是中国开放型经济的初步发展时期，也是开放型经济理念的开始酝酿时期。这个时期的主要任务是，不断深化外贸、外汇体制改革，发展对外贸易，特别是货物出口贸易，争取更多外汇收入；吸引境外资金和技术，创办"三资"企业；创办经济特区并进而完成从沿海开放城市到沿江、沿边的对外开放的空间布局。

1994 年中国对外贸易总额迈上了 2000 亿美元大关（见表 3.1），更重要的是，通过外贸体制改革的深化和出口导向型外商投资企业的成长，中国出口贸易的比较优势已经形成，并能够连续创造贸易顺差。到 1990 年，中国出口商品结构中,工业制成品比重已达到80%,1995年,中国机电产品的出口比重上升到29.5%,开始大幅度超过纺织品和服装的比重,首次成为中国出口的第一大类商品;在1990—1994年间,外贸企业第二轮的承包经营责任制已经完成,对外贸企业的财政补贴已基本取消,外贸企业已基本成为市场主体,人民币汇率改革进入新的阶段,外汇调剂市场已演进为全国的银行间外汇市场,原先的双重汇率已变为单一汇率。外商投资企业的出口导向特征已基本形成。

表3.1　　　　　1990—1995年中国对外贸易（货物）情况　　　单位:亿美元,%

年份	出口	进口	差额	外资企业出口	占比
1990	620.9	533.5	87.5	78.13	12.6
1991	719.1	637.9	81.2	120.47	16.77
1992	849.4	805.9	43.5	173.6	20.44
1993	917.4	1039.6	-122.2	252.4	27.5
1994	1210.1	1156.1	53.9	347.13	28.7
1995	1487.8	1320.8	167.0	468.76	31.51

资料来源:《海关统计》、各有关年份《中国统计年鉴》。

从20世纪90年代中期至2007年党的十七大召开前的十多年间,是中国开放型经济加速发展时期,开放型经济这一理念不断被充实、被赋予新的内涵。这个时期的主要任务是,除了继续发展对外贸易和利用外资外,重点是围绕中国恢复关税贸易总协定缔约国地位和加入世界贸易组织,开展了深化对外经济贸易体制改革和贸易自由化的新举措,以便更深入参与经济全球化的进程。这个时期,适应全球多边贸易体制的建立的要求,发展服务贸易以及要求在利用两个市场、两种资源方面有新的突破,从而把实施"走出去"战略等新的重大实践课题引入了开放型经济的理念之中。

这个时期,中国全面履行加入世界贸易组织的承诺,平均关税水平从2001年的15.3%降低至2006年的9.9%;取消了进口非关税壁垒、全面放开了对外贸易经营权。2004年4月新修订的《对外贸易法》明确将外贸经营权获得改为登记制,并删除了关于经营资格条件的要求。这个时期中国的外经贸法律法规与 WTO 基本规则接轨，为提高贸易政策的透明度，中国政府制定、修订、废止了 3000 余件法律、行政法规和部门规章（陈德铭，2008）。在服务业开放中，中国承诺开放 100 个服务业领域，占 WTO 分类的服务部门的 62.5%，已经全面履行承诺的有证券、建筑、旅游、教育、商业服务业等 12 个行业。同时，加大了知识产权保护的力度。可见这个时期"开放型经济"这一理念已经从刻画经济活动形式深入刻画与世界经济接轨的制度、体制形式。

这个时期，开放型经济的硬实力迅速增强。1996 年中国货物进出口总额仅为 2900 亿美元，2001 年跃升为 5096 亿美元，2004 年攀上 1.15 万亿美元，2006 年达到 1.76 万亿美元，这十年间年年贸易顺差，2005 年贸易顺差超千亿美元，2006 年则达到 1775 亿美元。在吸收外商投资方面，1996 年中国吸收外商直接投资达到 548 亿美元，之后连年保持在 500 亿至 600 亿美元之间，2006 年达到 670 亿美元。随着服务业开放的扩大，服务贸易发展迅速，1996 年中国服务进出口总额仅为 430 亿美元，2006 年增长到 1917 亿美元，其中进口额从 206 亿美元增长到 1003 亿美元。中国企业对外直接投资从 2003 年的 28.5 亿美元跃升为 2006 年的 211 亿美元。这个时期，硬实力和软实力都为开放型经济理论的形成提供了必要的准备。

第三个时期是从 2007 年至今，党的十七大报告提出"完善内外联动、互利共赢、安全高效的开放型经济体系"，标志着中国特色开放型经济理论基本形成。2008 年后发生了由美国次贷危机引发的全球金融经济危机，世界经济进入衰退、恢复和调整时期，经济全球化面临新的形势，中国的开放型经济不仅面临要培育参与国际经济竞争和合作新优势的挑战，同时又面临更深入参与全球经济治理的新机遇，这就对开放型经济的内涵以及提法提出了修改、充实和完善的进一步要求。党的十八大报告修改了开放型经济体系的三个定语的位置和提法，十八届三中全会提出了"构建开放型经济新体制"、十八届五中全会提出发展更高层次的开放型经济，完善互利共赢开放战略，这些都是在新形势下对开放型经济理论的补充和完善。

二 与时俱进，大胆创新

对马克思主义理论的创新发展贯穿于中国特色社会主义现代化建设的各个时期。早在1992年，江泽民（1992）就指出过我党对马克思主义政治经济学的新发展，"十二届三中全会通过了关于经济体制改革的决定，这个决定提出中国社会主义经济是公有制基础上的有计划商品经济，突破把计划经济同商品经济对立起来的传统观念，是对马克思主义政治经济学的新发展"。在中国对外开放实践中产生的开放型经济理论在哪些方面对马克思主义理论有创新发展呢？

第一个理论创新是对马克思世界市场理论的创新。马克思（1958）认为，世界市场的产生和发展是资本主义生产方式的历史使命，"大工业把世界各国人民互相联系起来，把所有地方性的小市场联合成为一个世界市场，到处为文明和进步做好了准备，使各文明国家里发生的一切必然影响到其余各国"。因此，资本主义生产方式创造的是一个统一的世界市场。这是马克思在未曾预料到社会主义革命将在少数国家取得成功条件下的判断。列宁的《帝国主义论》分析了世界资本主义生产方式的内在矛盾，指出这个统一的世界市场的不平衡性、不稳定性和不可持续性，预言了少数国家率先实行社会主义革命的前途。苏联社会主义革命成功后，斯大林认为这个统一的世界市场瓦解了，取而代之的是两个平行的世界市场，或两个对立的世界市场——资本主义世界市场和社会主义世界市场（斯大林，1951）。在中国开放型经济理论中，突破了斯大林两个平行和对立的世界市场的理论，我们说的两个市场，是指国内国外两个市场，主要是按照不同主权国家利益和经济制度划分的市场，而不是按照政治制度和意识形态特征来划分的市场；而且，这两个市场不是对立的，而是相互影响、相互渗透的市场，从而融合形成"开放型的世界经济"（习近平语）。因此我们需要充分利用两个市场和两种资源。

第二个理论创新是对马克思国际分工理论的创新。马克思（1858）认为，在一个统一的资本主义世界市场体系中，少数工业国家利用技术优势，形成对生产条件的垄断，扩大与落后国家的差距，将落后国家长期固定于不利的国际分工地位。在第二次世界大战之前，这确实是国际分工体系的真实写照。二战以后，围绕这种分工格局，出现过"中心—外围"说、"比较优势陷阱"等理论，但是随着科学技术的发展和国际分工的深化，类似"亚洲四小龙"这样的新兴经济体脱颖而出，原有的国际分工格局被打破，世界呈现多极化发展趋势，国际分工理论滞后于实践的发展，暴露了局限性。中国的开放型经济理论顺应和总结了世界经济新的发展趋势，不仅提出了"发挥我国比较优势"，积极参与国际分工，大力发展对外经贸易活动的主张，而且提出了攀升全球价值链新台阶的战略目标，提出了"培育参与国际经济竞争与合作新优势"的新要求，成为马克思主义国际分工理论创造性运用的典范。

第三个理论创新是对毛泽东三个世界划分理论的创新。20世纪70年代初期，针对苏联霸权主义的威胁，毛泽东提出了三个世界划分的重大理论观点，而且搞了"一条线"的战略，既与日本、欧洲和美国结成统一战线以应对苏联霸权主义的主要矛盾（邓小平，1985）。在这个理论指导下，中国的外交斗争更加积极主动，对外经济贸易关系也有了恢复和发展，1975年在邓小平实行整顿工作的当年，中国进出口总额达到147.5亿美元，创新中国成立以来最高水平，而且从1970年以来的5年间年平均增长速度高达26.3%。特别是恢复了中国在联合国合法席位，中美、中日建交；有效缓解了苏联霸权主义的威胁，取得了西沙之战和对越自卫反击战的胜利，捍卫了中国领海、领土安全；并为1979年我党工作重点转移以及与西方国家经贸关系的新突破都奠定了有力基础。可以说，三个世界划分的理论堪称当时马克思主义政治经济学的杰作，尤其是在政治战略上划清了敌、我、友的界限，具有极强的动员力量和巨大杀伤力。进入新的时期，特别是冷战结束以后，如何在对外开放新形势下回答"谁是我们、谁是合作伙伴、谁是敌人？"这一国际政治经济学的最大问题，摆在了新一代领导人的面前。邓小平（1993）提出了对外开放是向西方发达国家、苏联、东欧国家、第三世界发展中国家全方位开放的主张；同时又一再重申中国坚持独立自主、自力更生的立场不变，坚持反对一切侵略和霸权主义的立场不变，坚持用和平共处五项原则处理国际关系的立场不变，坚持建立国际经济新秩序的立场不变。邓小平的思想突破了传统战略思维，为新形势下我们反对什么找到了战略方向。1992年江泽民分析了世界多极化趋势导致"大国关系不断调整,多个力量中心正在形成。广大发展中国家总体实力增强,地位上升,成为国际舞台上不容轻视的一支重要力量。世界多极化格局的形成尽管还是一个长期的过程,但这种趋势已成为不可阻挡的历史潮流"。这个分析指明了中国在经济全球化趋势中的历史方位,以及中国与新兴力量的关系。胡锦涛(2006)指出,在世界多极化和经济全球化深入发展中,必须建立和谐世界,致力于全球经济和谐发展,"各国应该重视并采取有效措施推动经济全球化朝着均衡、普惠、共赢的方向发展,努力缓解发展不平衡问题","努力建立开放、公平、规范的多边贸易体制,实现优势互补、互利共赢,使所有国家都从中受益"。这个声明反映了中国参与经济全球化的价值观和目标追求。习近平根据世界经济深度调整和中国开放型经济深入发展的新形势,提出了"一带一路"倡议的新理念,这既是中国扩大开放的行动纲领,又是扩大开放的理论指引,成为我党继三个世界划分理论脉络的又一个新的理论创新成果。"一带一路"倡议理念,继承了邓小平在对外开放形势下的战略新思维,从江泽民、胡锦涛的分析和声明中获取了更高层面的理性认识来源;既具有想象和憧憬,又具有行动感;既具备地缘政治经济学的主要特征,又具备具体的战略思维逻辑,回答了"谁是我们"(基于"一带一路"沿线60多个国家)、"谁是伙伴"(不限于"一带一路"沿线的所有经济体)、"谁是敌人"(霸权主义、发展不平衡、不公正和不合理的国际经济政治秩序以及一切威胁人类安全与和平发展的行为),从而也更具有广泛的号召力和影响力。这个理论观点的创新,使开放型经济理论更加丰满。

  需要补充的是,中国开放型经济理论的形成,离不开广大理论工作者的参与和宣传。在中国对外开放的历史进程中,广大理论工作者积极投入理论研究和宣传工作,发表了难以数计的理论文章和著作,如果以研究方向加以归类,这些研究成果有的是追踪国家对外开放进程中的体制、政策与发展问题,如中国对外贸易体制改革研究、中国对外贸易政策研究、中国对外贸易发展战略研究、特区经济研究、加工贸易研究、利用外资研究、中国企业对外投资研究、中国"复关"与"入世"研究、人民币汇率研究等;有的是追踪中国参与国际经济合作方面的研究,如经济全球化和区域经济合作,中国建立和发展自由贸易区的研究;有的是追踪内地与香港、澳门、台湾地区发展经济贸易关系的研究；有的是追踪中国与国际规则接轨问题的研究，如对多边贸易体制问题的研究，对知识产权、贸易救济、纠纷仲裁等问题的研究，包括对贸易新规则对中国影响的研究等；不少研究也致力于进行介绍和解释当代西方主流经济学关于国际经贸方面的理论；更值得一提的是也有不少研究继续对马克思主义国际经济学理论进行了回顾和新的解释（薛荣久，2008）。毫无疑问，这些研究对开放型经济理论的建设和发展，都起到了添砖加瓦和添枝加叶的作用。

总而言之，我党创立的中国特色开放型经济理论之树遗传了马克思主义优化培育的基因，深深扎根于中国亿万人民的对外开放的伟大实践，经过广大理论工作者的辛勤浇灌，日益枝繁叶茂，如今它已经成长为参天大树。

第四节 中国特色开放型经济理论框架及主要研究内容

根据党的十八大、十八届三中、五中全会精神，中国特色开放型经济理论框架可以简要概括为：完善互利共赢、多元平衡、安全高效的开放型经济体系；构建开放型经济新体制；培育参与和引领国际经济合作竞争新优势；完善对外开放战略布局；积极参与全球经济治理和公共产品供给。

一 互利共赢、多元平衡、安全高效的开放型经济体系

既然是一个经济体系，它就应当具有立体形象，那么可以勾勒为下面的一个分析框架（裴长洪，2013）。

1. 开放活动的内容（即开放的部门和领域）：（1）商品流动：物质的生产和贸易；（2）要素流动：资本和技术交易，吸收国际直接投资和中国企业对外投资；（3）服务流动：服务和信息的可贸易性（服务贸易的四种形式）。

2. 开放活动的场所（即开放的空间布局）：（1）沿海与开放城市（优惠政策的先期效应）；（2）内陆与沿江城市（市场准入的差别）；（3）边

境地区（市场准入的差别）。

3. 开放活动主体之间的契约关系：(1) 双边经贸关系；(2) 多边经贸关系；(3) 区域合作关系（上海合作组织、APEC 等）；(4) 区域经济一体化（自由贸易区）。

互利共赢，是这个开放型经济体系的第一个属性。西方发达国家可以说都是开放型经济体系，而且就目前的开放水平看也都比中国更开放。如果我们只是朝着继续扩大开放方向与它们看齐，那我们与它们就没有区别，充其量不过是后来追上来的一个发达国家，富国俱乐部增加一个成员而已，那我们说的中国特色开放型经济就没有社会主义的特点，在世界上发展中国家中就缺乏亲和力，所以我们强调互利共赢。怎么能实现互利共赢呢？首先当然要研究的是中国自己市场的开放。货物与服务市场的开放都是贸易伙伴关切的问题，除了关税和非关税壁垒，还要研究市场的公平竞争，哪些因素妨碍了公平竞争，实现哪些改革才能真正做到让我们的贸易伙伴公平分享中国巨大市场的利益。其次要研究中国企业对外投资活动的福利效应。对东道国的就业、贸易创造以及税收产生了什么结果。如果只对自己有利，而对东道国贡献甚少，那就可能产生"新殖民主义"的曲解。再次要研究贸易的国际规则对不同国家的影响，公平合理的国际经济秩序对国际规则制定有哪些要求。最早西方发达国家鼓吹贸易投资自由化，说自由贸易的中性规则（或竞争中立）可以使交易双方都有利。在加入世界贸易组织谈判中，党和国家审时度势、勇对挑战、有保留地接受了这个说法和人家制定的商业规则，并努力使自己适应和运用规则，创造条件使自己在交易中获取相应利益，但这是需要付出代价的，而且也不是每个发展中经济体都能够像我们这样做到的。因此所谓的"中性规则"其实并非完全公平合理。现在我们已经成长为贸易投资大国，而且有条件接过贸易投资自由化的旗号去与西方发达国家交涉自己应得的利益，对发达国家而言，贸易投资自由化也好、中性规则也罢，在一定程度上已经成为我们的武器。但是，如果我们今天拿着这些说辞去对第三世界的穷国说，就有自欺欺人的嫌疑了。在发达国家面前，我们需要研究如何加强在规则制定中的能力，同时研究如何让这些规则照顾不发达国家的利益。在发展中国家面前，我们需要研究"南南合作"中对双方都有真实利益的商业规则。

多元平衡，是这个开放型经济体系的第二个属性。笔者理解的多元平衡，主要是三方面的平衡。首先是中国经济的内在性与外部条件的平衡，集中表现为内外需的平衡。这关系到中国经济的发展战略。中国作为大国，发展经济只能以内需为主，根据过去笔者主持的商务部委托的课题"中国内外需协调发展研究"的计算，即便在1978至2008年这30年间，外需在中国经济总需求中的比重不超过15%，所谓中国经济依靠外需增长的说法并无研究依据，国际金融危机以后这个比重大幅度下降。那么平衡究竟又如何量化？通常外需指的是商品和服务的净出口，由国际收支平衡表中的经常项目反映。但是随着中国金融开放和人民币跨境交易结算的发展，境内外资金流动比过去自由和频繁，外汇进出和收支经常是由于境内外人民币汇差和利差所导致，并非真实贸易投资活动的记录。这就给我们依据国际收支来计算外需的数量带来了困难和误差。如何克服这个技术困难并给出内外需求平衡的量化概念，是研究要克服的难点。其次是与贸易伙伴利益关系的平衡，集中体现为进出口贸易平衡以及资本进出流动的平衡。其衡量标准不仅要看国际收支，还要看贸易投资活动的互补性以及双方社会福祉的增进。再次是国内深化改革与营商活动规则日益国际化之间的平衡。在中国社会主义市场经济体制继续完善中，仍然存在着不少不适应国际化发展趋势的体制性矛盾，无疑需要改革，但这些改革内容都具有复杂性和牵连广的特点，而不少国际规则和国际合作范式也处在或即将变革之中，因此要讲求两者之间的平衡，讲究顶层设计和试验先行，否则将导致进退失据、宽严皆失。所谓统筹国内、国际两个大局，也包含这方面的内容。

安全高效，是这个开放型经济体系的第三个属性。资本主义经济危机是资本主义生产方式不可克服的内在矛盾，资本主义世界的经济金融危机从来就没有间断过。因此我们一方面要大胆开放，利用国外市场和资源，另一方面要防范危机对我们的冲击。防范经济金融风险是中国开放型经济体系必须具备的安全阀。因此要研究这个安全阀的设计、制造、安装、监测以及运行管理。所谓高效，是要求这个开放型经济体系的运行成本最低化、效率最大化。因此要研究是什么因素导致成本高、效率低。一般而言，体制障碍导致制度的交易成本高、效率低；机制障碍导致管理成本高、效率低；技术障碍导致操作成本高、效率低。例如，推进贸易便利化，关税和非关税措施是主要的体制障碍，降低成本和提高效率的改革空间主要在这里；海关和口岸管理的各个部门，政出多门和不协调是主要的工作机制障碍，降低成本和提高效率的空间主要是整合这些管理规则和管理工作，实行"单一窗口"的改革试验；港口和码头作业的设施、技术落后会形成贸易便利化的技术障碍，降低成本和提高效率的空间就是实现港口和码头建设的信息化、现代化。

二 构建开放型经济新体制

这个新体制主要包括六方面特征。

第一是建立与服务业扩大开放相适应的新体制和新机制。由于中国服务业开放程度还不够，因此要促进服务业开放潜力的释放。关于中国产业开放度的研究已经有不少文献，但是承诺开放与实际开放的差别需要在研究中加以区别。承诺开放可以从中国在多边贸易体系或各种区域合作的议定书和协议中找到，但这不等于实际开放，还需要从服务业吸收外资和服务贸易发展的数量和结构中，以及在国际比较中发现需要改进的空间。

第二是建立适应多种形式贸易投资自由化的新体制和机制。这包括：改革对外投资管理体制，增强投资主体权利。因此，要研究进一步完善对外投资管理体制：（1）扩大备案制的适用范围。（2）建立核准制的"负面清单"管理模式。逐步向审批事项的"负面清单"管理迈进，做到审批清单之外的事项，均由社会主体依法自行决定。

以多边贸易体制为出发点、以区域自贸区建设为重点突破。因此要研究加速区域自贸区谈判，升级现有区域自贸区；要研究可能增加哪些国际贸易新规则、新议题的谈判，如何建设面向未来的高标准自由贸易区，以应对美国"TPP"酝酿的国际贸易新规则。要追踪研究上海、天津、广东、福建自由贸易试验区的进展并总结其成功的可复制、可推广的经验，在其他条件具备的地方大力复制和建设类似的自由贸易园（港）区。要研究中美、中欧投资协定、美国"TPP"谈判内容及其协定文本，既为参与国际新规则制定提供借鉴，也为中国自贸区升级建设提供参考。同时，要研究美国"TPP"谈判内容及其协定文本对中国的实际影响，以及中国如何应对。

第三是建立具有战略纵深和双边、区域合作广泛利益共同体支撑的开放型经济新体制。中国发展的不平衡，主要体现为区域发展的不平衡；开放程度的不协调，更多体现为内陆沿边和沿海开放的不协调。内陆沿边开放是中国新一轮对外开放的主要潜力所在，是拓展开放型经济广度和深度的关键所在。因此要研究内陆与沿边扩大开放的体制机制建设。

要研究如何通过"一带一路"倡议，在拓展经济发展战略空间的同时，因地制宜、因国施策，发展双边、诸边、区域、次区域经济合作，构建广泛的利益共同体，增强中国开放体制的国际支撑力。

第四是逐步培育具有与海洋强国相适应的新体制、新机制。中国全方位的开放型经济离不开海洋资源开发和海洋经济合作，中国开发海洋资源和发展海洋经济刚刚起步，未来潜力很大。新的体制机制建设应当有超前意识，要研究如何建立有利于提高中国海洋资源开发能力，同时又能够有效保护海洋生态环境的体制机制；如何发展海洋装备制造业和海洋工程设施产业，使中国海洋工业从只会造船迈上更高的台阶；海洋的服务产业从在岸贸易和运输向转口贸易、离岸贸易基地，向海洋科研教学、科研实习基地，以及向海洋勘探、检测的服务基地方向提升转变。要研究什么是"海洋强国"，发展海洋经济与发展海洋强国的关系，中国成为"海洋强国"的路线图和时间表。

第五是具有法治化、国际化的营商环境。重点是研究如何进行法律、法规的修订和重建。要研究"国际化"的坐标是什么，它是静态的还是动态的过程，我们的建章立规工程如何适应动态化的国际规则。要研究塑造新的营商环境的主要内容，在不依靠优惠政策体现的条件下，优良的营商环境需要哪些条件和努力，建设法治化、国际化营商环境的主要措施。

第六是政府管理方式的转变。要研究贸易便利化改革涉及的有关问题，如海关等各监管部门的协调以及如何简化程序提高效率；要研究投融资改革，如何适应准入前国民待遇和实行负面清单管理，从重事前审批转为重事中事后监管；要研究服务产品市场化所涉及的问题，如市场构建、价格改革以及市场监督管理等问题；要研究人员流动以及劳动力市场管理改革、境外人员居留等一系列管理改革；要研究信息沟通所涉及的网络、移动互联等领域扩大开放后所面临的管理工作的转变和完善。

三 培育参与和引领国际经济合作竞争新优势

改革开放30多年来，中国在发展对外经济贸易活动中，主要依靠的是廉价劳动力供给的要素禀赋优势，在国际经济竞争中主要以价格低廉取胜，这使中国许多中低端产品在国际市场中赢得较高的份额。随着中国人口和劳动力供给形势的变化，原来廉价劳动力供给的优势已经并继续弱化，未来在向更高层次的开放型经济发展进程中，应当培育哪些新的潜在的优势呢，概括起来有以下几方面。

第一是新的比较优势。随着中国产业的技术进步和资本有机构成的提高，以及资本要素价格均等化趋势的作用，中国部分产业中资本和技术密集的比较优势正在形成，如高铁设备和一些基础设施装备，这些产品将成为中国有国际竞争力的产品；随着中国教育和职业技术教育的发展，新一代劳动者的文化教育水平已经明显提高，相对低廉的人力资本将成为中国新的劳动要素禀赋优势，进而成为一些新产业和新产品在国际市场有竞争力的产品。

第二是"走出去"形成的价值链、供应链优势。随着中国企业境外投资的发展，不仅布局国际生产，而且形成国际营销网络，形成由中国企业自主的价值链和供应链网络，这将使中国经济利用两个市场、两种资源的国际竞争力大大增强。

第三是国内市场优势。2014年中国货物贸易进口额达到1.96万亿美元，向全世界提供了1/10以上的货物市场份额，服务进口达到3835亿美元，提供了7.9%的世界市场份额。这样庞大的贸易规模必然吸引全世界投资者的关注和青睐，必然对中国在全球资源配置中主动作为提供有利因素和必要条件。

第四是体制优势。如何使中国社会主义市场经济体制成为参与国际经济合作与竞争的优势要素，是一个需要研究的课题。尽管现阶段中国社会主义市场经济体制还不完善，但它继续完善和与时俱进的更新动力很强，自我发展能力也很强；而国际经济领域中的规则和制度规范也是一个不断发展和变化的过程，在某种意义上说，除个别超级大国，相当多发达国家一旦适应原来的国际规则，它要比发展中国家更不适应需要不断变化的国际规则，特别是不适应世界多极化发展趋势影响下的国际规则变化。而中国的社会主义市场经济体制的更新和发展能力恰恰具备这种适应国际经贸环境变化的优势。而且，中国的社会主义市场经济体制，不仅强调"有效的市场"，而且也强调"有为的政府"，从而使中国经济体制的竞争力得到更有力的保障。

第五是提供国际公共产品能力的优势。中国正在培育参与制定国际规则的能力，并已经在国际经济领域开始发起新倡议、新议题和新行动。这标志着中国开始培育自己生产和提供全球公共品的能力。随着中国硬实力和软实力的增长，提供国际公共产品能力必然逐步增强，这种优势也必然不断发展。

四 完善对外开放战略布局

第一是完善对外开放的区域布局。要研究什么是"各有侧重的对外开放基地"，中国各个区域对外开放的起点不同，时间也有早晚，当地经济发展水平对开放型经济的形成和发展也有很大影响，因此不同区域的外向型产业集群建设也必然有其各自的特点，应当总结不同类型的发展路径。在沿海发达地区，应当研究如何建设"具有全球影响力的先进制造基地和经济区"。这包括，战略性新兴产业的培育和发展，原有制造业的转型和升级。同时要研究在产业转移中形成沿海与内地互连互补的专业分工关系。以空间延续廉价劳动要素的优势。中西部地区将会更多承接劳动密集型产业，但是不应该重复沿海地区早期工业化的模式。应当在沿海向内地的产业转移中，保持沿海与内地的专业分工联系，建立互补的产业体系，形成沿海与内地优势互补，沿海与内地紧密结合的供应链体系，在国际经济竞争中发挥中国大国的综合竞争优势。

第二是完善对外贸易布局。核心是要研究如何从贸易大国迈向贸易强国。贸易强国是一个历史的、动态的概念，不同时代它都有特定的时代内涵，体现这些内涵的国家也不同，既没有"日不落帝国"，也没有在所有商品和服务领域的"全能冠军"。一般来讲，资源和要素禀赋、科学技术的应用以及贸易的支持条件（如运输、国内产业与贸易政策）是一国或经济体经贸发展强弱水平的三个最重要因素。根据当代发达国家的经验，所谓贸易强国的主要标准是：在商品与服务的生产中利用已有比较优势和培育新优势的能力；在全球范围内配置资源的能力，一国境内的生产能力不等于国际的交换能力，国际的交换能力往往还取决于跨国生产能力、国际运输能力、国际营销能力等；本国货币在世界的流通能力，国际交换中商品和服务的定价权不仅来自一国商品和服务的贸易量，而且还来自该国货币在世界的流通能力；国际交换中的商品与服务的技术标准制定能力；全球或国际交易规则的制定能力，技术标准和国际交易规则，都是一种公共品。能够生产和提供这类公共品的国家，一般是贸易强国。

第三是完善投资布局。要研究在经济新常态下如何更好利用外商直接投资，未来提高利用外资水平的导向是什么。"三个有利于"是未来完善中国吸收外商投资的基本导向：即有利于构建开放型经济的新体制；有利于促进中国经济结构调整和产业升级；有利于培育中国经济新的国际竞争力。其政策取向是：继续扩大服务业吸收外商投资，逐步开放教育、医疗、健康、养老、文化、各类中介服务等领域的外商投资；着力吸引具有先进制造业技术、工艺、管理优势的外商投资。

同时还要研究如何提高企业"走出去"的水平。按照十八届五中全会《建议》的要求，未来如何建设一批大宗商品境外生产基地，培育一批跨国企业。如何积极搭建国际产能和装备制造合作金融服务平台，形成中国企业自主的跨国生产经营网络。要进一步研究如何确立互利共赢和促进国内经济结构调整、产业升级的立足点作为中国企业对外投资的指导方针，以建设自主国际化生产经营网络作为战略目标，来规划企业海外投资并建立与此相关的服务促进体系的思路，并使之落到实处。政策研究的课题是，如何鼓励制造业领域的投资，鼓励多采取绿地投资方式，在服务体系建设中，要研究针对民营企业的弱点和不足，提供更多有针对性的、有效率的服务。同时要研究如何改善中国企业对外投资和经营的统计、税收以及绩效考核等方面的管理。

五 积极参与全球经济治理和公共产品供给

全球经济治理就是生产和提供一种全球公共品。国际公共产品,第一类是各种技术标准和国际商业规则,包括多边的国际规则和区域的国际规则。第二类是主权经济体为国际规则提供运行载体和平台所提供的成本,还包括为特殊国际经济问题提供的援助,这些都属于全球或国际性的公共品。这种公共品的供给与供给能力有关,供给能力取决于经济硬实力,也取决于文化软实力。硬实力以经济、金融、科技和重要资源为后盾,软实力则需要话语权以及自身的体制、机制的优势(裴长洪,2014)。为此要研究中国如何增强国际性公共产品的供给能力,从而更有效地参与全球经济治理。特别是要研究如何增强我们的文化软实力,一方面是如何使中国的社会主义市场经济体制更具备与国际商业规则接轨的灵活性,另一方面是如何使我们在国际交易中的话语体系更具有影响力,即能够把我们的故事讲得更动听,更有亲和力。

还要研究中国参与全球经济治理的策略。2015年美国主导的《跨太平洋伙伴关系协定》(TPP)已经出笼,尽管这个协定的生效至少还需要两年时间,但它试图重新书写未来国际经济贸易规则的基本框架已经成型面世,需要我们认真研究对待。可以预料在一个时期内,美国试图把中国排除在外,我们的应对策略就是实施"一带一路"建设和面向全球的更高标准的自由贸易区网络,以更加积极主动融入世界经济的实际行动来打破孤立中国的企图。这就是毛泽东军事思想中"你打你的、我打我的"策略的新运用和新实践。

第五节 对西方主流经济学的借鉴和扬弃

怎样对待西方经济学,是建设中国特色社会主义政治经济学必须回答的问题。西方主流经济学与马克思主义经济学的根本区别在于立场和认识论的分歧。前者维护资本主义生产方式及其经济制度,其认识论是唯心主义的先验论;马克思主义经济学揭示资本主义生产方式的内在矛盾以及其必然灭亡,必然为社会主义经济制度取代的发展规律,而中国特色社会主义政治经济学揭示在中国建设社会主义经济的发展规律，其认识论是辩证唯物主义的实践论。当然，西方经济学在其发展的几百年间，也提出了不少反映社会化大生产规律以及经济发展规律的观点和认识，采用了包括统计学、高等数学以及数学模型等现代方法来描述经济活动，建立了适应这种"精确化"研究的分析框架和研究范式，形成了一套比较成熟的话语体系，加上西方国家的文化软实力，特别是美国在世界上的霸权地位，使这一套经济学学术体系风靡全球。中国经济学研究在西方经济学学术体系的强烈影响之下，要想走出一条反映中国特色社会主义经济发展规律的、中国风格和中国气派的理论发展道路，确实任重道远。

在对外经济关系领域，西方学者把各种经济学流派中有关对外经济和世界经济的分析和理论拼凑为"国际经济学"，并作为大学教科书和知识体系广为传播，目前中国高校中广泛使用的《国际经济学》教材基本上是这种知识体系的介绍和解读。其中，有反映古典经济学的比较优势理论、要素禀赋理论以及该流派的后来继承者产品生命周期理论、规模经济和不安全竞争理论，以及国际直接投资理论等；有反映新古典经济学的世界市场均衡理论、汇率理论、国际收支理论等；有反映把各种经济学流派（包括凯恩斯经济学和新自由主义）加以综合的理论内容，如贸易政策、关税同盟、区域经济一体化、经济全球化和国际经济政策协调等。从中国改革开放的实践来看，这个体系中可以启发我们思考的内容不少，而且有些概念也为我们所借鉴和吸收，如"比较优势"和"经济全球化"等，但总体来看，可以用来解释中国对外开放发展的理论则很有限，可以把它作为指导我们实践的理论则几乎没有。在我们的政策语言中，与这个知识体系有关且使用频率最高的是"比较优势"，但我们政策语言中的"比较优势"与李嘉图的"比较优势"理论也是不同的，后者说的是两个国家、在两种相同产品的生产中，都不具备生产率优势的一国可以选择劣势较少的某一产品来开展国际贸易，赢得专业分工的利益。而我们讲"比较优势"，首先是一种工作状态和动员，也包括发现"绝对优势"（你无我有）、要素禀赋优势（你少我多），还包括创造竞争优势（你有我优、我廉）。所以，我们讲"比较优势"，已经是一种演绎和发挥。再如，贸易投资自由化、经济全球化这些理论概念，在西方经济学教科书中，虽然有解释经济发展和世界经济发展趋势的一面，但它是不讲独立自主、自力更生的，它只讲让渡国家主权；它也只讲贸易投资自由化、经济全球化对各国经济福利的增进，不讲经济金融风险，因此有很大的局限性甚至欺骗性。一旦发现发展中国家参与经济全球化也可以得到好处，原来拼命鼓吹贸易投资自由化和经济全球化的人就会马上提出"去全球化"和"世界经济再平衡"理论，完全暴露了鼓吹这些理论的人的实用主义和机会主义的立场。

在其他国际贸易和国际投资理论中，绝大多数是以西方国家，特别是西欧国家和美国的实践为依据的，例如相互需求理论、产品生命周期理论、规模经济和垄断竞争理论、企业优势、内部化和交易成本理论等，都只能解释发达国家贸易和相互投资的发展，而不解释（也不能解释）发展中国家发展贸易投资的经验。涉及发展中国家对外经济问题的成熟理论很少，而且也很陈旧，例如"中心—外围"理论，资金外汇两缺口理论等。

西方国际经济学把新古典经济学的一般均衡理论扩展到世界经济领域，形成的所谓世界市场均衡理论是最缺乏科学性的。它宣扬资本主义经济通过自由市场可以达到均衡，在国内市场上靠价格来调节，在世界市场上靠汇率来调节。因此汇率理论和国际收支理论是西方国际经济学宏观理论的核心。随着西方国家以美元为中心的固定汇率制度的破产，世界市场均衡理论遭到无情讽刺，随后浮动汇率理论登场来修补均衡理论。80年代美国依据这个理论来压迫日元、联邦德国马克升值；21世纪初又压迫人民币升值，认为这样可以达到世界经济平衡。但事实上却与美国的愿望完全相反，日元和马克升值并没有导致日本对美国贸易顺差的减少，人民币升值也没有使美国贸易逆差下降，这种浮动汇率理论实际上已经破产（见表3.2、表3.3）。

表3.2　1975—1990年美元对联邦德国马克和日元的汇率及货物贸易差额

单位：亿美元

年份	联邦德国马克兑美元汇率	日本日元兑美元汇率	美国对联邦德国贸易差额	美国对日本贸易差额
1975	2.460	296.79	4.50	3.715
1976	2.518	296.55	12.60	-40.594

续表

年份	联邦德国马克兑美元汇率	日本日元兑美元汇率	美国对联邦德国贸易差额	美国对日本贸易差额
1977	2.322	268.51	-4.266	-76.052
1978	2.009	210.44	-13.612	-104.328
1979	1.833	219.14	-2.513	-61.386
1980	1.818	226.74	23.411	-73.428
1981	2.260	220.54	11.08.8	-136.082
1982	2.427	249.08	0.381	-123.612
1983	2.553	237.51	-19.259	-185.442
1984	2.846	237.52	-54.622	-335.425
1985	2.944	238.54	-80.655	-405.846
1986	2.171	168.52	-131.681	-525.164
1987	1.797	144.64	-135.950	-530.607
1988	1.756	128.15	-94.377	-479.778
1989	1.880	137.96	-44.732	-457.010
1990	0.826	144.79	-61.038	-382.796

注：（1）汇率为直接标价法，即单位美元的马克或者日元价值。联邦德国和民主德国在1990年统一，该年德国马克对美元升值比较大。

（2）贸易差额由美国对联邦德国或者日本的货物（merchandisetrade）出口减去进口得到，负值表示美国是贸易逆差。

资料来源：汇率数据来自 UNCTAD 数据库；进出口原始数据来自 IMF 的 DirectionofTradeStatistics（DOTS）数据库。

表3.3　　　　2003—2014年人民币兑美元汇率和中美货物贸易差额　　　单位：亿美元

年份	2003	2004	2005	2006	2007	2008	2009	2010	2011	2012	2013	2014
人民币兑美元	827.70	827.68	819.17	797.18	760.40	694.51	683.10	676.95	645.88	631.25	619.32	614.28
中国贸易顺差	586.13	802.7	1141.7	1442.6	1632.2	1708.5	1433.6	1813.0	2023.4	2189.1	2158.5	2370.4

注：人民币汇率为年平均价。

资料来源：《2015中国统计年鉴》，第637页；各年《海关统计》。

上述说明，在建设中国特色开放型经济理论中，从西方国际经济学知识体系中能够借鉴的内容并不多，可以直接为我所用的更少，因此中国经济学者应当有这样的使命感和自信心，我们必须走自己的路，创造中国自己的学术体系和理论范式，为此，要解决以下一些认识问题。

首先是要解决立场问题。要建设中国特色开放型经济理论，包括中国特色社会主义政治经济学，首先要热爱中国改革开放的伟大事业，衷心拥护领导这个伟大事业的中国共产党，并积极投身于研究如何把中国的事情办好的研究工作中，而不是把中国的事情看作是与自己不相干的事，置身事外，或者只是从事专门挑毛病的研究（一些国外的"中国问题"专家就是专门干这种事情的），那是必定难以承担我们的历史使命的。在一次会议上，有个境外媒体朋友问，为什么中国没有一个真正的经济学家？笔者回答，我不知道你说的真正的经济学家的标准是什么，但我知道中国改革开放和经济发展的巨大成就举世公认，我还知道，中国的经济学研究者与这个伟大的成就多多少少有些联系，而境外所谓的真正的经济学家却与此无关，那么这种真正的经济学家又有什么意义呢？笔者的回答赢得全场掌声。我们不能指望依靠西方经济学的理论和西方经济学家来解释和回答中国的问题，这是中国学者自己的事情。要有为国家做事、为人民做事的情怀，才能有所作为。即便是资产阶级的学者要有所建树，也需要有"忧国"情怀。有人把是否有诺贝尔奖看作是经济学理论和经济学家被承认的唯一标准，这是片面的。且不说这种评奖有意识形态的偏见，实际上还有国家的硬实力和软实力的背后支撑。诺贝尔经济学奖开始也是被欧洲人、特别是英国人所垄断，美国的崛起使诺奖得主转移到美国，试看未来诺奖花落谁家，可以预言，随着中国硬实力和软实力的上升，中国学者被国际学术社会承认是必然的，中国特色社会主义政治经济学在国际学术舞台占有一席之地也是必然的。

其次是如何建立自己的分析框架和研究范式。当代西方经济学的学术论文是以"精确化"研究为导向，以数量模型为主要分析工具，因此它需要一套与之相匹配的分析框架和研究范式。它既具有进步的一面，也有被滥用的另一面。不仅实证研究采用模型分析方法，连理论表达也常常用模型来演绎和论证。这种研究范式，既产生了不少具有数量化支撑的有学术价值的作品，也制造了大量庸俗和垃圾。我们对此需要区别对待，不可盲目崇拜。许多学术论文并没有什么研究发现，却用了最复杂的数学模型来分析论证最简单并早已为人所知的事实，这种为使用模型而做文章的倾向是一种脱离实际的"洋八股"，我们应当坚决反对，并防止谬种流传。我们的研究范式，应当强调以社会主义市场经济建设中发展和改革的重大问题为导向，以提供解决问题的思路为目的，因此要有必要的政策思路的含义，当然也需要对一些专门性的问题做出判断或加强某个判断。一般来讲，重大的理论问题是难以用数学模型来论证和表达的，而应当学习《资本论》《帝国主义论》等经典著作的研究方法，用历史与辩证逻辑相统一的分析方法，用可靠的统计数据来支撑和证明。一些专业性特征十分明显的经济问题，涉及经济社会各领域交叉性较少，即解释变量因素不复杂的问题，在数据可获得的情况下，采用数学模型方法才具有"精确性"研究的前提和条件。所以应当实事求是，因文制宜，既反对无模型不成文的倾向，也反对拒绝使用数学模型的片面性。还需要强调，采用数学模型作为主要分析工具，是以科学的"假设"为前提的，数学模型是用来论证和加强"假设"提出的判断，但是如果没有大量的调查研究和一定数量的统计数据做支撑，怎么能产生科学的"假设"呢？所以，下功夫做调查研究，下功夫收集数据和文献资料，是任何研究方法都无法离开的不二法门。一些年轻的研究者往往不愿意做这种耗时耗力的基础工作，只是从西方文献中找出现成的结论作为自己的"假设"，然后借鉴或抄袭一个数学模型，采集一些面板数据，拼凑成一篇论文。作为学习阶段，这样做也无可厚非，但这不是真正的研究，应当从这个幼稚的阶段逐步走向成熟。

再次是如何建立中国学术论文的话语体系。五四运动以后的新文化运动，使中国文坛摆脱了以文言文为主导的传统话语体系，产生了现代中国语言的话语体系，它的进步性体现在两个方面，一是更贴近大众生活，二是更有利于吸收外来先进文化。但要处理好这两者的关系，却不是一件容易的事情。中华人民共和国成立前在半殖民地、半封建社会背景下，洋教条和食洋不化的文化现象是旧中国殖民地文化的病症，反映到党内，有"党八股"现象的出现，毛泽东同志写的《反对党八股》和《改造我们的学习》就是系统批判了党内的教条主义倾向以及它所表现的话语形式。改革开放以后，我们学习市场经济，引进和使用了许多与市场经济相关的专门词汇、概念和理论，大大丰富了经济学理论，包括国家经济政策的话语表达形式。在这个学习过程中，中国的广大干部、知识分子和群众不仅熟悉了这些新的话语表达形式，有的还向其注入了中国元素，赋予其新的含义，形成外来文化被融合同化的现象，从而形成了中国式的话语体系，使"English"变成了"Chinglish"，经济学研究及其学术论文当然是走在这个学习过程的最前沿。站在最前沿容易产生两种可能性，一是落后于大潮流和人民大众；二是孤立冒进并脱离人民大众。在留学海外热潮逾三十年经久不衰以及国家经济建设日新月异的环境下，第一种可能性不容易产生；而第二种危险却较为容易产生。一些人把生硬翻译过来的西方经济学论文的表达方式看作是经济学规范的话语体系，把被多数人读不懂的话看作是"学术"，认为"学术"只需要少数人看懂和欣赏，多数人看得懂，就不是"学术"了，至少也属于"学术水平不高"。怎样处理"阳春白雪"和"下里巴人"的关系，是中国经济学话语体系要解决的问题。毛泽东在延安文艺座谈会上的讲话精神为我们解决这个问题指明了方向。他说文艺作品要源于生活，又要高于生活。所谓源于生活就是不能脱离生活，不能不接地气。中国经济学的话语体系，也不能脱离多数（这个多数已经有职业范围的限定），如果我们的经济学论文只有极少数人看得懂，连多数经济学研究和教学工作者、多数政府经济工作官员（基本是大学以上文化水平）、多数有文化的企业家和其他知识界人士都看不懂，那还叫"为人民服务"吗？真理是朴素的，往往不需要深奥的语言，而庸俗却需要故弄玄虚来掩饰浅薄。当然，经济学研究又要高于普通的时事新闻，不仅要适当介绍和引进新词汇、新概念和新思想，还要有学养基础和学理逻辑。因此要在多数人读懂基础上提高和不断提高，我们的话语体系应当朝这方面努力。这样说有些人会很不以为然，有人会问，经济学诺奖著作多数人看不懂，难道不是学术吗？是学术不假，但这里不仅有意识形态倾向要考察，也有一个普及与提高的关系问题要审视。拿文艺作品来比喻，《天鹅湖》无疑属于世界文艺精品，但在解放战争期间，我人民解放军指战员是靠看《白毛女》来激发阶级仇恨和奋勇杀敌的，看《天鹅湖》不仅不适宜，而且当时也不具备多数人欣赏的社会经济条件和文化环境。从感染人、激发人的情感的艺术标准和"为人民服务"的政治标准来看,《白毛女》无疑达到了艺术标准和政治标准的统一,是当时中国的艺术精品。同理,今天我们的话语体系,更多的是需要多数人读懂基础上的提高和再提高,这是我们应当提倡和努力的主要方向,当然有少量只有少数人才能读得懂的学术文章和著作,也应当允许存在并参与百花齐放和百家争鸣,但主次不能颠倒。

中国经济学的话语体系除了要坚持多数人读懂基础上的提高和再提高,还要坚持自己的独立性。笔者一直以为,中文与英文之间的翻译,有时候是很难表达原意的。例如,物流一词的英文是 Logistics,原意是军队的后勤保障,翻译成"物流",就容易望文生义,把这个服务业的现代化水平大大埋没了,以至于在实践中走了样。反过来,中文要翻译成英文,有时候也很难,例如"三个代表"怎么翻译?"开放型经济"要是翻译成 Openness Economy,还是我们要表达的意思吗?所以,龙就是"Long",翻译成"Dragon",就成了"凶暴怪兽"了。

第四章 习近平新时代对外开放思想是中国特色开放型经济理论的最新境界

第一节 习近平新时代对外开放思想内涵简述

习近平新时代对外开放思想是新时代中国特色社会主义思想和习近平经济思想的重要组成部分，它不仅是中国进一步扩大开放的理论指南，而且是当代中国经济学研究的重大理论命题。作者的研究发现是：中国经过将近40年的改革开放，不仅处于高度空前的历史站位上，而且已经走近了世界舞台的中心，这个新时代赋予了习近平对外开放思想以全新的内涵。"不谋全局者不足以谋一域，不谋万世者不足以谋一时"已成为新时代谋划中国扩大开放的新要求，习近平对外开放思想就是这个历史要求的时代产物。它的历史性贡献主要是：第一，为中国开放型经济与开放型世界经济的内外联动提供了中国方案。"一带一路"倡议和自由贸易试验区、自由贸易港探索等重大开放举措，既是解决中国自身改革开放深化发展的需要，也是为世界经济探索发展创新经验、各国增长联动和汇聚各方利益共同点场所的中国方案。第二，科学总结了以往经济全球化正反两方面的经验教训。提出了推动经济全球化朝着更加开放、包容、普惠、平衡、共赢的方向发展的新理念。第三，阐发了互利共赢、多边机制汇聚利益共同点和谋求最大公约数的政治经济学新观点。提出了"非经济人假设"的正确义利观，以及非霸权主义国际公共产品供给模式的新理念，扬弃了现代西方经济学的"经济人假设"以及胜者为王竞争法则的逻辑。第四，揭示了实现中国梦的发展道路必须与人类命运共同体紧密相连的历史必然性。阐明了人类命运共同体是中国自身的需要，是中国探寻一条与西方列强截然不同崛起道路的需要，是中国最大的利益。根据辩证唯物主义和历史唯物主义的基本观点和方法，笔者从技术变革与新的生产力；新产品、新业态与新的社会化生产；分工与交换的变化；新的社会交换关系；微观主体的变化与共享经济五个方面分析了习近平对外开放新思想，说明它不单纯是一种良好的愿景和价值观，而且具有潜力巨大的物质基础和生机勃发的实践依据，论证了习近平新思想的马克思主义科学性。

党的十八大以来，习近平总书记对中国扩大对外开放发表了许多重要论述，党的十九大报告集中且系统阐述了这些论述的重要观点，形成了习近平对外开放新思想，这是习近平新时代中国特色社会主义思想的重要组成部分。它不仅是中国进一步扩大开放的行动指南，而且是研究阐释习近平新时代中国特色社会主义思想的重大理论命题。本章的研究任务是，探讨习近平对外开放思想的新贡献以及论证它所具有的科学性依据这两个基本问题。

第二节 新时代历史站位上的新思想、新贡献

概括起来说，习近平对外开放新思想主要体现在四个方面。

第一，推动形成全面开放新格局。2013年4月，习近平提出中国将在更大范围、更宽领域、更深层次上提高开放型经济水平。[①] 2013年10月，习近平指出要完善互利共赢、多元平衡、安全高效的开放型经济体系。[②] 2013年11月，党的十八届三中全会《决议》提出"构建开放型经济新体制"。党的《十九大报告》提出推动形成全面开放新格局，具体表述为：以"一带一路"建设为重点，形成陆海内外联动、东西双向互济的开放格局；赋予自由贸易试验区更大改革自主权，探索建设自由贸易港。

[①] 习近平：《在同出席博鳌亚洲论坛二〇一三年年会的中外企业家代表座谈时的讲话》（2013年4月8日），《人民日报》2013年4月9日。

[②] 习近平：《深化改革开放共创美好亚太——在亚太经合组织工商领导人峰会上的演讲》（2013年10月7日），《人民日报》2013年10月8日。

第二，建设开放型世界经济与经济全球化新理念。2013年习近平第一次提出"共同维护和发展开放型世界经济"的新理念，① 十九大报告更明确提出："支持多边贸易体制，促进自由贸易区建设，推动建设开放型世界经济。"针对近些年国际社会掀起的一股逆全球化思潮，习近平发表了一系列重要论述。他指出："总体而言，经济全球化符合经济规律，符合各方利益。同时，经济全球化是一把双刃剑，既为全球发展提供强劲动能，也带来一些新情况新挑战，需要认真面对。我们要积极引导经济全球化发展方向，着力解决公平公正问题，让经济全球化进程更有活力、更加包容、更可持续。"② 习近平的这种经济全球化新理念在2017年1月的联合国演讲中得到更加精炼表达，"建设一个开放、包容、普惠、平衡、共赢的经济全球化"③，并被写进十九大报告，表述为："同舟共济，促进贸易和投资自由化便利化，推动经济全球化朝着更加开放、包容、普惠、平衡、共赢的方向发展。"

第三，改革全球经济治理体系。2013年4月，习近平提出，"要稳步推进国际经济金融体系改革，完善全球治理机制"。④ 2015年7月，习近平提出全球经济治理改革的主要目标："完善全球经济治理，加强新兴市场国家和发展中国家在国际经济金融事务中的代表性和话语权，让世界银行、国际货币基金组织等传统国际金融机构取得新进展，焕发新活力。"⑤ 此后，习近平在许多国际场合都发表了有关论述和演讲。党的《十九大报告》把习近平十八大以来所形成的全球经济治理新思想凝练为"中国秉持共商共建共享的全球治理观，倡导国际关系民主化，积极参与全球治理体系改革和建设"。

---

① 习近平:《共同维护和发展开放型世界经济——在二十国集团领导人峰会第一阶段会议上关于世界经济形势的发言》（2013年9月5日），《人民日报》2013年9月6日。
② 习近平:《深化伙伴关系 增强发展动力——在亚太经合组织工商领导人峰会上的主旨演讲》（2016年11月19日），《人民日报》2016年11月21日。
③ 习近平:《共同构建人类命运共同体——在联合国日内瓦总部的演讲》（2017年1月18日），《人民日报》2017年1月20日。
④ 习近平:《共同创造亚洲和世界的美好未来——在博鳌亚洲论坛2013年年会上的主旨演讲》（2013年4月7日），《人民日报》2013年4月8日。
⑤ 习近平:《共建伙伴关系 共创美好未来——在金砖国家领导人第七次会晤上的讲话》（2015年7月9日），《人民日报》2015年7月10日。

第四,构建人类命运共同体。这是习近平最先提出的新理念。2013年3月23日,习近平担任国家主席后首次出访的第一站,便提出"人类生活在同一个地球村里,生活在历史和现实交汇的同一个时空里,越来越成为你中有我、我中有你的命运共同体"①。此后,习近平在各种场合反复提及和阐述该概念。2015年9月28日,在第七十届联合国大会一般性辩论时的讲话中,习近平倡导:"和平、发展、公平、正义、民主、自由,是全人类的共同价值,也是联合国的崇高目标。……构建以合作共赢为核心的新型国际关系,打造人类命运共同体。"②习近平关于人类命运共同体的新理念在党的《十九大报告》中得到进一步丰富和完善,出现达6次之多。在阐述新时代中国特色社会主义思想时,习近平指出"明确中国特色大国外交要推动构建新型国际关系,推动构建人类命运共同体"。党的《十九大报告》甚至把坚持推动构建人类命运共同体作为新时代中国特色社会主义思想和基本方略之一。

从改革开放以来,对外开放就成为中国基本国策,党和国家领导人以及重要文献都有大量论述,与以往相比,新时代习近平对外开放思想有什么不同?最主要的不同就是历史站位的高低所产生的区别。我们过去经济落后,处于为实现小康社会和全面小康社会的艰难爬坡阶段。对外开放的视野主要是站在中国经济发展的立足点上考虑如何利用国外的资源与市场,推动国内经济贸易体制改革以适应国际经贸体制的关系。虽然也注重统筹国内国外两个大局,但努力地被动适应和追随国际经济贸易潮流和国际经贸体制是主要特点。今天我们已经成长为经济贸易投资大国、站在即将全面决胜小康社会前夜、比历史上任何时期都更接近中华民族伟大复兴中国梦的新的历史起点上,这样的历史站位赋予了习近平对外开放思想全新的内涵。今天,我们已经有条件站在全球视野和全人类命运的高度来观察和审视中国的改革开放大业,有条件、有责任也有义务站在世界经济持续健康发展、世界各国人民福祉的高度来部署中国的对外开放举措,来引

---

① 习近平:《顺应时代前进潮流 促进世界和平发展——在莫斯科国际关系学院的演讲》(2013年3月23日),《人民日报》2013年3月24日。
② 习近平:《携手构建合作共赢新伙伴 同心打造人类命运共同体——在第七十届联合国大会一般性辩论时的讲话》(2015年9月28日),《人民日报》2015年9月29日。

领世界经济潮流、来塑造和完善国际经济体制。"不谋全局者不足以谋一域，不谋万世者不足以谋一时"已成为新时代谋划中国扩大开放的新要求，习近平对外开放思想就是这个历史要求的时代产物。它的历史性贡献如下。

（1）为中国开放型经济与开放型世界经济的内外联动提供了中国方案。"一带一路"是习近平最先提出的倡议，对中国而言，这个战略是要形成陆海内外联动、东西双向互济的开放格局；解决中国自身对外开放不平衡、不充分的空间布局问题。更重要的是，"一带一路"倡议中特别强调的基础设施互联互通，实际是着眼于世界经济增长的大局。正如习近平所说，"我们要下大气力发展全球互联互通，让世界各国实现联动增长，走向共同繁荣"①。联动增长、利益融合是"一带一路"倡议的初心，也是开放型世界经济的内在要求。同时，中国先后设立的11个自由贸易试验区，一方面是要解决中国改革开放的深化与扩大问题，为更广泛的地区提供可复制、可推广的改革经验；另一方面，是要为开放型世界经济探索发展创新的经验，提供汇聚各方利益共同点的试验场所。探索自由贸易港建设更进一步深化了全球利益融合的发展潜力。这就是习近平所指出的，"努力塑造各国发展创新、增长联动、利益融合的世界经济，坚定维护和发展开放型世界经济"②。

（2）科学总结了以往经济全球化正反两方面的经验教训。怎样总结经济全球化的经验教训，习近平做出了三个重大判断：首先，经济全球化符合经济规律，符合各方利益。这当然已经被近40年世界经济多极化，特别是新兴市场经济和多数发展中国家经济的发展所证明。其次，更要看到经济全球化进程不会改变。毋庸讳言，中国过去是经济全球化的最大受益者之一，经济全球化向何处去，关乎中国是否还有战略机遇期，关乎中国扩大开放的战略部署是否具有前瞻性、科学性。习近平的判断坚定了中国和世界各国顺应贸易投资自由化潮流的信心。再次，经济全球化进程正进

---

① 习近平：《共担时代责任　共促全球发展——在世界经济论坛2017年年会开幕式上的主旨演讲》（2017年1月17日），《人民日报》2017年1月18日。
② 习近平：《共同维护和发展开放型世界经济——在二十国集团领导人峰会第一阶段会议上关于世界经济形势的发言》（2013年9月5日），《人民日报》2013年9月6日。

入再平衡并展现新趋势的新阶段。他说，我们要主动作为、适度管理，实现经济全球化进程再平衡；还要准确把握经济全球化新趋势。这个新趋势就是，顺应大势、结合国情，正确选择融入经济全球化的路径和节奏；讲求效率、注重公平，让不同国家、不同阶层、不同人群共享经济全球化的好处。

（3）阐明了互利共赢、多边汇聚利益共同点和谋求最大公约数的政治经济学新理念。现代西方经济学依以构建的逻辑体系是以"经济人假设"和充分自由竞争为前提的，弱肉强食的丛林法则被认为是天经地义的事情；零和博弈的商业游戏规则以及工业品与原料品交换中的主权利益不平等是国际经济关系的普遍现象。因此，着力解决公平公正问题是国际经济关系的重大课题。习近平主张，要维护新兴市场国家和发展中国家的正当权益，确保各国在国际经贸活动中机会平等、规则平等、权利平等。合作共赢、互利共赢，成为中国对外经济关系的鲜明理念，正如习近平所说，巴比伦塔，毁于无法协力。身处"一荣俱荣、一损俱损"的全球化时代，协调合作才是必然选择，互利共赢才是发展之道。正是秉持这样的信念，中国希望与各国一起做大共同利益的蛋糕，不断寻求各国利益交汇的最大公约数。英国剑桥大学马丁·雅克教授就认为："中国提供了一种'新的可能'，这就是摒弃丛林法则、不搞强权独霸、超越零和博弈，开辟一条合作共赢、共建共享的文明发展新道路。这是前无古人的伟大创举，也是改变世界的伟大创造。"[①]

（4）揭示了实现中国梦的发展道路必须与人类命运共同体紧密相连的历史必然性。依靠殖民扩张和掠夺，依靠"中心—外围"关系的不平等交换，甚至依靠帝国主义战争对战利品的瓜分，这曾经是西方大国崛起走过的道路。历史没有给中国这样选择的机会，中国共产党人的价值观也不允许自己选择这样的崛起道路。中国要实现中华民族伟大复兴的中国梦，中国的崛起只能走和平发展道路。这样一条发展道路的外部环境只能是"以合作共赢为核心的新型国际关系和人类命运共同体"，以及"和平、发展、公平、正义、民主、自由的全人类共同价值"。因此，人类命运共同体是

---

① 刘宏：《"中国方案"为世界发展注入新内涵》，2017年12月12日，人民论坛网。

中国自身的需要，是中国探寻一条与西方列强截然不同崛起道路的需要，是中国最大的利益，也是实现伟大中国梦的历史必然性。2017年2月，"构建人类命运共同体"的理念已被写入联合国决议，说明这已经成为世界各国的共识。

第三节　习近平新时代开放思想的政治经济学新观点

习近平新时代对外开放思想提出了许多新理念，这是因为建设开放型世界经济和推动经济全球化向新的阶段发展客观上需要这些新理念。西方学者早就意识到了"理念"的重要性，罗宾逊（2009）、马孔姆·沃特斯（Malcolm Waters，1995）和罗兰·罗伯逊（Roland Robertson，1992）等在他们的著作中都认为，归根结底，观念是推动全球化的关键力量。西方国家曾经提供了推进世界经济发展的理念，例如中心—外围理论、盛行多年的"华盛顿共识"和新自由主义。但实践证明它们都不符合时代潮流的发展。俱往矣，习近平的新理念应运而生，从经济学逻辑看，这些新理念涉及三个重要的经济学观点。

一　"非经济人假设"的价值观和正确的义利观

"经济人假设"指"人是自利的、理性的、总是试图最大化自身的利益"。从理论和实践层面，该假设都存在很大缺陷。它并不是一直就存在，而是经济学家为了分析问题的简单化、为了模型推导的需要，所构造出来的一个概念。虽然经济学鼻祖亚当·斯密在《国富论》中认为人是自利的，但是他在《道德情操论》中也认为人的行为受道德的约束。马克思主义政治经济学则从来没有出现过"经济人假设"的概念。马克思认为"人的本质不是单个人所固有的抽象物，在其现实性上，它是一切社会关系的总和"[1]。这意味着，每个人都受其生活环境、文化、阶层、经历的影响，而表现出不同的特性。当然，不赞同"经济人假设"的价值观和世界观，并不意味着在经济活动的实践层面、在具体经济政策设计、企业管理

---

[1] 《马克思恩格斯选集》第1卷，人民出版社1972年版，第18页。

和收入分配等领域可以完全不考虑物质利益的激励作用，并不是全盘否定它。这需要用一分为二的辩证法加以分析对待。

当代西方经济学也并不完全认同"经济人假设"。"利他主义经济学"就指出，不管是因为生物学原因还是文化道德原因，人类的利他主义一直就存在，它驱使人们利用有限资源去生产诸如受人尊重这类"个人的社会价值"。利他主义是个人获得社会尊重、社会地位的重要方式。行为经济学也发现了许多与"经济人假设"不相符的社会异象。诺奖委员会撰文评价2017年经济学诺奖得主塞勒的贡献时指出，"很多情境都可由个体自利行为假设来近似解释。但在其他情境中，对公平和正义的关切等亲社会性动机起着重要的作用，亚当·斯密（Smith，1759）就指出了这一点"（诺贝尔经济学奖委员会，2017）。该文也指出，"贝克尔围绕人们对他人福利的关注构建了相关理论，阿玛蒂亚·森指出同情和承诺都是重要的个人动机。塞勒提出公平感对经济主体的决策有重要影响，揭示了公平偏好在人际交往中的三个重要表现：其一，即使在匿名环境中，一些人也会公平对待他人；其二，一些人宁愿放弃自身所得来惩治对自己不公的人；其三，即使他人遭到不公平对待，一些人也宁愿放弃自身所得来惩治这种不公平行为"。

"经济人假设"与许多社会经济发展实践不吻合。从大的方面看，联合国千年发展目标、碳排放、气候变化、动物保护等国际议题都不是基于"经济人假设"所提出的。中国自古以来就主张"和为贵"，一直都凭借自身在文化制度上的先进性来感化外围地区和民族。古时候的朝鲜、日本都是主动学习和引进中国的文化、制度和生产力，中国也主动提供人力、物力来帮助周边国家建设文明社会，基本不侵略别国。这证明中国自古以来就不是按照"经济人假设"来处理对外关系的。西方社会的经济全球化进程则是一部武力侵略和经济掠夺史，他们信奉的是达尔文的"优胜劣汰"自然生存法则，这是提出"经济人假设"的部分原因。当然也不能否认，随着西方国家自身社会关系的调整，它们也有许多符合"非经济人假设"的举措。

"非经济人假设"的价值观诠释了中国的对外开放实践、新时代的对外开放思想。中国人讲究"义利相兼，以义为先"。所以，中国的对外开放实践体现出与"经济人假设"完全不同的理念。习近平在2017年世界经济论坛年会开幕式上的主旨演讲指出,"1950年至2016年,中国在自身长期发展水平和人民生活水平不高的情况下,累计对外提供援款4000多亿元人民币,实施各类援外项目5000多个,其中成套项目近3000个,举办11000多期培训班,为发展中国家在华培训各类人员26万多名"。[①] 中国对发展中国家的援助,特别是对非洲的援助绝不是"经济人假设"能够解释的,按照该假设,这些援助根本就不会发生。这体现出中国与西方国家完全不同的人类社会发展追求,即关注自身发展的同时,也关心全人类的幸福、全人类的共同发展。

新时代习近平对外开放思想突出共商、共建、共享、互利共赢发展理念,受到了世界各国的积极响应和支持。"经济人假设"作为当代西方经济学的理论逻辑前提,遭到了挑战。西方在"经济人假设"基础上推行的经济全球化造成了一系列负面效应,例如贫富差距不断扩大,根据瑞士信贷银行《2017年全球财富报告》,全球最底层一半人口拥有的财富不足全球全部财富的1%,但全球最富有的10%的人口却拥有全球总资产的88%,最富有的1%人口更是占有了全球一半的家庭财富。[②] 同时,不同地区、种族和信仰的人们之间摩擦不断,反映出传统的经济全球化模式越来越难以持续。习近平提出的"一带一路"倡议是应对这个难题的伟大创举和未来出路。它不仅把广大发展中国家纳入其中,拓展了经济全球化的新版图,而且它与原来美国主导的以往经济全球化的根本不同点是,要实现互利共赢的目标,要在共商、共建、共享的前提下寻找各国利益的最大公约数。

与"非经济人假设"相一致,坚持正确义利观是中国对外经济合作始终坚持的原则。党的十九大报告阐述:"奉行互利共赢的开放战略,坚持正确义利观,树立共同、综合、合作、可持续的新安全观,谋求开放创新、包容互惠的发展前景。"我们不否认这是一种道德愿望,但是它并不

---

① 习近平:《共担时代责任 共促全球发展——在世界经济论坛2017年年会开幕式上的主旨演讲》(2017年1月17日),《人民日报》2017年1月18日。
② 《参考消息》2017年11月16日第4版。

单纯是道德说教，更重要的是，它是新时代中国发展的需要和责任，是历史的客观必然。中国的对外开放服务于中国经济社会发展的目标，过去要解决的是投资与外汇、工业化和增长速度，今天要解决的是增长质量和发展问题。所以，对外开放需要在更高层次上解决两种资源和两个市场的利用问题。中国说互利共赢，既面对发展中国家，也面对发达国家，只有提倡这个理念，才更有利于我们引进先进技术，实施创新驱动，实现增长联动和利益融合。而且，今天我们提对外开放已经与过去有很大不同：过去我们是穷国，开放主要是为了获取国际资源、资金、技术和服务，现在发展中国家对我们的开放战略已经有不同于过去的期待；过去我们对世界经济秩序和理念只有被动接受的资格，现在我们已经在相当程度上具有影响和塑造世界经济格局和秩序的实力，我们的道德愿望已经具有变成现实的可能性，我们已经无法逃脱这种历史责任。所以说树立正确的义利观，不仅仅是唱高调，而是我们自己的现实需要，也是国际社会对我们的期待和中国的大国责任所系。

二 "非经济人假设"对资源优化配置的重新定义

与"非经济人假设"的价值观和正确的义利观相一致，该假设下的社会经济发展目标更关注发展质量、自然环境、人的需求、人类共同发展等。这必然引起金融资源资本配置的战略方向转变，即从过去的要素驱动型向科技创新型转变；从过去基本上是生产型向生产和消费型并重转变；从过去主要是使土地、矿产等物质资源的资本化以及高碳领域的产业化，向现在主要向低碳和绿色产业转变；从过去单纯是资本高回报型向资本回报与普惠型转变。科技金融、消费金融、普惠金融和绿色金融象征着这一战略方向的转变。

服务于"一带一路"倡议的金融机构是这个趋势的先行者。亚洲基础设施投资银行（亚投行）专门投资具有普惠、绿色、共赢属性的基础设施项目，从而促进当地经济发展。它成立两年来投资24个项目，只有一个对华项目，帮助北京煤改气。24个项目的贷款总额为42亿美元，投资于菲律宾、印度、巴基斯坦、孟加拉国、缅甸、印度尼西亚等国，内容涉及贫民窟改造、防洪、天然气基础设施建设、高速公路、乡村道路、宽带网络、电力系统等。为更好为中低收入国家基础设施发展提供融资支持,中国政府决定在亚投行成立的初期不大量从亚投行贷款。① 另外,截至2017年12月,丝路基金已经签约17个项目,承诺投资约70亿美元,支持项目所涉及的总投资额高达800多亿美元。② 丝路基金在"一带一路"框架下推进合作项目,主要以股权形式投资中长期基础设施项目、产能合作等项目,投资规模大、回报期限长、风险大,是"经济人假设"下的投资者所不可能投资的。榜样的号召力是强大的,新理念和新实践带动和影响了国际金融界。2017年5月,中国财政部与26个国家的财政部共同核准了《"一带一路"融资指导原则》,与世界银行、亚投行、新开发银行、亚洲开发银行、欧洲投资银行、欧洲复兴开发银行共同签署了加强"一带一路"合作备忘录。③ 此外,根据中国日报网消息④,美洲开发银行愿意为更多拉美国家参与"一带一路"倡议提供平台,推动中拉合作;渣打银行、星展银行、花旗银行都表示支持"一带一路"倡议。IMF总裁拉加德在2017年"一带一路"国际合作高峰论坛上表示,未来IMF将进一步通过融资,向"一带一路"倡议提供帮助。

金融资源配置工具的多样化也将助力普惠金融的拓展,这里的普惠金融是着眼于全球企业投融资大局的概念。世界经济多极化趋势,突显了美元在这种经济大格局中仍然作为全球资源配置主要工具的不合理性。人民币国际化的发展,再次证明经济全球化新时代需要多种国际货币参与作为全球资源配置的工具,以削弱美元造成的"特里芬"难题对全球经济的负面影响。人民币等新兴国家货币作为全球金融资源配置工具的出现,使得世界各国有条件在贸易结算、投资工具和官方储备等各方面有更多选择,从而分散金融风险。这不仅有利于投资者降低风险,也有利于补足中国等新兴国家金融资金来源匮乏的短板,新兴国家企业的融资方式将更加多样化、融资成本也会更低。因此,人民币国际化的道路,实际上就是金融资

---

① 新加坡《联合早报》网站2017年12月26日报道。
② 《"一带一路"前沿》,《21世纪经济报道》2017年12月11日第5版。
③ 中新社华盛顿10月13日电(记者邓敏):中国财政部与世界银行12日在美国华盛顿共同举办"一带一路"高级别研讨会。
④ 《打通"一带一路"金融血脉,世界金融机构纷纷支持》,2017年5月23日,中国日报网。

源配置方向转变的重要标志和力量。

三 非霸权主义的国际公共产品供给模式

西方学者认为，几乎只有霸权主义的国家才有能力提供国际公共产品，这确实是以往经济全球化的真实写照，笔者（裴长洪，2014）对此有较为系统的阐述。工业革命以来，英国和美国凭借其在经济和军事上的霸权地位，依次充当了全球公共产品提供者的角色，由于是霸权主义供给方式，对它们最有利。随着世界经济多极化发展，特别是新兴经济体作为一个集体力量的崛起，使得霸权主义国际公共品供给方式难以为继。

虽然WTO框架下的多边贸易投资自由化谈判进程受阻，多哈回合谈判历时15年无果，但是国家之间的区域贸易协定（RTAs）（包括区域多边或双边自由贸易协定）快速增加，图4.1显示2008年以来，每年都签订相当数量的RTAs。此外，一国自主设立的自由贸易试验区也越来越多，开放度越来越大，例如中国已经设立11个自贸试验区，且要把上海建成自由贸易港。区域贸易协定、自由贸易区、自由贸易港将成为新的推动经济全球化的载体，使得世界经济联系依然日益紧密，相互依存继续提高。这些区域性的自由贸易协定，都产生了大量的区域贸易投资自由化制度安排和政策规定，打破了过去由一两个霸权主义国家制定国际规则、提供国际公共产品的垄断局面，国际规则制定和公共产品供给的民主化趋势是当今世界发展的大潮流。非霸权主义的国际公共产品供给模式必然走近世界舞台的中心。

"一带一路"倡议提供了一种非霸权主义的国际公共产品供给模式，即共商、共建、共享。它将更多反映发展中国家的话语权，推动构建公正、合理、透明的国际经贸投资规则体系。"一带一路"也将促进政策、规则、标准三位一体的联通，为互联互通提供机制保障，使各类国际公共品更好适应各国发展需要。在国际公共产品的供给上，"一带一路"倡议的创新之处还在于：（1）它把精神世界的升华融入其中。中国自古就讲究"和而不同"。"一带一路"建设试图以文明交流超越文明隔阂、文明互鉴超越文明冲突、文明共存超越文明优越，推动各国相互理解、相互尊重、相互信任。（2）它把人文合作机制作为国际公共产品的必要衍生品。例如

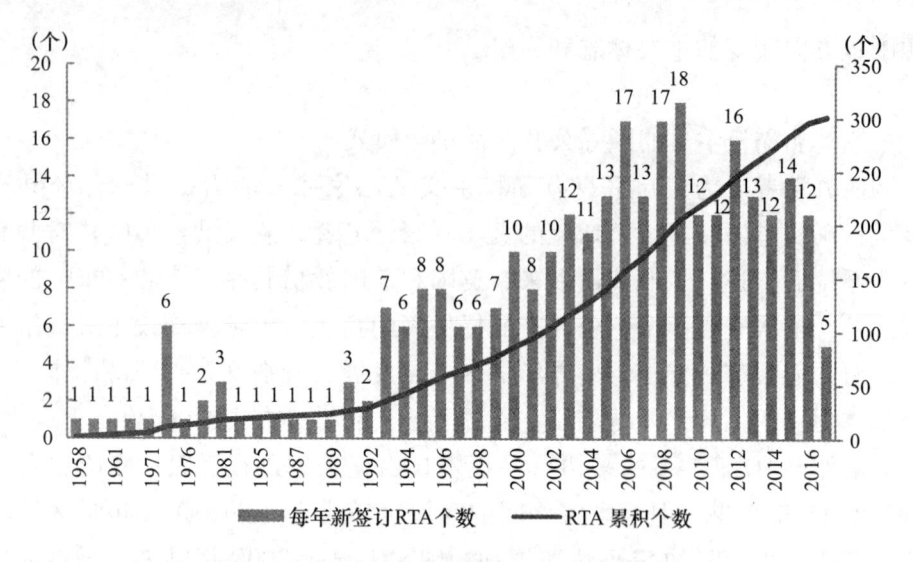

图 4.1 1958—2016 年世界 RTAs 数量变化情况

资料来源：作者根据 WTO 秘书处 RTA 数据库数据绘制。

搭建更多合作平台，开辟更多合作渠道；推动教育合作，扩大互派留学生规模，提升合作办学水平。再譬如，在文化、体育、卫生领域，要创新合作模式，推动务实项目；要利用好历史文化遗产，联合打造具有丝绸之路特色的旅游产品和遗产保护。（3）它反映了构建人类命运共同体的必然性。当今世界，一方面，表现出经济增长动能不足，贫富分化日益严重，地区冲突此起彼伏、恐怖主义、网络安全、重大传染性疾病、气候变化等非传统安全威胁持续蔓延，人类面临许多共同挑战。共同应对这些挑战是各个主权国家的现实需要和最理智的必然选择。另一方面，世界多极化、经济全球化、社会信息化、文化多样化以新的方式深入发展，全球治理体系和国际秩序变革加速推进，各国相互联系和依存日益加深，国际力量对比更趋平衡，和平发展大势不可逆转。人类命运由一两个霸权主义国家操纵的时代已经渐行渐远，每个主权国家都只能是人类命运共同体中的一部分，人类命运共同体的整体利益已经超越主权国家利益，每个国家的经济社会发展都必然以人类共同利益的发展为前提。而人类的共同利益，则是各个主权国家的最关切利益的集合体，因此它需要非霸权主义公共品供给模式来书写和表达，从而成为构建人类命运共同体的智慧结晶和设计。

第四节　习近平新时代对外开放思想的
物质基础与实践依据

既立足于中国新时代的实际情况，又始终关注世界经济和人类整体的未来发展，这是习近平新时代对外开放思想的基本属性。因此，全球性新技术变革和生产力发展的客观规律构成了习近平对外开放思想的物质基础和实践依据。概括起来，新的生产力、生产关系的物质力量主要表现为如下五个方面。

一　技术变革与新的生产力

劳动资料是生产力范畴中最重要的概念之一，科学技术的发展极大改进了旧有的劳动资料，创造了新的劳动资料，例如新的生产工具、新的资本形式和新的生产要素，从而形成新的生产力。

第一，以互联网技术为核心的新技术突破，正在开拓网络经济的新空间，生产的国别界限更加弱化。一是互联网技术发展的硬指标。互联网核心技术、传输技术、工程技术、网络硬件基础设施、核心软件、芯片等技术正在取得新的突破，不断应用到新的领域。例如，互联网基础设施投入不断增加，互联网宽带传输技术快速发展，2013—2017 年，国际互联网宽带增长了 196 Tbps，目前已达 295 Tbps；互联网使用人数不断增加，截至 2017 年 6 月，全球网民总数达 38.9 亿人，普及率为 51.7%（世界互联网发展报告，2017）。更为快捷的移动互联网用户不断增加，截至 2017 年 6 月已达 77.2 亿（全球移动供应商协会数据，GSA）。二是新一代互联网技术正在不断成熟并开始运用。以物联网、工业互联网、云计算、大数据、人工智能等为代表的第四代信息技术高速发展。5G、量子通信、卫星通信等新通信技术开始成熟，其中 5G 技术预计在 2020 年正式投入商业使用。特别地，基于互联网的物联网技术将使得互联网突破虚拟空间，联结越来越多的实物设备，包括科技、服务业、医疗生命科学、无人驾驶、交通运输业等领域。依靠物联网连接的设备将变得更加智能，从而改变全球范围的生产和消费模式。根据英国《金融时报》网站 2017 年 12 月 20 日文章：

一个与众多快递公司相连的大数据平台,每天能处理9万亿条信息,并调动170万名物流及配送人员;中国有数百万家公路运输企业,其中95%都是个体户或小公司,缺乏透明的实时行程信息意味着公路运输的空载率约为40%,与德国和美国的10%至15%的空载率差距甚大。物联网技术的应用有望大幅提升运输效率且降低空载率。三是数据信息成为互联网经济的最重要生产要素,数字经济成为与生物经济、化学物理经济相对应的新经济形态。数据信息的开放、共享和广泛应用将极大提高全社会的资源配置效率,成为提高全要素生产率的关键要素。研究表明,目前全球22%的GDP与涵盖技能与资本的数字经济紧密相关,到2020年,数字技术的应用将使全球实现增加值2万亿美元,到2025年,全球经济总值增量的一半将来自数字经济。① 互联网技术的应用和大数据的开发,使生产、流通、消费的链条更加国际化了。

第二,机器人和智能制造将极大扩张工业化的版图。机器人替代人工生产已成为未来制造业重要的发展趋势,工业机器人作为"制造业皇冠顶端的明珠",将推动制造业自动化、数字化、智能化的早日实现,为智能制造奠定基础。根据《世界机器人报告:2017》,2016年将销售29.4万工业机器人,且预测从2017年至2020年,总共将有约170万新的工业机器人被生产并运用于世界各地工厂,中国是世界最大的机器人市场,世界工业机器人销售增幅如图4.2所示。机器人的广泛使用,将满足生产方式向柔性、智能、精细转变,构建以智能制造为根本特征的新型制造体系已在全球工业国家中普遍出现。

工业互联网、物联网、大数据、云计算等新技术正在向智能化制造方向延伸。以中国的三一集团构建的"树根互联的根云服务平台"为例,该平台覆盖了40多个细分行业,接入高价值设备40万台,连接千亿级资产,为客户开拓超百亿元收入的新业务;并能够支持45个国家和地区的设备接入。② 这为工业化在世界更广大地区的普及和发展创造新机遇和新

---

① 埃森哲战略:《数字化颠覆:实现乘数效应的增长》,2016年1月。
② 转引自《树根互联:工业互联网助力中国制造业换道超车》,《参考消息》2017年12月8日第4版。

模式,也为中国和其他发展中国家工业生产模式升级和发展方式转变提供了新的关键因素。

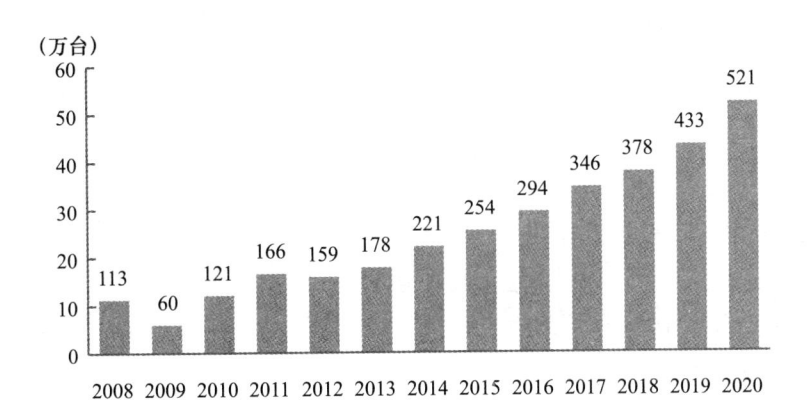

图 4.2　2008—2020 年世界范围内工业机器人销售量

注:2017—2020 年为预测值。

资料来源:International Federation of Robotics (IFR),World Robotics Report 2017。

第三,高速运输技术引发新产业形态并将影响未来的贸易版图和产业布局。近年来,由航空运输、高速铁路运输(简称高铁)、城市地铁,以及把它们连为一体的换乘服务网络所组成的高速运输技术快速发展。例如,现在中国、日本、法国和德国的高铁时速普遍高达 300 千米/时,法国地中海线和东欧线最高时速可达 320 千米/时,法国高铁试验更是创造了 574.8 千米/时的高速。另外,根据世界铁路联盟(UIC)发布的数据,截至 2017 年 4 月,中国高铁已投入运营里程高达 2.39 万公里,在建里程达 1.07 万公里。日本已投入运营的新干线里程高达 3041 公里,在建和规划里程分别为 402 公里和 179 公里。其他国家如法国已投入运营的高铁里程为 2142 公里,在建和规划里程分别为 634 公里和 1786 公里,欧洲主要发达国家联合建成了欧洲高铁网络。图 4.3 给出了 2009—2017 年全球高铁运营里程数,截至 2017 年 4 月,全球已投入运营和在建高铁总里程达 5.32 万公里。此外,航空运输也越来越普遍,表 4.1 给出了 2008—2015 年航空运输货物量变化情况,可见总体增长趋势较为明显。

城市地铁与轻轨交通技术的普及、提升则扩展了城市发展空间与城市群,把城市的经济集聚功能提升到空前水平,特别是把城市的公共产品生产和公共服务功能的意义提升到前所未有的水平,从而改变现代化城市的内涵和条件。航空运输的普及催生了临空经济,即促使航空港相邻地区及空港走廊沿线地区出现生产、技术、资本、贸易、人口的聚集,从而形成多功能的经济形态区。从国内外实践看,临空经济区大多集中于空港周围6—20公里范围内,或在空港交通走廊沿线15分钟车程范围内,以空港为核心,大力发展临空产业。航空运输、高铁和城市地铁组成的高速运输网络把世界空前紧密地结合在了一起。

"一带一路"倡议利用上述高速运输技术,将推动沿线国家基础设施互联互通,引发国际贸易和生产的变革。中国古代的"丝绸之路"曾经创造了千年的东西贸易路线和陆权经济,宋代航海技术的发展和"海上丝绸之路"的开辟,创造了海上贸易路线和海权经济一并替代了陆路贸易路线。今天的"一带一路"倡议推动陆上、海上、天上、网上四位一体联通,其"蝴蝶效应"将是世纪性的变革。短期看,中亚国家的谷物和农产品将比通过海路运输到达中国市场的北美和澳大利亚农产品更有竞争力,从而改变原有的生产和贸易垄断格局、定价权格局和农产品加工的产业布局。

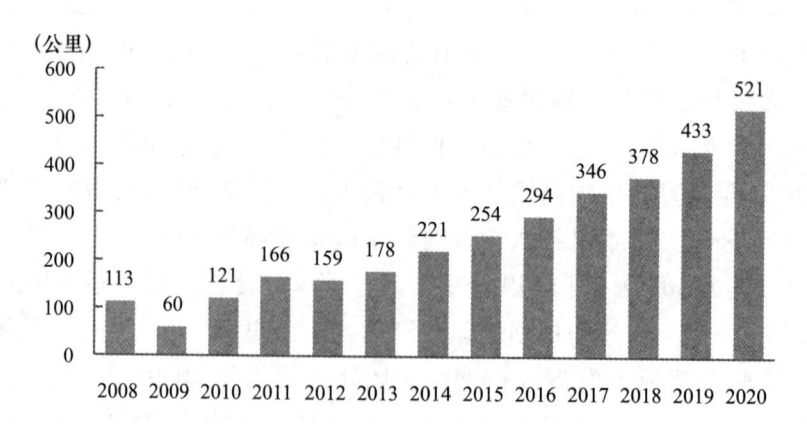

图4.3 全球高铁里程数(2009—2017年)

资料来源:世界铁路联盟。

表 4.1　　　　　　　　2008—2015 年世界航空运输量　　　　　单位：十亿吨公里

时间	总运输量	国际运输量
2008	168.57	142.28
2009	153.61	129.76
2010	183.98	158.03
2011	184.53	158.03
2012	182.43	156.3
2013	184.97	158.98
2014	194.01	167.29
2015	198.28	171.47

资料来源：International Transport Forum Transport Outlook 2017 OCD Publishing。

第四，纳米技术和新材料产业、生命科学和新医药产业为世界各国的创新发展提供了新的技术选择，有利于摆脱现代工业生产对矿物资源，特别是金属矿物资源的依赖，建立新的国际分工和产业体系，为各国增长联动、利益融合提供新的国际分工机遇，支撑全人类的共同价值理念。

第五，能源新技术重大突破带来能源生产与消费的革命。新能源技术与电网的改造、能源与云计算、大数据、物联网和移动通信等新技术的结合，将催生"数字能源"新业态，推动传统"一对多"的集中供能模式转变为"多对多"网络互动供能模式，并衍生出虚拟能源货币等新型能源消费模式，使每个能源消费者成为潜在的能源供给者。例如，欧洲最大的储能企业 Sonnen 正在打造能源行业的 Facebook，实现每一块储能电池与邻居和社区的太阳能、电动汽车电池、用能设备相连接，实现在物联网中的能源共享。"互联网＋能源"将改变传统生产者经过多环节到达消费者的价值链，消费者可和生产者直接相连，甚至可参与生产、研发和流通环节，建立起消费则生产的社交生态系统，消费者也变成了潜在的能源供给者，从而改变能源的传统生产与消费格局。这在德国、美国等发达国家都已有地区性和单个城市的成功案例。

二　新产品、新业态与新的社会化生产

从经济学意义上讲，新时代生产力变化的重要标志不仅是弱化了生产

者与消费者的界限，而且还表现为：生产过程中的投入品、中间品从物质产品向数据信息产品转变；产业形态从物质商品生产向各类公共产品生产和供给转变；生产集聚从产品生产协作集聚向生产性服务集聚、公共服务集聚转变。所以，新产品不仅包括有形的物质资料产品，更重要的是无形的数字信息产品，其中后者更具有划时代意义。数字信息产品不仅是必不可少的中间产品，也是越来越常见的直接消费品。随着人类物质商品生产能力的极大提高，制约人类生活质量提高的关键因素已经转变为公共产品和服务，例如医疗卫生、继续教育、健身养老、城市公园、文化艺术、体育娱乐等领域。随着生产集聚告一段落，新的社会化生产表现为生产性服务集聚和公共服务集聚。

最值得关注的是数字经济，李克强总理早在2017年两会工作报告中就提及数字经济，党的十九大报告再次出现数字经济的新提法。数字经济包括互联网、电子商务、机器人、人工智能、物联网、云计算、大数据、3D打印、数字支付系统等。它不仅是新的产业形态，更是新的社会化生产方式。它使得大量消费转移到互联网，网上直接消费是数字经济的重要特征。它也使得生产过程更加紧密联合，以物联网为例，根据国际数据公司（IDC）的最新物联网报告，全球物联网投资在2017年预计将超过8000亿美元，企业针对物联网所需的硬件、软件、服务和连接的投资接近1.4万亿美元。根据思科公司的调研报告，到2020年全球物联网接入设备将达到500亿美元，越来越多的工业设备连接在一起，将产生更多的数据为现有网络服务，改变现有生产模式。

在人类发展历史中，首先出现的是农业生产和农业产品，体现为农业经济并表现为自然科学意义上的生物经济；之后出现了工业产品和工业生产，体现为工业经济，表现为自然科学意义上的物理化学经济；再之后出现了服务生产和服务劳动产品，体现为服务业和服务劳动经济。当今及未来一个时期，随着数据信息产品的生产和信息化产品的快速发展，产业经济学原有的三类产业划分面临挑战，数字经济和第四产业将成为社会化大生产的重要组成部分。经济学需要解释这样一种现象：一种产品的生产，主要不依靠固定资本投入，而主要依靠无形资本投入；主要不依靠有形市场交换，而主要依靠虚拟市场交换；主要不依靠线下消费，而主要依靠线上消费，这可能就是未来的第四产业。

事实上，数字经济已经初具规模。2017年10月，联合国贸易与发展会议（UNCTAD）发布了《信息经济报告2017——数字化、贸易与发展》，综合阐述了数字经济的发展现状、带来的机遇及挑战等。表4.2整理了该报告的若干数据，目前信息及通信技术（ICT）商品和服务的全球产值已占到全球生产总值的6.5%，仅ICT服务部门就解决了1亿人的就业。2015年，全球电子商务销售额达到25.3万亿美元，约3.8亿消费者在国外网站上进行消费，跨境B2C电子商务价值约为1890亿美元。在数字化制造方面，机器人的销售量处于有史以来的最高水平，全球3D打印机的出货量在2016年增长了一倍多，达到45万多台，预计到2020年将达到670万台。表4.3整理了世界主要国家数字经济重要发展指标，各国互联网用户人数、ICT服务增加值、电子商务都已具有相当大规模。

表4.2　　　　　　　　全球数字经济发展指标

指标	表现
ICT商品和服务的生产（2016年）	全球GDP的6.5%
ICT服务部门就业人数（2016年）	1亿人
ICT商品贸易额（2015年）	2万亿美元
ICT服务出口上升百分比（2010—2015年）	40%（2015年已达4670亿美元）
全球电子商务销售额（2015年）	25.3万亿美元（2013年仅16万亿美元）
跨境B2C电子商务交易额（2015年）	70亿美元
海外网站购买人次（2015年）	3.8亿人次
全球互联网通信使用流量	2019年将是2005年的66倍

资料来源：整理自UNCTAD《信息经济报告2017——数字化、贸易与发展》，2017年。

表4.3　　　　　　2015年世界主要国家数字经济发展指标

国家	互联网使用人数（百万人）	国家（地区）	ICT服务增加值（十亿美元）	占GDP比重（%）	国家	电子商务规模（十亿美元）	占GDP比重（%）
中国	705	美国	1106	6.2	美国	7055	39
印度	333	欧盟	697	4.3	日本	2495	60

续表

国家	互联网使用人数（百万人）	国家（地区）	ICT服务增加值（十亿美元）	占GDP比重（%）	国家	电子商务规模（十亿美元）	占GDP比重（%）
美国	242	中国	284	2.6	中国	1991	18
巴西	120	日本	223	5.4	韩国	1161	84
日本	118	印度	92	4.5	德国（2014）	1037	27
俄罗斯	104	加拿大	65	4.2	英国	845	30
尼日利亚	87	巴西	54	3.0	法国（2014）	661	23
德国	72	韩国	48	3.5	加拿大（2014）	470	26
墨西哥	72	澳大利亚	32	2.4	西班牙	242	20
英国	59	印度尼西亚	30	3.5	澳大利亚	216	16

资料来源：整理自UNCTAD《信息经济报告2017——数字化、贸易与发展》，2011年。

根据《中国经济周刊》2017年第49期采集的数据，2016年，中国数字经济规模高达22.58万亿元，占GDP比重30.3%，位列全球第二；中国电商交易额占全球比重超过40%；中国个人消费移动支付额7900亿美元。预计到2020年，中国信息产品消费将达到6万亿元，电商交易额达到38亿元。而且，数字信息已经成为一种重要的生产要素，将改变经济和社会生产模式。中共中央政治局2017年12月8日就"实施国家大数据战略"进行第二次集体学习时提出"要构建以数据为关键要素的数字经济"。这一论述首次明确数据是一种生产要素，并肯定其在发展数字经济过程中所起的关键作用。美国《财富》杂志网站2017年12月5日发表了麦肯锡全球研究所所长乔纳森·威策尔的文章《中国如何成为数字领袖》，称三类数字化正在推动生产力变革：脱媒，数字化解决替代中间商；分解，汽车和不动产等大件商品被分解重新包装或服务；虚拟化，网络消费的兴起。这种力量到2030年将转移和创造中国10%到45%的产业收入，这是一种大规模的创造性破坏。

数据信息的生产成为互联网经济的重要投入要素，通过互联网向传统产业的不断延伸，互联网交易成为新的市场活动，虚拟市场交易使交换的附加值明显提高，甚至成为附加价值的主体部分，从而才有"互联网+"，而不是"＋互联网"的说法。特别地，当数据信息直接进入消费领域的时候，其产业性质更明显发生了变化。例如，根据工业与信息化部 2017 年 9 月发布的数据，中国移动应用程序（APP）市场持续活跃：截至 2017 年 8 月，市场上移动互联网 APP 数超 404 万款；游戏类、生活服务类、电子商务类、主题类、办公学习类、运动健康类、影音播放类 APP 分别达 112 万、52.8 万、42.6 万、34.5 万、33.6 万、23.8 万、14.8 万款。其他如以物流企业、货运运输服务 APP 和具有自有物流服务能力的电子商城为代表的智慧物流类 APP 数量超过 14000 款；提供二维码扫码、转账等金融支付功能的网络支付类 APP 数量则超过 9400 款。

三 分工与交换的变化

根据马克思主义政治经济学，技术和生产力的变化，必然带来分工的深化和交换的扩大。分工反过来又促进了生产效率的提高。进入新时代，上述新的技术进步和生产力的发展，直接促进了新的交换方式的出现和扩大，并深刻地影响一国经济和世界经济。

第一，跨境电子商务、数字贸易改变了传统国际贸易的业务形式，从而改变了分工、交换、金融服务等形式，海外仓库的普遍建立改变了跨国公司布局全球价值链的传统经营方式。跨境电子商务快速发展，根据《2015 年全球电子商务发展指数》数据，从 2015—2018 年，全球跨境电子商务将实现两位数增长。UNCTAD 则估计 2015 年的跨境 B2C 规模达到 1890 亿美元，有 3.8 亿人次的消费者有海外网站购买经历，各国的跨境 B2C 规模如表 4.4 所示。第三方机构艾媒咨询发布的《2016—2017 中国跨境电商市场研究报告》给出了 2013—2018 年中国跨境电商交易规模及预测（见图 4.4）。2016 年中国跨境电商交易规模达 6.3 万亿元，海外购买人次达 4100 万，预计到 2018 年达 8.8 万亿元，海外购买人次达 7400 万。根据英国《金融时报》网站 2017 年 12 月 20 日文章，中国已经拥有世界上最庞大的电商市场，占全球电商交易总额的 40% 并且仍有极大上升空间。跨境电商的核心是仓储，在国内是保税仓，在国外是海外仓。目前，由于自由贸易协定及各国自由贸易试验区在政策上支持并降低了保税仓和海外仓建立的成本，各种类型的保税仓和海外仓不断增多。世界各国政府也都高度重视跨境电商,中国国务院 2015 年发布的《促进跨境电商的指导意见》明确提出 2016—2020 年跨境电商年均增速要达到 30% 以上。美国 2015 年发布的跨境电商 10 年发展规划也提出要在 2025 年实现跨境电子商务规模占整个国际贸易的 70%,欧盟、日本也都出台了相应的发展规划。

表 4.4　　　　　　　　2015 年跨境 B2C 购买量和购买人次

单位:十亿美元,百万人次

国家	跨境 B2C 购买量	跨境购买人次
美国	40	34
中国	39	70
德国	9	12
日本	2	9
英国	12	14
法国	4	12
荷兰	0.4	4
韩国	3	10
加拿大	7	11
意大利	3	6
加总	120	181
世界	189	380

资料来源:整理自 UNCTAD《信息经济报告 2017——数字化、贸易与发展》,2017 年。

第二,中欧班列的大量开行、站点和海外仓库的建立,不仅开创了新陆地运输物流贸易方式,而且改变了以往"投资—生产—贸易"的传统经济合作形式,形成了"运输物流—贸易—生产—运输物流—贸易—生产"新的经济循环形式。近 6 年来中欧班列发展迅猛,开通路线和里程不断增多,运输货物品种逐步拓展。根据《经济日报》2017 年 11 月 18 日对中国铁路总公司的采访数据,自 2011 年开行以来,中欧班列累计开行数量已突破 6000 列,2017 年中欧班列开行数量也已突破 3000 列,创年度开行数量历史新高,超过 2011—2016 年开行数量的总和。中欧班列运行线达到 57 条，国内开行城市 35 个，可达欧洲 12 个国家的 34 个城市。中欧班列作为运输大动脉，连接各国工业园区，形成了新的国际生产分工格局。中欧班列运营公司在运行站点建立各类海外仓，不仅促进跨境电商的发展，而且形成新的采购销售模式。所以，中欧班列不仅改变了国际贸易运输方式，更是形成了国际生产分工、交换的模式。

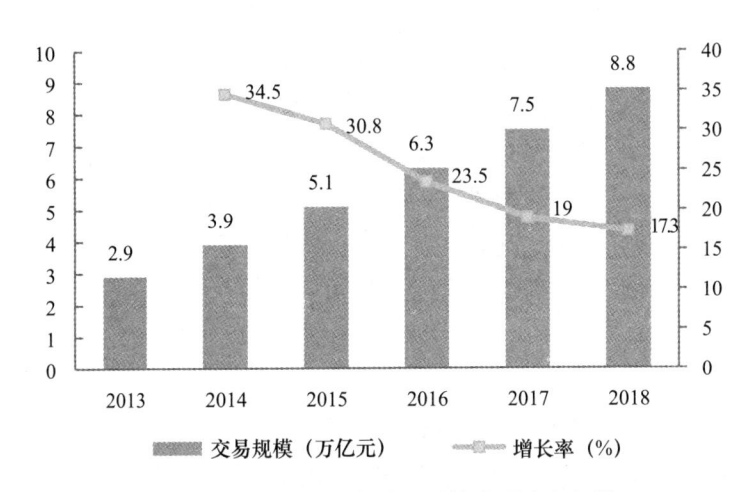

图 4.4　2013—2018 年中国跨境电子商务规模

资料来源：商务部、海关总署、艾媒咨询。

第三，贸易新模式新业态的发展。跨境电子商务、一站式仓储运输、市场采购贸易等对外贸易新业态、新模式蓬勃发展。目前中国已经培育一批电商龙头企业，搭建了覆盖范围广、系统稳定性强的大型电子商务平台，通过连接金融、物流、电商平台、外贸综合服务企业等，为外贸企业和个人提供物流、金融等供应链配套服务，大幅缩短了外贸流通时间，提高了外贸企业的效率。市场采购贸易方式作为新的外贸模式，有关机构可以在经认定的市场集聚区采购商品，由符合条件的经营者在采购地办理出口通关手续，简化了市场采购出口商品增值税征、退管理方式，提高了市场采购出口商品通关便利，推进了商品国际贸易汇兑制度创新。

四　新的社会交换关系

新的社会交换关系的雏形呈现。一是传统城乡关系被颠覆，工业生产与农业生产的对立，物理化学经济与生物经济的对立，曾是传统城乡生产交换以及城乡关系的基本内容。但这种格局已经被日益改变：乡镇中小城市以及非经济核心区域则以工农业生产、生物和物理化学经济为主，大城市和经济核心区以科技研发、服务经济、数据信息、数字经济与公共品生产为主，从而形成新型的城乡关系和区域关系。二是新型社会交换关系也将深刻影响国际社会，传统"中心—外围"论描述的国际经济关系也必然发生变革。数字经济的发展，将使得生产者之间、消费者之间、生产者与消费者之间发生更为直接的交换，中小企业可以借助平台企业服务于全世界的市场主体，从而使得传统的发达国家依托跨国公司，组织全球化生产、交换和消费，而发展中国家附属于发达国家的生产交换关系发生根本性变革。这种生产力范畴的变革进而会影响国际生产关系变革，朝着网状型、平等型国际经济关系转变。当然，这种变化将是世纪性的持续过程。

五　微观主体的变化与共享经济

这里的微观主体包括社会生产交换关系的组织主体和消费主体，它们是社会生产力的形成者和消费者。首先是生产交换关系的组织主体的创新。以往是依托大公司，例如经济全球化主要依托大型跨国公司，但它难以承担普惠性和共享性的使命。随着互联网和数字经济的发展，平台企业将逐渐成为新的生产交换关系的组织主体。根据全球企业中心（CGE）的《平台型企业的崛起——全球调查》报告，平台企业指的是具有网络效应（networkeffect），能够捕捉、传递和加工数据的企业，可以分为4种类型。第一类是交易型平台，能便利化市场主体的交易，例如Uber、腾讯。第二类是创新型平台，便于创新者在其基础上开发出各类应用型创新，例如微软、英特尔。第三类是复合型平台，兼具交易型平台和创新型平台属性，例如谷歌、苹果公司、亚马逊、阿里巴巴。第四类是投资型平台，主要指投资公司，如日本软银公司。其中复合型平台企业一般市值更大。该报告识别出全球176个平台型公司，总市值超过4.3万亿美元。平台公司广泛分布于世界各地（见表4.5），其中亚洲82个，北美64个，欧洲27个、非洲和拉美总共3个。中国和美国占有亚洲和北美的绝大部分平台公司，分别为 64 和 63 个。平台企业快速发展，根据普华永道数据，① 截至 2017 年 3 月 31 日，全球市值前 6 位企业中，平台企业占 5 家，分别是苹果公司、谷歌、微软、亚马逊和 Facebook。平台企业能连接各类中小企业和消费者，降低它们之间的交易成本，使得社会交换更快进行，从而使中小企业更好地参与社会化生产和交换，更具普惠性和共享性。所以，平台企业将主导未来的新经济业态，是继跨国公司之后又一个新经济现象。大平台将带来大市场，同时也要求交易规则创新和环境改善。其次，非平台类生产主体变得更加小型化、专业化。例如，互联网平台中的众多小微型企业更加专业化，临空经济中航空运输物流企业更加小型化、个性化、网络化，人工智能化的各类生产经营组织更加专业化和智能化。再次，消费主体的变化，主要是数字家庭的出现，家庭变得更加网络化、智能化。

表 4.5　　　　　　　2015 年平台型企业数量、市值及雇佣人数

地区	数量（个）	市值（十亿美元）	雇佣人数（百万人）
北美	64	3123	82
亚洲	82	930	35.2
欧洲	27	181	10.9
非洲和拉丁美洲	3	69	2.7
加总	176	4303	130.8

注：其中各国平台型企业数量如下：美国有 63 家；中国、印度、日本分别有 64 家、8 家、5 家；英国、德国、俄罗斯、法国分别有 9 家、5 家、3 家、2 家。

资料来源：整理自全球企业中心（CGE）《平台型企业的崛起——全球调查报告（2015）》。

微观组织主体的变化也要求国际交易制度创新。由于国际贸易是在法律制度不同、文化语言和传统习俗不同的国家间进行，因此不仅发展出一套制度，而且衍生出各种专业服务机构，一般来说，发达经济体的国际贸易服务比较健全且容易获得，发展中经济体和落后地区则比较困难。出于提高效率的需要，国际贸易中的海关、商检、税务、金融等服

---

① 资料来源：https://www.pwccn.com/zh.html。

务，主要是为大企业准备的，中小企业获取这些服务不仅难度大，而且成本高。跨境电子商务的发展，提供了普惠性国际贸易的便利性。因此，2017年12月14日，世界贸易组织发布了《电子商务联合声明》，呼吁全球电子商务的重要性以及为最不发达国家及其中小企业创造包容性贸易的机会。

平台企业不断取代传统跨国公司，具有更大共享性，中小企业可以直接与消费者对接，体现为共享经济。从经济学意义上概括，共享经济的含义是：生产方式较少依赖对固定生产条件的占有（例如平台企业），或对生产条件的共同利用更有效率；而较多依赖生产者的智力、技术和数据，人力资本比物化资本更重要，在一定程度上摆脱了"死劳动对活劳动的统治"；生产过程中的分工与协作较少带有强制性，而更多体现个性化的意愿与参与；在分配中，人力资本和各类无形资产在虚拟空间中的报酬所得要高于物化资本的所得。人力资本成长、无形资产和新的社会交换关系将促进共享经济的发展。城市的集聚和城市群、公共产品生产的集聚，高速交通运输的便利性，为人力资本成长提供了前所未有的有利因素。城市间的"通勤"现象，实际是服务贸易便利化的突出表现，"通勤"成为技术、信息、教育、医疗、文化等各种服务贸易的常见形式。人的"通勤"背后体现的是服务的"通勤"，其实质就是共享经济。当然，一些平台企业也使得许多物质资本可以共同利用，直接成为共享，例如爱彼迎（Airbnb）、优步（Uber）、滴滴等。

新型微观主体的勃兴和共享经济特征继续发展的另一个重要表现是全球无形资本投入的增长。2017年12月5日世界知识产权组织发布了《2017年世界知识产权报告：全球价值链中的无形资本》，由于在全球范围内还难以有无形资本投入的统一标准和统计，因此该报告实际是采用无形资本在产品销售份额中的比重来显示无形资本投入的重要性。报告显示，2000年无形资本平均占销售制成品总值的27.8%，2014年上升到30.4%；同期，无形资本收入实际增长75%，2014年达到5.9万亿美元。其中食品、机动车和纺织品这三大类产品占全球制造业价值链中无形资本总收入的50%。该组织总干事弗郎西斯·高锐说，当今全球价值链中，无形资本将逐渐决定企业的命运和财富，它隐蔽在产品的外观、感受、功能和整体的吸引力中，决定了产品在市场上的成功率，而知识产权是企业维持无形资产竞争优势的手段。无形资本与有形资产具有许多不同，它可以反复出售，具有延展性和溢出性，其独占性特征比固定资产弱；同时它还具有协同性，因而也更具有共同开发、共同使用和占有的特性。联合国贸发会议出版的《世界投资报告2017》也间接地统计了这类无形资本投入的增长：2014—2016年全球专业和商务服务业外商直接投资平均规模达到1625亿美元，比2009—2011年平均水平增长了63%，占全球外商直接投资的比重从2009—2011年平均水平的7.79%上升到2014—2016年的11.5%，提高了3.71个百分点，是比重上升最明显的产业。无形资本投入的不断发展将使传统经济学面临严峻挑战。传统经济学经济增长理论中的投资概念，主要是指固定资本投资，增长的投资需求是指"固定资本形成"。无形资本投入不断增长的现实，正在颠覆传统经济增长理论逻辑，需要统计学和经济学重新研究资本投入的概念和经济增长的逻辑。

结语

习近平新时代对外开放思想是中国特色开放型经济理论的最新境界，也是中国对外开放领域马克思主义政治经济学的最新发展。一方面，它顺应了世界经济多极化、各国经济联系日益紧密的客观历史潮流，吸收了前人理论中（包括西方学者）关于贸易投资自由化、经济全球化以及国际经济治理和调控的合理成分，成为构建开放型世界经济观点的思想来源；另一方面，它又旗帜鲜明地提出了不同于"经济人假设"和霸权主义国际公共品供给方式的理论观点，用创新发展、增长联动、利益融合等朴素的语言建构了中国语境的政治经济学体系的价值观和理论基础。

如何论证习近平新时代对外开放思想的马克思主义科学性，我们遵循的是马克思主义的观点和方法论。马克思和恩格斯通过对资本主义生产力和生产方式等物质基础的分析，以及工人阶级力量成长的认识，完成了社会主义理论从空想到科学的创造，论证了科学社会主义的真理性。本章力图遵循这种研究范式，通过对新的技术变革和生产力的发展，分工和交换关系的变化，数字经济和新微观主体的涌现，以及共享经济的萌芽等实际经济活动，来论证习近平新时代对外开放思想的马克思主义科学性。本章初步完成了这个论证，但并不意味着这个工作已经结束，理论工作者的任务就是去不断发现和论证这种已经被实践证明了的科学思想；并且不断从新的实践发展中总结新的经验事实，不断完善自己的发现和论证。

参考文献

第一篇

裴长洪主编：《国际贸易学》，中国社会科学出版社2007年版。

[加拿大] 黛布拉·斯蒂格：《世界贸易组织的制度再设计》，汤蓓译，上海人民出版社2011年版。

张斌、高培勇：《出口退税与对外贸易失衡》，《税务研究》2007年第6期。

裴长洪：《论转换出口退税政策目标》，《财贸经济》2008年第2期。

严才明：《我国出口退税政策效应分析》，《涉外税务》2007年第3期。

卢中原：《利用财税政策促使经济增长方式转变》，《求是·红旗文稿》2007年第5期。

裴长洪、彭磊：《当前深化开放型经济体制改革的若干问题》，《中国经贸》2009年第6期。

裴长洪：《全球治理视野的新一轮开放尺度：自上海自贸区的观察》，《改革》2013年第12期。

陈丽芬：《上海自由贸易试验区货物贸易转型升级战略研究》，《经济学动态》2013年第11期。

杨志远：《上海自由贸易试验区服务业开放研究》，《经济学动态》2013年第11期。

余颖丰：《上海自由贸易试验区金融开放战略研究》，《经济学动态》2013年第11期。

裴长洪、郑文：《中国开放型经济新体制的基本目标与主要特征》，《经济学动态》2014 年第 4 期。

李玉梅、桑百川：《国际投资规则比较、趋势与中国对策》，《经济社会体制比较》2014 年第 1 期。

裴长洪：《"十三五"：迈向更高层次开放型经济》，《经济学动态》2016 年第 1 期。

刘世锦：《在改革中形成增长新常态》，中信出版社 2014 年版。

张军扩、余斌等：《追赶接力：从数量扩张到质量提升》，中国发展出版社 2014 年版。

高虎城：《从贸易大国迈向贸易强国》，《国际商报》2014 年 3 月 3 日第 1 版。

盛斌：《建设国际经贸强国的经验与方略》，《国际贸易》2015 年第 10 期。

第二篇

鲍宗豪：《互联网给人类社会带来六大革命》，《开放导报》2000 年第 8 期。

蔡昉：《超越人口红利》，社会科学文献出版社 2011 年版。

曾强：《电子商务的理论与实践》，中国经济出版社 2000 年版。

陈文：《电子商务：先商务后电子》，《国际商报》2000 年 7 月 25 日。

陈新平：《透视美国新经济现象》，《金融时报》2000 年 8 月 19 日。

陈勇兵、李伟、钱学锋：《中国进口种类增长的福利效应估算》，《世界经济》2011 年第 12 期。

程大中：《中美服务部门的产业内贸易及其影响因素分析》，《管理世界》2008 年第 9 期。

［英］戴维·赫尔德等：《全球大变革》，杨雪冬等译，社会科学文献出版社 2001 年版。

范柏乃、王益兵：《我国进口贸易与经济增长的互动关系研究》，《国际贸易问题》2004 年第 4 期。

方兴东：《互联网与中国未来》，《开放导报》2000 年第 8 期。

高文：《21世纪计算机技术展望》，《中华读书报》2000年3月22日第16版。
谷源洋：《大推断——21世纪世界经济发展趋势》，江苏人民出版社2001年版。
黄卫平等：《走向全球化》，法律出版社2000年版。
李扬等：《金融全球化研究》，上海远东出版社1999年版。
林桂军、邓世专：《亚洲工厂及关联度分析》，《世界经济与政治》2011年第11期。
吕本富：《中国网络经济的脚印》，《中国社会科学院院报》2000年6月6日。
裴长洪：《电子商务的兴起及其对世界经济的影响》，《中国工业经济》2000年第10期。
裴长洪：《当代国际贸易新现象研究》，《财贸经济》2005年第9期。
裴长洪：《进口贸易结构与经济增长：规律与启示》，《经济研究》2013年第7期。
裴长洪：《我国经济发展新理念的若干分析》，《经济学动态》2013年第2期。
裴长洪、彭磊、郑文：《转变外贸发展方式的经验与理论分析——中国应对国际金融危机冲击的一种总结》，《中国社会科学》2011年第1期。
裴长洪、杨志远：《2000年以来中国服务贸易与服务业发展相关性分析》，《财贸经济》2012年第1期。
裴长洪、郑文：《我国制成品出口规模的理论分析：1985—2030》，《经济研究》2012年第11期。
裴长洪、刘洪愧：《中国怎样迈向贸易强国——一个新的分析思路》，《经济研究》2017年第5期。
彭松建：《西方人口经济学概论》，北京大学出版社1987年版。
秦敬云、陈甫军：《我国经济增长率长期演变趋势研究与预测》，《经济学动态》2011年第11期。
谈世中：《经济全球化与发展中国家》，社会科学文献出版社2002年版。
汪向东、刘满强：《网络的挑战——互联网对发展的影响》，中国友谊出版公司 2000 年版。

王梦奎：《经济全球化与政府的作用》，人民出版社 2001 年版。

王汝林：《中国电子商务发展状况研究报告》，2000 年。

徐光耀：《我国进口贸易结构与经济增长的相关性分析》，《国际贸易问题》2007 年第 2 期。

许和连、赖明勇：《出口导向经济增长（ELG）的经验研究：综述与评论》，《世界经济》2002 年第 3 期。

杨长湧：《"十五"以来我国进口特点、成就及未来发展趋势》，《中国经贸导刊》2011 年第 16 期。

余永定：《经济全球化与世界经济发展趋势》，社会科学文献出版社 2002 年版。

袁富华：《低碳经济约束下的中国潜在经济增长》，《经济研究》2010 年第 8 期。

鞠建东、余心玎：《全球价值链上的中国角色：基于中国行业上游度和海关数据的研究》，《南开经济研究》2014 年第 3 期。

李昕、徐滇庆：《中国外贸依存度和失衡度的重新估算：全球生产链中的增加值贸易》，《中国社会科学》2013 年第 1 期。

裴长洪：《全球经济治理、公共品与中国扩大开放》，《经济研究》2014 年第 3 期。

裴长洪：《中国特色开放型经济理论研究纲要》，《经济研究》2016 年第 4 期。

张亚斌、李峰、曾铮：《贸易强国的评判体系构建及其指标化——基于 GPNS 的实证分析》，《世界经济研究》2007 年第 10 期。

赵蓓文：《实现中国对外贸易的战略升级：从贸易大国到贸易强国》，《世界经济研究》2013 年第 4 期。

盛斌：《建设国际经贸强国的经验与方略》，《国际贸易》2015 年第 10 期。

钟山主编：《中国外贸强国发展战略研究：国际金融危机之后的新视角》，中国商务出版社 2012 年版。

Amit, M., and Wei S., "Service of Shoring, Productivity, and Employment: Evidence from the United States", *IMF Working Paper*, 2005.

Bhattacharya R., Patnaik I., Shah A., "Export Versus FDI in Services", *World Economy*, Vol. 35, No. 1, 2012.

Bustos P., "Trade Liberalization, Exports, and Technology Upgrading: Evidence on the Impact of MERCOSUR on Argentinian Firms", *American Economic Review*, Vol. 101, No. 1, 2011.

Christen E. M., Francois J. F., "Modes of Delivery in Services", *Social Science Electronic Publishing*, 2010.

Ciccone, Antonio, and Robert E. Hall, "Productivity and the Density of Economic Activity", *American Economic Review*, Vol. 86, No. 1, 1996.

Francois, J. and Hoekman B., "Service Trade and Policy", *Journal of Economic Literature*, Vol. 48, No. 3, 2009.

Grossman, G., and Maggi G., "Diversity and Trade," *American Economic Review*, Vol. 90, No. 5, 2000.

Hill, T. P., "On Goods and Services," *Review of Income & Wealth*, Vol. 23, No. 4, 1977.

Jeffrey, R., "Global production sharing and trade in the services of factors", *Journal of International Economics*, Vol. 68, No. 2, 2006.

Jensen J., Tarr D. G., "Deep Trade Policy Options for Armenia: The Importance of Trade Facilitation, Services and Standards Liberalization", *Social Science Electronic Publishing*, Vol. 6, No. 1, 2012.

Krugman, Paul, "Scale Economics, Product Differentiation and the Pattern", *American Economic Review*, Vol. 70, No. 5, 1980.

Kurata, H., Ohkawa T., and Okamura M., "Market Size and Firm Location in a Service Industry", *Review of International Economics*, Vol. 19, No. 1, 2011.

Lileeva, A. and D. Trefler, "Improved Access to Foreign Markets Raises Plant-level Productivity", *The Quarterly Journal of Economics*, Vol. 121, No. 2, 2010.

Markusen, J. R., Strand B., "Adapting the Knowledge-capital Model of the Multinational Enterprise to Trade and Investment in Business Services", *World*

Economy, Vol. 32, No. 1, 2009.

Markusen, J., Rutherford T. F., and Tarr D., "Trade and direct investment in producer services and the domestic market for expertise", *Canadian Journal of Economics*, Vol. 38, No. 1, 2005.

Melitz, J., "The Impact of Trade on Intra-Industry Reallocations and Aggregate Industry Productivity", *Economeirica*, Vol. 71, No. 6, 2003.

Melvin, J., "Trade in Producer Services: A Heckscher-Ohlin Approach", *Journal of Political Economy*, Vol. 97, No. 5, 1989.

Sampson, P. and R. Snape, "Identifying theIssues in Trade in Services", *World Economy*, Vol. 8, No. 2, 1985.

第三篇

蔡春林、姚远：《美国推进第三次工业革命的战略及对中国借鉴》，《国际贸易》2012年第9期。

邓小平：《邓小平文选》第3卷，人民出版社1993年版。

胡祖六：《关于中国引进外资的三大问题》，《国际经济评论》2004年第2期。

杰里米·里夫金：《第三次工业革命》，张体伟、孙豫宁译，中信出版社2012年版。

逯宇铎：《FDI对我国民族工业的侵蚀效应分析——一个新的分析视角》，《财贸经济》2008年第11期。

裴长洪：《外商直接投资与中国工业发展模式》，《中国工业经济》1996年第3期。

裴长洪：《论我国利用外资进入新阶段》，《中国工业经济》2005年第1期。

裴长洪：《用科学发展观丰富利用外资的理论与实践》，《财贸经济》2005年第1期。

裴长洪：《吸收外商直接投资与产业结构优化升级》，《中国工业经济》2006年第1期。

裴长洪:《我国利用外资30年经验总结与前瞻》,《财贸经济》2008年第11期。

裴长洪:《中国吸收外资:21世纪初的情况与问题》,方志出版社2008年版。

裴长洪:《实现我国吸收外商投资新跨越》,《国际贸易》2011年第9期。

裴长洪:《对我国吸收外商投资的再思考》,《国际贸易》2012年第9期。

裴长洪:《从需求面转向供应面:我国吸收外商投资的新趋势》,《财贸经济》2013年第4期。

裴长洪、刘洪愧:《我国外经贸稳中向好趋势与供给侧改革任务》,《国际贸易》2017年第5期。

桑百川:《在对外开放中维护国家经济安全》,《中国流通经济》2006年第12期。

世界银行:《〈中国利用外资的前景和战略》,中信出版社2007年版。

世界银行集团:《2008中国营商环境报告》,社会科学文献出版社2008年版。

王国刚:《中国资本账户开放:经济主权、重点和步骤》,《国际金融研究》2003年第3期。

王洛林、裴长洪、徐鸣:《国有企业利用外商直接投资的认识与政策建议》,《中国工业经济》1998年第3、4期。

薛敬孝、韩燕:《FDI并购与新建比较研究》,《世界经济研究》2004年第4期。

余永定:《FDI对中国经济的影响》,《国际经济评论》2004年第2期。

中国社会科学院工业经济研究所课题组:《第三次工业革命与中国制造业的应对战略》,《学习与探索》2012年第9期。

Aliber, R. Z., *A Theory of Direct Foreign Investment*, International Corporation, 1970.

Buckley, Peter J., Mark Casson, *The Future of the Multinational Enterprise*, New York Holmes and 40 Meiers, 1976.

Dunning, John H., "International Production and the Multinational Enterprise", *Allen & Unwin*, Vol. 3, No. 3, 1981, pp. 175 – 176.

Hymer, Stephen. H. , *The International Operations of National Firms*: *A Study of Direct Foreign Investment*, M. A. MIT Press, 1976.

Kindleberger, Charles P. , *American Business Abroad*, NewHaven: Yale University Press, 1969.

Kojima, Kiyoshi, *Direct Foreign Investment*, 1978.

Markowitz, H. M. , "Portfolio Selection: Efficient Diversification of Investments", *Journal of the Institute of Actuaries*, Vol. 119, No. 1, 1959, pp. 243 – 265.

Peter K. , Schott, *The Relative Sophistication of Chinese Exports*, NBER, Working Paper, 2006.

Ross, S. A. , "The Arbitrage Theory of Capital Asset Pricing", *Journal of Economic Theory*, Vol. 13, No. 3, 1976.

第四篇

安佰生：《标准化中的知识产权问题：认知、制度与策略》，《科技进步与对策》2012年第5期。

曾刚、赵海、胡浩：《"一带一路"倡议下中国海外园区建设与发展报告》，中国社会科学出版社2018年版。

陈道富：《中国金融展望2020》，人民出版社2011年版。

杜奇华：《国际投资》，高等教育出版社2006年版。

杜焱：《大国市场及其特定优势》，《湖南商学院学报》2010年第4期。

冯维江：《"开发区"走出去：中国埃及苏伊士经贸合作区的实践》，《国际经济评论》2012年第2期。

何予平、秦海菁：《全球化中的技术垄断与技术扩散》，科学出版社2009年版。

霍建国：《中国外贸与国家竞争优势》，中国商务出版社2004年版。

李桂芳：《中央企业对外直接投资报告》，中国经济出版社2011年版。

李继学：《中资企业：澳门经济的半壁河山》，《国际经济合作》2000年第1期。

李学京：《标准化综论》，中国标准出版社 2008 年版。

李钟山：《着眼全球矿产资源配置积极实施"走出去"战略》，《经济研究导刊》2011 年第 12 期。

梁咏：《中国投资者海外投资法律保障与风险防范》，法律出版社 2010 年版。

[苏] 列宁：《帝国主义是资本主义的最高阶段》，人民出版社 2001 年版。

[美] 迈克尔·波特：《国家竞争优势》，李明轩、邱如美译，华夏出版社 2002 年版。

欧阳峣、刘智勇、生延超等：《大国综合优势论纲》，《湖南商学院学报》2009 年第 6 期。

裴长洪：《中国企业对外投资与"一带一路"建设机遇》，《财政监督》2017 年第 3 期。

裴长洪、樊瑛：《中国企业对外直接投资的国家特定优势》，《中国工业经济》2010 年第 7 期。

裴长洪、王镭：《中国内地企业在港澳投资概述》，《财贸经济》2002 年第 5 期。

裴长洪、于燕：《"一带一路"建设与我国扩大开放》，《国际经贸探索》2015 年第 10 期。

施宏：《构建我国海外资产安全防控与监管体系的思考》，《国际贸易问题》2011 年第 12 期。

隋平：《海外并购交易融资法律与实践》，法律出版社 2011 年版。

王元璋、涂晓兵：《试析我国资产证券化的发展及建议》，《当代财经》2011 年第 3 期。

王跃生、陶涛：《再论 FDI 的后发大国模式：基础、优势与条件》，《国际经济评论》2010 年第 6 期。

王正毅：《国际政治经济学》，商务印书馆 2003 年版。

《经济导报》1999 年 4 月 29 日，8 月 2 日，9 月 4 日，9 月 6 日，11 月 22 日。

杨大楷等：《香港红筹股公司实证分析》，《投资与合作》1999 年第 3、4 期。

杨凤鸣、李淼:《中国自由贸易协定的文本问题及修正建议》,《国际经济合作》2012年第2期。

叶军:《知识产权战略提升企业核心竞争力》,《中国发明与专利》2012年第2期。

张碧琼:《中国对外直接投资环境评估:综合评分法及应用》,《财贸经济》2012年第2期。

郑厚清:《"走出去"企业控制经营风险理论与方法》,《合作经济与科技》2011年第22期。

《中国对外经济贸易年鉴》,中国对外经济贸易出版社2000年版。

中华人民共和国对外贸易经济合作部:《2001中国外资统计》。

中华人民共和国对外贸易经济合作部:《中国对外经济贸易白皮书》,中国社会科学出版社2000年版。

Dunning, J. H., "Explaining Changing Patterns of International Production: In Defence of the Eclectic Theory", *Oxford Bulletin of Economics and Statistics*, Vol. 44, No. 4, 1979, pp. 269 – 295.

Dunning, J. H., "Explaining the International Direct Investment Position of Countries: Towards a Dynamic or Developmental Approach", *Weltwirtschaftliches Archiv*, Vol. 117, No. 1, 1981, pp. 30 – 64.

Dunning, J. H., "The Eclectic Paradigm of International Production: A Restatement and Some Possible Extensions", *Journal of International Business Studies*, Vol. 19, No. 1, 1988, pp. 1 – 31.

Hymer, S., "International Operations of National Firms: A Study of Direct Foreign Investment", Doctoral Dissertation, Massachusetts Institute of Technology, 1960.

Black, D., Henderson, V., "A Theory of Urban Growth", *Journal of Political Economy*, Vol. 107, No. 2, 1999, pp. 252 – 284.

Bertin, G., Kindleberger, C. P., "The International Corporation: A Symposium", *Journal of Finance*, Vol. 24, No. 2, 1970.

Hymer, S., Rowthom, R., "Multinational Corporations and International Oligopoly: The Non-American Challenge", 1969.

Head, K., J. Ries, and D. Swenson, "Agglomeration Benefits and Location Choice: Evidence from Japanese Manufacturing Investment in the United States", *Journal of International Economics*, Vol. 38, No. 3 – 4, 1995, pp. 223 – 247.

Kogut, B., "Normative Observations on the International Value-Added Chain and Strategic Groups", *Journal of International Business Studies*, Vol. 15, No. 2, 1984, pp. 151 – 167.

Lall, Sanjaya, "Determinants of R&D in an LDC: The Indian Engineering Industry", *Economics Letters*, Vol. 13, No. 4, 1983, pp. 379 – 383.

Markusen, J. R., and A. J. Venables, "The Theory of Endowment, Intra-industry and Multinational Trade", *Journal of International Economics*, Vol. 52, No. 2, 2000, pp. 209 – 234.

Osborne, D., and Gaebler, T., "Reinventing Government: How the Entrepreneurial Spirit Is Transforming the Public Sector", MA: Addison-Wesley, 1992.

Raffaello, B., "FDI Inflows, Agglomerationand Host Country Firms' Size: Evidence from Italy", *Regional Studies*, Vol. 41, No. 7, 2007, pp. 963 – 978.

Smith, D. F., and R. Florida, "Agglomeration and Industrial Location: An Econometric Analysis of Japanese Affiliated Manufacturing Establishments in Automotive-related Industries", *Journal of Urban Economics*, Vol. 36, No. 1, 1994, pp. 23 – 41.

Philip McCann, Tomokazu Arita, and Ian R. Gordon, "Industrial Clusters, Transactions Costs and the Institutional Determinants of MNE Location Behaviour", *International Business Review*, Vol. 11, No. 6, 2002, pp. 647 – 663.

Wells, L. T., "Third World Multinationals", The MIT Press, 1983.

Cantwell, John and Tolentino, Paz Estrella, "Technological Accumulation and Third World Multinationals", *International Investment and Business Studies*, No. 139, 1990.

Luger, Michael I. and Sudhir Shetty, "Determinants of Foreign Plant Start-Ups in the United States: Lessons for Policy-Makers in The Southeast", *Vander

Built Journal of Transnational Law, Vol. 18, 1985, pp. 223 – 245.

Ozawa, Terutomo, "Cross-Investments Between Japan and the EC: Income Similarity, Technological Congruity and Economies of Scope", 1992.

World Investment Report 2017, United Nations Conference on Trade and Development.

第五篇

［美］阿里夫·德里克：《世界体系分析和全球资本主义——对现代化理论的一种检讨》，俞可平译，《战略与管理》1993年第1期。

陈建省：《生物质能源发展的趋势及策略》，杨春学等译，《山东农业科学》2008年第4期。

董军：《欧盟为何充当气候"急先锋"》，《中国经营报》2009年12月12日。

［美］丹尼尔·缪勒：《公共选择理论》，杨春学等译，中国社会科学出版社1999年版。

工秋石：《后金融危机时期全球经济的五大特征》，杨春学等译，《当代财经》2009年第12期。

胡锦涛：《高举中国特色社会主义伟大旗帜　为夺取全面建设小康社会新胜利而奋斗》，人民出版社2007年版。

荆林波、袁平红：《全球化面临挑战但不会逆转——兼论中国在全球经济治理中的角色》，《财贸经济》2017年第10期。

李世安：《全球化与全球史观》，《史学理论研究》2005年第1期。

路甬祥：《经济危机往往催生重大科技创新》，《瞭望》2009年第3期。

曼瑟尔·奥尔森、陈郁：《集体行动的逻辑》，上海三联书店1996年版。

奈瑞·伍茨：《全球经济治理：强化多边制度》，《外交评论》2008年第12期。

裴长洪：《国际货币体系改革与人民币国际地位》，《国际贸易》2010年第6期。

裴长洪：《后危机时代经济全球化趋势及其新特点、新态势》，《国际经济评论》2010 年第 4 期。

裴长洪：《全球经济治理、公共品与中国扩大开放》，《经济研究》2014 年第 3 期。

裴长洪、刘洪愧：《习近平新时代对外开放思想的经济学分析》，《经济研究》2018 年第 2 期。

斯图瓦特·帕特里克：《全球治理改革与美国的领导地位》，《现代国际关系》2010 年第 3 期。

王国兴、成靖：《G20 机制化与全球经济治理改革》，《国际展望》2010 年第 3 期。

王平：《年度社科界十大热点关注（国外篇）》，《社会科学报》2008 年第 12 期。

［美］威廉·I. 罗宾逊：《全球资本主义论》，高明秀译，社会科学文献出版社 2009 年版。

温家宝：《让科技引领中国可持续发展》，《新华每日电讯》2009 年 11 月 24 日第 1 版。

习近平：《决胜全面建成小康社会夺取新时代中国特色社会主义伟大胜利——在中国共产党第十九次全国代表大会上的报告》，人民出版社 2017 年版。

习近平：《在十八届中央政治局第十九次集体学习时的讲话》（2014 年 12 月 5 日），《人民日报》2014 年 12 月 7 日。

习近平：《面向未来开拓进取促进亚太发展繁荣——在亚太经合组织第二十四次领导人非正式会议第一阶段会议上的发言》，《人民日报》2016 年。

习近平：《深化伙伴关系　增强发展动力——在亚太经合组织工商领导人峰会上的主旨演讲》，《人民日报》2016 年 11 月 21 日第 3 版。

习近平：《共担时代责任　共促全球发展——在世界经济论坛 2017 年年会开幕式上的主旨演讲》，《人民日报》2017 年 1 月 18 日第 3 版。

习近平：《在中法建交五十周年纪念大会上的讲话》，2014 年。

习近平：《携手推进"一带一路"建设——在"一带一路"国际合作高峰论坛开幕式上的演讲》，人民出版社 2017 年版。

习近平:《深化金砖伙伴关系　开辟更加光明未来——在金砖国家领导人厦门会晤大范围会议上的讲话》,《人民日报》2017年9月5日第3版。

习近平:《共同构建人类命运共同体——在联合国日内瓦总部的演讲》,《人民日报》2017年。

习近平:《在中央经济工作会议上的讲话》,2014年。

习近平:《在省部级主要领导干部学习贯彻党的十八届五中全会精神专题研讨班上的讲话》,人民出版社单行本2016年。

[英]亚当·斯密:《国民财富的性质和原因的研究》(下卷),郭大力等译,商务印书馆1974年版。

约瑟夫·E.斯蒂格利茨:《全球化及其不满》,机械工业出版社2004年版。

詹姆斯·N.罗西瑙:《没有政府的治理》,江西人民出版社2003年版。

张茉楠:《"特朗普主义"下的逆全球化冲击与新的全球化机遇》,《中国经济时报》2017年。

张宇燕、李增刚:《国际经济政治学》,上海人民出版社2008年版。

Alvaredo et al., "World Inequality Report: 2018", 2017.

Bairoch, P., *Economics and World History: Myths and Paradoxes*, University of Chicago Press, Chicago, 1993.

Charles Kindleberger, "The world in depression 1929 – 1939", *Journal of Political Economy*, Vol. 26, No. 4, 1973, p. 744.

Constantinescu, C., A. Mattoo and M. Ruta, "The Global Trade Slowdown: Cyclical or Structural?", IMF Working Paper, 2015.

David, Held, *Democracy and the Global Order: From the Modern State to Cosmopolitan Governance*, Polity Press and Stanford University Press, 1995.

Frankel, J., "Globalization and Chinese Growth: Ends of Trends?" In: Onofri P Ⅱ *Grande Sconvolgimento*, Bologna: Il Mulino, 2016.

Gregory Chin, "GLOBAL GOVERNANCE: Shaping the Post-Crisis Order without a Silver Bullet", Global Perspectives Magazine for International Co-operation, 2010.

Horst Siebert, *Global Governance: An Architecture for the World Economy*, Berlin:

Springer, 2003.

Jean-Claude Trichet, *Global Governance Today*, Keynote address at the Council on Foreign Relations, New York, 2010.

John Lipsky, "Asia, the Financial Crisis, and Global Economic Governance", Speech at the Federal Reserve Bank of San Francisco Conference, Santa Barbara, California, 2009.

Jonathan Gruber, Jonathan, *Public Finance and Public Policy*, New York: Worth Publishers, 2005.

Oxford University Press, "Our Global Neighborhood: The Report of the Commission on Global Governance", *George Washington Journal of International Law & Economics*, No. 3, 1995, pp. 754 – 756.

Paul Hirst, Grahame Thempson, Globalization in Question. Blackwell Publishers, 1999.

Samuelson, P. A., "The Pure Theory of Public Expenditure", *Review of Economics & Statistics*, Vol. 36, No. 4, 1954, pp. 387 – 389.

Taylor, P., "The Way the Modern World Works: World Hegemony to World Impasse", New York: Wiley, 1996.

Timmer, M. P. et al., "Slicing Up Global Value Chains", *Journal of Economic Perspectives*, Vol. 28, No. 2, 2014, pp. 99 – 118.

UNCTAD, "Global Value Chains and Development—Investment and Value-Added Trade in the Global Economy (A Preliminary Analysis)", Geneva, 2013.

UNCTAD, "Trade And Development Report", Geneva, 2016.

UNCTAD, "World Investment Report", Geneva, 2016.

UNCTAD, "Development and Globalization: Facts and Figures", Geneva, 2017.

World Bank et al., "Global Value Chain Development Report 2017: Measuring and AA3: A22nalyzing the Impact of GVCs on Economic Development", World Bank Publications, 2017.

第六篇

陈德铭:《中国特色商务发展道路》,中国商务出版社2008年版。

陈德铭:《中国特色商务发展道路——对外开放30年探索》,中国商务出版社2008年版。

陈勇兵、李伟、钱学锋:《中国进口种类增长的福利效应估算》,《世界经济》2011年第12期。

《邓小平文选》第3卷,人民出版社1993年版。

《邓小平文选》第2卷,人民出版社1994年版。

第九届全国人民代表大会第四次会议:《中华人民共和国国民经济和社会发展第十个五年计划纲要》,2001年。

高凌云、王洛林:《进口贸易与工业行业全要素生产率》,《经济学(季刊)》2010年第2期。

胡锦涛:《高举中国特色社会主义伟大旗帜 为夺取全面建设小康社会新胜利而奋斗》,《深入学习实践科学发展观活动领导干部学习文件选编》,2007年,第286—287、311页。

胡锦涛:《坚定不移沿着中国特色社会主义道路前进 为全面建成小康社会而奋斗》,《中国共产党第十八次全国代表大会文件汇编》,2012年,第22页。

胡锦涛:《促进中东和平 建设和谐世界——在沙特阿拉伯王国协商会议的演讲》,《人民日报》2006年4月24日。

江泽民:《加快改革开放和现代化建设步伐 夺取有中国特色社会主义事业的更大胜利》,人民出版社1992年版。

江泽民:《高举邓小平理论伟大旗帜 把建设有中国特色的社会主义事业全面推向二十一世纪》,《十五大以来重要文献选编》,1997年,第28页。

江泽民:《江泽民论有中国特色社会主义》(专题摘编),中央文献出版社2002年版。

江泽民:《全面建设小康社会 开创中国特色社会主义事业新局面》,《十六大以来党和国家重要文献选编》上，2002 年，第 5、24 页。

江泽民：《关于建立社会主义的新经济体制》，《论社会主义市场经济》，中央文献出版社 2006 年版。

李杨、张汉林：《完善进口体制机制 促进产业转型升级》，《国际贸易》2012 年第 4 期。

刘宏：《"中国方案"为世界发展注入新内涵》，2017 年，人民论坛网。

罗知、郭熙保：《进口商品价格波动对城镇居民消费支出的影响》，《经济研究》2010 年第 12 期。

马克思：《关于自由贸易的演说》，《马克思恩格斯全集》，人民出版社 1958 年版，第 444—459 页。

《马克思恩格斯选集》第 1 卷，人民出版社 1958 年版。

《马克思恩格斯全集》第 4 卷，人民出版社 1995 年版。

《马克思恩格斯选集》第 1 卷，人民出版社 1972 年版，第 18 页。

《马克思主义政治经济学概论》编写组：《马克思主义政治经济学概论》，人民出版社、高等教育出版社 2011 年版。

诺贝尔经济学奖委员会、张延、张轶龙：《理查德·塞勒：将心理学融入经济学》，《经济学动态》2017 年第 12 期。

裴长洪：《中国货物进口贸易增长与结构变化分析（1995—2011）》，《中国经济前景分析：2012 年春季报告》，社会科学文献出版社 2012 年版。

裴长洪：《全面提高开放型经济水平的理论探讨》，《中国工业经济》2013 年第 4 期。

裴长洪：《全球经济治理、公共品与中国扩大开放》，《经济研究》2014 年第 3 期。

裴长洪：《全球经济治理、公共品与中国扩大开放》，《经济研究》2014 年第 4 期。

商务部研究院：《中国对外贸易 30 年》，中国商务出版社 2008 年版。

商务部研究院：《中国吸收外资 30 年》，中国商务出版社 2008 年版。

［苏］斯大林：《苏联社会主义经济问题》，人民出版社 1979 年版。

［美］威廉·I.罗宾逊：《全球资本主义论》，高明秀译，社会科学文献出版社 2009 年版。

薛荣久:《国际经贸理论通鉴》下册,对外经济贸易大学出版社2008年版。

中共第十八届中央委员会第三次全体会议:《中共中央关于全面深化改革若干重大问题的决定》,2013年,第25—27页。

中共第十八届中央委员会第三次全体会议:《中共中央关于全面深化改革若干重大问题的决定》,人民出版社2013年版。

中共第十八届中央委员会第五次全体会议:《中共中央关于制定国民经济和社会发展第十三个五年规划的建议》,2015年。

中共第十六届中央委员会第三次全体会议:《中共中央关于完善社会主义市场经济体制若干问题的决定》,《十六大以来党和国家重要文献选编》上,人民出版社2003年版,第91页。

中共第十六届中央委员会第五次全体会议:《中央中央关于制定国民经济和社会发展第十一个五年规划的建议》,《深入学习实践科学发展观活动领导干部学习文件选编》,2008年,第93、108页。

中共第十七届中央委员会第五次全体会议:《中央中央关于制定国民经济和社会发展第十二个五年规划的建议》,《中共中央关于制定国民经济和社会发展第十二个五年规划的建议》辅导读本,2010年,第43页。

中共第十四届中央委员会第三次全体会议:《中央中央关于建立社会主义市场经济体制若干问题的决定》,《十四大以来重要文献选编》,1993年,第539页。

中共第十五届中央委员会第五次全体会议:《中央中央关于制定国民经济和社会发展第十个五年计划的建议》,《十五大以来重要文献选编》,2000年,第1389—1399页。

中共十四届三中全会:《中共中央关于建立社会主义市场经济体制若干问题的决定》,1993年。

中共十五届五中全会:《中共中央关于制定国民经济和社会发展第十个五年计划的建议》,2000年。

中共中央文献研究室:《习近平关于全面深化改革论述摘编》,中央文献出版社2014年版。

中国网络空间研究院:《世界互联网发展报告2017》,2017年。

Aplpleyard, Dennis R., *International Economics*, Boston, Irwin, 2000.

Cavallo Michele, Landry, Anthony, "The Quantitative Role of Capital Goods Imports in US Growth", *American Economic Review*, Vol. 100, No. 2, 2010, pp. 78 – 82.

International Federation of Robotics (IFR), "World Robotics Report 2017", 2017.

Kanta Marwaha, Akbar Tavakoli, "The Effect of Foreign Capitaland Imports on Economic Growth: Further Evidence from Four Asian Countries (1970 – 1998)", *Journal of Asian Eco-nomics*, Vol. 58, No. 3, 2004, pp. 399 – 413.

Nikolic, Goran, "On Vergence of the Export Structure of Romania, Croatia, Serbia and Bosnia-Herzegovina to the Structure of Import Demand in Developed Countries", *Panoeconomicus*, Vol. 58, No. 3, 2011, pp. 393 – 406.

Robertson, R., "Globalization: Social Theory and Global Culture", *London England Sage Publications*, Vol. 69, No. 3, 1992, pp. 134 – 136.

Sousa, Teresa, "International Macroeconomic Interdependence and Imports of Oil in a Small Open Economy", *Portuguese Economic Journal*, Vol. 10, No. 1, 2011, pp. 35 – 60.

The Committee for the Prize in Economic Sciences in Memory of Alfred Nobel, 2017: Richard Thaler's Contributions to Behavioral Economics.

UÇaki, Harun; Arisoy, Ibrahim, "An Analysis of Causality Among Productivity, Export and Import in Turkish Economy", *Ege Academic Review*, Vol. 2, 2011, pp. 110 – 132.

UNCTAD, "Information Economy Report 2017: Digitalization, Trade and Development", United Nations Publication, 2017.

Waters, Malcolm, *Globalization*, London: Routledge, 1995.

WIPO, "World Intellectual Property Report 2017: Intangible Capital in Global Value Chains", Geneva, 2017.